ARRENDAMENTO RURAL

Outros trabalhos do Conselheiro Aragão Seia:

— Natureza do despacho de arquivamento a que alude o artigo 348.º do Código de Processo Penal
— Algumas considerações sobre o crime de exposição e abandono de infantes
— Crime de bigamia
— Acção de investigação de paternidade ilegítima
— Filhos nascidos no casamento e fora dele — Quinhões hereditários
— Privilégios do Ministério Público no direito processual civil revogados pela Convenção Europeia dos Direitos do Homem
— Adicionais das multas processuais
— Arrendamento Rural — Divulgação
— Arrendamento Urbano
— Propriedade Horizontal — Condóminos e Condomínios

Em co-autoria com o Conselheiro Dr. Messias Bento:

— Lei Orgânica dos Tribunais Judiciais e Estatuto dos Magistrados Judiciais

Em co-autoria com o Conselheiro Dr. Silva Paixão e o Procurador Geral Adjunto Dr. Fernando Cadilha:

— Supremo Tribunal Administrativo — Lei Orgânica. Regulamento e Tabela de Custas
— Código Administrativo

Em co-autoria com o Dr. Manuel Calvão:

— Arrendamento Rural (Lei n.º 76/77)

Jorge Alberto Aragão Seia
Juiz Conselheiro do STJ

Manuel da Costa Calvão
Advogado

Cristina Aragão Seia
Mestre em Direito
Advogada

ARRENDAMENTO RURAL
CONTINENTE
E REGIÕES AUTÓNOMAS

ARRENDAMENTO FLORESTAL
EMPARCELAMENTO RURAL
LEGISLAÇÃO COMPLEMENTAR
FORMULÁRIO

4.ª EDIÇÃO

ALMEDINA
COIMBRA — 2003

TÍTULO:	ARRENDAMENTO RURAL — CONTINENTE E REGIÕES AUTÓNOMAS
AUTORES:	JORGE ALBERTO ARAGÃO SEIA MANUEL DA COSTA CALVÃO CRISTINA ARAGÃO SEIA
EDITOR:	LIVRARIA ALMEDINA – COIMBRA www.almedina.net
DISTRIBUIDORES:	LIVRARIA ALMEDINA ARCO DE ALMEDINA, 15 TELEF. 239 851900 FAX 239 851901 3004-509 COIMBRA – PORTUGAL livraria@almedina.net LIVRARIA ALMEDINA ARRÁBIDA SHOPPING, LOJA 158 PRACETA HENRIQUE MOREIRA AFURADA 4400-475 V.N.GAIA – PORTUGAL arrabida@almedina.net LIVRARIA ALMEDINA/PORTO R. DE CEUTA, 79 TELEF. 22 2059773 FAX 22 2039497 4050-191 PORTO – PORTUGAL porto@almedina.net EDIÇÕES GLOBO, LDA. R. S. FILIPE NERY, 37-A (AO RATO) TELEF. 21 3857619 FAX 21 3844661 1250-225 LISBOA – PORTUGAL globo@almedina.net LIVRARIA ALMEDINA ATRIUM SALDANHA LOJA 71 a 74 PRAÇA DUQUE DE SALDANHA, 1 TELEF. 21 3712690 1050-094 LISBOA atrium@almedina.net LIVRARIA ALMEDINA/BRAGA CAMPUS DE GUALTAR UNIVERSIDADE DO MINHO TELEF. 253 678822 4700-320 BRAGA braga@almedina.net
EXECUÇÃO GRÁFICA:	TIPOGRAFIA LOUSANENSE, LDA. – LOUSÃ
DATA:	Março 2003
DEPÓSITO LEGAL:	190529/03
	Toda a reprodução desta obra, seja por fotocópia ou outro qualquer processo, sem prévia autorização escrita do Editor, é ilícita e passível de procedimento judicial contra o infractor.

Os autores e o editor aconselham a que os textos dos diplomas legais citados nesta obra sejam sempre comparados com os das publicações oficiais. As demais citações constituem apenas opiniões pessoais e elementos de estudo.

Direitos reservados para todos os países de língua portuguesa pela
LIVRARIA ALMEDINA – COIMBRA – Portugal

ARRENDAMENTO RURAL

DECRETO-LEI N.º 385/88

DE 25 DE OUTUBRO

— São deste diploma os artigos indicados nas notas sem outra menção e da responsabilidade dos anotadores a reformulação de alguns sumários de acórdãos citados.

— Todas as referências monetárias em escudos constantes da legislação publicada neste livro devem ser convertidas em euros, em conformidade com o disposto nos Decs.-Leis n.os 323/2001, de 17 de Dezembro, e 136/2002, de 16 de Maio.

*Todos os exemplares são numerados
e rubricados por um dos autores*

634

DECRETO-LEI N.º 385/88
de 25 de Outubro

O presente diploma legal, disciplinando o regime geral do arrendamento rural, visa harmonizar os objectivos de política agrícola do Governo com as realidades fundiárias do País e, bem assim, conciliar os legítimos direitos e interesses dos proprietários das terras com os dos cultivadores e rendeiros, de acordo com a dimensão e a natureza, muito variada, das explorações agrícolas.

Concretiza-se, assim, mais uma reforma estrutural anunciada pelo Governo e, com ela, é dado mais um passo importante para a necessária modernização da agricultura portuguesa.

No limiar da integração plena de Portugal nas Comunidades Europeias, impõe-se definir um quadro legal que potencie melhores condições de exploração da terra e competitividade externa.

A introdução de novas tecnologias, o exercício da actividade agrícola em moldes empresariais, a reconversão de culturas e a fixação à terra das novas gerações nem sempre encontram nos proprietários da terra as pessoas mais indicadas.

Impõe-se, assim, no respeito pelo direito de propriedade, estimular o arrendamento, garantindo ao proprietário a rentabilidade do investimento fundiário e assegurando ao rendeiro a estabilidade necessária ao exercício da sua actividade produtiva.

Na sua essência, o presente diploma teve em conta a proposta de lei n.º 25/IV, que teve merecimento na Assembleia da República, com ampla aprovação maioritária.

Do novo regime de arrendamento rural ressalta, desde logo, o alargamento do prazo para dez anos, renovável por períodos sucessivos de três anos. Por outro lado, mantendo-se o sistema de renda máxima tabelada por imperativos de ordem económica e social, admite-se a actualização da renda durante a vigência do contrato.

A redução a escrito de todos os contratos de arrendamento, a regra geral de fixação da renda em dinheiro e a melhoria das garantias contenciosas das partes são outros tantos aspectos de salientar no novo regime de arrendamento.

Finalmente, destaca-se a possibilidade de alargamento do prazo até 25 anos para protecção dos investimentos, a proibição do subarrendamento e o novo regime de denúncia em que se privilegia a exploração directa.

Assim, no uso da autorização legislativa concedida pela Lei n.º 76/88, de 24 de Julho, e nos termos da alínea b) do n.º 1 do artigo 201.º da Constituição o Governo decreta o seguinte:

ARTIGO 1.º
Noção

1 — A locação de prédios rústicos para fins de exploração agrícola ou pecuária, nas condições de uma regular utilização, denomina-se arrendamento rural.

2 — Presume-se rural o arrendamento que recaia sobre prédios rústicos quando do contrato e respectivas circunstâncias não resulte destino diferente.

3 — Para efeitos do n.º 1 deste artigo, são consideradas explorações pecuárias aquelas em que o empresário faça exploração do gado com base predominante forrageira própria.

4 — São excluídas do âmbito da presente lei as explorações pecuárias sem terra.

NOTAS

1. Contrato de locação é o contrato pelo qual uma das partes se obriga a proporcionar à outra o gozo temporário de uma coisa, mediante retribuição; diz-se arrendamento quando versa sobre coisa imóvel, aluguer quando incide sobre coisa móvel — arts. 1022.º e 1023.º do C.C.

Para se saber se se está na presença de um contrato de arrendamento ou de outro contrato, há que apurar, em cada caso, qual a vontade das partes, para depois se ver a que tipo de contrato se ajusta o contrato que elas quiseram realizar. Não se pode concluir pela celebração de um contrato de arrendamento, quando dos factos provados não é lícito extrair que se tenha havido em vista a constituição de um vínculo locativo, mas apenas se revela, uma situação precária, condicionada, por exemplo, à realização de uma escritura de compra e venda — Ac. do STJ de 24/1/1985, *Bol.* 343, 318 e na *Rev. Leg. Jur.* 122, 374, com anotação do Prof. Antunes Varela; ver, ainda, o Ac. do STJ de 7/7/1991, *Bol.* 409, 699.

Como ensina o Prof. Galvão Telles, *Manual dos Contratos em Geral*, 4.ª ed., 254, para a caracterização de um contrato não importa decisivamente o *nome* que lhe dêem os contraentes, o qual pode estar em desarmonia com o acordo efectivamente estipulado. A real natureza desse acordo sobrepõe-se à falsa denominação que lhe tenha sido atribuída. A *qualificação jurídica* de certa convenção é uma questão de *direito* e não uma simples questão de facto.

2. Entende-se por prédio rústico uma parte delimitada do solo e as construções nele existentes que não tenham autonomia económica, e por prédio urbano qualquer edifício incorporado no solo, com os terrenos que lhe sirvam de logradouro — n.º 2 do art. 204.º do C.C; ver, também, sobre o conceito de prédio rústico o Parecer da PGR de 23/7/1977, *Scientia Juridica*, 1978, 96.

Adopta-se para o efeito, como referem os Profs. Pires de Lima e Antunes Varela, *C.C. Anotado*, II, 4.ª ed., 409, não o critério do *valor* (real ou matricial) *relativo* da parte rústica e da parte urbana da unidade predial, mas o da subordinação funcional económica. Sempre que a parte urbana inserida na terra se encontre ligada pelo seu fim à exploração agrícola ou pecuária da parte rústica, carece de autonomia económica, para o efeito da qualificação jurídica do contrato. É o que sucede designadamente com os celeiros, as adegas, os lagares de vinho ou de azeite, os estábulos, as casas dos guardas da mata, as dependências para guardar alfaias agrícolas, etc. Já goza, porém, de autonomia económica o prédio ou parte do prédio destinado à habitação do arrendatário e sua família. Nesse caso, o critério decisivo para a qualificação jurídica do contrato é o do valor relativo, consagrado no art. 2.º do RAU. O prédio composto de parte rústica e de parte urbana só se considera como prédio urbano se a parte urbana tiver valor superior à parte rústica.

Assim, não obstante existirem no prédio rústico lagares, alambiques, adegas, celeiros, dependências para guarda de utensílios agrícolas, palheiros, estábulos, etc., o mesmo não perde a categoria de rústico, se essas construções não tiverem autonomia económica; do mesmo modo o prédio urbano não deixa de o ser pelo facto de ter a servi-lo como logradouro terrenos de cultivo ou de jardim. Depois de definidas as categorias dos prédios é que podem surgir os arrendamentos mistos, a que se refere o 2.º do RAU. O que está em causa não são, pois, as partes integrantes dos prédios, mas o objecto mediato do contrato. — ver Conselheiro Aragão Seia, *Arrendamento Urbano*, 6.ª ed., 139.

3. Na resolução do problema da qualificação dos prédios mistos, com parte rústica e parte urbana e com afectação a vários fins, deve adoptar-se naturalmente o mesmo critério da *predominância* da *aplicação efectiva* do imóvel — e não a da sua maior aptidão natural — que os tribunais têm seguido na classificação da terra como *terreno de sequeiro* ou terreno de *regadio*, quando neles se explorem simultaneamente culturas de uma ou outra espécie ou natureza (ver, entre outros, os Acs. do STJ de 11/10/1979, *Bol.* 290, 395, de 1/6/1983, *Bol.* 328, 568, e de 12/7/1983, *Bol.* 329, 561). — cfr. Prof. Antunes Varela, *Rev. Leg. Jur.* 127, 377.

Mas já, por exemplo, o arrendamento de um prédio que envolva parte urbana e parte rústica, sendo a primeira para habitação do arrendatário e a segunda para fins agrícolas, sem que nenhuma delas esteja ao serviço da outra, configura um contrato misto, regulável pelas normas próprias de cada um dos contratos que o integram. — Ac. da Relação do Porto de 23/10/1990, *Col. Jur.*, XV, 4, 233.

4. Aos arrendamentos rústicos não sujeitos a regimes especiais, ou seja, os que tenham como fim destinarem-se, por exemplo, a campos de golfe, ténis, de football ou de outros desportos, a recintos para exposição de máquinas, feiras ou mercados, festas populares, corridas de cães ou de cavalos, etc., aplica-se o regime geral da locação civil e as disposições do RAU, com as devidas adaptações, mencionadas no art. 6.º deste último Diploma.

Não é havido como arrendamento de prédio urbano ou rústico o contrato pelo qual alguém transfere temporária e onerosamente para outrem, juntamente com a fruição do prédio, a exploração de um estabelecimento comercial ou industrial nele instalado. — n.º 1 do art. 111.º do RAU.

Contrariamente ao disposto no anterior Diploma este Dec.-Lei não se aplica aos arrendamentos para fins florestais — n.º 3 do art. 2.º — que são objecto do Dec. Lei n.º 394/88, de 8 de Novembro.

5. A qualificação do contrato pode todavia não coincidir com a estipulação do tipo. É tradicional a designação de «venda de pastagem» ao contrato de arrendamento rural de um pasto com restrição de objecto ao apascentamento de gado. Não obstante a designação de «venda», o contrato é qualificável como de arrendamento rural (contrato de campanha) — cfr. Prof. Pedro Pais de Vasconcelos, *Contratos Atípicos*, 134, nota 276; ver anotações aos artigos 13.º e 29.º.

6. O regime de arrendamento rural deve garantir ao proprietário a rentabilidade do capital fundiário e assegurar ao rendeiro a estabilidade necessário ao exercício da actividade agrícola. Com vista a um mais fácil acesso dos arrendatários à propriedade da terra, deverão ser criados incentivos específicos. — art. 38.º da Lei n.º 86/95, de 1 de Setembro (Lei de bases do desenvolvimento agrário).

O legislador voltou a utilizar o termo rendeiro, quando no Diploma do Arrendamento Rural utiliza os de agricultor autónomo e de arrendatário.

Neste Diploma não se caracteriza o que seja um agricultor autónomo.

No n.º 4 do art. 3.º da Lei de bases da reforma agrária — Lei n.º 109/88, de 6 de Setembro, agora revogada — definia-se como sendo o titular de uma exploração do tipo familiar, quando esta empresa agrícola é constituída por uma pessoa singular que, permanente e predominantemente, utiliza a actividade própria ou de pessoas do seu agregado doméstico, sem recurso ou com recurso excepcional ao trabalho assalariado.

Hoje, face ao disposto na al. *a)* do n.º 1 do art. 21.º da Lei 86/95, tem de se entender o agricultor autónomo como a empresa agrícola de tipo familiar, suportada pela exploração agrícola cujas necessidades de trabalho são asseguradas predominantemente pelo agregado familiar, e não pela utilização de assalariados permanentes.

Também os conceitos de empresa agrícola e de agricultor empresário definidos na Lei 109/88 foram unificados na al. *b)* do referido art. 21.º, passando o conceito de empresa agrícola a englobar a de tipo patronal, suportada por explorações agrícolas cujas necessidades de trabalho são asseguradas maioritariamente por assalariados permanentes, e não pelo agregado familiar, e, ainda, a constituída sob a forma de cooperativa — al. c) do mesmo n.º 1.

Mas a política agrária, como se realça no n.º 2 do citado art. 21, trata com equidade os diferentes tipos de empresas, sem prejuízo de existirem incentivos diferenciados a estabelecer em função da constituição destas para os grandes objectivos estabelecidos no quadro da Lei n.º 86/95.

A págs. 26 de *Formas de Exploração da Propriedade Rústica*, o Prof. Castro Caldas escreve: Enquanto a empresa é um conjunto de factores (Trabalho, Capital e Empréstimo) coordenados para a realização de um fim — a produção — a exploração é o conjunto de instrumentos de que a empresa se serve para atingir o seu objectivo. Será uma área limitada do solo agrícola e respectivas benfeitorias, de dimensões variáveis conforme os casos, sobre o qual um grupo de trabalhadores (ou até um só trabalhador) executa, com o auxílio de capitais de exploração apropriados, as práticas necessárias para conseguir a produção agrícola.

Sucintamente, podemos definir a exploração agrícola em sentido restrito, como sendo o acto de tirar utilidade do solo agrícola; a exploração pecuária, como a actividade que utiliza a terra com a objectivo de produção de vegetais utilizados na criação e gados; a exploração florestal, como a actividade que respeita à plantação de matas e ao seu aproveitamento.

7. O presente Dec.-Lei, por força do art. 39.º, adoptou as definições constantes do art. 3.º da Lei n.º 109/88, de 26 de Setembro (Lei de bases da reforma agrária), agora revogada pela Lei de bases do desenvolvimento agrário (Lei n.º 86/95, de 1 de Setembro):

ARTIGO 3.º DA LEI N.º 109/88, DE 26 DE SETEMBRO

(Lei de Bases da Reforma Agrária)

Definições

Para efeitos desta lei entende-se por:

1) Prédio rústico — uma parte delimitada do solo e as construções nele existentes que não tenham autonomia económica;

2) Estabelecimento agrícola — a universalidade de bens e serviços organizada distintamente com vista ao exercício da actividade agrícola por uma empresa agrícola;

3) Empresa agrícola — a entidade singular ou colectiva que coordena factores de produção para exercer, por conta própria, a exploração de um ou mais estabelecimentos agrícolas;

4) Agricultor autónomo — o titular de uma exploração do tipo familiar, quando esta empresa agrícola é constituída por uma pessoa singular que, permanente e predominantemente, utiliza a actividade própria ou de pessoas do seu agregado doméstico, sem recurso ou com recurso excepcional ao trabalho assalariado;

5) Agricultor empresário — a empresa agrícola constituída por uma pessoa singular que, permanente e predominantemente, utiliza a actividade de pessoal contratado;

6) Exploração de campanha — o contrato pelo qual uma parte, mediante retribuição, transfere para outra, chamada «campanheiro» ou «seareiro», a exploração de culturas num ou mais prédios rústicos ou parte deles, por um ou mais anos, até ao máximo de um ano agrícola por cada folha de cultura;

7) Agregado doméstico — o conjunto de pessoas que vivem habitualmente em comunhão de mesa e habitação ou em economia comum, ligadas por relação familiar, jurídica ou de facto;

8) Actividade agrícola — toda a actividade agrícola, em sentido estrito, pecuária e florestal;

9) Cooperativas agrícolas — as empresas agrícolas constituídas nos termos do Código Cooperativo e legislação complementar.

10) Níveis mínimos de aproveitamento (NMA) — o grau de intensificação cultural ou ocupação cultural abaixo do qual se considera a área em estado de subaproveitamento;

11) Solos abandonados — os que, sendo susceptíveis de utilização agrária, se encontrem há, pelo menos, três anos inexplorados sem motivo justificado;

12) Solos subaproveitados — os solos que estejam a ser explorados abaixo das suas potencialidades, não atingindo os NMA;

13) Solos em mau uso — os que estejam submetidos a utilização ou práticas culturais não aconselháveis, degradantes ou depauperantes do solo, com consequente perda de produtividade, ou os que sejam submetidos a culturas arbóreo-arbustivas ou povoamentos florestais, com claro desrespeito pelas normas estabelecidas na condução dos montados e povoamentos.

8. A Lei de Bases do Desenvolvimento Agrário (Lei n.º 86/95, de 1 de Setembro), no seu art. 21.º, apenas define o conceito de empresa agrícola:

a — A empresa agrícola de tipo familiar, suportada pela exploração agrícola cujas necessidades de trabalho são asseguradas predominantemente pelo agregado familiar do respectivo titular, e não pela utilização de assalariados permanentes;

b — A empresa agrícola de tipo patronal, suportada por explorações agrícolas cujas necessidades de trabalho são asseguradas maioritariamente por assalariados permanentes, e não pelo agregado familiar;

c — A empresa agrícola sob a forma de cooperativa.

Todas as outras definições constantes do art. 3.º da Lei de bases da reforma agrária mantém-se inalteráveis.

Parece, pois, que a remissão que o artigo 39.º faz para a Lei de bases da reforma agrária tem de ser entendida como uma remissão material, continuando a vigorar as definições desta Lei, na parte não alterada.

É um caso de supervivência ou sobrevigência da lei, para o estrito efeito de integrar as normas de reenvio da lei do Arrendamento Rural.

Se assim se não entender, há que integrar as lacunas criadas pela revogação da lei, dentro do espírito do sistema, ou seja, lançando mão dos conceitos que o legislador criaria — que são os que criou por via do reenvio.

O resultado será sempre o mesmo.

Ver anotações ao n.º 2 do artigo 22.º e ao art. 39.º.

Para efeitos do Regulamento de Aplicação do Regime de Ajudas à Melhoria da Eficácia das Estruturas Agrícolas ver, no Anexo à Portaria n.º 195/98, de 24 de Março, alterada pela Portaria n.º 46-A/2001, de 25 de Janeiro, as definições de agricultor a título principal, capacidade profissional bastante, actividade principal, unidade homem trabalho (UHT), rendimento de referência, rendimento do trabalho, jovem agricultor, primeira instalação, regiões desfavorecidas, exploração agrícola familiar, turismo no espaço rural, investimento de natureza artesanal, prédio próximo, termo do plano de melhoria, primeira aquisição de gado e exploração agrícola.

9. Sobre os conceitos de familiares e de parentesco ver os arts. 1040.º n.º 3 e 1578.º do C.C.

Para o Ac. do STJ de 30/6/1998, *Bol.* 478, 379, exploração agrícola de tipo familiar é um conceito de direito cujo preenchimento há-de resultar da conjugação de vários elementos factuais, a que a lei faz referência, consistindo o mais importante na efectiva afectação do prédio ou conjunto de prédios à exploração agrícola através do trabalho próprio do cultivador ou de pessoas do seu agregado familiar.

Nos termos do n.º 10 do art. 2.º do Regulamento de Aplicação do Regime de Ajudas à Melhoria da Eficácia das Estruturas Agrícolas, aprovado pela Portaria n.º 195/98, de 24 de Março, alterada pela Portaria n.º 46-A/2001, de 5 de Janeiro, exploração agrícola familiar é aquela em que se encontrem reunidas, cumulativamente, as seguintes condições: *a)* o agregado familiar do agricultor garante, pelo menos, 50% das necessidades de mão de obra da exploração, dela auferindo, no mínimo, 50% do seu rendimento global; *b)* as necessidades de mão de obra não excedam duas UHT (unidade homem trabalho).

10. Com o requisito de *regular utilização* pretendeu este preceito excluir os arrendamentos que tenham por objecto culturas esporádicas.

Para o Prof. Antunes Varela. *Rev. Leg. Jur.* 123, 247 nota 1, no arrendamento rural (locação de prédios rústicos para fins de exploração agrícola ou pecuária, nas condições de uma *regular utilização*: art. 1.º do Dec.-Lei n.º 385/88), o arrendatário não tem apenas, quando da locação para fins de exploração agrícola se trate, a *faculdade* de cultivar, mas o verdadeiro *dever* de amanhar a terra. É a solução que o simples bom senso e o sentido das realidades sociais imporia na interpretação e na integração da generalidade dos contratos de arrendamento rural, mas é principalmente a conclusão de que o interprete não pode deixar de tirar do facto de, entre as cláusulas de resolução do contrato, o art. 21.º ter incluído na al. *f)* o facto de o arrendatário «não atingir os níveis mínimos de utilização do solo estabelecidos na legislação em vigor ou não observar injustificadamente o que for determinado nos planos a que se referem os arts. 6.º e 14.º.

No *C.C. Anotado*, II, 4.ª ed., 609, de colaboração com o Prof. Pires de Lima, escreve que o arrendatário de prédio urbano adquire com o arrendamento *um direito pessoal de gozo* sobre o prédio, por força do qual pode usar ou fruir o imóvel — mas não é propriamente *obrigado* a ocupá-lo, a activá-lo. Tal como, no arrendamento para habitação, ele não contrai verdadeiramente a obrigação de ter no prédio arrendado a sua residência permanente. No arrendamento de *coisas produtivas* é que, mercê das razões político — sociais subjacentes ao princípio de que a *propriedade (latu sensu) obriga*, ainda poderá, sob certo aspecto, afirmar-se que o arrendatário tem o dever de explorar o prédio.

11. A presunção do número dois, de ser rural o arrendamento que recai sobre prédio rústico, é *juris tantum*, admitindo prova em contrário.
Não sendo ilidida, o arrendatário só pode utilizar o prédio para fins de exploração agrícola ou pecuária.

12. I — É de arrendamento rural, e não urbano, o arrendamento de terrenos para fins de exploração pecuária com casa de habitação do arrendatário, independentemente da relação de quantidade entre os valores do terreno e da casa.
II — O artigo 1084.º do C.C. (hoje art. 2.º do RAU) poderá continuar a aplicar-se à hipótese de arrendamento de terreno de cultura e de casa não destinada à habitação (*v.g.* um edifício destinado à exploração de indústria). Mas já não abrange a hipótese de arrendamento de terreno de cultura e de casa de habitação do arrendatário, qualquer que seja a relação entre os valores daquele e o desta. — Ac. da Relação do Porto de 18/1/1983, *Col. Jur.* VIII, 1, 206.

13. O preceituado no art. 1084.º do C.C. (hoje art. 2.º do RAU) que atende aos valores das partes urbanas e rústica para determinação da natureza do contrato de arrendamento deve ser entendido sem prejuízo do disposto nos arts. 204.º, n.º 2 e 1028.º, n.º 3 do C.C. e arts. 1.º e 2.º da Lei n.º 76/77, de 29 de Setembro (afectação do prédio a determinada finalidade) — Ac. da Relação de Coimbra de 6/11/1979, *Col. Jur.* IV, 1407.
Vale a mesma doutrina para o Diploma em anotação.

14. Se os prédios — campo de lavradio e terra a mato e vinhedo — foram arrendados para uma exploração agro-pecuária, que embora de apoio à indústria de ensino com internamento e semi-internamento dos instruendos, lhe não diz, todavia, directa e especificamente respeito e se essa finalidade é também a que consta da respectiva escritura de arrendamento, este só pode classificar-se de rural, face aos n.ºs 1 e 2 da Base I da Lei n.º 2114, art. 1064.º n.º 1, do C.C., art. 1.º do Dec.-Lei n.º 201/75, e art. 1.º da Lei n.º 76/77. — Ac. do S.T.J. de 19/3/1980, *Bol.* 295, 394, e *Rev. Leg. Jur.* 114, 10 e segs.
Vale a mesma doutrina para o Diploma em anotação.

15. É de considerar como rural e deve ser regulado de acordo com esta lei o arrendamento que tenha por finalidade uma regular exploração de carácter agrícola ou pecuária independentemente de possuir outras conexões que, no domínio do Código Civil, seriam relevantes e justificariam outra regulamentação. — Ac. da Relação do Porto de 3/6/1977, *Col. Jur.*, II, 865.

16. É o elemento teleológico do contrato de arrendamento que lhe pode conferir a natureza de arrendamento rural: este só existe quando se destine à exploração agrícola ou pecuária. — Ac. da Relação de Évora de 18/2/1981, *Col. Jur.* VI, 1, 111.

17. O arrendamento rural difere apenas dos outros, na sua definição, por ter por objecto prédios rústicos, para fins de exploração agrícola ou pecuária, não deixando de ser um «contrato pelo qual uma das partes se obriga a proporcionar à outra o gozo temporário de uma coisa, mediante retribuição» (art. 1022.º do C.C.) — Ac. da Relação de Coimbra de 18/3/1980, *Col. Jur.* V, 2, 29.

18. Os arrendamentos dos prédios rústicos não compreendidos neste preceito ficam sujeitos às disposições dos arts. 1083.º (hoje art. 5.º e 6.º do RAU) e seguintes do C.C., tais como os que não visam fins produtivos, os que têm por objectos jardins, coutadas de caça, campos desportivos, etc. — Cfr. Acs. da Relação de Lisboa de 5/4/1961 e de 12/2/1975, respectivamente, na *J. R.* 7, 276 e no *Bol.* 246, 189; *Rev. Leg. Jur.* 84, 21 e *Rev. dos Trib.* 72, 162 e 94, 46 — ou os destinados ao funcionamento de estabelecimentos comerciais ou industriais.

19. O que há é, por um lado, o arrendamento rural e, por outro, os arrendamentos de prédios urbanos ou arrendamentos não rurais de prédios rústicos.

20. I — Se o arrendamento abrange um prédio urbano destinado a habitação e um prédio rústico visando fins agrícolas, o maior volume daquele ou deste prédio é que determina a qualificação do contrato.

II — Só se pode concluir que determinado prédio urbano está integrado numa exploração agrícola, se consistir numa construção existente em prédio rústico sem autonomia económica, conforme resulta do n.º 2 do art. 204.º do C.C.
— Ac. da Relação do Porto de 28/1/1988, *Col. Jur.* XIII, 1, 205.

21. I — Os prédios mistos são uma verificação de facto, porque a lei civil não autonomiza tal categoria.

II — O prédio será rústico ou urbano conforme a habitação for fundamentalmente um meio de ligação à terra cultivada ou antes a terra constituir apenas um complemento da habitação e não um fim essencial da ocupação da habitação.

III — Não se pode dizer que um prédio tenha deixado de ser um prédio rústico, porque não perdeu a sua destinação autónoma a fins agrícolas com a construção de uma habitação, que constitui, não uma alteração da destinação económica do prédio, mas antes a conjugação dos interesses habitacionais dos proprietários com os interesses económicos da exploração agrícola do prédio — Ac. do STJ de 31/1/1991, *Bol.* 403, 416.

22. Ao contrato pelo qual a lei permite ao A o uso de um armazém para a guarda e venda de produtos para a agricultura, mediante remuneração, fornecendo a A à R adubos e pesticidas e prestando esta àquela serviços de transporte de adubos, manuseamento de cargas e aluguer de empilhadeiras, não são aplicáveis as regras que regem o contrato de arrendamento — Ac. da Relação de Évora de 27/6/1991, *Col. Jur.* XVI, 3, 301; ver, também, o Ac. da Relação do Porto de 21/1/1999, *Col. Jur.* XXIV, 1, 195, e o Ac. do STJ de 3/2/1999, *Col. Jur. STJ*, VII, 1, 78. Em sentido diverso o Ac. do STJ de 5/2/1998, *Bol.* 474, 437.

23. I — O elemento fundamental para a distinção entre prédio rústico e urbano é o da autonomia económica não servindo, em qualquer caso, para tal efeito, o critério fiscal da afectação do art. 5.º do Cód. Cont. Predial e do Imposto sobre a Indústria Agrícola.

II — Assim, o logradouro de uma casa de habitação será prédio urbano se, independentemente da sua área ou superfície, é essencialmente destinado à colheita de frutos e produtos necessários ao gozo do lar dos moradores de tal casa, existindo entre ambos uma tal interligação que, desmembrados, quer uma quer outro, perdem uma grande parte do seu valor. — Ac. da Relação de Coimbra de 22/1/1991, *Col. Jur.* XVI, 1, 54.

24. I — Para que se possa qualificar o arrendamento como rural exige-se que tenha por objecto um prédio rústico e que tenha fins de exploração agrícola ou pecuária.

II — Se no prédio existirem, além dos terrenos, construções, é necessário através do critério da subordinação funcional económica, verificar se a parte urbana está ligada, pelo seu fim, à exploração agrícola ou pecuária, caso em que carece de autonomia económica, sendo, em consequência, rústico o prédio.

III — Se o contrato abranger terras para cultivo (parte rústica) e uma construção com autonomia económica para habitação (parte urbana) só pode considerar-se urbano o arrendamento se o valor da casa for superior ao do terreno. — Ac. da Relação do Porto de 6/10/1988, *Bol.* 380, 532.

25. Configura contrato misto, regulável pelas normas próprias de cada um dos contratos que o integram, o arrendamento de um prédio que envolve parte urbana e parte rústica, sendo a primeira para habitação do arrendatário e a segunda para fins agrícolas, sem que nenhuma delas esteja ao serviço da outra. — Ac. da Relação do Porto de 23/10/1990, *Col. Jur.* XV, 4, 233.

26. Ainda que as partes tenham denominado certo contrato como promessa de arrendamento, se vier a ocorrer a ocupação da coisa mediante certa retribuição mensal, tal situação deve definir-se como contrato de arrendamento. — Ac. da Relação do Porto de 3/12/1987, *Bol.* 372, 467.

27. Deve ser qualificado como contrato promessa de arrendamento o contrato que é assim designado pelas partes e em cujo clausulado fazem depender a celebração do contrato definitivo de determinadas condições, ainda que o promitente arrendatário, com o consentimento do outro contraente, ocupe e explore o objecto do contrato. — Ac. da Relação de Coimbra de 17/1/1995, *Col. Jur.* XX, 1, 31.

28. I — A resolução do arrendamento não pode ser pedida em acção com base em contrato - promessa de arrendamento, visto que se não pode peticionar a resolução de um contrato que ainda não foi celebrado.

II – A devolução do prédio e o pagamento correspondente à sua ocupação, a título de enriquecimento sem causa, deve ser peticionado em acção de resolução de contrato — promessa. — Ac. da Relação do Porto de 22/5/1995, *Bol.* 447, 563.

Arrendamento Rural ART. 1.º

29. I — A ratificação de um negócio, celebrado por uma pessoa sem poderes de representação em nome de outra, faz com que tudo se passe como se o negócio tivesse sido celebrado entre o ratificante e a outra parte.
II — Com essa ratificação nasce para o ratificante o direito de ver declarada judicialmente a ineficácia de negócios que tenham tido por objecto o do negócio ratificado e que hajam sido celebrados por pessoa sem poderes de representação.
III — Ao contrato de arrendamento de coisa alheia, quer celebrado pelo mandante, quer celebrado pelo mandatário com poderes de representação, aplica-se, por analogia, o regime de venda de coisa alheia. — Ac. da Relação do Porto de 20/11/1990, *Col. Jur.* XV, 5, 202.

30. I — O negócio, realizado por alguém como representante, não produz efeitos em relação à pessoa indicada como *dominus negotii*, a não ser que esta, subsequentemente, atribua àquele legitimidade representativa, aprovando o negócio, ratificando-o.
II — A ratificação está sujeita ao formalismo exigido para a procuração, embora para os actos em relação aos quais se não exija a forma escrita, seja suficiente a procuração verbal.
III — Assim, pode ser verbal a ratificação de contrato de arrendamento verbal. — Ac. do STJ de 2/12/1993, *Col. Jur. STJ.* I, 3, 155.

31. Tem legitimidade para dar de arrendamento um prédio a pessoa que é titular do direito de gozo do imóvel. — Ac. da Relação de Coimbra de 8/11/1994, *Bol.* 441, 406.

32. I — O arrendamento rural celebrado ao abrigo do Dec. Lei n.º 201/75, de 15 de Abril, é de duração indefinida, dado o regime de renovação obrigatória no que toca ao locador.
II — Sendo um acto de administração extraordinária é ineficaz em relação à massa insolvente se o administrador o celebrou sem autorização do síndico.
III — É nula por vício de forma a ratificação tácita, pelo síndico, de acto praticado pelo administrador sem a necessária autorização daquele. — Ac. da Relação de Évora de 14/3/1991, *Col. Jur.* XVI, 2, 324.

33. I — A celebração de contrato de arrendamento, pelo co-herdeiro, sem o consentimento dos restantes, constitui nulidade.
II — Esta nulidade é especial ou de regime misto, pois consente a confirmação e só pode ser invocada pelos consortes não participantes no acto. — Ac. do S.T.J. de 30/5/1989, *Bol.* 387, 538.

34. I — O arrendamento de prédio indiviso é ineficaz em relação aos comproprietários que o não autorizaram.
II — Por isso, o arrendatário, em tais circunstâncias, não tem direito de preferência na venda do prédio, pois não o pode afirmar perante a totalidade dos comproprietários. — Ac. da Relação do Porto de 8/1/1991, *Col. Jur.* XVI, 1, 220.

35. I — O arrendamento celebrado por um dos comproprietários é ineficaz em relação aos demais comproprietários que nesse contrato não tenham intervindo, enquanto para tanto não derem o seu assentimento.

II — Esse assentimento pode assumir qualquer forma admissível em direito, salvo se o contrato houver sido celebrado por escritura pública.

III — O C.C. consagra, nos arts. 217.º e 236.º uma doutrina objectivista quanto à interpretação da vontade negocial, fazendo prevalecer o sentido de que um declaratário normal, de razoável ou mediana capacidade e atenção, daria à manifestação, expressa ou tácita, do declarante.

IV — Assim, a intenção, essencial ao assentimento de comproprietário não contratante, pode ser inferida, normativamente, em função do critério definido nos mencionados preceitos legais, a partir de factos que a indiciem.

V — O apuramento, nesses termos, da intenção negocial relativa ao assentimento constitui matéria de direito.

VI — Deve entender-se que deu assentimento ao arrendamento um comproprietário que, apesar de não ter intervindo no respectivo contrato, não reagiu contra essa situação durante mais de 13 anos e, passado esse tempo, escreveu aos locatários, chamando-lhes «arrendatários» e só discutindo a situação de um quarto, a propósito da respectiva venda e da atitude dos destinatários dessa carta.

VII — Aliás, mesmo que, por hipótese de raciocínio, não se considerasse como verificado tal assentimento, teria de concluir-se que a atitude do comproprietário que, nestas circunstâncias, pede a declaração de invalidade do arrendamento consubstanciaria um abuso de direito, sob a forma de venire contra factum proprium — Ac. do STJ de 22/11/1994, *Bol.* 441, 305.

36. O arrendamento de prédio indiviso feito pelo consorte ou consortes administradores só se considera válido quando os restantes comproprietários manifestem, antes ou depois do contrato, o seu assentimento — Ac. da Relação de Lisboa de 29/4/1993, *Bol.* 426, 506.

37. I — O contrato de arrendamento celebrado sem o assentimento de consorte é nulo.

II — Trata-se de uma nulidade de regime misto: é invocável pelos restantes comproprietários, sanável mediante confirmação e não está sujeita a prazo. — Ac. da Relação de Lisboa de 20/5/1993, *Col. Jur.* XVIII, 3, 112.

38. A subscrição de contrato de arrendamento de prédio indiviso por um dos comproprietários, que é também o representante legal do outro comproprietário, seu filho menor, implica o consentimento dele em nome do seu filho, apesar de não ser invocada a qualidade de representante legal e desse filho ter sido indevidamente representado no contrato por um curador. — Ac. do S.T.J. de 22/10/1996, *Col. Jur. STJ,* IV, 3, 65.

39. O comproprietário não goza do direito de preferência na venda a estranho da totalidade da coisa comum, mediante arrematação em hasta pública, em acção de divisão de coisa comum. — Ac. do STJ de 17/12/1997, *Col. Jur. STJ,* V, 3, 166.

40. I — Em situação de usufruto simultâneo, só aos co-usufrutuários, em conjunto, é lícito dar de arrendamento o prédio sobre que incide o usufruto.

II — É nulo o arrendamento feito por um ou alguns dos usufrutuários, sem o consentimento de todos.

III — A nulidade, porém, está sujeita a regime especial: só pode ser arguida pelos consortes não participantes no acto, que o podem ainda confirmar. — Ac. do S.T.J. de 14/1/1993, *Col. Jur. S.T.J.*, I, 1, 52.

41. É óbvio que o arrendamento rural, a empresário agrícola ou a agricultor autónomo, assim como o arrendamento florestal, estão fora da nova disciplina do RAU e continuam a reger-se pela mesma legislação por que se regiam.

Os arrendamentos rústicos não rurais nem florestais para comércio, indústria ou exercício de profissão liberal continuam sujeitos às mesmas regras por que se regem os arrendamentos urbanos para aqueles fins.

Ou seja: estão sujeitos às disposições gerais do arrendamento urbano (arts. 1.º-73.º do RAU, *incluído aqui, portanto, o art. 64.º, n.º 2*), com as especialidades constantes dos arts. 110.º-116.º ou 117.º-118.º (hoje arts. 110.º a 120.º ou 121.º-122.º), conforme se trate de arrendamentos para comércio ou indústria ou de arrendamentos para exercício de profissão liberal.

Mas os arrendamentos rústicos não rurais nem florestais para fins diversos desses passaram a ser arrendamentos «de regime especial», a que se aplicam, como aos arrendamentos de prédios urbanos previstos nas als. *a)* a *f)* do n.º 2 do art. 5.º do RAU, as disposições mencionadas no n.º 1 do art. 6.º.

Os arrendamentos a que se referem as als. *a)* a *f)* do n.º 2 do art. 5.º do RAU correspondem fundamentalmente aos que estavam previstos no n.º 2 do art. 1083.º do C. C. — Cfr. Prof. Pereira Coelho, «Breves Notas ao Regime do Arrendamento Urbano», *Rev. Leg. Jur.* 125, 257 e segs.

42. Os arrendamentos de prédios rústicos para fins não rurais ou florestais (*v.g.* desportivos) não são sujeitos a regime especial e podem ser denunciados para o fim do contrato ou da sua renovação. — Ac. da Relação de Coimbra de 10/12/1996, *Col. Jur.* XXI, 5, 40.

43. I — É a lei vigente na altura da celebração do contrato de arrendamento que regula a sua forma e a sua natureza, urbana ou rústica.

II — O arrendamento de um prédio rústico para campo, picadeiro ou recinto de diversões ao ar livre tem a natureza de arrendamento de prédio rústico não rural, nem florestal, para outro fim que não seja o exercício de comércio, indústria ou profissão liberal.

III — As benfeitorias que consistiram nas obras para a instalação do campo hípico e do picadeiro não descaracterizam o contrato como sendo de arrendamento de prédio rústico.

IV — O direito de denunciar o contrato, introduzido pelo novo regime do art. 6.º n.º 1 do RAU, também se aplica aos arrendamentos rústicos, não rurais nem florestais, anteriores à entrada em vigor do Dec.-Lei n.º 321-B/90, de 15 de Outubro, que o aprovou. — Ac. da Relação do Porto de 22/5/1995, *Bol.* 447, 568.

44. I — Os arrendamentos de prédios rústicos para fins não rurais ou florestais e que se não destinem ao exercício do comércio, indústria ou profissão liberal não estão sujeitos ao Regime do Arrendamento Urbano, podendo ser denunciados para o termo do prazo do contrato ou da sua renovação.

II — Nessa categoria integra-se o arrendamento de um terreno para campo de futebol — Ac. da Relação de Coimbra de 10/12/1996, *Bol.* 462, 498, e *Col. Jur.* XXI, 5, 40.

45. I — A lei ao tratar da locação e do seu regime, encara o direito do locatário como um direito obrigacional, pessoal, relativo e não como um direito real, absoluto, erga omnes.

II — Consequentemente, o direito ao arrendamento não é usucapível — Ac. do STJ de 22/2/1994, *Bol.* 434, 635.

46. O arrendatário não é titular de um direito real de gozo (e, por isso, a titularidade do arrendamento não pode ser obtida por usucapião) — Ac. da Relação de Coimbra de 19/10/1993, *Bol.* 430, 525.

47. § 1.º do art. 230.º do C. Comercial: «Não se haverá como compreendido no n.º 1 (empresas comerciais transformadoras) o proprietário ou o explorador rural que apenas fabrica ou manufactura os produtos do terreno que agriculta acessoriamente à sua exploração agrícola (...)». Quer dizer, uma organização industrial-transformadora (fábrica ou manufactura) de um produtor agrícola não é empresa comercial quando, possuindo embora relativa autonomia (técnico-produtiva) se destina exclusivamente à transformação de produtos de terras por aquele agricultadas, e essa transformação é «acessória» da (subordinada à) respectiva produção agrícola (parte «principal»). Nestes casos, empresa é a empresa agrícola — nela se integrando (como «secção») a organização industrial-transformadora. E estas empresas agrícolas não são comerciais. Resulta isso, em geral, do facto de na legislação mercantil elas não «se acharem especialmente reguladas», e, em especial, não apenas do § 1.º do art. 230.º (a «comercialidade» da transformação não contagia o agrícola, pelo contrário...), mas também do § 2.º do mesmo artigo («Não se haverá como compreendido no n.º 2 o proprietário ou explorador rural que fizer fornecimento de produtos da respectiva propriedade»), do art. 464.º n.º 2 do C. Comercial [não são consideradas comerciais «as vendas que o proprietário ou explorador rural faça dos produtos de propriedade sua ou por ele explorada (...)»], de normas do Dec.-Lei n.º 336/89, de 4 de Outubro (complementado pelo Dec.-Lei n.º 339/90, de 30 de Outubro) — as «sociedades de agricultura de grupo», os «agrupamentos de produção agrícola», as «empresas familiares agrícolas reconhecidas» são sociedades civis sob a forma de sociedades por quotas. (...) É legítimo, pois, falar de empresas agrícolas (em sentido amplo) para abranger as agrícolas em sentido estrito, as silvícolas (ou florestais) e as pecuárias. (...) Este discurso vale para a cultura de plantas e a criação de animais sem terra, ou em que esta tem um carácter acessório. (...) É agrícola (e civil) a empresa de uma sociedade ou cooperativa tendo por objecto actividades acessórias ou complementares da actividade agrícola exercida pelos seus sócios (ou cooperadores)-agricultores. — Prof. Coutinho de Abreu, *Da Empresarialidade*, 83 e segs. Na nota 213 acrescenta: Uma organização transformadora pertencente a um sujeito que é também dono e explorador de terrenos agrícolas já será empresa (comercial) quando, além dos produtos desses terrenos, nela sejam transformados (em quantidades significativas) produtos de explorações agrícolas alheias, ou quando a produção agrícola daquele, apesar de constituir fonte exclusiva das matérias primas utilizadas na actividade transformadora, seja «acessória» desta (é esta a principal absorvente). Em casos tais, a organização agrícola não revela autonomia jurídico-empresarial, é parte da empresa transformadora.

E no *Curso de Direito Comercial*, vol. I, 3.ª ed., 102, opina que não são comerciantes as pessoas (singulares ou colectivas) que exerçam uma *actividade agrícola* (e não exerçam, claro está, uma outra actividade considerada comercial) — valendo aqui um conceito amplo de agricultura, que compreende a actividade agrícola em sentido estrito e tradicional (cultivo de terra para obtenção de colheitas), a silvicultura, a pecuária, e ainda a cultura de plantas e a criação de animais sem terra ou em que esta apresenta carácter acessório. Com efeito, a lei exclui a agricultura (e actividades acessórias) dos domínios do comércio.

48. Os §§ 1.º e 2.º do art. 230.º e n.º 2 do art. 464.º do C. Comercial, têm o significado de excluir a *agricultura* do elenco das actividades comerciais. Aliás, afigura-se que tal se deve igualmente entender relativamente à *pecuária*, quer porque ela se enquadra comumente na exploração rural, quer porque é decerto esse o entendimento latente no C. Comercial, como transparece nitidamente no n.º 4 do art. 464, ao considerar como não-comerciais as compras e vendas de animais feitas pelos compradores e engordadores. Além disso, a agricultura envolve, também, seguramente, a *exploração florestal*, e a *criação de animais* aparece hoje em certas modalidades não tradicionais, tais como a criação de peixes, a ostreicultura, etc.

Esta exclusão da agricultura *latu sensu* das actividades comerciais tem raízes históricas e sociológicas, que remontam à tradicional distinção das classes de agricultores e comerciantes.

Também a maior sujeição dos agricultores a riscos naturais (condições meteorológicas, doenças das plantas e animais, etc.) foi historicamente um motivo ponderoso para a sua não sujeição a um regime severo de responsabilidade, como o dos comerciantes.

Todavia, a evolução económica e social tem vindo a tornar cada vez menos nítida tal distinção, surgindo-nos, a cada passo, situações que põem em questão a natureza comercial ou não de actividades ligadas à agricultura. Serão designadamente os casos:

— dos agricultores que, simultaneamente com os produtos das suas explorações, transformam e/ou revendem produtos que adquiriram a outros agricultores;

— dos agricultores que, a jusante das actividades agrícolas, incluem actividades de transformação, embalagem e outras modalidades de preparação para comercialização dos seus produtos; já não falando dos que montam agro--indústrias ou estabelecimentos de comercialização directa ao público dos seus produtos;

— dos criadores de animais que os alimentam basicamente com produtos (rações) adquiridos para tal fim e não gerados na própria actividade agrícola, ou que compram os animais para meramente os recriar ou engordar e, depois, revender.

Nestas situações parece que poderá falar-se com verdade do exercício profissional de actividades comerciais. — Prof. Pupo Correia, *Direito Comercial*,

7.ª ed., 212; ver, também, Prof. Coutinho de Abreu, *Curso de Direito Comercial*, vol. I, 3.ª ed., 239.

49. Não deve descurar-se a hipótese de, sob o nome de arrendamento (ou subarrendamento, ou cessão da posição contratual do locatário), se realizarem verdadeiras locações de empresa. Se por exemplo, A dá em «arrendamento» a B a sua «Quinta da Ínsua» (nome registado), à data a funcionar normalmente, prevendo o contrato a transmissão dos elementos necessários à continuação da exploração (terrenos, construções, máquinas, equipamentos de rega, etc. — cfr. art. 2.º n.ᵒˢ. 1 e 2 do Dec.-Lei n.º 385/88), por que não admitir estarmos perante a locação da empresa agrícola — com as respectivas consequências (e sem pôr em causa a aplicação do Dec.-Lei n.º 385/88) ao nível, *v.g.*, da transmissão natural do nome, e da transferência da posição contratual de A para B quanto aos contratos de trabalho celebrados com os trabalhadores da quinta? — Prof. Coutinho de Abreu, *Da Empresarialidade*, 90.

50. Funcionando, por norma, as empresas de cultura de plantas e de criação de animais «sem terra», bem como as empresas (agrícolas) de entidades colectivas acessórias ou complementares da actividade agrícola exercida pelos associados, em prédios urbanos, se estes forem arrendados, qual a modalidade de arrendamento urbano? Descartadas as hipóteses do arrendamento para habitação, ou para o exercício de profissão liberal, resta a alternativa: ou para comércio e indústria, ou para outros fins (cfr. art. 3.º n.º 1, do RAU). (...) Penso que deve fazer-se uma distinção: *a)* O arrendamento para fins de exploração das referidas empresas «acessórias» deve ser qualificado «para comércio ou indústria». Apesar de agrícola-civis (facto relevante para efeitos de não aplicação de disciplina mercantil), o objecto de tais empresas resolve-se em actividades para cujo exercício esta modalidade locatícia é a talhada. *b)* Quanto às empresas «sem terra», dado serem — inclusive do ponto de vista económico — agrícolas, seria o respectivo arrendamento «para outros fins» (ou, nas palavras do art. 3.º do RAU, para «outra aplicação lícita do prédio»), aplicando-se-lhe o regime geral do arrendamento urbano (Cap. I do RAU) e, no que não esteja em oposição com ele, o regime de locação civil (arts. 1022.º-1063.º do C.C.). Todavia penso que esse arrendamento deve ser considerado «para comércio ou *indústria*». Por isto: as actividades agrícolas em questão não deixam de enquadrar-se economicamente na «indústria»; depois, estamos nestes casos em face de agricultura «industrializada», utilizando métodos próximos dos de certas indústrias transformadoras; e não se vê que os interesse tutelados pelas disposições especiais do Cap. III do RAU [«Do arrendamento para comércio ou indústria» — arts. 110.º -116.º (hoje arts. 110.º-120.º)] sejam dissimiles dos perceptíveis nos domínios em análise (por que não facilitar, por ex., o trespasse destas empresas lançando mão do art. 115?...) — Prof. Coutinho de Abreu, *Da Empresarialidade*, 91, nota 222.

51. I — É de natureza rústica o contrato pelo qual alguém dá de arrendamento em 17 de Janeiro de 1879, pelo prazo de cem anos, um terreno de pedreira e mato para nele os arrendatários edificarem, no prazo de três anos a contar dessa data, uma casa própria para habitação.

Arrendamento Rural ART. 1.º

II — Tal contrato rege-se pela lei do tempo da sua celebração. — Ac. da Relação do Porto de 29/11/1993, *Col. Jur.* XVIII, 5, 234.

52. I — É um contrato de arrendamento de prédio rústico não rural nem florestal, para fim diverso do exercício do comércio, indústria ou profissão liberal, aquele pelo qual alguém dá de arrendamento um prédio rústico de bouça, por escritura pública de 6/4/1950, destinado a um campo hípico e instalações inerentes.
II — Após a publicação do RAU, aplica-se ao estatuto legal desse arrendamento de prédio rústico não sujeito a regime especial o dispositivo do seu art. 6 n.º 1.
III — Por isso, os arrendamentos de prédios rústicos desta natureza passaram a poder ser livremente denunciados pelo senhorio, nos termos gerais do art. 1055 do C.C.
IV — O novo regime de denúncia dos contratos deste tipo é imediatamente aplicável aos arrendamentos anteriores à vigência do RAU. — Ac. da Relação do Porto de 22/5/1995, *Col. Jur.* XX, 3, 219.

53. I — É de comodato o contrato em que A cedeu a B parcela de terreno rústico, sem qualquer contrapartida por banda deste, para a cultura de cereais, por certo prazo, com a obrigação de restituição no fim do contrato.
II — A tal não obsta o facto de se dizer que A, após a ceifa dos cereais, ficava com o direito ao restolho para apascentação de gado.
III — B fica apenas com o direito de detenção ou de utilização, mas não de posse.
IV — O instituto de enriquecimento sem causa não tem aplicação directa aos casos de mera detenção, mas apenas aos de posse. — Ac. da Relação de Évora de 22/6/1995, *Col. Jur.* XX, 3, 292.

54. É válido o contrato de arrendamento celebrado por representante de sociedade irregular se, posteriormente, esta se vier a constituir regularmente. — Ac. da Relação de Lisboa de 30/3/1995, *Col. Jur.* XX, 2, 100.

55. I — A posse útil é um direito real de gozo, cuja essência se radica no uso e fruição de bens pertencentes ao Estado e que este afecta juridicamente a terceiros.
II — A posse útil de prédios pressupõe a prévia expropriação ou nacionalização destes, com a sua integração no domínio privado indisponível do Estado e subsequente entrega por este para exploração. — Ac. da Relação de Évora de 3/11/1994, *Col. Jur.* XIX, 5, 279.

56. Não é eficaz em relação ao requerente da posse judicial avulsa o contrato de arrendamento celebrado com o requerido após efectivação da penhora e registo desta. — Ac. do STJ de 19/10/1995, *Col. Jur. STJ*, III, 3, 68.

57. I — O proprietário de prédio arrendado, que é ocupado e expropriado no âmbito da reforma agrária, e restituído quase 14 anos depois tem direito a indemnização pela privação temporária dos seus direitos de senhorio. II — Tal indemnização foi estabelecida pelo n.º 4 do artigo 14.º do Decreto-Lei n.º 199/88, de 31 de Maio, na redacção do Decreto-Lei n.º 38/95, de 14 de Fevereiro, e no n.º 2.4 da Portaria n.º 197-A/95, de 17 de Março, como correspondente no valor das rendas não recebidas. III — A interpretação efectuada pelo acto recorrido da expressão constante destes normativos «rendas não recebidas», como as rendas em vigor em 1975, data da ocupação das terras, negando a possibilidade de actualização do respectivo cálculo com base na evolução das rendas, ou dos rendimentos líquidos fundiários, ou de outra fórmula correctiva, é ilegal, uma vez que contraria o artigo 7.º do mesmo diploma, e não se insere nos fins nem no espírito que presidiram ao Decreto-Lei n.º 199/88, pelo qual o legislador visou assegurar indemnizações com base nos valores reais e correntes das rendas e estabeleceu para os variados casos de indemnizações que regula métodos que permitem calcular valores actualizados. — Ac. do STA de 5/6/2000, Bol. 498, 66.

58. I — Não basta a invocação do contrato de arrendamento e a norma que institui o direito de reserva para que se restabeleça a situação de arrendatário, sendo imprescindível um acto da administração que culmine o procedimento previsto no Dec.-Lei n.º 12/91, de 9 de Janeiro, que regulamenta o exercício do direito de reserva instituído pela Lei de Bases da Reforma Agrária (Lei n.º 109//88, de 26 de Setembro e Dec.-Lei n.º 46/90, de 16 de Agosto). II — Uma vez proferida decisão definitiva que reconhece e atribui o direito de reserva, isso basta para que os titulares de outros direitos reais que incidiam sobre o prédio na data da expropriação ou ocupação, e o arrendatário, possam exercer os seus direitos sem necessidade de qualquer outra actividade autónoma específica da administração. — Ac. do STJ de 30/11/2000, Proc. 2050/00, 2ª Secção.

59. I — O n.º 2 do artigo 20.º da Lei n.º 109/88, de 26 de Setembro, apenas protege aqueles que, à data da ocupação ou da expropriação, tinham um qualquer direito real ou obrigacional sobre o prédio expropriado, como um usufruto ou um arrendamento. II — Os que não tinham qualquer direito, sendo meros detentores, nada podem opor ao proprietário. — Ac. do STJ de 23/1/2001, Proc. 3742/00, 6ª Secção.

ARTIGO 2.º
Âmbito

1 — O arrendamento rural, além do terreno e vegetação permanente de natureza não florestal, abrange ainda as construções destinadas habitualmente aos fins próprios da exploração normal dos prédios locados e também à habitação do arrendatário.

2 — Salvo cláusula expressa em contrário, não se considera compreendido no arrendamento:

a) **O arvoredo existente em terrenos destinados a corte de matos;**

b) As árvores florestais dispersas;
c) A cortiça produzida por sobreiros existentes nos prédios locados;
d) Quaisquer outros produtos e coisas que, existindo nos prédios locados, não satisfaçam os fins referidos no número anterior.

3 — A presente lei não se aplica a arrendamentos para fins florestais, os quais são objecto de legislação especial.

NOTAS

1. Rectificado no *D.R., I Série, 4.º Suplemento*, de 30/11/88.

2. O regime geral do arrendamento florestal está estabelecido no Dec.-Lei n.º 394/88, de 8 de Novembro.

3. O n.º 1 contém uma norma imperativa que não pode ser afastada pela vontade das partes.

4. Excluem-se sempre do arrendamento a vegetação florestal e as construções que não têm ligação com os fins produtivos do prédio, a casa destinada a habitação do senhorio, a respectiva garagem, etc.

As construções destinadas habitualmente aos fins próprios da exploração normal dos prédios são, por ex., adegas, lagares, celeiros, dependências para guardar alfaias agrícolas, palheiros e estábulos.

Estão incluídas no arrendamento as construções destinadas habitualmente à habitação do arrendatário, que se consideram indirectamente afectadas à exploração do prédio.

A menos que se convencione expressamente o contrário, não se consideram compreendidos no arrendamento o arvoredo existente nos terrenos destinados a corte de matos, as árvores florestais dispersas, a cortiça produzida por sobreiros existentes nos prédios locados e quaisquer outros produtos que, existindo nesses prédios, não satisfaçam os fins próprios de sua exploração normal.

Nos termos do art. 3.º do Dec.-Lei n.º 394/88, de 8 de Novembro, o arrendamento florestal, além do terreno com o arvoredo e demais vegetação permanente, compreende todas as construções existentes que sejam indispensáveis ao desempenho da sua função económica normal. Podem ser excluídos expressamente do objecto do arrendamento os frutos pendentes ou corte de arvoredo já existentes à data do início da vigência do contrato. Salvo cláusula contratual expressa em contrário, presumem-se compreendidas no arrendamento as construções existentes no terreno que sejam complementares ou acessórias da exploração florestal.

5. É um contrato de arrendamento rural aquele pelo qual o proprietário de um prédio rústico cede a outrem a utilização temporária do prédio, mediante

determinada retribuição anual, para apanha de mato nele produzido. — Ac. da Relação de Coimbra de 26/4/1989, *Bol.* 386, 516.

6. Terrenos destinados ao corte de matos são todos aqueles que a isso sejam especialmente afectos e os que, em virtude do arvoredo neles existente, não produzam outra vegetação. — Ac. da Relação de Évora de 5/4/1990, *Bol.* 396, 454.

7. Existindo contratos de arrendamentos distintos de casa de habitação e de terrenos rústicos para fins de exploração agrícola ou pecuária, os fundamentos de despejo em relação a cada um deles são autónomos.

8. I — A parcela de terreno contígua a casa de habitação, tanto pode ser considerada como terreno rústico, como logradouro de casa.
II — Na ausência de definição legal, por logradouro pode entender-se o terreno contíguo a prédio urbano que é ou pode ser fruído por quem se utiliza daquele, constituindo um e outro uma unidade.
III — Se o terreno constitui o logradouro da casa, tem de considerar-se incluído no contrato de arrendamento tendo esta por objecto e, assim, abrangido pela preferência da arrendatária habitacional. — Ac. do STJ de 25/3/1993, *Col. Jur. STJ.* I, 2, 33.

9. I — Os limites da coisa sobre que incide o direito de gozo do arrendatário são definidos pelo respectivo contrato, ainda que verbal, e não pelo âmbito espacial dos actos de fruição sobre ela praticados, em suprimento da falta de estipulação escrita sobre tal âmbito.
II — Não existe presunção legal de titularidade do direito ao arrendamento derivada de actos de gozo do inquilino sem origem no respectivo contrato — Ac. da Relação do Porto de 17/1/1994, *Bol.* 433, 612.

10. Embora no art. 36.º n.º 1 se diga que o regime previsto no presente Dec.-Lei se aplica aos contratos existentes à data da sua entrada em vigor parece-nos bem que, pelas razões constantes do Parecer da P.G.R., de 11/10/79, *Bol.* 297, 29, não afecta o conteúdo dos contratos anteriormente celebrados que abrangiam arvoredo de natureza florestal.
Esses contratos, celebrados «dentro dos limites da lei» devem ser pontualmente cumpridos, não apenas como expressão da autonomia da vontade individual, mas também como instrumento de cooperação entre as pessoas.

11. I — A cortiça em idade de extracção dos sobreiros existentes em determinado prédio integra o conceito de fruto natural (art. 212.º n.ᵒˢ 1 e 2 do C. C.), sendo, pois, qualificável, em princípio, como coisa imóvel enquanto ligada ao solo [art. 204.º n.º 1 al. c), do mesmo Código].
II — Todavia, o negócio jurídico mediante o qual as partes acordam na venda da cortiça nas árvores, meses antes da extracção, implicando a desligação do prédio tão-somente no momento da separação material, tem como objecto a cortiça enquanto coisa móvel futura (art. 880.º n.º 1 do C.C.), por ser esse, e não o actual estado de coisa imóvel, que determina o mútuo consenso dos contraentes.

III — O negócio jurídico, consequentemente, de alienação da cortiça nestas condições configurado não está sujeito a escritura pública por força dos arts. 875.º do C. C. e 89.º al. *a)*, do Código do Notariado (hoje n.º 1 do art. 80.º) — Ac. do STJ de 28/5/1996, *Bol.* 457, 350; ver, também, o Ac. do STJ de 27/10/1992, *Bol.* 420, 538.

12. O Dec.-Lei n.º 260/77 é aplicável às relações jurídicas emergentes de contratos antes da sua entrada em vigor, ressalvados os efeitos já produzidos a tal data — Ac. da Relação de Lisboa de 20/1/1994, *Bol.* 433, 609.

13. I — A compra e venda de certa partida de cortiça no domínio do Dec.-Lei n.º 98/80, de 5 de Maio, transfere para o comprador a propriedade da coisa vendida.
II — Por isso, o risco do furto da parte da mercadoria que estava nas instalações do vendedor, sem termo a seu favor e que não lhe é imputável, corre por compra do comprador — Ac. da Relação de Lisboa de 3/11/1994, *Bol.* 441, 391.

14. I — Na venda da cortiça nas árvores a transferência da propriedade só se dá com a sua extracção.
II — Tal venda não carece de redução a escritura pública — Ac. da Relação de Évora de 26/9/1995, *Col. Jur.* XX, 4, 264.

15. O art. 9.º n.ºs 1 e 2, do Dec.-Lei n.º 260/77, de 21 de Junho, tem carácter imperativo, ficando ferida de nulidade qualquer outra forma de pagamento da cortiça adquirida, pelo que os adquirentes de partidas de cortiça ficam obrigados a depositar na CGD, à ordem do Instituto dos Produtos Florestais, nos prazos referidos no respectivo contrato, a totalidade do valor da cortiça adquirida — Ac. do STJ, uniformizador de jurisprudência, de 22/4/1997, *Bol.* 466, 71.

16. I — É um contrato de seguro agrícola, do tipo "genérico" e por área cultivada, o contrato com uma clausula das condições especiais onde estabelece que o seguro abrange os trabalhadores empregues em actividades agrícolas na unidade de exploração agrícola do segurado, ficando excluídos desse seguro os trabalhos de arranque, corte, desbaste, esgalhe e limpeza de árvores, quando considerados actividades silvícolas ou exploração florestal. II — Tendo o sinistrado sido atingido pela queda de um dos pinheiros que então destroncava num pinhal, há que concluir que o acidente ocorreu em actividade de exploração florestal e não em actividade agrícola e daí que o acidente não esteja coberto pelo seguro. — Ac. do STJ de 24/3/1999, *Bol.* 485, 233.

ARTIGO 3.º
Forma de contrato

1 — Os arrendamentos rurais, incluindo os arrendamentos ao agricultor autónomo, são obrigatoriamente reduzidos a escrito.

2 — No prazo de 30 dias, contados da celebração do contrato, o senhorio entregará o original do contrato na repartição de finanças da sua residência habitual e uma cópia nos respectivos serviços regionais do Ministério da Agricultura, Pescas e Alimentação.

3 — Qualquer das partes tem a faculdade de exigir, mediante notificação à outra parte, a redução a escrito do contrato.

4 — A nulidade do contrato não pode ser invocada pela parte que, após notificação, tenha recusado a sua redução a escrito.

5 — Os contratos de arrendamento rural não estão sujeitos a registo e são isentos de selo e de qualquer outro imposto, taxa ou emolumento.

NOTAS

1. O novo regime, previsto neste preceito, apenas se passou a aplicar a partir de 1/7/1989 aos contratos existentes à data da entrada em vigor do Diploma em anotação. — Cfr. n.º 3 do art. 36.º.

Depois dessa data todos os contratos terão de estar reduzidos a escrito.

Por outro lado, as alterações que atinjam directamente os elementos essenciais de um contrato de arrendamento, submetido por lei à forma escrita, têm de obedecer à mesma forma.

2. O n.º 1 tem carácter imperativo.

3. Considera-se arrendamento ao agricultor autónomo aquele que tem por objecto um ou mais prédios rústicos para fins de exploração agrícola ou pecuária, nas condições de uma regular utilização, que o arrendatário ou rendeiro explora, considerando-se hoje que chefia uma empresa agrícola de tipo familiar, suportada pela exploração agrícola cujas necessidades de trabalho são asseguradas predominantemente pelo agregado familiar do respectivo titular, e não pela utilização de assalariados permanentes (ver anotações ao art. 1.º).

4. A expressão «rendeiro cultivador directo», no domínio do arrendamento rural, significa o arrendatário que cultiva o prédio por ele mesmo, e não por intermédio de terceiros, pelo que, estando as partes nisso de acordo, nada tendo objectado em contrário, tem de aceitar-se tal concordância como um dado de facto assente, a que não pode deixar de atender-se, tomando-se a expressão na sua acepção vulgar, e não como conceito de direito. — Ac. do S.T.J. de 15/12/1983, *Bol.* 332, 469.

5. O agricultor autónomo não está impedido de se socorrer de mão-de-obra fora do agregado familiar, desde que o recurso a tal mão-de-obra seja eventual

e determinado por excesso de serviço em ocasiões sazonais. — Ac. da Relação de Évora de 26/4/1990, *Col. Jur.* XV, 2, 295.

6. O cultivador autónomo só pode ser uma pessoa singular. Quando vários cultivadores autónomos se associam para proceder à exploração do arrendado, o arrendamento não pode considerar-se feito ao agricultor autónomo, mas sim como uma arrendamento rural propriamente dito. — Ac. da Relação de Évora de 15/1/1981, *Col. Jur.* VI, 1, 102.

7. A lei não impõe que o agricultor autónomo tenha de viver só da terra, mas tão só que a cultive ainda que tenha ao seu serviço assalariados — Ac. da Relação de Évora de 28/2/1985, *Col. Jur.* X, 1, 314.

8. I — O conceito de agricultor autónomo, pessoa singular que permanece e predominantemente utiliza a actividade própria ou de pessoas do seu agregado doméstico, sem recurso ou com recurso excepcional a trabalho assalariado, tal como resulta do artigo 73.º da Lei 77/77, de 29 de Setembro, equivale ao anterior conceito de produtor autónomo.

II — A categoria de pequeno agricultor, não definida na Constituição nem nas leis subsequentes, eventual beneficiária da entrega para exploração das propriedades rústicas expropriadas ou nacionalizadas, é uma realidade algo diferente do agricultor autónomo, situada entre este e o médio agricultor.

III — O pequeno agricultor, previsto no n.º 2 do artigo 97.º da Constituição da República e nos artigos 50.º da Lei n.º 77/77, e 6.º, 7.º e 8.º, do Decreto-Lei n.º 111/78, de 27 de Maio, engloba, para efeitos de concessão de terra para exploração, não só a figura do agricultor autónomo como a da pessoa singular que, vivendo exclusiva ou predominantemente da agricultura e dela fazendo profissão ou ocupação principal, possa extrair dos prédios entregues para exploração os recursos que permitem a subsistência do seu agregado familiar.

IV — Só uma análise, caso a caso, sobre a situação profissional e ocupacional de cada requerente da entrega de prédios rústicos expropriados ou nacionalizados, para exploração, permitirá à Administração aferir do seu enquadramento ou não nos critérios legais e doutrinais de onde resultam os contornos da figura do pequeno agricultor, descrita nas conclusões anteriores. — Parecer da P.G.R de 21/5/1987, *Bol.* 373, 43.

9. Para que se considere que o contrato de arrendamento rural seja a agricultor autónomo necessário se torna que expressamente tal se declare ou, pelo menos, se façam constar os elementos que conduzem a essa classificação. — Ac. da Relação de Lisboa de 7/10/1993, *Col. Jur.* XVIII, 4, 139.

10. O Dec. n.º 10 553, de 14 de Fevereiro de 1925 e a Lei n.º 2072, de 18 de Junho de 1954, já consideravam a utilidade do contrato escrito que permite, além do mais, a organização de um cadastro de arrendamento.

11. Como notam os Profs. Pires de Lima e Antunes Varela, *C.C. Anotado*, II, 4.ª ed., 412, sabendo que a redução imediata a escrito de todos os arrendamentos rurais, nos termos em que fora bruscamente imposta pelo art. 2.º do Dec.-Lei n.º 201/75, não surtira o efeito visado pelo legislador, não obstante as sanções cominadas contra os faltosos, a Lei n.º 77/77 (contendo as bases gerais da chamada Reforma Agrária) procurou traçar um outro caminho (art. 52.º, n.º 1, al. a): o da fixação de regras que, gradual e progressivamente, tornem obrigatória a forma escrita do contrato. Foi precisamente em obediência a esta nova directriz, cujas garantias de acerto parecem bastante precárias, que a Lei n.º 76/77 estabeleceu um plano escalonado de formalização dos contratos: redução imediata a escrito (documento particular), mas só para futuro, dos arrendamentos rurais tendo por objecto prédios rústicos com superfície agrícola útil igual ou superior a 2 ha, quando feitos a empresário agrícola; três anos após a entrada em vigor da lei, serão (obrigatoriamente) reduzidos a escrito todos os arrendamentos rurais, quer feitos a agricultor autónomo, quer a empresário agrícola, que tenham por objecto prédios com superfície agrícola útil superior a 1 ha; decorridos seis anos sobre a mesma data, todos os arrendamentos rurais, seja qual for a natureza da locação ou a área útil do prédio, constarão de documento particular.

Assim, de harmonia com este art. 3.º, a partir de 4 de Outubro de 1980 todos os contratos de arrendamento rural com superfície agrícola superior a 1 ha deveriam ser reduzidos a escrito; e a partir de 4 de Outubro de 1983 sê-lo-iam todos, independentemente da superfície agrícola (teve-se em atenção a *vacatio legis* desta lei).

12. No domínio do Código Civil, o arrendamento rural não estava sujeito a forma especial, podendo, pois, ser celebrado verbalmente.

Essa matéria do Código Civil, regulada nos arts. 1064.º a 1082.º, veio a ser revogada pelo Decreto-Lei n.º 201/75, de 25 de Abril, diploma que tornou obrigatória a redução a escrito dos contratos de arrendamento rural, impondo aos senhorios essa obrigação num certo prazo (art. 39.º), prazo que veio a ser prorrogado por duas vezes (Decreto n.º 789/75, de 31 de Dezembro, e Decreto n.º 414/76, de 27 de Maio).

Com a Lei de Bases da Reforma Agrária, Lei n.º 77/77, de 29 de Setembro, o regime legal de arrendamento rural foi modificado.

Nos termos do art. 52.º, n.º 1, al. *a)*, da referida Lei n.º 77/77, o arrendamento rural deverá obedecer, basicamente, ao seguinte: fixação de regras que, gradual e progressivamente, tornem obrigatória a forma escrita do contrato.

Acatando este princípio, a Lei n.º 76/77, de 29 de Setembro, que no art. 53.º revoga o Dec.-Lei n.º 201/75, bem como toda a legislação existente sobre arrendamento rural, determinou que progressivamente os contratos de arrendamento rural fossem reduzidos a escrito (art. 3.º, n.ºˢ 1, 3 e 4), tendo primeiramente ressalvado tal obrigatoriedade em relação aos arrendamentos ao agricultor autónomo (art. 3.º, n.º 2).

O art. 49.º da mencionada Lei n.º 76/77, preceituava que aos contratos existentes à data da sua entrada em vigor se aplicava o regime nela previsto. Face a esta evolução legislativa, infere-se que da obrigatoriedade de redução a escrito de todos os contratos de arrendamento rural, presentes, pretéritos e futuros, imposta pelo Dec.-Lei n.º 201/75, passa-se para um escalonamento no tempo da exigência da redução a escrito de tais contratos.

Assim, a menos que a redução a escrito fosse exigida por qualquer das partes, nos termos do art. 4.º da Lei n.º 76/77, o que no caso dos autos não

Arrendamento Rural ART. 3.º

sucedeu, só passou a exigir-se a redução a escrito de tais arrendamentos a partirde 4 de Outubro de 1980 ou de 4 de Outubro de 1983, consoante a área arrendada fosse superior ou inferior a 1 ha — art. 3.º, n.ᵒˢ 3 e 4, da citada Lei n.º 76/77.

Antes, porém, de 1980, o referido art. 49.º da Lei n.º 76/77, foi revogado pelo art. 2.º da Lei n.º 76/79, de 3 de Dezembro.

Com a revogação de tal preceito, a Lei n.º 76/77 deixou de ter aplicação retroactiva, pois deixou de ser aplicável aos contratos existentes à data da sua entrada em vigor. A Lei n.º 76/77, nos termos do art. 12.º do C.C., passou a dispor só para o futuro.

Podemos, pois, concluir que este contrato de arrendamento, porque celebrado antes da entrada em vigor da Lei n.º 76/77, não estava sujeito à exigência de forma escrita (Cfr. neste sentido, o Ac. da Relação de Coimbra de 27/10/1987, na *Col. Jur.* XII, tomo 4.º, pág. 90, e Ac. do S.T.J. de 30/6/1988, no *Bol.* 378, 697).

A Lei n.º 76/77 veio, porém, a ser revogada pelo art. 40.º, n.º 1, do Dec.--Lei n.º 385/88, de 25 de Outubro.

Nos termos do art. 3.º, n.º 1, deste Dec.-Lei n.º 385/88, os arrendamentos rurais, todos eles, são obrigatoriamente reduzidos a escrito.

Por outro lado, de harmonia com o disposto no art. 36.º, n.º 1, do mesmo diploma de 1988, aos contratos existentes à data da sua entrada em vigor aplica--se o regime nele previsto.

Quer isto dizer que aquele art. 3.º, regulador da forma do contrato, não só é imperativo como é de aplicação retroactiva, com a ressalva estabelecida no n.º 3 daquele art. 36.º; o novo regime previsto no art. 3.º apenas se aplicará aos contratos existentes à data da entrada em vigor do Dec.-Lei n.º 385/88, a partir de 1 de Julho de 1989.

Resulta, assim, claro que a partir de 1 de Julho de 1989, todos os contratos de arrendamento rural, ainda que pretéritos, terão de estar reduzidos a escrito. — Ac. da Relação do Porto de 4/10/1990, *Col. Jur.* XV, 4, 224.

Tratando-se de arrendamento não rural de prédio rústico, ocorrido em 1967, é válido, ainda que celebrado por contrato verbal. Mas, se for arrendamento rural, face ao regime, com aplicação retroactiva, estabelecido pelo Dec.-Lei n.º 385/88, para ser válido, a partir de 1/7/1989, tinha de estar reduzido a escrito. — Ac. da Relação do Porto de 16/11/1992, *Col. Jur.* XVII, 5, 213.

13. Nenhuma acção judicial pode ser recebida ou prosseguir, sob pena de extinção da instância, se não for acompanhada de um exemplar do contrato, quando exigível (e sê-lo-á sempre a partir de 1 de Julho de 1989), a menos que se alegue desde logo que a falta é imputável à parte contrária — cfr. o n.º 5 do art. 35.º.

Criou-se uma nova causa de extinção da instância, a juntar às previstas no art. 287.º do C.P.C.

Ver, também, o Ac. da Relação do Porto de 5/11/2001, *Col. Jur.*, XXVI, 5, 169.

14. Não implica um contrato novo a redução a escrito de um contrato de arrendamento rural verbal, nem a fixação da renda em dinheiro que nele se faça. — Ac. da Relação do Porto de 18/1/1979, *Col. Jur.* IV, 268.

31

ART. 3.º   Decreto-Lei n.º 385/88, de 25 de Outubro

15. A circunstância de os arrendamentos rurais terem, obrigatoriamente, de ser reduzidos a escrito não pode impedir os outorgantes de, em escrito posterior, estabelecerem a data do começo da respectiva vigência. E, de tal declaração, não podem deixar de ser retirados efeitos jurídicos, quer no plano das relações senhorio/arrendatário, que no das relações entre estes e terceiros.
— Ac. do STJ de 30/6/1998, Col. Jur. STJ, VI, 2, 146.

16. Proferida uma sentença que reconheça a existência de um contrato, essa decisão passa a servir para o futuro como *documento escrito*.

17. I — A sentença não se traduz num contrato, mas num acto jurídico que tem por missão pôr termo a um conflito de interesses e dar certeza e segurança a um direito. II — Por isso, a sentença que julgou válida a denúncia de um contrato de arrendamento rural não pode ser considerada um contrato escrito. — Ac. da Relação do Porto de 5/11/2001, Col. Jur., XXVI; 5, 169.

18. Quando o contrato for reduzido a escrito o senhorio entregará o original na repartição de finanças da sua residência habitual e uma cópia nos serviços regionais do Ministério da Agricultura.

Não comina o presente Dec.-Lei qualquer sanção para o incumprimento desta obrigação, ao contrário do que sucede com o Dec.-Lei n.º 394//88, de 8 de Novembro (regime geral do arrendamento florestal — n.º 2 do art. 6.º), relativamente à cópia que deve ser entregue nos serviços regionais da Direcção Geral das Florestas.

No entanto o Código do Imposto do Selo, aprovado pela Lei n.º 150/99, de 11 de Setembro, determinou que no arrendamento e no subarrendamento, o locador e o sublocador — art. 3.º n.º 3 al. b) — comuniquem à repartição de finanças da área da situação do prédio os contratos de arrendamento, subarrendamento e respectivas promessas, bem como as suas alterações. A comunicação é efectuada até ao fim do mês seguinte ao do início do arrendamento, subarrendamento, das alterações ou, no caso da promessa, da disponibilização do locado. No caso de o contrato apresentar a forma escrita a comunicação é acompanhada de um exemplar do contrato — art. 27.º do CIS.

O documento que constitui o contrato deve ser elaborado em triplicado para que, além do que deverá ser entregue na repartição de finanças, um exemplar fique com o senhorio e outro com o arrendatário. No caso dos arrendamentos rurais a comunicação ou o original do contrato devem ser presentes na repartição de finanças do senhorio, pois prevalece a lei especial.

A falta ou atraso na apresentação ou a não exibição, imediata ou no prazo que a lei ou a administração tributária fixarem, de declarações ou documentos comprovativos dos factos, valores ou situações constantes das declarações, documentos de transporte ou outros que legalmente os possam substituir, comunicações, guias, registos, ainda que magnéticos, ou outros documentos e a não prestação de informações ou esclarecimentos que autonomamente devam ser legal ou administrativamente exigidos constituem contra-ordenação fiscal a que á aplicável coima de (euro) 100 a (euro) 2500 — n.º 1 do art. 11.º do Regime Geral das Infracções Tributárias (RGIT), aprovado pela Lei n.º 15/01 de 5 de Junho —, elevando-se tais valores para o dobro se aplicável a uma pessoa

Arrendamento Rural ART. 3.º

colectiva, sociedade, ainda que irregularmente constituída, ou outra entidade fiscalmente equiparada – n.º 4 do art. 26º do RGIT.

Estas infracções fiscais, porque omissivas, consideram-se praticadas na área do serviço fiscal em que deveria ser cumprido ou se deveria considerar cumprido o dever violado e na data em que termine o prazo para o respectivo cumprimento — n.ºˢ 1 e 2 do art. 5.º do RGIT.

Em princípio o procedimento por estas contra-ordenações extingue-se por efeito da prescrição logo que sobre a sua prática hajam decorridos cinco anos — art. 119 da Lei Geral Tributária, aprovada pelo Dec.-Lei n.º 398/98, de 7 de Dezembro.

Sobre a responsabilidade da pessoas colectivas e seus representantes, ver os art. 6.º, 7.º e 8.º do RGIT e art. 7.º do DL 433/82, de 27 de Outubro.

Quando, em processo judicial, se mostre não terem sido cumpridas quaisquer obrigações previstas no Código do Imposto do Selo directa ou indirectamente relacionadas com a causa, deve o secretário judicial, no prazo de 10 dias, comunicar a infracção ao serviço local da área da ocorrência do facto tributário, para efeitos da aplicação do Código — art. 23.º do CIS.

19. A págs. 26 de *Formas de Exploração da Propriedade Rústica*, o Prof. Castro Caldas escreve:

Enquanto a empresa é um conjunto de factores (Trabalho, Capital e Empréstimo) coordenados para a realização de um fim — a produção — a exploração é o conjunto de instrumentos de que a empresa se serve para atingir o seu objectivo. Será uma área limitada do solo agrícola e respectivas benfeitorias, de dimensões variáveis conforme os casos, sobre o qual um grupo de trabalhadores (ou até um só trabalhador) executa, com o auxílio de capitais de exploração apropriados, as práticas necessárias para conseguir a produção agrícola.

20. Sucintamente, podemos definir a exploração agrícola em sentido restrito, como sendo o acto de tirar utilidade do solo agrícola; a exploração pecuária, como a actividade que utiliza a terra com o objectivo de produção de vegetais utilizados na criação e gados; a exploração florestal, como a actividade que respeita à plantação de matas e ao seu aproveitamento.

21. O presente diploma impõe a redução a escrito de todos os contratos de arrendamento, incluindo os arrendamentos ao agricultor autónomo.

Esta obrigatoriedade estendeu-se, também, a partir de 1/7/1989 aos contratos existentes à data da sua entrada em vigor, por força do n.º 3 do art. 36.º.

Deste modo, todos os contratos de arrendamento rural em vigor, incluindo os arrendamentos ao agricultor autónomo, têm de estar reduzidos a escrito, sob pena de nulidade.

Têm que se equacionar os vários problemas que podem surgir numa acção em que se invoca um contrato de arrendamento rural não reduzido a escrito.

Assim há que averiguar:

— se numa acção de declaração de nulidade de contrato verbal é necessário alegar que a culpa da não redução a escrito pertence à parte contrária;

— se a alegação de que a não redução a escrito do contrato só é válida e eficaz nas relações entre o senhorio e o arrendatário, ou, também, entre ele e terceiros;

33

ART. 3.º Decreto-Lei n.º 385/88, de 25 de Outubro

— se o tribunal deve decidir a acção sem conhecer da nulidade ou se pode conhecer dela.

As disposições legais a ter em consideração são o art. 220.º do C.C. e os artigos 3 n.ᵒˢ 1 a 4 e 35 n.º 5 do Dec.-Lei n.º 385/88, de 25 de Outubro.

Dispõe o art. 220.º do C.C. que a declaração negocial que careça de forma legalmente prescrita é nula, quando outra não seja a sanção especialmente prevista na lei.

A nulidade deixará de ser a sanção para a inobservância da forma legal, sempre que, em casos particulares, a lei determine outra consequência — cfr. Prof. Mota Pinto, *Teoria Geral do Direito Civil*, 3.ª ed., 436.

O Dec.-Lei n.º 385/88 não cominou outra sanção para a inobservância da forma legal, apenas fazendo a ressalva do n.º 4 do art. 3.º de que adiante se conhecerá, quanto ao regime da sua arguição.

Resulta da conjugação dos n.ᵒˢ 1 e 4 do art. 3.º que o contrato não reduzido a escrito é *nulo* e que essa *nulidade* pode ser invocada por qualquer das partes que não tenha sido notificada pela outra para o reduzir a escrito, ou que, após notificação se não tenha recusado a fazê-lo.

Na verdade pode dar-se não só o caso de as partes não tomarem a iniciativa da notificação para reduzirem a escrito o contrato mas, também, o da não concretização do conteúdo da notificação ser da culpa da parte notificante, como por exemplo quando não comparece no dia e hora designados para a celebração do escrito.

Se não houve notificação a parte, mesmo que seja a beneficiada pela na não redução a escrito, pode invocar a nulidade sem necessidade de alegar que a falta é imputável à contraparte, circunstância que, como, é óbvio, afasta desde logo a existência do próprio contrato escrito, o que se compreende por a causa de pedir ser exactamente a falta de forma legal.

Em reforço desta ideia vem o n.º 5 do art. 35.º ao dispor que o contrato só deve ser junto *quando exigível*, caso em que não existindo se deve alegar que a sua falta é imputável à parte contrária.

Aceita-se, perfeitamente, que no caso de acção de anulação *não seja exigível*, pois não faria sentido notificar a contraparte para reduzir a escrito o contrato se se quer pedir a declaração da sua nulidade. Para obviar a que isso possa acontecer a parte contrária é que, diligente e atempadamente, deve notificar a contraparte para a redução do contrato a escrito.

Por sua vez o n.º 2 do art. 3.º ao determinar que o senhorio entregará o original do contrato na repartição de finanças da sua residência habitual e uma cópia nos respectivos serviços regionais do Ministério da Agricultura, Pescas e Alimentação, quer significar que a redução a escrito tem por finalidade não só proteger os intervenientes no contrato verbal mas, também, salvaguardar interesses do Estado.

Na verdade, como dissemos, o Dec.-Lei n.º. 10 553, de 14 de Fevereiro de 1925, e a Lei n.º 2072, de 18 de Junho de 1954, consideravam já a utilidade do contrato escrito por permitir, além do mais, a organização de um cadastro de arrendamento.

O Dec.-Lei n.º 201/75, de 15 de Abril, consagrara no n.º 2 do art. 2.º a mesma exigência do Dec.-Lei n.º 385/88, e o Dec. Lei n.º 76/77, de 29 de Setembro, impôs a remessa de um exemplar à comissão concelhia do arrendamento rural e de outro ao organismo competente do Ministério da Agricultura e Pescas.

E no n.º 7 do actual art. 28.º consigna-se que só ficam isentas de sisa as transmissões de prédios a favor dos respectivos arrendatários rurais desde que exista contrato escrito há, pelo menos, três anos, com assinaturas reconhecidas notarialmente ou autenticadas pelos serviços oficiais competentes.

Actualmente continua, pois, espelhado na lei o interesse do Estado em saber quais os prédios arrendados, as obrigações fiscais dos intervenientes nos contratos, as possibilidades de emparcelamento e quais os eventuais interessados, qual o responsável pelo não cultivo dos prédios, a quem deve conceder crédito agrícola, etc.

Não se pode dizer, assim, que a redução a escrito dos contratos tenha só em vista salvaguardar os intervenientes de eventuais conflitos ou proteger o arrendatário, parte normalmente considerada mais fraca.

A lei quer mesmo impor às partes a redução a escrito dos contratos e sancionar apenas a refractária no cumprimento da obrigação.

Vejamos, agora, o que se passa nas relações entre o arrendatário rural com contrato verbal e um terceiro.

O arrendatário rural pode propor acção contra terceiro sem necessidade de alegar que o contrato não está reduzido a escrito, desde que a sua pretensão não tenha naquele contrato a causa de pedir.

É o caso de o terceiro, ilicitamente, destruir uma horta que o arrendatário cultiva em terreno arrendado verbalmente. Ao arrendatário basta alegar ter sofrido prejuízo por ser o dono da horta.

Por sua vez o terceiro também pode demandar o arrendatário sem que tenha necessidade de fazer referência ao contrato de arrendamento. Por exemplo, se o arrendatário tiver deitado abaixo o muro do terceiro, quando lavrava o terreno para plantar a horta.

Mas se a pretensão tiver por causa de pedir o contrato, o arrendatário terá de o juntar, não podendo imputar a falta da redução a escrito ao senhorio, pois, o contrato é em relação ao terceiro, *res inter alios acta*. Não o juntando a acção está votada ao insucesso. — Neste sentido o Ac. do STJ de 12/3/1998, *Proc. 1013/97, 2.ª Secção*.

O terceiro, por seu lado, não poderá demandar o arrendatário com base no contrato verbal de arrendamento que, em relação a si, é nulo e de que não poderá fazer prova. Aliás, ser-lhe-ia dificílimo provar, na falta de contrato escrito, que o arrendatário havia notificado o senhorio para o reduzir a escrito.

É o que resulta do n.º 4 do art. 3.º ao restringir a impossibilidade de invocação da nulidade do contrato de arrendamento à *parte* que, após notificação, se recuse a reduzi-lo a escrito, sancionando-a, assim, pela sua falta.

A exigência da junção do contrato escrito com a petição ou do seu suprimento através da alegação de que a falta é imputável à parte contrária só tem lugar quando a acção tenha como causa de pedir, ou faça parte desta, um contrato verbal de arrendamento rural.

Trata-se de um pressuposto processual positivo, especial destas acções, que tem de ser necessariamente alegado para a admissibilidade da instância ou para que ela possa prosseguir, se só mais tarde se der pela sua falta, sob pena de extinção.

ART. 3.º *Decreto-Lei n.º 385/88, de 25 de Outubro*

O demandante tem de alegar na petição inicial que notificou a contraparte para reduzir a escrito o contrato verbal de arrendamento, descrevendo as clausulas contratuais, e que o demandado recusou a sua solicitação.

Se o demandante não provar nem uma coisa nem outra e se a contraparte rejeitar a existência do contrato a acção improcede.

Nas relações entre as partes não pode, em princípio, um terceiro pedir a declaração da nulidade do contrato nem esta ser oficiosamente conhecida pelo tribunal.

Suponhamos, agora, que foi proposta acção de reivindicação pelo dono do prédio, não alegando a existência de qualquer contrato.

Na contestação os RR invocaram um contrato verbal de arrendamento rural, mas não supriram a sua falta através da imputação dela ao A ou aos seus antecessores.

A invocação feita pelos RR consubstancia uma excepção peremptória de que o tribunal tem de conhecer.

O tribunal, no presente caso, nem tem de declarar o contrato nulo. Limita-se a constatar que não foi feita prova do mesmo.

Haveria obstáculo à procedência da acção se os RR tivessem alegado e provado a existência do contrato verbal e que o A havia sido notificado para o reduzir a escrito mas que recusara. O contrato teria então uma vigência de facto até que fosse decretada a sua nulidade.

Mas a excepção teria de improceder se se desse como provada a existência de um contrato de arrendamento verbal, sem que se igualmente se julgasse provado que a falta da redução a escrito era imputável ao A.

O tribunal poderia, se o julgasse conveniente, conhecer expressamente da nulidade, considerando que tal pedido de declaração está implícito no do A.

Um contrato nulo é um *nado-morto*. Um contrato verbal não produz efeitos.

Ignorando o *nado-morto*, ou conhecendo dele, o efeito é sempre igual quando no pedido se formula apenas o fim último que se pretende alcançar e que, na acção de reivindicação, é o mesmo que se alcançaria com a declaração de nulidade (art. 289.º do C.C.) — a restituição.

Não se pode esquecer que, como se disse, o contrato não reduzido a escrito é *nulo* e que essa *nulidade* pode ser invocada por qualquer das partes que não tenha sido notificada pela outra para o reduzir a escrito, ou que, após notificação se não tenha recusado a fazê-lo. — Ver, também, o Ac. do STJ de 5/6/1997, *Proc. 729/96, 2.ª Secção*.

O que se deixou dito consta, no essencial, do voto de vencido do Conselheiro Aragão Seia, no Ac. do STJ de 6/10/1998, *Col. Jur. STJ*, VI, 3, 51, que julgou que o Tribunal não pode oficiosamente conhecer da nulidade do contrato por falta de formalidade escrita em acção de reivindicação.

22. Também já no Ac. da Relação de Coimbra de 4/5/1993, *Col. Jur.* XVIII, 3, 29, se decidira que a acção de anulação do contrato de arrendamento rural, com fundamento em nulidade decorrente de inobservância de forma escrita, pressupõe dois requisitos: a) haver o autor tomado a iniciativa de redução a escrito do contrato, cumprindo assim o ónus que sobre ele impendia; b) recusa injustificada da parte contrária a fazê-lo. Ver, ainda, o Ac. da Relação do Porto de 19/4/1992, *Col. Jur.* XVII, 2, 235.

23. I — É suficiente, para os efeitos do art. 3.º da Lei n.º 76/77 (hoje n.º 3 do artigo em anotação), o envio ao senhorio de carta registada com aviso de recepção, em que o arrendatário solicita a redução a escrito do contrato, embora nela não fixe o dia, hora e local para a sua celebração.

II — É imputável ao senhorio a não redução a escrito do contrato, caso ele, após a recepção da carta, não tenha feito qualquer diligência nesse sentido, nem justifique a demora.

III — Sendo obrigatória a redução a escrito do contrato de arrendamento, nenhuma acção judicial com base nele pode ser recebida, se não for acompanhada de um exemplar do contrato, a menos que se prove documentalmente que a falta é imputável à parte contrária. — Ac. da Relação do Porto de 23/5/1980, *Col. Jur.* V, 3, 80.

Não obstante isso, caso a petição seja recebida, a instância deve ser julgada extinta, quando a não redução a escrito seja imputável ao autor. De notar que hoje não há despacho liminar.

24. A exigência de forma escrita para um contrato de arrendamento rural e a maneira de superar a sua falta, respeitam apenas às relações entre arrendatário e senhorio e não são extensíveis às relações do arrendatário com terceiro. — Ac. do STJ de 12/3/1998, *Proc. 1013/97, 2.ª Secção*.

25. A redução a escrito dos contratos de arrendamento, mesmo dos já existentes, é manifestamente uma medida legislativa que se destina a proteger os interesses do contraente mais fraco, no caso, o rendeiro e cultivador da terra. Com efeito, a exigência legal de reduzir à forma prescrita todos os contratos de arrendamento rural tem certamente na sua base — como, em geral, a adopção de quaisquer formalidades solenes —, a obtenção de uma maior clareza do respectivo conteúdo e a consecução de uma maior facilidade de prova em juízo, para além de melhor ponderação do acto que celebram.

Estas razões, em contratos em que uma das partes é claramente mais desfavorecida do que a outra, não pode deixar de ser entendida como um reforço da finalidade constitucional de garantir a maior estabilidade ao contrato pela estratificação das respectivas cláusulas num documento escrito. — Ac. do Tribunal Constitucional n.º 386/98, de 19/5/1998, *DR II Série*, de 30/11/98.

26. Havendo divergência entre as partes quanto à extensão do objecto do arrendamento, é admissível prova testemunhal para a interpretação do contrato, mesmo que conste de documento escrito, conforme resulta do n.º 3 do art. 393 do C.C. — Ac. da Relação do Porto de 5/7/1990, *Bol.* 399, 574, e da Relação de Coimbra de 16/5/1995, *Bol.* 447, 581.

27. Ainda que tenha alegado que a outra parte se recusou a reduzir o contrato a escrito, após notificada para o efeito, mas obtendo o respectivo quesito resposta negativa, a nulidade do contrato é do conhecimento oficioso. — Ac. do STJ de 5/6/1997, *Proc. 729/96, 2.ª Secção*.

28. Quando o tribunal conhecer oficiosamente da nulidade de negócio jurídico invocado no pressuposto da sua validade e se na acção tiverem sido fixados os necessários factos materiais, deve a parte ser condenada na

ART. 3.º Decreto-Lei n.º 385/88, de 25 de Outubro

restituição do recebido com fundamento no n.º 1 do art. 289 do CC. — Assento do STJ de 28/3/1995, *Bol.* 445, 67.

29. I — A proibição da invocação da nulidade do contrato de arrendamento, por falta de redução a escrito do mesmo, inserta no n.º 5 do artigo 35.º da LAR, abrange não só o contraente culpado de tal situação, em função da notificação que para o efeito lhe foi feita pela outra parte, mas também o contraente que ficando em pura inércia, ou seja, não exigindo do outro essa redução a escrito, concorre, de igual modo, para que não se produza esse resultado. II — Não sendo já os réus vendedores, em consequência da alienação que efectuaram do prédio, senhorios da autora-arrendatária, encontram-se desprovidos de legitimidade substantiva para reduzir a escrito o contrato de arrendamento e, como tal, não se pode falar em recusa ilegítima, por parte dos mesmos, na redução a escrito do contrato de arrendamento rural (que fora entretanto solicitada por aquela, através da notificação judicial avulsa, já no decurso da própria acção). III — E sendo assim, e em tais circunstâncias, a falta de redução a escrito de contrato de arrendamento e ausência de prova de que tal situação é imputável ao senhorio, ou aos seus antecessores, determina, ao abrigo do disposto no artigo 35.º, n.º 5, da LAR, a extinção da instância. — Ac. da Relação de Coimbra de 28/11/2000, *Col. Jur.* XXV, 5, 29.

30. I — Se nenhuma das partes convocou a outra para a redução a escrito do contrato de arrendamento rural, nenhuma delas pode invocar em juízo o contrato verbal, no regime do Dec.-Lei n.º 385/88, de 25 de Outubro. II — A nulidade resultante da falta de redução a escrito do contrato não pode ser oficiosamente conhecida pelo tribunal, pois daí poderia advir o efeito de beneficiar quem se tornou responsável pela não existência de escrito. — Ac. do STJ de 23/1/2001, *Proc. 1959/00, 2.ª Secção.*

31. I — A exigência da redução do contrato de arrendamento rural a escrito, consignada no n.º 1 do artigo 3.º do Dec.-Lei n.º 385/88, de 25 de Outubro, destina-se essencialmente a proteger o arrendatário. II — A falta de documento exigido pelo n.º 5 do artigo 35 da LAR, não integra uma excepção peremptória, impeditiva da constituição dos próprios direitos emergentes do contrato, mas sim um mero pressuposto processual ou excepção dilatória inominada, levando à extinção da instância. — Ac. do STJ de 19/9/2002, *Proc. 2444/02, da 2.ª Secção.*

32. A fotocópia do contrato de arrendamento rural tem a mesma validade que o original se a parte contra quem o documento é apresentado não impugnar a sua exactidão — Ac. da Relação de Évora de 12/5/1994, *Bol.* 437, 607.

33. I — A Portaria n.º 724/86, de 29/11, que regulamentou em Portugal as disposições comunitárias de prémios ou subsídios aos produtores de ovinos e caprinos, atribuía titularidade desses prémios ao respectivo titular da exploração, como tal se entendendo o dono dos animais.
II — Porém, se no contrato atípico de parceria pecuária celebrado entre esse proprietário e o pastor nada se disse quanto ao destino de tais prémios, há que

recorrer para o efeito ao disposto no art. 239 do C.C.; e concluindo-se que o espírito do acordo é no sentido da divisão igualitária de tudo o que respeitasse à exploração do rebanho, aí será de incluir também a atribuição desses prémios ou subsídios. — Ac. do STJ de 4/11/1997, *Col. Jur. STJ*, V, 3, 118.

34. Hoje a Lei n.º 150/99, de 11 de Setembro, que aprovou o Código do Imposto do Selo e a Tabela Geral anexos, alterada pela Lei n.º 176-A/99, de 30 de Dezembro, determinou no art. 3.º que a Tabela Geral se aplica aos contratos celebrados a partir de 1 de Março de 2000.

No n.º 2 da Tabela Geral, relativamente ao arrendamento e subarrendamento, incluindo as alterações que envolvam aumento de renda operado pela revisão de cláusulas contratuais e a promessa quando seguida da disponibilização do bem locado ao locatário, faz-se incidir o imposto de 10% sobre a renda ou seu aumento convencional, correspondentes a um mês ou, tratando-se de arrendamentos por períodos inferiores a um mês, sem possibilidade de renovação ou prorrogação, sobre o valor da renda ou do aumento estipulado para o período da sua duração.

A liquidação e o pagamento do imposto nos arrendamentos e subarrendamentos, competem ao locador e sublocador – al. *g)* do art. 14.º do CIS.

Porém, o n.º 5 do preceito em anotação, como lei especial que é, prevalece sobre a Tabela Geral.

Com a isenção deste n.º 5 pretendeu-se estimular a efectiva celebração de contratos, com redução a escrito, criando aos arrendatários um clima de estabilidade.

Está, também, de acordo com o disposto na al. *m)* do n.º 1 do art. 2.º do Código do registo predial, que isentou de registo o arrendamento rural.

35. Ficam isentas de sisa todas as transmissões onerosas de prédios a favor dos respectivos arrendatários rurais desde que exista contrato escrito há, pelo menos, três anos, com assinaturas reconhecidas notarialmente ou autenticadas pelos serviços oficiais competentes — n.º 7 do art. 28.º.

A assinatura terá de ser reconhecida presencialmente, nos termos do art. 153.º do Código do Notariado.

36. Ainda que se dedique à construção de muros, reconstrução de casas, etc. — actividades próprias da construção civil — o trabalhador que está a ser utilizado como factor de produção agrícola é, consequentemente, trabalhador rural. — Ac. da Relação do Porto de 11/2/1980, *Col. Jur.* V, 1, 90.

37. I — Trabalhadores rurais não são só aqueles que cultivam directamente a terra, mas também aqueles que prestam serviços em actividades complementares da exploração agrícola.

II — Nestas actividades complementares, podem incluir-se actividades próprias da construção civil. — Ac. da Relação do Porto de 27/10/1980, *Col. Jur.* V, 4, 245.

38. É trabalho agrícola a reparação de um caminho comum de acesso às propriedades da entidade patronal. — Ac. da Relação do Porto de 15/1/1990, *Col. Jur.* XV, 1, 270.

39. I — Os RR nunca chegaram a ter uma autêntica exploração agrícola e tudo o que fizeram no domínio da agricultura, após a morte do pai do R marido, foi gerir a desactivação da exploração agrícola e pecuária deste, seja abatendo o gado seja arrendando a propriedade principal e votando ao abandono os demais prédios. Para o efeito, parece óbvio que não seria necessário contratar um feitor ou um caseiro, que são as categorias profissionais que A reivindica.
II — Também a A não tem direito a diferenças salariais como empregada de serviço doméstico, que, habitando em casa fornecida pelos empregadores e pagando estes as despesas da habitação, incluindo água, luz, telefone, e ainda as despesas com produtos para a horta e com a criação de animais, auferia uma remuneração mensal compreendida dentro dos 50% da retribuição mínima mensal garantida nos vários diplomas legais do salário mínimo nacional. — Ac. da Relação de Évora de 5/2/2002, *Col. Jur.*, XXVII, 1, 289.

ARTIGO 4.º
Cláusulas nulas

São nulas as cláusulas contratuais em que:

a) O arrendatário se obrigue a vender as colheitas, no todo ou em parte, a entidades certas e determinadas;

b) O arrendatário se obrigue ao pagamento de prémio de seguro contra incêndios de edifícios, bem como de contribuições, impostos ou taxas que incidam sobre prédios compreendidos no arrendamento e que sejam devidas pelo senhorio;

c) Qualquer dos contraentes renuncie ao direito de pedir denúncia ou resolução do contrato e às indemnizações que forem devidas nos casos de violação de obrigações legais ou contratuais;

d) O arrendatário renuncie ao direito de renovação do contrato ou se obrigue antecipadamente à sua denúncia;

e) O arrendatário se obrigue por qualquer título a serviços que não revertam em benefício directo do prédio ou se sujeite a encargos extraordinários;

f) As partes subordinem a eficácia ou validade do contrato a condição resolutiva ou suspensiva.

NOTAS

1. Por razões de interesse e ordem pública não podem ser afastadas por vontade das partes as cláusulas referidas nas diversas alíneas.

2. Não obstante o vício de qualquer cláusula, prevalece o arrendamento rural, já que a nulidade de qualquer delas não determina a invalidade de todo o contrato. — Cfr. o art. 292.º do C. C. Consagra-se a redução do negócio jurídico e afasta-se a aplicação da segunda parte deste preceito.

3. Na al. *a)* procura-se preservar a liberdade de contratar, partindo-se do princípio que o arrendatário é a parte mais fraca.

— Com a al. *b)* pretende-se salvaguardar o mesmo princípio, a estabilidade das rendas — art. 8.º — e que estas se mantenham dentro dos limites fixados nas Tabelas — art. 9.º.

— Na al. *c)* quer-se impedir que o senhorio e o arrendatário possam violar impunemente as suas obrigações legais ou contratuais.

Não é válida a cláusula contratual em que o rendeiro renuncia ao direito de renovação do contrato ou se obriga antecipadamente a pedir a sua denúncia — Ac. da Relação de Lisboa de 12/12/1985, *Col. Jur.* X, 5, 104.

— A finalidade da al. *d)* é a de evitar que o arrendatário, como parte mais fraca, seja pressionado a abdicar do tempo legal do contrato.

Mas já não será nula a cláusula contida num contrato de arrendamento rural, pela qual o arrendatário prescinde do direito a pedir indemnização por benfeitorias que realizou, face ao disposto no art. 405 do C.C., já que não se trata de indemnização por violação de obrigações legais ou contratuais.

— Na al. *e)* impede-se apenas o arrendatário de assumir essas obrigações em tal qualidade e por imposição de cláusula constante do respectivo contrato de arrendamento, o que levaria a um aumento não permitido da renda.

— Quanto à al. *f)* vd. art. 270.º do C.C.

Procura-se manter a estabilidade do contrato, partindo do habitual pressuposto de que o arrendatário é a parte mais fraca.

Nota o Prof. Pereira Coelho, *Arrendamento*, 1988, 351, que se compreende que a lei proíba a aposição de condição *resolutiva* ao contrato de arrendamento, no interesse do arrendatário e no próprio interesse geral da estabilidade da relação locativa. Já não se vê tão claro por que razão, ao contrário do que acontece no arrendamento urbano, não seja permitido apor condição *suspensiva* ao contrato de arrendamento rural. Talvez a lei tenha receado que o prédio não fosse convenientemente explorado no período da pendência da condição, dada a situação de incerteza existente no prédio.

4. I — É nula a cláusula, inserida num contrato de arrendamento, segundo a qual o arrendatário deverá restituir o prédio ao senhorio logo que este necessite dele.

II — O contrato deve permanecer válido e eficaz sem a cláusula nula, sempre que esta se reporte à violação de uma norma destinada a proteger uma parte contra a outra.

III — A nulidade dessa cláusula não importa nulidade de todo o negócio, mesmo que se prove que ele não teria sido concluído sem a dita cláusula. — Ac. da Relação do Porto de 25/1/1990, *Col. Jur.* XV, 1, 232.

5. O art. 4 contém extenso enunciado de *cláusulas nulas* no contrato de arrendamento rural. É claro que, como decorre das regras gerais, não

41

se trata de lista taxativa mas simplesmente exemplificativa, sendo nulas, além das seis referidas, quaisquer outras cláusulas que ofendam disposições legais imperativas, ou seja, disposições que visem tutelar interesses públicos ou proteger o arrendatário contra a sua fraqueza — sobretudo económica — em relação ao senhorio. — Prof. Pereira Coelho, *Arrendamento*, 1988, 349.

6. Porque as condições de validade de um contrato, ou de cláusulas deste, se devem aferir pela lei vigente ao tempo em que o negócio foi celebrado, a nulidade da cláusula mantém-se mesmo que uma lei nova venha a dispor diferentemente. — Ac. do STJ de 2/3/1994, *Col. Jur. STJ*, II, 1, 138.

7. I — São obras de conservação ordinária as que se destinam, em geral, a manter o prédio em bom estado de preservação e nas condições requeridas para o fim do contrato e existentes à data da sua celebração. II — Só no domínio do arrendamento para habitação é que se pode pôr em dúvida a validade da cláusula contratual que disponha no sentido de as obras serem suportadas pelo arrendatário. — Ac. do STJ de 20/3/2001, *Proc. 282/01, 1.ª Secção*, relatado pelo Conselheiro Aragão Seia.

ARTIGO 5.º
Prazos de arrendamento

1 — Os arrendamentos rurais não podem ser celebrados por prazo inferior a dez anos, a contar da data em que tiverem início, valendo aquele se houver sido estipulado prazo mais curto.

2 — Nos arrendamentos ao agricultor autónomo o prazo referido no número anterior é de sete anos.

3 — Findos os prazos estabelecidos nos números anteriores, ou o convencionado, se for superior, entende-se renovado o contrato por períodos sucessivos de cinco anos, enquanto o mesmo não for denunciado nos termos do presente diploma.

NOTAS

1. A redacção actual do n.º 3 foi introduzida pelo Dec.-Lei n.º 524/99, de 10 de Dezembro, que a justificou assim:
"O Dec.-Lei n.º 385/88, de 25 de Outubro, estabeleceu um novo regime de arrendamento rural, fixando, nomeadamente, os prazos iniciais e de renovação do contrato (art. 5.º) e estabelecendo que em caso algum pode ser convencionada a antecipação do pagamento da renda (n.º 4 do art. 7.º).
Quanto ao prazo inicial, o referido diploma obriga a que não seja inferior a dez ou sete anos, se se tratar de agricultor autónomo, ocorrendo a renovação dos contratos, enquanto não forem denunciados, por períodos sucessivos de três anos, ou um para o agricultor autónomo.

Há-de, porém, ter-se em conta que uma das condições impostas aos agricultores para a obtenção de ajudas comparticipadas pela União Europeia é o compromisso de assegurarem o exercício da actividade agrícola na exploração durante, pelo menos, cinco anos.

Constata-se, pois, que os períodos de renovação dos contratos de arrendamento (três anos ou um) são inferiores ao período, de cinco anos, que os agricultores têm de garantir para obterem as ajudas.

Consequentemente, a renovação de um contrato, nos termos da legislação vigente, não faculta ao agricultor a possibilidade de garantir mais cinco anos de exploração, excluindo-o liminarmente do regime das ajudas comparticipadas.

É, portanto, oportuno e conveniente adequar os prazos de renovação àquela realidade".

2. A alteração introduzida no n.º 3 do artigo 5.º do Dec.-Lei n.º 385/88, de 25 de Outubro, aplica-se aos contratos em vigor à data do início da vigência do presente diploma, não se aplicando, porém, aos períodos de renovação em curso – art. 2.º do Dec.-Lei n.º 524/99, de 10 de Dezembro.

3. A anterior redacção do n.º 3 era a seguinte:

3 — Findos os prazos estabelecidos nos números anteriores, ou o convencionado, se for superior, entende-se renovado o contrato por períodos sucessivos de três anos ou de um ano, no caso de agricultor autónomo, enquanto o mesmo não for denunciado nos termos da presente lei.

4. Afigura-se-nos de duvidosa constitucionalidade a norma do n.º 2 do Dec.--Lei 524/99, de 10 de Dezembro, que manda aplicar o período de renovação de cinco anos aos contratos em vigor à data do início da vigência do diploma.

Na verdade, parece-nos que o princípio geral da segurança jurídica em sentido amplo (abrangendo, pois, a ideia de protecção da confiança) pode formular-se, como nota o Prof. Gomes Canotilho, *Direito Constitucional e Teoria da Constituição*, 3.ª ed., 252, do seguinte modo: o indivíduo tem o direito de poder confiar em que aos seus actos ou às decisões públicas incidentes sobre os seus direitos, posições ou relações jurídicas alicerçadas em normas jurídicas vigentes e válidas se ligam os efeitos previstos e prescritos por essas mesmas normas. As refracções mais importantes do princípio da segurança jurídica são os seguintes: (1) relativamente a *actos normativos* — proibição de normas retroactivas restritivas de direitos ou interesses juridicamente protegidos; (2)...

É certo que o legislador pode alterar os princípios constantes da ordem jurídica, pois isso é próprio da função legislativa. Mas tem de respeitar os direitos ou interesses juridicamente protegidos; não pode atingir as legítimas expectativas dos cidadãos.

Alterar o prazo de renovação dos contratos para cinco anos quando até aqui o mesmo período era de três anos ou de um ano é mexer na estrutura do contrato, violando a confiança dos cidadãos que esperam que a ordem jurídica respeite, como se disse, as suas legítimas expectativas.

Quem celebra um contrato de arrendamento rural na pressuposição de que o mesmo se renovará por períodos sucessivos de três anos ou de um ano vê essas expectativas frustradas por uma lei posterior, que transforma estes períodos em cinco anos, até porque poderia pretender denunciá-lo apenas no decurso da renovação, ainda não iniciada, que passará a ter maior duração.

Parece uma clara violação do princípio do Estado de direito — art. 2.º da Constituição da República —, que reclama que os cidadãos possam organizar a sua vida na previsibilidade do direito, ou seja, como se deduz do já referido, comporta a ideia de que os cidadãos podem confiar na ordem jurídica.

5. Os prazos do arrendamento rural variam consoante se trate de arrendamentos rurais a empresas de tipo patronal ou sob a forma de cooperativa (ver anotações ao art. 1.º) ou na modalidade de arrendamento ao agricultor autónomo (agora, empresa agrícola de tipo familiar) — ver anotações ao art. 1.º).

No primeiro caso, os arrendamentos não podem ser celebrados por prazo inferior a dez anos, a contar da data em que tiverem início, entendendo-se renovados os contratos por períodos sucessivos de cinco anos, enquanto não forem denunciados nos termos dos arts. 18.º e segs.

No segundo caso, o prazo mínimo de arrendamento é de sete anos, entendendo-se renovados os contratos por períodos sucessivos de cinco anos, enquanto não forem denunciados nos termos do art. 18.º e segs.

Quer num, quer noutro caso, o arrendatário pode obstar à efectivação da denúncia desde que, em acção intentada no prazo de 60 dias após a comunicação prevista no art. 18.º, prove que o despejo põe em risco sério a sua subsistência económica e do seu agregado familiar — cfr. art. 19.º n.º 1.

Porém, no caso de arrendamento ao agricultor autónomo, se o senhorio for emigrante pode denunciar o contrato sem que o arrendatário se possa opor à denúncia se, cumulativamente, tiver sido ele quem arrendou o prédio ou o tiver adquirido por sucessão, necessitar de regressar ou tiver regressado há menos de um ano a Portugal e se quiser explorar directamente o prédio arrendado. Esta denúncia pode ser feita em qualquer altura mas só produz efeitos decorrido que seja o prazo mínimo de três anos após a celebração do contrato de arrendamento — cfr. art. 17.º.

Também quando o senhorio pretenda denunciar o contrato para, no termo do prazo ou da renovação, passar ele próprio, ou filhos que satisfaçam as condições de jovem agricultor estipuladas na lei, a explorar directamente o prédio ou prédios arrendados, o arrendatário não pode opor-se à denúncia — n.º 1 do art. 20.º.

6. No caso de terem sido estipulados prazos mais curtos que os mencionados neste artigo valem os prazos de duração mínima, que também se presumem convencionados, embora seja admissível prova em contrário, no caso de não terem sido fixados no contrato quaisquer prazos.

7. Os prazos de arrendamento podem ser alterados sempre que uma exploração agrícola venha a ser reconvertida pelo arrendatário, em termos a definir por lei — ver art. 6.º.

8. O prazo supletivo de renovação do contrato fixado no n.º 3 consiste numa presunção *juris et de jure*, inilidível por prova em contrário, caso o contrato não seja denunciado em conformidade com o art. 18.º e segs.

Nada impede, porém, que, quando da celebração do contrato, as partes convencionem períodos de renovação superior.

9. A locação não pode celebrar-se por mais de 30 anos: quando estipulada por período superior, ou como contrato perpétuo, considera-se reduzida àquele limite — art. 1025.º do C. C.

10. Os contratos celebrados por mais de 30 anos não são nulos: consideram--se reduzidos ao limite legal. Não se verifica, porém, um fenómeno de redução, tal como está previsto no art. 292.º do C. C., pois a limitação do prazo impõe--se, mesmo que não seja essa a vontade conjectural das partes. Trata-se de uma redução que exprime uma limitação de ordem pública. Entende-se haver inconvenientes, quer no aspecto económico, quer no plano social, em que o gozo de determinada coisa seja obrigatoriamente concedido para um período demasiado dilatado no tempo a quem não seja o seu proprietário ou usufrutuário — cfr. Profs. Pires de Lima e Antunes Varela, *C. C. Anotado*, II, 4.ª ed., 348.

11. Para O Conselheiro Dr. Pinto Furtado, *Manual do Arrendamento Urbano*, 3.ª ed., 984, louvando-se no Ac. da Relação do Porto de 11/12/1984, *Proc. 17.863, 1.ª Secção*, confirmado pelo Ac. do S.T.J. de 1/7/1986, *Bol.* 359, 661, a prorrogação forçada do prazo do arrendamento deve conter-se dentro do prazo de vida de 30 anos do contrato de locação. Porém, se o arrendatário permanecer no prédio depois disso sem oposição do senhorio, operar-se-á a «renovação» por força do que se dispõe no art. 1056.º do C.C.

Parece-me, no entanto, que deve-se atender aos prazos por que os contratos de arrendamento são celebrados e não aos prazos da sua duração, por motivo das sucessivas renovações, pois o artigo 1025.º do C.C., tal como resulta da sua epígrafe, estabelece apenas o prazo de duração máxima que as partes podem convencionar, o que não abrange as renovações impostas por lei, funcionando a favor do inquilino. — Ver Conselheiro Aragão Seia, *Arrendamento Urbano*, 6.ª ed., 193.

12. O que se procura, com a possibilidade de oposição às renovações do contrato por parte do senhorio emigrante que satisfizer cumulativamente as condições atrás referidas, é não só a captação de fundos angariados por ele lá fora, através de um investimento na compra de terras, criando-se-lhe a ideia de que quando regressar a Portugal poderá tomar conta delas, mas também assegurar-se-lhe uma ocupação aquando do seu regresso.

Com as condições a satisfazer cumulativamente quis-se evitar que alguém que quisesse tirar rapidamente das suas terras um arrendatário e não tivesse forma de o fazer, por não se poder opor às renovações, fizesse uma venda simulada a um emigrante que, logo a seguir, viria pedir a denúncia do contrato invocando ser dono do prédio e precisar dele.

Assim e, em relação ao n.º 4 do art. 6.º da Lei n.º 76/77 se opinou, então, na Assembleia da República — ver *D. da Assembleia da República*, I Série, de 23/2/79, pág. 1150.

13. No contrato de arrendamento ao agricultor autónomo, as partes podem convencionar um período de renovação do contrato por tempo superior a um ano (hoje cinco anos) — Ac. da Relação de Évora de 12/5/1988, *Col. Jur.* XIII, 3, 282.

14. O arrendamento rural celebrado ao abrigo do Dec.-Lei n.º 201/75, de 15/4, é de duração indefinida, dado o regime de renovação obrigatória no que toca ao locador. — Ac. da Relação de Évora de 14/3/1991, *Col. Jur.* XVI, 2, 324.

15. Os prédios adquiridos para fins de emparcelamento podem ser arrendados por prazos inferiores ao estabelecido no artigo em anotação — ver art. 30.º.

16. I — O senhorio não pode fazer diminuir o prazo mínimo previsto na lei para denúncia do contrato, mas pode acordar com o arrendatário que o prazo vá para além do previsto na lei.
II — Se tal suceder é este prazo que prevalece. — Ac. da Relação de Lisboa de 7/10/1993, *Col. Jur.* XVIII, 4, 139.

17. O contrato de arrendamento rural ao cultivador directo celebrado em 1964, que era renovável por períodos de três anos, substituído quando entrou em vigor o Dec.-Lei n.º 385/88, passou a ser renovado por períodos sucessivos de um ano (hoje cinco anos). — Ac. do STJ de 3/11/1993, *Col. Jur. STJ.* I, 3, 88.

ARTIGO 6.º
Alteração dos prazos

1 — Sempre que uma exploração agrícola objecto de arrendamento venha a ser reconvertida pelo arrendatário, o contrato tem a duração mínima fixada na decisão que aprove, em termos a definir, mediante portaria do Ministro da Agricultura, Pescas e Alimentação, o respectivo plano de reconversão.

2 — Sobre o plano proposto será obrigatoriamente ouvido o senhorio, e se este apresentar objecções ou sugestões, devem as mesmas ser tomadas em conta na aprovação ou rejeição.

3 — O prazo referido no n.º 1 não pode exceder 25 anos, devendo na sua fixação ser considerados o tempo já decorrido desde o início ou renovação do contrato, o valor económico da reconversão, o volume do investimento a fazer e o benefício resultante para o proprietário findo o contrato.

4 — Findo o prazo fixado nos termos deste artigo, só por acordo expresso das partes pode haver continuação do arrendamento, a qual vale então como novo arrendamento.

5 — A decisão aprobatória do plano será obrigatoriamente comunicada ao senhorio e ao arrendatário.

NOTAS

1. O senhorio não pode opor-se à reconversão, mas apenas apresentar objecções ou sugestões.

2. A lei devia ter concedido um prazo ao senhorio para se opor ao plano. Na sua ausência, deve o organismo competente do Ministério da Agricultura fixá-lo.

3. Os planos de reconversão devem conter, no mínimo, a menção das áreas cultivadas ou a cultivar, do tipo de culturas, dos efectivos pecuários, dos equipamentos e construções, da duração do plano, dos efectivos de mão-de-obra e ser acompanhados da planta cadastral.

4. A fixação do prazo em 25 anos visou dar maior estabilidade ao arrendamento.

5. Melhora-se o já anterior sistema de reconversão do arrendamento, incluindo-se o prazo de 25 anos para protecção dos investimentos com alteração dos prazos normais do arrendamento — essencial para os agricultores e cultivadores que hajam recorrido ou venham a recorrer a ajudas da Comunidade para melhoramentos das suas explorações agrícolas. — Vd. *D. da Assembleia da República*, I Série, de 8/4/88, pág. 2615.

6. Os prazos e renovações dos contratos de arrendamento são claramente compatíveis com a utilização de técnicas e a realização de investimentos, quer se destinem ao agricultor autónomo, ao agricultor de maior dimensão ou ainda àquele que, justificadamente, carece de um período, que pode ir até 25 anos, para fazer face a investimentos especiais.
Ao consagrar estes prazos de arrendamento está-se implicitamente a acarinhar a existência de rendeiros distintos, admitindo que no sector agrícola todos têm lugar. Se de uma maneira pouco rigorosa se pode pensar que os rendeiros maiores são aqueles que mais facilidade podem ter em constituir empresas agrícolas em moldes europeus, não devemos e não queremos também esquecer que aqueles que definimos por agricultores autónomos são ainda os que mais contribuem para a produção agrícola nacional. — Vd. *D. da Assembleia da República*, I Série, de 8/4/88, pág. 2628.

7. O prazo de 25 anos, referido no número três, é um prazo especial em relação ao regime geral de 30 anos estipulado pelo art. 1025.º do C.C., como limite temporal de duração do contrato de locação.
Além, a duração do arrendamento é fixada na decisão que aprova o plano de reconversão; aqui, opera o princípio da autonomia da vontade das partes.

8. A propósito de preceito semelhante da Lei n.º 76/77 (n.º 4 do art. 8.º) escrevemos então no *Arrendamento Rural*, 1985, 2.ª ed., pág. 34, com o que

vieram a concordar os Profs. Pires de Lima e Antunes Varela no *C. C. Anotado*, II, 3.ª ed., 444, que no caso de reconversão da exploração agrícola o prazo de duração mínima tinha de se contar desde o início do contrato, pois, caso contrário, até se poderia violar o limite máximo de 30 anos imposto pelo art. 1025.º do C.C. para o contrato de locação.

O preceito em anotação consagrou, agora, expressamente, no seu n.º 3, a nossa opinião.

9. No n.º 4 consignou-se que só por acordo expresso das partes pode haver continuação do arrendamento, valendo então como novo arrendamento, o que significa que não há renovação do contrato em compensação do aumento do prazo da sua duração mínima.

A continuação do contrato ou a sua renovação, como se lhe quiser chamar, é sempre considerada novo arrendamento.

10. O senhorio pode pedir a resolução do contrato se o arrendatário não observar, injustificadamente, o que for estabelecido no plano de reconversão. — Cfr. al. *f)* do art. 21.º.

11. Compete ao Ministro da Agricultura, com prévia audição do senhorio, aprovar o plano de reconversão agrícola efectuado pelo arrendatário, mediante portaria, dela constando a duração máxima do contrato de arrendamento, que não poderá exceder 25 anos, devendo na sua fixação ser levado em conta o tempo já decorrido desde o início ou da renovação do contrato.

Na fixação do novo prazo do contrato, deve o Ministro da Agricultura, atender ao valor económico da reconversão, ao volume do investimento a fazer e ao benefício resultante para o proprietário findo o contrato.

Da decisão aprobatória do plano é garantido recurso contencioso ao senhorio e ao arrendatário, com fundamento em ilegalidade, como resulta do art. 268.º n.º 4 da Constituição e do art. 25.º n.º 1 do Dec.-Lei n.º 267/85, de 16 de Julho; ver, também, o art. 51.º n.º 1 da Lei n.º 15/2002, de 22 de Fevereiro.

O poder funcional do Ministro da Agricultura, na fixação do prazo do contrato é vinculado no que concerne ao máximo permitido — 25 anos — mas já é discricionário no que toca à fixação, até esse máximo, do prazo em concreto, com base no valor económico da reconversão, no volume do investimento a realizar e no benefício resultante para o proprietário, dada a liberdade de apreciação que lhe é conferida pelo legislador.

Na parte em que esse acto é praticado no uso de um poder discricionário, pode ser atacado quer com base em erro de facto nos pressupostos, quer com base em desvio de poder. Contudo, como a doutrina tem vindo a reconhecer, apoiada no art. 266.º n.º 2 da Constituição, pode também aqui verificar-se um vício de violação de lei por ofensa aos princípios da justiça e da imparcialidade ou a alguns dos seus corolários.

O recurso contencioso deve ser interposto para o S.T.A. — cfr. al *c)* do n.º 1 do art. 26.º do Dec.-Lei n.º 129/84, de 27 de Abril, na redacção do Dec.--Lei n.º 229/96, de 29 de Novembro. No regime da Lei n.º 13/2002, de 19 de Fevereiro, o recurso deve ser dirigido ao TAC territorialmente competente — arts. 24.º, 37.º e 44.º.

ARTIGO 7.º

Renda

1 — A renda será sempre estipulada em dinheiro, a menos que as partes a fixem expressamente em géneros e em dinheiro simultaneamente.

2 — Caso a renda seja fixada parcialmente em géneros, estes não podem ir além de três espécies produzidas no prédio ou prédios arrendados.

3 — Uma vez fixado o sistema de estipulação de renda, este não poderá ser alterado na vigência do contrato ou da sua renovação.

4 — A renda é anual, só pode ser alterada nos termos do presente diploma e não pode ser convencionada a antecipação do seu pagamento, excepto quando o arrendatário for um jovem agricultor titular de um projecto de exploração aprovado pelos serviços regionais do Ministério da Agricultura, do Desenvolvimento Rural e das Pescas, caso em que pode ser convencionado o pagamento, no início do contrato, das rendas respeitantes a todos os anos do prazo contratual.

5 — A renda em dinheiro será paga em casa do senhorio, a menos que o contrato estipule outro local.

6 — Caso a renda seja fixada, parcialmente, em géneros, estes serão entregues ao senhorio na sede da exploração agrícola do prédio arrendado.

NOTAS

1. A redacção actual do n.º 4 foi introduzida pelo Dec.-Lei n.º 524/99, de 10 de Dezembro, que a justificou assim:

"O Dec. Lei n.º 385/88, de 25 de Outubro, estabeleceu um novo regime de arrendamento rural, fixando, nomeadamente, os prazos iniciais e de renovação do contrato (art. 5.º) e estabelecendo que em caso algum pode ser convencionada a antecipação do pagamento da renda (n.º 4 do art. 7.º).

(...) Relativamente à impossibilidade legal de antecipação de pagamento de renda, constata-se a retracção da oferta de terra para arrendamento, pelo que se toma necessária a tomada de medida legislativa com o objectivo de contrariar aquela tendência, visando, concomitantemente, criar condições para o rejuvenescimento do tecido empresarial agrícola.

Consequentemente, entende-se adequado abrir uma excepção à parte final da norma do n.º 4 do artigo 7.º do Decreto-Lei n.º 385/88, permitindo que, no caso de jovens agricultores, com um plano de exploração devidamente aprovado pelos serviços regionais do Ministério da Agricultura, do Desenvolvimento

Rural e das Pescas, possa ser feito no início do contrato o pagamento das rendas referentes a todos os anos do prazo contratual".

2. A antecipação do pagamento de rendas prevista no n.º 4 do art. 7.º do Dec.-Lei n.º 385/88, de 25 de Outubro, na redacção do presente diploma, não obsta à actualização da renda nos termos dos arts. 8.º e 9.º do referido decreto--lei — art. 3.º do Dec.-Lei n.º 524/99, de 10 de Dezembro.

3. A anterior redacção do n.º 4 era a seguinte:

4. A renda é anual, só pode ser alterada nos termos do presente diploma e em caso algum pode ser convencionada a antecipação do seu pagamento.

4. Regra geral, é a estipulação da renda em dinheiro. As partes, porém, podem fixá-la expressamente em géneros e dinheiro simultaneamente, não podendo estes ir além de três espécies produzidas no prédio ou prédios arrendados.

5. Incentiva-se, tal como nos sistemas europeus, a renda em dinheiro, podendo actualizar-se anualmente — não, como alguns defendem, ao livre arbítrio das leis do mercado — mas, sim, segundo o sistema de renda máxima tabelada com base nos géneros, culturas e evolução dos preços em certa região e ouvindo sempre as associações de agricultores; não se deixa, no entanto, de atender às especificidades regionais com os seus usos e costumes e por isso se admite a renda em dinheiro e em géneros — Vd. *D. da Assembleia da República*, I Série, de 8/4/88, pág. 2615.

6. Embora apontando para esta forma arcaica da renda paga em géneros, o que se pretende é precisamente incentivar o pagamento da renda em dinheiro. Por isso é que no art. 8.º quando se aponta para a actualização das rendas, se focam apenas as rendas cujo pagamento foi convencionado em dinheiro — Vd. *D. da Assembleia da República* citado, pág. 2636.

7. Nota o Eng. Lopes Cardoso, *Subsídios para a Regulamentação do Arrendamento Rústico*, 161, que se o pagamento em dinheiro, é aquele que define melhor o carácter de «fixidez» da renda, apresenta o inconveniente de, em especial nos arrendamentos longos, se não adaptar às flutuações da moeda, exigindo um sistema complementar de revisão que defenda o senhorio de possíveis desvalorizações.

As rendas pagas em géneros enfermam do inconveniente de, em muitos casos, conduzirem à monocultura e à exploração rotineira.

A págs. 162 e 163 acaba por concluir que a fixação da renda em géneros, facultando-se o seu pagamento em dinheiro, de acordo com determinadas condições, parece ser o sistema que maiores vantagens oferece, sendo o adoptado pelas leis espanhola e francesa. Liberta o rendeiro da obrigação de cultivar determinado produto, permite, dentro de certa medida, um ajustamento automático das rendas às desvalorizações da moeda e faz entrar o senhorio na dependência das oscilações do mercado e da produção.

8. Jovem agricultor, nos termos do n.º 7 do art. 2.º do Regulamento de Aplicação do Regime de Ajudas à Melhoria da Eficácia das Estruturas Agrícolas, aprovado pela Portaria n.º 195/98, de 24 de Março, alterada pela Portaria n.º 46-A/2001, de 25 de Janeiro, é o agricultor que à data de apresentação dos pedidos ao abrigo deste diploma, tenha mais de 18 e menos de 40 anos de idade.

9. I — Um contrato de arrendamento rural celebrado na vigência do C.C. de 1966 é à luz deste diploma que tem de ser apreciado.

II — Naquele Código, a renda podia ser fixada em dinheiro ou em géneros, ser certa ou consistir numa quota de frutos, e tinha-se por não escrita a cláusula pela qual o arrendatário se obrigasse, por qualquer título, a serviços que não revertessem em benefício directo do prédio.

III — A ineficácia da tal cláusula não impedia a sobrevivência do contrato. — Acs. da Relação de Coimbra de 30/11/1982 e da Relação de Lisboa de 16/11/1982, respectivamente, na *Col. Jur.* VII, 5, 40 e VII, 5, 97.

10. I — Um contrato de arrendamento rural, celebrado em 1941, em que se acordou que a renda seria só paga em géneros, permanece válido apesar dos diversos regimes legais que se sucederam desde então, convertendo-se a renda em dinheiro nos períodos de vigência das leis (Dec.-Lei n.º 201/75, de 15/4 e Dec.-Lei n.º 358/88, de 25/10) que não admitem a fixação de renda só em géneros.

II — As rendas em géneros estão também sujeitas aos limites das tabelas de rendas máximas, determinadas de acordo com as sucessivas portarias, que se foram aplicando ao abrigo do disposto no art. 10.º da Lei n.º 76/77 e art. 9.º do Dec.-Lei n.º 358/88, devendo para o efeito ser calculado o seu valor em dinheiro. — Ac. da Relação de Évora de 5/7/1990, *Col. Jur.* XV, 4, 274.

11. Subsistindo entre as partes um contrato de arrendamento rural de determinado prédio, em que a renda foi fixada, e se mantém, em géneros, se, na acção de despejo, se invoca como causa de pedir a falta de pagamento da renda em dinheiro ao abrigo da lei antiga (Dec.-Lei n.º 201/75, de 15 de Abril), esta não pode haver-se como verificada. — Ac. da Relação do Porto de 23/5/1978, *Col. Jur.* III, 852.

12. O senhorio não se constitui em mora quando, sendo em géneros a renda estipulada, se recusa a aceitar o pagamento em dinheiro. — Ac. da Relação do Porto de 11/2/1977, *Col. Jur.* I, 97.

13. Ao contrário do que se dispõe no contrato de locação — n.º 1 do art. 1039.º do C.C. — o arrendatário terá de pagar a renda em dinheiro em casa do senhorio, salvo convenção em contrário; se a renda foi fixada parcialmente em géneros, estes serão entregues ao senhorio na sede da exploração agrícola do prédio arrendado, se ela existir.

No caso de a renda ter sido fixada parte em dinheiro e parte em géneros,) dinheiro é entregue em casa do senhorio e os géneros sê-lo-ão na sede da exploração agrícola do prédio arrendado, se ela existir.

Se não existir, como no caso de o arrendamento ter por objecto um ou mais prédios rústicos onde não exista qualquer construção que sirva de sede — o que

51

acontece com frequência no caso do arrendamento ao cultivador directo — os géneros serão entregues ao senhorio em casa do arrendatário — n.º 1 do art. 1039.º do C.C.
É que o n.º 6 do preceito em anotação ao falar em *sede* pretende que os géneros sejam entregues no lugar onde se encontram guardados.

14. O domicílio do rendeiro rural é, em princípio, o local do pagamento da renda: se o senhorio não provar que aí foi ou mandou receber as rendas, o arrendatário não fica constituído em mora e não terá que pagar indemnização por virtude do alegado não pagamento de rendas. — Ac. da Relação de Évora de 19/12/1989, *Bol.* 392, 528.

15. I — A renda estipulada em certa quantia ou o correspondente a essa quantia, determinada pelo coeficiente de valorização ou desvalorização da moeda, tomando por base o preço correspondente na região, a um alqueire de centeio, não constitui uma dívida alternativa dependente da escolha.
II — É, antes, uma obrigação de prestação única, em centeio, paga, todavia, em dinheiro, e dependente de liquidação.
III — Do que, pois, no caso se trata é de uma obrigação pecuniária na modalidade de dívida de valor — Ac. da Relação do Porto de 14/3/1985, *Col. Jur.* X, 2, 214.

16. O art. 9.º da Lei n.º 76/77, de 29 de Setembro, não se opõe à cláusula em que se estabelece uma renda de montante variável no tempo, quer referindo--se a quantias certas e determinadas quer a quantias indeterminadas, mas determináveis em função do valor variável de certo produto, nomeadamente o azeite, principal produção do prédio arrendado. — Ac. do S.T.J. de 23/7/1985, *Bol.* 349, 507.

17. Prof. Pereira Coelho, *Arrendamento*, 1988: Cremos, porém, que não será válido estipular o pagamento da renda *em moeda específica estrangeira*: no art. 7.º n.º 1, «e, dinheiro» significa pois «em escudos». Nem se compreenderia que tais cláusulas — que possibilitariam uma actualização incontrolada no montante da renda — fossem nulas no arrendamento urbano e já fossem válidas no arrendamento rural. Note-se também que, como decorre dos princípios gerais (art. 762.º C.C.), se se tiver fixado a renda em dinheiro não pode o arrendatário pagar em géneros ou vice-versa; uma tal *faculdade alternativa* só existirá se tiver sido convencionada entre as partes. — nota 2 pág. 341.
O que a lei permite no art. 7.º, como se torna evidente, é que parte da renda seja fixada *em determinada quantidade de géneros*, e não que ela seja fixada *em determinada quota do produto da colheita*. A *parceria agrícola* só é permitida, a título transitório (art. 34.º), nos limites fixados nos n.os 1 e 2 do art. 31.º. — nota 1 pág. 342.
A renda pode ser fixada em dinheiro ou em dinheiro e em géneros simultaneamente. Vale aqui regime idêntico ao da parceria agrícola (art. 31.º n.º 1): se a renda for fixada parcialmente em géneros, estes não podem ser mais de *três* das espécies produzidas no prédio arrendado (art. 7.º, n.º 3). Note-se que a lei não esclarece *que parte* da renda pode ser fixada em géneros; é claro, porém, que tal parte não pode ser tão grande que a cláusula apareça como

fraudulenta, subvertendo, por assim dizer, o princípio do art. 7.º n.º 1, o qual, no interesse do arrendatário, não permite que a renda seja fixada simplesmente em géneros. — nota 2 pág. 342.

Expressa não quer dizer *escrita*, como é óbvio; o que a estipulação em géneros não pode ser é *tácita*, no sentido do art. 217.º n.º 1. Quando o contrato de arrendamento rural não seja reduzido a escrito, a estipulação da renda em géneros será naturalmente verbal. — nota 3 pág. 342.

O sistema de pagamento da renda, uma vez fixado, não pode ser alterado na vigência do contrato (art. 7.º n.º 3). Tomado à letra, o princípio compreende--se mal. Se se justifica, no interesse do arrendatário, que uma vez fixada a renda em dinheiro não seja permitido estipular que uma parte seja paga em géneros, já não se vêem razões para proibir que, tendo-se estipulado que uma parte da renda fosse paga em géneros, as partes convencionem posteriormente que a renda seja toda paga em dinheiro. Não deverá entender-se que o art. 7.º n.º 3, tendo em conta a sua razão de ser, só pretende excluir a primeira possibilidade, devendo ser objecto, por isso, da correspondente interpretação restritiva? — nota 1 pág. 343.

ARTIGO 8.º
Actualização de rendas

1 — As rendas convencionadas em dinheiro ou a sua parte em dinheiro serão actualizáveis anualmente por iniciativa de qualquer das partes, não podendo, contudo, ultrapassar os limites fixados nas tabelas referidas no artigo 9.º.

2 — Na falta de acordo entre as partes, até decisão final com trânsito em julgado, vigorará a renda fixada pelo senhorio, desde que respeite os limites das tabelas em vigor.

NOTAS

1. Embora apontando para esta forma arcaica da renda paga em géneros, o que se pretende é precisamente incentivar o pagamento da renda em dinheiro. Por isso é que no art. 8.º quando se aponta para a actualização das rendas, se focam apenas as rendas cujo pagamento foi convencionado em dinheiro — Vd. *D. da Assembleia da República*, I Série, de 8/4/88, pág. 2628.

2. Havendo acordo, as rendas ou a parte das rendas convencionadas em dinheiro, *e só estas*, são actualizáveis anualmente por iniciativa de qualquer dos interessados, dentro dos limites fixados nas tabelas referidas no art. 9.º.

É um dos poucos casos em que a lei permite a actualização das prestações pecuniárias por virtude das flutuações do valor da moeda, sendo uma excepção ao princípio nominalista consagrado no art. 550.º do C.C.

Sobre o cálculo do valor da renda em géneros para o efeito de, adicionado ao valor da renda em dinheiro, se verificar se se respeitam as Tabelas de rendas máximas nacionais ver notas ao art. 9.º.
Não havendo acordo, pode o senhorio fixar a renda dentro dos limites estipulados nas tabelas referidas no art. 9.º, renda que o arrendatário terá de pagar até à decisão final com trânsito em julgado na acção a propor por qualquer das partes.
Na falta de outro critério o julgador deve servir-se do do art. 551.º do C.C.
Sobre a tramitação da acção ver notas ao art. 11.º.
A parte da renda convencionada em géneros não tem que ser actualizada, visto a inflação não se repercutir nela, por efeito da subida periódica do preço dos géneros.

3. O n.º 2 garante e prescreve o recurso à via judicial por qualquer das partes para resolver o problema entre elas surgido, apontando apenas um valor para vigorar transitoriamente até tal decisão definitiva, pelo que se não verifica violação da Constituição por usurpação do poder jurisdicional.
É que, mesmo que se entenda não ser aplicável ao caso o disposto no art. 11.º do Dec.-Lei n.º 385/88 (cfr. Acórdão de 24 de Setembro de 1986, do Tribunal da Relação de Évora, em *Colectânea de Jurisprudência*, ano XVII, tomo IV, pág. 304; contra Aragão Seia, *Arrendamento Rural*, 2.ª ed., Coimbra 1994, pág. 66), sempre o inquilino se poderá socorrer da via judiciária. Com efeito, ainda para quem considere que o legislador não consagrou um tipo especial de processo para esta questão, o arrendatário não vê qualquer diminuição das suas garantias, pois que lhe ficarão sempre ao dispor as vias processuais normais e ordinárias, e ainda com as especificidades e garantias de celeridade processual fixadas nos n.ºˢ 2 e 3 do art. 35.º do Dec.-Lei n.º 385/88. — Ac. do Tribunal Constitucional n.º 414/96, de 7 de Março, *Bol.* 455, 133.
É do interesse do arrendatário propor a acção, se o senhorio fixar a renda.

4. I — No contrato de arrendamento rural, não havendo acordo entre senhorio e rendeiro, a actualização das rendas convencionadas em dinheiro não obedece a critérios de estrita legalidade, antes devendo ser encontrada na base da equidade, mediante o recurso ao processo de jurisdição voluntária a que alude o artigo 1429.º do CPC. II — Até ao trânsito em julgado da decisão final desse processo, não vigora a renda fixada pelo senhorio, sendo inaplicável o disposto no n.º 2 do artigo 8.º do Dec.-Lei n.º 385/88, de 25 de Outubro, se o rendeiro não aceitou o valor da actualização invocando a falta de respeito aos limites das tabelas em vigor. — Ac. da Relação de Lisboa de 25/9/2001, *Col. Jur.*, XXVI, 4, 92.

5. O n.º 2 enferma de inconstitucionalidade orgânica por incidir sobre matéria reservada da Assembleia da República e o Governo não se encontrar munido da indispensável autorização legislativa.
Nesta conformidade o Ac. do Tribunal Constitucional n.º 414/96, de 7 de Março, *Bol.* 455, 133, decidiu julgar inconstitucional a norma constante do n.º 2 do art. 8.º do Dec.-Lei n.º 385/88, de 25 de Outubro, por violação do disposto no art. 168.º, n.º 1 al. *h)*, da Constituição da República Portuguesa.

ARTIGO 9.º
Tabelas de rendas

1 — Os Ministros das Finanças e da Agricultura, Pescas e Alimentação estabelecerão por portaria as tabelas de rendas máximas nacionais, com base nos géneros agrícolas predominantes em cada região, na evolução dos seus preços correntes, na diferente natureza dos solos, nas formas do seu aproveitamento e quaisquer outros factores atendíveis, ouvidas as associações de agricultores.

2 — As tabelas previstas no número anterior serão estabelecidas por regiões agrícolas e eventuais zonas agrárias, se estas existirem, e serão revistas com intervalos máximos de dois anos.

3 — Se o contrato abranger edifícios, dependências, instalações ou outros equipamentos fixos, o valor da renda dos mesmos será referido expressamente no contrato, com destaque das restantes parcelas.

4 — A portaria a que se refere o n.º 1 deste artigo pode referir o valor máximo da renda das partes a que se refere o número anterior, reportando tais valores à unidade de área.

NOTAS

1. Sobressai a intenção de rever anualmente as rendas, baseando esta revisão no valor dos produtos retirados da exploração, mediante tabelas a mandar publicar por períodos não superiores a dois anos pelos Ministros das Finanças e da Agricultura.

Trata-se de uma forma justa de garantir ao longo do prazo do arrendamento um rendimento compatível com os preços dos produtos e dos factores de produção.

Os rendeiros não poderão honestamente sentir-se prejudicados, encontrando-se assim uma forma que certamente motivará maior confiança por parte dos senhorios, levando alguns a arrendar as suas terras — Vd. *D. da Assembleia da República*, I Série, de 8/4/88, pág. 2628.

2. As tabelas a estabelecer pelo Ministério das Finanças e da Agricultura podem variar conforme as regiões agrícolas e eventuais zonas agrárias, ouvidas as associações de agricultores.

Parece, assim, ter havido manifesto lapso quando no n.º 1 se diz que as tabelas conterão *rendas máximas nacionais*, com base nos géneros agrícolas predominantes em cada região, na evolução dos seus preços correntes, na diferente natureza dos solos, nas formas do seu aproveitamento e quaisquer outros factores atendíveis.

É lapso que vem do anterior Diploma, embora no seu domínio se pudesse argumentar que, paralelamente às tabelas de *rendas máximas nacionais,* ainda poderiam existir *tabelas concelhias* que as Comissões Concelhias do Arrendamento Rural poderiam fixar dentro dos limites daquelas, nos termos do n.º 1 do art. 10.º da Lei n.º 76/77, de 29 de Setembro.

Simplesmente, era errado, e continua a sê-lo, dizer-se que as *rendas máximas nacionais* «são fixadas com base nos géneros agrícolas predominantes em cada região, etc.», e estabelecidas por regiões agrícolas e eventuais zonas agrárias.

A referência devia ser feita unicamente às *rendas máximas* fixadas pelos Ministérios das Finanças e da Agricultura.

3. Nas tabelas de rendas não estão integradas as rendas de edifícios, dependências ou outros equipamentos fixos, devendo o seu valor ser referido expressamente e diferenciado das restantes parcelas.

As cláusulas contratuais que contrariem os limites máximos referidos naqueles diplomas são nulas e de nenhum efeito.

De acordo com a doutrina geral aceite para situações desta natureza, com base no art. 292.º do C.C., as cláusulas contratuais que excedem os valores máximos estabelecidos valem de harmonia com estes limites.

4. Sobre a habitual falta de revisão atempada das Portarias que estabelecem as tabelas de rendas máximas escreve-se no Ac. da Relação de Lisboa de 21/11/1996, *Col. Jur.* XXI, 5, 105: A caducidade *stricto sensu* dá-se por superveniência de um facto (previsto pela própria lei que se destina a vigência temporária) ou pelo desaparecimento, em termos definitivos, daquela realidade que a lei se destina a regular. No caso, nem desapareceu a realidade que a Portaria se destinava a regular, nem nesse diploma legal está previsto qualquer facto conducente à cessação da sua vigência. O que significa que essa Portaria não cessou a sua vigência por caducidade, mantendo-se em vigor à data da celebração do contrato. Como ensina Baptista Machado em «Introdução ao Direito e ao Discurso Legitimador», pág. 165, «é frequente estabelecer-se numa lei que o regime nela estabelecido será revisto dentro de certo prazo. Passado esse prazo sem que se verifique a revisão, não cessa a vigência da lei por caducidade, ela continua a vigorar até à sua substituição».

5. Fixaram tabelas de rendas máximas:

— Portaria n.º 566/75, de 19 de Setembro;
— Portaria n.º 363/77, de 18 de Junho;
— Portaria n.º 248/78, de 2 de Maio;
— Portaria n.º 246/82, de 3 de Março;
— Portaria n.º 584/84, de 9 de Agosto (rectificada em 31/8/84);
— Portaria n.º 298/86, de 20 de Junho;
— Portaria n.º 839/87, de 26 de Outubro;
— Portaria n.º 82/89, de 3 de Fevereiro;
— Portaria n.º 1152/90, de 22 de Novembro (rectificada em 31/1/91);
— Portaria n.º 104/94, de 10 de Fevereiro;
— Portaria n.º 151/96, de 14 de Maio;
— Portaria n.º 186/02, de 4 de Março.

Arrendamento Rural ART. 9.º

PORTARIA N.º 186/2002, DE 4 DE MARÇO

Nos termos do artigo 9.º do Decreto-Lei n.º 385/88, de 25 de Outubro, compete aos Ministros das Finanças e da Agricultura, do Desenvolvimento Rural e das Pescas estabelecer, por portaria, com intervalos máximos de dois anos, tabelas de rendas máximas nacionais.

A tabela que agora se publica actualiza os valores fixados pela Portaria n.º 151/96, de 14 de Maio, na base da variação do índice de preços no consumidor, fornecido pelo Instituto Nacional de Estatística, entre 1996 e 1999 (7%).

Nestes termos:

Manda o Governo, pelos Ministros das Finanças e da Agricultura, do Desenvolvimento Rural e das Pescas, ao abrigo do disposto no artigo 9.º do Decreto-Lei n.º 385/88, de 25 de Outubro, o seguinte:

1.º Os valores máximos das rendas dos contratos de arrendamento rural são os constantes da tabela anexa a este diploma, do qual faz parte integrante.

2.º São nulas e de nenhum efeito as cláusulas contratuais que contrariem os limites referidos ao número anterior.

3. Nos prédios objecto de arrendamento rural em que se pratiquem predominantemente culturas não previstas na tabela anexa o montante da renda será fixado por acordo das partes.

Tabela dos valores máximos das rendas dos contratos de arrendamento rural em euros por hectare

	Entre Douro e Minho	Trás-os-Montes	Beira Litoral	Beira Interior	Ribatejo e Oeste	Algarve
Cultura arvense de sequeiro (a):						
Solos da classe A	132,58	110,48	113,24	56,90	67,57	(b) 99,98
Solos da classe B	110,48	82,86	86,17	48,06	41,16	(b) 99,98
Solos da classe C	41,43	27,62	29,83	30,39	30,39	(b) 50,44
Solos da classe D				14,36	14,36	5,25
Solos da classe E (pastagens) (c)				6,63	6,63	
Cultura arvense de regadio (d):						
Solos da classe I	323,15	232,01	267,91	265,15	386,68	(e)
Solos da classe II	251,89	171,24	229,25	226,48	248,58	234,77
Solos da classe III/IV	180,63	121,53	129,82	132,03	185,05	148,87
Arroz (f)			176,13		227,36	
Cultura hortícola (d):						
Solos da classe I	(g) 828,59	265,15	(h) 545,49	331,44	556,81	628,02
Solos da classe II	419,82			220,96	353,53	407,67
Vinha	(i) 0,22/litro	(i) 584,16	(m) 157,16	121,53	(n) 248,58	127,61
		(l) 136,72			(o) 102,19	
Vinha de uva de mesa					350,77	355,74
Olival de 1.ª		78,16	42,81	55,24	40,33	
Olival de 2.ª		39,11	21,43	27,62	20,16	
Olival de 3.ª		19,55	11,14	13,81	10,11	
Oliveiras dispersas	(p) 0,55	(p) 0,55	(p) 0,55	(p) 0,44		(p) 0,27
Sobcoberto de olival:						
Solos da classe B				21,55	21,55	
Solos da classe C				8,56	8,56	
Solos da classe D				5,80	5,80	
Amendoal		57,17				
Pomares:						
Citrinos	(p) 1,83	370,66	(p) 1,80		456,83	480,58
Pomóideas (q)		377,29	524,78	572,81	456,83	
Prunóideas (r)				662,87	800,97	754,85
Montado de azinho:						
Classe 1.ª				8,56	8,56	
Classe 2.ª				6,63	6,63	
Classe 3.ª				3,31	3,31	
Sobcobertos de azinho:						
Solos da classe B				16,57	16,57	
Solos da classe C				6,91	6,91	
Solos da classe D				3,59	3,59	
Montado de sobro — Sobcobertos de sobro:						
Solos da classe B				7,18	7,18	
Solos da classe C				3,87	3,87	
Solos da classe D						
Prados permanentes de regadio	279,65	248,58	(s) 136,72	140,31		
Prados permanentes de sequeiro		116,00		66,29		

ART. 9.º — Decreto-Lei n.º 385/88, de 25 de Outubro

	Geral	Alentejo						
		Perímetros de rega						
		Caia	Divor	Alcácer	Odivelas	Roxo	Alvalade	Mira
Cultura arvense de sequeiro (a):								
Solos da classe A	57,45							
Solos da classe B	48,06							
Solos da classe C	30,38							
Solos da classe D	14,36							
Solos da classe E (pastagens) (c)	6,63							
Cultura arvense de regadio (d):								
Solos da classe I	273,99	273,99	187,81	192,23	211,01	249,30	271,39	187,81
Solos da classe II	203,84	203,84	140,86	144,18	158,26	186,99	203,56	119,76
Solos da classe III/IV	140,86	136,99	93,91	96,12	105,50	124,29	135,67	79,82
Arroz (f)	222,88							
Cultura hortícola (d):								
Solos da classe I	344,69							
Solos da classe II	204,94							
Vinha	309,90							
Vinha de uva de mesa	303,82							
Olival de 1.ª	75,40							
Olival de 2.ª	37,73							
Olival de 3.ª	18,89							
Oliveiras dispersas								
Sobcoberto de olival:								
Solos da classe B	21,55							
Solos da classe C	8,56							
Solos da classe D	5,80							
Amendoal								
Pomares:								
Citrinos	428,11							
Pomóideas (q)								
Prunóideas (r)	518,97							
Montado de azinho:								
Classe 1.ª	8,56							
Classe 2.ª	6,63							
Classe 3.ª	3,31							
Sobcobertos de azinho:								
Solos da classe B	16,57							
Solos da classe C	6,91							
Solos da classe D	3,31							
Montado de sobro — Sobcobertos de sobro:								
Solos da classe B								
Solos da classe C	7,18							
Solos da classe D	3,87							
Prados permanentes de regadio								
Prados permanentes de sequeiro								

(a) Classificação idêntica à das portarias anteriores.
(b) Para o Algarve, a renda foi calculada com base na associação tradicional da região: a cultura arvense com alfarrobeira, figueira e amendoeira. Não se estabeleceram diferenças entre as classes A e B de sequeiro.
(c) Pode incluir sobcoberto.
(d) Para os regadios, a classificação usada é estabelecida pelo Instituto de Hidráulica, Engenharia Rural e Ambiente.
(e) Exclui-se, no Algarve, a classe I de regadio, pois, pela definição dada a esta classe de regadio e para o caso específico do Algarve, esses terrenos são utilizados em cultura hortícola.
(f) Refere-se apenas ao arroz cultivado fora de perímetros onde não existe cartografia de classes de aptidão para o regadio. Nos restantes casos a renda será a da classe de solo correspondente.
(g) Refere-se à região da Aguçadoura e da Apúlia e a algumas outras pequenas zonas de idêntica intensificação hortícola.
(h) Em pequenas zonas de grande intensificação hortícola a renda máxima será a determinada para a Aguçadoura e Apúlia (€ 828,59).
(i) Em vinha de ramada e uveiras. Nesta região o arrendamento não tem significado e as cepas são exploradas em parceria. O valor refere-se ao preço a atribuir à totalidade da produção para se obter a quota de parceria a pagar pelo rendeiro.
(j) Para vinha com direito a benefício.
(l) Refere-se à vinha de vinho comum.
(m) Para a vinha contínua produzindo vinho maduro. Para a zona de Lafões, com características idênticas à de Entre Douro e Minho, o valor da renda é de € 0,10/litro de vinho.
(n) Refere-se a vinha de campo e várzea.
(o) Refere-se a vinha de charneca e encosta.
(p) O valor apresentado refere-se a renda por árvore.
(q) Os valores apresentados referem-se a pomares de macieiras e pereiras.
(r) Os valores apresentados referem-se a pomares de pessegueiros, damasqueiros, cerejeiras e ginjeiras. Não engloba amendoal, que é considerado à parte.
(s) No caso dos prados do Baixo Vouga a renda máxima é de € 163,79.

6. As primeiras Portarias a fixar as tabelas de rendas máximas foram a n.º 566/75, de 19 de Setembro, e a n.º 363/77, de 18 de Junho. Depois, de acordo com a Portaria n.º 248/78, de 2 de Maio, os limites máximos das rendas constantes da Portaria n.º 363/77, de 18 de Junho, foram aplicáveis aos arrendamentos rurais iniciados, continuados, prorrogados ou reservados em 1977 e em 1978.

A Portaria n.º 248/78, ao repor em vigor os limites máximos das rendas constantes da Portaria n.º 363/77, olvidou os contratos de arrendamento em que se queria estipular a renda em géneros, já que esta Portaria foi publicada na vigência do Dec.-Lei n.º 201/75, de 15 de Abril, que impôs a renda em dinheiro.

Com esta nossa opinião concordaram os Profs. Pires de Lima e Antunes Varela, no *C. C. Anotado*, II, 3.ª ed., 447.

Lapso idêntico ao da Portaria n.º 248/78 continuou a verificar-se nas Portarias n.º 246/82, n.º 584/84, n.º 298/86, n.º 839/87, n.º 82/89, n.º 1152/90, n.º 104/94, 151/96 e 186/2002.

O n.º 1 do art. 7.º do Diploma em anotação veio permitir que a renda seja fixada uma parte em géneros e outra parte em dinheiro.

Continuou, porém, a não dizer como se calcula o valor da renda em géneros para o efeito de, adicionado ao valor da renda em dinheiro, se verificar se se respeitam as tabelas de rendas máximas nacionais.

Parece que o melhor critério para determinar, com observância do disposto na Portaria n.º 186/2002, o limite máximo da renda à data da celebração do contrato, quando uma parte dela é em géneros e outra em dinheiro, é o seguinte:

Primeiro, converte-se em dinheiro o valor da parte da renda em géneros, tomando por base o preço oficial da compra no dia da celebração do contrato; na falta de preço oficial proceder-se-á à conversão com base no preço corrente da região.

Depois, adiciona-se o valor encontrado com a parte da renda em dinheiro. O total não poderá exceder o constante das tabelas de rendas máximas nacionais.

O montante das espécies que compõem a renda em géneros não pode ser alterado no decurso do contrato, já que só a parte da renda em dinheiro é actualizável.

Este critério de conversão da parte da renda em géneros foi inspirado no disposto na al. *f)* do n.º 3 do art. 16.º da Tabela Geral do Imposto do Selo, com a alteração do art. 2.º da Lei n.º 136/78, de 12 de Junho, e encontra-se aflorado no n.º 2 do art. 12.º.

Com ele, mas na versão adaptada à Lei n.º 76/77, concordou o Ac. da Relação do Porto de 4/6/1981, *Col. Jur.* VI, 3, 145, excepto no que respeitava à data do preço dos géneros, por se atender antes à do dia do vencimento da prestação e não à do da celebração do contrato.

Em abono desta posição dizia-se que «se, periodicamente, os limites máximos estão sujeitos a alteração, não fará sentido que, celebrado o contrato, se atenda sempre, de futuro, a tal preço que, assim, ficaria estático no tempo.

Relevante e significativo, em cada ano, deverá ser o momento do vencimento da renda, porque então nasce para o credor o direito ao seu recebimento, e essa, a renda, deve obedecer às disposições legais em vigor na altura».

ART. 9.º *Decreto-Lei n.º 385/88, de 25 de Outubro*

Dissemos, na ocasião — cfr. *Arrendamento Rural*, 1985, 2.ª ed., pág. 40 —, não nos parecer ser o melhor o critério, por contrariar frontalmente o disposto no n.º 5 do art. 9.º da Lei n.º 76/77.

É que, excepto no caso previsto no art. 11.º da mesma Lei, as rendas convencionadas só podiam ser actualizadas de seis em seis anos, por iniciativa de qualquer das partes.

Seguindo a orientação do Acórdão, a actualização da renda em géneros — e só esta, por a actualização da renda em dinheiro estar condicionada ao disposto no n.º 5 do art. 9.º — seria anual, pois os géneros todos os anos aumentam de preço.

7. Não são as sementeiras ou plantações feitas pelo arrendatário que interessam à fixação da renda, mas sim aquelas que ele tem condições de fazer no solo arrendado. — Ac. da Relação de Évora de 7/9/1996, *Col. Jur.* XXI, 4, 280.

8. Na vigência do Dec.-Lei n.º 201/75 a não ter sido o contrato alterado por consenso das partes quanto à espécie da renda, o facto de o senhorio ter aceitado uma importância em dinheiro em liquidação dela, por simples imposição do citado diploma, não modificou a estipulação a propósito feita.

Os contratos são geradores de direitos e de obrigações para os outorgantes, derivados quer da sua vontade, expressa nas cláusulas pactuantes, quer das disposições imperativas da lei que, sobrepondo-se a essa vontade e limitando-a, preenchem o próprio contrato.

Desaparecida a norma imperativa por o legislador considerar que não regulava bem os interesses em jogo, as cláusulas contratuais por ela restringidas em seus efeitos, originariamente válidas, renascem ou revalidam-se, tornando-se vinculativas entre as partes.

É o que resulta dos princípios consignados nos arts. 398.º, n.º 1, 405.º, n.º 1 e 406.º, n.º 1, todos do C. C.

Outro terá de ser o tratamento jurídico a dar ao caso, no entanto, se as partes houverem acordado em modificar a forma de pagamento para todo o tempo de duração do contrato, uma vez que a sua alteração consensual era permitida por lei. — Ac. da Relação do Porto de 4/6/1981, *Col. Jur.* VI, 3, 145.

9. Sobre as rendas máximas para os arrendamentos de campanha vd. a Portaria n.º 246/2001, de 22 de Março, em anotação ao art. 29.º.

10. **PORTARIA N.º 202/70, DE 21 DE ABRIL**

De acordo com o n.º 1 da base I e n.º 2 da base XXXIII da Lei n.º 2116, de 14 de Agosto de 1962, deve o Governo fixar a unidade de cultura para cada zona do País.

Em conformidade, foi-se procedendo aos estudos necessários e pediu-se, como a referida lei determina, o parecer da Corporação da Lavoura.

Aproveita-se o ensejo para se fazer uma revisão das unidades de cultura anteriormente fixadas para os distritos de Viana do Castelo e de Braga pelas

Arrendamento Rural ART. 9.º

Portarias n.ᵒˢ 20 302, de 7 de Janeiro de 1964, e 20 623, de 6 de Junho de 1964, cujos limites se encontram desactualizados.
Nestes termos:
Manda o Governo da República Portuguesa, pelo Secretário de Estado da Agricultura, ao abrigo do artigo 57.º do Decreto n.º 44 647, de 26 de Outubro de 1962, aprovar o regulamento especial seguinte:

Regulamento que Fixa a Unidade de Cultura
para Portugal Continental

Artigo 1.º A área da unidade de cultura é fixada, para Portugal continental, nos termos que constam do seguinte quadro:

Regiões	Unidade de cultura — Hectares		
	Terrenos de regadio		Terrenos de sequeiro
	Arvenses	Hortícolas	
Norte do Tejo:			
Viana do Castelo, Braga, Porto, Aveiro, Viseu, Coimbra e Leiria...	2	0,50	2
Vila Real, Bragança, Guarda e Castelo Branco	2	0,50	3
Lisboa e Santarém	2	0,50	4
Sul do Tejo:			
Portalegre, Évora, Beja e Setúbal	2,50	0,50	7,50
Faro	2,50	0,50	5

Art. 2.º Nos termos do n.º 2 da base XXXIII da Lei n.º 2116, de 14 de Agosto de 1962, deixam de ser aplicáveis em Portugal continental os artigos 106.º e 107.º do Decreto n.º 16 731, de 13 de Abril de 1929.
Art. 3.º Ficam revogadas as Portarias n.ᵒˢ 20 302, de 7 de Janeiro de 1964, e 20 623, de 6 de Junho de 1964.

11. Dec.-Lei n.º 196/89, de 14 de Junho:
Art. 13.º (Unidade de cultura) — Nas áreas da RAN (Reserva Agrícola Nacional), a unidade de cultura corresponde ao dobro da área fixada pela lei geral para os respectivos terrenos e região.

12. Para uma unidade hortícola exige-se, pelo menos, 0,5 hectares de terreno hortícola, não bastando que essa área se complete com terreno de outra espécie. — Ac. da Relação de Évora de 22/9/1994, *Col. Jur.* XIX, 4, 263.

13. Nada obsta à aquisição por usucapião de parcelas, com áreas inferiores à unidade de cultura, em que foi dividido o prédio rústico apto para fins agrícolas. — Ac. da Relação do Porto de 9/1/1995, *Col. Jur.* XX, 1, 189; ver, também, o Ac. da Relação de Évora de 26/10/2000, *Col. Jur.*, XXV, 4, 272.

14. A natureza e categoria do prédio têm de ser determinadas olhando ao seu todo ou conjunto e atendendo às características que predominam na sua maior área e ao seu respectivo significado económico — Ac. da Relação de Coimbra de 10/1/1979, *Col. Jur.* V, 1, 13.

15. A classificação de terrenos utilizados em várias culturas para efeito de determinação da unidade de cultura que lhes deva corresponder faz-se em função do predomínio de alguma daquelas que lá normalmente se praticam. — Acs. do S.T.J. de 11/10/1979, de 1/6/1983 e de 12/7/1983, respectivamente, nos *Bol.* 290, 395, *Bol.* 328, 568 e *Bol.* 329, 561.

16. I — Não estabelecendo a lei um critério delimitado — problema de rigor botânico — teremos para os definir, de recorrer aos conceitos daquela ciência natural.
II — Assim é que são considerados arvenses os respeitantes às terras semeadas com culturas herbáceas, fornecedoras de grão e forragens, enquanto que os terrenos hortícolas são os que respeitam a culturas, levadas a efeito na horta, de legumes e hortaliças.
III — No essencial o que as distingue é a sua diversidade técnica cultural e objecto de cultura. A horticultura tem por objecto a cultura, especial, contínua e intensiva de legumes e hortaliças, enquanto que a cultura arvense, associada à ideia de terra lavrada, tem por objecto plantas herbáceas, anuais ou vivazes, de extensão relativa, integrada, geralmente, em sucessões lógicas, designadas rotações. — Ac. da Relação de Coimbra de 3/4/1979, *Col. Jur.* IV, 575.

17. I — Não definindo a lei o que deve entender-se por terrenos de regadio, arvense e de sequeiro, tal classificação terá de encontrar-se, em concreto, na natureza e características físicas e químicas dos mesmos terrenos, na aptidão de que são dotados e na espécie de cultura a que normal e predominantemente são destinados e lhes convém para seu racional aproveitamento e eficiente exploração.
II — Terreno hortícola é aquele onde se cultivam, de forma mais ou menos intensiva, legumes verdes e hortaliças, que são plantas comestíveis destinadas à alimentação humana.
III — A natureza e categoria do prédio têm de ser determinadas olhando ao seu todo ou conjunto e atendendo às características que predominam na sua maior área e ao seu respectivo significado económico. — Acs. da Relação de Coimbra de 10/1/1979, *Col. Jur.* IV, 13 e de Évora de 31/5/1984, *Col. Jur.* IX, 3, 324.

18. Terreno de sequeiro é o que não dispõe de água; de regadio é o que dispõe dela; terreno arvense é o aplicável à cultura de plantas herbáceas, em especial grão, tubérculos e forragens; terreno hortícola é o destinado à cultura de hortaliças e legumes. — Ac. da Relação de Coimbra de 5/3/1991, *Col. Jur.* XVI, 2, 72.

19. I — Para que um terreno possa ser classificado como de regadio é necessário que a cultura normal e predominante do mesmo seja a de produtos hortícolas.

II — Para a classificação e fraccionamento de terrenos rústicos para os fins e de acordo com a área de cultura fixada para determinada região, importa considerar o aproveitamento efectivo e não o mero aproveitamento possível — Ac. da Relação de Évora de 22/9/1994, *Bol.* 439, 672.

20. Notas sobre culturas arvenses e hortícolas, retiradas da *Rev. dos Trib.*, Ano 88, págs. 247 e segs.:
F. M. de Vilhena, em Verbo, *Enciclopédia Luso-Brasileira de Cultura*, vol. 2, pág. 1446, define cultura arvense a «de plantas herbáceas anuais ou vivazes integradas, ou não, em sucessões lógicas designadas rotações. Ao termo arvense está associada a ideia de terra lavrada e a expressão c. a., ainda hoje mal definida, só exclui, em rigor, as culturas arbustivas, arvóreas e florestais. O complemento da c. a., e quantas vezes a sua principal finalidade, encontra--se na exploração pecuária. A conjunção culturas-gados constitui o complexo agro-pecuário. Do conveniente equilíbrio deste complexo depende o êxito da exploração arvense, que se traduz pelo binómio lucro + conservação do solo».

Carlos Portas escreve na Verbo, vol. 10, pág. 502: «O desenvolvimento urbano, acelerado sobretudo pelo aparecimento da burguesia comerciante, leva ao aumento da dimensão do horto — que, sensivelmente, se vai especializando. E assim surge a *horta*, em que a prod. de culturas herbáceas tem o papel mais importante, por vezes até exclusivo, passando a produção de flores para o jardim, a produção de frutos para o pomar e a produção de propágulos para o viveiro ou horto. A concepção da vizinha Espanha é tradicionalmente um pouco diferente desta. Com efeito, a *huerta* espanhola não diz respeito só à produção intensiva de culturas herbáceas, mas é todo o terreno de certa dimensão que se destina à cultura de legumes e árvores de fruto. Se a área for muito reduzida chama-se *huerto*. A designação *huerta* generalizou-se e hoje tb. se emprega para designar uma grande zona regada, no sentido em que usamos entre nós o vocábulo «veiga». E o mesmo A. diz a pág. 507 desse vol., verb. *horticultura*: «Historicamente — a própria etimologia ajuda a percebê-lo — a h. (*hortus + cultura*, lat.) começou por ser a técnica (o processo de cultura, a arte) utilizada no «horto»: parcela geralmente murada, onde as plantas alimentares arbóreas e herbáceas se cultivam durante o ano, quer para alimento das populações urbanas quer para sustento diário dos lavradores das terras de sequeiro ou de floresta». Mais adiante: «Naturalmente que no horto, e depois na horta, tb. existia a cultura de plantas arbóreas e arbustivas. O hortelão sempre gostou de revestir os muros e as ruas das suas parcelas e de aproveitar os socalcos e os limites dos talhões em que fazia as rotações e as sucessões hortícolas com árvores e arbustos, que aproveitavam das operações culturais e cujos frutos podiam ser vendidos no mercado ou consumidos na exploração agrícola. A palavra h. está, pois, carregada de um sentido ambíguo que as circunstâncias histórico-económicas de cada país se encarregam de precisar». E ainda: «Encontramos a noção mais lata de h. nos países anglo-saxónicos, onde envolve três aspectos distintos: a prod. frutícola, a produção que em Portugal chamamos de hortaliças e a produção de flores. Em Portugal, Cândido de Figueiredo definiu-a como «a arte de cultivar hortas e jardins». S. do Monte Pereira diz que «a horticultura é a arte de produzir tudo em toda a parte e sempre, é a expressão prática do máximo de intensidade a que pode chegar a exploração agrícola». Para J. Rasteiro a h. «tem por objecto a cultura intensiva destas plantas (...) legumes e hortaliças (...) o que a distingue da cultura arvense» e «é principalmente a técnica cultural de uma e de outra que são diferentes, não só no que respeita à extensão relativa como sobretudo à especialidade e intensidade dos processos em horticultura e à continuidade da produção». Esta citação parece-nos muito clara na medida em que precisa dois elementos da definição: o objecto da cultura — hortaliças e legumes — e a técnica utilizada — intensiva ou forçagem (forçagem propriamente dita, antecipação ou retardamento); aquele A. considera tb. a cultura de flores na horta. C. Marques de Almeida retoma estas ideias mas acrescenta-lhes uma nova dimensão que entretanto (anos 40) se acentuara: a «horticultura extensiva que, em Portugal se localizou principalmente na margem sul do Tejo e nas terras ribatejanas», caracterizada por uma economia de mão-de-obra, pelo emprego de máquina agrícola «e pela perda que o carácter da horticultura tradicional ou «intensiva» possuía, justificando-se economicamente o recorrer-se ao braço alheio para a realização desta cultura»; por outro lado esta nova h. deixa de se cingir à horta para se estender «à folha de sequeiro (...) no período invernoso da ervilha para verde como «cultura intercalar dos olivais».

Maximiliano de Lemos, *Enciclopédia Portuguesa*, vol. I, pág. 436: F. Caldeira Cabral, Verbo, vol. 2, pág. 974, liga arboricultura à produção de fruta, considerando sinónimos desse termo fruticultura, pomicultura, pomologia, carpologia e carpodendrologia, dizendo que alguns a consideram parte de jardinagens e outros da horticultura e acrescentando: «De qualquer modo são técnicas e ciências muito próximas e que se caracterizam quase sempre pelo cuidado no pormenor e pela atenção ao indivíduo, distinguindo-se assim dos dois grupos — silvicultura e culturas arvenses — em que se tratam as populações como conjuntos. Alguns aspectos da a. constituem ramos especializados independentes — viticultura. Em a. trabalha-se quase exclusivamente com cultivadores, e por isso as técnicas de multiplicação vegetativa são de importância fundamental tanto para o garfo como para o cavalo. Modernos processos de indução de enraízamento permitem usar cultivares tb. para os porta-enxertos. É de tão grande a importância destas culturas em Portugal que algumas ocupam extensas áreas e as respectivas plantações têm designações especiais — olivais, vinhas, soitos, amendoais, para as oliveiras, videiras, castanheiros e amendoeiras, respectivamente. As restantes plantações de árvores de fruto, de área mais reduzida e de cultura mais intensiva, chamam-se em geral pomares e destes apenas os de laranjeiras recebem o nome especial de laranjal ou pomar de espinho».

21. Arvense — de «arvum» — nada tem a ver com arvore — de «arbor»; refere-se a plantas que crescem em terras semeadas e costuma empregar-se para designar as «plantas herbáceas anuais ou vivazes, integradas, ou não, em sucessões lógicas designadas rotações. Ao termo arvense está associada a ideia de terra lavrada e a expressão cultura arvense, ainda hoje mal definida, só exclui, em rigor, as culturas arbustivas, árvores e florestas» — F. M. de Vilhena in Enciclopédia Luso-Brasileira de Cultura, II, 1446. A cultura de citrinos e nespereiras deve ser considerada cultura de regadio hortícola, pois «são técnicas e ciências muito próximas e que se caracterizam quase sempre pelo cuidado no pormenor e pela atenção ao indivíduo, distinguindo-se, assim, dos dois grupos — silvicultura e culturas arvenses — em que se tratam as populações como conjuntos» — Maximiliano de Lemos, Enciclopédia Portuguesa, I, 436. — Ac. da Relação de Évora de 28/4/1998, Col. Jur. XIX, 2, 269.

22. Prof. Antunes Varela, Rev. Leg. Jur. 127, 377: 1.ª — Na resolução do problema da qualificação dos prédios mistos, com parte rústica e parte urbana e com afectação a vários fins, deve adoptar-se naturalmente o mesmo critério da *predominância* da *aplicação efectiva* do imóvel — e não a da sua maior aptidão natural — que os tribunais têm seguido na classificação da terra como *terreno de sequeiro* ou terreno de *regadio*, quando neles se explorem simultaneamente culturas de uma ou outra espécie ou natureza (ver, entre outros, os Acs. do STJ de 11/10/1979, *Bol.* 290, 395, de 1/6/1983, *Bol.* 328, 568, e de 12/7/1983, Bol. 329,561). 2.ª — O apuramento das culturas efectivamente exploradas no prédio durante determinados anos, bem como a determinação da área realmente ocupada por cada espécie de árvores, de produtos hortícolas, de vinha, etc., constitui *matéria de facto.* A classificação do prédio como terreno de regadio ou de sequeiro, tendo naturalmente em vista a determinação da área necessária à formação de uma exploração agrícola rentável constitui um *juízo de valor* (e não um puro *juízo de facto*), de raiz economicista, que não deve ser incluído, nem no questionário, nem na *especificação.* 3.ª — Apesar de também não constituir *matéria de direito*, o erro na qualificação do terreno como regadio ou de sequeiro pode constituir objecto do recurso de revista, com o fundamento de que na classificação dele houve *violação* ou *omissão* dos critérios fixados ou admitidos por lei para esse efeito.

23. Importa demarcar com rigor o que seja matéria de facto e matéria de direito.
J. Alberto dos Reis esclarece que o questionário versa unicamente sobre pontos ou questões de facto; não é lícito formular quesitos sobre questões de direito (pág. 206), que os quesitos não devem pôr factos *jurídicos;* devem pôr unicamente factos *materiais,* entendendo-se por factos materiais as ocorrências da vida real, isto é, ou os fenómenos da natureza, ou as manifestações concretas dos seres vivos, nomeadamente os actos e factos dos homens e por factos jurídicos os factos materiais vistos à luz das normas e critérios de direito (pág. 209), que o tribunal colectivo há — de ser perguntado sobre facto *simples*, e não sobre factos *complexos*, sobre factos puramente *materiais*, e não sobre factos *jurídicos*, sobre meras ocorrências *concretas,* e não sobre *juízos de valor, induções* ou *conclusões* a extrair dessas ocorrências — (pág. 215 — tudo do Cód. Proc. Civil Anotado, vol. III).
O art. 1376.º n.º 1 do Cód. Civil proíbe o fraccionamento de terrenos aptos para cultura em parcelas de área inferior a determinada superfície mínima, correspondente à unidade de cultura fixada para cada zona do País.
A área da unidade de cultura para Portugal continental veio a ser fixada no art. 1.º da Portaria n.º 202/70, de 21 de Abril.
Aí se estabeleceram duas categorias de terrenos — terrenos de regadio (englobando os arvenses e os hortícolas) e terrenos de sequeiro.
Nem nessa Portaria, nem no Cód. Civil se define o que se deva entender por cada uma dessas expressões.

Socorrendo-nos da VERBO — Enciclopédia Luso-Brasileira de Cultura, podemos descortinar o sentido de cada uma delas, sendo de atender que aí são referidas às próprias culturas:

— *Arvense* — cultura das plantas herbáceas anuais ou vivazes integradas, ou não, em sucessões lógicas designadas rotações. Ao termo arvense está associada a ideia de terra lavrada e a expressão cultura arvense, ainda hoje mal definida, só exclui, em rigor, as culturas arbustivas, arbóreas e florestais. (vol. 2; v. também o Acórdão da Rel. Évora de 28 de Abril de 1994, na *Col. Jur.*, Ano XIX, tomo 2, pág. 269).

— *Horticultura* — tem por objecto a cultura intensiva destas plantas (...) legumes e hortaliças (...) o que a distingue da cultura arvense e é principalmente a técnica cultural de uma e de outra que são diferentes, não só no que respeita à extensão relativa como sobretudo à especialidade e intensidade dos processos em horticultura e à continuidade da produção (vol. 10. onde se cita J. Rasteiro, Aula de Horticultura e Arboricultura. Horticultura, Instituto Superior de Agronomia, Lisboa 1921).

— *Sequeiro* — lugar que não tem água para rega. Cultura de Sequeiro é aquela em que a planta para o seu desenvolvimento normal não dispõe de água de rega, ficando pois dependente das condições climáticas, o que implica fortes irregularidades quanto à produção final (vol. 16).

Trata-se, como vemos, de termos técnicos mais ou menos precisos, que a lei não define, limitando-se a recolher o sentido que a respectiva ciência — a Agronomia — lhe confere.

O Supremo Tribunal de Justiça já julgou que a classificação de terrenos utilizados em várias culturas para efeito de determinação da unidade de cultura que lhe devia corresponder faz-se em função do predomínio de alguma daquelas que lá normalmente se praticam e que à luz deste critério não há que ter em conta o aproveitamento *possível,* mas aquele que efectivamente lhe tem sido dado (Acórdão de 1 de Junho de 1983, no *BMJ* n.º 328, pág. 568).

Também a Relação de Coimbra decidiu já que a classificação dos terrenos deve ser feita em face das culturas predominantes no momento da venda e, a partir daí, é que se sabe se eles têm, ou não, área inferior à unidade de cultura. (Acórdão de 15 de Janeiro de 1985, na *Col. Jur.*, Ano X, tomo 1, pág. 65).

Escreveu-se neste último aresto que, ser um terreno classificado para regadio hortícola é uma conclusão a retirar-se depois de analisados os conceitos técnicos usados pela lei que, por isso mesmo, se transformaram em conceitos jurídicos.

E acrescentou-se:

É uma questão de facto apurar quais as culturas que em determinado terreno existem e questão de direito apurar o que em determinados conceitos técnico — agrários absorvidos pelo legislador e em qual deles se enquadra a cultura que naquele terreno se faz (*ibidem*, págs. 65-66).

Como se ensina, com outros exemplos, no Manual de Proc. Civil de Antunes Varela, Miguel Bezerra e Sampaio e Nora, verdadeira *questão* de direito constitui outrossim a *aplicação prática* desses *conceitos,* ou seja, a questão de saber se no caso concreto houve realmente uma *colisão de veículos* e se a *culpa* do acidente foi deste ou daquele condutor (juízos que integram a operação de *subsunção* dos factos às norma na construção do *silogismo judiciário*) (2.ª edição, pág. 406, nota 1).

Também no Acórdão de 7 de Julho de 1992 da Relação de Évora se decidiu que por envolver questão de direito deve considerar-se como não escrita a resposta a um quesito respeitante à qualificação de um terreno como de cultura arvense (na *Col. Jur.*, Ano XVI, tomo 4, pág. 298) — Ac. da Relação do Porto de 30/5/1995, *Col. Jur.* XX ,3, 228.

Tem o seguinte voto de vencido:
Não constitui matéria de direito saber se um prédio rústico é de cultura de sequeiro, arvense ou hortícola. Trata-se de noções próprias da botânica, de que o direito se apropriou sem lhes alterar o sentido (não foi de um dicionário de conceitos jurídicos, mas de uma enciclopédia de cultura geral que o acórdão recolheu as definições apropriadas).

Não é também, aceita-se, pura matéria de facto.

Como recentissimamente escreveu Antunes Varela (*Rev. Leg. Jur.*, ano 127, págs. 377 e 378):

O apuramento das culturas efectivamente exploradas no prédio durante determinados anos, bem como a determinação da área realmente ocupada por cada espécie de árvores, de produtos hortícolas, de vinha, etc., constitui matéria de facto. A classificação do prédio como terreno de regadio ou de sequeiro, tendo naturalmente em vista a determinação da área necessária à formação de uma exploração agrícola rentável constitui um juízo de valor (e não puro juízo de facto), de raiz economicista, que não deve ser incluído, nem no questionário, nem na especificação.

Por isso, é que a jurisprudência sustenta que, como acto constitutivo do direito dos A.A., estes devem descrever a ou as culturas que se praticam nos prédios, o que nesta acção se omitiu (v. Ac. Rel. Coimbra, de 5/3/91, *Col. Jur.*, Ano XVI, tomo 2, pág. 74 e Ac. Rel. Évora, de 28/4/94, *Col. Jur.*, Ano XIX, tomo 2, pág. 270). Em tais casos, o «non liquet» volve-se contra os demandantes, em função das regras de determinação do ónus da prova.

Na verdade, os juízos de valor sobre factos não são de inserir na especificação ou no questionário, o que não implica, se erradamente o tiverem sido, que a resposta se dê por não escrita, visto não se tratar de questão de direito e só esta ficar abrangida pelo art. 646.º n.º. 4, do Cód. Proc. Civil (Antunes Varela, *Rev. cit.*, Ano 122, pág. 222 e Ac. desta Rel., de 27/9/94, *Col. Jur.*, ano XIX, tomo 4, pág. 200).

O que nesta acção acontece, todavia, é que os RR conhecem o sentido da noção de terrenos de sequeiro, arvenses ou hortícolas, sob pena de se aceitar o absurdo de negarem o que ignoravam.

Se a alegação dos A.A., em vez de um juízo de valor sobre um facto, fosse um puro facto, aquele modo de impugnar seria irrelevante, por a declaração dos RR corresponder a um facto de que deviam ter conhecimento, do mesmo passo que não é admissível a contestação por negação (art. 490.º, n.ºs 2 e 3, do Cód. Proc. Civil).

Logo aí, fere o meu sentido de justiça que os contestantes acabem por tirar proveito de uma conduta processual evasiva, negando certa qualificação do terreno, mas não se atrevendo a indicar a qualificação correcta (há deveres de lealdade processual que se sobrepõem ao cumprimento formal das obrigações das partes).

Por outro lado, não posso minimizar que o desfecho da lide contraria o que veio a ser a solução legal acolhida pouco tempo depois e que se traduz no

ART. 10.º   *Decreto-Lei n.º 385/88, de 25 de Outubro*

art. 18.º n.º 1 do Dec.-Lei n.º 384/88, de 25/10. O legislador veio a considerar especiosa a natureza do prédio preferendo, conferindo direito de preferência aos proprietários de terrenos confinantes ainda que a área do prédio que com eles confina — seja superior à unidade de cultura.

24. A Lei Orgânica do Ministério da Agricultura, do Desenvolvimento Rural e das Pescas foi criada pelo Dec.-Lei n.º 74/96, de 18 de Junho, republicado na íntegra, após várias alterações, pelo Dec.-Lei n.º 246/2002, de 8 de Novembro.

O Dec.-Lei n.º 75/96, de 18 de Junho, alterado pelo Dec.-Lei n.º 166/2000, de 5 de Agosto, fixou a lei quadro das direcções regionais da agricultura e dispôs no seu

Artigo 10.º (Zonas agrárias)

1. As zonas agrárias são serviços operativos locais cuja área geográfica de jurisdição é, em princípio, de âmbito concelhio, podendo, no entanto, consoante as circunstâncias, constituir um agrupamento de concelhos.
2. As zonas agrárias serão agrupadas, para efeitos de coordenação e supervisão, a nível sub-regional, nos termos que vierem a ser definidos nos diplomas orgânicos das DRA.
3. Os agrupamentos de zonas agrárias serão supervisionados por um técnico, a designar por despacho do Ministro da Agricultura, do Desenvolvimento Rural e das Pescas, sob proposta do director regional, equiparado para efeitos de remuneração a director de serviços.
4. Às zonas agrárias incumbe, em estreita articulação com os componentes serviços das DRA, prestar apoio técnico e informativo às populações rurais e aos agricultores e suas estruturas representativas, bem como desenvolver as acções necessárias ao cumprimento das competências das direcções de serviços.

25. O Despacho n.º 11 869 (2.ª Série), de 8 de Junho de 1999, *DR II Série,* de 22/6/1999, do Ministro da Agricultura, do Desenvolvimento Rural e das Pescas, adiante publicado, criou ao nível dos agrupamentos de zonas agrárias, agências para o rejuvenescimento agrícola (jovens agricultores). Os agrupamentos das zonas agrárias constam do anexo.

ARTIGO 10.º
Redução de renda

1 — Quando no prédio arrendado, por causas imprevisíveis e anormais, resultar, com carácter duradouro plurianual, diminuição significativa da capacidade produtiva do prédio, ao arrendatário assiste o direito de obter a resolução do contrato ou a fixação de nova renda, salvo se essa diminuição tiver sido resultante de práticas inadequadas de exploração.

2 — Consideram-se causas imprevisíveis e anormais, além de outras, inundações, acidentes geológicos e ecológicos e pragas de natureza excepcional.

3 — O disposto nos números anteriores não é aplicável aos acidentes susceptíveis de serem cobertos pelo seguro, nos termos da legislação portuguesa.

NOTAS

1. As causas imprevisíveis e anormais que justificam a redução da renda não podem ser acidentais ou ocasionais, nem resultar de práticas inadequadas de exploração.

Podem revestir a natureza de inundações, acidentes geológicos e ecológicos, pragas de natureza excepcional e outras causas semelhantes, devem prolongar-se pelo menos por dois anos, diminuir significativamente a produtividade do prédio e não serem susceptíveis de ser cobertas pelo seguro, nos termos da legislação portuguesa.

2. Não se impõe limite ao montante de redução, que fica ao arbítrio dos interessados ou, na falta de acordo, ao prudente arbítrio do julgador.

Sobre a tramitação do processo judicial ver notas ao art. 11.º.

3. A instituição do seguro garante aos agricultores uma cobertura apreciável de alguns dos riscos a que está sujeita a sua actividade. A indemnização a receber compensará o arrendatário pelos prejuízos sofridos.

4. O Dec.-Lei n.º 20/96, de 19 de Março, instituiu um **Sistema Integrado de Protecção contra as Aleatoriedades Climáticas (SIPAC)** e atribui a responsabilidade de execução ao Instituto Financeiro de Apoio ao Desenvolvimento da Agricultura e Pescas (IFADAP).

DECRETO-LEI N.º 20/96, DE 19 DE MARÇO

A actividade agrícola está sujeita, mais do que qualquer outra actividade económica, a riscos de vária ordem, entre os quais ressaltam os provocados por factores meteorológicos.

Com a criação do seguro agrícola de colheitas pelo Decreto-Lei n.º 395/79, de 21 de Setembro, posteriormente substituído pelo Decreto-Lei n.º 283/90, de 18 de Setembro, pretendeu-se garantir a estabilidade dos rendimentos dos agricultores.

Porém, os elevados prejuízos que as companhias seguradoras inicialmente suportaram nesta modalidade de seguro provocaram um aumento significativo dos prémios, levando mesmo ao abandono da contratação do seguro, em zonas onde elevada probabilidade de ocorrência de sinistros torna o risco incompatível com a actividade seguradora.

Como consequência, e porque o valor dos prémios onera significativamente os custos de produção, os agricultores reduziram drasticamente este tipo de seguro, desistindo da cobertura dos riscos ou diminuindo o valor da produção segura.

ART. 10.º   *Decreto-Lei n.º 385/88, de 25 de Outubro*

Sendo manifesta a recessão que o seguro de colheitas tem vindo a evidenciar nos últimos anos pelas razões citadas, considerou-se pertinente proceder à sua redinamização através da criação de um Sistema Integrado de Protecção contra as Aleatoriedades Climáticas (STPAC), inicialmente previsto pelo Decreto-Lei n.º 326/95, de 5 de Dezembro, que, no entanto, não chegou a entrar em vigor.

Porque o SIPAC constitui um importante instrumento de política agrícola, a responsabilidade da sua execução deve situar-se no Ministério da Agricultura, do Desenvolvimento Rural e das Pescas, pelo que as competências previstas no Decreto-Lei n.º 326/95, de 5 de Dezembro, relativas à gestão deste Sistema, passam agora a estar concentradas no Instituto Financeiro de Apoio ao Desenvolvimento da Agricultura e Pescas (IFADAP).

Por razões de clareza, são retomadas neste diploma as disposições do Decreto-Lei n.º 326/95, de 5 de Dezembro, que não colidem com as alterações agora introduzidas, concentrando todo o regime aplicável num único diploma e revogando a legislação anterior sobre a matéria.

Assim:

Nos termos da alínea *a)* do n.º 1 do artigo 201.º da Constituição, o Governo decreta o seguinte:

CAPÍTULO I
Disposições gerais

Artigo 1.º Pelo presente diploma é instituído no território do continente o Sistema Integrado de Protecção contra as Aleatoriedades Climáticas, adiante designado por SIPAC, constituído por três componentes:

a) Seguro de colheitas;
b) Fundo de calamidades;
c) Compensação de sinistralidade.

CAPÍTULO II
Seguro de colheitas

Art. 2.º O seguro de colheitas constitui um incentivo ao investimento agrícola e contribui para garantir a estabilidade dos rendimentos dos agricultores, servindo também como instrumento de política agrícola capaz de conduzir a um adequado ordenamento cultural.

Art. 3.º O seguro de colheitas é voluntário, assegurando ao agricultor uma indemnização calculada sobre o montante dos prejuízos verificados nas culturas que tenham origem em qualquer dos riscos abrangidos pela respectiva apólice.

Art. 4.º — 1 — Os prémios do seguro de colheitas são estabelecidos pelas seguradoras, nos termos das disposições regulamentares em vigor.

2 — O Estado bonifica os prémios do seguro de colheitas.

3 — A bonificação pode ser majorada em função dos riscos cobertos, da taxa de referência aplicável, da localização, das variedades, dos meios de prevenção utilizados e da forma de contratação.

— A relação do n.º 3 foi introduzida pelo Dec.-Lei n.º 23/2000, de 2 de Março.

Art. 5.º — 1 — O seguro de colheitas pode ser efectuado em qualquer companhia de seguros autorizada a explorar o ramo 9 do artigo 114.º do

Decreto-Lei n.º 102/94, de 20 de Abril, através da celebração de um contrato individual ou colectivo.

2 — O seguro de colheitas é contratado nos termos de uma apólice uniforme para o efeito elaborada pelo Instituto de Seguros de Portugal, adiante designado por ISP, em colaboração com o Instituto Financeiro de Apoio ao Desenvolvimento da Agricultura e Pescas, adiante designado por IFADAP, de acordo com os termos e as condições de atribuição de bonificação definidos pela portaria a que alude o artigo 18.º.

3 — O incumprimento das condições de atribuição de bonificações referidas no número anterior determina para o tomador do seguro a perda do direito à bonificação, com a respectiva devolução no caso de ter sido paga, sem prejuízo de eventual responsabilização criminal do segurado ou do tomador do seguro.

4 — Se o incumprimento decorrer da falta de pagamento imputável ao tomador do seguro, a seguradora devolverá o valor das bonificações entregues, cobrando do tomador o valor do prémio.

5 — Para efeitos de perda do direito do tomador às bonificações, a seguradora deve comunicar ao IFADAP todas as situações de incumprimento verificadas.

— Os n.ºs 3, 4 e 5 foram introduzidos pelo Dec.-Lei n.º 23/2000, de 2 de Março.

CAPÍTULO III
Fundo de calamidades

Art. 6.º O fundo de calamidades destina-se exclusivamente a compensar os agricultores pelos sinistros provocados por riscos não passíveis de cobertura no âmbito do seguro de colheitas, nos casos em que seja declarada oficialmente a situação de calamidade.

Art. 7.º Podem beneficiar das medidas de apoio financeiro a conceder no âmbito do fundo de calamidades os agricultores que hajam efectuado contribuição e tenham contratado seguro de colheitas, nas condições referidas na portaria a que se refere o artigo 18.º.

Art. 8.º As medidas de apoio financeiro a conceder no âmbito do fundo de calamidades podem consistir na concessão de crédito, na bonificação de juros e na concessão de subsídios.

CAPÍTULO IV
Compensação de sinistralidade

Art. 9.º — 1 — A compensação de sinistralidade tem como objectivo compensar as seguradoras quando o valor das indemnizações exceder uma determinada percentagem do valor dos prémios, de acordo com os termos e condições de atribuição da compensação definidos pela portaria a que alude o artigo 18.º.

2 — As seguradoras podem ter acesso à compensação de sinistralidade mediante o pagamento de uma contribuição.

3 — O incumprimento das condições de atribuição da compensação de sinistralidade determina para a seguradora a perda do direito à compensação, com a respectiva devolução no caso de ter sido paga, sem prejuízo de eventual responsabilização criminal.

— O n.º 2 foi alterado e o n.º 3 foi aditado pelo Dec.-Lei n.º 23/2000, de 2 de Março.

CAPÍTULO V
Financiamento do SIPAC

Art. 10.º — 1 — O financiamento do SIPAC é assegurado:
a) Por dotações do Orçamento do Estado;
b) Pelas contribuições dos agricultores;
c) Pelas contribuições das seguradoras;
d) Por quaisquer outras dotações ou receitas para o efeito atribuídas.

2 — Os encargos com a bonificação de prémios de seguros de colheitas são financiados por dotações do Orçamento do Estado.

3 — Os encargos do fundo de calamidades são financiados pelas contribuições dos agricultores e pelas dotações do Orçamento do Estado, anuais, transitáveis e acumuláveis, sem prejuízo do seu reforço, mediante despacho conjunto dos Ministros das Finanças e da Agricultura, do Desenvolvimento Rural e das Pescas, em virtude da extensão e intensidade dos prejuízos provocados.

4 — Os encargos com a compensação de sinistralidade são financiados pelas dotações do Orçamento do Estado e pelas contribuições das seguradoras.

5 — É igualmente suportada pelo Orçamento do Estado a remuneração do IFADAP pelos serviços prestados no âmbito do SIPAC.

— A Portaria n.º 89/96, de 25 de Março, atribuiu ao IFADAP uma remuneração pelos serviços prestados no âmbito da gestão e coordenação do Sistema Integrado de Protecção contra as Aleatoriedades Climáticas.

— A Portaria n.º 435/99, de 16 de Junho, alterou a taxa de remuneração para 3,5%.

Art. 11.º — 1 — As verbas do Orçamento do Estado necessárias ao funcionamento do SIPAC são inscritas no PIDDAC do Ministério da Agricultura, do Desenvolvimento Rural e das Pescas (MADRP).

2 — As contribuiçõss dos agricultores e das seguradoras são recebidas pelo IFADAP, sem prejuízo da sua afectação aos encargos previstos no artigo anterior.

CAPÍTULO VI
Coordenação e gestão

Art. 12.º A coordenação global do sistema e a sua gestão técnica e financeira são asseguradas pelo IFADAP.

Art. 13.º No âmbito da gestão e coordenação do SIPAC, compete ao IFADAP:
a) Fomentar e divulgar o SIPAC;
b) Definir, em colaboração com os outros organismos intervenientes, os circuitos de informação a observar entre as várias componentes do SIPAC;
c) Efectuar a gestão do SIPAC, nomeadamente:
1) Propondo e fundamentando a dotação a inscrever no Orçamento do Estado;
2) Propondo o esquema de bonificação a conceder, bem como as condições técnicas mínimas a observar na sua concessão;
3) Propondo conjuntamente com o ISP os padrões de referência a utilizar pelas seguradoras para efeitos de bonificação dos prémios de seguros de colheita;

4) Definindo os circuitos e o tipo de informação necessária ao pagamento das bonificações dos prémios;

5) Concebendo e propondo o funcionamento do mecanismo de compensação de sinistralidade;

6) Definindo os circuitos e a informação necessária à atribuição da compensação de sinistralidade por seguradora;

7) Definindo, conjuntamente com os diferentes serviços do MADRP, as medidas de apoio financeiro a criar no âmbito do fundo de calamidades;

8) Promovendo, nos casos em que o considere conveniente, a confirmação, das declarações prestadas pelos tomadores de seguros nas propostas de seguro, tendo em vista a atribuição da bonificação;

9) Promovendo, nos casos em que considere conveniente, a confirmação pelo ISP dos elementos fornecidos pelas seguradoras;

10) Definindo as normas técnicas e financeiras, bem como toda a tramitação processual, com vista à atribuição do apoio a conceder no âmbito do fundo de calamidades;

11) Efectuando os pagamentos inerentes ao SIPAC;

12) Promovendo o acompanhamento e fiscalização da verificação das condições de atribuição dos apoios;

13) Efectuando os estudos estatísticos e prospectivos necessários à gestão e coordenação do Sistema;

14) Praticando os demais actos necessários à regular e plena execução do SIPAC.

— A redacção dos n.ºs 8, 12, 13 e 14 foi introduzida pelo Dec.-Lei n.º 23/2000, de 2 de Março.

Art. 14.º — 1 — Para efeitos do disposto no artigo 13.º, os diferentes serviços do MADRP fornecerão ao IFADAP a informação necessária à actualização do SIPAC, nomeadamente:

a) Selectividade das actividades a abranger no seguro de colheitas e sua distribuição regional, nomeadamente no que se refere à adaptação das variedades;

b) As condições técnicas mínimas de cultivo e exploração dos produtos agrícolas, bem como as técnicas de luta preventiva normais exigidas em cada região para as actividades incluídas no seguro de colheitas;

c) Os rendimentos estimados para as produções agrícolas afectas ao seguro;

d) Os preços máximos a aplicar aos produtos agrícolas afectos ao seguro;

e) A eventual alteração das culturas abrangidas pelo seguro de colheitas, bem como os riscos a segurar;

f) A duração do período de carência nas diferentes coberturas de seguro;

g) Os estudos necessários sobre danos ocasionados às produções agrícolas, os meios de prevenção dos riscos e os de investigação necessários para a cobertura daqueles;

h) Quaisquer outras informações adicionais que o órgão coordenador do Sistema entenda necessárias.

2 — Os diferentes serviços do MADRP deverão ainda colaborar com o IFADAP, nomeadamente:

a) No controlo, no desenvolvimento e na aplicação das várias componentes do SIPAC;

b) No fomento e na divulgação do SIPAC;
c) Na definição das medidas de apoio financeiro a criar no âmbito do fundo de calamidades.

Art. 15.º Para efeitos do presente diploma, compete ao ISP:
a) Elaborar, conjuntamente com o IFADAP e de acordo com o definido no artigo 5.º, n.º 2, a apólice uniforme para o seguro de colheitas;
b) Publicar a apólice uniforme;
c) Colaborar com o IFADAP na definição da tarifa de referência;
d) Colaborar com o IFADAP na definição dos circuitos de informação a observar para efeitos de atribuição de bonificação de prémios e compensação de sinistralidade;
e) Fiscalizar os valores atribuídos e reclamados pelas seguradoras a título de bonificação dos prémios e de compensação de sinistralidade;
f) Estabelecer o plano estatístico para as empresas de seguros referidas no artigo 5.º, n.º 1;
g) Efectuar estudos estatísticos e actuariais.

Art. 16.º — 1 — É criada uma comissão consultiva com a seguinte composição:
a) Um representante do IFADAP, que preside;
b) Um representante dos serviços do MADRP;
c) Um representante do Ministério da Ciência e da Tecnologia;
d) Um representante do ISP;
e) Um representante da Associação Portuguesa de Seguradoras (APS);
f) Quatro representantes das organizações agrícolas, designados por despacho do MADRP.

— A redacção da al. *c)* foi introduzida pelo Dec.-Lei n.º 23/2000, de 2 de Março.

2 — Compete à comissão consultiva o seguinte:
a) Aprovar o respectivo regulamento interno;
b) Pronunciar-se sobre a intenção de declaração de calamidade;
c) Emitir parecer sobre os relatórios do SIPAC;
d) Propor alterações ao SIPAC.

Art. 17.º A comissão consultiva considera-se constituída logo que o seu presidente seja designado pelo Ministro da Agricultura, do Desenvolvimento Rural e das Pescas, devendo aquele notificar de imediato as restantes entidades com assento neste órgão para, no prazo de cinco dias, indicarem os seus representantes.

CAPÍTULO VII

Disposições finais

Art. 18.º São objecto de portaria conjunta dos Ministros das Finanças e da Agricultura, do Desenvolvimento Rural e das Pescas:
a) As especificidades técnicas do seguro de colheitas, nomeadamente os riscos cobertos e a sua forma de cobertura, o valor da produção, bem como a forma de cálculo da indemnização;
b) Os termos e as condições da bonificação do seguro de colheitas, nomeadamente as normas técnicas necessárias à sua atribuição, a sua forma de cálculo, o padrão de referência para cálculo de bonificações e as culturas abrangidas;

Arrendamento Rural ART. 10.º

c) Os termos de intervenção do fundo de calamidades, na situação prevista no artigo 6.º, designadamente as condições de contratação que susceptibilizam o acesso às medidas de apoio financeiro, bem como as condições de atribuição destas medidas de apoio, nomeadamente a sua forma e montantes;
d) As contribuições dos agricultores para o fundo de calamidades e a respectiva forma de cobrança;
e) Os termos e condições de atribuição às seguradoras da compensação de sinistralidade, nomeadamente a contribuição a prestar por aquelas.
Art. 19.º A remuneração do IFADAP a que se refere o n.º 5 do artigo 10.º é igualmente definida por portaria conjunta dos Ministros das Finanças e da Agricultura, do Desenvolvimento Rural e das Pescas.
Art. 20.º Os direitos e obrigações do FCSC — Fundo de Compensação de Colheitas são assegurados, até à sua liquidação, nos termos a definir por portaria conjunta dos Ministros das Finanças e da Agricultura, do Desenvolvimento Rural e das Pescas.

— A Portaria n.º 701/99 (2ª Série), de 25 de Junho, *DR II Série*, de 13/7/1999, regulou os termos em que são assegurados os direitos e obrigações do FCSC.

Art. 21.º São revogados os Decretos-Leis n.ºˢ 283/90, 253/91 e 326/95, de 18 de Setembro, 18 de Julho e 5 de Dezembro, respectivamente.
Art. 22.º O presente diploma entra em vigor simultaneamente com as portarias nele previstas.

5. A Portaria n.º 388/99, de 27 de Maio, aprovou o **Regulamento do Sistema Integrado de Protecção contra as Aleatoriedades Climáticas**.

PORTARIA N.º 388/99, DE 27 DE MAIO ([1])

A regulamentação do Sistema Integrado de Protecção contra as Aleatoriedades Climáticas (SIPAC) foi alterada por anexo à Portaria n.º 430/97, de 1 de Julho.

O extraordinário incremento dos seguros agrícolas que este Sistema ocasionou, bem como a experiência da respectiva aplicação prática nas suas diversas vertentes, originaram a necessidade da sua revisão, com a introdução de algumas alterações que o Governo considera oportunas e importantes.

([1]) Esta portaria foi alterada pela Portaria n.º 293-A/2002, de 18 de Março, que republicou o anexo com as alterações correspondentes.

PORTARIA N.º 293-A/2002, DE 18 DE MARÇO

. . . .
10.º São revogadas as Portarias n.ºˢ 388/99, de 27 de Maio, 47/2000, de 3 de Fevereiro, 207/2000, de 6 de Abril, e 282/2001, de 19 de Março.
11.º A presente portaria produz efeitos a partir de 1 de Janeiro de 2002.
12.º É republicada em anexo a Portaria n.º 388/99, de 27 de Maio, com as alterações introduzidas pela presente portaria.

ART. 10.º   Decreto-Lei n.º 385/88, de 25 de Outubro

Assim, ao abrigo do artigo 18.º do Decreto-Lei n.º 20/96, de 19 de Março:
Manda o Governo, pelos Ministros das Finanças e da Agricultura, do Desenvolvimento Rural e das Pescas, o seguinte:
1.º É alterado o Regulamento do Sistema Integrado de Protecção contra as Aleatoriedades Climáticas, de acordo com o anexo à presente portaria e que dela faz parte integrante.
2.º É revogada a Portaria n.º 430/97, de 1 de Julho.
3.º A presente portaria produz efeitos a partir de 1 de Janeiro de 1999.

ANEXO

Regulamento do Sistema Integrado de Protecção contra as Aleatoriedades Climáticas

CAPÍTULO I

Seguro de colheitas

SECÇÃO I

Culturas cobertas

1 — As culturas abrangidas pelo seguro de colheitas, bem como as limitações decorrentes da localização, da área de cultivo e da idade da plantação, quando existam, são as seguintes:

a) Cereais — trigo, centeio, cevada, aveia, triticale, milho, arroz, alpista e sorgo. No seguro de colheitas de cereais poderá expressamente ser incluída uma verba para palhas até 30% do valor do respectivo cereal;

b) Leguminosas para grão — feijão, fava, grão-de-bico, ervilha, tremoço, tremocilha e similares;

c) Oleaginosas arvenses — cártamo e girassol;

d) Hortícolas a céu aberto:

Culturas hortícolas sensíveis às baixas temperaturas — cebola, cenoura, alface, feijão-verde, tomate, pimento, melão, meloa, melancia, alho, beterraba hortícola, abóbora, alho-francês, aipo, batata-doce, beringela, chicória de folhas, *courgette*, couve-bróculo, couve-chinesa, couve-flor, espargo, espinafre, ervilha, fava, morango, pepino e quiabo;

Culturas hortícolas resistentes às baixas temperaturas — couves (galega, tronchuda, penca, portuguesa, repolho, roxa, coração-de-boi, lombardo e de bruxelas), nabo, rutabaga, rábano e rabanete;

e) Linho, lúpulo e algodão;

f) Batata, incluindo batata para semente;

g) Vinha a partir do 3.º ano de plantação, cuja casta não seja do tipo «produtor directo» ou «vinha americana»;

h) Pomóideas — macieira e pereira a partir do 3.º ano de plantação;

i) Prunóideas — cerejeira, damasqueiro, pessegueiro e ameixeira a partir do 3.º ano de plantação;

j) Oliveira a partir do 5.º ano de plantação, com a área mínima de 0,50 ha, não sendo permitido o seguro de árvores isoladas, bem como o de olivais com uma densidade inferior a 40 árvores por hectare;

l) Frutos secos — nogueira, aveleira e amendoeira a partir do 4.º ano de plantação, castanheiro a partir do 5.º ano de plantação e alfarrobeira a partir do 8.º ano de plantação;

m) Tabaco;

n) Citrinos — laranjeira, limoeiro, toranjeira, tangerineira e tangereira, a partir do 3.º ano de plantação;

o) Actinídea — *kiwi* a partir do 3.º ano de plantação, com área mínima de 1000 m2, não sendo permitido o seguro de plantas isoladas;
p) Figueira a partir do 5.º ano de plantação, com a área mínima de cultivo de 0,50 ha, não sendo permitido o seguro de árvores isoladas;
q) Culturas em regime de forçagem, conduzidas no interior de estufas ou abrigos baixos (túneis);
r) Beterraba açucareira;
s) Pequenos frutos — mirtilo, framboesa e amora a partir do 2.º ano de plantação;
t) Floricultura ao ar livre;
u) Diospireiro a partir do 3.º ano de plantação;
v) Nespereira a partir do 4.º ano de plantação;
x) Abacateiro a partir do 3.º ano de plantação;
z) Tomate para indústria.

2 — O seguro da cultura de citrinos e do abacateiro tem início em 1 de Agosto e termina em 31 de Julho do ano seguinte, cobrindo os frutos provenientes da floração ocorrida na Primavera imediatamente anterior à celebração do contrato de seguro e, no caso do limoeiro, também os frutos em pleno desenvolvimento provenientes das florações remontantes.

3 — O seguro de citrinos e do abacateiro carece sempre de parecer prévio favorável dos serviços regionais do Ministério da Agricultura, do Desenvolvimento Rural e das Pescas (MADRP), que deverão ter em conta a localização e composição dos pomares, o uso de técnicas culturais adequadas, a disponibilidade e qualidade da água de rega e o grau de risco a que a cultura está sujeita, nomeadamente no que se refere ao risco de geada.

4 — O seguro de actinídea *(kiwi)* de capital igual ou superior a € 2500 carece de parecer prévio dos serviços regionais do MADRP, que deverão ter em consideração a localização das plantas, designadamente no que respeita ao solo, exposição e drenagem atmosférica.

5 — As características a que devem obedecer as estufas e os abrigos baixos serão definidas na apólice de seguro de colheitas.

6 — O seguro de culturas em regime de forçagem carece de parecer prévio favorável dos serviços regionais do MADRP, que deverão atender à correcta utilização do solo, à localização de culturas e ao emprego de tecnologias adequadas.

7 — No caso do seguro de floricultura ao ar livre, poderá ser solicitado o parecer prévio favorável dos serviços regionais do MADRP, sempre que haja dúvidas quanto à adaptabilidade das culturas às condições edafo-climáticas locais.

8 — Não ficam abrangidos pelo seguro de colheitas as árvores, estufas ou qualquer outro tipo de capital fundiário, bem como os viveiros destinados à produção de plantas, salvo se localizados no interior de estufas ou abrigos baixos (túneis).

9 — Não ficam também abrangidas as culturas cujas sementeiras ou plantações tenham sido feitas fora das épocas normais para as respectivas regiões e ainda quando tenham sido feitas ou mantidas em condições tecnicamente desaconselháveis; em caso de dúvida, compete o seu esclarecimento aos serviços regionais do MADRP.

SECÇÃO II
Riscos cobertos

1 — O seguro de colheitas garante a cobertura dos seguintes riscos:
a) Incêndio — combustão acidental, com desenvolvimento de chamas estranhas a uma fonte normal de fogo, ainda que nesta possa ter origem, e que se pode propagar pelos seus próprios meios;
b) Acção de queda de raio — descarga atmosférica ocorrida entre nuvem e o solo, consistindo em um ou mais impulsos de corrente, que conferem ao fenómeno uma luminosidade característica (raio) e que provoca danos permanentes nos bens seguros;
c) Explosão — acção súbita e violenta de pressão ou de depressão de gás ou de vapor;

ART. 10.º *Decreto-Lei n.º 385/88, de 25 de Outubro*

d) Granizo — precipitação de água em estado sólido sob a forma esferóide;

e) Tornado — tempestade giratória muito violenta, sob a forma de coluna nebulosa projectada até ao solo, e ainda vento que no momento do sinistro tenha atingido velocidade instantânea superior a 80 km/hora ou cuja violência destrua ou derrube árvores num raio de 5 km envolventes dos bens seguros;

f) Tromba-d'água — efeitos mediata ou imediatamente resultantes de queda pluviométrica igual ou superior a 10 mm em dez minutos no pluviómetro, incluindo os prejuízos resultantes de inundação, desde que a mesma resulte de queda pluviométrica ocorrida no próprio local;

g) Geada — formação de cristais de gelo nos tecidos celulares em consequência da sublimação do vapor de água ou arrefecimento abaixo dos 0°C da superfície das plantas, quando o ar adjacente, não tendo humidade suficiente para a formação de cristais de gelo, provoca a necrose dos tecidos vegetais por dissecação;

h) Queda de neve — queda de finos cristais de gelo, por vezes aglomerados em flocos.

i) Fendilhamento do fruto na cultura da cerejeira — ocorrência de precipitação que provoque o fendilhamento do fruto em maturação na cultura da cerejeira.

2 — A cobertura dos riscos de geada e queda de neve obedece aos seguintes princípios:

a) Sem restrições de carácter temporal, sem prejuízo das datas de início e termo do contrato de seguro estabelecidas nas respectivas condições especiais:

Culturas em regime de forçagem conduzidas no interior de estufas ou abrigos baixos (túneis);

Citrinos;

Milho, arroz, sorgo, oleaginosas arvenses, aveleira, alfarrobeira, abacateiro;

Couves (galega, tronchuda, penca, portuguesa, repolho, roxa, coração-de-boi, lombardo e de bruxelas), nabo, rutabaga, rábano e rabanete;

b) Com restrições de carácter temporal:

i) Com referência ao ciclo vegetativo — o risco é coberto quando ocorra a partir da verificação dos estados fenológicos abaixo indicados para as várias culturas ou plantações:

Trigo, centeio, cevada, aveia, triticale e alpista — emborrachamento: última folha visível, mas ainda enrolada; o caule começa a inchar ao nível da espiga;

Macieira — botão rosa: quando, por abertura das pétalas no botão central, é visível, em 50% das árvores, a cor rosa ou vermelha das pétalas em novelo fechado;

Pereira — botão branco: quando, por abertura das pétalas num botão periférico, é visível, em 50% das árvores, a cor branca das pétalas em novelo fechado;

Castanheiro — fruto formado;

Nogueira — aparecimento das flores femininas;

Amendoeira — fruto jovem;

Prunóideas — plena floração: quando em pelo menos 50% das árvores o estado mais frequentemente observado corresponde ao momento em que a flor está completamente aberta, deixando visíveis os seus órgãos reprodutores;

Oliveira — fruto formado: quando pelo menos 50% das árvores tenham atingido a fase do ciclo vegetativo equivalente ao endurecimento do caroço, isto é, quando o fruto evidencie o calibre próprio da variedade em causa;

Actinídea (*kiwi*) — abrolhamento: quando pelo menos 50% das plantas alcancem ou ultrapassem a fase do ciclo vegetativo correspondente ao intumescimento dos gomos florais;

Vinha — desde o aparecimento dos «gomos de algodão» quando o estado mais frequentemente observado em pelo menos 50% das vides corresponde à separação das escamas, tornando-se bem visível a olho nu a protecção semelhante ao algodão de cor pardacenta;

Beterraba açucareira:

Beterraba de Outono — a partir do aparecimento das 10 primeiras folhas: quando pelo menos 50% das plantas apresentem 10 ou mais folhas;

Beterraba de Primavera — a partir do aparecimento das 8 primeiras folhas: quando pelo menos 50% das plantas apresentem 10 ou mais folhas;

Tomate para indústria — a partir das quatro folhas verdadeiras e apresentando a planta um sistema radicular perfeitamente desenvolvido;

Mirtilo — botões visíveis: quando pelo menos 50% das plantas apresentam botões florais visíveis;

Framboesa e amora — botões florais fechados: quando pelo menos 50% das plantas apresentam visíveis os botões florais na extremidade das ramificações;

ii) Com referência a datas de calendário — nas culturas de tabaco, batata, lúpulo, cebola, cenoura, feijão-verde, melão, meloa, melancia, alho, beterraba hortícola, abóbora, alface, pimento, tomate, alho francês, aipo, batata-doce, beringela, chicória de folhas, *courgette*, couve-brócolo, couve-chinesa, couve-flor, espargo, espinafre, ervilha, fava, pepino, quiabo, morango, leguminosas para grão, figo, linho, algodão diospireiro e nespereira, os riscos de geada e de queda de neve ficam cobertos a partir das seguintes datas:

Região A — 15 de Fevereiro;
Região B — 15 de Março;
Região C — 30 de Março;
Regiões D e E — 15 de Abril;

entendendo-se por:

Região A:

Distrito de Faro — concelhos de Albufeira, Alcoutim, Aljezur, Castro Marim, Faro, Lagoa, Lagos, Loulé, Monchique, Olhão, Portimão, São Brás de Alportel, Silves, Tavira, Vila do Bispo e Vila Real de Santo António;

Distrito de Lisboa — concelhos da Amadora, Cascais, Lisboa, Loures, Lourinhã, Mafra, Odivelas, Oeiras, Sintra e Torres Vedras;

Distrito de Setúbal — concelhos de Almada, Seixal, Sesimbra e Setúbal;

Região B:

Distrito de Aveiro — concelhos de Aveiro, Espinho, Estarreja, Feira, Ílhavo, Murtosa, Oliveira de Azeméis, Ovar, São João da Madeira e Vagos;

Distrito de Beja — concelho de Odemira;

Distrito de Braga — concelho de Esposende;

Distrito de Coimbra — concelhos de Figueira da Foz, Mira, Montemor-o-Velho e Soure;

Distrito de Leiria — concelhos de Alcobaça, Bombarral, Caldas da Rainha, Leiria, Marinha Grande, Nazaré, Óbidos, Peniche, Pombal e Porto de Mós;

Distrito de Lisboa — concelhos de Alenquer, Arruda dos Vinhos, Azambuja, Cadaval, Sobral de Monte Agraço e Vila Franca de Xira;

Distrito do Porto — concelhos de Maia, Matosinhos, Porto, Póvoa de Varzim, Vila do Conde e Vila Nova de Gaia;

Distrito de Santarém — concelho de Rio Maior;

Distrito de Setúbal — concelhos de Alcácer do Sal, Alcochete, Barreiro, Grandola, Moita, Montijo, Palmela, Santiago do Cacém e Sines;

Distrito de Viana do Castelo — concelhos de Caminha e Viana do Castelo;

Região C:

Distrito de Beja — concelhos de Aljustrel, Almodôvar, Alvito, Barrancos, Beja, Castro Verde, Cuba, Ferreira do Alentejo, Mértola, Moura, Ourique, Serpa e Vidigueira;

Distrito de Évora — concelhos do Alandroal, Arraiolos, Borba, Estremoz, Évora, Montemor-o-Novo, Mora, Mourão, Portel, Redondo, Reguengos de Monsaraz, Vendas Novas, Viana do Alentejo e Vila Viçosa;

ART. 10.º *Decreto-Lei n.º 385/88, de 25 de Outubro*

Distrito de Leiria — concelho da Batalha;
Distrito de Portalegre — concelhos de Alter do Chão, Arronches, Avis, Campo Maior, Castelo de Vide, Crato, Elvas, Fronteira, Gavião, Marvão, Monforte, Nisa, Ponte de Sor, Portalegre e Sousel;
Distrito de Santarém — concelhos de Alcanena, Almeirim, Alpiarça, Benavente, Cartaxo, Chamusca, Constância, Coruche, Entroncamento, Golegã, Salvaterra de Magos, Santarém, Torres Novas, Vila Nova da Barquinha e Vila Nova de Ourém;

Região D:

Distrito de Aveiro — concelhos de Albergaria-a-Velha, Anadia, Arouca, Águeda, Castelo de Paiva, Mealhada, Oliveira do Bairro, Sever do Vouga e Vale de Cambra;
Distrito de Braga — concelhos de Amares, Barcelos, Braga, Cabeceiras de Basto, Celorico de Basto, Fafe, Guimarães, Póvoa de Lanhoso, Terras de Bouro, Vieira do Minho, Vila Nova de Famalicão, Vila Verde e Vizela;
Distrito de Bragança — concelhos de Alfandega da Fé, Mirandela e Vila Flor;
Distrito de Castelo Branco — concelhos de Belmonte, Castelo Branco, Covilhã, Fundão, Idanha-a-Nova, Oleiros, Penamacor, Proença-a-Nova, Sertã, Vila de Rei e Vila Velha de Ródão;
Distrito de Coimbra — concelhos de Arganil, Cantanhede, Coimbra, Condeixa--a-Nova, Góis, Lousã, Miranda do Corvo, Oliveira do Hospital, Pampilhosa da Serra, Penacova, Penela, Tábua e Vila Nova de Poiares;
Distrito da Guarda — concelhos de Gouveia, Meda, Sabugal, Seia e Vila Nova de Foz Côa;
Distrito de Leiria — concelhos de Alvaiázere, Ansião, Castanheira de Pêra, Figueiró dos Vinhos e Pedrógão Grande;
Distrito do Porto — concelhos de Amarante, Baião, Felgueiras, Gondomar, Lousada, Marco de Canaveses, Paços de Ferreira, Paredes, Penafiel, Santo Tirso, Trofa e Valongo;
Distrito de Santarém — concelhos de Abrantes, Ferreira do Zêzere, Mação, Sardoal e Tomar;
Distrito de Viana do Castelo — concelhos de Arcos de Valdevez, Melgaço, Monção, Paredes de Coura, Ponte da Barca, Ponte de Lima, Valença e Vila Nova de Cerveira;
Distrito de Vila Real — concelhos de Mesão Frio, Mondim de Basto, Peso da Régua, Santa Marta de Penaguião e Valpaços;
Distrito de Viseu — concelhos de Armamar, Carregal do Sal, Cinfães, Lamego, Mangualde, Mortágua, Nelas, Oliveira de Frades, Resende, Santa Comba Dão, São João da Pesqueira, São Pedro do Sul, Tabuaço, Tondela, Viseu e Vouzela;

Região E:

Distrito de Bragança — concelhos de Bragança, Carrazeda de Ansiães, Freixo de Espada à Cinta, Macedo de Cavaleiros, Miranda do Douro, Mogadouro, Torre de Moncorvo, Vimioso e Vinhais;
Distrito da Guarda — concelhos de Aguiar da Beira, Almeida, Celorico da Beira, Figueira de Castelo Rodrigo, Fornos de Algodres, Guarda, Manteigas, Pinhel e Trancoso;
Distrito de Vila Real — concelhos de Alijó, Boticas, Chaves, Montalegre, Murça, Ribeira de Pena, Sabrosa, Vila Pouca de Aguiar e Vila Real;
Distrito de Viseu — concelhos de Castro Daire, Moimenta da Beira, Penalva do Castelo, Penedono, Sátão, Sernancelhe, Tarouca e Vila Nova de Paiva.

3 — A data do início do seguro de floricultura ao ar livre faz-se com referência a datas de calendário, ficando os riscos cobertos a partir das datas referidas na subalínea *ii)* da alínea *b)* do n.º 2 desta secção.

4 — O contrato de seguro de colheitas deverá, obrigatoriamente, cobrir todos os riscos referidos nas alíneas *a)* a *d)* do n.º 1 desta secção, constituindo-se assim a cobertura base.

5 — Os riscos referidos nas alíneas *e)* a *h)* do n.º 1 desta secção podem ser contratados isolada ou conjuntamente e constituem coberturas complementares. O risco referido na alínea *i)* do n.º 1 desta secção só pode ser contratado conjuntamente com a totalidade dos riscos referidos nas alíneas *a)* a *h)* do mesmo número.

6 — Por acordo entre a seguradora e o tomador do seguro podem ser cobertos outros riscos a que as culturas possam estar sujeitas, nos termos definidos na apólice.

7 — O contrato de seguro deve cobrir obrigatoriamente todas as culturas da mesma espécie que o segurado possua ou explore, no mesmo concelho.

8 — A produção de efeitos do contrato de seguro é regulada pelas condições da apólice.

SECÇÃO III
Celebração do contrato de seguro

1 — O seguro de colheitas pode ser efectuado em qualquer companhia de seguros autorizada a explorar o ramo a que se refere o n.º 9) do artigo 123.º do Decreto-Lei n.º 94-B/98, de 17 de Abril, através da celebração de um contrato individual ou colectivo.

2 — Entende-se por contrato de seguro individual o contrato subscrito directamente por qualquer entidade que tenha interesse legítimo sobre a produção segura.

3 — O contrato de seguro colectivo poderá ser celebrado por organizações e associações de produtores, cooperativas agrícolas e sociedades comerciais que efectuem a transformação e ou comercialização da produção segura. Poderão ainda celebrar contratos colectivos as comissões regionais vitivinícolas e as associações de agricultores cujos associados directos sejam produtores. O contrato de seguro colectivo baseia-se nos princípios da adesão voluntária dos agricultores beneficiários e do conhecimento por estes das condições do seguro, devendo a entidade colectiva que os representa adoptar as medidas necessárias para o efeito.

4 — O contrato de seguro colectivo deve garantir os valores individuais de capital seguro de cada um dos aderentes, ficando os mesmos impossibilitados de celebrar contrato de seguro individual para a mesma parcela e cultura.

5 — É concedida às cooperativas agrícolas, associações e organizações de agricultores a possibilidade de mediarem contratos de seguro de colheitas, nos moldes e condições a definir pelo Instituto de Seguros de Portugal.

6 — O seguro de colheitas é contratado nos termos de uma apólice uniforme, publicada pelo Instituto de Seguros de Portugal de acordo com o estabelecido no artigo 15.º do Decreto-Lei n.º 20/96. A publicação da referida apólice deverá ocorrer no prazo de 15 dias após a publicação da presente portaria.

7 — O recibo do prémio de seguro deve sempre indicar o valor da bonificação atribuída pelo Estado.

SECÇÃO IV
Valor seguro

1 — Para efeitos de cálculo do valor a segurar, são considerados as produções efectivamente esperadas e os preços de mercado correntes na região.

2 — Compete ao tomador do seguro/segurado, sempre que lhe seja solicitado, apresentar justificativo da produção esperada, a qual deve estar fundamentada através de registos da exploração, considerando-se como máximo aceitável a média da produtividade obtida durante os últimos seis anos (excluindo o ano de menor produtividade), acrescida de 20%, ou, na sua ausência, de declaração a obter junto dos serviços regionais do MADRP atestando a produtividade segura.

3 — Se o preço declarado exceder em 20% ou mais o preço de mercado corrente na região, o tomador de seguro/segurado deverá, sempre que lhe seja solicitado, apresentar justificativo do preço declarado, o qual deve estar fundamentado através de documentos comprovativos ou, na sua ausência, de declaração a obter junto dos serviços regionais do MADRP atestando o preço da produção segura.

4 — A partir do momento em que o seguro comece a produzir efeitos, não são admitidas quaisquer alterações nos valores declarados, assistindo, contudo, ao segurado o direito de, antes da ocorrência de um sinistro ou da verificação de qualquer risco coberto susceptível de produzir um dano material, alterar o capital seguro, se essa alteração for devida a:

a) Acidentes meteorológicos não possíveis de abranger no âmbito do seguro de colheita;

b) Pragas de âmbito regional, para cuja ocorrência o segurado seja inteiramente alheio;

c) Variação de preço ou subsídios oficiais;

d) Legítima expectativa de vir a verificar-se um significativo aumento da produção esperada, devidamente comprovado pelos serviços regionais do MADRP;

e) Correcção de erros de cálculo cometidos pelo segurado nas declarações iniciais.

5 — Os contratos de seguro de colheitas são temporários, não prorrogáveis, com excepção do seguro de culturas em regime de forçagem, cujos contratos podem ser celebrados por períodos anuais, renováveis.

6 — Sem prejuízo das datas limite de produção definidas nas condições especiais da apólice uniforme, o contrato caduca na data da conclusão da colheita e, no caso específico das culturas arbóreas ou arbustivas, no momento em que os frutos são retirados da árvore ou da planta.

SECÇÃO V

Indemnizações

1 — O seguro de colheitas garante ao agricultor uma indemnização sobre o montante dos prejuízos sofridos pelas culturas que tenham origem em qualquer dos riscos abrangidos pela apólice.

2 — Em caso de sinistro, o cômputo dos danos que servirá de base ao cálculo da indemnização atenderá às produções reais. Caso não seja possível determiná-las, considerar-se-á a média das produtividades obtidas durante os últimos seis anos (excluindo o ano de menor produtividade), acrescida de 20%, ou, na impossibilidade do seu cálculo, a produtividade atestada pelos serviços regionais do MADRP em declaração a obter junto dos mesmos, considerando-se como limite máximo a declaração do segurado.

3 — Serão consideradas como constituindo um único sinistro as perdas ou danos que ocorram nas quarenta e oito horas seguintes ao momento em que as coisas seguras sofram os primeiros danos.

4 — O montante a indemnizar é calculado com base no valor apurado nos termos do n.º 1 desta secção, deduzido dos gastos gerais de cultivo ou de colheitas não realizadas, e atenderá às seguintes regras:

a) O montante da indemnização será equivalente a 80% dos prejuízos realmente sofridos, salvo o disposto na alínea seguinte;

b) Não são indemnizáveis os prejuízos resultantes de sinistro cujo montante, por verba segura, seja inferior a 5% do valor seguro, com um mínimo de € 75;

c) Se o valor dos prejuízos realmente sofridos for igual ou superior ao limite a observar nos termos da alínea anterior, a indemnização será calculada tendo por base o valor total, aplicando-se o disposto na alínea *a)* deste número;

d) No cálculo de qualquer indemnização relativa a seguro de culturas de vários cortes, colheitas ou apanhas — nomeadamente as do tomate e as de regime de forçagem — atender-se-á obrigatoriamente ao valor das colheitas já realizadas, devendo previamente fixar-se, em termos percentuais, a distribuição mensal das receitas esperadas;

e) Quando o sinistro ocorrer numa fase do ciclo produtivo em que, técnica e economicamente, seja viável a renovação da cultura ou a implementação de outra em sua substituição, o montante da indemnização corresponde aos encargos suportados até essa data e atender-se-á aos prejuízos decorrentes do diferimento da colheita.

5 — As indemnizações por sinistros abrangidos pelo seguro de colheitas não deverão ser pagas antes do início das épocas normais de comercialização dos produtos, excepto quando o sinistro ocorra na fase referida na alínea *e)* do número anterior.

6 — Os limites referidos na alínea *b)* do n.º 4 podem ser alterados por despacho conjunto dos Ministros das Finanças e da Agricultura, do Desenvolvimento Rural e das Pescas.

SECÇÃO VI

Bonificações dos prémios de seguro de colheitas

1 — Nos termos do artigo 4.º do Decreto-Lei n.º 20/96, o Estado bonificará os prémios de seguro de colheitas.

2 — Para efeitos da atribuição de bonificação, atender-se-á ao seguinte:

a) Será concedida uma bonificação de 25% do prémio dos contratos de seguro que efectuem a cobertura dos riscos previstos na cobertura base, com excepção da cultura dos cereais, em que a bonificação da cobertura base será de 30%;

b) Sem prejuízo do disposto no número anterior, poderão ainda ser concedidas cumulativamente as seguintes bonificações:

Por coberturas complementares;

Pomóideas, prunóideas e vinha:

i) 10% do prémio dos contratos de seguro de colheitas que incluam qualquer dos riscos previstos como coberturas complementares;

ii) Nos contratos de seguro de colheitas celebrados individualmente, para pomares de variedades autóctones ou que disponham de adequado equipamento antigeada, bem como para pomares e vinhas com boa localização, será concedida uma bonificação adicional de 10%. Para efeitos do disposto nesta alínea, as culturas carecem sempre de declaração dos serviços regionais do MADRP. A declaração, a emitir pelos serviços regionais do MADRP, atestando a correcta localização da plantação deverá considerar cumulativamente os seguintes aspectos:

I) Boa drenagem atmosférica — plantações cuja localização se situe em zonas de encosta ou meia encosta, que, pela sua situação e orografia, envolvente, permita uma boa movimentação das massas de ar circundantes;

II) Cota de implantação — sempre que as plantações sejam adjacentes a cursos de água, deverão estar instaladas a uma cota superior à daqueles, pelo menos em 80% da respectiva área;

III) Boa exposição — plantações expostas entre os quadrantes sul e nascente.

Restantes culturas — 10% do prémio dos contratos de seguro de colheitas que incluam qualquer dos riscos previstos como coberturas complementares;

Por tarifação — 10%, 15% ou 20% do prémio dos contratos de seguro cujas tarifas de referência se situem nos intervalos de tarificação a definir por despacho conjunto dos Ministros ds Finanças e da Agricultura, do Desenvolvimento Rural e das Pescas;

Por localização — 5% do prémio dos contratos e seguro celebrados para a região de tarifação D ou 10% do prémio dos contratos de seguro celebrados para a região de tarifação E;

Contratos de seguro colectivos — serão ainda concedidos 10% de bonificação aos prémios dos contratos de seguro celebrados, para uma dada actividade, por qualquer das entidades definidas na secção III, n.º 3, desde que envolvam, no mínimo, como aderentes, 50% dos produtores dessa actividade nela representados. No caso das sociedades comerciais, a produção segura deverá representar, pelo menos 50% da produção adquirida, devendo o contrato de seguro envolver, no mínimo, 20 produtores fornecedores;

Por forma a facilitar a interpretação da atribuição de bonificações, apresenta-se o seguinte quadro resumo:

ART. 10.º   *Decreto-Lei n.º 385/88, de 25 de Outubro*

(Percentagem)

Cobertura base		Cobertura complementar (a)			Tarifa de referência	Localização		Contratos de seguros colectivos	Bonificação máxima
Cereais	Outras culturas	Pomóideas, prunóideas e vinha		Restantes culturas	Intervalos de tarifação a definir por despacho conjunto MF/MADRP	Zona D	Zona E		
		Sem boa localização	Com boa localização (b)						
30	25	10	20	10	10 15 20	5	10	10	75

(a) Desde que contratada pelo menos uma das coberturas complementares designadas neste diploma.
(b) Desde que contratadas individualmente e com boa localização devidamente comprovada pelos serviços regionais do MADRP.

3 — Nenhum contrato de seguro poderá usufruir de uma bonificação superior a 75% do prémio.

4 — Sem prejuízo do referido nos números anteriores, o critério de bonificação a aplicar deverá seguir as seguintes determinações:

a) Uva (inclui todas as regiões, à excepção da do vinho verde):

a.1) Sem bonificação — não será atribuída bonificação caso se verifique uma das seguintes condições:
    Povoamento — com mais de 15% de falhas;
    Castas não autorizadas;
    Técnicas culturais deficientes:
        Ausência de poda;
        Infestantes não controladas;
        Estado sanitário deficiente — com mais de 20% de plantas afectadas por uma ou mais das seguintes doenças: míldio e ou oídio;

a.2) Com bonificação — mediante a verificação cumulativa das seguintes condições:
    Povoamento — até 15% de falhas;
    Técnicas culturais adequadas:
        Poda anual;
        Infestantes controladas;
        Bom ou regular estado sanitário;

b) Uva — região do vinho verde:

b.1) Sem bonificação — caso se verifique uma das seguintes condições:
    Vinhas situadas em encosta alta, a uma altitude superior a 400 m;
    Vinhas expostas exclusivamente a norte;
    Solos com capacidade de uso das classes D ou E;
    Área cultivada inferior a 1000 m2;
    Povoamento — com mais de 15% de falhas;
    Técnicas culturais deficientes:
        Ausência de poda;
        Estado sanitário deficiente — com mais de 15% de plantas afectadas por uma ou mais das seguintes doenças: nó curto e ou escariose;

b.2) Com bonificação — mediante a verificação cumulativa das seguintes condições:
    Solos com capacidade de uso das classes A, B ou C;
    Povoamento até 15% de falhas;
    Somatório das castas autorizadas e recomendadas superior a 50%;
    Técnicas culturais convenientes:
        Poda anual;
        Bom ou regular estado sanitário;

Arrendamento Rural ART. 10.º

c) Pomóideas (maçã e pêra):

c.1) Sem bonificação — caso se verifique uma das seguintes condições:

Solos com capacidade de uso das classes D ou E;
Árvores isoladas ou povoamento inferior a 250 árvores por hectare;
Técnicas culturais deficientes:

Ausência de podas;
Estado sanitário deficiente — com mais de 20% de plantas afectadas por doença ou praga;
Infestantes não controladas — mais de 15% de infestação;

c.2) Com bonificação — mediante a verificação cumulativa das seguintes condições:

Solos com capacidade de uso das classes A, B ou C;
Densidade de plantação superior a 250 árvores por hectare;
Técnicas culturais adequadas:

Poda anual;
Bom ou regular estado sanitário;
Boa ou aceitável disponibilidade de água de rega;
Infestantes controladas;

d) Frutos secos (nogueira, aveleira, castanheiro, amendoeira e alfarrobeira):

d.1) Sem bonificação — caso se verifique uma das seguintes condições:

Má localização — altitude superior a 600 m;
Má drenagem atmosférica;
Solos com capacidade de uso das classes D ou E (nogueira, aveleira, amendoeira ou alfarrobeira);
Solos com capacidade de uso da classe E (castanheiro);
Castanheiro, nogueira e alfarrobeira — densidade de plantação igual ou inferior a 35 árvores por hectare;
Amendoeira — densidade de plantação igual ou inferior a 100 árvores por hectare;
Aveleira — densidade de plantação igual ou inferior a 150 árvores por hectare;
Ausência de poda de formação;
Estado sanitário deficiente (análogo ao referido para as pomóideas);
Infestantes não controladas — mais de 15% de infestação;
Regime de sequeiro (aveleira e ou nogueira);

d.2) Com bonificação — mediante a verificação cumulativa das seguintes condições:

Castanheiro:

Boa ou aceitável drenagem atmosférica;
Solos com capacidade de uso das classes C ou D;
Densidade de plantação — superior a 35 árvores por hectare;
Infestantes controladas;

Nogueira:

Boa ou aceitável drenagem atmosférica;
Solos com capacidade de uso das classes A, B ou C;
Densidade de plantação — superior a 35 árvores por hectare;
Bom ou regular estado sanitário;
Boa ou aceitável disponibilidade de água para rega;
Infestantes controladas;

Aveleira:

Boa ou aceitável drenagem atmosférica;
Solos com capacidade de uso das classes B e C;

ART. 10.º Decreto-Lei n.º 385/88, de 25 de Outubro

    Densidade de plantação — superior a 150 árvores por hectare;
Infestantes controladas;
Bom ou regular estado sanitário;
Boa ou aceitável disponibilidade de água para rega;

    Amendoeira:

    Boa ou aceitável drenagem atmosférica;
Solos com capacidade de uso das classes A, B ou C;
Densidade de plantação — superior a 100 árvores por hectare;
Pomares em bom estado sanitário, constituídos por mais de uma variedade de floração simultânea;
Infestantes controladas;

    Alfarrobeira:

    Boa ou aceitável drenagem atmostérica;
Solos com capacidade de uso das classes A, B ou C;
Densidade de plantação — superior a 35 árvores por hectare;
Bom ou regular estado sanitário;
Infestantes controladas;

e) Prunóideas (cerejeira, pessegueiro, ameixeira e damasqueiro):

e.1) Sem bonificação — caso se verifique uma das seguintes condições:

    Solos com capacidade de uso das classes D ou E (pessegueiro, ameixeira e damasqueiro);
Solos com capacidade de uso da classe E (cerejeira);
Povoamento:

    Cerejeira — densidade de plantação igual ou inferior a 200 árvores por hectare;

    Pessegueiro, ameixeira e damasqueiro — densidade de plantação igual ou inferior a 300 árvores por hectare;

Técnicas culturais deficientes:

    Podas;
Cerejeira — ausência de poda de formação;
Pessegueiro, ameixeira e damasqueiro — ausência de poda anual;
Estado sanitário deficiente (análogo ao referido para as pomóideas);
Infestantes não controladas — mais de 15% de infestação;
Regime de sequeiro;

e.2) Com bonificação — mediante a verificação cumulativa das seguintes condições:

    Solos com capacidade de uso das classes A, B ou C (restantes culturas do grupo);
Povoamento:

    Cerejeira — densidade de plantação superior a 200 árvores por hectare;

    Pessegueiro, ameixeira e damasqueiro — densidade de plantação superior a 300 árvores por hectare;

Técnicas culturais convenientes:

    Podas;
Cerejeira — poda de formação;
Pessegueiro, ameixeira e damasqueiro — poda anual;

f) Actinídea:

f.1) Sem bonificação — caso se verifique uma das seguintes condições:

Pomares instalados em encosta alta a uma altitude superior a 400 m;
Pomares instalados em locais cuja humidade relativa média de Verão seja inferior a 50%;
Solos com capacidade de uso das classes C, D ou E;
Pomares onde a variedade Hayward tenha um índice de ocupação inferior a 50%;
Vigor deficiente — rebentação do ano com lançamentos inferiores a 50 cm ou em que 50% das varas desviadas da base tenham um diametro inferior a 2 cm;
Técnicas culturais deficientes:

Ausência de poda;
Regime de sequeiro;

f.2) Com bonificação — mediante a verificação cumulativa das seguintes condições:

Pomares instalados em locais cuja humidade relativa média de Verão seja igual ou superior a 50%;
Solos com capacidade de uso das classes A ou B;
Pomares onde a variedade Hayward tenha um índice de ocupação igual ou superior a 50%;
Pomares vigorosos;
Técnicas culturais convenientes:

Poda;
Boa disposição de água para rega;

g) Cereais:

g.1) Sem bonificação — caso se verifique uma das seguintes condições:

Solos que não possuam capacidade de uso agrícola para o seu desenvolvimento;
Arroz, trigo e cevada — capacidade de uso das classes D ou E;
Centeio, triticale e aveia — capacidade de uso da classe E;
Utilização de variedades não inscritas no Catálogo Nacional de Variedades (CNV) e ou no catálogo comunitário, consoante a finalidade da produção seja, respectivamente, multiplicação ou comercialização de sementes;
Técnicas culturais deficientes:

Estado sanitário deficiente (análogo ao referido para as pomóideas);
Infestantes não controladas — mais de 15% de infestação;

g.2) Com bonificação — mediante a verificação cumulativa das seguintes condições:

Capacidade de uso agrícola do solo:

Arroz, trigo e cevada — classes A, B e C;
Centeio, triticale e aveia — classes A, B, C e D;

Utilização de variedades inscritas no CNV e ou no catálogo comunitário, consoante a finalidade da produção seja, respectivamente, multiplicação ou comercialização de sementes;
Técnicas culturais convenientes:

Rotação cultural adequada;
Bom ou regular estado sanitário — em que mais de 20% da seara não esteja infestada por pragas ou doença, sendo no trigo, para a cárie, igual ou superior a 5%;
Infestantes controladas;
Arroz — canteiros nivelados;

ART. 10.º	*Decreto-Lei n.º 385/88, de 25 de Outubro*

h) Oleaginosas (cártamo e girassol):

h.1) Sem bonificação — caso se verifique uma das seguintes condições:

Solos de capacidade de uso D e E;
Técnicas culturais deficientes;
Rotação cultural não adequada;
Estado sanitário deficiente (análogo ao referido para as pomóideas);
Infestantes não controladas — mais de 15% de infestação;

h.2) Com bonificação — mediante a verificação cumulativa das seguintes condições:

Solos de capacidade de uso A, B ou C;
Técnicas culturais convenientes;
Povoamento regular que, salvo a ocorrência de fenómenos naturais anormais devidamente reconhecidos, respeite, no caso do girassol, as seguintes densidades mínimas: 2 pés/m2 em sequeiro e 5 pés/m2 em regadio;
Bom a regular estado sanitário (análogo ao referido para as pomóideas);
Infestantes controladas;

i) Leguminosas para grão:

i.1) Sem bonificação — caso se verifique uma das seguintes condições:

Solos que não possuam capacidade de uso agrícola para o desenvolvimento dos cereais;
Técnicas culturais deficientes:

Estado sanitário deficiente (análogo ao referido para as pomóideas);
Infestantes não controladas — mais de 15% de infestação;

i.2) Com bonificação — mediante a verificação das condições contrárias às referidas na alínea anterior;

j) Olival:

j.1) Sem bonificação — caso se verifique uma das seguintes condições:

Olivais implantados em solos delgados/esqueléticos — classe E;
Olivais implantados em terrenos com topografia acentuada e sem possibilidade de mecanização;
Olivais decrépitos;
Povoamento — árvores isoladas dispersas e ou densidade de plantação inferior a 40 árvores por hectare;
Podas efectuadas com intervalos de cinco ou mais anos;
Infestantes não controladas;

j.2) Com bonificação — mediante a verificação cumulativa das seguintes condições:

Olivais implantados em solos das classes A, B, C ou D;
Olivais implantados em terrenos com topografia, moderada e ou com possibilidades de mecanização ou totalmente mecanizáveis;
Povoamento — densidade de plantação superior a 40 árvores por hectare;
Podas intervaladas de três a quatro anos;
Infestantes controladas;

l) Batata para consumo:

l.1) Sem bonificação — caso se verifique uma das seguintes condições:

Má drenagem atmosférica;
Solos com capacidade de uso das classes D ou E;
Rotação inferior a três anos;

População de nemátodos não controlados;
Terrenos sem possibilidades de mecanização;

l.2) Com bonificação — mediante a verificação cumulativa das seguintes condições:
Boa ou aceitável drenagem atmosférica;
Solos com capacidade de uso das classes A, B ou C;
Rotação trienal;
População de nemátodos controlados;
Cultura instalada em terrenos com possibilidades de mecanização;
Infestantes controladas;

m) Batata-semente:

m.1) Sem bonificação — caso se verifique uma das seguintes condições:
Solos com capacidade de uso das classes D ou E;
Utilização de variedades não certificadas;
Rotação inferior a quatro anos;
Populações de nemátodos não controlados;
Ausência de disponibilidade de água para rega;
Infestantes não controladas;
Estado sanitário deficiente;

m.2) Com bonificação — mediante a verificação cumulativa das seguintes condições:
Solos com capacidade de uso das classes A, B ou C;
Rotação não inferior a quatro anos;
Populações de nemátodos controlados;
Disponibilidade de água para rega;
Infestantes controladas;
Bom a regular estado sanitário;

n) Citrinos:

n.1) Sem bonificação — caso se verifique uma das seguintes condições:
Deficiente estado vegetativo;
Má localização;
Insuficiente disponibilidade de água;

n.2) Com bonificação — mediante a verificação cumulativa das seguintes condições:
Bom estado vegetativo;
Boa localização, nomeadamente solo, exposição e drenagem atmosférica;
Boa disponibilidade de água para rega.

o) Pequenos frutos (mirtilo, framboesa e amora):

o.1) Sem bonificação — caso se verifique uma das seguintes condições:
Solos com capacidade de uso das classes C, D ou E;
Ausência de disponibilidade de água para rega;
Infestantes não controladas;
Estado sanitário deficiente;
Má drenagem atmosférica;

o.2) Com bonificação — mediante a verificação cumulativa das seguintes condições:
Boa ou aceitável drenagem atmosférica;
Solos com capacidade de uso das classes A ou B;
Infestantes controladas;
Bom ou regular estado fitossanitário;
Boa disponibilidade de água para rega;

ART. 10.º					Decreto-Lei n.º 385/88, de 25 de Outubro

p) Diospireiro:
p.1) Sem bonificação — caso se verifique uma das seguintes condições:
Deficiente estado vegetativo;
Má localização, nomeadamente solo, exposição e drenagem atmosférica;
Insuficiente disponibilidade de água para rega;
p.2) Com bonificação — mediante a verificação cumulativa das seguintes condições:
Bom estado vegetativo;
Boa localização, nomeadamente solo, exposição e drenagem atmosférica;
Boa disponibilidade de água para rega;
q) Nespereira:
q.1) Sem bonificação — caso se verifique uma das seguintes condições:
Deficiente estado vegetativo;
Má localização, nomeadamente solo, exposição e drenagem atmosférica;
q.2) Com bonificação — mediante a verificação cumulativa das seguintes condições:
Bom estado vegetativo;
Boa localização, nomeadamente solo, exposição e drenagem atmosférica;
r) Abacateiro:
r.1) Sem bonificação — caso se verifique uma das seguintes condições:
Deficiente estado vegetativo;
Má localização, nomeadamente solo, exposição e drenagem atmosférica;
Insuficiente disponibilidade de água para rega;
r.2) Com bonificação — mediante a verificação cumulativa das seguintes condições:
Bom estado vegetativo;
Boa localização, nomeadamente solo, exposição e drenagem atmosférica;
Boa disponibilidade de água para rega.

5 — Para efeitos do cálculo da bonificação a atribuir, considerar-se-á o prémio a pagar pelo tomador de seguro com dedução dos encargos fiscais, parafiscais e custo da apólice, limitado ao obtido a partir da tarifa de referência, nos casos em que o prémio da seguradora for superior.

6 — As tarifas de referência para cálculo das bonificações dos prémios de seguro, quer colectivos quer individuais, serão determinadas por despacho conjunto dos Ministros das Finanças e da Agricultura, do Desenvolvimento Rural e das Pescas.

— **Despacho conjunto n.º 289/2001, de 9 de Março, *DR II Série* de 29/3/2001, dos Ministros das Finanças e da Agricultura, do Desenvolvimento Rural e das Pescas**

A revisão do Sistema Integrado de Protecção contra as Aleatoriedades Climáticas (SIPAC), efectuada pela Portaria n.º 282/2001, de 29 de Março, introduz uma alteração referente à inclusão do risco de fendilhamento do fruto na cultura da cerejeira, que implica uma reformulação das tarifas de referência para cálculo das bonificações.

Assim, ao abrigo dos n.ºs 6 e 7 da secção VI do capítulo I do Regulamento do SIPAC, determino o seguinte:

1 — As tarifas de referência para cálculo de bonificações previstas no Regulamento do SIPAC são as seguintes:

a) Tarifas de referência a praticar para seguros individuais:

Regiões	Culturas					
	I	II	III	IV	V	VI
A	1,9	3,3	3	3,6	2,7	6
B	2,6	3,4	4,1	6,1	2,7	10
C	3,4	5,2	7,9	10,7	3,3	20
D	5,9	5,2	12,1	23,3	3,3	41,2
E	7,5	8	20,6	25,7	3,3	42,9

b) Tarifas de referência a praticar para seguros colectivos:

Regiões	Culturas					
	I	II	III	IV	V	VI
A	1,7	3,0	2,7	3,2	2,4	5,4
B	2,3	3,1	3,7	5,5	2,4	9
C	3,1	4,7	7,1	9,6	3,0	18
D	5,3	4,7	10,9	21,0	3,0	37,1
E	6,8	7,2	18,5	23,1	3,0	38,6

2 — As regiões A, B, C, D e E indicadas nos quadros do número anterior são as definidas na subalínea *ii)* da alínea *b)* do n.º 2 da secção II do capítulo I do Regulamento do SIPAC.

3 — As culturas a que se referem os referidos quadros são as seguintes:

I) Cereais, linho, lúpulo, algodão, oleaginosas arvenses, couve-galega, couve-tronchuda, couve--penca, couve-portuguesa, couve-repolho, couve-roxa, couve coração-de-boi, couve-lombarda, couve--de-bruxelas, nabo, rutabaga, rábano, rabanete e culturas em regime de forçagem;

II) Tomate, pimento, melão, meloa, melancia, abóbora, cebola, cenoura, alface, feijão-verde, alho, alho-francês, ervilha, aipo, beringela, pepino, quiabo, chicória de folhas, *courgette*, couve--bróculo, couve-chinesa, couve-flor, esgargo, espinafre, fava, beterraba hortícola, beterraba açucareira, tabaco, azeitona para conserva, azeitona para azeite, batata, batata-doce, castanha, nêspera, morango, leguminosas para grão e floricultura ao ar livre;

III) Uva, figo, alfarroba, mirtilo, framboesa e amora;

IV) Pomóideas, prunóideas, actinídea *(kiwi)*, diospiro, noz, amêndoa e avelã;

V) Citrinos e abacate.

VI) Cereja com cobertura total incluindo o risco de fendilhamento.

4 — Os intervalos de tarifação a considerar para efeitos de atribuição da majoração da bonificação por tarifação são as seguintes:

Seguros individuais:

Majoração de 10% do prémio dos contratos de seguro — tarifas de referência situadas entre 1,9% e 5,9% do capital seguro;

Majoração de 15% do prémio dos contratos de seguro — tarifas de referência situadas acima de 5,9% e até 8% do capital seguro;

Majoração de 20% do prémio dos contratos de seguro — tarifas de referência situadas acima de 8% do capital seguro.

Seguros colectivos:

Majoração de 10% do prémio dos contratos de seguro — tarifas de referência situadas entre 1,7% e 5,3% do capital seguro;

Majoração de 15% do prémio dos contratos de seguro — tarifas de referência situadas acima de 5,3% e até 7,2% do capital seguro;

Majoração de 20% do prémio dos contratos de seguro — tarifas de referência situadas acima de 7,2% do capital seguro.

5 — As tarifas de referência e os intervalos de tarifação agora estabelecidos serão aplicados para cálculo das bonificações dos contratos de seguro de colheitas celebrados a partir de 1 de Janeiro de 2001.

6 — É revogado o despacho conjunto n.º 481/99, de 19 de Maio.

7 — Os intervalos de tarifação a considerar para efeitos de atribuição da majoração da bonificação por tarifação serão definidos no despacho conjunto a que se refere o número anterior.

8 — Sem prejuízo da diversidade de situações de bonificação decorrente do disposto nos números anteriores, o valor do prémio a pagar pelo tomador do seguro deverá ser líquido da bonificação a atribuir e, no mínimo, deverá corresponder a 25% do prémio comercial.

CAPÍTULO II
Fundo de calamidades

1 — De acordo com o artigo 6.º do Decreto-Lei n.º 20/96, o fundo de calamidades destina-se a intervir apenas em situações de calamidade agrícola de origem climatérica e a compensar os agricultores por danos provocados exclusivamente por riscos cuja cobertura não seja possível efectuar no âmbito de um contrato de seguro de colheitas.

2 — Para efeitos do presente diploma, entende-se por calamidade agrícola de origem climatérica a ocorrência de fenómenos exclusivamente climáticos, de carácter excepcional, que provoquem uma quebra de produção generalizada das culturas, no mínimo de 50%, dela resultando uma acentuada perda do rendimento dos agricultores.

Na determinação da quebra de produção atender-se-á às produtividades habitualmente verificadas na região, calculadas com base na média obtida durante os últimos seis anos, com exclusão do ano de menor produtividade.

3 — A declaração de calamidade será efectuada por portaria conjunta dos Ministros das Finanças e da Agricultura, do Desenvolvimento Rural e das Pescas e definirá a data da sua ocorrência e as medidas de apoio a conceder, bem como a área geográfica de intervenção e as culturas abrangidas.

4 — Podem beneficiar das medidas de apoio a criar no âmbito do fundo de calamidades os agricultores que reúnam, cumulativamente, as seguintes condições:

i) Tenham contrato de seguro de colheitas;
ii) Tenham efectuado o pagamento da contribuição para o fundo de calamidades.

5 — O contrato de seguro de colheitas referido na alínea *i)* do número anterior deverá incluir, pelo menos, os riscos referidos como cobertura base e abranger a cultura ou plantação atingida por calamidade.

6 — Sem prejuízo das disposições que vierem a ser estabelecidas quando da declaração de calamidade, o acesso aos benefícios do fundo de calamidades obedece aos seguintes princípios:

1) Beneficiarão das medidas de apoio a criar no âmbito do fundo de calamidades exclusivamente os agricultores que tenham efectuado seguro de colheitas até à data da ocorrência da calamidade;

2) Os benefícios decorrentes dos apoios concedidos no âmbito do fundo de calamidades serão diferenciados de acordo com a data do contrato de seguro de colheitas, sendo tanto menores quanto mais tardia for a data da sua celebração.

7 — Para efeitos do disposto no n.º 2) do número anterior, estabelece-se o seguinte:

a) Culturas de Primavera, culturas hortícolas, floricultura ao ar livre, estufas, citrinos e abacateiro:

i) Beneficiarão das medidas a criar no âmbito do fundo de calamidades, no montante de 100% dos apoios que vierem a ser definidos, exclusivamente os agricultores que tenham efectuado seguro de colheitas até à data da ocorrência da calamidade;

ii) Ficam excluídos das medidas de apoio criadas no âmbito do fundo de calamidades os agricultores que, à data da ocorrência da situação de calamidade, não tenham efectuado seguro de colheitas;

b) Cereais de Outono-Inverno:

i) Para calamidades que ocorram entre 1 de Janeiro e 31 de Março, o acesso às medidas a emitir no âmbito do fundo de calamidades ficará condicionado à comprovação da existência de seguro de colheitas celebrado em data anterior a 31 de

Março ou, na sua inexistência, à comprovação da celebração de contrato de seguro de colheitas, para a mesma cultura ou culturas do mesmo grupo, no ano anterior ao da ocorrência da calamidade. A percentagem de acesso aos apoios será de 100% do montante que vier a ser estabelecido;

ii) Os agricultores que efectuem o contrato de seguro de colheitas entre 1 e 15 de Abril beneficiarão das medidas a criar no âmbito do fundo de calamidades no montante de 75% dos apoios que vierem a ser estabelecidos para calamidades que ocorram após 1 de Abril;

iii) Os agricultores que efectuem o contrato de seguro de colheitas entre 16 de Abril e 31 de Maio beneficiarão das medidas a criar no âmbito do fundo de calamidades, no montante de 50% dos apoios que vierem a ser estabelecidos, para calamidades que ocorram após 16 de Abril;

iv) Os agricultores que efectuem o seguro de colheitas a partir de 1 de Junho não terão acesso às medidas emitidas no âmbito do fundo de calamidades, independentemente da data em que esta ocorrer;

c) Plantações:

Regiões A e B:

i) Os agricultores que efecuiem o contrato de seguro de colheitas entre 15 de Fevereiro e 31 de Março beneficiarão das medidas a criar no âmbito do fundo de calamidades, no montante de 100% dos apoios que vierem a ser estabelecidos, para as calamidades que ocorram após 15 de Fevereiro;

ii) Os agricultores que efectuem o contrato de seguro de colheitas entre 31 de Março e 15 de Abril beneficiarão das medidas a criar no âmbito do fundo de calamidades, no montante de 75% dos apoios que vierem a ser estabelecidos, para as calamidades que ocorram após 31 de Março;

iii) Os agricultores que efectuem o contrato de seguro de colheitas entre 16 de Abril e 15 de Maio beneficiarão das medidas a criar no âmbito do fundo de calamidades, no montante de 50% dos apoios que vierem a ser estabelecidos, para as calamidades que ocorram após 16 de Abril;

iv) Os agricultores que efectuem o seguro de colheitas a partir de 16 de Maio não terão acesso às medidas a criar no âmbito do fundo de calamidades, independentemente da data em que a calamidade ocorrer;

Região C:

i) Os agricultores que efectuem o contrato de seguro de colheitas entre 15 de Fevereiro e 10 de Abril beneficiarão das medidas a criar no âmbito do fundo de calamidades, no montante de 100% dos apoios que vierem a ser estabelecidos, para as calamidades que ocorram após 15 de Fevereiro;

ii) Os agricultores que efectuem o contrato de seguro de colheitas entre 11 e 26 de Abril beneficiarão das medidas a criar no âmbito do fundo de calamidades, no montante de 75% dos apoios que vierem a ser estabelecidos, para as calamidades que ocorram após 11 de Abril;

iii) Os agricultores que efectuem o contrato de seguro de colheitas entre 26 de Abril e 31 de Maio beneficiarão das medidas a criar no âmbito do fundo de calamidades, no montante de 50% dos apoios que vierem a ser estabelecidos, para as calamidades que ocorram após 26 de Abril;

iv) Os agricultores que efectuem o seguro de colheitas a partir de 1 de Junho não terão acesso às medidas a criar no âmbito do fundo de calamidades, independentemente da data em que a calamidade ocorrer;

Regiões D e E:

i) Beneficiarão das medidas a criar no âmbito do fundo de calamidades, no montante de 100% dos apoios que vierem a ser estabelecidos, os agricultores

ART. 10.º   *Decreto-Lei n.º 385/88, de 25 de Outubro*

que efectuem o contrato de seguro de colheitas entre 15 de Março e 30 de Abril do ano em que ocorrer a calamidade, para calamidades que ocorram após 15 de Março;

ii) Os agricultores que efectuem o contrato de seguro de colheitas entre 1 e 15 de Maio beneficiarão das medidas a criar no âmbito do fundo de calamidades, no montante de 75% dos apoios que vierem a ser estabelecidos, para as calamidades que ocorram após 1 de Maio;

iii) Os agricultores que efectuem o contrato de seguro de colheitas entre 16 de Maio e 15 de Junho beneficiarão das medidas a criar no âmbito do fundo de calamidades, no montante de 50% dos apoios que vierem a ser estabelecidos, para as calamidades que ocorram após 16 de Maio;

iv) Os agricultores que efectuem o seguro de colheitas a partir de 16 de Junho não terão acesso às medidas a criar no âmbito do fundo de calamidades, independentemente da data em que a calamidade ocorrer.

8 — As percentagens de apoio definidas no número anterior incidem sobre os limites individuais que vierem a ser estabelecidos em cada uma das medidas criadas no âmbito do fundo de calamidades, salvo se o valor das candidaturas exceder os limites dos apoios definidos para a medida, caso em que serão proporcionalmente ajustados.

9 — A contribuição referida no n.º 4, alínea *ii)*, será cobrada conjuntamente com o prémio de seguro de colheitas e corresponde a 0,2% do valor seguro.

10 — O Estado, a título de retribuição pelos serviços prestados no âmbito do fundo de calamidades, atribuirá às seguradoras uma remuneração equivalente a 10% da receita cobrada para o fundo de calamidades relativa a contratos em que o tomador do seguro haja efectuado a contribuição para o fundo.

11 — A ocorrência de situações de calamidade para actividades não abrangidas pelo seguro de colheitas poderá ser objecto de intervenção por parte do Estado, sem que, contudo, sejam utilizados os recursos financeiros do fundo de calamidades.

CAPÍTULO III

Compensação de sinistralidade

1 — De acordo com o estipulado no artigo 9.º do Decreto-Lei n.º 20/96, o mecanismo de compensação de sinistralidade destina-se a compensar as seguradoras pelo excesso de sinistralidade que ocorra durante o exercício da sua actividade.

2 — Constatando-se que a probabilidade de ocorrência de sinistros não é idêntica em todas as regiões do País, a compensação de sinistralidade é diferenciada, consoante o grau de risco, nos termos seguintes:

a) O Estado atribuirá às seguradoras uma compensação pelo valor das indemnizações pagas, na parte em que excedam, em cada ano civil, uma percentagem do valor dos prémios processados, nos termos que a seguir se definem:

i) Para as regiões definidas no capítulo I, «Seguro de colheitas», como regiões A, B e C, a compensação do Estado será equivalente a 85% do valor das indemnizações pagas, na parte em que excedam 110% dos prémios processados relativos a contratos de seguro de colheitas; exceptuam-se os contratos referentes à cultura da cerejeira que incluam a cobertura do risco de fendilhamento do fruto em que a compensação do Estado será equivalente a 85% do valor das indemnizações pagas, na parte em que excedam 85% dos prémios processados, relativos a contratos de seguro de colheiras;

ii) Para as zonas pertencentes à região D, a compensação do Estado equivalerá a 85% do valor das indemnizações pagas, na parte em que excedam 80% do valor dos prémios processados, relativos a contratos de seguro de colheitas; exceptuam-se os contratos referentes à cultura da cerejeira que incluam a cobertura do risco de fendilhamento do fruto em que a compensação do Estado será equivalente a 85% do valor das indemnizações pagas, na parte em que excedam 65% do valor dos prémios processados, relativos a contratos de seguro de colheiras;

iii) Na região E, o Estado compensará as seguradoras em 85% do valor das indemnizações, no montante em que excederem 65% do valor dos prémios processados, relativos a contratos de seguro de colheitas; nos contratos referentes à cultura da cerejeira que incluam a cobertura do risco de fendilhamento do fruto o cálculo do valor da compensação de sinistralidade nesta região è efectuado isoladamente;

b) Para efeitos de cálculo das percentagens referidas anteriormente, atender-se-á ao seguinte:

i) No valor das indemnizações poderão ser incluídas despesas com peritagens e regularização de sinistros até ao limite máximo de 10% dos prémios. Não serão considerados os sinistros decorrentes de riscos contratados ao abrigo do disposto no capítulo I, secção II, n.º 6;

ii) Serão considerados os prémios totais, incluindo o valor das bonificações, líquidos de estornos e anulações e deduzidos os impostos e taxas. Não deverão ser englobados os prémios referentes aos riscos contratados ao abrigo do disposto no capítulo I, secção II, n.º 6;

iii) O apuramento dos valores será efectuado por seguradora e para cada uma das regiões, agrupadas de acordo com os índices de sinistralidade definidos para a compensação de sinistralidade.

3 — A adesão ao mecanismo de compensação de sinistralidade é facultativa e implica que a seguradora não poderá usufruir de qualquer resseguro para estes efeitos na parte de responsabilidade que corresponde ao Estado.

4 — As seguradoras que não pretendam, em determinado ano, aderir ao mecanismo de compensação de sinistralidade deverão manifestar formalmente essa intenção ao IFADAP, até 31 de Dezembro do ano anterior.

5 — A adesão ao mecanismo de compensação de sinistralidade será feita globalmente para a totalidade das regiões, ficando as seguradoras obrigadas a efectuar uma contribuição, de acordo com o estipulado no artigo 9.º do Decreto-Lei n.º 20/96, calculada da seguinte forma:

a) A contribuição corresponderá a uma percentagem do valor dos prémios processados no ramo de seguro em questão e será diferenciada por região:

i) A contribuição correspondente às regiões A, B e C será equivalente a 6,3% da totalidade dos prémios processados nestas regiões;

ii) Na região D, o valor da contribuição será equivalente a 9% da totalidade dos prémios processados na região;

iii) Relativamente à região E, a contribuição será de 10,8% da totalidade dos prémios processados na região;

b) O valor dos prémios a considerar para efeitos de cálculo da contribuição definida anteriormente deverá estar em conformidade com o referido na subalínea *ii)* da alínea *b)* do n.º 2 deste capítulo.

CAPÍTULO IV

Disposições finais

1 — A tramitação processual, a observar entre o IFADAP e as seguradoras, necessária ao processamento das várias componentes do SIPAC, será definida em normativo a emitir pelo IFADAP.

2 — O referido normativo deverá indicar os dados técnicos e estatísticos relativos ao seguro de colheitas que as seguradoras ficam obrigadas a fornecer ao IFADAP, subordinando-se o pagamento das bonificações e da compensação da sinistralidade ao cumprimento prévio daquela obrigação.

6. Sobre causas imprevisíveis e anormais aleatoriedades climáticas no contrato de campanha ver a Portaria n.º 246/2001, de 22 de Março, em anotação no art. 29.º.

7. No arrendamento de campanha assiste ao arrendatário o direito de obter a resolução do contrato ou a fixação de nova renda com valor inferior ao contratado, quando no prédio arrendado durante o período fixado no contrato, por causas imprevisíveis e anormais, resultar diminuição significativa da capacidade produtiva do prédio — N.º 4-1 da Portaria n.º 246/2001, de 22 de Março, em anotação ao art. 29.º.

8. I — A causa de pedir numa acção movida contra determinada seguradora para haver dela o montante de seguro de colheita que celebrou com o autor reside, essencialmente, não no incumprimento do respectivo contrato, mas sim nos prejuízos de um dos riscos a que a respectiva apólice dá cobertura, ou seja, aos alegados prejuízos sofridos na plantação objecto do seguro.
II — Sendo assim, o tribunal competente para conhecer da acção é o que resulta do art. 74.º n.º 2 do C.P.C., isto é, o correspondente ao lugar onde o facto aconteceu, uma vez que a regra contida neste normativo não pode ser repelida pela vontade das partes, consoante expressamente resulta das disposições conjugadas dos arts. 100.º n.º 1, parte final, e 109.º n.º 2, do Código citado. — Ac. da Relação de Évora de 7/12/1994, *Bol.* 442, 275.

ARTIGO 11.º
Procedimento a adoptar para a redução ou fixação de nova renda

1 — Os pedidos de redução de renda devem ser dirigidos ao senhorio, neles mencionando o arrendatário a renda que considera dever ser paga.

2 — Os pedidos são formulados por escrito, no prazo máximo de 30 dias após o termo dos eventos causais do resultado invocado ou, se continuados, no decurso deles.

3 — Presume-se que os referidos eventos não são fundamento para a redução da renda se o arrendatário não proporcionar ao senhorio a verificação dos sinais da sua ocorrência e os seus resultados.

4 — No caso de os contratantes, nos 30 dias seguintes à formulação do respectivo pedido, não chegarem a acordo sobre a redução de renda, poderão recorrer ao tribunal, o qual fixará, no despacho saneador, a renda a vigorar transitoriamente até decisão final do pleito.

5 — Enquanto a decisão judicial não transitar em julgado, o senhorio não pode requerer a resolução do contrato com base em falta de pagamento de renda, salvo aquela que o arrendatário propôs no pedido de redução até ao saneador, sendo-lhe, porém, devida a importância correspondente ao complemento da renda que lhe vier a ser fixada por decisão judicial, acrescida dos respectivos juros.

NOTAS

1. Nos casos do art. 10.º, a renda, seja só em dinheiro ou em géneros e dinheiro, pode ser reduzida.

O art. 11.º, dada a sua epígrafe — redução ou fixação de nova renda — parece que deverá regular tanto a actualização nos termos do art. 8.º, como a redução nos termos do art.10.º.

Mas a verdade é que todo ele está redigido com vista à redução do art. 10.º.

No entanto, cremos, perante a epígrafe, que o legislador quis equiparar as duas situações, na medida em que apresentam aspectos comuns.

Deverá, assim, entender-se que, quando o art. 35.º n.º 4 manda aplicar nos casos previstos no art. 11.º n.º 4 o processo do art. 1429.º do C.P.C., pretende que este se aplique tanto à redução nos termos do art. 10.º como à actualização do art. 8.º.

Será um caso de aplicação de um processo especial com base em analogia fundada na lei substantiva: se perante esta se pode concluir por uma certa equiparação das situações no campo *substancial*, é razoável que se equiparem e identifiquem, também, no aspecto *processual* — Cfr. Prof. J. A. dos Reis, *Processos Especiais*, I, 37.

Nem se compreenderia, aliás, que no caso de redução com base no art. 10.º se remetesse para um processo especial muito mais simples, como é o do art. 1429.º do C.P.C., e no caso do art. 8.º se obrigasse o interessado a socorrer-se de uma acção de processo comum, uma vez que na primeira situação pode haver, e em regra haverá, necessidade de uma indagação muito mais ampla do que aquela que será necessária na hipótese de actualização do art. 8.º, que apenas poderá implicar a aplicação dos critérios do art. 551.º do C.C..

Concordando connosco ver Profs. Pires de Lima e Antunes Varela, *C.C. Anotado*, II, 4.ª ed., 437.

Contra esta nossa opinião, entendendo que nos casos de aumento de renda os processos devem seguir a forma sumária, pronunciou-se o Ac. da Relação de Évora de 24/9/1992, *Col. Jur.* XVII, 4, 304, mas cremos que sem razão.

Em primeiro lugar, tem de se partir do princípio que o legislador ao colocar a epígrafe do art. 11.º — «Procedimento a adoptar para a redução ou fixação de nova renda» — soube exprimir o seu pensamento em termos adequados — cfr. n.º 3 do art. 9.º do C.C. — de modo a apontar que era neste preceito que se deveria encontrar a solução processual para resolver judicialmente a situação da fixação da nova renda.

Depois, não é verdade que o senhorio possa sempre ou tenha sempre o direito de actualizar a renda até ao máximo que resultar da aplicação das tabelas de rendas máximas nacionais.

Se assim fosse não se diria no n.º 2 do art. 8.º que, na falta de acordo entre as partes, até à decisão final com trânsito em julgado vigorará a renda fixada pelo senhorio, desde que se respeitem os limites das tabelas em vigor.

É que é o juiz que, na falta de acordo, terá, segundo as regras da equidade, de apurar qual o justo aumento da renda, renda que, ao contrário do que se afirma no Acórdão, pode fixar em montante inferior ao exigido pelo senhorio, mas sempre nos limites impostos pelas tabelas de rendas máximas.

Por isso é que se recorre a tribunal e que a renda fixada pelo senhorio, respeitando os limites das tabelas em vigor, se mantém apenas até o tribunal fixar a renda justa.

Se o juiz estivesse vinculado pelo aumento pretendido pelo senhorio, desde que não excedesse as tabelas em vigor, então a redacção do n.º 2 teria de ser diferente.

Pensar de outro modo, é esquecer que a lei do arrendamento rural é proteccionista do arrendatário, como se diz nas notas às diversas alíneas do art. 4.º, e seria absurdo que, sendo no arrendamento urbano os aumentos anuais fixados pelo Governo, não havendo, em princípio, limite para a renda inicial, no arrendamento rural os senhorios pudessem livremente fixar os aumentos, havendo o limite inicial das tabelas de rendas máximas.

2. O prazo máximo de 30 dias para a formulação do pedido de redução da renda tem por finalidade permitir ao senhorio verificar os sinais da ocorrência dos eventos invocados e os seus resultados.

3. O processo judicial de que os contratantes — senhorio e arrendatário — se poderão socorrer no caso de não chegarem a acordo sobre a redução da renda é o do art. 1429.º do C.P.C. — Cfr. n.º 4 do art. 35.º.

É um processo de jurisdição voluntária, pelo que o juiz pode investigar livremente os factos — n.º 2 do art. 1409.º —, não está sujeito a critérios de legalidade estrita, prevalecendo a equidade — art. 1410.º — e as resoluções podem ser alteradas, sem prejuízo dos efeitos já produzidos, com fundamento em circunstâncias supervenientes que justifiquem a alteração — art. 1411.º.

No requerimento em que o pedido é deduzido a parte indicará o preço que julga adequado, justificando a indicação — n.º 1 do art. 1429.º — oferecendo logo o rol de testemunhas e requerendo os outros meios de prova — art. 1409.º, remissivo ao art. 302.º.

A parte contrária é citada para responder em dez dias, podendo indicar preço diferente, desde que o justifique — n.º 2 do art. 1429.º — oferecendo, também, logo o rol de testemunhas e requerendo os outros meios de prova — art. 302.º *ex vi* do art. 1409.º.

Pode ser oferecida resposta no prazo de dez dias mas, com ela ou sem ela, o juiz decidirá, colhendo as provas necessárias — n.º 3 do art. 1429.º.

A parte não pode produzir mais de três testemunhas sobre cada facto e o número total das testemunhas, por cada parte, não será superior a oito.

Os depoimentos, quando prestados antecipadamente ou por carta são gravados ou registados nos termos do art. 522.º-A; quando prestados no tribunal da causa observar-se-á o disposto no n.º 3 do art. 304.º.

Logo que termine a produção de prova o tribunal declarará quais os factos que julga provados e não provados, observando com as devidas adaptações, o disposto no n.º 2 do art. 653.º — ver art. 304.º, *ex vi* do art. 1409.º, todos do C.P.C..

Seguidamente o juiz decidirá — n.º 3 do citado art. 1429.º. Não há recurso da decisão — n.º 4 do art. 35.º.

4. O despacho saneador a que se alude no n.º 4 do art. 11.º, impondo-se ao juiz a obrigação de nele fixar o montante da renda que vigorará transitoriamente até à decisão final, não pode deixar de ser o despacho em que o julgador, após a citação da parte contrária e a apresentação da resposta, se a houver — art. 1429.º n.º 2 do C.P.C. — conhecerá das nulidades ou excepções de apreciação oficiosa, ou de outras se forem arguidas, antes de colher as provas necessárias.

Normalmente, no caso do art. 10.º, terão de ser produzidas provas para o juiz verificar se ocorrem as causas imprevisíveis e anormais nos termos e com as consequências indicadas nesse preceito.

No caso do art. 8.º poderá ter já no processo os elementos que lhe permitam uma decisão definitiva, com referência ao art. 551.º do C.C., devendo decidir logo.

De qualquer forma, a fixação provisória impõe-se no caso do art. 10.º, na medida em que se presume uma prolongada demora até à decisão final.

No caso do art. 8.º, se apenas tiver de recolher alguma informação, designadamente do Instituto Nacional de Estatística, não se justifica a fixação provisória da renda.

5. Enquanto a decisão sobre a redução de rendas não transita em julgado o senhorio não pode requerer a resolução do contrato com base na falta de pagamento de renda.

Ressalva-se o caso de o arrendatário deixar de pagar aquela que, até ao saneador, propôs no seu pedido de redução — n.º 5 do art. 11.º.

No entanto, o arrendatário poderá vir a obstar à resolução do arrendamento desde que até ao encerramento da decisão em 1.ª instância, no processo judicial que contra si intentou o senhorio, proceder ao pagamento da renda ou rendas em falta acrescidas dos juros devidos — n.º 3 do art. 12.º.

6. I — No contrato de arrendamento rural, não havendo acordo entre senhorio e rendeiro, a actualização das rendas convencionadas em dinheiro não obedece a critérios de estrita legalidade, antes devendo ser encontrada na base da equidade, mediante o recurso ao processo de jurisdição voluntária a que alude o artigo 1429.º do CPC. II — Até ao trânsito em julgado da decisão final desse processo, não vigora a renda fixada pelo senhorio, sendo inaplicável o disposto no n.º 2 do artigo 8.º do Dec.-Lei n.º 385/88, de 25 de Outubro, se o

ART. 12.º Decreto-Lei n.º 385/88, de 25 de Outubro

rendeiro não aceitou o valor da actualização invocando a falta de respeito aos limites das tabelas em vigor. — Ac. da Relação de Lisboa de 25/9/2001, *Col. Jur.*, XXVI, 4, 92.

ARTIGO 12.º
Mora do arrendatário

1 — Se o arrendatário não pagar a renda no tempo e lugar próprios, o senhorio, decorridos 90 dias após a data de vencimento, tem direito a obter a resolução do contrato, sem perda da renda em falta, acrescida de juros de mora à taxa prevista no artigo 559.º do Código Civil.

2 — Os juros de mora a que se refere o número anterior são calculados para a totalidade do valor da renda anual, contabilizando-se os géneros aos preços oficiais ou, na falta destes, aos preços correntes na região, nos casos em que aqueles produtos figurem na renda estipulada.

3 — O arrendatário poderá obstar à resolução do contrato desde que até ao encerramento da discussão em 1.ª instância proceda ao pagamento da renda ou rendas em falta acrescidas de juros de mora à taxa oficial das operações passivas respeitantes ao período de um ano e um dia.

NOTAS

1. Se o senhorio se recusar a receber as rendas em dinheiro, o arrendatário pode consigná-las em depósito na Caixa Geral de Depósitos, em conformidade com os arts. 1024.º e seguintes do C.P.C.

O arrendatário pode, também, exonerar-se da obrigação da parte da renda em géneros, consignando-a em depósito pelo processo regulado no mesmo preceito.

O juiz nomeará um fiel depositário a quem será feita a entrega e que ficará sujeito às disposições relativas aos depositários de coisas penhoradas. — Cfr. arts. 839.º e seguintes do C.P.C.

Pode autorizar-se a venda antecipada dos géneros, quando estes não possam ou não devam conservar-se por estarem sujeitos a deterioração ou depreciação ou quando haja manifesta vantagem na antecipação da venda. — Cfr. art. 851.º do C.P.C.

2. Se o senhorio não quiser requerer a resolução do contrato terá direito não só às rendas em falta, mas ainda aos juros de mora à taxa prevista no art. 559.º do C. C. — ver nota *infra*.

E só poderá obter a referida resolução sem perda das rendas em falta, acrescidas de juros de mora, se o arrendatário não pagar as rendas nos 90 dias seguintes à data do vencimento.

Decorrido este prazo o arrendatário poderá, ainda, obstar à resolução se pagar a renda ou rendas em falta, acrescidas de juros de mora, até ao encerramento da discussão em 1.ª instância.

O encerramento da discussão em 1.ª instância verifica-se quando findam os debates sobre a matéria de facto e o tribunal recolhe para decidir sobre as respostas aos quesitos – art. 653.º n.º 1 do CPC.

3. Não é liberatório o depósito de rendas em dívida efectuado quando o processo em que foi pedida a resolução do contrato por falta de pagamento de rendas se encontrava concluso para sentença. — Ac. da Relação de Évora de 1/7/1999, *Col. Jur.* XXIV, 4, 270.

4. Em arrendamento rural, o arrendatário que, contra a vontade do senhorio paga renda inferior à contratual, mesmo convencido de ser essa a máxima legal e não deposita ou paga a parte em falta até ao encerramento da discussão em 1.ª instância, incorre em despejo. — Ac. da Relação de Évora de 17/4/1979, *Col. Jur.* IV, 411.

Deverá depositar também os respectivos juros.

5. Existindo mora do senhorio, o arrendatário não é obrigado a proceder ao depósito da renda não aceite, embora ela continue a ser devida — Ac. da Relação de Coimbra de 22/10/1985, *Bol.* 350, 395.

6. O devedor-arrendatário constitui-se em mora quando, por causa que lhe seja imputável, a prestação, ainda possível, não for atempadamente efectuada, não havendo mora quando o crédito for ilíquido, salvo se a falta de liquidez lhe for imputável. — Ac. do S.T.J. de 18/7/1985, *Bol.* 349, 490.

7. A última taxa oficial das operações passivas respeitantes ao período de um ano e um dia era de 30% e foi fixada pelo Aviso do Banco de Portugal publicado no Suplemento da II série do *D.R.* de 8/3/83.

A partir do Aviso de 20/6/84, publicado no Suplemento da II Série do *D.R.* do mesmo dia, apenas passou a ser fixada a taxa oficial a observar nos depósitos a prazo superior a 180 dias mas não a 1 ano, sendo a taxa de juro estabelecida pelo estabelecimento de crédito nos depósitos constituídos por prazos diferentes.

Portanto, a partir de 20/6/84 deixou de haver taxa oficial de operações passivas respeitantes ao período de um ano e um dia.

Sendo assim, parece-nos que o n.º 3 do preceito em anotação contém uma verdadeira lacuna na medida em que contempla uma situação que não é objecto de disposição legal.

Deste modo, cremos que, nos termos do art. 10.º do C.C. se deve recorrer à analogia e aplicar a taxa legal de juro, ou seja, 7% ao ano, prevista no art. 559.º do C.C. e na Portaria n.º 263/99, de 12/4/1999, *DR Série I-B*.

Citam a nossa opinião os Profs. Pires de Lima e Antunes Varela, *C.C. Anotado*, II, 4.ª ed., 439.

8. Tendo sido convencionado pelos contratantes o pagamento da renda em géneros (hoje apenas parte em géneros) e pese embora a verificação de mora do senhorio, subsiste o vínculo obrigacional e o dever de pagar em géneros por parte do arrendatário, não sendo liberatório nestas circunstâncias o depósito por ele efectuado do quantitativo da renda em dinheiro, por consubstanciar prestação de coisa diversa da devida, que para produzir aqueles efeitos necessita do consentimento do credor. — Ac. do S.T.J. de 15/6/1982, *Bol.* 318, 426.

9. O processo para o cálculo dos juros de mora sobre a parte da renda em géneros, consagrado no n.º 2 do preceito em anotação, foi o sugerido por nós na nota 11 ao art. 13.º da Lei n.º 76/77, de 29 de Setembro, no nosso *Arrendamento Rural*, 1985, 2.ª ed., pág. 71.
Vejam-se as anotações ao art. 9.º.

10. A decisão que, em processo especial de notificação de depósito de rendas, julgou caduco certo contrato de arrendamento constitui caso julgado relativamente à acção de reivindicação proposta pelos sucessores do primitivo senho-rio contra o ex-locatário que continuou a ocupar o prédio — Ac. da Relação de Coimbra de 28/4/1987, *Bol.* 366, 572.

11. O depósito da renda relativa a três anos e respectivos juros, efectuado antes do encerramento da discussão da causa, pelo agricultor autónomo, a título definitivo, tem como consequência, o reconhecimento por parte do depositante que se encontra em mora, e torna, por isso, nulos anteriores depósitos feitos em singelo, referentes a anos agrícolas posteriores — Ac. da Relação do Porto de 20/1/1994, *Bol.* 433, 612.

12. Ac. do STJ de 3/7/1997, *Bol.* 469, 486:
I — O direito do senhorio resolver o contrato de arrendamento nas hipóteses previstas no art. 64.º do RAU conhece o limite negativo estabelecido no art. 802.º n.º 2 do C.C.
II — Resulta do n.º 2 do art. 802.º, conjugado com os arts 762.º n.º 2 e 334.º, todos do C.C., que o direito de resolução conhece como limite o incumprimento parcial ser de escassa importância, atendendo ao interesse do credor, apreciado através de critério objectivo.
III — O art. 64.º ao tipificar os fundamentos de resolução do contrato de arrendamento pelo senhorio, revela ser a resolução a última sanção, como razão extrema, excluída para infracções mínimas, as de escassa importância, as que de modo algum frustram o plano contratual ou afectam a base de confiança própria de um contrato *intuitus personae* como é o arrendamento (Lobo Xavier, *Rev. Leg. Jur.*, 116, 180 e 181 e notas 30, 31 e 32; Brandão Prença, *A Resolução do Contrato no Direito Civil*, 1982, 114 e segs).
Ver, ainda, o Ac. da Relação do Porto de 22/1/1991, *Bol.*, 403, 479.

13. O Prof. Baptista Machado, *Col. Jur*, IX, 2, 18, opina que é doutrina comum que, no caso de se verificar certa violação do contrato que, por virtude de uma *cláusula resolutiva*, é fundamento de resolução, já não cabe ao juiz apreciar a *importância* dessa violação para efeitos resolutivos.

ARTIGO 13.º
Subarrendamento

1 — Salvo acordo escrito do senhorio, ao arrendatário é proibido subarrendar ou ceder por comodato, total ou parcialmente, os prédios arrendados ou ainda ceder a terceiros a sua posição contratual.

2 — A proibição expressa no número anterior abrange os «arrendamentos de campanha» e o «contrato de compra e venda de pastagens».

NOTAS

1. A prática de qualquer dos actos proibidos no n.º 1 é fundamento da resolução do contrato, nos termos da al. *e)* do art. 21.º.

2. Sobre subarrendamento ver o art. 1060.º do C.C.

3. Em princípio e como regra geral, não encontramos no C.C. qualquer disposição que se refira à forma que deve revestir a manifestação das vontades para a celebração do contrato de sublocação. Por isso, toda aquela declaração negocial tendente à formação do contrato de sublocação seria válida independentemente de forma por que se manifestou ou concluiu — art. 219.º do C.C.

Dada, porém, a sua íntima ligação com o contrato de locação, dada a sua natureza locativa, impõe-se a aceitação de que todas aquelas normas que exigem documento escrito para a validade do contrato de arrendamento rural (n.º 1 do art. 3.º) também são aplicáveis ao contrato de subarrendamento — Cfr. neste sentido Dr. Estelita de Mendonça, *Da Sublocação*, 72.

Ver anotações ao art. 44.º e segs. do RAU, Conselheiro Aragão Seia, *Arrendamento Urbano*, 6.ª ed., 278 e segs..

4. O Código do Imposto do Selo, aprovado pela Lei n.º 150/99, de 11 de Setembro, determinou que no arrendamento e no subarrendamento, o locador e o sublocador – art. 3.º n.º 3 al. *b)* — comuniquem à repartição de finanças da área da situação do prédio os contratos de arrendamento, subarrendamento e respectivas promessas, bem como as suas alterações. A comunicação é efectuada até ao fim do mês seguinte ao do início do arrendamento, subarrendamento, das alterações ou, no caso de promessa, das disponibilização do locado. No caso de o contrato apresentar a forma escrita a comunicação é acompanhada de um exemplar do contrato — art. 27.º do CIS.

O documento que constitui o contrato deve ser elaborado em triplicado para que, além do que deverá ser entregue na repartição de finanças, um exemplar fique com o senhorio e outro com o arrendatário. No caso dos arrendamentos rurais a comunicação ou o original do contrato devem ser presentes na repartição de finanças do senhorio, pois prevalece a lei especial.

A falta ou atraso na apresentação ou a não exibição, imediata ou no prazo que a lei ou a administração tributária fixarem, de declarações ou documentos

103

comprovativos dos factos, valores ou situações constantes das declarações, documentos de transporte ou outros que legalmente os possam substituir, comunicações, guias, registos, ainda que magnéticos, ou outros documentos e a não prestação de informações ou esclarecimentos que autonomamente devam ser legal ou administrativamente exigidos constituem contra-ordenação fiscal a que á aplicável coima de (euro) 100 a (euro) 2500 – n.º 1 do art. 11.º do Regime Geral das Infracções Tributárias (RGIT), aprovado pela Lei n.º 15/01 de 5 de Junho —, elevando-se tais valores para o dobro se aplicável a uma pessoa colectiva, sociedade, ainda que irregularmente constituída, ou outra entidade fiscalmente equiparada (n.º 4 do art. 26.º do RGIT).

Estas infracções fiscais, porque omissivas, consideram-se praticadas na área do serviço fiscal em que deveria ser cumprido ou se deveria considerar cumprido o dever violado e na data em que termine o prazo para o respectivo cumprimento — n.ºs 1 e 2 do art. 5.º do RGIT.

Em princípio o procedimento por estas contra-ordenações extingue-se por efeito da prescrição logo que sobre a sua prática hajam decorridos cinco anos — art. 119.º da Lei Geral Tributária, aprovada pelo Dec.-Lei n.º 398/98, de 7 de Dezembro.

Sobre a responsabilidade da pessoas colectivas e seus representantes, ver os art. 6.º, 7.º e 8.º do RGIT e art. 7.º do Dec.-Lei n.º 433/82, de 27 de Outubro.

Quando, em processo judicial, se mostre não terem sido cumpridas quaisquer obrigações previstas no Código do Imposto do Selo directa ou indirectamente relacionadas com a causa, deve o secretário judicial, no prazo de 10 dias, comunicar a infracção ao serviço local da área da ocorrência do facto tributário, para efeitos da aplicação do Código — art. 23.º do CIS.

5. Sobre os subarrendamentos anteriores a 30 de Abril de 1975 vejam-se os n.ºs 4 e 5 do art. 24.º do **Dec.-Lei n.º 201/75**, de 15 do mesmo mês, que a seguir se transcreve:

Artigo 24.º (Subarrendamento e cessão do direito ao arrendamento)

1. É proibido o subarrendamento, total ou parcial, excepto se o rendeiro ou o sub-rendeiro for o Instituto de Reorganização Agrária.
2. A cessação do direito ao arrendamento por rendeiro diverso do Instituto de Reorganização Agrária só é permitida nas condições seguintes:

a) Desde que realizada a favor de cooperativas de produção de pequenos agricultores e trabalhadores rurais;

b) Desde que se destine a acção de parcelamento ou emparcelamento, a realizar por iniciativa ou com aprovação do Instituto de Reorganização Agrária.

3. O subarrendamento e a cessão do direito ao arrendamento, nos casos excepcionais em que são permitidos, não dependem do consentimento do senhorio, mas devem ser-lhe notificados, bem como ao Instituto de Reorganização Agrária quando não seja este o cedente, no prazo de trinta dias ou por carta registada com aviso de recepção.

4. Consideram-se inexistentes, sejam quais forem as datas em que tenham sido celebrados, todos os actos e contratos de subarrendamento e de cessão de direito ao arrendamento, exceptuados os casos previstos nos n.ºs 1 e 2 deste artigo.

5. Em todos os casos de actos e contratos declarados inexistentes no número antecedente, o sub-rendeiro que explore efectivamente a terra substituirá automaticamente o rendeiro nas condições estipuladas no respectivo arrendamento, que passará a valer como contrato de arrendamento directo entre o senhorio e o sub-rendeiro, independentemente, mas sem prejuízo da assinatura de novo contrato, dentro do prazo de noventa dias a contar da entrada em vigor do presente diploma, o que constitui obrigação recíproca de um e outro.

6. O art. 24.º do Dec.-Lei n.º 201/75 tinha já proibido o subarrendamento, não só total, mas também parcial, na área do arrendamento rural, salvo se o rendeiro ou sub-rendeiro fosse o Instituto de Reorganização Agrária. E, aplicando retroactivamente os termos da proibição, não só considerou inexistentes os contratos de subarrendamento ou de cessão anteriores, como, contraditoriamente com a tese da inexistência, colocou os sub-rendeiros na posição jurídica dos arrendatários, independentemente da celebração do contrato com os senhorios, ao mesmo tempo que obrigou sub-rendeiros e senhorios a assinar novo contrato dentro do prazo de noventa dias.

Esta acumulação de ofensas aos bons princípios da ordem jurídica foi afastada pelo art. 53.º da Lei n.º 76/77, cujas disposições o art. 44.º mandava aplicar aos próprios processos pendentes.

Isto quer dizer, praticamente, que nos casos em que os senhorios e subarrendatários não tinham celebrado os contratos de arrendamento (directo) prescritos na parte final do n.º 5 do art. 24.º do Dec.-Lei n.º 201/75, os contratos de subarrendamento total ou parcial, anteriores ou posteriores a este diploma, se mantinham, não se considerando abrangidos pela sanção da inexistência, como ela é descrita no art. 24.º, mas continuavam sujeitos à declaração de nulidade, nos termos que decorriam, primeiramente do art. 1078.º do C.C., e, em seguida, do art. 36.º da Lei do Arrendamento Rural. — Profs. Pires de Lima e Antunes Varela, *C.C. Anotado*, 4.ª ed., II, 441.

7. Art. 36.º da Lei n.º 76/77, de 29 de Setembro — (Subarrendamento e cessão do direito de arrendamento):

I — Ao arrendatário é proibido subarrendar, emprestar ou ceder por comodato, total ou parcialmente, os prédios arrendados ou ceder a terceiros a sua posição contratual, salvo se o arrendatário for o Estado ou uma autarquia local, aplicando-se-lhes o preceituado no número seguinte.

II — A proibição referida no número anterior não se aplica no caso de aqueles actos praticados pelo arrendatário o serem a uma sociedade cooperativa agrícola, a qual fica colocada, no entanto, na posição do arrendatário para todos os efeitos emergentes da presente lei.

III — É lícito o subarrendamento ao Estado desde que para fins de investigação agrária, de extensão rural ou de formação profissional.

8. Sobre comodato vd. art. 1129.º do C.C.

9. Não existe cessão da posição contratual de arrendatário, e portanto não é necessário o consentimento do senhorio, quando a sociedade arrendatária se transformou noutra. — Ac. da Relação de Évora de 15/1/1981, *Col. Jur.* VI, 1, 102.

Ver Conselheiro Aragão Seia, *Arrendamento Urbano*, 6.ª ed., anotações ao artigo 115.º.

10. Sobre arrendamento de campanha ver o art. 29.º e notas.

11. Contrato de compra e venda de pastagens, para o efeito do n.º 2 do artigo em anotação, é aquele em que uma parte, mediante retribuição, transfere para outra, chamada «comprador de pastagens», a exploração de pastagens num ou mais prédios rústicos ou parte deles.

A compra de pastagens verifica-se, geralmente, por parte de criadores de gado que não dispõem da quantidade necessária de terras próprias para assegurarem a alimentação dos animais.

12. A qualificação do contrato pode todavia não coincidir com a estipulação do tipo. É tradicional a designação de «venda de pastagem» ao contrato de arrendamento rural de um pasto com restrição de objecto ao apascentamento de gado. Não obstante a designação de «venda», o contrato é qualificável como de arrendamento rural (contrato de campanha) — cfr. Prof. Pedro Pais de Vasconcelos, *Contratos Atípicos*, 134, nota 276; ver anotações aos arts. 1.º e 29.º.

13. I — Entre locador e locatário — cultivador directo — estabelece-se uma relação pessoal, obrigando-se este a explorar, ele próprio, ou sob a sua direcção, o prédio arrendado.

II — Este dever é incumprido e aquela relação é quebrada, quando o locatário cede, a terceiro, o uso e direcção de exploração do prédio arrendado, ainda que o locatário ajude aquele terceiro — Ac. da Relação de Évora de 11/6/1987, *Col. Jur.* XII, 3, 246.

14. O assinalável peso determinante da terra explicará parcialmente a parcimónia legislativa no respeitante à previsão e disciplina dos negócios que podem ter a empresa agrícola por objecto. São poucas, com efeito, as normas que se lhe referem explicitamente. E não deixa de ser notável que os diplomas reguladores do arrendamento rural e florestal não contenham disposições especiais relativas a empresas agrícolas. (...) O que junto ao facto desses diplomas proibirem o subarrendamento e a cessão da posição contratual do arrendatário, salvo acordo do senhorio, e estabelecerem o princípio da não renovação automática dos contratos (v. Dec.-Lei n.º 385/88 — arts. 13.º e 18.º e segs —, e Dec.-Lei n.º 394/88 — arts. 23.º e 21.º), motiva algumas observações. O arrendatário que tenha constituído uma empresa agrícola (em sentido estrito) sobre prédio arrendado não tem possibilidade, sem autorização do senhorio (respeitante à mobilização do direito ao arrendamento), de aliená-la — podendo, assim, ficar comprometida a continuidade ou integridade dela. Por outro lado, tendo o senhorio o direito de, em princípio, denunciar o contrato para o termo do prazo ou da sua renovação, o exercício desse direito acarretará normalmente a extinção da empresa. É sensível o pendor proprietarista-rural da lei, em detrimento da empresa... — Prof. Coutinho de Abreu, *Da Empresarialidade*, 83 e segs.; ver, também, do mesmo autor *Curso de Direito Comercial*, vol. I, 3.ª ed., 239 e segs..

15. No caso de subarrendamento, o senhorio, para obter a restituição do objecto da locação depois de resolvido o arrendamento, deve lançar mão, não da acção de despejo, mas da acção de reivindicação. — Ac. da Relação de Lisboa de 26/2/1996, *Bol.* 454, 791.

16. I — A situação do subarrendatário ou cessionário do prédio arrendado, quando o senhorio não tenha tido comunicação do subarrendamento ou cessão, não o tenha autorizado nem tenha reconhecido o subarrendatário ou cessionário como tal, não é de possuidor precário ou possuidor em nome de outrem relativamente ao prédio arrendado.

II — Consequentemente, não pode esse detentor arrogar-se o direito de retenção do arrendado onde terá feito obras que se poderiam qualificar como benfeitorias úteis, até ser pago do seu valor pelo respectivo proprietário nem opor embargos de terceiro à execução do despejo desse local. — Ac. do STJ de 27/11/1997, *Col. Jur. STJ,* V, 3, 143.

ARTIGO 14.º

Benfeitorias

1 — O arrendatário pode fazer no prédio ou prédios arrendados benfeitorias úteis com o consentimento escrito do senhorio ou, na falta deste, mediante um plano de exploração a aprovar pelos serviços regionais do Ministério da Agricultura, Pescas e Alimentação no prazo de 90 dias a contar da recepção do pedido, depois de ouvidas as partes ou seus representantes.

2 — O senhorio só pode fazer as benfeitorias úteis que sejam consentidas pelo arrendatário ou, na falta de consentimento escrito deste, aprovadas pelos serviços regionais do Ministério da Agricultura, Pescas e Alimentação no prazo de 90 dias a contar da recepção do pedido, depois de ouvidas as partes ou seus representantes.

3 — As benfeitorias referidas no n.º 1 poderão implicar alteração do prazo do contrato e as constantes do n.º 2 poderão fazer alterar o prazo do contrato e o montante da renda, alterações que serão acordadas entre as partes e, em caso de discordância, estabelecidas na decisão aprobatória do plano.

4 — Quando as benfeitorias referidas no n.º 2, pedidas pelo senhorio, importem alteração sensível do regime de exploração do prédio ou o arrendatário se não conformar com o eventual acréscimo de renda, tem este a faculdade de proceder, no prazo de 30 dias, à denúncia do con-

trato, a qual só produz efeitos no fim do respectivo ano agrícola.

5 — A decisão dos serviços regionais do Ministério da Agricultura, Pescas e Alimentação será obrigatoriamente comunicada ao senhorio e ao arrendatário.

NOTAS

1. Aperfeiçoa-se o sistema de benfeitorias beneficiando o benfeitor, seja ele o arrendatário ou o senhorio — Vd. *D. da Assembleia da República*, I Série, de 8/4/88, pág. 2616.

2. Este artigo não faz depender a realização de benfeitorias pelo rendeiro da aprovação por parte do senhorio. O n.º 3 diz que «as benfeitorias referidas no n.º 1 (que são as do arrendatário) poderão implicar alteração do prazo do contrato (...)», não faz, pois, depender do senhorio porque a quem cabe a última palavra é aos serviços do Ministério da Agricultura, Pescas e Alimentação no caso de haver incompatibilidade de acordo entre as partes — Vd. *D. da Assembleia da República*, I Série, de 8/4/84, pág. 2619.

3. Benfeitorias são todas as despesas feitas para conservar ou melhorar a coisa e podem ser necessárias, úteis ou voluptuárias.

São necessárias as que têm por fim evitar a perda, destruição ou deterioração da coisa; úteis as que, não sendo indispensáveis para a sua conservação, lhe aumentem, todavia, o valor; voluptuárias as que não sendo indispensáveis para a sua conservação nem lhes aumentando o valor, servem apenas para recreio do benfeitorizante. — Cfr. art. 216.º do C.C.

4. As benfeitorias distinguem-se das despesas de cultura: as primeiras são despesas feitas com obras tendentes a melhorar o prédio onde são feitas; as segundas não se destinam directamente a beneficiar o prédio, mas à preparação da cultura de determinado fruto, com o amanho do solo e integração nele dos ingredientes para tanto necessários. — Cfr. arts. 215.º e 1270.º n.º 2 do C.C. e Ac. do S.T.J. de 23/3/1963, *Bol.* 125, 523.

Também se distinguem da acessão, que é constituída por obra ou plantação nova, com alteração da substância do prédio e modificação da sua anterior aplicação. — Ac. da Relação de Lisboa de 11/10/1974, *Bol.* 240, 261; ver ainda o Ac. do STJ de 4/4/1995, *Bol.*, 446, 245.

Não pode, assim, transformar-se um prédio de cultura num jardim ou um prédio destinado a cereal em silvícola.

O Prof. Manuel Andrade, *Teoria Geral da Relação Jurídica*, I, 1960, pág. 274, define as despesas de fruição ou frutificação como sendo as que visam directamente cada colheita, que se destinam a preparar e, portanto, um resultado transeunte.

5. A benfeitoria e a acessão, embora objectivamente se apresentem com caracteres idênticos, pois há sempre um benefício material para a coisa, constituem realidades jurídicas distintas. A benfeitoria consiste num melhoramento

Arrendamento Rural ART. 14.º

feito por quem está ligado à coisa em consequência de uma relação ou vínculo jurídico: posse, locação, comodato, usufruto, etc.; a acessão é um melhoramento feito por um estranho, por um terceiro não relacionado juridicamente com a coisa beneficiada. — Ver, Profs. Pires de Lima e Antunes Varela, *C.C. Anotado*, III, 2.ª ed. (reimpressão), 163 e Ac. da Relação do Porto de 9/6/1981, *Col. Jur.* VI, 3, 151; ainda, com interesse, o Ac. do S.T.J. de 6/3/1986 e respectiva anotação do Prof. Antunes Varela, na *Rev. Leg. Jur.* 125, 183, o Ac. da Relação de Coimbra de 4/10/1988, *Bol.* 380, 544, e o estudo do Conselheiro Dr. Quirino Soares, *Col. Jur. STJ*, IV, 1, 11.

6. I — Só podem ser considerados como benfeitorias os melhoramentos feitos em coisa por pessoa que a ela está ligada em consequência de uma relação ou vínculo jurídico.
II — Os melhoramentos feitos na coisa pelo simples detentor dela não podem ser considerados como benfeitorias, ainda que necessários ou úteis — Ac. da Relação do Porto de 24/10/1989, *Col. Jur.* XIV, 4, 155.

7. I — São benfeitorias os melhoramentos feitos na coisa por proprietário, comproprietário, possuidor, locatário, comodatário ou usufrutuário. São acessões os melhoramentos feitos por qualquer terceiro, não relacionado juridicamente com a coisa, podendo esse terceiro ser um simples detentor ocasional.
II — O comproprietário que realiza obras em terreno em que partilha a compropriedade, não as executa «em terreno alheio». — Ac. do STJ de 9/5/1995, *Col. Jur.* III, 2, 70.

8. I — Quem pretenda obter com base em actos de acessão, nos termos do n.º 1 do art. 1340.º do C.C., o reconhecimento judicial do direito de propriedade sobre um edifício e respectivo terreno, tem de provar que realizou a construção em nome próprio.
II — Não pode reconhecer-se o direito de propriedade àquele que apenas logrou provar que orientou a construção de um edifício implantado em terreno alheio e que, no exercício desta actividade, comprou materiais e pagou serviços necessários à realização da obra. — Ac. do STJ de 23/1/1996, *Rev. Leg. Jur.* 129, 309, com anotação favorável do Prof. Henrique Mesquita.

9. I — O regime jurídico da acessão só é aplicável se não existir uma relação jurídica que vincule juridicamente a pessoa da autora da incorporação à coisa melhorada.
II — Caso exista esse vínculo o melhoramento é havido como benfeitoria. — Ac. do STJ de 8/2/1996, *Col. Jur. STJ*, IV, 1, 80.

10. I — O art. 15.º, n.º 3 do Dec.-Lei n.º 385/88 manda aplicar ao cálculo da indemnização por benfeitorias realizadas pelo arrendatário rural, as regras do enriquecimento sem causa.
II — A medida desse enriquecimento não tem que corresponder ao custo das obras que os autores fizeram e com que beneficiaram os prédios, o que só poderia suceder se se provasse que os réus enriqueceram efectivamente nessa medida e tão pouco se pode fazer corresponder a medida do empobrecimento dos autores ao custo despendido com e nas obras. — Ac. do STJ de 23/4/1998, *Proc. 371/98, 1.ª Secção.*

ART. 14.º Decreto-Lei n.º 385/88, de 25 de Outubro

11. I — O direito de acessão imobiliária restringe-se à parte do terreno onde se situam as obras que o valorizaram em montante superior ao seu valor anterior.

II — Esse excesso de valor deve considerar-se em relação ao momento em que se manifesta a vontade de exercer o direito de acessão. — Ac. do STJ de 5/3/1996, *Col. Jur. STJ*, IV, 1, 129.

12. I — A acessão industrial imobiliária não importa uma expropriação por utilidade particular.

II — A acessão conduz à aquisição do direito de propriedade por virtude da própria lei, direito que se consubstancia desde o momento da incorporação.

III — O direito de acessão pode ser exercido em acção comum por via de reconvenção.

IV — O momento de aquisição do direito de propriedade é o da incorporação da obra no terreno em litígio.

V — A autorização para a realização da obra não está sujeita a forma externa, dependendo apenas do princípio da liberdade de forma.

VI — Os beneficiários da acessão não poderão dispor de uma anterior ligação jurídica ao terreno onde incorporaram a obra.

VII — Este terreno abrange não só aquele que foi ocupado pela construção mas também o que lhe serve de logradouro.

VIII — Não são inconstitucionais os preceitos que tipificam a acessão industrial. — A. do STJ de 25/3/1996, *Col. Jur. STJ*, IV, 1, 153.

13. I — O n.º 1 do art. 1340.º do C.C. deve ser interpretado extensivamente, já que a sua *ratio legis* radica-se no carácter inovador ou transformador das obras realizadas em prédio alheio.

II — Desse modo, na acessão imobiliária o conceito de «terreno alheio» abrange tanto os prédios rústicos como os urbanos.

III — Na acessão imobiliária as obras caracterizam-se por uma envergadura e dimensões tais, reforçando e transformando a ossatura básica do prédio, que bem se pode concluir que elas se integram (incorporam) definitivamente na sua estrutura, alterando a sua própria substância.

IV — Nas benfeitorias as obras caracterizam-se apenas pela beneficiação do que já existe. — Ac. do STJ de 17/3/1998, *Bol.* 475, 690.

14. No domínio do Dec.-Lei n.º 201/75, o arrendatário podia fazer benfeitorias úteis sem consentimento do senhorio, desde que não prejudicasse a substância do prédio.

Hoje, tal como no domínio do Dec.-Lei n.º 76/77, de 29 de Setembro, sem consentimento do senhorio apenas pode fazer as necessárias.

15. I — A plantação de videiras em número avultado constitui em princípio uma benfeitoria útil no conceito do n.º 2 do art. 216.º do C.C., porque não sendo indispensável para a conservação, todavia melhora o prédio aumentando a sua fecundidade e produtividade, com carácter duradouro e, portanto, elevando-lhe o valor.

II — É perfeitamente admissível a cláusula contratual em que se estipula que as benfeitorias úteis, autorizadas por escrito, ficariam para o senhorio, findo o contrato, sem lugar a direito de retenção ou indemnização — Ac. da Relação do Porto de 26/4/1984, *Bol.* 336, 465.

16. As benfeitorias só são de qualificar como necessárias se forem indispensáveis para a conservação da coisa segundo um critério de normal e cuidada gestão presumida do seu dono — Ac. do S.T.J. de 28/5/1986, *Bol.* 357, 440.

17. I — Devem qualificar-se como benfeitorias as obras efectuadas sempre que exista uma prévia relação ou vínculo entre o seu autor e a coisa.

II — Mesmo a entender-se que houve inovação ou alteração da substância, a existência daquela relação ou vínculo, anterior às obras, entre os autores destas e o prédio onde as fizeram, impediria a sua configuração como acessão, devendo antes qualificar-se como benfeitorias — Ac. da Relação do Porto de 4/12/1986, *Bol.* 362, 599.

18. Os serviços regionais do Ministério da Agricultura, quando o arrendatário e o senhorio não cheguem a acordo sobre a realização de benfeitorias úteis no prédio arrendado, deverão, a pedido quer de um quer de outro, e depois de ouvidas as partes ou seus representantes, aprovar, no prazo de 90 dias, ou um plano de exploração, se a iniciativa pertencer ao arrendatário, ou as benfeitorias, se a iniciativa pertencer ao senhorio.

Também os mesmos serviços regionais deverão estabelecer na decisão aprobatória do plano de exploração ou das benfeitorias, em caso de discordância entre as partes, um novo prazo para o contrato, a solicitação do arrendatário ou do senhorio, e um novo montante da renda, a solicitação do senhorio.

Se os serviços regionais não procederem às aprovações referidas no prazo de 90 dias a contar da recepção do pedido, presumem-se indeferidas as pretensões dos contraentes, em termos de poderem exercer o respectivo meio legal de impugnação, de harmonia com o estabelecido no art. 109.º do Código de Procedimento Administrativo.

Emitindo os serviços regionais a decisão pedida, será ela obrigatoriamente comunicada ao senhorio e ao arrendatário.

Caso eles não se lhe oponham expressamente, no prazo de um mês, através da interposição de recurso hierárquico necessário em vista à obtenção de um acto verticalmente definitivo que lhes abra a via do recurso contencioso, a decisão firma-se na ordem jurídica como «caso resolvido» ou «caso decidido», com um carácter de incontestabilidade análogo ao do caso julgado.

Diversamente do que se dispunha no art. 13.º n.º 5 do projecto do Dec.-Lei anexo à Proposta de Lei n.º 32/V (cfr. *D. da Assembleia da República*, II Série, n.º 49, de 24/2/88, pág. 954-960), correspondente ao n.º 5 do artigo em anotação, não se manteve a competência exclusiva dos serviços regionais do Ministério da Agricultura, uma vez que se não admite que da sua decisão caiba recurso directo para o Tribunal.

Também, e por não ter transitado para o diploma em vigor o art. 36.º daquele projecto de Dec.-Lei, dos actos de indeferimento tácito dos serviços regionais recorre-se agora hierarquicamente, não para o Ministro da Agricultura, mas para o imediato superior hierárquico, e não já no prazo de dez dias aí estabelecido, mas no prazo geral de um mês fixado no art. 34.º, al. *a)*,

do Dec.-Lei n.º 267/85, de 16 de Julho. Ainda, a falta de decisão da autoridade *ad quem* deixa de implicar o deferimento tácito do pedido, como constava do citado art. 36.º do projecto de Dec.-Lei, mas diversamente o indeferimento tácito do mesmo, face ao constante no atrás referido art. 109.º do C.P.A..
O recurso contencioso deverá ser interposto para o S.T.A., se o recurso hierárquico vier a ser decidido em última instância pelo Ministro ou Secretário de Estado — al. *c)* do n.º 1 do art. 26.º do Dec.-Lei n.º 129/84, de 27 de Abril, na redacção do Dec.-Lei n.º 229/96, de 29 de Novembro — ou para o Tribunal Administrativo de Círculo se vier a ser decidido em última instância por outra entidade — al. *a)* do n.º 1 do art. 51.º do mesmo Diploma. No regime da Lei n.º 13/2002, de 19 de Fevereiro, e para qualquer uma das entidades administrativas o recurso deve ser dirigido ao TAC territorialmente competente — arts. 24.º, 37.º e 44.º.

19. A hipoteca de um prédio rústico, posteriormente transformado em urbano, abrange este último, já que ela contemplará sempre quaisquer benfeitorias que venham a ser introduzidas no prédio sobre que recai, ainda que tal consista na alteração da sua estrutura ou no aumento da sua área. — Ac. da Relação de Coimbra de 11/7/2000, *Bol.* 499, 392.

20. A faculdade de denunciar o contrato, estabelecida no n.º 4 do preceito em anotação, é uma especialidade em relação à faculdade geral prevista na al. *a)* do n.º 1 do art. 18.º.

21. Por Despacho de 4/6/79 o então Ministro da Agricultura e Pescas determinou que a fixação da data do início do ano agrícola deverá ser feita de acordo com os usos locais.

22. O prazo de 30 dias para a denúncia do contrato conta-se a partir da comunicação ao senhorio da aprovação do plano de exploração dos serviços regionais do Ministério da Agricultura.

ARTIGO 15.º
Indemnização por benfeitorias

1 — Quando houver cessação contratual antecipada por acordo mútuo das partes, haverá lugar a indemnização das benfeitorias realizadas pelo arrendatário e consentidas pelo senhorio.

2 — A indemnização, quando a ela houver lugar, será calculada tendo em conta o valor remanescente e os resultados das benfeitorias ou demais melhoramentos no momento de cessação do contrato.

3 — Se houver resolução do contrato invocada pelo senhorio, ou quando o arrendatário ficar impossibilitado de prosseguir a exploração por razões de força maior,

tem o arrendatário direito a exigir do senhorio indemnização pelas benfeitorias necessárias e pelas úteis consentidas pelo senhorio, calculadas estas segundo as regras do enriquecimento sem causa.

NOTAS

1. A Lei n.º 76/77, de 29 de Setembro terminou com a situação criada pelo Dec.-Lei n.º 201/75 que permitia ao rendeiro cultivador directo adquirir o prédio desde que fizesse nele benfeitorias necessárias e úteis, de valor correspondente a metade do valor do prédio.

2. Uma coisa são as indemnizações por benfeitorias, e essas são regidas pela lei geral; outra coisa é a cessação antecipada da relação contratual, e é disso que esta lei trata — Vd. *D. da Assembleia da República*, I Série, de 8/4/88, pág. 2631.

3. O rendeiro é sempre indemnizado pelas benfeitorias. É porque de duas uma: ou ele faz as benfeitorias de acordo com ambas as partes, e estamos em presença de um acordo de liberdade contratual e então tem direito à sua indemnização, ou ele pode, em caso de denúncia do contrato, ser indemnizado pelas benfeitorias que fez em caso de não as poder levantar. Mas, mesmo nessas, ao rendeiro é sempre garantida a possibilidade de ser remunerado pelas benfeitorias que fez, se não forem estabelecidas pela lei, pelo menos, em termos do regime geral — Vd. *D. da Assembleia da República*, I Série, de 8/4/88, pág. 2619.

4. Há sempre direito à indemnização por parte do rendeiro em relação às benfeitorias que fez, quer elas sejam feitas primeiro no acordo estabelecido entre as partes, quer haja a cessação do contrato, quer haja a própria denúncia nas condições que a lei estabelece — Vd. *D. da Assembleia da República*, I Série, de 8/4/88, pág. 2620.

5. É ao arrendatário que compete velar pela boa conservação dos bens — al. *d)* do art. 21.º — para o que deverá realizar benfeitorias.
Estas, como se viu em anotação ao art. 14.º, são todas as despesas feitas para conservar ou melhorar a coisa e podem ser necessárias, úteis ou voluptuárias — cfr. art. 216.º do C.C.
Para indemnização por benfeitorias a lei distingue, no preceito em anotação, a cessação contratual antecipada por acordo mútuo das partes, da resolução pelo senhorio e do caso em que o arrendatário fica impossibilitado de prosseguir a exploração por razões de força maior.
A cessação contratual antecipada por acordo mútuo das partes é uma revogação bilateral do contrato de arrendamento.
Assenta no acordo das partes que, assim, celebram um negócio extintivo, com o cariz de um novo contrato, contrato extintivo.
Como nenhuma é obrigada a celebrá-lo qualquer delas pode subordinar a sua conclusão a acordo sobre qualquer ponto.

113

Se a questão das benfeitorias tiver de ser objecto de acordo porque uma das partes, ou ambas, assim o entendeu nas negociações preliminares, não se conclui o contrato revogatório sem que tal acordo se inclua nele — art. 232.º do C.C.

Podem as partes acordar no sentido de o senhorio não indemnizar por quaisquer benfeitorias — necessárias, úteis ou voluptuárias — ainda que as tenha consentido, ou de indemnizar mesmo pelas que não tenha autorizado.

Na hipótese de haver benfeitorias e de nenhuma das partes ter suscitado ou considerado essencial a questão da indemnização, não subordinando o seu acordo para a cessação do arrendamento a qualquer determinação nesse aspecto, então o contrato revogatório poderá concluir-se sem que abranja alguma cláusula sobre tal assunto.

Neste caso, e nos termos do n.º 1 do art. 15.º, a funcionar supletivamente, o arrendatário só poderá exigir indemnização pelas benfeitorias — sejam necessárias, úteis ou voluptuárias — que o senhorio tenha consentido.

Não pode exigi-la mesmo pelas necessárias que, porventura até com urgência, tenha realizado sem consentimento expresso ou tácito; o que não impressiona, porque, se queria ser indemnizado por elas, não deveria ter concordado com a revogação, sem que esse aspecto fosse considerado.

Ressalvada está sempre, é claro, a nulidade do acto de revogação por qualquer erro susceptível de a determinar.

Vejamos, agora, *o caso de resolução do contrato invocado pelo senhorio e o do arrendatário ficar impossibilitado de prosseguir a exploração por razões de força maior.*

Benfeitorias necessárias.

Há sempre direito a indemnização, sejam ou não consentidas pelo senhorio.

Se forem urgentes, o arrendatário em princípio, tem de as fazer imediatamente, podendo mesmo sujeitar-se, se as não fizer, a dar motivo à resolução do contrato porque não evita a perda, destruição ou deterioração a que se refere o art. 216.º n.º 3 do C.C. — art. 21.º al. d); mas pode haver motivos atendíveis para que as não faça, não sendo então a omissão causal de resolução.

Benfeitorias úteis

Há direito a indemnização, segundo a regra do enriquecimento sem causa, quanto às que forem feitas com consentimento do senhorio, quer possam ou não ser levantadas.

Não há indemnização quanto às realizadas sem consentimento do senhorio, ainda que feitas de acordo com o plano a que se refere o art. 14.º n.º 1; a compensação para elas, no caso de haver plano, será a alteração do prazo — art. 14.º n.º 3.

Benfeitorias voluptuárias

Nunca dão lugar a indemnização, mesmo que consentidas pelo senhorio.

6. Consideremos, agora, a indemnização por benfeitorias no *caso de denúncia do contrato* não contemplada no preceito em anotação.

Benfeitorias necessárias

O arrendatário tem sempre direito a indemnização, sejam ou não consentidas — n.º 1 do art. 1273.º do C.C.

Benfeitorias úteis
Tem de aplicar-se o regime geral, com a modificação que resulta do art. 14.º.
O arrendatário só as pode fazer com consentimento do senhorio ou de acordo com o plano.
Pode sempre levantá-las, se isso for possível sem detrimento do prédio — n.º 1 do art. 1273.º do C.C.
E parece que assim deverá entender-se mesmo que as tenha realizado sem consentimento e sem plano.
Havendo detrimento, nunca as pode levantar.
Quando, para evitar o detrimento do prédio, não haja lugar ao levantamento das benfeitorias, o senhorio satisfará ao arrendatário o valor delas, calculado segundo as regras do enriquecimento sem causa — n.º 2 do art. 1273.º do C.C. — se as tiver consentido ou se tiverem sido feitas de acordo com o plano.
Quanto a estas últimas não há aqui a restrição que consta do art. 15.º n.º 3, que só permite a indemnização das consentidas pelo senhorio e não também das feitas de acordo com o plano.
É que a situação não é análoga: enquanto nos casos do art. 15.º n.º 3 ou há um facto ilícito por parte do arrendatário, que justifica a resolução, ou um caso de força maior a que o senhorio é estranho, e que não permite ao arrendatário prosseguir a exploração, no caso de denúncia não se verifica nenhuma destas situações e o contrato chega ao termo do prazo ou da renovação.
Daí que possa entender-se que o arrendatário tem direito a indemnização por todas as benfeitorias úteis que fez e podia fazer, ou sejam, as consentidas ou aprovadas no plano, não obstante este poder ter determinado a alteração do prazo do contrato.
Quanto às benfeitorias úteis feitas sem consentimento do senhorio e sem plano nenhuma indemnização pode exigir o arrendatário, porque as não podia ter efectuado.
Concordando com a solução exposta ver o Ac. da Relação de Coimbra de 12/5/1992, *Col. Jur.* XVII, 3, 106.
Benfeitorias voluptuárias
Devendo o arrendatário ser considerado possuidor de má fé não as pode levantar nem tem direito a indemnização — n.º 1 do art. 1046.º e n.º 2 do art. 1275.º, ambos do C.C.
Ressalva-se, sempre, a hipótese de acordo em contrário.

7. O Dec.-Lei n.º 385/85, ao contrário da Lei n.º 76/77, não prevê nem a indemnização de benfeitorias realizadas pelo arrendatário no caso de cessação do contrato de arrendamento por denúncia do senhorio, mas apenas nas situações mencionadas no art. 15.º, nem tão pouco confere esse direito ao arrendatário quando ocorra tal cessação — Ac. da Relação de Évora de 8/2/1990, *Col. Jur.* XV, 1, 303.

8. Quando a habitação do inquilino faça parte do objecto do arrendamento as normas aplicáveis ao contrato são, mesmo nessa parte, as do arrendamento rural.
Assim, competindo ao arrendatário velar pela boa conservação dos bens — al. *d)* do art. 21.º — é ele que tem de proceder às obras de conservação de que a habitação necessite.

ART. 15.º *Decreto-Lei n.º 385/88, de 25 de Outubro*

I — São obras de conservação ordinária as que se destinam, em geral, a manter o prédio em bom estado de preservação e nas condições requeridas para o fim do contrato e existentes à data da sua celebração. II — Só no domínio do arrendamento para habitação é que se pode pôr em dúvida a validade da cláusula contratual que disponha no sentido de as obras serem suportadas pelo arrendatário. — Ac. do STJ de 20/3/2001, *Proc. 282/01, 1.ª Secção*, relatado pelo Conselheiro Aragão Seia.

9. A indemnização pelas benfeitorias, no caso de cessação contratual antecipada por mútuo acordo das partes, é calculada com base no valor remanescente e nos resultados delas no momento da cessação do contrato; se houver resolução do contrato invocada pelo senhorio, ou quando o arrendatário ficar impossibilitado de prosseguir a exploração por razões de força maior, a indemnização é calculada segundo as regras do enriquecimento sem causa.

10. Só ao senhorio pertence dizer se as benfeitorias úteis podem ser levantadas sem detrimento da coisa. Neste sentido se pronunciou a *Rev. dos Trib.*, 89, 111. No sentido de que aquela possibilidade terá de ser apreciada objectivamente pelo tribunal, na falta de acordo entre os interessados, pronunciaram-se os Profs. Pires de Lima e Antunes Varela no *C. C. Anotado*, III, 2.ª ed., 42. O detrimento afere-se à coisa tal como era antes. — Ac. da Relação do Porto de 20/12/1988, *Col. Jur.* XIII, 5, 206.

11. O autor de benfeitorias úteis que pretende indemnização tem que alegar e provar que as mesmas não podem ser levantadas sem detrimento do prédio e que o prédio se acha valorizado como consequência directa e necessária delas — Ac. da Relação de Lisboa de 30/1/1992, *Col. Jur.* XVII, 1, 150.

12. I — É ao dono do prédio, fora dos casos contemplados no artigo 15.º do Dec.-Lei n.º 385/88, de 25 de Outubro, que compete decidir se quer ou não ficar com as benfeitorias. II — O arrendatário só tem direito a ser indemnizado pelas benfeitorias úteis se o senhorio se opuser ao levantamento com fundamento no detrimento. — Ac. do STJ de 13/2/2001, *Proc. 2985/00, 6.ª Secção*.

13. I — O Dec.-Lei n.º 385/88, de 25 de Outubro, limitou o poder do arrendatário alterar, segundo o seu juízo de melhor aproveitamento do solo, os prédios arrendados; só com o consentimento escrito ou a autorização dos serviços, mediante um processo contraditório, o pode fazer. II — As benfeitorias não autorizadas, ainda que úteis, são ilícitas. III — As benfeitorias só são contempladas por esta lei nos casos de cessação por mútuo acordo, por resolução devida a culpa do arrendatário, e cessação por impossibilidade do arrendatário, deixando-se de fora a cessação por denúncia no termo do contrato e por resolução da iniciativa do arrendatário. IV — Nestes dois últimos casos, não há lugar a indemnização, pois, não sendo consentidas as benfeitorias, elas são ilícitas; sendo consentidas, o arrendatário tinha a possibilidade de rentabilizar os investimentos no prazo da vigência do contrato, ou não os devia ter feito se não tivesse tempo previsível para tal rentabilização. — Ac. do STJ de 15/1/2002, *Proc. 2834/01, da 6.ª Secção*.

14. O crédito por benfeitorias feitas pelo possuidor de boa-fé, no momento da realização das despesas, confere o direito de retenção — arts. 754.º, 756.º, als. *a)* e *b)*, 1273.º e 1275.º, todos do C.C.

15. A indemnização pelas benfeitorias pode ser exigida em acção ou em reconvenção. Esta basear-se-á na al. *b)* do n.º 2 do art. 274.º do C.P.C.

16. O pedido de benfeitorias não pode ser formulado em termos genéricos e por forma indeterminada quanto ao seu quantitativo. — Ac. da Relação do Porto de 4/2/1982, *Col. Jur.* VII, 1, 283.

17. Não entram no conceito de benfeitorias, serviços e trabalhos como os relativos a transporte de pedra, deslocação de uma prensa, construção de um silo e enxertia de pés de videira, que apenas podem dar direito a indemnização a pedir pelo meio adequado, e não a indemnização por benfeitorias. — Ac. do S.T.J. de 8/7/1980, *Bol.* 299, 289.

18. O prazo de prescrição do direito ao pagamento do valor das benfeitorias úteis que não podem ser levantadas sem detrimento da coisa é o prazo normal de prescrição — vinte anos — (art. 309.º do C.C.), e não o prazo especial de três anos fixado para a prescrição do direito à restituição por enriquecimento (art. 482.º do C.C.). — Ac. da Relação de Lisboa de 23/11/1979, *Col. Jur.* IV, 1609.

19. I — Sendo as benfeitorias, efectuadas pelo arrendatário, anteriores à alienação onerosa do prédio arrendado, são as mesmas em relação ao adquirente «res inter alia acta».
II — A transmissão da posição contratual, em matéria de locação, não vai além do domínio do art. 1031.º do C.C.; por outro lado, se o titular do direito deve satisfazer ao possuidor o valor da benfeitoria segundo as regras do enriquecimento sem causa, aqui o enriquecido é o vendedor. — Ac. da Relação de Coimbra de 23/10/1979, *Col. Jur.* IV, 1121.

20. Em relação ao art. 25.º da Lei n.º 76/77, de 29 de Setembro, o Ac. da Relação de Coimbra de 13/5/1986, *Col. Jur.* XI, 3, 47, definiu como responsável pelo pagamento das benfeitorias feitas no prédio o senhorio que o for no momento da cessação do contrato, não importando que as ditas benfeitorias tivessem sido efectuadas antes dele ter comprado o prédio.

21. O senhorio pode pedir a resolução do contrato se o arrendatário não observar, injustificadamente, o que foi estabelecido no plano de exploração aprovado pelos serviços regionais do Ministério da Agricultura — Cfr. al. *f)* do art. 21.º.

22. Sobre a forma de denúncia do contrato por parte do arrendatário ver a al. *a)* do n.º 1 do art. 18.º.

23. Os montantes das rendas e os prazos de duração mínima dos contratos podem ser aumentados no caso de realização de benfeitorias pelo arrendatário — ver art. 14.º n.º 3.

24. I — Em matéria de indemnização por benfeitorias, só tem cabimento pretensão com base em enriquecimento sem causa relativamente a benfeitorias úteis que não possam ser levantadas sem detrimento da coisa (n.º 2 do art. 1273.º do C.C.).
II — Em face do disposto no n.º 3 do art. 216.º e da parte final do n.º 2 do art. 1273.º do C.C., é indispensável alegar, como fundamento de indemnização por benfeitorias necessárias e benfeitorias úteis, quais as obras correspondentes a cada uma das espécies, e ainda, quanto às necessárias, que elas se destinaram a evitar a perda, destruição ou deterioração da coisa, e, quanto às úteis, que a valorizaram, que o levantamento a deterioraria e quais o respectivo custo e o actual valor — Ac. do S.T.J. de 3/4/1984, *Bol.* 336, 420.

25. I — Nada dispondo o contrato quanto à conservação ou melhoramento do arrendado, e não tendo o inquilino alegado e provado a urgência das obras feitas e a mora do senhorio, deve o arrendatário ser equiparado, quanto a tais obras, como possuidor de má fé.
II — Para ser indemnizado das benfeitorias úteis que não possam ser levantadas, tem o arrendatário de alegar e provar que elas aumentaram o valor do arrendado; que este, no momento da restituição se encontrava valorizado como consequência directa e necessária delas — Ac. da Relação de Coimbra de 12/3/1985, *Col. Jur.* X, 2, 40.

26. O direito a indemnização resulta não apenas do facto de se ter mandado realizar determinadas benfeitorias mas ainda de se ter suportado o preço delas — ao interessado cabendo o respectivo ónus da prova — Ac. da Relação de Coimbra de 28/4/1993, *Bol.* 426, 533.

27. I — A construção pelo arrendatário de determinado edifício no terreno arrendado constitui, do ponto de vista jurídico, uma verdadeira benfeitoria.
II — A cessão de tal benfeitoria, configura-se como uma cessão de créditos, cujo princípio geral é a liberdade de forma — Ac. da Relação de Évora de 19/5/1994, *Bol.* 437, 607.

28. I — O sistema de rega, montado pelo arrendatário rural em prédio destituído de nascentes, constitui benfeitoria útil na medida em que permite a utilização da terra para cultura de regadio.
II — O arrendatário tem direito a ser indemnizado pelo senhorio das benfeitorias, incluindo as úteis, consentidas expressa ou tacitamente, sendo essa indemnização calculada pelo seu valor no momento da cessação do contrato.
III — O arrendatário, como possuidor de boa fé, tem direito de retenção sobre o prédio pelas benfeitorias que nele realizou. — Ac. do STJ de 8/11/1994, *Col. Jur. STJ*, II, 3, 118.

29. O rendeiro rural, no caso de denúncia do contrato, tem direito a ser indemnizado pela realização de benfeitorias necessárias, mesmo que não autorizadas, e das úteis consentidas por escrito pelo senhorio. — Ac. da Relação de Évora de 26/9/1995, *Col. Jur.* XX, 4, 272.

Arrendamento Rural ART. 16.º

30. O art. 15.º não contempla a possibilidade da indemnização por benfeitorias realizadas pelo arrendatário no caso de cessação do arrendamento por denúncia do senhorio, no processo de despejo a que alude o art. 18.º. — Ac. da Relação de Évora de 5/3/1998, *Bol.* 475, 792.

31. I — Celebrando contrato de arrendamento rural em 1961, donde consta expressamente a renúncia à indemnização por benfeitorias, tal renúncia era legalmente possível nos termos do art. 815.º do C.C. de 1867, vigente à data da feitura do contrato de arrendamento.
II — Também o C.C. actualmente vigente — arts. 216.º, 405.º e 1074.º — não ilegalizou o acordado quanto à realização de benfeitorias.
III — Não obstante a retroactividade aos contratos de arrendamento rural anteriormente celebrados, constante do art. 49.º do Dec.-Lei n.º 201/75, de 15 de Abril, e do art. 49.º da Lei n.º 76/77, de 29 de Setembro, das suas disposições e das razões da sua promulgação, não resulta que se imponha entender a impossibilidade de renúncia à indemnização por benfeitorias efectuadas pelo arrendatário rural, dado o princípio de liberdade contratual, que não pode deixar de se reconhecer mesmo em relação ao arrendamento rural. — Ac. do S.T.J. de 18/7/1985, *Bol.* 349, 490.

32. O direito de retenção, ligado às benfeitorias, constitui excepção substantiva e não processual, assim desenquadrada da oficiosidade do art. 495.º e seguintes do C.P.C., devendo, aliás, ser objecto de pedido explícito próprio, no âmbito do contencioso do art. 756.º do C.C. — Ac. do S.T.J. de 30/1/1990, *Proc. 78356*.

33. Consistindo a benfeitoria realizada pelo arrendatário de prédio rústico numa construção, térrea, coberta, com paredes de taipa, sem canalizações de água e esgotos, sem energia eléctrica e sem casa de banho, e sendo a diferença entre o custo dessa benfeitoria e o valor que ela permite acrescentar ao bem beneficiado resultante de factores dependentes e directamente relacionados com a concreta inserção físico-geográfica do terreno, em tudo estranhos à actuação do arrendatário, a indemnização deve corresponder, apenas, ao custo da construção, actualizado. — Ac. do STJ de 19/2/2002, *Proc. n.º 3967/01, da 1.ª Secção*.

34. O detrimento da coisa, a que se refere o n.º 1 do artigo 1273.º do CC, tem de ser referido ao estado em que ela se encontrava no momento da realização das benfeitorias. — Ac. do STJ de 8/10/2002, *Proc. n.º 2619/02, da 6.ª Secção*.

ARTIGO 16.º
Indemnização por deterioração ou dano

O senhorio tem direito a exigir do arrendatário, quando ocorrer a cessação da relação contratual, indemnização relativa a deterioração ou danos causados nos prédios

arrendados, ou coisas neles integradas por facto imputável ao mesmo arrendatário, ou como consequência de este não haver cumprido com as obrigações normais de cultivador.

NOTAS

1. O locatário é obrigado a restituir a coisa no estado em que a recebeu, ressalvadas as deteriorações inerentes a uma prudente utilização, em conformidade com os fins do contrato. — Cfr. n.º 1 do art. 1043.º do C.C.

O locatário responde pelas deteriorações que não resultem da prudente utilização, salvo se resultarem de causa que não lhe seja imputável nem a terceiro a quem tenha permitido a utilização dela. — Cfr. art. 1044.º do C.C.

2. Para o Prof. Antunes Varela. *Rev. Leg. Jur.* 123,247 nota 1, no arrendamento rural (locação de prédios rústicos para fins de exploração agrícola ou pecuária, nas condições de uma *regular utilização*: art. 1º do Dec.-Lei n.º 385/88), o arrendatário não tem apenas, quando da locação para fins de exploração agrícola se trate, a *faculdade* de cultivar, mas o verdadeiro *dever* de amanhar a terra. É a solução que o simples bom senso e o sentido das realidades sociais imporia na interpretação e na integração da generalidade dos contratos de arrendamento rural, mas é principalmente a conclusão de que o interprete não pode deixar de tirar do facto de, entre as cláusulas de resolução do contrato, o art. 21.º ter incluído na al. *f)* o facto de o arrendatário "não atingir os níveis mínimos de utilização do solo estabelecidos na legislação em vigor ou não observar injustificadamente o que for determinado nos planos a que se referem os arts. 6.º e 14.º.

No *C.C. Anotado*, II, 4.ª ed., 609, de colaboração com o Prof. Pires de Lima, escreve que o arrendatário de prédio urbano adquire com o arrendamento um *direito pessoal de gozo* sobre o prédio, por força do qual pode usar ou fruir o imóvel — mas não é propriamente *obrigado* a ocupá-lo, a activá-lo. Tal como, no arrendamento para habitação, ele não contrai verdadeiramente a obrigação de ter no prédio arrendado a sua residência permanente. No arrendamento de *coisas produtivas* é que, mercê das razões político-sociais subjacentes ao princípio de que a *propriedade (latu sensu) obriga*, ainda poderá, sob certo aspecto, afirmar-se que o arrendatário tem o dever de explorar o prédio.

3. Para que haja obrigação de indemnizar, é necessário que o arrendatário tenha procedido culposamente. A forma desastrada como, nesse aspecto, a lei se encontra redigida, contrapondo o facto imputável ao arrendatário às consequências do não cumprimento das obrigações normais do cultivador, pode dar a impressão de que, neste último caso, se quis prescindir da culpa do agente, considerando apenas o nexo objectivo de causalidade entre o facto ilícito do não cumprimento das obrigações normais do cultivo do terreno e o dano registado.

Mas não há o menor fundamento para admitir que tal haja sido o pensamento do legislador (cfr. Pereira Coelho, *Direito Civil, Arrendamento*, pág. 225, nota 2). — Ver Profs. Pires de Lima e Antunes Varela, *C. C. Anotado*, II, 4.ª ed., 445.

4. Note-se que o preceito, literalmente, põe em *alternativa* a culpa do arrendatário e a relação de causalidade entre o não cumprimento do contrato e os danos verificados, mas cremos tratar-se de lapso de redacção, não sendo crível que o legislador tenha pretendido responsabilizar o arrendatário, inclusivamente, pelos danos que resultem do não cumprimento *objectivo* das obrigações normais de cultivador. — Prof. Pereira Coelho, *Arrendamento*, 1988, 347, nota 1.

5. Findo o período contratual, o seareiro/campanheiro é obrigado a restituir os prédios ou parcelas objecto do contrato no estado em que as recebeu, ressalvadas as deteriorações inerentes a uma prudente utilização, sob pena de pagamento de indemnização, nos termos da lei geral. — N.º 5 da Portaria n.º 246/2001, de 22 de Março, em anotação ao art. 29.º.

6. Ver anotações às als. *b)* a *f)* do art. 21.º.

ARTIGO 17.º
Senhorio emigrante

1 — Os contratos de arrendamento ao agricultor autónomo podem ser denunciados pelo senhorio no decurso do prazo se este for emigrante e satisfizer cumulativamente as seguintes condições:

a) **Ter sido ele quem arrendou o prédio ou o tenha adquirido por sucessão;**
b) **Necessitar de regressar ou ter regressado há menos de um ano a Portugal;**
c) **Querer explorar directamente o prédio arrendado.**

2 — No caso de o senhorio exercer o direito previsto no número anterior, o arrendatário tem direito a uma indemnização equivalente às rendas correspondentes ao período que falta decorrer até ao termo do prazo contratual, calculadas com base no valor da última renda vencida.

3 — À situação prevista no presente artigo é aplicável, com as necessárias adaptações, o disposto nos n.ºˢ 2, 3 e 4 do artigo 20.º.

4 — A denúncia prevista no presente artigo só produz efeitos decorrido que seja o prazo mínimo de três anos após a celebração do contrato de arrendamento.

NOTAS

1. O senhorio emigrante pode denunciar o contrato de arrendamento ao agricultor autónomo sem que este se possa opor à denúncia com fundamento de esta pôr em sério risco a sua subsistência económica e a do seu agregado familiar se, cumulativamente, tiver sido ele quem arrendou o prédio ou o tiver adquirido por sucessão, necessitar de regressar ou tiver regressado há menos de um ano a Portugal e se quiser explorar directamente o prédio arrendado.

Esta denúncia pode ser feita em qualquer altura mas só produz efeitos decorrido que seja o prazo mínimo de três anos após a celebração do contrato de arrendamento — Cfr. art. 17.º.

Como se disse, nestes casos o arrendatário não se pode opor à denúncia com o fundamento de que põe em sério risco a sua subsistência económica e do seu agregado familiar. É o que resulta da interpretação deste artigo em conjunção com o art. 19.º, a que está sistematicamente ligado.

Isto não implica, contudo, que o senhorio fique dispensado de propor a competente acção de despejo. Na verdade uma coisa é aquele fundamento, outra são os que o arrendatário possa vir a invocar, tais como não ter sido ele que arrendou o prédio ou que não o adquiriu por sucessão, que não se verificam as três condições cumulativas, que a denúncia não é válida, pois tinha de ser dirigida também à sua mulher, que o termo do prazo do contrato ou a sua renovação não é a indicada pelo senhorio, que notificou o senhorio para reduzir a escrito o contrato, etc.

Ou, como frisa o Prof. Pereira Coelho, *Arrendamento* 1988, 364, nota 2, com mais precisão: o arrendatário só pode opor-se à denúncia *impugando* os factos alegados pelo senhorio (p. ex., contestando que ele tenha regressado ao país há menos de um ano). Provados, porém, os factos integradores da situação prevista no art. 17.º (e é ao senhorio que pertence, naturalmente, o ónus da prova desses factos), o tribunal só tem de decretar o despejo.

Ver anotações aos arts. 18, 19 e 20.

2. O que se procura, com a possibilidade de oposição às renovações do contrato por parte do senhorio emigrante que satisfizer cumulativamente as condições atrás referidas, é não só a captação de fundos angariados por ele lá fora, através de um investimento na compra de terras, criando-se-lhe a ideia de que quando regressar a Portugal poderá tomar conta delas, mas também assegurar-se-lhe uma ocupação aquando do seu regresso.

Com as condições a satisfazer cumulativamente quis-se evitar que alguém que quisesse tirar rapidamente das suas terras um arrendatário e não tivesse forma de o fazer, por não se poder opôr às renovações, fizesse uma venda simulada a um emigrante que, logo a seguir, viria pedir a denúncia do contrato invocando ser dono do prédio e precisar dele.

Em sentido semelhante e em relação ao n.º 4 do art. 6.º da Lei n.º 76/77, se opinou, então, na Assembleia da República — Ver *D. da Assembleia da República*, I Série, de 23/2/79, pág. 1154.

3. Não se exige que a situação económica do emigrante seja inferior à do arrendatário.

Entendemos que não é essa a melhor solução para o problema, visto a situação do emigrante, que em regra investe os seus aforros em terras do país, ser uma situação desafogada, que lhe permite fazer investimentos fundiários.

Ora, seria inutilizar a providência tomada para estes casos se fossemos estabelecer como regra o princípio de que só nos casos em que a situação do emigrante fosse deficitária é que se poderia pedir a entrega das terras, seria uma situação contraditória com o esquema que estabelecemos. — *D. da Assembleia da República, loc. cit.*, a propósito do referido art. 18.º-A.

4. Ver anotações ao art. 5.º.

5. Se o arrendamento tiver sido ao agricultor autónomo e se, por exemplo, o senhorio emigrante quiser explorar directamente o prédio arrendado decorridos três anos após a celebração do contrato, a indemnização a que o arrendatário terá direito é a correspondente à renda de quatro anos — período que falta decorrer até ao termo do prazo contratual mínimo de sete anos — calculada com base no valor da renda do terceiro ano.

6. Se o senhorio emigrante usar da faculdade de denunciar deverá, salvo caso de força maior, explorar directamente o prédio durante o prazo mínimo de cinco anos — art. 20.º — sob pena de sofrer as sanções do n.º 4 do mesmo preceito.

7. Ver anotações aos n.ºˢ 2, 3 e 4 do art. 20.º.

8. Refere o Prof. Pereiro Coelho, *Arrendamento*, 1988, 363 nota 2, que a lei fala em «necessitar», mas crê que apenas exige que o emigrante tenha o propósito sério de regressar ao país, desde que o regresso, já se vê, seja iminente: tal *propósito sério de regresso imediato*, no caso do senhorio emigrante, já preenche o requisito da «necessidade». De resto, se na hipótese do senhorio já ter regressado a Portugal, a lei não controla as razões que ele possa ter tido para regressar ao país, como parece resultar da 2.ª parte da al. *b)* do n.º 1 do art. 17.º, não se compreenderia que a lei controlasse essas razões no caso do emigrante ainda não ter regressado, exigindo, neste caso, uma real e efectiva «necessidade» de regresso ou que o regresso fosse suficientemente «justificado».

ARTIGO 18.º
Denúncia do contrato

1 — Os contratos de arrendamento a que se refere este diploma consideram-se sucessiva e automaticamente renovados se não forem denunciados nos termos seguintes:

a) **O arrendatário deve avisar o senhorio, mediante comunicação escrita, com a antecedência mínima de um** ano, relativamente ao termo do prazo ou da sua renovação, ou de seis meses, se se tratar de arrendamento a agricultor autónomo;

b) O senhorio deve avisar também o arrendatário pela forma referida na alínea anterior, com a antecedência mínima de dezoito meses, relativamente ao termo do prazo ou da sua renovação, ou de um ano, se se tratar de arrendamento a agricultor autónomo.

2 — A denúncia do contrato de arrendamento inclui obrigatoriamente todo o seu objecto.

NOTAS

1. A denúncia é a declaração de vontade unilateral e receptícia destinada a pôr termo a uma relação jurídica duradoura, ao cabo de certo prazo. Torna-se eficaz quando levada ao conhecimento da pessoa a quem é dirigida. Tratando-se de um direito potestativo atribuído ao respectivo titular, só este e não o tribunal tem legitimidade para o seu exercício. Portanto, a partir do momento em que o outro contraente tem conhecimento da denúncia, ela opera. Isto não significa que aquele não possa vir a discutir se havia lugar à denúncia ou não. Mas, se o tribunal reconhecer que se justificava, limita-se a emitir uma sentença declarativa, não constitutiva. E, então, retrotrai-se ao momento anterior já referido — Ac. do STJ de 11/2/1992, *Bol.* 414, 465.

Denúncia é a declaração feita por um dos contraentes de que não quer a renovação ou continuação do contrato renovável ou fixado por tempo indeterminado — Ac. do STJ de 2/7/1987, *Bol.* 369, 523.

O princípio geral estabelecido neste preceito é o da denunciabilidade do arrendamento, que se inicia por uma fase extrajudicial imperativa. Concordando com esta nossa opinião ver o Ac. da Relação de Coimbra de 12/5/1992, *Col. Jur.* XVII, 3, 106.

Compreende-se que assim seja, dada a natureza do arrendamento rural que, para o início do cultivo das terras e para o seu termo, tendo em vista a rentabilidade agrícola e a produtividade, substância ou função económica e social do prédio, pressupõe a elaboração de um plano agrícola de culturas, que não se compadece com denúncias súbitas e inesperadas dos contratos, de renovação automática.

Para os Profs. Pires de Lima e Antunes Varela, *C.C. Anotado*, II vol., 4.ª ed., 448, essencial é que a denúncia escrita seja feita na fase anterior à acção de despejo, sob pena da acção improceder por falta de um pressuposto essencial do direito de resolução do contrato.

Nota o Prof. Pereira Coelho, *Arrendamento*, 1988, 362, que a matéria da denúncia está regulada nos arts. 17.º a 20.º, em que a lei distingue conforme o senhorio se encontra ou não numa das situações previstas nos arts. 17.º e 20.º. Em termos gerais, se o senhorio se encontrar numa dessas situações goza de posição *privilegiada*, podendo denunciar o contrato sem que assista ao arren-

Arrendamento Rural ART. 18.º

datário o direito de se *opor* à denúncia; não se encontrando o senhorio em qualquer das situações particulares previstas nos arts. 17.º e 20.º, aplicam-se as regras gerais, que permitem ao arrendatário obstar à efectivação da denuncia em determinadas condições (art. 19.º).
E acrescenta depois, 364 nota 2 e 365 nota 2 em conjunção, que o arrendatário só pode opor-se à denúncia *impugnando* os factos alegados pelo senhorio. Provados, porém, os factos integradores das situações previstas nos arts. 17 e 20 (e é ao senhorio que pertence, naturalmente, o ónus da prova desses factos), o tribunal só tem de decretar o despejo.

2. A denúncia de um contrato consiste na declaração feita por um dos contraentes de que não quer a renovação ou a continuação de um contrato e tem cabimento nas relações contratuais por tempo indeterminado e nas relações contratuais renováveis por força da lei ou por uma declaração tácita das partes — cfr. Prof. Antunes Varela, *Rev. Leg. Jur.* 114, 111, e *Das Obrigações em Geral*, II, 7.ª ed., 281; ver, também, o Ac. do S.T.J. de 22/4/1991, *Bol.* 406, 601.

3. Sendo a denúncia a manifestação de vontade de um dos contraentes perante o outro de que não admite a renovação ou prorrogação do contrato para além do seu termo, não pode aquela declaração circunscrever-se a parte do objecto negocial — Ac. da Relação do Porto de 19/11/1987, *Bol.* 371, 544.

4. I — A denúncia do contrato de arrendamento rural a agricultor autónomo tem de ser feita com o prazo mínimo, mas a lei não impõe qualquer prazo máximo para essa denúncia, pelo que o senhorio pode fazê-la em qualquer momento, desde que respeite o prazo de vigência do arrendamento em curso.
II — Deste modo é irrelevante a oposição dos arrendatários com o fundamento de que, faltando anos para se completar o prazo de vigência do contrato, não lhe é possível, naquela altura, invocar, com segurança, quaisquer questões conducentes à oposição ao despejo — Ac. da Relação do Porto de 9/3/1989, *Col. Jur.* XIV, 2, 271; ver, também, o Ac. da Relação de Coimbra de 24/2/1993, *Col. Jur.* XVIII, 2, 56.

5. A faculdade de denunciar o contrato, estabelecida no n.º 4 do art. 14.º, é uma especialidade em relação à faculdade geral prevista na al. *a)* do n.º 1 do preceito em anotação.

6. O arrendatário pode denunciar o contrato para o fim do seu termo, sem esperar pelas renovações obrigatórias impostas pelo n.º 3 do art. 5.º.
Se no termo do prazo não entregar os prédios o senhorio terá de pedir o despejo em acção a propor nos termos do art. 35.º.

7. Em parte alguma se indica a proibição de denúncia do senhorio por não lhe convir a renovação do contrato, desde que não se prove o fundamento da oposição do arrendatário.

8. O senhorio que pretenda denunciar o contrato para exploração directa deve expressamente indicar essa finalidade na comunicação da denúncia — Cfr. n.º 2 do art. 20.º.

9. À denúncia do contrato de locação, quando referido a imóveis, deu a lei, salvo as hipóteses de autocomposição — arts. 1047.º do C.C., 964.º do C.P.C. (actualmente arts. 52.º a 55.º do R.A.U.) e art. 18.º, quer da redacção da Lei n.º 76/77, quer da redacção da Lei n.º 76/79 (hoje art. 19.º) —, carácter judicial, quando a iniciativa pertença ao locador e carácter extrajudicial, quando a iniciativa pertença ao locatário.

A diferença justifica-se atendendo à maior gravidade e delicadeza da caducidade no primeiro caso em que se deve seguir, como consequência material, a subtracção do objecto ao locatário, a executar pela força quando este não queira submeter-se-lhe.

Portanto, o direito de uma das partes de evitar a renovação do contrato para o termo do prazo é exercido mediante denúncia comunicada ao outro contraente, com a antecedência e segundo a forma prescrita na lei.

Se ao senhorio, no termo do prazo, não convém a renovação do contrato de arrendamento rústico ao agricultor autónomo, deve avisar o arrendatário, com a devida antecedência, mediante comunicação escrita. — Art. 17.º da Lei n.º 76/77 (hoje art. 18.º).

Esse aviso extrajudicial só vale como interpelação atempada, ficando dependente da aceitação, por sua parte, da desocupação.

Se o arrendatário, mercê da sua conduta, não aceitou nem aceita o despejo, frustrou-se a obtenção da autocomposição. E, então, ao senhorio só resta o recurso ao meio heterocompositivo do processo especial de despejo. — Art. 969.º do C.P.C. (actualmente art. 55.º do R.A.U.) e art. 18.º da Lei n.º 76/79 (hoje art. 19.º).

Está-lhe vedado, mesmo no caso de aceitação do despedimento sem desocupação do prédio, não obstante a denúncia, o recurso ao processo comum de reivindicação ou aos processos especiais possessórios.

É que a pretensão do senhorio tem como fundamento a caducidade do contrato, situando-se o conflito, não no âmbito das relações de propriedade ou posse, mas no quadro das relações locativas, com a obrigação do inquilino de restituir o prédio e o meio adequado para tal obter é justamente o processo especial de despejo. — Ac. da Relação de Coimbra de 22/4/1980, *Col. Jur.* V, 2, 50.

10. I — Mesmo que a denúncia do contrato de arrendamento tenha sido comunicada por todos os comproprietários do arrendado, a oposição do arrendatário é válida ainda que comunicada a um deles.

II — A reconvenção é admissível apesar de ao respectivo pedido corresponder processo comum, pois a acção de despejo rural segue a forma de processo sumário — Ac. da Relação de Évora de 20/2/1992, *Bol.* 414, 654.

11. A comunicação escrita a fazer pelo arrendatário pode ser uma simples carta ou a notificação judicial avulsa, não sendo admitido o aviso verbal.

12. I — A denúncia do contrato de arrendamento rural terá de ser feita mediante comunicação escrita e com a antecedência estabelecida no art. 17.º (hoje art. 18.º) não bastando este último requisito.

II — Embora nos termos do n.º 2 do art. 364.º do C.C., a exigência legal de forma para a denúncia do contrato de arrendamento rural possa considerar-se como formalidade «ad probationem», e, portanto, susceptível de ser suprida por confissão expressa, judicial ou extrajudicial, tal confissão quando extrajudicial, deveria constar de documento de igual ou superior força probatória, e portanto de documento escrito. — Ac. do S.T.J. de 1/2/1979, *Bol.* 283, 150.

13. Hoje a denúncia do senhorio terá de começar sempre pela comunicação extrajudicial; só depois se passará à fase judicial, mediante propositura da acção. — Cfr. Acs. da Relação do Porto, de Évora e de Coimbra de 7/4/1981, 19/3/1982, 7/3/1984 e 12/5/1992, respectivamente, na *Col. Jur.* VI, 2, 113, VI, 2, 250, IX, 2, 34 e XVII, 3, 106.

A falta de comunicação extrajudicial reveste a natureza de excepção dilatória inominada que conduz à absolvição da instância, e não constitui, como se pretende no citado Ac. da Relação de Coimbra de 7/3/1984, excepção de ilegitimidade.

Em consonância com a nossa opinião ver o Ac. da Relação de Coimbra de 15/7/1986, *Col. Jur.* XI, 4, 68, de que foi relator o então Desembargador Aragão Seia.

Se o senhorio omitiu essa fase extrajudicial da denúncia (ou se, tendo procedido a notificação judicial avulsa, não indicou a data em que teria termo o contrato), deve o réu ser absolvido da instância — Ac. da Relação de Coimbra de 7/6/1988, *Bol.* 378, 796.

Tratando-se de um direito potestativo atribuído ao respectivo titular, só este e não o Tribunal tem legitimidade para o seu exercício: Portanto a partir do momento em que o outro contraente tem conhecimento da denúncia, ela opera. Isto não significa que aquele não possa vir a discutir se havia lugar à denúncia, ou não — Ac. do STJ de 11/2/1992, *Bol.* 414, 465.

Porém, o Ac. do STJ de 5/11/1998, *Col. Jur. STJ*, VI, 3, 89, decidiu que a al. *b)* deste art. 18.º consagra o princípio geral da denunciabilidade do arrendamento por qualquer das partes, senhorio ou inquilino, não impondo a existência necessária de uma interpelação extrajudicial prévia para o efeito.

14. A simples comunicação do inquilino antes do termo do prazo do contrato, de que deixa de assumir a responsabilidade pelo arrendamento, para constituir denúncia válida, tem de ser aceite pelo senhorio. — Ac. da Relação de Coimbra de 10/5/1983, *Col. Jur.* VIII, 3, 40.

15. O direito de denúncia do arrendamento ao cultivador autónomo por parte do senhorio, para ele ou seus familiares cultivarem o prédio directamente, é um direito potestativo, a que o arrendatário não podia, no domínio da primitiva Lei n.º 76/77, opor-se (hoje, art. 20.º) — Ac. da Relação do Porto de 3/6/1980, *Col. Jur.* V, 3, 93.

16. I — A posição jurídica do locador transmite-se ao adquirente e este sucede nos direitos e obrigações daquele, a partir do momento da transmissão.

II — Deste modo, o prazo a partir do qual o contrato de arrendamento pode ser denunciado conta-se da data da celebração do mesmo, e não da transmissão do prédio ao adquirente. — Ac. da Relação do Porto de 30/3/1978, *Col. Jur.* III, 651.

17. Embora o arrendamento rural possa cessar pela denúncia do senhorio, podem as partes acordar em fazê-lo cessar por acordo (distrate). — Ac. da Relação de Coimbra de 5/2/1980, *Col. Jur.* V, 1, 125.

18. Não constitui abuso de direito a denúncia de contrato de arrendamento rural que se destine à exploração do terreno arrendado, não exorbitando o autor do fim económico social do seu direito ao fundamentar o pedido de denúncia precisamente no exercício legítimo desse direito, que é a exploração do terreno arrendado, se nada demonstrar que não é impelido apenas pelo desejo de prejudicar. — Ac. da Relação do Porto de 18/1/1979, *Col. Jur.* IV, 274.

19. A págs. 182 de *Subsídios Para a Regulamentação do Arrendamento Rústico*, o Eng. Lopes Cardoso escreveu:
Há quem defenda que o «desejo de cultivo directo» não deve constituir fundamento para rescisão mas unicamente causa de improrrogabilidade. O argumento é ainda o de que cumpre assegurar ao rendeiro a máxima estabilidade.
Estabelecidas, porém, normas especiais para os pequenos arrendamentos, não seria desvantajoso incluí-lo como motivo de rescisão, desde que esta implique indemnização ao rendeiro e que fique dependente de aviso feito a este, pelo senhorio, com uma antecedência mínima.
A pág. 204 opina que aos proprietários que explorem directamente prédios cuja área ultrapasse um certo limite deverá ser vedado retomar outros que tragam arrendados, salvo se neles pretenderem instalar parentes próximos.

20. I — Os arrendamentos rurais celebrados por Misericórdias, só podem ser rescindidos à luz do disposto no Dec. n.º 20 285, de 7 de Setembro de 1931, quando cumulativamente se verifiquem os seguintes requisitos: *a)* voltar o prédio arrendado a ser necessário aos serviços de assistência; *b)* ter sido justificada perante a Direcção Geral de Assistência a necessidade do prédio; *c)* ter sido autorizada por aquela Direcção Geral a rescisão do contrato.
II — Não se verificando algum daqueles requisitos, os contratos celebrados por Misericórdias têm de ser considerados, designadamente para efeitos de denúncia e prorrogação, face às leis comuns de arrendamento. — Ac. da Relação de Évora de 20/1/1983, *Col. Jur.* VIII, 1, 288.

21. Denunciado um contrato de arrendamento rural, que abrange um edifício onde habita um arrendatário com sua mulher e filho, não pode esse edifício considerar-se separado do locado, para subsistir como morada da família do arrendatário. — Ac. da Relação do Porto de 20/11/1979, *Col. Jur.* IV, 1489; ver o n.º 1 do art. 2.º e anotações. Sobre a morada de família ver, ainda, Dr. Nuno de Salter Cid, *A Protecção da Casa de Morada de Família no Direito Português*, 191, 195, 203, 212, 229, 258, 260, 300, 305, 336, 371.

22. Não tendo o contrato de arrendamento rural terminado no prazo previsto pelos contraentes, a sua renovação faz-se automaticamente e segundo o esquema legal. — Ac. da Relação de Évora de 27/11/1980, *Col. Jur.* V, 5, 88.

23. I — O art. 1.º do Dec.-Lei n.º 45 133, de 13 de Julho de 1963, que permite aos corpos administrativos o despedimento dos arrendatários dos seus prédios, em circunstâncias diferentes das regras gerais, mas em paralelismo com o regime fixado para os prédios do Estado, não ofende qualquer norma ou princípio constitucional.

II — A remissão que aquele diploma efectuava para o disposto nos arts. 2.º e segs. do Dec.-Lei n.º 23 465, de 18 de Janeiro de 1934, deve hoje considerar-se reportada aos arts. 8.º e segs. do Dec.-Lei n.º 507.º-A/79, de 24 de Dezembro.

III — Nos termos do art. 3.º do Dec.-Lei n.º 47 344, de 25 de Novembro de 1966, diploma que aprovou o actual C.C., e do art. 1083.º (hoje arts. 5.º e 6.º do R.A.U.) deste Código, apenas os arrendamentos dos prédios do Estado ou sujeitos a legislação especial, incidentes sobre prédios urbanos e prédios rústicos não destinados a exploração agrícola, pecuária ou florestal, gozam de um regime específico porque ressalvado por aquele Código.

IV — Os arrendamentos de prédios rústicos das autarquias locais destinados a exploração agrícola, pecuária ou florestal estão sujeitos ao regime geral previsto na Lei n.º 76/77, de 29 de Setembro com as alterações subsequentes (hoje Decs.-Leis n.º 385/88, de 25 de Outubro e n.º 394/88, de 8 de Novembro).

V — As autarquias locais podem despedir os arrendatários dos seus prédios, referidos na conclusão 3.ª, antes do termo do prazo do contrato ou da sua renovação, observado o condicionalismo previsto no art. 1.º do citado Dec.-Lei n.º 45 133 e nos termos do art. 9.º do Dec.-Lei n.º 507.º-A/79, com recurso ao despejo administrativo ou policial, se necessário.

VI — Quanto à denúncia dos contratos de arrendamento de prédios rústicos referidos na conclusão 4.ª, as autarquias deverão observar o disposto nos arts. 17.º e segs. da Lei n.º 76/77, de 29 de Setembro (hoje Dec.-Lei n.º 385/88).

VII — O cálculo da indemnização devida pelo despedimento ou denúncia far-se-á segundo as regras fixadas no Dec.-Lei n.º 507.º-A/79 ou Lei n.º 76/77 (hoje Dec.-Lei n.º 385/88), conforme os casos — Parecer da P.G.R. de 12/1/1984, *Bol.* 336, 222.

24. I — Havendo usufruto sobre o prédio locado, cabe ao usufrutuário, e não ao proprietário de raiz, o direito a proceder à denúncia do arrendamento.

II — Não vale como renúncia ao usufruto a afirmação, feita pelo usufrutuário, de que concorda com o exercício, pelo proprietário de raiz, daquele direito de denúncia — Ac. da Relação de Lisboa de 16/5/1991, *Col. Jur.* XVI, 3, 147.

25. I — O comproprietário não carece de consentimento de aquiescência dos demais consortes para exercer o direito de denúncia do contrato de arrendamento.

II — Tendo o usufrutuário renunciado há menos de 5 anos ao seu direito a favor do comproprietário de raiz que propõe a acção, este não está impedido de exercer o direito de denúncia — Ac. da Relação de Coimbra de 17/4/1990, *Col. Jur.* XV, 2, 66.

26. I — Na redacção primitiva do art. 1682.º do C.C., a administração dos bens do casal, com as limitações dos seus n.ᵒˢ 2 e 3, pertencia ao cônjuge-marido.

II — A norma actual daquele n.º 3 deve ser interpretada por forma a abranger o acto de revogação de contratos de arrendamento por prazo superior a seis anos, tendo, por isso, tal revogação que resultar de declaração expressa do cônjuge administrador com o apoio (consentimento) do outro cônjuge. — Ac. da Relação do Porto de 22/3/1988, *Col. Jur.* XIII, 2, 206.

27. Sobre problemas da aplicação da lei nova no caso de denúncia do contrato ver anotações ao art. 36.º.

28. A situação de caseiro não pode obstar à restituição dos prédios rústicos aos seus donos, para que os cultivem como bem entenderem e façam seus os rendimentos produzidos. — Ac. do S.T.J. de 28/7/1987, *Bol.* 369, 546.

29. I — Havendo duas entidades locadoras do mesmo prédio é relevante a carta do arrendatário dirigida apenas a uma delas, a opor-se à denúncia do contrato de arrendamento.
II — Na carta de denúncia do contrato de arrendamento o senhorio deve indicar expressamente a finalidade de exploração directa. — Ac. da Relação de Évora de 26/4/1990, *Col. Jur.* XV, 2, 295.

30. A denúncia do contrato de arrendamento rural pelo senhorio em virtude de o arrendatário não aceitar o aumento da renda não constitui abuso de direito — Ac. da Relação de Évora de 5/4/1990, *Bol.* 396, 454.

31. A declaração de denúncia de contrato de arrendamento rural feita por carta registada com aviso de recepção é eficaz mesmo que o arrendatário se recuse (injustificadamente) a receber a mesma carta — Ac. da Relação de Coimbra de 28/4/1992, *Bol.* 416, 719.

32. Apresentada comunicação de denúncia pelo senhorio sem a antecedência legal mínima de 18 meses relativa à renovação em curso, ela não impede nova renovação mas produz efeitos no termo desta última, mesmo que esse termo não coincida com a indicação concreta da data de despejo feita nessa comunicação. — Ac. da Relação de Coimbra de 2/11/1993, *Col. Jur.* XVIII, 5, 23; ver, também, o Ac. do STJ de 3/11/1993, *Col. Jur. STJ.*, I, 3, 88.

33. Se é o despejo do arrendado que se pede como efeito da denúncia, o tribunal deve ordená-lo para data diversa daquela que o senhorio indicou, corrigindo o momento extintivo do contrato — se for caso disso —, por não estar a condenar em objecto diverso do que se pediu, nem a violar qualquer outra disposição legal. — Ac. da Relação de Évora de 27/4/1995. *Col. Jur.* XX, 2, 268.

34. É operante a notificação do rendeiro para o senhorio reduzir a escrito o contrato de arrendamento rural celebrado antes da entrada em vigor do Dec.-Lei n.º 358/88, mesmo que efectuada após este último ter notificado aquele da denúncia do mesmo contrato. — Ac. da Relação de Lisboa de 23/2/1999, *Col. Jur.* XXIV, 1, 119.

35. O prazo de 1 ano de antecedência da comunicação da denúncia do contrato de arrendamento rural pelo senhorio deve verificar-se na data em que a respectiva notificação judicial é efectuada ao arrendatário e não na data em que a mesma é requerida ao Tribunal. — Ac. da Relação de Évora de 4/3/1999, *Col. Jur.* XXIV, 2, 253.

36. I — O arrendamento a agricultor autónomo para efeitos agrícolas ou pecuários reveste a natureza de rural.

II — Denunciado tal contrato sem que o arrendatário se oponha, o mesmo fica extinto, não se renovando. — Ac. da Relação de Évora de 7/12/1995, *Col. Jur.* XX, 5, 294.

37. O art. 15.º não contempla a possibilidade da indemnização por benfeitorias realizadas pelo arrendatário no caso de cessação do arrendamento por denúncia do senhorio, no processo de despejo a que alude o art. 18.º — Ac. da Relação de Évora de 5/3/1998, *Bol.* 475,792.

38. É válida a denúncia do contrato de arrendamento rural efectuada pelo mandatário judicial que invoque tal qualidade na comunicação escrita para o efeito dirigida ao arrendatário, desde que efectuada em observância das formalidades legalmente prescritas, não sendo necessária a exibição de procuração. — Ac. da Relação de Évora de 25/2/1999, *Bol.* 484, 449.

39. Não são organicamente inconstitucionais as normas contidas nos arts. 18.º n.º 1 al. *b)* e 20 do Dec.-Lei n.º 385/88, de 25 de Outubro. — Ac. do Tribunal Constitucional n.º 428/97, de 18/6/1997.

ARTIGO 19.º
Oposição à denúncia

1 — O arrendatário pode obstar à efectivação da denúncia desde que, em acção intentada no prazo de 60 dias após a comunicação prevista no artigo anterior, prove que o despejo põe em risco sério a sua subsistência económica e do seu agregado familiar.

2 — O despejo do prédio arrendado não pode ter lugar antes do termo do ano agrícola posterior à sentença e se o arrendatário não entregar o prédio arrendado no prazo referido no número anterior, pode o senhorio requerer que se passe mandado para a execução do despejo.

NOTAS

1. Só o arrendatário que seja pessoa singular poderá deduzir oposição à denúncia do arrendamento, alegando que o despejo põe em risco a sua subsistência económica — Ac. da Relação de Évora de 4/5/1989, *Bol.* 387, 673.

2. O ónus de intentar a acção judicial passa a pertencer ao arrendatário, quando até aqui lhe bastava notificar o senhorio, no prazo de 30 dias após ele ter denunciado o contrato, de que o despejo punha em risco a sua subsistência económica e do seu agregado familiar ou de que, tendo habitação no prédio arrendado, o termo do contrato o colocaria em risco sério de não conseguir outra habitação — Cfr. o art. 18.º da Lei n.º 76/77, de 29 de Setembro.

3. O prazo de 60 dias para a propositura da acção é um prazo de caducidade — n.º 2 do art. 298.º do C.C.

4. A oposição tem de ser sempre judicial; porém, o acordo das partes é eficaz para obstar à efectivação da denúncia.

Para obstar à efectivação da denúncia do senhorio não emigrante, que não seja para exploração directa, o arrendatário apenas deve provar hoje, na acção que intentar, que o despejo põe em risco sério a sua subsistência económica e do seu agregado familiar.

No caso de denúncia de senhorio emigrante ou para exploração directa o arrendatário não pode opor-se a ela — arts. 17.º n.º 2 e 20.º n.º 1. — Com o fundamento de que põe em risco a sua subsistência económica e do seu agregado familiar; ver anotações ao art. 17.º.

5. A denúncia porá em grave risco a subsistência económica do arrendatário e do seu agregado familiar quando diminuírem sensivelmente os seus proventos, por efeito dela, e não puderem vir a ser compensados com novo arrendamento a terceiros ou com recurso a actividade remunerada.

6. I — Com a entrada em vigor da Lei n.º 76/79, é facultado ao arrendatário alegar e provar que o despejo lhe porá em risco a sua subsistência económica e a do seu agregado familiar.

II — A Lei n.º 76/79 é, portanto, proteccionista do arrendatário, «maxime» do arrendatário economicamente débil. — Ac. da Relação do Porto de 9/12/1983, *Col. Jur.* VIII, 5, 224.

7. Face ao disposto no n.º 2 do art. 19.º tem vindo alguma jurisprudência a entender — cfr., entre outros, os Acs. da Relação do Porto de 28/5/1998, *Col. Jur.* XXIII, 3, 185, e de 31/1/2002, *Col. Jur.* XXVII, 1, 263, da Relação de Évora de 27/11/1997, *Col. Jur.* XXII, 5, 270, e de 20/11/1997, *Col. Jur.* XXII, 5, 260 — que o senhorio tem o direito de requerer a imediata passagem de mandado de despejo se o arrendatário, não se tendo oposto à denúncia, não entregar o arrendado dentro do prazo legal.

Entendemos que sem razão.

Com efeito, o n.º 2 está intimamente conexionado com o n.º 1, e só tem aplicação quando a sentença haja julgado improcedente a oposição do arrendatário.

Proferida a sentença, o despejo, consequente da improcedência da acção intentada pelo arrendatário, não se pode efectuar antes do termo do ano agrícola posterior à sentença transitada em julgado, ou melhor, do termo do ano agrícola seguinte àquele em que transitou a sentença. Se o arrendatário não entregar o prédio no prazo de 60 dias a partir do termo do ano agrícola, o senhorio pode requerer que se passe mandado para a execução de despejo.

O termo do ano agrícola pode não coincidir com o termo do contrato, pois, a fixação da data do início do ano agrícola deverá ser feita de acordo com os usos locais, conforme determinação do então Ministro da Agricultura e Pescas, no seu despacho de 4/6/1979.

A sentença — al. *a)* do art. 46.º do C.P.C. — será o título executivo que permitirá ao senhorio requerer a passagem do mandado para a execução do despejo, por força do disposto no n.º 2, na medida em que constituiu o arrendatário na obrigação de entregar o arrendado, por via da improcedência da sua oposição.

A sentença de improcedência proferida na acção de oposição à denúncia, constitui o opoente na obrigação de entregar o arrendado. Quer dizer, essa obrigação fica constituída pela sentença de improcedência.

Como diz o Conselheiro Dr. Lopes Cardoso, *Manual da Acção Executiva*, 3.ª. ed., 39, para que a sentença ou despacho possam basear acção executiva, não é preciso, pois, que *condenem* no cumprimento duma obrigação; basta que essa obrigação fique *declarada* ou *constituída* por eles. — Cfr., ainda, Ac. do STJ de 10/7/1970, *Bol.* 199, 176.

Para chegar a esta conclusão explicava que o art. 46 só confere exequibilidade a uma categoria de sentenças: às que chama «condenatórias», expressão que substituiu a que era usada no art. 46.º do Código anterior — «sentenças de condenação». Teve-se em vista afastar a ideia de que as sentenças exequíveis fossem unicamente as proferidas nas acções de condenação, a que se refere a al. *b)* do n.º 2 do art. 4.º. Nem só as sentenças que condenam são títulos executivos.

Louvava-se, ainda, o iminente jurista, na opinião do Prof. J. A. dos Reis, *Processo de Execução*, I, 127, que explicava deste modo o pensamento do legislador de 1939: Ao atribuir eficácia executiva às *sentenças de condenação* o Código quis abranger nesta designação todas as sentenças em que o juiz, *expressa ou tacitamente*, impõe a alguém determinada responsabilidade.

Seguindo esta orientação o Ac. do STJ de 18/3/1997, *Col. Jur. STJ*, V, 1, 160, considerou que a sentença proferida em acção de preferência, apesar de constitutiva, constitui título executivo para obter a entrega de coisa certa; e o Ac. do STJ de 25/11/1999, *Col. Jur. STJ* VII, 2, 112, decidiu que a sentença proferida em acção constitutiva, não tendo em si mesmo efeito executivo, pode todavia ter natureza de título executivo, desde que a obrigação que se pretende executar dela derive implicitamente.

A decisão judicial — sentença —, como título executivo, é hoje o factor determinante para a forma do processo de execução sumária a adoptar — n.º 2 do art. 465.º do C.P.C. —, não o mandado de despejo que é um simples acto executivo. Como o mandado de despejo tem origem na sentença não há citação do executado, nos termos do n.º 2 do art. 928.º, remissivo ao art. 924.º, ambos do C.P.C., embora o despacho que ordena a sua passagem lhe deva ser notificado. — Cfr. Conselheiro Aragão Seia, *Arrendamento Urbano*, 6.ª ed., 387 e segs..

Entendemos, pois, como se decidiu no Ac. da Relação de Évora de 6/2/1992, *Col. Jur.* XVII, 1, 272, que: 1) — o n.º 2, ao remeter para o n.º 1 do mesmo artigo através da expressão «prazo referido no número anterior», remeteu apenas para o tempo do prazo ali referido (60 dias), e não também para o *dies a quo* de tal prazo; 2) — dentro da lógica do sistema, o termo inicial desse outro prazo de 60 dias a que alude o n.º 2 terá necessariamente de corresponder ao termo do ano agrícola posterior à sentença que julgue improcedente a acção a que se refere o n.º 1, *rectius*, ao seu trânsito em julgado.

É esta, na realidade, o sentido e alcance do segundo trecho da norma do n.º 2, só ele permitindo a harmonização dos preceitos dos arts. 18.º e 19.º.

A esta nossa opinião dá uma achega o Prof. Pereira Coelho, *Arrendamento*, 1988, 362, quando escreve que a matéria da denúncia está regulada nos arts. 17.º a 20.º, em que a lei distingue conforme o senhorio se encontra ou não numa das situações previstas nos arts. 17.º e 20.º. Em termos gerais, se o senhorio se encontrar numa dessas situações goza de posição *privilegiada*, podendo denunciar o contrato sem que assista ao arrendatário o direito de se *opor* à denúncia; não se encontrando o senhorio em qualquer das situações particulares previstas nos arts. 17.º e 20.º, aplicam-se as regras gerais, que permitem ao arrendatário obstar à efectivação da denuncia em determinadas condições (art. 19.º).

E acrescenta depois, 364 nota 2 e 365 nota 2 em conjunção, que o arrendatário só pode opor-se à denúncia impugnando os factos alegados pelo senhorio. Provados, porém, os factos integradores das situações previstas nos arts. 17.º e 20.º (e é ao senhorio que pertence, naturalmente, o ónus da prova desses factos), o tribunal só tem de decretar o despejo.

E os Profs. Pires de Lima e Antunes Varela, *C.C. Anotado*, II, 4.ª ed., 448, ensinam que essencial é que a denúncia escrita seja feita na fase anterior à acção de despejo, sob pena da acção improceder por falta de um pressuposto essencial do direito de resolução do contrato.

No sentido da necessidade de uma decisão judicial para despejo do arrendatário pronunciaram-se ainda, entre outros, o Ac. da Relação do Porto de 18/11/1996, *Col. Jur.* XXI, 5, 187, e os Acs. do STJ de 5/11/1998, *Proc. 994/77, 2.ª Secção*, e de 11/5/1999, *Col. Jur. STJ*, VII, 2, 86.

Contra esta posição argumenta-se que a declaração de denúncia não resistida constituiu título executivo.

Diz-se, como se vê do citado Ac. da Relação de Évora de 20/11/1997 «que o título executivo é, terá de ser, na economia e sistemática do Dec.-Lei n.º 385/88 e apesar de este o não dizer expressamente, a comunicação de denúncia, uma vez que a sentença não condenou na entrega do prédio nem ordenou qualquer despejo — se o fizesse estaria a declarar (condenar) em coisa diversa e a exceder o pedido — e se limitou a afirmar que o despejo não punha em risco (ou não se provou que pusesse...) a subsistência do arrendatário e do seu agregado familiar.

E que a mera denúncia do contrato pode fundar a entrega do prédio ao senhorio di-lo o art. 35.º n.º 1, quando prescreve que enquanto as acções de preferência a que alude o art. 28.º do mesmo diploma estiverem pendentes, «...não pode efectivar-se a entrega do prédio ao senhorio com base em denúncia do contrato».

Logo, a contrario, parece que se inexistir acção de preferência pendente, pode efectivar-se a entrega do prédio ao senhorio com base em denúncia do contrato.

É, pois, a denúncia não resistida causa necessária mas também suficiente da efectivação da entrega do prédio e não qualquer outro título, fundado mediata ou imediatamente nela.

Daí que, como entendeu a Relação do Porto em 26/6/1993, «a comunicação escrita a que alude o art. 18.º é enquadrável no art. 46.º al. *d)* do C.P.C. e pode constituir título executivo para a acção de despejo».

Aliás, já o RAU, no seu art. 101.º, prevê situação em tudo semelhante de dispensa de sentença condenatória para a execução forçada do despejo nos casos de contratos de arrendamento urbano celebrados nos termos do art. 98.º, com estipulação de prazo efectivo em que esses contratos, isto é, os documentos que os titulam em conjunto com a certidão de notificação judicial avulsa da comunicação da denúncia requerida pelo senhorio nos termos do art. 100.º, constituiu título executivo».

Mas esta argumentação não colhe.

Em primeiro lugar, pelas razões que já expusemos.

Depois, porque a denúncia, nos termos do art. 18.º, pode consistir num simples escrito particular, que não emana de qualquer tribunal nem consubstancia qualquer obrigação a que o arrendatário se tenha obrigado.

A partir dela tem o senhorio, apenas, o direito de exigir do arrendatário o despejo do arrendado, nos termos e no prazo legalmente fixado.

É que a denúncia, só por si, não constitui, nos termos do art. 46.º al. d) do C.P.C., um título judicial impróprio, porque não se desenvolve no âmbito de um processo ou tramitação judicial, nem tão pouco um título administrativo ou de formação administrativa, nem a sua exequibilidade está expressamente prevista em disposição que lhe confira especialmente a força de título executivo.

A determinação de título executivo, nos termos da referida al. d) não se compadece com deduções subjectivas como a do citado Ac. da Relação de Évora de 20/11/1997, quando nele se afirma que «O título executivo é, terá de ser, na economia e sistemática do Dec.-Lei n.º 385/88 e *apesar de este o não dizer expressamente*, a comunicação de denúncia...».

Da denúncia, só por si, não resulta que o arrendatário tenha assumido qualquer obrigação, obrigação que tem de ser extraída directamente do título executivo, pois não se pode promover a execução enquanto a obrigação se não tornar certa e exigível, caso o não seja em face do título — art. 802.º do C.P.C.

O título exibido pelo exequente tem que constituir ou certificar a existência da obrigação. — cfr. Prof. Antunes Varela e Drs. Miguel Bezerra e Sampaio e Nora, *Manual de Processo Civil*, 2.ª ed., 79.

A sentença que julga a acção improcedente por considerar que o despejo não põe em risco a subsistência do arrendatário e do deu agregado familiar é certificativa da existência do contrato e da validade denúncia que o dá por findo, do que resulta a obrigação do arrendatário desocupar e entregar o prédio nos termos legais, passando a constituir título executivo.

Também não tem consistência o argumento que se pretende extrair do n.º 1 do art. 35.º, pois a expressão relativa aos processos de preferência pendentes «... não poder efectivar-se a entrega do prédio ao senhorio com base em denúncia do contrato» tem apenas a ver com a situação do arrendatário.

Consagra-se, unicamente, o princípio de que a acção de preferência se sobrepõe ao despejo pontual com fundamento na denúncia do contrato, (denúncia que consubstancia, apenas, uma manifestação da vontade do senhorio independente de qualquer actuação do arrendatário), e que o senhorio, no caso de a ter efectuado ou de a vir a efectuar, não tem o direito de exigir do arrendatário o despejo do arrendado, enquanto a acção de preferência estiver pendente, permitindo-se a este que continue a cultivá-lo e a colher os frutos da sua actividade agrícola.

135

Tem de ser este o entendimento correcto, pois, se o senhorio denunciar o contrato e o arrendatário quiser entregar-lhe voluntariamente o arrendado nada pode obstar a isso.

O mesmo não acontece, porém, se o despejo tiver por fundamento a resolução do contrato.

Nenhum argumento a contrario é possível extrair-se de tal frase.

Dir-se-á, ainda, que não é possível qualquer analogia com o que se passa com o disposto no art. 101.º do RAU. É que para esta execução forçada a lei estipula *expressamente* que o *título executivo judicial impróprio*, é constituído pelo contrato celebrado nos termos do art. 98.º, em conjunto com a notificação judicial avulsa requerida pelo senhorio, que se *desenvolve no âmbito judicial*.

O contrato é constitutivo da relação obrigacional; a denúncia, com tramitação judicial, torna obrigatória a desocupação e entrega do arrendado nos termos e no prazo legalmente fixado no contrato.

Quer-se frisar, por último, que nada impede o arrendatário de propor uma acção de simples apreciação — art. 4.º n.º 2 al. *a)* do CPC —, pedindo se declare que a denúncia nos termos em que foi efectuada não é válida.

Ver, no mesmo sentido o Ac. da Relação de Coimbra de 15/2/2000, *Bol.* 494, 402; em sentido contrário o Ac. da Relação de Évora de 31/1/2002, *Col. Jur.*, XXVII, 1, 263.

8. Parece ao Prof. Pereira Coelho, *Arrendamento*, 1988, nota 1, 367, que intentar a acção nos 60 dias seguintes àquela comunicação significa nos 60 dias seguintes à data em que a comunicação seja *recebida* pelo arrendatário. Note-se ainda que o facto de o senhorio não intentar a acção de despejo neste prazo não impede, como é óbvio, que ele a intente mais tarde, desde que faça nova comunicação ao arrendatário nos termos do art. 18.º n.º 1, al. *b)*; o que pode acontecer é que a nova comunicação já não seja feita a tempo de evitar a renovação do contrato.

9. O disposto no n.º 2 do art. 19.º — Dec.-Lei n.º 385/88 — segundo o qual «o despejo do prédio arrendado não pode ter lugar antes do termo do ano agrícola posterior à sentença (...)» — não é aplicável ao caso em que a declaração de denúncia do senhorio não mereceu oposição do arrendatário, visto que em tal caso a denúncia opera os seus efeitos sem necessidade de sentença.

Na realidade, *a comunicação de denúncia é sempre feita extrajudicialmente*: arts. 17.º, 18.º e 20.º — Dec.-Lei n.º 385/88 (cf. Ac. Rel. Coimbra de 24/2/93 — *Col. Jur.*, Ano XVIII, tomo 1, pág. 58 e Ac. Rel. Porto de 5/2/96 — no Recurso n.º 907/95 — 5.ª Secção, não publicado em revista de especialidade).

Pelo que, se não sofrer oposição do arrendatário, produz os seus efeitos sem qualquer intervenção do tribunal, ficando em consequência dela o contrato de arrendamento findo por denúncia.

Pelo contrário, se houve oposição à declaração de denúncia, a oposição assume necessariamente a forma de *acção* judicial, chamando o tribunal a intervir para decidir a questão (art. 19.º, n.º 1), naturalmente que através de *sentença*.

É a esta sentença que se reporta o n.º 2 do mesmo art. 19.º: julgando-se a oposição improcedente, declara-se a validade da denúncia, ficando a partir do trânsito em julgado dessa sentença o arrendatário obrigado a restituir o prédio, mas com o benefício de não ter de o fazer «antes do termo do ano agrícola posterior à sentença».

Bem se compreende esta dilação na entrega: estando o direito *em litígio*, não se sabe ainda se a denúncia vai operar ou não, pelo que não é exigível ao arrendatário que *interrompa ou suspenda culturas em curso*, só tendo de o fazer, pela restituição do prédio, no termo do ano agrícola posterior à sentença (naturalmente transitada) que declare improcedente a oposição.

Ora, nada disto sucede no caso de denúncia sem oposição — onde a denúncia, além de declarada com razoável antecedência (18 meses, reduzidos a 12 se o arrendamento é ao agricultor autónomo), foi-o «relativamente ao termo do prazo ou da sua renovação»: art. 18.º, n.º 1, al. *b)* — Dec.-Lei n.º 385/88.

Por isso, neste caso, em que já é líquido e definitivo que o contrato vai findar no termo do prazo ou da sua renovação, o benefício do prazo já está obtido com a antecedência legal com que a denúncia foi necessariamente feita e com a circunstância de ela operar apenas no termo do prazo do contrato ou da sua renovação.

(...) A disposição do n.º 2 do art. 19.º é *privativa da oposição à denúncia* como, aliás, o seu lugar sistemático revela: ela constitui o n.º 2 do art. 19.º, onde se regula o regime de oposição à denúncia.

Se se tratasse de disposição geral para toda a denúncia estaria inserida no art. 18.º, onde se fixa o regime regra da denúncia.

Além desta razão sistemática, temos a razão lógica já acima enunciada: a aplicação do n.º 2 do art. 19.º aos casos em que o contrato cessou por denúncia sem oposição não tem qualquer justificação e iria duplicar o prazo já conferido pelo art. 18.º, n.º 1, al. *b)* — a razão de ser do n.º 2 — art. 19.º está coberta pelo n.º 1, al. *b)* do art. 18.º: dar ao arrendatário o tempo necessário para concluir as culturas do ano agrícola e para procurar outras terras. Doutro modo poderia o arrendatário proceder às colheitas mas não usufruir das culturas efectuadas. *Uma coisa são colheitas outra coisa são culturas.*

Se houve oposição à denúncia, justifica-se o prazo suplementar posterior à sentença porque o direito está em litígio e só se torna certo com ela.

Mas, se não houve oposição, o direito já não está em litígio, há certeza e segurança quanto a ele, pelo que o prazo de um ano (relativamente ao termo do contrato ou da sua renovação) já o arrendatário beneficiou dele: art. 18.º n.º 1 al. *b)*. — Ac. da Relação do Porto de 18/11/1996, *Col. Jur.* XXI, 5, 187, onde figura com o seguinte sumário:

I — A denúncia de contrato de arrendamento rural, em que não houve oposição do arrendatário, opera sem necessidade de intervenção judicial.

II — Mas, se o ex-senhorio pretende obter a entrega judicial do prédio, por este lhe não ter sido voluntariamente restituído, terá de obter sentença declarativa de condenação, em que se reconheça que o arrendamento cessou por denúncia.

III — Uma vez transitada, tal sentença é desde logo título executivo para a entrega judicial em execução para entrega de coisa certa.

IV — Não tendo que se aguardar um ano, nos termos do art. 19.º n.º 2, por tal disposição ser privativa da denuncia com oposição. — Ver, ainda, o Ac. da Relação do Porto de 28/5/1998, *Col. Jur.* XXIII, 3, 185.

10. O art. 18.º, n.º 1, al. b) do Dec.-Lei n.º 385/88, de 25 de Outubro, determina que o senhorio que pretenda exercer o direito de denúncia aí estabelecido deve avisar o arrendatário com a antecedência mínima de 18 meses, relativamente ao termo do prazo ou da sua renovação, ou de um ano, se se tratar de arrendamento ao agricultor autónomo.

Consagra esse normativo o princípio geral da denunciabilidade do arrendamento por qualquer das partes, senhorio ou arrendatário.

Coloca-se-nos, no entanto, a questão de saber se a faculdade aí reconhecida ao senhorio, de denunciar o contrato de arrendamento, terá de iniciar-se necessariamente por uma fase extrajudicial, como parece decorrer do preceituado no mencionado normativo, só depois se lhe seguindo, se for caso disso, aquela outra fase de natureza judicial, a que alude o art. 19.º do dito diploma legal, traduzida esta na oposição à denúncia por banda do arrendatário, que procurará demonstrar que o despejo põe em risco sério a sua subsistência económica e do seu agregado familiar, ou se, pelo contrário, o senhorio pode, desde logo, denunciar o arrendamento, lançando mão da acção adequada para o efeito, aquela a que se reporta o n.º 2 do art. 35.º do Dec.-Lei n.º 385/88.

Importa apurar, por outras palavras, se aquela fase extrajudicial é de natureza imperativa, como já foi entendido por alguns dos nossos tribunais de 2.ª instância.

Na hipótese em apreço os senhorios, aqui recorrentes, intentaram esta acção, pedindo, nomeadamente, a denúncia do contrato de arrendamento rural em causa para 31-10-96, data da sua renovação, e os réus, embora tivessem impugnado os diversos pedidos formulados pelos autores, nenhuma oposição deduziram contudo na base do estatuído naquele art. 19.º, n.º 1, isto é, nada alegaram e, muito menos podiam ter demonstrado, sobre se o despejo punha em risco sério a sua subsistência económica e do seu agregado familiar. E, todavia, nada obstava a que tivessem agido dessa forma, aproveitando essa acção para demonstrarem os factos a que se alude naquele art. 19.º, n.º 1.

Será, pois, admissível o procedimento processual utilizado pelos autores com vista à denúncia do arrendamento? Ou teriam eles que, previamente, lançar mão da interpelação extrajudicial, dando aos arrendatários a possibilidade de se oporem à pretensão dos senhorios pelo meio ou processo indicado no art. 19.º, n.º 1 do Dec.-Lei n.º 385/88?

Se atentarmos na natureza e solenidade de que se reveste a interpelação judicial, designadamente naquela que se realiza através da citação para a acção, temos de reconhecer que a previsão de interpelação extrajudicial, a que alude o art. 18.º, n.º 1 do Dec-Lei n.º 385/88, não exclui aquela outra levada a cabo através da instauração da respectiva acção declarativa. E, a ser assim, a interpelação extrajudicial não passa de uma opção com vista à concretização da denúncia, que pode surtir o efeito visado pelo senhorio, desde que o arrendatário a aceite e se proponha restituir o prédio àquele. Mas já não pode tal interpelação configurar-se como necessária à prolação pelo tribunal de uma decisão idónea e útil. Por isso, também, esta forma de interpelação (extrajudicial) não pode funcionar nem como pressuposto processual, nem assumir-se como excepção dilatória cuja falta dê lugar à absolvição da instância.

E bem se compreende que assim seja, porque a interpelação extrajudicial pode não conduzir a qualquer resultado prático, bastando, para tanto, que o arrendatário não tome nenhuma atitude, e também não se disponha a restituir voluntariamente o prédio ao respectivo senhorio. Nesta hipótese, que o legislador não previu, o senhorio terá sempre de lançar mão da acção declarativa a que alude o n.º 2 do art. 35.º do citado Decreto-Lei, para obter sentença (favorável) que depois funcione como título executivo, com vista à entrega coerciva do prédio. É que, da interpelação extrajudicial não advém qualquer espécie de título executivo, pelo que não seria legítimo arredar a faculdade do senhorio recorrer, desde logo, à via judicial, independentemente do recurso prévio ao «aviso» do arrendatário. Não tem, assim, a denúncia do contrato pelo senhorio esse tipo de interpelação como seu elemento constitutivo.

Também o n.º 2 do art. 19.º do Dec.-Lei n.º 385/88, ao reportar-se à «sentença» como condição do despejo e da emissão do respectivo mandado, admite a possibilidade de recurso à acção declarativa respectiva, sem prévia dependência da interpelação extrajudicial, já que não condiciona a execução de sentença ao exercício da oposição à denúncia, podendo, assim, em tal acção o arrendatário exercer a faculdade que lhe reconhece o n.º 1 desse normativo, isto é, podendo aí alegar e demonstrar que o despejo põe em risco sério a sua subsistência económica e do seu agregado familiar. Se não lograr demonstrar esses factos, então a denúncia será decretada, e o despejo poderá ser executado com base na sentença aí proferida, favorável ao senhorio.

Não se vê, pois, justificação para atribuir à interpelação extrajudicial a natureza de pressuposto processual, que condicione o exercício do direito de denúncia por banda do senhorio, nem tão pouco caracterizá-la (tal interpelação) como excepção, seja ela dilatória ou peremptória.

No caso sub judice, os réus tiveram a possibilidade, na contestação da acção, de alegar, e depois demonstrar, que o despejo punha em risco sério a sua subsistência económica e do seu agregado familiar, opondo-se, desse modo, à denúncia do contrato. Ao não assumirem essa atitude, deixaram de poder manifestá-la posteriormente através do expediente processual consentido pelo art. 19.º, n.º 1 do Dec.-Lei n.º 385/88. De outro modo, contrariar-se-ia a orientação perfilhada, infringindo-se igualmente princípios fundamentais do nosso ordenamento processual, nomeadamente os de economia e celeridade. — Ac. do STJ de 5/11/1998, *Col. Jur. STJ*, VI, 3, 89.

11. Como já dissemos, o princípio geral estabelecido no artigo 18.º do Dec.--Lei n.º 385/88, de 25 de Outubro, é o da denunciabilidade do contrato de arrendamento rural, que se inicia por uma fase extrajudicial imperativa.

Entendemos, por isso, que, mesmo no caso de se instaurar um processo judicial pedindo a resolução do contrato, não é possível pedir subsidiariamente a denúncia dele.

Se assim não for, fica coarctado o direito do arrendatário de obstar à efectivação da denúncia em acção intentada no prazo de 60 dias, após ela.

É que o prazo de 60 dias é estabelecido em benefício do arrendatário, que dele ficaria despojado se fosse obrigado a contestar a acção do senhorio quando ele a quisesse intentar e no prazo concedido pela citação; por outro lado, não sendo um caso de reconvenção, alterar-se-ia a posição processual das partes na lide, passando o arrendatário a R e o senhorio a A.

Concordamos, por isso, com o Ac. do STJ de 20/2/2001, *Col. Jur. STJ.*, IX, 1, 124, que também subscrevemos como adjunto. Aí se pergunta se, proposta uma acção, tendo por objectivo a cessação do contrato por outro motivo, como por exemplo a resolução, o que poderá obstar a que o autor declare nessa acção ao réu o seu desejo de denunciar, e peça ao tribunal que, para o caso de improceder o pedido de resolução, reconheça como operante a denúncia? Porque, nesse caso, o réu deduziria na contestação, a oposição que eventualmente tivesse à denúncia.

Respondeu-se, dizendo, que há duas fortes razões para que isto não possa ser assim, isto é, para que, mesmo na hipótese de o senhorio de arrendamento rural, que propôs contra o arrendatário acção de resolução, não possa incluir nesta, como pedido subsidiário do de resolução, o de denúncia ou de reconhecimento dos efeitos da denúncia, a operar através da petição. É que, por um lado, a lei dá ao arrendatário o prazo de 60 dias, a contar da comunicação de denúncia, para deduzir oposição à denuncia, através de acção judicial (artigo 19.º, n.º 1, do RAR). Ora este prazo de 60 dias ficaria reduzido a 20 dias, se o direito de oposição tivesse de ser exercido na contestação da acção de resolução instaurada pelo senhorio (artigo 35.º, n.º 2, do RAR, e artigo 783.º, do CPC).

Por outro lado, não parecendo corresponder a oposição à denúncia a um caso de reconvenção (artigo 274.º, do CPC), invertia-se a posição processual das partes (enquanto na acção de resolução o arrendatário é réu, podendo contestar mas não responder, na acção de oposição à denúncia ele é autor, pelo que pode responder), em consequência do que o arrendatário ficaria impossibilitado de "responder", na acção de resolução, à resposta do senhorio à sua contestação (a acção de oposição à denúncia segue os termos da acção sumária: artigo 35.º, n.º 2, do RAR).

Por estas razões, teremos de concluir que o senhorio não pode declarar a denúncia do contrato de arrendamento rural numa acção judicial proposta contra o arrendatário, mesmo que a título subsidiário de um outro, como o de resolução.

Assim, verifica-se, quanto à pretendida denúncia, uma excepção dilatória inominada, a conduzir à absolvição da instância.

12. Efectuada pelo senhorio a denúncia do contrato de arrendamento rural, por comunicação escrita, sem que tenha havido oposição do arrendatário, se este não tiver procedido à entrega voluntária do prédio, o senhorio terá de lançar mão da acção declarativa a que alude o n.º 2 do artigo 35.º do Dec.-Lei n.º 385//88, de 25 de Outubro, para obter sentença favorável que depois possa funcionar como título executivo, com vista à entrega coerciva. — Ac. do STJ de 27/3/2001, *Col. Jur. STJ.*, IX, 1, 188; ver, ainda, o Ac. da Relação de Coimbra de 15/2/2000, *Bol.* 494, 402, e, em sentido contrário, o Ac. da Relação de Évora de 31/1/2002, *Col. Jur.*, XXVII, 1, 263.

13. Sobre o artigo em anotação transcrevemos a posição do Ilustre Advogado na Figueira da Foz, Dr. Cerqueira da Rocha, que chegou agora ao nosso conhecimento.

Relativamente a *antes do termo do ano agrícola posterior à sentença*

O n.º 2 do artigo 19.º do RAR dispõe no seu primeiro segmento:

«2 — O despejo do prédio arrendado não pode ter lugar antes do termo do ano agrícola posterior à sentença».

Na sua edição anotada do Regime do Arrendamento Rural, Jorge Aragão Seia, Manuel da Costa Calvão e Cristina Aragão Seia, interpretam a atrás sublinhada expressão legal do seguinte modo: «Proferida a sentença, o despejo, consequente da improcedência da acção intentada pelo arrendatário, não se pode efectuar antes do termo do ano agrícola posterior à sentença transitada em julgado, *ou melhor, do termo do ano agrícola seguinte àquele em que transitou a sentença*».

Consideramos esta interpretação incorrecta do ponto de vista linguístico e jurídico e perigosa. Perigosa por ser o comentário à lei destes ilustres Autores não só o mais usualmente seguido entre os juristas mas por gozar ainda do benefício do indiscutível prestígio intelectual destes anotadores. É óbvio que o referido comentário regista uma dificuldade na qual não se detém, que não analisa.

Se a lei dissesse que o despejo só poderia ser requerido «no termo do ano agrícola seguinte àquele em que transitou a sentença», não existiria qualquer dificuldade de interpretação.

Se o legislador não se exprimiu, assim, e é de presumir que ele soube exprimir o seu pensamento em termos adequados (n.º 3, artigo 9.º do C.C.) se a expressão legal, como é o caso, tem outra leitura possível, então há que indagar, sob o ponto de vista linguistico, primeiro, se a interpretação adoptada é a mais acertada e, depois, se o é sob o ponto de vista jurídico ou, ainda, em face de duas soluções possíveis, qual a interpretação mais razoável.

Qual é o termo do ano agrícola posterior à sentença, para usarmos a expressão legal?

Figuremos a seguinte hipótese: a sentença transitou em julgado em Setembro de 2001, o termo do ano agrícola, no caso, é em Novembro de 2001. Figuremos, para simplicidade de análise, que o termo do contrato também é em 30 de Novembro de 2001.

Parece que uma interpretação imediata sugere que depois de 30 de Novembro de 2001 o despejo já pode ser requerido.

Sem crítica, os ilustres comentadores afastaram esta interpretação, porque isolaram arbitrariamente a palavra ano para determinar o sentido de toda uma expressão.

Ora a lei no seu dispositivo não preceitua através da palavra ano, mas de toda uma expressão: termo do ano agrícola.

A palavra seguinte usada pelos AA do comentário para explicitar o pensamento do legislador, não explicita, altera. Tem antes a virtualidade de transpor o termo do ano agrícola próximo para o termo do ano agrícola subsequente. Por outras palavras, a expressão termo do ano agrícola é um sinalagma nominal com função de tempo. Não pode o intérprete, para descortinar qual o sentido desta expressão, isolar uma palavra e ver qual é o seu **referente**, a coisa, a realidade a que palavra escolhida se refere. Exemplifiquemos:

Termo do ano civil **referente** 31 de Dezembro

Termo do ano **referente** o dia do mês que corresponda, decorridos 365 dias, à data em que o período teve início

Termo do ano agrícola **referente** Out., Nov., o dia de S. Silvestre, etc., conforme os casos, as regiões e as culturas.

O intérprete não pode deixar de averiguar qual o ***referente*** da expressão, do dito sinalagma nominal cuja função é determinada pelo todo. No exemplo

141

figurado sendo o termo do ano agrícola em Novembro de 2001 coincide com o termo do ano agrícola e com o termo do contrato, transitada a sentença denegadora da oposição do arrendatário em Setembro de 2001, a partir de Novembro de 2001 (decorrido o prazo de 60 dias de que fala a lei), o mandado de despejo pode ser requerido. Mas qual a *ratio legis*?

É manifesto que o legislador quando embarga o despejo antes do termo do ano agrícola quer evitar que o arrendatário rural tenha que largar a terra sem ter oportunidade de colher os frutos ou com os trabalhos para esse ano já iniciados. Se esta é a razão da lei, qual poderia ser a justificação para conceder ao arrendatário mais um ano além daquele termo e, porventura, do termo do contrato. Se há alguma justificação deverá ser muito obscura, porque não se consegue descortinar.

O entendimento do n° 2 do artigo 19.° do RAR aqui criticado, levará por outro lado a uma série de consequências e a algumas hipóteses de injustiça notórias. Sendo certo que o senhorio deve fazer a sua denúncia para o termo do prazo ao arrendatário rural com 18 meses ou um ano de antecedência, conforme este seja empresário ou agricultor directo, e a oposição à denúncia seja processo com carácter urgente, nada garante que a decisão do processo judicial com eventuais recursos seja dada em tempo útil de modo a que se possa dizer que a denúncia se tornou operante para o termo do contrato.

Poderão ocorrer as seguintes hipóteses:

1 — O senhorio denuncia o contrato. O arrendatário não se opõe, entrega a terra no termo do contrato.

2 — O senhorio denuncia o contrato. O arrendatário sem razão relevante opõe-se, e o processo e a sentença são decididos antes do fim do ano agrícola e do termo do contrato, 2001. Porque haverá o arrendatário porventura ardiloso, ou cuja razão não foi reconhecida em juízo, beneficiar de mais um ano além do termo do ano agrícola e do termo do contrato (ano agrícola coincidente com o termo do contrato, ou ano agrícola anterior ao termo do contrato mas dentro do ano civil)?

3 — Por delongas processuais a sentença só vem a transitar em princípios de Dezembro de 2001 (os dados de facto são os do n.° 2 anterior). Nesta eventualidade e segundo comentário em análise, o arrendatário praticamente gozaria de mais 2 anos — 2002 e 2003. O absurdo é evidente.

A pertinência da nossa critica pode ser evidenciada do seguinte modo: imagine-se que existia uma só palavra para designar termo do ano agrícola, por ex., a palavra colheitas. A disposição legal referida poderia, então, ter a seguinte redacção:

O despejo não pode ser efectuado antes das colheitas posteriores à sentença transitada em julgado.

É esta a razão da lei e a interpretação com ela coincidente para o que goza, também, da indispensável correspondência verbal!

Quanto à *denúncia do senhorio sem oposição*

Os contratos de arrendamento rural podem ser denunciados para o seu termo, não se renovando, sob a condição de a denúncia ser feita com a legal antecedência. A forma de denúncia é a comunicação escrita (artigo 18.° do RAR).

Se o senhorio pretender, ou os seus descendentes, passarem a cultivar directamente o arrendado a notificação (extrajudicial) deve mencionar precisamente esta circunstância (n.º 1 e 2 do artigo 20.º do RAR). Não sendo este o caso, o arrendatário só poderá opor-se à denúncia mediante acção judicial, intentada no prazo de 60 dias a contar da notificação referida e na qual prove que a denúncia põe em risco sério a sua subsistência económica (n.º do artigo 19.º do RAR).

Se a acção terminar por sentença que declare a improcedência da oposição, o despejo efectuar-se-á mediante o requerimento e execução de simples mandado de despejo. São gerais as vozes da doutrina e na jurisprudência que se opõe a que na denúncia não resistida o despejo se possa efectivar através de simples mandado. A faculdade de requerer mandado é exclusivo das situações em que houve uma sentença judicial a declarar inoperante a oposição do arrendatário. Como se sabe, para uma sentença ser titulo executivo não precisa de condenar, basta ter o efeito recognitivo de um direito.

A declaração de denúncia de um senhorio ao seu arrendatário, embora escrita, é que, parece, nunca poderá funcionar como título executivo. E, assim, defendem estes que nos casos em que não houve oposição à denúncia o senhorio não tem outra solução que não seja lançar mão duma acção declarativa para em seguida a executar.

Obedecendo à coerência destes considerandos vamos esquematizar, para melhor visualização da matéria:

Denúncia — acção de oposição não procedente — mandado de despejo

Denúncia — não há oposição — acção declarativa vencedora seguida de acção executiva para obter a entrega efectiva do arrendado no caso de recusa do rendeiro.

O mandado de despejo seria o meio próprio e simplificado de obter o despejo só nas situações onde se verificou, em processo judicial, a oposição fracassada do arrendatário. Não há razão lógica para que no caso em que o arrendatário resista intempestivamente à entrega do prédio, o senhorio ao lançar mão de uma acção declarativa para obter título executivo, obtido este tivesse ainda que recorrer depois a uma acção executiva (ver, neste sentido, Arrendamento Rural — Aragão Seia e outros — 3.ª Edição, comentário artigo 19.º).

Sem embargo de nesta hipótese também se nos afigurar que para efectivar o despejo bastará requerer o mandado, estamos em crer que a exacta solução de todas estas questões, para ser coerente, terá que ser a que a seguir se defende.

Só num caso será necessário recorrer à acção declarativa. Haverá que recorrer à acção declarativa quando não exista contrato de arrendamento e o arrendatário tenha sido notificado para o reduzir a escrito e se tenha recusado. Poderá o senhorio lançar logo mão da acção executiva na hipótese, existindo contrato de arrendamento, do arrendatário não se ter oposto à denúncia.

A intervenção do Tribunal aqui só se justificaria para reconhecer que a denúncia foi operante. A lei, porém, no n.º 1 do artigo 19.º do RAR aponta para a desnecessidade duma instância declarativa: «O arrendatário pode obstar à efectivação da denúncia...». A lei não se limita a dizer: «O arrendatário pode obstar à denúncia» mas à sua efectivação. A efectivação da denúncia é a entrega do prédio, o despejo.

Estamos em crer, que o contrato de arrendamento com a prova de que a comunicação de denúncia foi feita ao arrendatário, constituem título executivo suficiente por disposição especial da lei [alínea d) do artigo 46.º CPC], execução à qual o arrendatário se poderá opor por meio de embargos de executado (artigo 812.º do CC), por este meio ficando acautelados os seus interesses, suficientemente.

Concluindo

Arrendamento com contrato escrito
Denúncia do senhorio — acção de oposição improcedente — mandado de despejo
Denúncia do senhorio — sem oposição — acção executiva
Arrendamento sem contrato, situação imputável ao arrendatário
Acção declarativa – sentença vencedora – mandado de despejo

14. Não se verifica o caso julgado em relação à decisão que em determinado momento reconheceu que a denúncia do contrato de arrendamento rural punha em risco a subsistência do arrendatário, posto que a segunda decisão se reporte a denúncia efectuada em momento posterior, com base em factos temporalmente diferentes. — Ac. da Relação de Évora de 25/2/1999, *Bol.* 484, 449.

15. Não se verifica a inutilidade superveniente da lide, em acção de denúncia (hoje de oposição à denúncia), de contrato de arrendamento rural, se dois dos comproprietários dos prédios, posteriormente, renovarem o contrato; isto porque, o arrendamento feito por alguns dos consortes sem consentimento de todos é um arrendamento nulo, como decorre do disposto no n.º 2 dos arts. 1024.º e 1408.º do referido Código.
Assim esta renovação não é válida. — Ac. da Relação do Porto de 5/7/1983, *Col. Jur.* VIII, 4, 217.

16. A oposição à denúncia de contrato de arrendamento rural de prédio indiviso pode ser comunicada a qualquer dos senhorios — Ac. da Relação de Évora de 20/2/1992, *Col. Jur.* XVII, 1, 283.

ARTIGO 20.º
Denúncia para exploração directa

1 — Quando o senhorio pretenda denunciar o contrato para, no termo do prazo ou da renovação, passar ele próprio ou filhos que satisfaçam as condições de jovem agricultor estipuladas na lei a explorar directamente o prédio ou prédios arrendados, o arrendatário não pode opor-se à denúncia.

2 — O senhorio que pretenda denunciar o contrato nos termos do número anterior deve expressamente indicar aquela finalidade na comunicação de denúncia prevista no art. 18.º.

3 — O senhorio que invocar o disposto no número anterior fica obrigado, salvo caso de força maior, à exploração directa por si ou pelos sujeitos referidos no n.º 1, durante o prazo mínimo de cinco anos.

4 — Em caso de inobservância do disposto no número anterior, o arrendatário cujo contrato foi denunciado tem direito a uma indemnização e à reocupação do prédio, se assim o desejar, iniciando-se outro contrato, sem prejuízo do disposto no art. 27.º.

5 — A indemnização prevista no número anterior, a pagar pelo senhorio, será igual ao quíntuplo das rendas relativas ao período de tempo em que o arrendatário esteve ausente.

NOTAS

1. Este artigo privilegia o senhorio que pretenda passar ele próprio ou os filhos que satisfaçam as condições de jovem agricultor a explorar o prédio ou prédios arrendados. Jovem agricultor é o agricultor que, à data da apresentação dos pedidos ao abrigo da Portaria n.º 195/98, de 24 de Março, alterada pela Portaria n.º 46-A/2001, de 25 de Janeiro, (que aprovou o Regulamento de Aplicações do Regime de Ajudas à Melhoria da Eficácia das Estruturas Agrícolas) tenha mais de 18 e menos de 40 anos de idade.

Nestes casos o arrendatário não se pode opor à denúncia com o fundamento de que põe em sério risco a sua subsistência económica e do seu agregado familiar. É o que resulta da interpretação deste artigo em conjunção com os anteriores, a que está sistematicamente ligado.

Isto não implica, contudo, que o senhorio fique dispensado de propor a competente acção de despejo. Na verdade uma coisa é aquele fundamento, outra são os que o arrendatário possa vir a invocar, tais como o senhorio não ter filhos, ou filhos que satisfaçam as condições de jovem agricultor, que a denúncia não é válida, pois tinha de ser dirigida também à sua mulher, que o termo do prazo do contrato ou a sua renovação não é a indicada pelo senhorio, que o senhorio não juntou um exemplar ao contrato, apesar de o ter notificado para o reduzir a escrito.

A esta nossa opinião dá uma achega o Prof. Pereira Coelho, *Arrendamento*, 1988, 362, quando escreve que a matéria da denúncia está regulada nos arts. 17.º a 20.º, em que a lei distingue conforme o senhorio se encontra ou não numa das situações previstas nos arts. 17.º e 20.º. Em termos gerais, se o senhorio se encontrar numa dessas situações goza de posição *privilegiada*, podendo denunciar o contrato sem que assista ao arrendatário o direito de se *opor* à denúncia; não se encontrando o senhorio em qualquer das situações particulares previstas nos arts. 17.º e 20.º, aplicam-se as regras gerais, que permitem ao arrendatário obstar à efectivação da denuncia em determinadas condições (art. 19.º).

E acrescenta depois, 364 nota 2 e 365 nota 2 em conjunção, que o arrendatário só pode opor-se à denúncia *impugnando* os factos alegados pelo senhorio.

145

Provados, porém, os factos integradores das situações previstas nos arts. 17.º e 20.º (e é ao senhorio que pertence, naturalmente, o ónus da prova desses factos), o tribunal só tem de decretar o despejo.
Ver anotações aos arts. 18.º e 19.º.

2. Sobre o modo de efectuar a denúncia para exploração directa ver o art. 18.º, completado pelo n.º 2 do art. 20.º.

3. Jovem agricultor, nos termos do n.º 7 do art. 2.º do Regulamento de Aplicação do Regime de Ajudas à Melhoria da Eficácia das Estruturas Agrícolas, aprovado pela Portaria n.º 195/98, de 24 de Março, alterada pela Portaria n.º 46-A/2001, de 25 de Janeiro, é o agricultor que à data de apresentação dos pedidos ao abrigo deste diploma, tenha mais de 18 e menos de 40 anos de idade.

4. I — Actualmente (regime do Dec.-Lei n.º 385/88) para a denúncia do arrendamento basta a sua simples comunicação desde que nela se refira que (o arrendado) se destina a exploração directa.

II — Hoje a lei não permite qualquer tipo de oposição ao arrendatário, apenas lhe concedendo a faculdade de indemnização e de reocupação (verificados certos condicionalismos) — Ac. da Relação do Porto de 19/4/1992, *Col. Jur.* XVII, 2, 235, ver, também, Ac. da Relação do Porto de 2/10/1997, *Col. Jur.* XXII, 4, 204.

5. Os contratos de arrendamento já renovados à data da entrada em vigor da presente lei não podem ser objecto de denúncia por parte do senhorio, para efeitos de exploração directa, nos primeiros quatro anos a contar do início da última renovação — cfr. n.º 5 do art. 36.º.

6. Procura-se não cercear a possibilidade de um senhorio ou um seu herdeiro poder vir a assumir a exploração, findo o prazo constante do arrendamento. Parece legítimo que assim seja, o contrário significaria que o arrendatário havia assumido a posse plena da propriedade — vd. *D. da Assembleia da República*, I Série, de 8/4/88, pág. 2628.

7. Sendo a época do despejo concretamente indicada elemento integrador do pedido, a condenação para data diferente e posterior não importa julgar-se fora do âmbito do pedido, em qualidade diferente, mas apenas em quantidade menor, restringindo-se os seus efeitos. — Ac. da Relação do Porto de 18/1/1979, *Col. Jur.* IV, 272.

8. Para explorar directamente uma propriedade rústica não é absolutamente necessário trabalhá-la ou cultivá-la pessoalmente. A exploração directa é um regime de exploração em que a empresa agrícola ou o empresário é o proprietário do prédio ou dos prédios rústicos, onde funciona o respectivo estabelecimento agrícola — cfr. n.º 6 do art. 73.º da Lei n.º 77/77. E, como tal, decide das culturas a efectuar, contrata o pessoal para trabalhar nas terras e dirige-o, quando não for ele próprio a trabalhar a terra, compra as sementes e os adubos, vende os resultados das colheitas, se não os consumir e arrecada todos os lucros líquidos eventualmente alcançados. — Concordaram com esta nossa opinião os Profs. Pires de Lima e Antunes Varela, *C.C. Anotado*, 4.ª ed., II, 452; ver anotações ao art. 1.º.

Quem assim não procede não é explorador directo, mas, usando a terminologia muito corrente, é um abstencionista, porque não tem ligação directa ou indirecta, com a terra. — Cfr. Ac. da Relação do Porto de 25/7/1978, *Col. Jur.* III, 1224.

9. O senhorio não tem que alegar e provar que tem conhecimentos agrícolas para tal necessários. Caso contrário, também seria de exigir que qualquer pessoa que quisesse ser rendeiro de prédios rústicos tivesse igualmente de provar que tinha conhecimentos agrícolas necessários para esse fim e condições reais de poder fazer a respectiva exploração em termos de viabilidade prática e concreta, para que, dessa forma, a propriedade rústica pudesse atingir a sua maior rentabilidade. — Ver neste sentido o Ac. da Relação do Porto de 4/1/1979, *Col. Jur.* IV, 240.

10. A «exploração directa» a que alude o art. 19.º da Lei n.º 76/77, de 29 de Setembro (hoje art. 20.º), não significa que seja necessário ao senhorio, ou proprietário, trabalhar a terra como o faz o agricultor autónomo. — Ac. da Relação de Lisboa de 26/5/1981, *Bol.* 312, 291.

11. I — É exploração directa a feita por conta própria, ou seja, por conta e risco do proprietário que suporta as despesas inerentes (sementes, adubos, jornas, etc.) e arrecada os frutos produzidos.

II — A avançada idade do proprietário não é factor impeditivo duma exploração directa. — Ac. do S.T.J. de 11/3/1982, *Bol.* 321, 421.

12. I — A denúncia do contrato de arrendamento rural não pode ser recusada com fundamento em o proprietário não ter vocação ou conhecimentos agrícolas.

II — Se, obtida a entrega do prédio, o senhorio deixar de o explorar directamente nos cinco anos imediatos, sujeitar-se-á às sanções previstas no art. 20.º (também art. 20.º do actual diploma) da Lei n.º 76/77, de 29 de Setembro. — Ac. do S.T.J. de 8/7/1980, *Bol.* 299, 289.

13. A exploração directa durante o prazo mínimo de cinco anos, a que se refere o n.º 3, não impede que o senhorio possa praticar impunemente actos referidos nas als. *b), c), d)* e *f)* do art. 21.º.

Não há nenhuma sanção para a má exploração directa.

14. É aos autores que compete o ónus de alegar e provar que pretendem o prédio arrendado para o explorarem directamente. — Acs. da Relação do Porto de 12/7/1983, *Col. Jur.* VIII, 4, 223 e da Relação de Coimbra de 4/5/1982, *Col. Jur.* VII, 3, 23.

15. Caso de força maior é um facto insuperável e imprevisível, resultante de um facto de terceiro ou de um acontecimento natural, desde que não haja culpa do senhorio.

16. No caso de o senhorio não vir a explorar o prédio, directamente por si ou pelos filhos que satisfaçam as condições de jovem agricultor estipuladas na lei, o arrendatário cujo contrato foi denunciado, além do direito à indemnização e à reocupação do prédio, se assim o desejar, goza do direito de preferência nos contratos de arrendamento celebrados nos cinco anos seguintes — Cfr. art. 27.º.

17. Hoje o arrendatário, para concretizar o seu direito à reocupação do prédio, tem de propor contra o senhorio, do mesmo modo como quando quer obter a indemnização, uma acção com processo comum.
Ver em sentido idêntico o Ac. da Relação de Coimbra de 27/9/1990, *Col. Jur.* XV, 4, 128.

18. A acção destinada à denúncia do contrato de parceria agrícola não tem de ser obrigatoriamente proposta contra marido e mulher, pois tal contrato não envolve alienação, oneração, arrendamento ou constituição de outros direitos pessoais de gozo sobre imóveis próprios ou comuns (al. *a)*, n.º 1 do art. 1682.º-A do C.C.), quando o R. não seja proprietário do prédio sujeito à cultura em parceria. — Ac. da Relação de Coimbra de 16/11/1982, *Col. Jur.* VII, 5, 30.

19. Sendo o contrato de arrendamento rural denunciado para exploração directa, não pode o arrendatário opor-se com o fundamento no sério risco da subsistência económica do seu agregado familiar — Ac. da Relação de Coimbra de 25/5/1993, *Bol.* 427, 594.

20. O arrendatário não pode opor-se à denúncia de arrendamento rural quando o senhorio expressamente indicar na comunicação da denúncia que pretende o arrendado para ele ou os filhos que satisfaçam as condições de jovens agricultores o explorarem directamente. — Ac. da Relação do Porto de 2/10/1997, *Col. Jur.* XXII, 4, 204.

21. Se o arrendatário não entregar o prédio no termo do prazo ou da renovação o senhorio terá de propor uma acção sumária para obter o despejo, nos termos do n.º 2 do art. 35.º, podendo o arrendatário, em reconvenção, pedir a indemnização a que tiver direito por benfeitorias.
O Ac. da Relação de Évora de 27/11/1997, *Col. Jur.* XXII, 5, 260, decidiu que:
I — A notificação judicial avulsa é meio idóneo para o senhorio proceder à denúncia do contrato de arrendamento rural.
II — Se, notificado, o arrendatário não apresentar oposição ou não entregar o locado no termo do prazo ou da renovação, pode o senhorio requerer, sem mais, que se passe mandado para execução do despejo.
III — O executado não pode deduzir embargos de terceiro a esta execução.

22. Não há abuso de direito se o senhorio fundamenta o pedido de denúncia do exercício legítimo do direito de exploração directa do terreno arrendado, pois ao fazê-lo não excede manifestamente os limites impostos pela boa fé, pelos bons costumes ou pelo fim social e económico desse direito. — Ac. da Relação de Évora de 25/2/1999, *Bol.* 484, 449.

23. Não são organicamente inconstitucionais as normas contidas nos arts. 18.º n.º 1 al. *b)* e 20.º do Dec.-Lei n.º 385/88, de 25 de Outubro. — Ac. do Tribunal Constitucional n.º 428/97, de 18/6/1997.

ARTIGO 21.º
Resolução do contrato

O senhorio só pode pedir a resolução do contrato no decurso do prazo do mesmo se o arrendatário:

a) **Não pagar a renda no tempo e lugar próprios;**

b) **Faltar ao cumprimento de uma obrigação legal, com prejuízo directo para a produtividade, substância ou função económica e social do prédio;**

c) **Utilizar processos de cultura ou culturas comprovadamente depauperantes da potencialidade produtiva dos solos;**

d) **Não velar pela boa conservação dos bens ou causar prejuízos graves nos que, não sendo objecto do contrato, existam no prédio arrendado;**

e) **Subarrendar ou ceder por comodato, total ou parcialmente, os prédios arrendados ou ainda ceder a sua posição contratual nos casos não permitidos ou sem o cumprimento das obrigações legais;**

f) **Não atingir os níveis mínimos de utilização do solo estabelecidos na legislação em vigor ou não observar injustificadamente o que for determinado nos planos a que se referem os artigos 6.º e 14.º.**

NOTAS

1. São taxativas as causas de resolução do contrato, referidas nas diversas alíneas deste preceito.
  No Ac. do STJ de 5/11/1998, *Col. Jur. STJ*, VI, 3, 89, diz-se que as causa de resolução do contrato de arrendamento são apenas as que vêm enunciadas no art. 21.º do Dec.-Lei n.º 385/88, e outras não existem por se tratar de uma enumeração taxativa e não meramente exemplificativa daquelas causas.
  No arrendamento de campanha assiste ao arrendatário o direito de obter a resolução do contrato ou a fixação de nova renda com valor inferior ao contratado, quando no prédio arrendado durante o período fixado no contrato,

149

ART. 21.º   *Decreto-Lei n.º 385/88, de 25 de Outubro*

por causas imprevisíveis e anormais, resultar diminuição significativa da capacidade produtiva do prédio. — N.º 4-1 da Portaria n.º 246/2001, de 22 de Março, em anotação ao art. 29.º.

2. Se houver resolução do contrato invocada pelo senhorio tem o arrendatário direito a exigir-lhe indemnização pelas benfeitorias necessárias e pelas úteis que aquele consentiu, calculadas estas segundo as regras do enriquecimento sem causa — n.º 3 do art. 15.º.

3. Não estando em causa direitos de terceiro, a declaração de resolução do contrato de arrendamento destrói retroactivamente os efeitos do contrato desde o início da inexecução contratual integradora da causa resolutiva — Ac. da Relação de Évora de 3/12/1987, *Bol.* 372, 79.

4. O adquirente do prédio arrendado assume, em relação ao contrato de arrendamento, uma posição concreta idêntica àquela em que se encontrava o alienante, nomeadamente quanto aos factos que podem fundamentar a resolução do contrato. — Ac. da Relação de Coimbra de 16/1/1990, *Bol.* 393, 668.

5. O adquirente do imóvel sucede também no direito de resolução do arrendamento que assistia ao anterior senhorio por violações contratuais ocorridas antes da aquisição do imóvel locado. — Ac. da Relação de Coimbra de 2/11/1994, *Bol.* 441, 403.

6. I — Verifica-se revogação real do arrendamento quando, em consequência de acordo entre senhorio e arrendatário para pôr fim ao mesmo, o arrendatário desocupa o prédio.
II — O pedido de resolução do arrendamento, formulado depois da revogação real do contrato, tem de improceder, mas não o pedido do pagamento das rendas vencidas até ao momento da revogação — Ac. da Relação do Porto de 23/5/1989, *Col. Jur.* XIV, 3, 204; ver, também, o Ac. da Relação de Évora de 17/9/1992, *Col. Jur.* XVII, 4, 302.

7. No contrato de arrendamento, que é de execução continuada ou periódica, a resolução decretada pela sentença tem um efeito retroactivo mitigado, operando a partir do momento em que ingressa na esfera jurídica do senhorio o direito potestativo de resolução, ou seja, a partir do momento em que ocorreram os factos que a fundamentam — Ac. da Relação do Porto de 10/11/1988, *Bol.* 381, 746.

8. A declaração de resolução do contrato, fundada na lei ou em convenção, não se traduz em declaração negocial mas em simples acto jurídico e não está sujeita a forma especial, podendo ser feita verbalmente (art. 436.º n.º 1 do C.C.). — Ac. do STJ de 9/5/1995, *Col. Jur. STJ*, III, 2, 66.

9. Alínea *a)*:
— Sobre o pagamento da renda ver notas ao art. 7.º; sobre a consignação em depósito ver notas ao art. 12.º.

— A resolução do contrato por falta de pagamento de renda, no caso de arrendamento rural, porque há um «número clausus» de causas de resolução, só pode ser obtida pelo senhorio, no caso de não cumprimento e uma vez verificada uma dessas causas, não mediante declaração unilateral à outra parte, como é regra face ao direito comum (art. 436.º do C.C.), mas através de decisão judicial (art. 1047.º do C.C.). Pelo que a resolução é efeito da própria sentença de despejo, como sentença constitutiva. — Ac. da Relação de Évora de 13/11/1980, Col. Jur. V, 15, 79.

— A resolução do contrato não obsta a que o inquilino tenha de pagar ao senhorio as rendas atrasadas com juros de mora — art. 12.º, n.º 1.

Mas o direito à resolução só surge se o inquilino, após a data do vencimento, persistir 90 dias em mora.

Durante este prazo pode pagar a renda sem juros de mora.

10. Alínea *b)*:
— A *produtividade da terra* é a relação entre a produção obtida e a área cultivada, existindo, naturalmente, uma produtividade relativa a cada cultura.

Como a produção é condicionada por diversos factores é possível distinguir a produtividade relativamente a cada factor de produção analisado — trabalho, quantidade ou tipo de adubo aplicado, número ou tipo de tratamentos fitossanitários aplicados, etc.

A produtividade pode dizer respeito, também, às unidades de transformação de produtos agrícolas — lagares de vinho e de azeite, queijarias, etc.

A relação entre a produção e a quantidade de determinado factor utilizado para obter essa produção mede a produtividade do factor utilizado.

No caso de benfeitorias que abarquem, para além de construções e equipamento agro-industrial, melhoramentos fundiários (isto é, trabalhos de efeitos permanentes ou duradouros efectuados com a finalidade de aumentar a fertilidade do solo ou de melhorar as condições de cultivo — construção de muros de suporte de terras, redes de drenagem e enxugo, canais de rega, arroteio de florestas, etc.) o prejuízo para a produtividade pode dizer respeito a utilização de equipamento, degradação de plantações existentes, deterioração de canais de rega, etc.

A *substância do prédio* refere-se à condição material da parcela agrícola — terra, construções, plantações e melhoramentos fundiários.

Por *função económica e social do prédio* entende-se o seu contributo para o rendimento global do sector agrícola e para a economia do país.

11. Alínea *c)*:
— *Culturas depauperantes* são processos de cultura susceptíveis de provocar o depauperamento da potencialidade produtiva dos solos, todos os sistemas de culturas ou técnicas que provoquem, sob o ponto de vista físico, químico ou biológico, modificações desfavoráveis nos solos.

A monocultura (repetição sucessiva de uma dada cultura numa mesma parcela de terreno), conduz necessariamente à diminuição da fertilidade do solo, em particular se não for acompanhada de adequados esquemas de fertilização. É o caso da monocultura cerealífera.

A rotação de culturas, sistema cultural que se opõe à monocultura, poderá também provocar o depauperamento dos solos, se a escolha das culturas que se deverão suceder no terreno não for feita correctamente, isto é, se se não garantir que no final da rotação as condições do solo não são significativamente afectadas, no que toca às disponibilidades em elementos nutritivos, textura, disponibilidades hídricas, presença de plantas infestantes, etc. Exemplo de uma boa rotação: milho — trigo — pastagens.

É usual, sob este ponto de vista, classificar as culturas como melhoradoras, indiferentes ou esgotantes.

Esta classificação é, naturalmente, imprecisa, porque uma cultura pode ser, por exemplo, melhoradora ou indiferente conforme as outras culturas a que está ligada na rotação.

O milho, a beterraba, a batata, etc., exigindo ou estando associadas normalmente a práticas culturais benéficas para o terreno, como sejam, mobilizações do solo, adubações, mondas, etc., são culturas melhoradoras.

Culturas indiferentes são as que não beneficiam nem prejudicam a terra.

Culturas esgotantes são as que provocam o empobrecimento do solo. Cite-se o caso das plantas que consomem grandes quantidades de elementos nutritivos ou não provocam a realização de práticas melhoradoras — é o caso dos cereais, por exemplo.

Relativamente às *técnicas culturais* associadas à exploração da terra, a utilização incorrecta de adubos, correctivos ou produtos fitofarmacêuticos, a rega com água de má qualidade ou de tipo desaconselhados para as condições topográficas ou texturais do solo e a instalação de culturas em terrenos e em condições onde podem ocasionar o aumento ou pelo menos não limitar a erosão, são técnicas susceptíveis de provocar o depauperamento das culturas.

Exemplos:

Adubação com adubos acidificantes em terrenos ácidos: sulfato de amónio, sulfonitrato de amónio, ureia, amoníaco, etc.;

Aplicação de correctivos alcalinizantes (calagem) em solos alcalíneos;

Utilização em doses exageradas ou continuadas do mesmo herbicida, insecticida ou fungicida, que pode originar uma acumulação de elementos tóxicos para as plantas, como é o caso do mercúrio;

Rega com águas muito ricas em cloretos, por exemplo, com águas obtidas a partir de origens com infiltrações de águas do mar;

Instalação de culturas que não cubram bem o terreno em solos declivosos sem prevenir a ocorrência de fenómenos de erosão, mediante a instalação da cultura em linhas de nível e valas de protecção;

Realização de pousios em condições que favoreçam a invasão de infestantes, levando ao empobrecimento em elementos nutritivos, transmissão de pragas, doenças, etc.

— I — Quando a lei fala da utilização de processos de cultura depauperantes como fundamento de resolução do contrato, não se refere propriamente ao tipo de cultura, mas à técnica usada.

II — Quando a lei se refere a não cuidar devidamente da exploração, também como fundamento de resolução, tem em vista um comportamento contrário, de desleixo, de falta de cuidado na exploração. — Ac. da Relação do Porto de 15/10/1979, *Col. Jur.* IV, 1285.

12. Alínea *d)*:
— Ver notas aos arts. 1.º, 15.º e 16.º.

— O arrendatário que deixou de agricultar uma parte do terreno rústico integrado no arrendado e não tratou convenientemente o solo e as árvores de fruto, deixando que a parte não cultivada se enchesse de vegetação infestante, que árvores de fruto ficassem destruídas e outras em vias de destruição, dá causa à resolução do contrato por deteriorações consideráveis, aqui ocorridas por omissão.

A lei não distingue entre acção e omissão, para efeitos de resolução do contrato com tal fundamento. — Ac. da Relação do Porto de 28/4/1987, *Bol.* 366, 565.

— No arrendamento rural podem ser compreendidos outros bens, além da terra, como os celeiros, as adegas, os estábulos, os alambiques, os silos, máquinas, aparelhos, alfaias. E podem, além disso, permanecer no prédio bens que não constituam objecto do contrato (posto de venda de combustíveis, aviário, estação emissora de rádio, etc.). Quanto aos primeiros, a simples negligência na sua conservação pode bastar para a resolução do contrato; relativamente aos segundos, só a produção de danos graves, por facto imputável ao arrendatário, poderá justificar a resolução do arrendamento. Este era já o critério consagrado no art. 1075.º do CC. - Profs. Pires de Lima e Antunes Varela, *C.C. Anotado*, II, 4.ª ed., 454.

— I — São obras de conservação ordinária as que se destinam, em geral, a manter o prédio em bom estado de preservação e nas condições requeridas para o fim do contrato e existentes à data da sua celebração. II — Só no domínio do arrendamento para habitação é que se pode pôr em dúvida a validade da cláusula contratual que disponha no sentido de as obras serem suportadas pelo arrendatário. — Ac. do STJ de 20/3/2001, *Proc. 282/01, 1.ª Secção*, relatado pelo Conselheiro Aragão Seia.

13. Alínea *e)*:
— I — Com o arrendamento estabelece-se uma relação pessoal entre o senhorio e o arrendatário, por virtude da qual este se obriga a cultivar ele próprio, ou sob a sua direcção, as terras arrendadas.

II — Assim, justifica-se a resolução do contrato, quando esse dever é quebrado, como acontece no caso do arrendatário dar a coisa arrendada em comodato.

III — Deve entender-se que há comodato, quando o arrendatário cede um terreno a outrem, para o explorar directamente sob a sua direcção e responsabilidade e lho restituir no termo da exploração para que foi cedido. — Ac. da Relação do Porto de 20/12/1979, *Col. Jur.* IV, 1513.

— Não existe cessão da posição contratual do arrendatário, e portanto não é necessário o consentimento do senhorio, quando a sociedade arrendatária se transformou noutra. — Ac. da Relação de Évora de 15/1/1981, *Col. Jur.* VI, 1, 102; ver Conselheiro Aragão Seia, *Arrendamento Urbano*, 6.ª ed., anotações ao artigo 115.º.

— O direito ao arrendamento é, em princípio, impenhorável (sem o que facilmente veria o senhorio outra pessoa substituir-se ao inquilino), mas deixa de o ser nos casos em que a cedência não depende de autorização do senhorio — Ac. da Relação de Coimbra de 8/10/1991, *Bol.* 410, 891.

— I — São fundamentos de resolução do contrato os taxativamente estabelecidos na al. *e)* do art. 21.º, com referência ao art. 13.º, não se integrando a celebração de um contrato de parceria agrícola por parte do arrendatário em qualquer das situações ali previstas.

II — Efectivamente, o contrato de parceria agrícola, não rompendo com a relação pessoal existente entre o locador e o locatário rurais, não se integra na figura de subarrendamento — Ac. da Relação de Évora de 13/1/1994, *Bol.* 433, 639.

— Demonstrada a existência do contrato de comodato sem prazo estipulado para a restituição da coisa, a entrega desta ocorre quando solicitada, já que podia ocorrer a todo o tempo. — Ac. do STJ de 5/3/1996, *Col. Jur. STJ*, IV, 1, 136.

— Ver art. 13.º e notas.

14. Alínea *f)*:

— Definições constantes do art. 3.º da Lei n.º 109/88, de 26 de Setembro (Lei de Bases da Reforma Agrária), revogada pela Lei bases do desenvolvimento agrário (Lei n.º 86/95, de 1 de Setembro) — ver anotações ao art. 39.º.

Níveis mínimos de aproveitamento (NMA) — o grau de intensificação cultural ou ocupação cultural abaixo do qual se considera a área em estado de subaproveitamento;

Solos abandonados — os que, sendo susceptíveis de utilização agrária, se encontrem há, pelo menos, três anos inexplorados sem motivo justificado;

Solos subaproveitados — os solos que estejam a ser explorados abaixo das suas potencialidades, não atingindo os NMA;

Solos em mau uso — os que estejam submetidos a utilização ou práticas culturais não aconselháveis, degradantes ou depauperantes do solo, com consequente perda de produtividade, ou os que sejam submetidos a culturas arbóreo-arbustivas ou povoamentos florestais, com claro desrespeito pelas normas estabelecidas na condução dos montados e povoamentos.

— Alegado e provado pelo autor que o réu não cultivou certos prédios rústicos e lavrou a desatempo outros, uma vez que este não alegou nem provou, como lhe competia, a existência de razões impeditivas da normal exploração, há que concluir que violou por incúria o dever de tratar devidamente da respectiva exploração, o que é causa de resolução do contrato. — Ac. da Relação do Porto de 3/5/1979, *Col. Jur.* IV, 938.

— São causa de resolução do arrendamento rural a simples negligência na conservação dos bens objecto do contrato ou a negligência do arrendatário, quer na utilização do prédio, abandonando total ou parcialmente o seu cultivo ou lançando mão de culturas imprudentes, quer na produtividade, não alcançando culposamente os níveis mínimos de rendimento. — Ac. da Relação de Évora de 17/2/1983, *Bol.* 326, 541.

— Se o arrendatário colocou uma fábrica de confecções em parte do terreno que lhe havia sido arrendado para uma exploração de carácter pecuário, como que destruiu o próprio arrendamento rural, não cuidando devidamente da exploração do prédio arrendado quanto à sua utilização.

— No arrendamento rural (locação de prédios rústicos para fins de exploração agrícola ou pecuária, nas condições de uma *regular utilização*: art. 1º do Dec.-Lei n.º 385/88), o arrendatário não tem apenas, quando da locação para fins de exploração agrícola se trate, a *faculdade* de cultivar, mas o verdadeiro

Arrendamento Rural　　　　　　　　　　　　　　　　　　　　ART. 21.º

dever de amanhar a terra. É a solução que o simples bom senso e o sentido das realidades sociais imporia na interpretação e na integração da generalidade dos contratos de arrendamento rural, mas é principalmente a conclusão de que o interprete não pode deixar de tirar do facto de, entre as cláusulas de resolução do contrato, o art. 21.º ter incluído na al. *f)* o facto de o arrendatário «não atingir os níveis mínimos de utilização do solo estabelecidos na legislação em vigor ou não observar injustificadamente o que for determinado nos planos a que se referem os arts. 6.º e 14.º. — Prof. Antunes Varela. *Rev. Leg. Jur.* 123, 247 nota 1.

— Ac. da Relação de Évora de 29/9/1994, *Bol.* 439, 670: Dizer que o autor se abastece de produtos agrícolas retirados de um terreno que se encontra todo ele coberto de escalracho e outras ervas daninhas, e em que a vinha e as árvores de fruto nele existentes não têm qualquer tratamento há mais de 5 anos, é ousadia que invade a esfera de litigância de má fé (art. 456.º n.º 2 do C.P.C.).

— Ver notas às als. *b)* e *c)*.

15. O senhorio pode cumular o pedido de resolução do contrato com o de condenação do arrendatário no pagamento das rendas já vencidas e vincendas, em conformidade com o disposto no art. 35.º n.º 2 deste Dec.-Lei e no art. 472.º n.º 1 do C.P.C.

16. Anteriormente entendia-se que o disposto no art. 1094.º do C.C. era inaplicável ao arrendamento rural, não só por não haver preceito expresso como também por o n.º 1 do art. 1083.º do C.C. afastar do seu âmbito os prédios compreendidos no art. 1064.º do C.C. — hoje revogado pela presente Lei — ou seja, os prédios para fins agrícolas, pecuários ou florestais. — Cfr. neste sentido o Ac. da Relação do Porto de 30/4/1981, *Col. Jur.* VI, 2, 130 e de 10/5/1990, *Bol.* 397, 560 e *Rev. Leg. Jur.* 125, 258. Ver, ao que parece em sentido contrário, o Ac. da Relação de Évora de 17/4/1979, *Col. Jur.* IV, 410.

Hoje deverá continuar a entender-se do mesmo modo, por o art. 65.º do RAU não ser aplicável ao caso, visto não se estar perante uma lacuna da lei.

Na verdade, como escreveu o Prof. Baptista Machado, *Introdução ao Direito e ao Discurso Legitimador,* 195 e segs.:

Para facilitar uma apreensão estrutural do problema, vamos supor a ordem jurídica constituída por três camadas: a camada das normas, a camada das *rationes legis,* ou seja, da teleologia imanente às normas de Direito positivo, e a camada dos princípios e valores jurídicos gerais (*rationes iuris*).

Ao primeiro e segundo níveis faremos corresponder as chamadas «lacunas da lei» (ou «lacunas de regulamentação», como as designam os autores germânicos) e ao terceiro nível as chamadas «lacunas do direito».

As «lacunas da lei», por seu turno, tanto podem referir-se ao primeiro nível como ao segundo. Sim, no plano das próprias normas podem verificar-se lacunas quando uma norma legal não pode ser aplicada sem que acresça uma nova determinação que a lei não contém. Assim poderá suceder, p. ex., se a lei manda constituir um órgão por eleição mas não diz quem elege ou qual é o processo eleitoral; ou se manda adoptar certos procedimentos deixando por regular um dos seus trâmites; ou se estabelece uma norma que é uma *lex perfecta* mas se esquece de fixar a respectiva sanção; ou se diz que haverá um prazo certo para a prática de certo acto mas se esquece de determinar ou indicar a forma de determinar tal prazo. Zittelmann reservou para este género de lacunas a designação de lacunas «próprias». Podemos designá-las por «lacunas ao nível das normas».

(...) Próximas desta categoria estão as lacunas resultantes de contradições normativas. Já sabemos que tais contradições só podem propriamente verificar-se entre normas da mesma hierarquia que entrem em vigor na mesma data.

(...) Por último vêm as lacunas de terceiro nível ou «lacunas do Direito». O Direito positivo não se esgota nos seus comandos e valorações avulsos, informadores das *rationes legis* e da teleologia das diferentes normas. Não, sob a *ratio legis* e acima da *ratio legis* está a *ratio iuris*.

Quer isto dizer que toda a ordem jurídica assenta num transfundo de princípios ordenadores ou decisões fundamentantes e se legitima pela referência (expressa ou implícita) a valores jurídicos fundamentais que lhe conferem a unidade e coerência de um «sistema intrínseco» do qual são eliciáveis critérios orientadores que tornam possível a adaptação do ordenamento a novos problemas e situações.

O Prof. Pereira Coelho, em *Breves Notas ao Regime do Arrendamento Urbano, Rev. Leg. Jur.* 125, 259, aponta que é óbvio que o arrendamento rural, a empresário agrícola ou a agricultor autónomo, assim como o arrendamento florestal, estão fora da nova disciplina do RAU e continuam a reger-se pela mesma legislação por que se regiam.

ARTIGO 22.º
Caducidade do contrato

1 — O arrendamento não caduca por morte do senhorio nem pela transmissão do prédio.

2 — Quando cesse o direito ou findem os poderes de administração com base nos quais o contrato for celebrado, observar-se-á o disposto no n.º 2 do artigo 1051.º do Código Civil.

NOTAS

1. Caducidade é a extinção automática do contrato como mera consequência de algum evento a que a lei atribui esse efeito. — Ac. do S.T.J. de 2/7/1987, *Bol.* 369, 523; ver Conselheiro Arão Seia, *Arrendamento Urbano*, 6.ª ed., anotações ao artigo 66.º.

2. Quer a transmissão do prédio seja inter vivos quer seja mortis causa a relação contratual de arrendamento rural não caduca.

Em ambos os casos há a transmissão do vínculo contratual, sucedendo na qualidade de senhorio o adquirente a título universal ou a título singular.

Há, porém, diferença, consoante se dá uma ou outra translação do vínculo contratual e embora o novo senhorio se torne titular dos direitos e obrigações decorrentes do contrato.

Na sucessão a título universal o novo senhorio mantém a mesma posição que anteriormente era ocupada na relação jurídica pelo transmitente, sucedendo-lhe nos direitos e obrigações; tudo continua como se a pessoa do senhorio fosse a mesma.

Na sucessão a título singular o novo senhorio sucede apenas nos direitos que lhe são transmitidos.

Assim, se não houve cessão do direito às rendas vencidas — crédito e débito entre senhorio e arrendatário — e não pagas, o novo senhorio não tem legitimidade para propor acção de despejo com fundamento na falta do seu pagamento.

O senhorio só tem direito a fruir — art. 1305.º do C.C. — os frutos materiais ou civis do seu prédio — art. 212.º do C.C. — a partir da data em que se torna proprietário — art. 213.º do C.C. — ver neste sentido o Ac. da Relação de Lisboa de 27/3/1962, *J.R.*, 14, 273, *Rev. dos Trib.*, 87, 238 e Profs. Pires de Lima e Antunes Varela, *C. C. Anotado*, II, 4.ª ed., 455.

É evidente que o ex-senhorio, depois da transmissão do prédio, deixa de ter direito à resolução do contrato com fundamento na falta de pagamento das rendas, já que passa a ser um mero titular de um direito de crédito às rendas vencidas e não pagas.

3. E se o arrendatário subarrendar o prédio com autorização escrita — art. 13.º — do primitivo senhorio, mas só após este ter transmitido o prédio?

Neste caso tem de se entender que a autorização continua válida, tal como se ela figurasse no contrato inicial de arrendamento, pois, não é mais do que uma cláusula posterior válida que o altera — cfr. arts. 221.º e 406.º do C.C.

4. O n.º 2 do art. 1051.º do C.C. foi revogado pelo art. 5.º do Dec.-Lei n.º 321-B/90, de 15 de Outubro, e no art. 4.º deste diploma estabelece-se que as remissões feitas para os preceitos revogados se consideram efectuadas para as correspondentes normas do RAU. Mas o RAU não comporta regulamentação jurídica do arrendamento rural.

Face as estas disposições coloca-se a questão que urge resolver, consubstanciada nas seguintes interrogações:

1 — A remissão continua em vigor?
2 — O arrendatário tem direito a novo arrendamento nos termos do RAU?
3 — Existe uma lacuna legislativa a preencher?
4 — O contrato caduca?

A revogação tem de se entendida com efeitos restritivos ao arrendamento urbano que, pela nova legislação, passou a ter um regime substitutivo previsto nos arts. 66.º n.º 2 e 90.º e segs. do RAU, passando o contrato a ter duração limitada e sendo o primeiro arrendamento sujeito ao regime de renda condicionada. Por este motivo a revogação do n.º 2 do art. 1051.º era necessária, sob pena de se criar uma situação de colisão normativa.

Contudo, o direito a novo arrendamento nos termos do RAU não pode ter aplicação ao arrendamento rural, por no espírito deste instituto não se conceber um contrato de duração limitada, com renda condicionada.

A remissão para o n.º 2 do art. 1051.º deve ser entendida como uma remissão material, que provocou a sua apropriação ou incorporação no n.º 2 do art. 22.º, continuando, por isso, a vigorar o preceito. Será um caso de supervivência ou de sobrevigência da lei remetida, para o estrito efeito de integrar as normas de reenvio da lei do arrendamento rural, que têm jurisdicidade e vigência próprias.

Não faria sentido que a revogação fosse extensiva ao arrendamento rural, porque se tal sucedesse criar-se-ia uma lacuna. Aliás, a unidade do sistema jurídico vale muito pouco no presente caso, quando se verifica que o RAU provém do Ministério do Equipamento, do Planeamento e da Administração do Território e o arrendamento rural do Ministério da Agricultura, do Desenvolvimento Rural e das Pescas. Por outro lado, não consta da Lei n.º 42/90, de 10 de Agosto (autorização legislativa sobre o regime jurídico do arrendamento urbano) que a Assembleia da República, nos termos do então vigente art. 168.º n.º 1 al. *h)*, da Constituição da República — hoje art. 165.º n.º 1 al. *h)* — tenha concedido autorização legislativa ao Governo para alterar o regime do arrendamento rural.

Porém, se se entender que o n.º 2 do art. 1051.º foi revogado em toda a sua amplitude então a verdade é que se criou uma lacuna involuntária no instituto do arrendamento rural que o interprete terá de preencher, dentro do espírito do sistema e da função do instituto a regular, que, por isso, não poderá contradizer o que estava consagrado no preceito revogado.

Neste caso, o conteúdo material do n.º 2 do art. 1051.º considera-se adequado para preencher a lacuna naqueles termos, porque não houve uma revogação global de normas mas de uma norma jurídica singular, mantendo-se o proteccionismo concedido ao arrendatário rural com a manutenção da vigência do contrato, desde que, no prazo de 180 dias após o conhecimento de que findaram os poderes legais de administração com base nos quais o contrato foi celebrado, comunique ao senhorio, por notificação judicial, que pretende manter a sua posição contratual.

Cremos ser o prazo de 180 dias o indicado, por ser irrazoável, inadequado e mesmo ilegal, ir buscar apenas um outro prazo, que é algo de instrumental, não tendo importância substantiva, ao art. 94.º do RAU, que regula outro instituto jurídico.

O que não pode ficar a existir é uma norma sem conteúdo preceptivo. Por isso, o contrato não caduca *ope legis*.

Que a remissão continua em vigor é também a opinião dos Profs. Pires de Lima e Antunes Varela, *C.C. Anotado*, II, 4.ª ed., 456.

Se cessou o direito ou findaram os poderes de administração com base nos quais o contrato foi celebrado — casos de arrendamentos celebrados por usufrutuário e por administrador de bens alheios — o arrendamento rural não caduca se o inquilino, no prazo de 180 dias após o seu conhecimento, comunicar ao senhorio, por notificação judicial, que pretende manter a sua posição contratual.

Tem de se entender como «conhecimento do facto determinante de caducidade» o conhecimento da morte do usufrutuário e o conhecimento do fim dos poderes legais da administração, pois, é a morte do usufrutuário o o fim destes poderes que determinam a caducidade do direito com base no qual o contrato foi celebrado.

Como este conhecimento pode não ser imediato, o direito de o arrendatário fazer a notificação judicial ao novo senhorio pode prolongar-se no tempo, ficando suspenso o início do prazo de caducidade até que aquele se efective.

É que só se pode ter conhecimento de que cessou um direito se se souber que ele existe.

Portanto, é a partir deste conhecimento que começa a correr o prazo de 180 dias para que o arrendatário comunique ao senhorio, por notificação judicial, que pretende manter a sua posição contratual. — Veja-se, neste sentido, o Ac. da Relação do Porto de 25/6/1987, *Col. Jur.* XII, 3, 215, de que foi relator o então Desembargador Aragão Seia.

A propósito deste assunto escreveu o Dr. Nuno de Salter Cid, *A Protecção da Casa de Morada da Família no Direito Português*, 220: Confusa ficou agora a situação no que respeita ao arrendamento rural, pois o legislador, ao revogar o n.º 2 do art. 1051.º (art. 5.º n.º 2, do Dec.-Lei n.º 321-B/90), ter-se-á esquecido da remissão feita para o mesmo pelo art. 22.º n.º 2 do RAR. Segundo o art. 4.º do Dec.-Lei nº 321-B/90 — que curiosamente, note-se, antecede a revogação de que falamos —, as remissões feitas para os preceitos revogados consideram-se efectuadas para as correspondentes normas do RAU, mas parece evidente a falta de sentido que teria a aplicabilidade ao arrendamento rural do disposto no art. 66.º n.º 2 do RAU. Assim, uma de duas: ou se considera que a remissão contida no citado art. 22.º n.º 2, ao contrário da regra, constitui uma *remissão material*, continuando, portanto, a ter a aplicação o esquema previsto pela norma revogada; ou se entende que a revogação do art. 1051.º n.º 2, implica inevitavelmente a caducidade do arrendamento rural quando cesse o direito ou findem os poderes de administração com base nos quais o contrato foi celebrado (por aplicação da regra geral ditada pela al. *c)* do art. 1051.º, agora sem n.º 2). Optamos claramente pela primeira solução, não só por nos parecer tratar-se de uma *remissão material* (a do citado art. 22.º n.º 2), como porque a autorização legislativa ao abrigo da qual foi emitido o RAU — Lei n.º 42/90, de 10 de Agosto - não contemplou a possibilidade de ser alterado o regime de arrendamento rural, alteração esta que a opção pela caducidade necessariamente envolve, caso se considere que a remissão é, na verdade, material.

E, acrescenta na nota 100, como ensinou Castro Mendes, «a remissão material é a remissão para certa norma, em atenção ao seu conteúdo» e a «remissão formal é a remissão para certa norma, em atenção apenas a ser aquela que em certo momento regula na ordem jurídica determinado problema» (Cfr. Castro Mendes, *Introdução...* p. 58). Sobre as normas remissivas, cfr., ainda, Baptista Machado, *Introdução...* pp. 105 e segs..

5. Quando a lei se refere aos *poderes legais de administração com base nos quais o contrato foi celebrado* quer-se referir àqueles que *em geral* a lei confere em determinada situação e são esses os poderes, *não subjectivados*, com base nos quais se celebra o contrato. É pois a administração e não o administrador que se tem em consideração no aludido preceito da lei. Quer dizer, o regime de caducidade opera não a partir da cessação dos poderes daquele que, em concreto, no uso desses poderes, deu o prédio de arrendamento, mas quando cessa, em geral, o regime de administração a que o prédio está sujeito e com base no qual se atribuíram esses poderes. — Ver os Acs. da Relação do Porto de 21/7/1983, *Col. Jur.* VIII, 4, 233 e da Relação de Lisboa de 6/10/1987, *Col. Jur.* XII, 4, 141.

6. Não se pode falar em caducidade se o contrato for celebrado pelo usufrutuário e a propriedade se consolidar na sua mão; se o usufrutuário alienar o seu direito ou renunciar a ele, já que, nestes casos, o contrato só caduca pelo termo normal do usufruto; e se foi celebrado pelo cônjuge administrador cuja administração cessou, pois, hoje, nos termos do art. 1678.º do C.C., cada um dos cônjuges tem a administração dos seus bens próprios e participa na administração conjunta dos bens comuns — cfr. art. 1052.º do C.C.

7. A caducidade do arrendamento por morte do usufrutuário-locador é regida pela lei vigente à data da morte deste — Ac. da Relação de Lisboa de 30/1/1992, *Col. Jur.* XVII, 1, 150.

8. Opina o Prof. Pereira Coelho, *Arrendamento*, 1988, 370, que a única referência à caducidade é a do art. 25.º, mas isso não exclui, bem entendido, que o arrendamento rural caduque por aplicação das regras gerais da locação (art. 1051.º do C.C.), até onde a aplicação dessas regras não seja afastada pelas especialidades próprias desta modalidade de arrendamento. O que acontece é que as causas de caducidade previstas nas als. *a)* a *e)* do n.º 1 do art. 1051.º do C.C. não se aplicam ou têm escassa aplicação prática ao arrendamento rural, compreendendo-se, por isso, que só a causa da al. *f)* tenha tradução expressa no art. 25.º.

Assim, a causa de caducidade da al. *a)* só poderá aplicar-se nos casos excepcionais dos arts. 6.º e 29.º. Em regra o decurso do prazo não faz *caducar* o arrendamento, apenas permitindo a qualquer das partes denunciá-lo.

A causa da al. *b)* do n.º 1 do art. 1051.º do C.C. não tem aplicação ao arrendamento rural [(art. 4.º, al. *f)*] e a da al. *c)* está expressamente prevista no art. 22.º n.º 2. Relativamente à morte do locatário al. *d)* o art. 23.º consagra regime especial. Finalmente, as hipóteses em que a causa de caducidade da al. *e)* se aplique ao arrendamento rural são muito raras na prática.

Só a caducidade por expropriação está prevista no art. 25.º.

9. Determina o art. 1051.º Cód. Civil, na al. *e)* do seu n.º 1, aplicável à generalidade dos contratos de arrendamento, que tal contrato caduca pela perda da coisa locada.

Mas só a perda total do objecto do contrato pode conduzir àquele resultado, extinguindo se então imediatamente a obrigação do locador, nos termos gerais assinalados pelo art. 790.º, n.º 1 do C.C.

Quando a perda for parcial o locador exonera-se da obrigação mediante a prestação que lhe for possível (art. 793.º, n.º 1 do C.C.), podendo, nesse caso, o arrendatário obter a redução da renda (art. 1040.º C.C.).

Portanto, a perda parcial do objecto do contrato de arrendamento não constitui, pelo menos em princípio, causa de caducidade. E só poderá constituir motivo de resolução se ao locatário interessar pôr termo ao contrato (art. 1050.º C.C.). O locador é que nunca poderá usar dessa faculdade. Este, apesar da perda parcial do objecto do contrato, continua adstrito à sua observância.

Referem os recorrentes que o contrato de arrendamento ficou reduzido à casa de habitação do arrendatário e a um terreno de cultivo e de horta adjacente àquela casa, sendo insusceptível de constituir o objecto de um novo contrato do tipo daquele que fora inicialmente celebrado.

A isso há, porém, que objectar que para efeitos de manutenção do contrato, o que interessa é apurar se apesar da perda parcial do objecto o locatário pode ainda gozar, pelo menos em parte, da coisa arrendada para o fim a que a mesma se destinara contratualmente.

Ora, no caso em apreço, averiguou-se que os réus não vivem na casa de habitação, englobada no objecto do contrato, e que hoje pertence aos autores, mas que estão a utilizá-la para armazém dos produtos agrícolas que retiram dos demais prédios que pertenciam à Quinta das Vendas e duma outra de que também são arrendatários, pelo que aquela casa, e a sua fruição pelos réus, continua a ser de interesse fundamental para eles, no que toca à exploração agrícola a que se dedicam.

Numa palavra, os réus continuam, apesar da perda parcial do objecto do arrendamento, a gozar da casa, cuja restituição é pretendida pelos autores. Portanto, eles mantêm interesse na subsistência do arrendamento, embora reduzido no objecto inicial.

O critério da qualificação da perda do objecto do contrato, como total ou parcial, não é, como aliás já referiram as instâncias, nem físico nem naturalístico, antes dependendo do fim a que a coisa locada se destinava.

Ora, a coisa que restou do primitivo contrato foi, tão só, a casa e respectivos anexos (cortes, lojas e alpendre) e ainda um terreno adjacente de horta e cultivo, de pequena extensão, casa essa que tem funcionado como armazém de produtos agrícolas que os réus colhem dos prédios que exploram, pelo que essa casa, atento o fim a que vem sendo destinada, é — lhes indispensável ou, por outras palavras, interessa-lhes o gozo da mesma, sendo, como tal, inviável a pretensão dos ora recorrentes e, consequentemente, irrelevante, para efeito de caducidade, a perda parcial do objecto do contrato de arrendamento.

Face ao que ficou dito é, de todo, indiferente para a solução da questão o regime apontado pelos recorrentes e aplicável à hipótese de expropriação parcial por utilidade pública de prédios arrendados, a que alude o n.º 4 do art. 25.º do Dec.-Lei n.º 385/88.

Com efeito, as situações são diversas, pelo que não têm que merecer o mesmo tratamento jurídico: — num caso, o dos autos, trata-se de caducidade do arrendamento, enquanto no prevenido pelo aludido normativo a situação é de resolução contratual. São institutos diferentes, com pressupostos diversificados e com efeitos também distintos. — Ac. do STJ de 5/11/1998, *Col. Jur. STJ*, VI, 3, 89.

ARTIGO 23.º
Transmissão por morte do arrendatário

1 — O arrendamento rural não caduca por morte do arrendatário, transmitindo-se ao cônjuge sobrevivo, desde que não divorciado ou separado judicialmente ou de facto, àquele que no momento da sua morte vivia com ele há mais de cinco anos em condições análogas às dos cônjuges e a parentes ou afins, na linha recta, que com o mesmo viviam habitualmente em comunhão de mesa e habitação ou em economia comum há mais de um ano consecutivo.

2 — A transmissão a que se refere o número anterior defere-se pela ordem seguinte:

a) Ao cônjuge sobrevivo;

b) Aos parentes ou afins da linha recta, preferindo os primeiros aos segundos, os descendentes aos ascendentes e os de grau mais próximo aos de grau mais remoto;

c) À pessoa que vivia com o arrendatário há mais de cinco anos em condições análogas às dos cônjuges.

3 — A transmissão a favor dos parentes ou afins do primitivo arrendatário, segundo a ordem constante do número anterior, também se verifica por morte do cônjuge sobrevivo quando, nos termos deste artigo, lhe tenha sido transmitido o direito ao arrendamento.

4 — Pode haver duas transmissões *mortis causa* nos termos do número anterior ou apenas uma quando a primeira transmissão se operar a favor das pessoas referidas nas alíneas *b)* e *c)* do n.º 2.

NOTAS

1. Restabeleceu-se a justiça no regime de transmissão do arrendamento (que havia insolitamente desaparecido em 1979) — ver *D. da Assembleia da República*, I Série, de 8/4/88, pág. 2616.

2. O preceito em anotação correspondia, aproximadamente, ao art. 85.º do RAU antes de este ter sido alterado pela Lei n.º 7/2001, de 11 de Maio.

As alterações introduzidas no RAU não se aplicam no arrendamento rural, visto não se estar perante uma lacuna da lei. Ver anotações ao artigo 21.º.

3. Não exige a lei, em relação aos cônjuges, qualquer período mínimo de convivência para que se opere a transmissão do direito ao arrendamento. Quer isto dizer, que nos próprios casamentos in *articulo mortis,* o cônjuge do arrendatário goza desse direito de transmissão. Repugna tornar dependentes quaisquer direitos conjugais do *decurso do tempo*, como se este pudesse imprimir à união uma relevância e uma eficácia novas — cfr. Prof. Pires de Lima e Antunes Varela, *C.C. Anotado*, II, 4.ª ed., 654.

4. A transmissão por morte, da posição jurídica de arrendatário, só se dá relativamente ao primeiro arrendatário.

A transmissão por morte do cônjuge sobrevivo, a favor dos parentes ou afins do arrendatário, quando lhe tenha sido transmitido o arrendamento, é consequência da transmissão por morte da posição jurídica do primitivo arrendatário.

Note-se que é para os parentes ou afins deste que se transmite o arrendamento e não para os do cônjuge que lhe sobrevive.

A transmissão do arrendamento só se opera em um grau, excepto se a primeira transmissão for para o cônjuge sobrevivo.

Se o cônjuge sobrevivo celebrou novo casamento o arrendamento não se transmitirá ao seu cônjuge.

5. Salienta o Prof. Pereira Coelho, *Arrendamento*, 1988: A exigência de que se trate do *primitivo* arrendatário, ou seja, daquele que outorgou o contrato de arrendamento, não está expressamente formulada no art. 23.º n.º 1. Não só, porém, tal exigência resulta claramente do n.º 3 do preceito, como o próprio n.º 4 mostra que a transmissão do direito ao arrendamento só se admite em princípio *em um grau*, apenas sendo permitida *em dois graus* na hipótese prevista no número anterior, em que o direito ao arrendamento se transmite ao cônjuge do arrendatário e, por morte deste, se transmite de novo aos parentes ou afins na linha recta do primitivo arrendatário segundo a ordem constante do n.º 2 al. *b)* — nota 1, 356.

Note-se que o art. 23.º n.º 1 não prevê expressamente, como o art. 1111.º, n.º 1 do C.C. (actualmente em parte o n.º 1 do art. 85.º do RAU), a possibilidade de o direito ao arrendamento se transmitir aos parentes ou afins na linha recta *com menos de um ano*, mas cremos que a solução deve ser a mesma nas duas modalidades de arrendamento. O art. 23.º é tecnicamente tão deficiente que não pode asseverar-se que as alterações que introduziu no art. 1111.º do C.C., no qual visivelmente se inspirou, traduzam deliberadas opções de fundo (a *presunção* a que se refere o art. 9 n.º 3, 2.ª parte do C.C. será aqui menos consistente). Por outro lado e independentemente desta consideração, seria manifestamente injusto excluir a transmissão do direito ao arrendamento aos parentes ou afins *com menos de um ano de idade* a pretexto de que eles ainda não viviam *há um ano* com o falecido arrendatário. A lei terá querido evitar que parentes ou afins do arrendatário viessem viver com ele *pouco antes do falecimento* a fim de lhe sucederem no direito ao arrendamento, e exigiu, por isso, um requisito de convivência *durante um ano*; mas esta exigência não pode fazer-se, razoavelmente, em relação aos parentes ou afins *com menos de um ano de idade* (ainda que, logicamente e segundo nos quer parecer, a lei devesse ter exigido, relativamente aos parentes ou afins *com menos de um ano*, que estes tivessem vivido com o falecido arrendatário *desde a data do nascimento*) — nota 2, 357.

É de notar que o art. 23.º n.º 1, também não exige, como o art. 1111.º n.º 2 do C.C. (em parte actual n.º 2 do art. 85.º do RAU), que o falecido arrendatário fosse *não casado ou separado judicialmente de pessoas e bens*. Cremos, porém, que uma tal exigência deve fazer-se igualmente no âmbito do arrendamento rural. Além de ser aqui cabida, de novo, a observação relativa à deficiência técnica do art. 23.º, a protecção à união e facto *adulterina* não se harmonizaria com o princípio geral que parece poder extrair-se das poucas normas em que a legislação civil concede uma protecção específica à união de facto (arts. 1111.º n.º 2 e 2020.º do C.C.) — nota 1, 358.

Ver, a propósito do que sucede no RAU, Conselheiro Aragão Seia, *Arrendamento Urbano*, 6.ª ed., 553, anotações ao artigo 85.º.

6. Para se operar a transmissão para parentes ou afins, na linha recta, é necessário que estes vivessem habitualmente com o arrendatário em comunhão de mesa e habitação ou em economia comum há mais de um ano consecutivo.

Essa convivência tanto podia ser no prédio arrendado, caso ele aí habitasse, como em qualquer outro local onde residisse.

7. Têm preferência os parentes e afins em linha recta segundo a ordem estabelecida na al. *b)* do n.º 2.

Se os parentes ou os afins forem vários, com a mesma preferência, têm todos o direito ao arrendamento, embora entre eles possam escolher um ou mais de um sucessor da posição contratual, visto que, nos termos do n.º 1 do art. 24.º, é admissível o direito de renunciar à transmissão da posição de arrendatário.

8. I — Não estando reconhecida através de acção apropriada, nos termos do art. 23 n.º 1, do Dec.-Lei n.º 385/88, de 25 de Outubro, a transmissão aos sucessores do direito ao arrendamento rural de arrendatário falecido, aqueles não têm legitimidade para impugnar em recurso contencioso o despacho que ordenou o arquivamento do processo administrativo em que pediam a declaração do restabelecimento daquele arrendamento, após derrogação da portaria de expropriação, por concessão de reserva ao proprietário.

II — O decaimento dos recorrentes na acção própria afasta toda a possibilidade de retirarem algum efeito útil do recurso contra o acto administrativo que arquivou o processo em que pediam o restabelecimento daquele arrendamento — Ac. do STA de 21/5/1996, *Bol.* 457, 423.

9. Segundo a doutrina e a jurisprudência correntes o regime de caducidade do arrendamento será o vigente à data do facto que a determinou, ou seja, no caso presente, a morte do arrendatário, isto por aplicação do art. 12.º, n.º 2, do C.C. — Ac. do S.T.J. de 17/6/1975, *Bol.* 248, 431, Ac. da Relação de Évora de 1/7/1982, *Col. Jur.* VII, 4, 271, e da Relação de Coimbra de 1/10/1991, *Bol.* 410, 887.

10. I - A Lei n.º 76/79 teve o claro objectivo de excluir a transmissão do direito de arrendamento rural por óbito do primitivo arrendatário.

II — O Dec.-Lei n.º 385/88, ao reintroduzir aquele direito de transmissão, tem carácter inovador e, por isso, é insusceptível de aplicação retroactiva.

III — O levantamento do depósito da renda, após a caducidade do contrato por morte do arrendatário rural, conhecida do senhorio, não traduz renovação ou revalidação do contrato, tendo antes a ver com a obrigação do pagamento do equivalente da renda, a título de indemnização, enquanto a coisa locada não é restituída.

III — Os efeitos contratuais queridos pelas partes não podem ser alterados pelo legislador, salvo declaração expressa deste em contrário. — Ac. do STJ de 10/11/1993, *Col. Jur. STJ.* I, 3, 109.

11. I — No arrendamento rural, desde que o regime matrimonial o consinta, a posição de arrendatário é comunicável ao cônjuge.

II — Vigorando o regime de comunhão geral de bens, falecido o cônjuge marido, o contrato subsiste quanto ao outro cônjuge nos anteriores termos. — Acs. da Relação do Porto de 27/4/1993, *Bol.* 426, 518, e de 18/6/1998, *Col. Jur.* XXIII, 3, 205.

12. I — Relativamente a contrato de arrendamento rural feito na vigência da Lei n.º 76/79, de 3 de Dezembro, a morte do rendeiro ocorrida antes da propositura da respectiva acção de despejo, determinava a caducidade daquele contrato, não sendo de aplicar àquela situação o disposto no art. 23.º do Dec.-Lei n.º 385/88, de 25 de Outubro.

II — Operando a caducidade por morte do rendeiro *ope legis*, o facto de se manterem no gozo da coisa, com o conhecimento e sem oposição dos proprietários, por 4 anos, os familiares do rendeiro, isto não implica a renovação do contrato de arrendamento, pois não se pode renovar o que já não existe — Ac. da Relação de Évora de 29/11/1990, *Col. Jur.* XV, 5, 255.

ARTIGO 24.º
Desistência do direito à transmissão

1 — Os titulares do direito à transmissão conferida nos termos do artigo anterior que não queiram exercer esse direito comunicarão a sua vontade, por escrito, ao senhorio, no prazo de 90 dias após a morte do arrendatário, ficando responsáveis pelos prejuízos que causarem se não o fizerem.

2 — Sob pena de caducidade, os titulares que queiram exercer aquele direito comunicarão a sua vontade, por escrito, ao senhorio, no prazo de 180 dias após a morte do arrendatário.

NOTAS

Neste preceito estabelecem-se, em alternativa, duas comunicações: uma negativa e outra positiva.

A primeira, para os titulares do direito à transmissão que não queiram exercer esse direito; a segunda, para os mesmos titulares que o queiram exercer.

A comunicação é sempre obrigatória, sendo sancionada a omissão da negativa com a reparação dos prejuízos causados e a da positiva com a caducidade do arrendamento.

A epígrafe do artigo está, pois, incorrecta, na medida em que apenas faz referência à comunicação negativa, à «desistência do direito à transmissão».

ARTIGO 25.º
Caducidade por expropriação

1 — A expropriação do prédio ou prédios arrendados por utilidade pública importa a caducidade do arrendamento.

2 — Se a expropriação for total, o arrendamento é considerado encargo autónomo para o efeito de o arrendatário ser indemnizado pelo expropriante.

3 — Na indemnização, além dos valores dos frutos pendentes ou das colheitas inutilizadas, atende-se ainda ao valor das benfeitorias a que o arrendatário tenha direito e aos demais prejuízos emergentes da cessação do arrendamento, calculados nos termos gerais de direito.

4 — Se a expropriação for parcial, o arrendatário, independentemente dos direitos facultados no número anterior em relação à parte expropriada, pode optar pela resolução do contrato ou pela redução proporcional da renda.

5 — Não se aplica, porém, o disposto no número anterior se a parte expropriada corresponder a mais do dobro da parte não expropriada, caso em que ocorre igualmente caducidade com a aplicação dos n.ºs 2 e 3 deste artigo.

NOTAS

1. Sobre o arrendamento como encargo autónomo na expropriação total vd. art. 30.º do Cód. de Expropriações, aprovado pela Lei n.º 168/99, de 18 de Setembro e alterado pela Lei n.º 13/2002, de 19 de Fevereiro.

2. O arrendamento rural, na expropriação total, é considerado encargo autónomo para o efeito de os arrendatários serem indemnizados pelo expropriante, não afectando a indemnização a pagar ao proprietário.

3. A ideia de considerar o arrendamento rural como encargo autónomo, para o efeito do arrendatário ser indemnizado à custa da entidade expropriante pelo prejuízo que lhe causa a caducidade do contrato, corresponde sem dúvida à orientação mais avisada.

Não se lesa o proprietário, que recebe a indemnização correspondente ao valor da propriedade plena do imóvel; não se prejudica o arrendatário, que recebe a indemnização adequada ao prejuízo sofrido; apenas se sobrecarrega o expropriante com uma indemnização suplementar, o que é justo, uma vez que recebe o prédio imediatamente livre do vínculo contratual que sobre ele recaia — ver, Profs. Pires de Lima e Antunes Varela, *C.C. Anotado*, II, 4.ª ed., 460.

4. O actual n.º 3, correspondente ao n.º 5 do art. 30.º do Cód. das Expropriações vigente, é mais amplo e mais favorável ao arrendatário do que o n.º 2 do art. 27.º da Lei n.º 76/77.

Com efeito, o arrendatário passa a ter direito, além do restante referido no preceito, «aos demais prejuízos emergentes da cessação do arrendamento, calculados nos termos gerais de direito», o que significa que a sua indemnização abrange, além do mais, não só os danos emergentes como também os lucros cessantes resultantes da cessação do arrendamento, enquanto anteriormente tinha direito a um ano de renda.

Sobre a indemnização dos prejuízos emergentes vejam-se os arts. 562.º e 564.º do C.C.

5. Quando a lei se refere no n.º 3 do citado art. 25.º, do Dec.-Lei n.º 385/88 «aos demais prejuízos emergentes da cessação do arrendamento, calculados nos termos gerais de direito», quer significar que a sua indemnização abrange, além do mais, não só os danos emergentes, como também os lucros resultantes da cessação do arrendamento — ver, neste sentido, os Drs. Aragão Seia e Manuel Calvão, *Arrendamento Rural*, 1989, pág. 87.

É que uma tradição secular e quase pacífica distingue o prejuízo em duas espécies: dano emergente e lucro cessante — cfr. Prof. Castro Mendes, *Do Conceito Jurídico de Prejuízo*, 28.

Quer isto dizer, que ao contrário do que se passa na indemnização por expropriação em geral em que a justa indemnização não visa compensar o benefício alcançado pelo expropriante, mas ressarcir o prejuízo que para o expropriado advém da expropriação, criando-lhe uma situação patrimonial de valor igual, no arrendamento, como encargo autónomo, a indemnização abrange todas as perdas patrimoniais do arrendatário, não só os prejuízos mas, também, os benefícios deixados de obter, calculados nos termos do n.º 2, do art. 566.º, do C.C.

Vejamos, pois, qual o prejuízo que advém para os expropriados da caducidade do arrendamento.

Os frutos pendentes já foram indemnizados.

Como danos emergentes verifica-se o prejuízo de 25 000$00 resultante da venda forçada de duas vacas.

E quais os lucros que se frustraram por o contrato terminar antes do termos do ano agrícola, que parece ser a meta a considerar para efeito de lucros cessantes, pois, a produção de um prédio é planeada sempre em função desse lapso de tempo?

Como diz o Prof. Vaz Serra, *Rev. Leg. Jur.* 112, pág. 329, é razoável que se considere como lucro cessante o lucro que, segundo o curso regular das coisas ou as circunstâncias especiais, podia ser esperado com probabilidade. Se não puder ser determinado o montante exacto do dano, parece dever ele ser fixado pelo tribunal em consideração do curso regular ou ordinário das coisas e das medidas tomadas pelo lesado.

O termo do ano agrícola é, em geral, no dia 29 de Setembro, no S. Miguel.

A posse administrativa teve lugar em 28/11/86, o que impossibilitou os arrendatários de levar a bom termo, desde logo do início do ano agrícola, a exploração do prédio, cujo rendimento líquido anual era de 316 500$00.

A este lucro cessante há que adicionar os 25 000$00 dos danos pela venda forçada das vacas, o que tudo totaliza 341 500$00, que é a justa indemnização para ressarcir o prejuízo dos arrendatários rurais.

Não há, assim, que determinar o rendimento do prédio em função do seu rendimento possível, seguindo o método analítico de capitalizar o rendimento fundiário, como fizeram os Srs. Peritos, pois, o que está em causa é apenas o prejuízo sofrido directamente pelos arrendatários com a expropriação.

Também não pode ser considerada a perda da habitação, pois, esta faz parte do arrendamento rural — n.º 1 do art. 2.º do Dec.-Lei n.º 385/88 e, como tal, os arrendatários deixam de ter o direito de a habitar com a caducidade do arrendamento, imposto pela expropriação.

A perda do trabalho do casal, que recebe a indemnização pela caducidade do arrendamento, também não pode ser considerada. É que o rendimento líquido anual é a importância que resta depois de deduzidos os encargos nos quais se inclui o trabalho dos arrendatários — Ac. da Relação do Porto de 6/6/1991, *Col. Jur.* XVI, 3, 252, relatado pelo então Desembargador Aragão Seia.

6. Se a expropriação não for total, mas parcial, o arrendatário pode optar ou pela resolução do contrato, por não lhe interessar a sua manutenção apenas sobre a parte não expropriada, ou pela continuação dele sobre a parte que não foi expropriada, mas agora com a redução proporcional da renda.

Estes princípios não se aplicam, porém, se a parte expropriada corresponder a mais do dobro da parte não expropriada, caso em que ocorre igualmente a caducidade do arrendamento.

7. Escreve o Prof. Pereira Coelho, *Arrendamento*, 1988, 370, que a única referência à caducidade é a do art. 25.º, mas isso não exclui, bem entendido, que o arrendamento rural caduque por aplicação das regras gerais da locação (art. 1051.º do C.C.), até onde a aplicação dessas regras não seja afastada pelas especialidades próprias desta modalidade de arrendamento. O que acontece é que as causas de caducidade previstas nas als. *a)* e *e)* do n.º 1 do art. 1051.º do C.C. não se aplicam ou têm escassa aplicação prática ao arrendamento rural, compreendendo-se, por isso, que só a causa da al. *f)* tenha tradução expressa no art. 25.º.

Assim, a causa de caducidade da al. *a)* só poderá aplicar-se nos casos excepcionais dos arts. 6.º e 29.º. Em regra o decurso do prazo não faz caducar o arrendamento, apenas permitindo a qualquer das partes denunciá-lo.

A causa da al. *b)* do n.º 1 do art. 1051.º do C.C. não tem aplicação ao arrendamento rural [art. 4.º, al. *f)*] e a da al. *c)* está expressamente prevista no art. 22.º n.º 2. Relativamente à morte do locatário al. *d)* o art. 23.º consagra regime especial. Finalmente, as hipóteses em que a causa de caducidade da al. *e)* se aplique ao arrendamento rural são muito raras na prática.

Só a caducidade por expropriação está prevista no art. 25.º.

8. Ao arrendatário, nesta qualidade, não lhe é possível pôr em causa a própria expropriação, podendo apenas discutir a indemnização a que tem direito — Ac. da Relação de Évora de 27/5/1993, *Bol.* 427, 608.

9. A indemnização ao arrendatário agrícola deve ser determinada de acordo com o critério estabelecido no n.º 3, mesmo quanto às expropriações por utilidade pública cuja declaração foi publicada antes da entrada em vigor deste diploma, não só pelo seu carácter retroactivo, mas também porque só a observância daquele critério garante uma indemnização justa — Ac. da Relação do Porto de 9/1/1992, *Bol.* 413, 612.

10. I — A perda parcial do objecto do contrato de arrendamento não constitui, em princípio, causa de caducidade e só poderá constituir motivo de resolução se ao locatário interessar pôr termo à relação contratual, não sendo aplicável ao caso o regime relativo à hipótese de expropriação parcial por utilidade pública de prédios arrendados.
II — O locador nunca poderá usar daquela faculdade de resolução, não obstante a perda parcial do objecto do arrendamento, continuando adstrito à sua observância.
III — Face ao n.º 2 do art. 793.º do CC, não pode entender-se que a sua doutrina seja aplicável ao contrato de arrendamento a agricultor autónomo, já que as causas de resolução do arrendamento rural são de enumeração taxativa e apenas as que vêm enunciadas no art. 21.º do Dec.-Lei n.º 385/88. — Ac. do STJ de 5/11/1998, *Col. Jur. STJ*, VI, 3, 89.

11. A indemnização autónoma ao arrendatário rural é cumulável com a indemnização ao proprietário, e não deixa de o ser pelo facto de o arrendatário de parte da parcela ser dela também comproprietário. II — A actualização da indemnização, nos termos do artigo 23.º do Código das Expropriações de 1991, deve ser feita desde a data da declaração de utilidade pública até à data do trânsito em julgado da decisão final que arbitra a indemnização. — Ac. da Relação de Évora de 25/2/2001, *Col. Jur.* XXVI, 1, 271.

12. O n.º 2 do artigo 20.º da Lei n.º 109/88, de 26 de Setembro, apenas protege aqueles que, à data da ocupação ou da expropriação, tinham um qualquer direito real ou obrigacional sobre o prédio expropriado, como um usufruto ou um arrendamento. II — Os que não tinham qualquer direito, sendo meros detentores, nada podem opor ao proprietário. — Ac. do STJ de 23/1/2001, *Proc. 3742/00, 6.ª Secção*.

ARTIGO 26.º
Trabalhos preparatórios e colheitas de frutos pendentes

1 — No decurso do último ano do arrendamento, o arrendatário não se pode opor à realização dos trabalhos indispensáveis ao normal aproveitamento da terra, a efectuar pelo novo cultivador.

2 — Reciprocamente, o novo cultivador não pode impedir a realização de todas as práticas necessárias à colheita, utilização e transformação dos frutos pendentes, ainda que fora do prazo do arrendamento cessante.

NOTAS

No decurso do último ano de arrendamento o próximo cultivador, seja ele o proprietário ou novo arrendatário, tem o direito de realizar no prédio arrendado os trabalhos indispensáveis ao normal aproveitamento da terra no ano que se seguirá.

A eles não se pode opor o arrendatário, sob pena de responder pelos danos que resultarem da sua conduta ilícita — art. 483.º, n.º 1, do C.C.

Em igual responsabilidade incorre o novo cultivador se impedir ao anterior a realização de todas as práticas necessárias à colheita, utilização e transformação dos frutos pendentes, ainda que o termo do arrendamento cessante já tenha ocorrido.

ARTIGO 27.º

Novos arrendamentos

Quando a cessação do contrato de arrendamento ocorrer por causa não imputável ao arrendatário, este goza do direito de preferência nos contratos de arrendamento celebrados nos cinco anos seguintes.

NOTAS

1. Veja-se o n.º 4 do art. 20.º e anotações.

2. Ver o art. 28.º e anotações.

ARTIGO 28.º

Preferência

1 — No caso de venda ou dação em cumprimento do prédio arrendado, aos respectivos arrendatários com, pelo menos, três anos de vigência do contrato assiste o direito de preferirem na transmissão.

2 — O direito de preferência do arrendatário cede perante o exercício desse direito por co-herdeiro ou comproprietário.

3 — Sempre que o arrendatário exerça o direito de preferência referido no presente artigo, tem de cultivar o prédio directamente, como seu proprietário, durante, pelo menos, cinco anos, salvo caso de força maior, devidamente comprovado.

4 — Em caso de inobservância do disposto no número anterior, o adquirente fica obrigado a pagar ao anterior

proprietário o valor equivalente ao quíntuplo da última renda vencida e a transmitir a propriedade ao preterido com o exercício da preferência, se este o desejar, pelo preço por que adquiriu o prédio.

5 — No caso de exercício judicial desse direito, o preço será pago ou depositado dentro de 30 dias após o trânsito em julgado da respectiva sentença, sob pena de caducidade do direito e do arrendamento.

6 — No caso de procedência do direito de preferência há isenção de sisa.

7 — Ficam também isentas de sisa todas as transmissões onerosas de prédios a favor dos respectivos arrendatários rurais desde que exista contrato escrito há, pelo menos, três anos, com assinaturas reconhecidas notarialmente ou autenticadas pelos serviços oficiais competentes.

NOTAS

I — Preferências nas transmissões

1. Os direitos *legais* de preferência conferem ao respectivo titular a faculdade de, em igualdade de condições («tanto por tanto»), ele se substituir a qualquer adquirente da coisa sobre que incidam, em certas formas de alienação. — Cfr. Prof. Antunes Varela, *Rev. Leg. Jur.* 103, 476. Ver ainda, *Exercício do Direito de Preferência, Rev. Leg. Jur.* 100, 209.

De notar que a nova lei não dispõe expressamente, como as anteriores, que sejam aplicáveis os arts. 416.º a 418.º e 1410.º, do C.C., mas isto não quer dizer que os referidos preceitos não tenham aplicação ao caso, com as necessárias adaptações. — Prof. Pereira Coelho, *Arrendamento*, 1988, 340.

2. O **Decreto Lei n.º 794/76, de 5 de Novembro,** que aprovou a política de solos, foi alterado pelos Decs. Lei n.º 313/80, de 19 de Agosto, e n.º 400/84, de 31 de Dezembro; o **Dec. n.º 862/76, de 22 de Dezembro**, alterado pelo Dec. n.º 194/83, de 17 de Maio, regulamentou o direito de preferência da administração nas alienações, a título oneroso, de terrenos ou edifícios previsto na lei.

DECRETO LEI N.º 794/76, DE 5 DE NOVEMBRO

Art. 27.º - 1. Poderá ser concedido à Administração, por decreto, o direito de preferência nas transmissões por título oneroso, entre particulares, de terrenos ou edifícios situados nas áreas necessárias para a expansão, desenvolvimento ou renovação de aglomerados urbanos, ou para a execução de qualquer outro empreendimento de interesse público, em obediência ao respectivo plano e nas condições a definir em decreto regulamentar.

2. O direito de preferência pode ser conferido, relativamente aos prédios existentes, na totalidade ou em parte da área abrangida por medidas preventivas ou pelo estabelecimento de uma zona de defesa e controle urbanos.

Art. 28.º — 1. O direito de preferência a que se refere o artigo anterior pode ser exercido com a declaração de não aceitação do preço convencionado.

2. Neste caso, a transmissão para o preferente será feita pelo preço que vier a ser fixado, mediante os termos aplicáveis do processo de expropriação por utilidade pública, se o transmitente não concordar, por sua vez, com o oferecido pelo preferente.

A **Lei n.º 107/2001, de 8 de Setembro**, estabeleceu as bases da política e do regime de protecção e valorização do património cultural.

LEI N.º 107/2001, DE 8 DE SETEMBRO

Art. 37.º — (Direito de preferência)

1 — Os comproprietários, o Estado, as Regiões Autónomas e os municípios gozam, pela ordem indicada, do direito de preferência em caso de venda ou dação em pagamento de bens classificados ou em vias de classificação ou dos bens situados na respectiva zona de protecção.

2 — É aplicável ao direito de preferência previsto neste artigo o disposto nos artigos 416.º a 418.º e 1410.º do Código Civil, com as necessárias adaptações.

3 — O disposto no presente artigo não prejudica os direitos de preferência concedidos à Administração Pública pela legislação avulsa.

— **Art. 18.º do Dec.-Lei n.º 384/88, de 25 de Outubro** (Emparcelamento Rural):

1 — Os proprietários de terrenos confinantes gozam do direito de preferência previsto no art. 1380.º do C.C., ainda que a área daqueles seja superior à unidade de cultura.

2 — Os preferentes referidos no número anterior não gozam do direito de preferência em relação aos terrenos que, integrados numa área a emparcelar, sejam adquiridos pela Direcção-Geral de Hidráulica e Engenharia Agrícola para fins de emparcelamento após a aprovação ou a autorização para elaboração do respectivo projecto.

— **Art. 24.º do Dec.-Lei n.º 394/88, de 8 de Novembro** (Arrendamento Florestal):

1 — No caso de venda ou dação em cumprimento de prédios que sejam objecto de arrendamento florestal, têm direito de preferência, pela ordem de menção, os arrendatários, os proprietários de prédios servientes, os proprietários de prédios confinantes e os membros dos agrupamentos de produtores florestais existentes no concelho onde o prédio, ou a sua maior área, se situar.

2 — Nas situações previstas no número anterior é aplicável, com as necessárias adaptações, o disposto nos arts. 416.º a 418.º e 1410.º do C.C.

3 — Havendo mais do que um preferente interessado em exercer o seu direito, abrir-se-á licitação entre eles, revertendo o excesso para o senhorio.

4 — O disposto nos números anteriores entende-se sem prejuízo dos direitos de preferência estabelecidos na lei a favor dos contitulares de herança indivisa ou dos comproprietários.

— **Art. 12.º do Dec.-Lei n.º 196/89, de 14 de Junho** (Reserva Agrícola Nacional), alterado pelo art. 2.º do Dec.-Lei n.º 278/95, de 25 de Outubro:

1 — Sem prejuízo das preferências estabelecidas no C.C. e em legislação complementar, os proprietários de prédios rústicos incluídos numa área da RAN gozam do direito de preferência na venda ou dação em cumprimento de prédios rústicos sitos na mesma área.

2 — O tribunal notifica os preferentes previstos no número anterior por meio de éditos a afixar na sede ou sedes das zonas agrárias com competência na área da RAN em que se situa o prédio em causa, devendo os preferentes exercer o seu direito nos 30 dias imediatos à afixação, aplicando-se em tudo o mais o disposto na lei processual civil, com as necessárias adaptações.

3 — No caso de violação do prescrito nos números anteriores é aplicável o disposto no art. 1410.º do C.C., excepto se a alienação ou dação em cumprimento tiver sido efectuada a favor de um dos preferentes.

3. Prof. Galvão Telles, *Direito de Preferência, Col. Jur.* IX, 1, 51;
Prof. Vaz Serra, *Obrigação de Preferência*, Bol. 76, 131;
Dr. Pinto Loureiro, *Manual dos Direitos de Preferência*, vol. I e II;
Prof. Antunes Varela, *Rev. Leg. Jur.*, 127, 308, Direito de preferência do proprietário de um minifúndio na venda de terreno agrícola confinante com área superior à unidade de cultura.
Prof. Antunes Varela e Dra. Maria dos Prazeres Beleza, *Direitos de Preferência (processo de notificação), Col. Jur.* XV, 3, 31.
Prof. M. Henrique Mesquita, *Notificação de um preferente legal para exercer a preferência na celebração de um contrato — Promessa de compra e venda da coisa sujeita a prelação, Rev. Leg. Jur.* 126, 57.
Dr. Carlos Lacerda Barata, *Da obrigação de preferência.*
Dr. Agostinho Cardoso Guedes, *A natureza jurídica do direito de preferência.*

4. Os actos de alienação ou de constituição de direitos sobre o prédio, entretanto praticados pelo adquirente, não prejudicam o direito do preferente por, em relação a ele, serem ineficazes, tendo este o direito de o adquirir nos termos em que foi vendido. — Ver Conselheiro Aragão Seia, *Arrendamento Urbano*, 6.ª ed., 290, e Profs. Vaz Serra, *Rev. Leg. Jur.* 103, 473 e Antunes Varela, *Rev. Leg. Jur.*, 103, 479.

5. Se o local foi dado de arrendamento pelo proprietário e, no decurso dele, o direito de propriedade veio a desmembrar-se em nua propriedade e usufruto, o arrendatário pode preferir na venda ou dação em cumprimento de qualquer destes direitos que, conjuntamente, integram o direito de propriedade, sob pena de o arrendatário poder vir a ser lesado, já que é o usufrutuário que passa a ser o senhorio e, como tal, a exercer os respectivos direitos. É que o usufruto, como *jus in re aliena*, representa uma compressão ou limitação do direito de propriedade e este, dada a sua elasticidade, só retoma a amplitude primitiva pela extinção daquele. Se o local foi dado de arrendamento pelo usufrutuário, o arrendatário só poderá preferir na venda ou dação em cumprimento do direito de usufruto, já que o nu proprietário é alheio ao arrendamento. – Ver Conselheiro Aragão Seia, *Arrendamento Urbano*, 6.ª ed., 292.

O Prof. Henrique Mesquita, na *Rev. Leg. Jur.*, 132, 191, nota 3, em comentário ao Ac. do STJ de 2/3/1999, de que foi relator o Conselheiro Aragão Seia, escreveu: Discutiu-se no pleito o problema de saber se um arrendatário terá o direito de preferir na alienação da nua propriedade do prédio arrendado. A lei do arrendamento rural limita-se a atribuir ao arrendatário o direito de preferência na venda ou dação em cumprimento do prédio — isto é, na alienação, por um destes modos, do direito de propriedade. Quando, porém, o arrendamento tenha sido celebrado, como no caso em apreço, por um proprietário pleno e, posteriormente, a propriedade se fraccione ou desdobre em usufruto e nua propriedade, deve entender-se que o arrendatário pode preferir na alienação de qualquer destes direitos, que integram, em conjunto, o direito de propriedade com base no qual o arrendamento foi celebrado. A relação de arrendamento tinha originariamente por objecto um prédio em regime de propriedade plena e os direitos do arrendatário não podem ser afectados pela constituição de um direito de usufruto sobre o imóvel. Como titular do direito de fruição, é o usufrutuário quem passa a ocupar a posição jurídica do primitivo locador. Mas o proprietário da raiz, em tudo o que não tenha a ver com aquele direito, não fica liberto da relação locativa. A solução já será diferente se o arrendamento tiver sido celebrado por um usufrutuário. Nesta hipótese, o arrendatário só poderá preferir na venda ou dação em cumprimento do direito de usufruto, porque o nu proprietário nada tem a ver com a relação locativa, que se extingue, de resto, logo que o usufruto termine [artigo 1051.º n.º 1, al. c), do CC].

6. Não está excluído o direito de preferência reconhecido no n.º 1, quando a transmissão se opera pela forma regulada no processo de execução. — Cfr. Ac. da Relação do Porto de 3/11/1976, *Col. Jur.* I, 674.

7. I — A retroactividade dos efeitos do reconhecimento judicial do direito de preferência não abrange os rendimentos entretanto produzidos pela coisa, os quais pertencem ao preferido, e só a partir do depósito ou do pagamento do preço tem o preferente direito aos frutos produzidos.
II — A cortiça é um fruto natural e, após a sua extracção ou colheita, uma coisa móvel, constituindo rendimento do prédio.
III — O preferido tem de ser considerado possuidor de boa-fé até ao momento em que lhe é exigida a entrega, após o pagamento ou depósito do preço.
IV — E o possuidor de boa-fé faz seus os frutos naturais, industriais e civis, nos termos do art. 1270.º. — Ac. da Relação de Évora de 12/2/1981, *Col. Jur.* VI, I, 107.

8. I — A aquisição por acessão não é no nosso sistema legal uma aquisição automática, pois depende da manifestação de vontade do beneficiário nesse sentido.
II — A questão de acessão não pode discutir-se em acção intentada para fazer valer o direito de preferência, designadamente, se à parte que invocou a acessão ainda não foi reconhecido qualquer direito em tal sentido, noutra acção intentada para o efeito. — Ac. da Relação do Porto de 14/2/1980, *Col. Jur.* V, 1, 40.

9. I — O exercício do direito de preferência depende da validade da transmissão, mas não da sua eficácia relativamente à pessoa em nome de quem o negócio foi celebrado. Importa apenas que a coisa que é objecto de preferência tenha sido validamente alienada.

II — Para o direito de preferência poder ser exercido, basta que o transmitente haja manifestado pela forma legalmente exigida a vontade real, séria e inequívoca de alienar a coisa, sendo dispensável, no caso de gestão de negócios pelo adquirente, que, ao propor-se a acção, se tenha já verificado a chamada legitimidade representativa *ex post facto*.

III — Estabelecendo o art. 1410.º, n.º 2, do C.C. que o direito de preferência e a respectiva acção não são prejudicados pelo distrate da alienação, seria fácil aos interessados frustrarem essa disposição, se a ratificação do negócio fosse necessária para que o titular do direito o pudesse exercer. — Ac. do S.T.J. de 26/11/1980, *Bol.* 301, 433 e *Rev. Leg. Jur.* 115, 28.

10. I — Mercê do exercício do direito de preferência na compra e venda da coisa, opera-se a substituição de um dos sujeitos do contrato, o adquirente, pelo preferente, tendo o reconhecimento judicial da preferência efeito retroactivo ao momento da alienação.

II — Assim, «os actos praticados pelo adquirente substituído são ineficazes em relação ao preferente, porque praticados posteriormente à compra ou na pendência da acção, sem que o alienante tenha poderes de disposição sobre a coisa, quer se trate de transmissão ou oneração de direitos reais, quer se trate de constituição de direitos pessoais de gozo» — Ac. do S.T.J. de 9/3/1989, *Bol.* 385, 557; ver, ainda, o Ac. da Relação do Porto de 21/1/1993, *Col. Jur.* XVIII, 1, 206.

11. I — Os direitos de preferência dos proprietários de prédios rústicos confinantes com o alienante são da mesma natureza mas também distintos e sucessivos, em função das áreas dos prédios.

II — Aquele que quer usar do direito de preferência não está obrigado a utilizar o processo previsto no art. 1465.º do Cód. de Processo Civil.

III — Os réus da acção de preferência não podem defender-se com o fundamento de que existe um melhor direito de preferência de outrem — Ac. da Relação de Coimbra de 19/12/1989, *Bol.* 392, 520.

12. A venda do prédio a quem não é proprietário de outro prédio confinante não faz nascer o direito de preferência, antes constitui uma ofensa ao pré--existente direito de preferência. — Ac. da Relação de Coimbra de 28/2/1990, *Bol.* 394, 542.

13. I — O direito de preferência que visa fomentar o emparcelamento da propriedade rústica só existe na alienação de prédios minifundiários — isto é, na alienação de prédios cuja área não atinja a unidade de cultura fixada para a região onde os mesmos se situem, quer no domínio da Lei n.º 2116, de 14 de Agosto de 1962 (Base VI, n.º 1), quer no do C.C. de 1966 (art. 1380.º n.º 1), quer, ainda, no do Dec.-Lei n.º 384/88, de 25 de Outubro (art. 18.º n.º 1).

II — A titularidade desse direito era atribuído aos proprietários dos terrenos confinantes com a alienação, mesmo que tivessem área superior à da unidade de cultura, no domínio da Lei n.º 2116 (Base VI, n.º 1), mas, após a entrada em vigor do C.C. de 1966, passou a sê-lo apenas aos proprietários de terrenos confinantes com área inferior à da unidade de cultura, e voltou a ser conferida aos proprietários indicados em primeiro lugar com o Dec.-Lei n.º 384/88.

III — Não existe direito de preferência, fundado na circunstância de o terreno a favor do qual se pretende que ela exista ser confinante com o alienado, relativamente à alienação de prédio rústico com área superior à da unidade de cultura, quando o primeiro desses prédios tenha também área superior à da unidade de cultura.

IV — A razão legal da instituição deste tipo de preferência funda-se na ideia de promover, tanto quanto possível, o emparcelamento dos prédios com áreas inferiores à da unidade de cultura, para tornar a respectiva exploração mais rentável, o que já se não verifica quando ambos os prédios têm área superior à da referida unidade de cultura — Parecer do Prof. Henriques Mesquita, *Col. Jur.* XVI, 2, 35; ver Ac. da Relação de Évora de 7/7/1992, *Col. Jur.* XVII, 4, 298.

14. I — O simples facto de ser proprietário de um prédio rústico que confine com terrenos de outrem não confere o direito de preferência em caso de venda.

II — Aquele direito é atribuído reciprocamente aos proprietários de terrenos confinantes, desde que de área inferior à unidade de cultura (cfr. Portaria n.º 202/70, de 21 de Abril) — Ac. da Relação de Évora de 4/4/1989, *Bol.* 386, 529.

15. I — Tem-se entendido que o exercício do direito de preferência, após efectuada a terceiro a alienação da coisa, pressupõe sempre a validade do acto.

II — Ao pedir-se a nulidade da alienação e simultaneamente a sua validade, para efeitos de preferência, estar-se-á a abrir as portas ao vício da ineptidão, tipicionada no art. 195.º n.º 2, al. *a)* do C.P.C. — Ac. do STJ de 18/10/1994, *Bol.* 440, 463.

16. I — A admissibilidade da reconvenção prevista na 1.ª parte da al. *a)* do n.º 2 do art. 274.º do C.P.C. tem o sentido de a reconvenção ser admissível quando o pedido reconvencional tenha a mesma causa de pedir da que serve de suporte ao pedido da acção, enquanto a prevista na 2.ª parte da mesma alínea tem o sentido da reconvenção ser admissível quando o réu invoque, como meio de defesa, qualquer acto ou facto jurídico que se representa no pedido do autor, reduzindo-o, modificando-o ou extinguindo-o.

II — Sendo sempre a causa de pedir, na acção de preferência, a transmissão da propriedade da coisa, não é admissível o pedido reconvencional [previsto na 1.ª parte da al. *a)* do n.º 2 do referido art. 274.º] de preferência (direito de preferência conferido pelo art. 28.º do Dec.-Lei n.º 385/88) formulado pelos réus, quando a causa de pedir dos autores — quer no pedido principal quer no subsidiário — é complexa, comportando, como elemento comum, o contrato de arrendamento rural, e, como elemento diferenciador, os factos concretos violadores da al. *b)* do art. 21.º do citado Dec.-Lei n.º 385/88 (no pedido principal) e o não convir aos autores a continuação do arrendamento (no que respeita ao pedido subsidiário).

III — O titular do direito de preferência só pode lançar mão da acção de preferência (vide art. 1410.º do C.C., aplicável a todos os outros casos de preferência legal) se a coisa objecto do contrato tiver sido alienada a terceiro, não podendo equiparar-se o contrato promessa de compra e venda ao contrato de compra e venda, uma vez que aquele não tem a virtualidade de transferir a propriedade, já que se trata de um contrato de prestação de facto, que pode não ser cumprido. — Ac. do STJ de 5/3/1996, *Bol.* 455, 389.

17. A circunstância de o A ter deixado de cumprir aquilo que se obrigara perante os RR no contrato promessa, poderá conduzir à aplicação das disposições legais atinentes, mas não interfere com a obrigação legal de preferência. — Ac. da Relação do Porto de 18/5/1993, *Col. Jur.* XVIII, 3, 207.

18. I — Verificando-se a existência de acto simulado, o dissimulado só será válido se o documento formal necessário contiver as declarações de vontade que o definem ou caracterizam.
II — Invocando-se a nulidade do acto simulado não se pode invocar a sua subsistência para justificar um pretenso direito de preferência. — Ac. da Relação de Lisboa de 7/10/1993, *Col. Jur.* XVIII, 4, 141.

19. I — Não invalida o direito de preferência da A a transacção celebrada entre comprador e vendedor em que estes declaram não haver celebrado um contrato de compra e venda, mas um contrato de doação com reserva de usufruto a favor da vendedora.
II — Nunca o contrato simulado pode alterar direitos de terceiro — o preferente — que não teve conhecimento da simulação. — Ac. da Relação de Lisboa de 9/3/1995, *Col. Jur.* XX, 2, 65.

20. I — O exercício, com êxito, de um direito legal de preferência equivale ao preenchimento da condição numa aquisição feita sob condição resolutiva.
II — Assim, o contrato celebrado entre o alienante e o primitivo adquirente não deixa de produzir alguma eficácia translativa: Não prejudica a validade dos actos de administração ordinária realizados, enquanto a condição estava pendente, pela parte a quem incumbir o exercício do direito (art. 272.º n.º 2 do C.C.); são-lhe aplicáveis as disposições relativas à aquisição de factos pelos possuidores de boa-fé (art. 272.º n.º 3 do C.C.).
III — Porém, o corte de árvores (pinheiros e eucaliptos) que ainda não atingiram a sua idade legal de corte não pode ser justificado como uma colheita de frutos naturais, sendo-lhe inaplicável o art. 127.º n.º 1 do C.C. (*ex vi* do art. 272.º n.º 3 do C.C.) — Ac. da Relação de Coimbra de 27/9/1995, *Col. Jur.* XX, 4, 23.

21. Tendo o prédio sido adjudicado a quem invocou um direito de preferência e decidido, ulteriormente, que não existia tal preferência, deve o imóvel ser adjudicado ao arrematante e não ser anulada a venda judicial. — Ac. da Relação de Lisboa de 28/3/1995, *Col. Jur.* XX, 2, 97.

22. I — O artigo 1410.º n.º 2, do Código Civil visa proibir que vendedor e comprador, obrigados à preferência, a frustrem mediante o expediente de resolverem o contrato de alienação, ou, o que daria o mesmo resultado, virem a posteriori alterar o preço, invocando lapso e indicando então um preço muito elevado para levarem o preferente a desistir da sua pretensão.

II — Sendo este o objectivo da lei, é claro que, com o mesmo, se não pretendeu impedir que deva valer o novo preço, desde que os obrigados à preferência provem que o novo preço é efectivamente o real.

III — Colocar o ónus da prova do novo preço a cargo do preferente seria tornear a razão de ser do citado normativo, apostado precisamente em impedir as manobras fraudulentas dos obrigados à preferência. — Ac. do STJ de 17/6/1998, *Bol.* 478, 373.

23. I — Exploração agrícola de tipo familiar é um conceito de direito cujo preenchimento há-de resultar da conjugação de vários elementos factuais, a que a lei faz referência, consistindo o mais importante na efectiva afectação do prédio ou conjunto de prédios à exploração agrícola através do trabalho próprio do cultivador ou de pessoas do seu agregado familiar.

II — Para que possa proceder a excepção prevista na alínea *b)* do artigo 1381.º do CC é necessário que a exploração agrícola de tipo familiar já seja uma realidade efectiva ao tempo da venda cuja preferência se discute. — Ac. do STJ de 30/6/1998, *Bol.* 478, 379; ver, ainda, o Ac. do STJ de 26/11/1991, *Bol.* 311, 377, *Rev. Leg. Jur.* 117, 215 e n.º 10 do art. 2.º do Regulamento de Aplicação do Regime de Ajudas à Melhoria da Eficácia das Estruturas Agrícolas, aprovado pela Portaria n.º 195/98, de 24 de Março, alterada pela Portaria n.º 46-A/2001, de 25 de Janeiro.

24. Embora a lei do arrendamento rural o não diga, o certo é que não podem deixar de ser aplicáveis ao exercício do direito de preferência, com a especificidade de os arrendatários o serem há pelo menos três anos, as regras comuns constantes das disposições dos arts. 416.º a 418.º e 1410.º, do CC. — Ac. do STJ de 2/3/1999, *Col. Jur. STJ.* VII, 1, 131, de que foi relator o Conselheiro Aragão Seia.

II — Lei aplicável ao direito de preferência

1. O direito de preferência resultante duma situação objectiva a que a lei atribui certos efeitos, surge para a realidade jurídica e entra no património do seu titular no momento em que aquela situação objectiva se verifica. — Acs. do S.T.J. de 27/10/1972, *Bol.* 220, 163 e de 5/5/1987, *Bol.* 367, 493.

I — Criado para determinada situação de facto, o direito de preferência só efectivamente se radica no seu titular na altura em que é alienada a coisa a que diz respeito.

II — A sentença que o reconhece tem, por isso mesmo, eficácia retroactiva.

III — Daí que, violado aquele dever e pelo preferente obtido ganho de causa, a venda venha a ser ineficaz relativamente aos titulares do direito de preferência.

IV — Do efeito retroactivo da preferência exercida decorre, ainda necessariamente, que se não possa atender à inflação entretanto ocorrida, mesmo sendo, como é de facto, notória. — Ac. da Relação do Porto de 21/1/1993, *Col. Jur.* XVIII, 1, 206.

2. Não obsta a que o arrendatário rural goze do direito de preferência a circunstância de tal direito apenas ser estabelecido por uma lei posterior à celebração do contrato de arrendamento. — Ac. da Relação de Coimbra de 3/5/1983, *Bol.* 328, 643 e Ac. do S.T.J. de 5/5/1987, *Bol.* 367, 493.

3. O direito de preferência tem efeito retroactivo ao momento da alienação, sendo o adquirente substituído pelo preferente, com eficácia externa.
Todavia a qualidade de titular do direito de preferência e do sujeito da relação jurídica controvertida deve ser aferida em relação à data em que o mesmo direito é exercido. — Cfr. Ac. do S.T.J. de 20/5/1975, *Bol.* 247, 115 e *Rev. Leg. Jur.* 103, 468 e 114, 10.

4. O direito de preferência do rendeiro é regulado pela lei em vigor na data da escritura de compra e venda, de que deriva aquele direito. — Acs. da Relação de Coimbra de 28/10/1980, de 24/2/1981, e de 5/12/2000, respectivamente, na *Col. Jur.* V, 4, 43, VI, 1, 57, XXV, 5, 33, e Ac. do S.T.J. de 15/12/1983, *Bol.* 332, 469.

5. A qualidade do titular do (alegado) direito de preferência deve ser apreciada face à lei vigente na altura da alienação do prédio (ocasião em que verdadeiramente emerge o direito de preferência) — Ac. da Relação de Coimbra de 16/2/1994, *Bol.* 434, 693.

6. I — O art. 44.º da Lei n.º 76/77, de 29 de Setembro, contém uma regra de competência em razão da matéria, pelo que não pode ser invocado para justificar a aplicação do n.º 1 do art. 29.º da mesma lei às situações que, no domínio do Dec.-Lei n.º 201/75, de 15 de Abril, tivessem desencadeado o nascimento de um direito de preferência.
II — A Lei n.º 76/77, não contém nenhuma disposição sobre a sua aplicação temporal nesse ponto, pelo que haverá de recorrer-se ao art. 12.º do C.C. que, no n.º 1 e na primeira parte do n.º 2 formula o princípio de que a lei só dispõe para o futuro e de que quando dispõe sobre os efeitos dos factos só visa em caso de dúvida, os factos novos.
III — Quando o facto da venda em relação ao qual se pretende exercer um direito de preferência na compra de prédio rústico arrendado, ocorreu na vigência do Dec.-Lei n.º 201/75, o arrendatário que pretende preferir tem de fazer prova da circunstância a que se refere o n.º 5 do art. 25.º deste diploma.
IV — Aplicação da lei nova ao caso, com o sentido de conceder a preferência a todos os arrendatários, envolveria retroacção, por impor o nascimento de um direito que uns não tinham quando foi praticado o facto em que o fundamentam e a perda de uma parte do domínio que outros já haviam consolidado antes da lei nova.
V — Improcede, assim, a acção de preferência deduzida por um arrendatário de um prédio rústico vendido a outro arrendatário do mesmo prédio, se não provar que, na vigência do Dec.-Lei n.º 201/75, adquiriu o direito decorrente de ser ele o que melhor reestruturaria a exploração agrícola. — Acs. do S.T.J. de 20/3/1979, *Bol.* 285, 299, de 10/7/1979, *Bol.* 289, 282, de 19/3/1980, *Bol.* 295, 394 e *Rev. Leg. Jur.* 114, 13, de 10/4/1980, *Bol.* 296, 263 e de 2/2/1984, *Bol.* 334,

469; em sentido contrário o Ac. do S.T.J. de 21/4/1983, *Bol.* 326, 454 e *Rev. Leg. Jur.* 120, 86.

7. A Lei n.º 76/77 revogou o Dec.-Lei n.º 205/75, de 15 de Abril, sendo aquela Lei de aplicação retroactiva a litígios pendentes — Ac. da Relação de Lisboa de 20/7/1979, *Col. Jur.* IV, 1183.

8. I — O direito de preferência só se radica no seu titular por causa, e por isso no momento, da alienação da coisa a terceiro.

II — Há, por isso, no seu aparecimento, duas fases a considerar: *a)* a fase em que o obrigado à preferência comunica ao preferente o seu projecto de alienação a terceiro e o preferente declara pretender preferir; *b)* e a fase em que o obrigado à preferência viola o direito do preferente, alienando a coisa a terceiro, sem do projecto ter dado conhecimento ao preferente ou não lhe dando a preferência que este lhe declarou pretender.

III — Enquanto se estiver no primeiro momento ou fase, o obrigado à preferência pode ainda perfeitamente desistir da projectada alienação, não ficando por via disso sujeito a que o preferente lhe exija a *execução específica*, mediante o pagamento do preço comunicado, mas tão só, eventualmente, sujeito a ter de o indemnizar em sede de responsabilidade pré-contratual.

IV — É só quando se atingir o segundo momento ou fase que, pela alienação a terceiro, o preferente adquire o direito a «haver para si a coisa alienada», depositando o preço dela, mediante acção de preferência, com o qual pedido poderá cumular o de indemnização a que tenha direito. — Ac. da Relação do porto de 11/3/1996, *Col. Jur.* XXI, 2, 188.

9. I — O reconhecimento judicial do direito legal de preferência, entendido como direito real de aquisição ou como direito potestativo a execução específica da prestação incumprida pelo alienante, tem, em princípio, efeito retroactivo à data da alienação.

II — O contrato de arrendamento celebrado pelo adquirente, apesar de válido como acto de administração ordinária, não é oponível ao preferente após aquele reconhecimento.

III — Os frutos da coisa alienada só pertencem ao adquirente enquanto for possuidor de boa-fé, deixando de lhe pertencer, pelo menos, a partir da data da citação para a acção de preferência, por passar então a ser possuidor de má-fé. — Ac. do STJ de 8/11/1994, *Col. Jur. STJ.* II, 3, 121.

10. I — O direito de preferência do locatário nasce no património deste quando e sempre que se verifique o pressuposto que o condicione: venda do local arrendado.

II — Esse direito de preferência renasce tantas vezes quantas as que o pressuposto se volte a verificar — cada vez que o local é vendido existe direito de preferência. — Ac. do STJ de 7/7/1994, *Col. Jur. STJ*, II, 3, 49.

11. O preço a pagar pelo preferente terá que ser o que se mostrar devido por efeito da lei vigente à data da alienação, lei que definirá a quem assiste a preferência e determina a contrapartida que é devida. — Ac. da Relação de Évora de 23/6/1994, *Col. Jur.* XIX, 3, 285.

III — Direito de preferência do arrendatário

1. O termo arrendatário compreende o agricultor autónomo e o empresário agrícola. — Ac. da Relação de Coimbra de 22/3/1983, *Col. Jur.* VIII, 1, 53 e *Rev. Leg. Jur.* 114, 15; ver art. 21.º da Lei de Bases do Desenvolvimento Agrário — Lei n.º 86/95, de 1 de Setembro e anotações aos arts. 1.º a 39.º.

2. Só aos arrendatários com, pelo menos, três anos de vigência do contrato, assiste o direito de preferirem na transmissão.

O seu direito passou a ceder perante o exercício desse direito por um co-herdeiro ou um comproprietário.

Sendo necessário graduar direitos de preferência sucessivos, não competitivos, obedecer-se-á à seguinte ordem:

a) co-herdeiro ou comproprietário — n.º 2 do art. 28.º;

b) arrendatário, com pelo menos três anos de vigência do contrato — n.º 1 do art. 28.º;

c) proprietários de terrenos confinantes — art. 1380.º do C.C. e art. 18.º do Dec.-Lei n.º 384/88;

d) proprietário de prédio encravado — art. 1555.º do C.C.;

e) proprietário do solo — art. 1535.º do C.C.;

f) proprietários de prédios rústicos incluídos na área da RAN — art. 12.º do Dec.-Lei n.º 196/89;

g) direitos de preferência convencionais — arts. 416.º e 422.º do C.C.

Ver os regimes especiais consagrados nos arts. 27.º e 28.º do Dec.-Lei n.º 794/96, de 5 de Novembro, e no art. 37.º da Lei n.º 107/2001, de 8 de Setembro.

A enfiteuse rústica foi abolida pelo Dec.-Lei n.º 195-A/76, de 16 de Março, alterado pelo Dec.-Lei n.º 546/76, de 10 de Junho e pela Lei n.º 108/97, de 16 de Setembro.

3. São taxativos os casos em que pode ser exercida a preferência pelo arrendatário rural.

4. Como nota o Eng. Lopes Cardoso, in *Subsídios Para a Regulamentação do Arrendamento Rústico*, págs. 200 e segs., o direito de opção do rendeiro na compra do prédio que explora, é hoje corrente em quase todo o mundo e compreende-se que o seja: não só é justo, como constitui um processo de fomentar a exploração por conta própria; de favorecer a entrega da terra aos verdadeiros «profissionais da agricultura», contribuindo-se para a eliminação do absentismo; e, não poucas vezes, de conduzir a uma mais correcta e equitativa repartição da propriedade rústica.

Importa no entanto que, ao conceder-se o direito de opção ao rendeiro, se obrigue este a cultivar por conta própria durante um período tão largo quanto possível, pois só assim se contribuirá para o fomento da exploração directa.

Por outro lado, esse direito deverá ser negado aos rendeiros que possuam explorações abrangendo determinada área — cujo valor terá de ser fixado para cada província de acordo com as características da lavoura regional — caso contrário favorecer-se-á a aglomeração dos capitais fundiários, em vez de uma melhor repartição.

5. A Lei n.º 76/77, não contém qualquer proibição da preferência ser exercida, em conjunto, pelos arrendatários interessados nela e essa proibição também não resulta de outro preceito legal.
Em termos de economia produtiva, que está vincadamente presente na Lei n.º 76/77, pode figurar-se até aconselhável a união de vários rendeiros para, como comproprietários e em conjugação e esforços, poderem tirar maior proveito da terra que cultivem. — Ac. da Relação de Coimbra de 24/2/1981, *Col. Jur.* VI, 1, 57.
Idêntica situação verifica-se no actual diploma.

6. Havendo pluralidade de arrendatários rurais do prédio rústico vendido, há que distinguir duas hipóteses: na venda a um estranho, todos eles gozam do direito de preferência, e o preferente determina-se por licitações entre arrendatários; na venda a um dos arrendatários, os restantes não gozam de preferência, por não poderem competir entre si. — Ac. da Relação de Évora de 25/11/1980, *Col. Jur.* V, 5, 190.

7. I — O direito de preferência do arrendatário rural pode exercer-se nos casos de venda da nua propriedade de prédio sujeito a usufruto.
II — Neste caso quem tem a obrigação de comunicar ao preferente o projecto da venda é o proprietário da raiz do prédio arrendado.
III — O preferente pode ter conhecimento do negócio projectado por outras fontes diversas das previstas na lei.
IV — Porém neste caso nada pode fazer senão aguardar que o projecto lhe seja notificado.
V — O negócio projectado deve ser levado ao conhecimento do preferente pelo obrigado e não por qualquer outra pessoa.
VI — De igual modo a declaração de aceitação de preferência deverá ser levada pelo titular desta ao obrigado à preferência e não ao terceiro interessado.
VII — Antes do negócio, o preferente não pode reclamar do obrigado a sua celebração nos casos em que não tenha sido este o autor da notificação a que alude o art. 416.º n.º 1 do C.C.
VIII — Nos casos, porém, em que a comunicação do projecto tiver sido feita pelo obrigado e o preferente tiver declarado àquele a intenção de preferir, nasce para ambos a intenção recíproca de realizarem entre si o contrato de alienação.
XI — A modificação ou distrate do negócio a que se alude no n.º 2 do art. 1410.º do C.C. têm de ser posteriores e não anteriores à alienação. — Ac. da Relação de Évora de 4/6/1998, *Col. Jur.* XXIII, 3, 271.

8. I — «Exploração agrícola de tipo familiar» é um conceito de direito cujo preenchimento há-de resultar da conjugação dos vários elementos factuais a que a lei faz referência, consistindo o mais importante na efectiva afectação do prédio, ou conjunto de prédios, à exploração agrícola através do trabalho do próprio agricultor ou de pessoas do seu agregado familiar.
II — Quer o Dec.-Lei n.º 201/75, de 15 de Abril, quer a Lei n.º 76/77, de 29 de Setembro, que, sucessivamente, vieram modificar o regime do arrendamento rural previsto no art. 1079.º do C.C., embora não falem expressamente de «exploração agrícola de tipo familiar», mantiveram regimes semelhantes ao considerarem, respectivamente, o arrendamento ao «cultivador directo» e ao

«agricultor autónomo», em ambos os casos se prevendo a exploração efectiva (exclusiva ou predominante) de um ou mais prédios através do trabalho do próprio agricultor ou do seu agregado familiar.
III — Para que possa proceder a excepção da al. b) do art. 1381.º do C.C. é necessário que a «exploração agrícola de tipo familiar» seja uma realidade efectiva ao tempo da venda cuja preferência se discute. — Ac. do S.T.J. de 26/11/1981, *Bol.* 311, 377 e *Rev. Leg. Jur.* 117, 215; ver, ainda, o Ac. do STJ de 30/6/1998, *Bol.* 478, 379.
Mantém-se a mesma doutrina no actual diploma.

9. O arrendatário cultivador autónomo para defender validamente o seu direito de preferência não carece de mostrar que o mesmo lhe foi previamente adjudicado em processo próprio, mediante licitação ou adjudicação. — Ac. da Relação de Coimbra de 11/1/1978, *Col. Jur.* III, 245.

10. I — O direito de preferência existe antes de efectuado o contrato de venda da coisa, mas é no momento em que a coisa é alienada que o direito de preferência se radica no seu titular, que ingressa efectivamente (e não apenas virtualmente) no património deste.
II — Por isso, pode também afirmar-se que o direito é adquirido no momento da alienação. — Ac. do S.T.J. de 17/12/1985, *Bol.* 352, 352.

11. O direito de preferência legal resulta de uma situação objectiva a que a lei desde logo atribui certos «efeitos» e «entra no património do seu titular», em princípio, no momento em que aquela situação se verifica. — Acs. do S.T.J. de 27/12/1972, de 16/1/1986 e de 28/7/1987, *Bol.* 220, 163, 353, 450 e 369, 539. Se o autor não reagiu à notificação legalmente efectuada, de que o arrendamento rural, do qual era titular, se não renovaria, aceitando a denúncia do mesmo, tal não impede o exercício do seu direito de preferência na venda do objecto locado, a qual se realizou antes de se concretizarem, no tempo, os efeitos da denúncia. — Ac. da Relação de Lisboa de 18/10/1988, *Col. Jur.* XIII, 4, 81.
Mesmo que estivesse validamente acertada a extinção do arrendamento para além de certa data, seria sempre lícito ao arrendatário preferir na alienação entrementes realizada; poderia não lhe interessar continuar como arrendatário e convir-lhe, no entanto, prosseguir como proprietário a exploração do prédio. — Cfr. Profs. Pires de Lima e Antunes Varela, *C.C. Anotado*, II, 4.ª ed., 448.

12. A resolução judicial do contrato de arrendamento rural por falta de pagamento da renda que se vencia em 20 de Outubro de 1981 não prejudica o direito de preferência do arrendatário surgido em 7 de Julho do mesmo ano com a venda, a sujeito diferente, do prédio arrendado. — Ac. do S.T.J. de 15/1/1987, *Bol.* 363, 508.

13. I — O direito de preferência, como direito real de aquisição, é dotado de eficácia *erga omnes* e prevalece logo que se verifiquem os pressupostos do seu exercício (venda, ou dação em cumprimento, de imóvel, ou direito, sobre que incide) relativamente a qualquer outro direito que em momento posterior se constitua sobre o respectivo objecto.

II — O reconhecimento judicial do direito de preferência retroage os seus efeitos ao momento da verificação dos respectivos pressupostos, isto é, ao momento da venda ou dação em cumprimento do imóvel (ou direitos) sobre que incide.

III — Os actos praticados pelo preferido relativamente ao imóvel (ou direito) sujeito ao direito de preferência enquanto este não for exercido, ou não for definido judicialmente, ficam subordinados a um regime semelhante ao dos actos praticados sob condição resolutiva.

IV — Consequentemente, um contrato de arrendamento referente a imóvel objecto do direito de preferência celebrado pelo comprador-preferido não é oponível ao preferente que em tempo exerceu o direito de preferência e/ou nele foi judicialmente reconhecido. — Ac. do S.T.J. de 5/5/1987, *Bol.* 367, 493; ver também, Ac. do S.T.J. de 11/4/1985, *Bol.* 346, 215.

14. Se o prédio for misto e ainda que o contrato de arrendamento abranja só a parte rústica, isso não obsta a que o arrendatário rural possa exercer o seu direito de preferência. — Ac. da Relação de Évora de 29/9/1988, *Col. Jur.* XIII, 4, 250.

15. A resolução do arrendamento por facto posterior àquele que gera o direito de preferência deixa intacto este último. — Ac. da Relação de Évora de 10/10/1985, *Col. Jur.* X, 4, 294.

16. Aceite a denúncia do contrato de arrendamento rural, nem por isso fica prejudicado o (eventual) direito de preferência do arrendatário relativamente à venda do prédio entretanto realizada — Ac. da Relação de Coimbra de 18/10/1988, *Bol.* 380, 545.

17. I — É válido o contrato de arrendamento de parte do prédio, celebrado pelo adquirente e preferido antes de haver decisão sobre o reconhecimento do direito de preferência.
II — O direito com base no qual foi outorgado esse arrendamento pelo preferido extingue-se retroactivamente com o reconhecimento da preferência. — Ac. da Relação do Porto de 8/4/1986, *Col. Jur.* XI, 2, 200.

18. Vendido todo o prédio, com área inferior à unidade de cultura, a um dos dois arrendatários rurais, não tem o outro direito de preferência relativamente à metade que agricultava, porque isso frustraria o funcionamento proibido pelo art. 1380.º do C.C. — Ac. da Relação de Coimbra de 7/5/1985, *Col. Jur.* X, 3, 63.

19. O acto de fraccionamento de prédio apto para cultura de sequeiro em parcelas de área inferior à legalmente fixada (Portaria n.º 202/70) não é nulo, mas apenas anulável — Ac. da Relação de Coimbra de 5/4/1988, *Bol.* 376, 674.

20. Aos autores rendeiros de metade do prédio assiste o direito de preferência à sua totalidade. — Ac. da Relação de Coimbra de 11/3/1986, *Col. Jur.* XI, 2, 54.

21. I — O direito de preferência, conferido ao rendeiro cultivador directo, pelo art. 25.º, n.º 1, do Dec.-Lei n.º 201/75 refere-se tão só aos prédios arrendados.
II — Da mesma forma, o direito de preferência a que se reporta o art. 29.º, n.º 1, da Lei n.º 76/77 só incide sobre os prédios arrendados, abrangendo apenas as construções que neles existam.
III — O art. 1381.º, al. b), do C.C. é inaplicável a uma situação de exercício de direito de preferência pelo arrendatário do prédio rústico. — Ac. do S.T.J. de 6/1/1987, *Bol.* 363, 542.
Esta doutrina mantém-se válida para o diploma em anotação.

22. No caso de haver vários arrendatários rurais estes só gozam do direito de preferência se a alienação do prédio é feita a um estranho, mas já não se é feita a um deles. — Ac. da Relação de Coimbra de 6/1/1987, *Bol.* 363, 611.

23. No caso de venda ou dação em cumprimento de prédios objecto de parceria agrícola, têm direito de preferência, em primeiro lugar, os respectivos parceiros. — Cfr. art. 33.º.
O parceiro cultivador não goza do direito de preferência na alienação do prédio respectivo. — Ac. do Tribunal da Relação de Coimbra de 14/1/1992, *Bol.* 413, 623.

24. A situação de arrendamento de prédio indiviso apenas por alguns dos comproprietários encontra-se prevista e regulada no art. 1024.º n.º 2 do C.C., o qual a considera geradora de uma «invalidade».
A doutrina e a jurisprudência encontram-se divididas acerca do conceito dogmático que serve de moldura para enquadramento normativo da referida situação de facto e da invalidade de que é matriz.
Assim, para P. de Lima e A. Varela, in *C.C. Anotado*, vol. II, 4.ª ed. 346, o arrendamento feito por um ou algum dos consortes sem o consentimento de todos é um arrendamento nulo, como resulta claramente do n.º 2 do art. 124.º do C.C. (cfr. art. 294.º) embora a *nulidade* esteja sujeita a um regime especial, incluindo a possibilidade de confirmação e o facto de só ser invocável pelos consortes não participantes no acto. Para Pereira Coelho, in *Sumário das Lições do Ciclo Complementar de Ciências Jurídicas em 1980/1981*, pág. 269, nota 2, trata-se, antes, de uma anulabilidade de regime misto, invocável só pelos comproprietários não compartidos no acto, sem sujeição a prazo, mas sanável mediante confirmação.
Vaz Serra, *Rev. Leg. Jur.* 100, pág. 201, 110, pág. 91, e 112, pág. 145, sustenta que o arrendamento de coisa comum feito por um ou alguns dos consortes sem o consentimento dos outros é, em relação a estes, mais do que nulo ou anulável, pois é simplesmente ineficaz, como acto que lhes é totalmente estranho («res inter alios acta»).
E os arestos dos tribunais têm-se enquadrado nestas diferentes orientações doutrinárias.
Assim, o Ac. da Relação de Évora de 13/11/1980 (*Col.* V, 5/76), segue a doutrina de P. de Lima e A. Varela; o Ac. do S.T.J. de 19/11/1978 (*Bol.* 280, pág. 281) acompanha Pereira Coelho; e os Acs. do S.T.J. de 20/11/73 (*Bol.* 231, pág. 146), e de 19/1/1984 (*Bol.* 333, pág. 428) e desta Relação de 9/7/1981 (*Col.* VI, 4, 180) acolhem os ensinamentos de Vaz Serra.

Entendemos ser mais adequada a orientação que interpreta o art. 1024.º n.º 2, do C.C. no sentido de o arrendamento de prédio em regime de indivisão, não autorizado por um ou alguns dos comproprietários, ser meramente ineficaz em relação a estes, visto não se justificar que seja sancionado com a nulidade ou com a anulabilidade, porque em ambos estes casos o comproprietário não interveniente no acto seria obrigado, para lhe pôr termo e obter o despejo do prédio, a pedir a sua anulação judicial, o que não parece razoável.

Assim, como a venda de coisa alheia é ineficaz em relação ao «versus dominus», também por idêntico motivo o arrendamento de coisa comum feito por algum ou alguns dos comproprietários sem o consentimento dos outros, que representa em relação ao direito destes um arrendamento de coisa alheia, é ineficaz em relação aos comproprietários que não intervieram no acto, não produzindo contra si quaisquer efeitos por se tratar para eles de «res inter alios acta». Estes comproprietários, estranhos ao contrato, podem pura e simplesmente desconhecê-lo, não sendo obrigados a respeitá-lo (cfr. *Rev. Leg. Jur.* 112, pág. 146).

O arrendatário de prédio indiviso só perante a totalidade dos comproprietários (senhorio plural) poderá afirmar o direito de preferência na venda do arrendado.

Quando não puder ser proclamado perante todos os comproprietários, como é o caso dos autos, o direito de prelação não existe — Ac. da Relação do Porto de 8/1/1991, *Col. Jur.* XVI, 1, 220.

25. A aquisição, por compra ou dação em cumprimento, de prédio rústico em regime de arrendamento rural para fins não agrícolas em nada interfere com o direito legal de preferência que assiste aos respectivos arrendatários — Ac. da Relação do Porto de 20/1/1992, *Bol.* 413, 611.

26. O direito do preferente arrendatário rural de receber os frutos objecto de preferência desde a citação não abrange as rendas pagas por ele como arrendatário ao preferido, como proprietário, até à sentença — Ac. da Relação do Porto de 25/6/1996, *Bol.* 458, 391.

27. I — O direito de preferência concedido ao arrendatário rural pelo art. 28.º do Dec.-Lei n.º 385/88, no caso do arrendamento respeitar à parcela de um prédio, pode ser exercido mesmo na venda de parte determinada desse prédio.

II — Esse direito não se configura, porém, na hipótese de o proprietário proceder ao fraccionamento legal do seu prédio e à venda do novo prédio autónomo em que se não integra aquela parcela arrendada. — Ac. do STJ de 14/12/1994, *Col. Jur. STJ*, II, 3, 182.

28. I — Os proprietários de terrenos confinantes não gozam do direito de preferência na alienação de prédios que formem uma exploração agrícola efectiva, exclusiva ou predominantemente feita através do trabalho do próprio agricultor, cultivador directo ou agricultor autónomo ou do seu agregado familiar.

II — Para que o arrendatário rural tenha preferência na venda do prédio arrendado, a lei apenas exige que o contrato vigore há, pelo menos, três anos e não que esteja reduzido a escrito há mais de três anos.

III — A circunstância de os arrendamentos rurais terem, obrigatoriamente, de ser reduzidos a escrito não pode impedir os outorgantes de, em escrito posterior, estabelecerem a data do começo da respectiva vigência.

IV — E, de tal declaração, não podem deixar de ser retirados efeitos jurídicos, que no plano das relações senhorio/arrendatário, quer no das relações entre estes e terceiros. — Ac. do STJ de 30/6/1998, *Col. Jur. STJ*, VI, 2, 146.

29. I — No caso de venda ou dação em cumprimento de prédio arrendado, os arrendatários têm direito de preferência nessa transmissão, desde que o contrato vigore há pelo menos três anos.

II — O encarregado de venda extrajudicial, em processo de execução fiscal, tem de oferecer a preferência ao titular do respectivo direito, quando tal houver lugar.

III — Sendo a modalidade de venda a de propostas em carta fechada, a notificação para preferência não deve revestir a forma de acto processual, não tendo cabimento a sua realização por éditos.

IV — Não tendo havido oferta do negócio, nos termos lealmente impostos, passa o exercício dá preferência a ser configurado como uma acção a propor, nos termos do art. 1410.º do C.C.. — Ac. do STJ de 9/7/1998, *Proc. 726/98, 1.ª Secção*.

30. Conselheiro Aragão Seia, *Arrendamento Urbano*, 6.ª ed., 314 e anotações: Se o obrigado quiser vender o arrendado juntamente com outra ou outras coisas, por um preço global — artigo 417.º do CC — recorrendo à notificação para preferência como acto preliminar da alienação, ao abrigo do disposto no artigo 1458.º do CPC, e se o preferente declarar que quer apenas exercer o direito em relação ao arrendado — n.º 1 do artigo 1459.º do CPC — requererá este logo a determinação do preço que deve ser atribuído proporcionalmente ao arrendado, aplicando-se o disposto no artigo 1429.º do C.P.C.

A parte contrária pode deduzir oposição ao requerido, invocando que a coisa preferida não pode ser separada sem prejuízo apreciável. Procedendo a oposição, o preferente perde o seu direito, a menos que exerça a preferência em relação a todas as coisas — n.ᵒˢ 2 e 3 do artigo 1459.º do C.P.C.

Se o titular da preferência concordar com o projecto de alienação global de outra ou outras coisas a preferência, que se mantém, estende-se a toda a venda projectada. Se o obrigado vender o arrendado juntamente com outra ou outras coisas, por um preço global, sem notificação prévia do preferente, deverá este, segundo a melhor opinião, requerer a determinação judicial do preço — artigos 1429.º e 1459.º n.º 1, ambos do C.P.C. — como acto prévio à acção de preferência.

Na lição dos Profs. Pires de Lima e Antunes Varela — *CC Anotado*, III, 2.ª ed., 376 — o preferente não tem a obrigação de depositar o montante que, segundo os elementos ao seu dispor, corresponde, no preço global, à coisa sujeita à preferência.

E isso por entenderem que se o titular do direito de opção apenas toma conhecimento do preço global convencionado entre o alienante e o adquirente, isso significa que continua a ignorar um elemento essencial ao exercício do seu direito (o preço proporcional da coisa sujeita a preferência) e, por conseguinte, só a partir do momento em que esse elemento seja determinado (em regra, através de um arbitramento) é que deverá começar a correr o prazo de caducidade a que está sujeita a acção de preferência. O preferente tem de depositar sempre o preço real da alienação sujeita a preferência, e nunca um preço hipotético — preço este, de resto, para cuja determinação dificilmente se poderia formular um critério objectivo e uniforme.

Quando assim se não entenda, e se exerça o direito de preferência ao abrigo dos n.ºs 1 e 2 do artigo 417.º do C.C., o preço a depositar é o que proporcionalmente corresponder à coisa ou coisas relativamente às quais se exerce a preferência, se o preço destas ainda não estiver concretamente determinado. Esta determinação vai permitir que se relegue para a execução de sentença o apuramento do preço real a pagar, com a obrigação de vir a ser completado o depósito feito se o tribunal vier a fixar em montante mais elevado o preço proporcional ou com o direito de restituição se o fixar em quantia inferior.
— Ac. do STJ de 30/1/2001, *Col. Jur. STJ*, IX, 1, 84, de que fomos relator; ver, também, o Ac. da Relação de Coimbra de 20/9/1998, *Col. Jur.*, XIII, 4, 56.

IV — Objecto do direito de preferência

a) Nas alienações parciais e nas totais

1. Aceita-se, geralmente, que o direito de preferência tanto possa exercer-se nas alienações totais como nas parciais. — Cfr. *Manual dos Direitos de Preferência*, Pinto Loureiro, I, 81.

Entre a alienação total e parcial haverá uma diferença apenas quantitativa, verificando-se, portanto, as mesmas razões, só em maior ou menor grau, para o reconhecimento do direito de preferência na alienação de todo o prédio ou de parte deste. — *Ob. cit.*, I, 82.

Ao titular do direito de preferência não pode negar-se a faculdade de tomar sobre si, em condição de *tanteio*, qualquer porção material da coisa alienada ou do direito que sobre ela tem, bem como de quaisquer direitos fraccionários que venham a desmembrar-se do direito de propriedade. — *Ob. cit.*, I, 83.

2. Quererá a lei dar preferência ao arrendatário rural só quando todo o prédio seja objecto de arrendamento?

A lei não distingue entre o arrendamento de todo o prédio ou só de parte dele e onde não distingue não compete ao intérprete fazê-lo, tanto mais que se não vê qualquer razão válida para dar tratamento diferente numa hipótese e noutra.

O que a lei quis foi proteger o arrendatário rural dando possibilidades de se tornarem proprietários das terras aqueles que as trabalham, sem qualquer prejuízo para os senhorios e tão digno de protecção, é o que tem todo o prédio arrendado, como aquele que só tem arrendada parte do mesmo prédio.

Por outro lado nenhumas dúvidas se levantariam se, havendo dois arrendatários, ambos viessem preferir.

Assim, o arrendatário de parte do prédio, havendo renúncia do outro co-arrendatário, goza do direito de preferência na venda de todo o prédio arrendado. — Ac. da Relação de Coimbra de 11/3/1980, *Col. Jur.* V, 2, 23.

3. Quando o arrendamento abrange apenas uma parcela do prédio o arrendatário pode preferir na venda de todo o prédio, se este não tiver sido fraccionado.

Resulta isto de o preceito não ter feito distinção entre arrendatário de todo o prédio e arrendatário de uma parcela, tudo indicando que o legislador quis equiparar as duas situações. — Acs. da Relação do Porto de 15/7/1977, *Proc. n.º 12 009, da 1.ª Secção*, e da Relação de Coimbra de 22/2/1983, *Col. Jur.* VIII, 1, 53, de 3/6/1980, *Bol.* 301, 472 e de 14/10/1977, *Col. Jur.* II, 1100.

4. Se todo o prédio rústico for vendido, o arrendatário rural de parte dele, com dimensão inferior à unidade de cultura, não goza do direito de preferência sobre essa parte, por isso implicar o fraccionamento proibido no art. 1376.º do C.C. — Vd. Acs. da Relação de Lisboa de 3/1/1978, *Col. Jur.* III, 16 e da Relação de Coimbra de 22/2/1983, *Col. Jur.* VIII, 1, 53.

5. I — Fica sem objecto o direito de preferência relativamente a um prédio cuja venda veio a ser anulada.

II — A decisão anulatória da venda faz caso julgado, por força do disposto nos arts. 220.º, 289.º, n.º 1, e 291.º n.º 1, «a contrario sensu», do C.C., contra os preferentes, sem embargo de estes não haverem sido parte na acção de anulação.

III — A confissão ficta decorrente da falta de contestação da acção de anulação não é assimilável ao distrate ineficaz ainda que resultante de confissão ou transacção judicial prevista no n.º 2 do art. 1410.º do C.C. — Ac. do S.T.J. de 29/11/1983, *Bol.* 331, 565.

6. I — O direito de preferência concedido ao arrendatário rural, no caso do arrendamento respeitar apenas a parcela de um prédio, pode ser exercido mesmo na venda de parte determinada desse mesmo prédio.

II — Todavia, se o proprietário proceder ao fraccionamento legal daquele seu prédio e à venda do novo prédio autónomo, em que se não integra a aludida parcela arrendada, não se verifica já o mencionado direito de preferência. — Ac. do STJ de 14/12/1994, *Bol.* 442, 191.

I — Há direito de preferência quanto ao rendeiro de parte do prédio vendido.

II — Esse direito já não existe se porventura o prédio foi fraccionado antes da venda de parcela correspondente ao prédio não arrendado — Ac. da Relação de Évora de 13/1/1994, *Bol.* 433, 643.

b) Nas alienações de quota ideal ou quota indivisa

1. Foi muito discutido na vigência dos anteriores diplomas se o arrendatário podia ou não preferir na hipótese de venda de uma quota ideal ou indivisa do prédio arrendado.

Em sentido afirmativo — Acs. da Relação de Coimbra de 14/10/1977, *Col. Jur.* II, 1100, de 3/6/1980, *Bol.* 301, 472, de 25/1/1983, *Bol.* 325, 610, de 2/2/1983, *Col. Jur.* VIII, 1, 53 e 15/3/1983, *Bol.* 326, 534, os Acs. do S.T.J. de 24/7/1984, *Bol.* 339, 392 e de 24/11/1987, *Bol.* 371, 432, o Ac. da Relação de Évora de 3/12/1987, *Col. Jur.* XII, 5, 271 e a *Rev. Leg. Jur.* 119, 377.

Em sentido negativo — Ac. da Relação do Porto de 4/10/1982, *Col. Jur.* VII, 5, 199, o Ac. do S.T.J. de 10/2/1983, *Bol.* 324, 561, com parecer contrário na citada *Rev. Leg. Jur.* 119, 377, os Acs. da Relação do Porto de 10/5/1984, *Bol.*

377, 407 e de 14/11/1985, *Col. Jur.* X, 5, 172 e o Ac. do S.T.J. de 27/2/1986, *Bol.* 354, 532.

Hoje parece não haver dúvidas de que o direito de preferência do arrendatário abrange, também, a venda de quota ideal ou indivisa do prédio arrendado, já que no n.º 2 do preceito em anotação se diz que o exercício do direito de preferência do arrendatário cede perante o exercício desse direito por co-herdeiro ou comproprietário. Neste sentido ver o Assento do S.T.J. de 9/2/1993, *Bol.* 424, 61.

Resulta daqui que, se estes o não exercerem, ele pertence ao arrendatário.

2. Os consortes do alienante podem obter a conversão da venda de parte determinada da coisa comum em venda da quota ideal do alienante, para exercerem o seu direito de preferência — Ac. da Relação de Coimbra de 8/3/1994, *Bol.* 434, 911.

3. I — O objectivo legal — art. 1380.º do C.C. — do emparcelamento (das parcelas de terreno com área inferior à unidade de cultura) só se alcançará se se admitir o direito de preferência não apenas em relação à venda da totalidade do prédio ou a uma fracção determinada dele, mas também em relação à venda de uma qualquer fracção indivisa do prédio.

II — Assim, o proprietário confinante tem direito de preferência na venda de quota alíquota do prédio vizinho. — Ac. da Relação de Coimbra de 19/11/1996, *Col. Jur.* XXI, 5, 19.

4. O direito de preferência conferido pelo artigo 1380.º do CC só pode recair sobre um prédio e não sobre uma quota ideal do mesmo. — Ac. do STJ de 9/11/1999, *Bol.* 491, 210.

c) Na herança indivisa

1. Mesmo que se compre o direito e acção a uma herança o arrendatário pode preferir, pois não sofre contestação que na transmissão de uma universalidade, como é a herança, de que faz parte certo prédio, este também é transmitido; a lei não exige que a transmissão do prédio tenha de ser feita individualmente, nem aliás se compreenderia que o exigisse, pois, sendo um só comprador, de qualquer forma a transmissão dava-se para a mesma pessoa e com os mesmos efeitos. — Ac. da Relação do Porto de 11/11/1977, *Col. Jur.* II, 1212.

2. Enquanto não houver partilhas, a herança tem de se considerar um todo uno e indivisível, cujos direitos e obrigações não podem ser atribuídos destrinçadamente a qualquer dos herdeiros.

Há-de ser a herança o titular do direito de preferência, não podendo substituir-se-lhe qualquer herdeiro ou mesmo todos eles, enquanto se manifestarem apenas individualmente. — Ac. do S.T.J. de 14/1/1972, *Bol.* 213, 211.

3. I — O art. 2130.º do C.C. mostra que cada co-herdeiro goza do direito de preferência como qualquer comproprietário, não mostrando que esse direito só possa ser exercido pelos co-herdeiros.

II — No tocante ao exercício do direito de preferência pela própria herança indivisa, considerada no seu todo, só ela, por intermédio do cabeça de casal, pode preferir na transmissão. — Acs. da Relação de Coimbra de 22/7/1980, *Col. Jur.* V, 4, 18 e de 14/3/1990, *Bol.* 395, 681; ver, ainda, o Ac. da mesma Relação de 19/1/1988, *Bol.* 373, 605, e o Ac. da Relação de Évora de 3/10/1991, *Bol.* 410, 896.

4. I — O direito de preferência, com base em prédio que faça parte de herança líquida e indivisa, só pode ser exercido pelo cabeça de casal em proveito da herança.

II — Carece, assim, de legitimidade o herdeiro que o pretende exercitar para si. — Ac. da Relação do Porto de 3/2/1983, *Col. Jur.* VIII, 1, 232.

5. I — Nos casos previstos no art. 2130.º do C.C., o titular do direito de preferência não é a herança, mas o herdeiro, do mesmo modo que, na hipótese do art. 1409.º do mesmo Código, é o comproprietário, e não a comunhão ou condomínio, que goza de prelação.

II — O direito de preferência dos co-herdeiros (art. 2130.º do C.C.) abrange a venda pelo meeiro do seu direito à meação. — Ac. do S.T.J. de 24/7/1984, *Bol.* 339, 392.

6. Compropriedade e herança indivisa são realidades diferentes (esta finda com a partilha e aquela com a divisão da coisa comum) — Ac. da Relação de Coimbra de 20/9/1988, *Bol.* 379, 97.

7. I — A sentença proferida em acção de preferência que visa a alienação de bens determinados de herança indivisa não forma caso julgado em relação aos herdeiros que não intervieram, nem consentiram em tal alienação.

II — A alienação de bens determinados de herança indivisa, sem consentimento de todos os co-titulares, é ineficaz em relação àqueles que não deram o seu consentimento — Ac. da Relação do Porto de 20/11/1990, *Col. Jur.* XV, 5, 205.

8. I — Os direitos relativos à herança indivisa só podem ser exercidos conjuntamente por todos os herdeiros.

II — Se a lei exige que todos os directamente interessados estejam presentes em determinado processo e algum não queira nele figurar, aos que pretendam recorrer a juízo só resta requerer o incidente de intervenção principal provocada e, assim, vencer a inércia do recusante e garantir a legitimidade activa — Ac. da Relação de Coimbra de 11/12/1990, *Col. Jur.* XV, 5, 67.

9. O arrendatário não goza do direito de preferência na venda do direito e acção à herança de cujo acervo faz parte o prédio arrendado. — Ac. do STJ de 15/4/1993, *Col. Jur. STJ.* I, 2, 68.

10. I — Só os co-herdeiros gozam do direito de preferência na alienação de um quinhão hereditário a pessoas estranhas à herança. II — Não goza desse direito o inquilino de prédio da herança adjudicado ao cessionário do quinhão hereditário, ou que por ele tenha sido licitado. — Ac. da Relação do Porto de 14/2/2000, *Bol.* 494, 399.

191

d) Na compropriedade

1. I — O comproprietário de um terreno confinante é parte legítima na acção em que pretende ver reconhecido o seu direito de preferência sobre o prédio vendido, substituindo-se aos compradores, ficando o prédio só seu.

II — O ter ou não esse direito, o poder ou não exercê-lo sozinho, como comproprietário do prédio confinante, isso é já matéria de procedência do pedido e não de legitimidade.

III — Se o comproprietário tivesse vindo exercer esse direito em nome e no interesse de todos os comproprietários do prédio confinante e na proporção dos quinhões, então seria parte ilegítima, por, ao contrário da acção de reivindicação, que pode ser exercida por um só dos comproprietários — art. 1405.º, n.º 2, do C.C. — o direito de preferência só poder ser exercido por todos. — Ac. do S.T.J. de 6/11/1979, *Bol.* 291, 396.

2. Para o efeito do exercício do direito de preferência, o comproprietário pode pedir a conversão em venda de quota ideal da venda de parte certa da coisa comum, efectuada por outro comproprietário, mesmo que não seja de supor que as partes tivessem querido a compra e venda da quota ideal do vendedor. — Ac. da Relação do Porto de 29/5/1980, *Col. Jur.* V, 3, 86 e ainda *Rev. Leg. Jur.* 103, 60.

3. I — Havendo preferência de todos os comproprietários ou sendo a preferência imposta a todos por decisão judicial, o preço de aquisição é pago por todos nas respectivas proporções e do conjunto material todos ficam comproprietários nas proporções que já tinham em relação ao primeiro prédio.

II — Havendo renúncia de um dos comproprietários ao direito de preferência, o preço da aquisição cabe aos que não renunciarem e os respectivos direitos sobre o conjunto predial estabelecem-se nas proporções decorrentes. — Ac. da Relação de Coimbra de 10/7/1979, *Col. Jur.* IV, 1102.

4. O direito de preferência facultado ao proprietário do prédio confinante, que se configura numa compropriedade, pertence aos consortes em conjunto; e, por isso, salvo disposição em contrário, só por todos pode ser invocado e como tal exercido. — Ac. da Relação do Porto de 4/10/1982, *Col. Jur.* VII, 5, 199.

5. I — Com o art. 1380.º do C.C., o legislador teve em vista o emparcelamento do prédio com o fim de criar unidades de cultura de maiores dimensões e mais rentáveis, o que não sucederia se aos autores fosse reconhecido o direito de preferência individualmente, em virtude de não ser possível anexar a sua parte ideal do prédio ao prédio vendido, não sendo, deste modo, possível formar um todo.

II — O direito de preferência não se radica em qualquer dos comproprietários individualmente, mas no conjunto, como unidade, e, portanto, cada um daqueles não tem um direito autónomo, pertencendo ele a todos os comproprietários. — Ac. do S.T.J. de 27/2/1986, *Bol.* 354, 532.

6. I — O co-herdeiro (ou o comproprietário) que se apresente isoladamente a preferir, sem provar a intervenção dos restantes ou sem provar a renúncia deles, não pode deixar de ser considerado parte ilegítima, por não ser o único titular da relação controvertida, no momento em que a acção é proposta.

Arrendamento Rural ART. 28.º

II — Se, apesar de a acção correr apenas entre um ou alguns dos comproprietários e o adquirente da quota alienada, tiver sido declarada a legitimidade do autor ou dos autores, a consequência não pode deixar de ser esta: adjudicar--se-lhes a parte da quota alienada que, proporcionalmente, corresponda à sua ou às suas próprias quotas. É que, nessa eventualidade, existe a possibilidade de os demais comproprietários terem exercido o seu direito em acção diferente, a possibilidade de haver outros preferentes.

III — Nada obsta a que os comproprietários que se apresentaram isoladamente a preferir dividam, entre si, como lhes aprouver, a parte que, em conjunto, lhes cabe na quota alienada, porque, seja qual for a divisão feita, ela não é susceptível de afectar o direito dos outros possíveis preferentes — Ac. do S.T.J. de 14/4/1988, *Bol.* 376, 569; ver, também, o Ac. do S.T.J. de 9/12/99, *Bol.*, 492, 391.

7. O comproprietário goza do direito de preferência na venda em hasta pública da totalidade da coisa comum, a que se procede por não ter havido venda na adjudicação da mesma em acção de divisão de coisa comum — Ac. da Relação do Porto de 17/12/1992, *Col. Jur.* XVII, 5, 240.

8. I — Na venda de prédio rústico, o comproprietário de prédio confinante não tem legitimidade para exercer a preferência. II — A renúncia dos restantes comproprietários não sana essa ilegitimidade. — Ac. da Relação de Coimbra de 5/12/2000, *Col. Jur.*, XXV, 5, 33.

V — Preferência na venda de prédio para fim não agrícola

1. Para o exercício do direito de preferência é inaplicável o critério fiscal da distinção entre prédio rústico e prédio urbano, sendo a lei civil a única aplicável para esse efeito — arts. 204.º, n.º 2, 1380.º e 1381.º do C.C. — Ac. da Relação de Coimbra de 30/6/1978, *Col. Jur.* III, 1042.

2. Um prédio rústico, de mato e pinheiros, vendido para construção, perde a sua condição jurídico-agrária e, concomitantemente, a sua aptidão para cultura, deixando de se enquadrar em qualquer das categorias previstas na Portaria n.º 202/70, de 21 de Abril. E esse novo destino é circunstância obstativa ao exercício do direito de preferência — arts. 1380.º e 1381.º do C.C. — Ac. da Relação do Porto de 17/6/1982, *Bol.* 318, 477.

3. I — Os proprietários de terrenos confinantes, de área inferior à unidade de cultura, gozam reciprocamente do direito de preferência no caso de venda de qualquer dos prédios a quem não seja proprietário confinante.

II — Não gozam, todavia, do direito de preferência, quando alguns dos terrenos se destina à construção, ou a qualquer fim que não seja a cultura. — Ac. da Relação do Porto de 19/2/1981, *Col. Jur.* VI, 1, 169 e Ac. do S.T.J. de 12/7/1983, *Bol.* 329, 561.

4. I — A afectação do terreno a um fim que não é o de cultura exclui o direito de preferência previsto no art. 1380.º, em virtude do disposto na al. *a)* do art. 1381.º, ambos do C.C.

II — Não importa que o terreno no momento do fraccionamento tivesse por fim a cultura agrícola ou florestal; o que releva é o seu destino posterior. — Ac. da Relação de Évora de 19/7/1979, *Col. Jur.* IV, 1325. Ver, também, o Ac. da Relação de Coimbra de 10/5/1988, *Bol.* 377, 563.

5. O arrendatário de prédio rústico goza do direito de preferência na compra do arrendado por terceiro, mesmo que esta tenha sido efectuada para fins de construção e não para fins agrícolas. — Ac. da Relação de Coimbra de 23/3/1982, *Col. Jur.* VII, 2, 89; em sentido contrário os Acs. da mesma Relação de 22/2/1983, *Col. Jur.* VIII, 1, 53 e de 24/6/1986, *Bol.* 358, 616.

6. I — Não tem de constar da escritura pública de venda do terreno sobre que se prefere, a declaração do destino do prédio, para que o exercício do direito de preferência não seja possível.
II — É admissível prova testemunhal de que o terreno se destina a construção. — Acs. da Relação de Coimbra de 19/4/1983, *Col. Jur.* VIII, 2, 27, e de 1/7/1997, *Col. Jur.* XXII, 4, 11. O fim diverso tem de ser legalmente possível. — Ac. STJ de 19/3/1998, *Col. Jur. STJ* VI, 1, 143.; ver, também, em relação ao n.º I, o Ac. da Relação de Coimbra de 16/12/1986, *Col. Jur.* XI, V, 96.

7. A prova de que o terreno comprado se destina a construção pode ser feita na acção de preferência, mesmo que tal não conste da respectiva escritura pública. — Ac. da Relação de Coimbra de 10/2/1981, *Bol.* 303, 299.

8. I — A falta ou inexactidão do constante de escritura de venda, relativamente ao destino da coisa, nunca justifica o conhecimento oficioso de tal pretensa nulidade; não há nulidade se o fim do negócio expresso na escritura não for contrário à lei ou aos bons costumes — art. 281.º do C.C.
II — Não há direito de preferência, baseado na confinância de prédios rústicos, quando o terreno vendido se destina, não a qualquer exploração agrícola, mas sim a nele serem construídas habitações.
III — A classificação do terreno como de construção depende não só da existência de infra-estruturas necessárias — art. 27.º do Dec.-Lei n.º 527/70, de 24 de Novembro —, mas também de que os compradores tenham feito a prova de que ao adquiri-lo, hajam procedido com aquela finalidade. — Ac. do S.T.J. de 31/1/1980, *Bol.* 293, 355.

9. Logradouro é o terreno adjacente à casa, com carácter de quintal ou jardim, terreno de horta, com árvores, na dependência da moradia, servindo de aproveitamento ou suporte às necessidades ocasionais dos donos da casa.
Tendo em vista o disposto no art. 204.º, n.º 2, do C.C., está caracterizada a hipótese do art. 1381.º, al. *a)*, do C.C., pelo que não pode ser exercido o direito de preferência na venda. — Acs. da Relação de Coimbra de 17/11/1981, *Col. Jur.* VI, 5, 69 e da Relação de Évora de 15/3/1984, *Bol.* 337, 428.
A qualificação de um terreno, para efeito de saber se, com base na confinância, o proprietário goza ou não do direito de preferência na alienação do prédio rústico limite com o seu depende do recurso aos objectivos prosseguidos com a proibição do fraccionamento e com o desiderato do emparcelamento (C.C., art. 1376.º e segs.).

Seja por esta especificidade seja porque, a lei não define o que entende por logradouro quer por parte componente nem directamente fornece um critério para a distinção (o que, se não fosse aquela especificidade, não impediria que se qualificasse o terreno confinante quer como um prédio rústico com parte urbana quer como parte rústica de um prédio urbano), cabe ao intérprete fazer, caso a caso, a distinção, determiná-la. Está-se perante uma questão de facto — Ac. do STJ de 16/4/1996, *Bol.* 456, 321.

10. O direito de preferência conferido pelo art. 1380.º do C.C. não depende da afinidade ou identidade de culturas nos prédios confinantes. — Assento do S.T.J. de 18/3/1986, *Bol.* 355, 121 e *Rev. Leg. Jur.* 124, 365.

11. I — É condição do direito de preferência que possa haver reciprocidade de direitos entre os confinantes.

II — Se o prédio era de cultura na altura da venda, mas se transformou em urbano no decurso da acção e esse facto vem provado, improcede o pedido por deixar de haver reciprocidade de direito de preferência e verifica-se a excepção do art. 1381.º, al. *a)* do C.C. — Ac. da Relação de Coimbra de 9/2/1988, *Col. Jur.* XIII, 1, 74; ver também, o Ac. do S.T.J. de 3/7/1986, *Bol.* 359, 706.

12. Para o exercício do direito de preferência, previsto no art. 1380.º do C.C., não é impeditivo que os terrenos confinantes (desde que contínuos ou sem soluções de continuidade) abranjam mais do que um artigo matricial. — Ac. da Relação do Porto de 31/10/1985, *Col. Jur.* X, 4, 253.

13. Para que não surja o direito de preferência a que alude o art. 1380.º do C.C. é necessário que a aquisição do prédio se destine a um fim que não seja a cultura, mas não é imperioso que, de imediato, seja utilizado nesse outro fim. — Ac. da Relação de Coimbra de 16/12/1986, *Col. Jur.* XI, 5, 96. A declaração feita no título aquisitivo de que o terreno é para construção só é juridicamente relevante quando os interessados possam, efectivamente, destinar o terreno à edificação urbana — Ac. do S.T.A. de 22/7/1987, *Bol.* 369, 462.

Se consta que tal fim é diferente da cultura, poderá não só o preferente tentar provar, na respectiva acção, que essa indicação não corresponde à verdade, como poderá fazer funcionar o regime sancionatório previsto no art. 1379.º do C.C.

De resto, é este o regime adoptado pelo nosso sistema jurídico no que concerne ao direito de preferência, conforme resulta do n.º 2 do art. 1410.º do mesmo diploma — Ac. do S.T.J. de 7/2/1991, *Proc. n.º 78.181.*

14. A exclusão do direito de preferência prevista na 2.ª parte da al. *a)* do art. 1381.º do C.C. só se verifica quando o fim a que o terreno se destina seja incompatível com a cultura, em alguma das suas modalidades, de exploração agrícola ou florestal. — Ac. da Relação do Porto de 7/7/1987, *Col. Jur.* XII, 4, 201.

15. Não gozam de direito de preferência os proprietários dos terrenos confinantes, quando a alienação abrange um conjunto de prédios que, embora

formando uma exploração agrícola de tipo familiar, se encontram dispersos.
— Ac. da Relação do Porto de 3/3/1988, *Col. Jur.* XIII, 2, 190.

16. É suficiente para afastar o direito de preferência nos termos do art. 1381.º, al. *a)*, do C.C. o facto de os compradores tencionarem construir no prédio rústico uma casa, tendo para efeito apresentado o projecto à Câmara Municipal, obtido o respectivo alvará e dado início às obras com a realização de escavações para as fundações. — Ac. da Relação do Porto de 16/2/1989, *Bol.* 384, 658.

17. I — Para efeitos do art. 1380.º, n.º 1, do C.C., é irrelevante o tipo de cultura que caracteriza os prédios confinantes, sejam eles para fins agrícolas, pecuários ou florestais, importando apenas que tenham área inferior à da unidade de cultura.

II — Quando o terreno alienado constitua um terreno de cultura, o direito de preferência dos proprietários confinantes só não existirá se o adquirente provar que realizou o negócio aquisitivo com a intenção de afectar o terreno a fim diferente e que essa afectação é permitida por lei, sendo irrelevante que, a tal respeito, nada conste da escritura de compra e venda, podendo a prova daquela intenção vir a fazer-se por outros meios — Ac. da Relação do Porto de 6/3/1990, *Bol.* 395, 668.

18. Para o senhorio poder denunciar o contrato de arrendamento de prédio rústico que não se destina a exploração agrícola, pecuária ou florestal com fundamento na construção de novos edifícios, não é suficiente a junção de um projecto de loteamento, aprovado pela Câmara Municipal — Ac. da Relação do Porto de 31/10/1989, B*ol.* 390, 463.

19. O fim que releva, para efeitos de aplicação do disposto na al. *a)* do art. 1381.º do C.C., não é aquele a que o terreno esteja afectado à data da alienação, mas antes o que o adquirente pretenda dar-lhe (*vide* o Ac. da Relação de Évora, de 19 de Julho de 1979, na *Col. Jur.* 1979, tomo 4.º, págs. 1325 e segs.). Este fim não tem de constar necessariamente da escritura de alienação, podendo provar-se por outros meios (cfr. o Ac. do S.T.J., de 31 de Janeiro de 1980, no *B.M.J.*, n.º 293, págs. 355 e segs., e os Acs. da Relação de Coimbra, de 28 de Julho de 1976, de 3 de Abril de 1979 e de 10 de Fevereiro de 1981, respectivamente na *Col. Jur.*, ano I, tomo 2.º, págs. 349-350, ano IV, tomo 3.º, págs. 575-576, e ano VI, tomo 1.º, págs. 43-44; em sentido oposto, Ac. da Relação do Porto, de 9 de Março de 1973, no *B.M.J.*, n.º 226, pág. 276). Por outro lado, a declaração, exarada na escritura notarial, de que o terreno se destina a um fim diferente da cultura não afasta o direito de preferência, se se provar que aquela declaração não corresponde ao fim tido em vista pelo adquirente (*vide* o já cit. Ac. da Relação de Coimbra, de 28 de Julho de 1976) — Cfr. Profs. Pires de Lima e Antunes Varela, *C.C. Anotado*, vol. III, 2.ª ed., pág. 276; ver, também. Ac. da Relação do Porto de 9/1/1990, *Col. Jur.* XV, 1, 222.

20. I — O direito de preferência concedido pelo art. 1380.º do C.C. é-o apenas em favor de proprietários de terrenos confinantes com área inferior à unidade de cultura.

Arrendamento Rural ART. 28.º

II — Com a entrada em vigor do Dec.-Lei n.º 384/88, os proprietários de terrenos confinantes podem preferir, mesmo que os seus terrenos tenham área superior à unidade de cultura.

III — Sendo o direito concedido pelo C.C. um direito recíproco, o direito conferido pelo Dec.-Lei n.º 384/88 é também recíproco.

IV — Com uma restrição, porém: o direito recíproco de preferir, estabelecido pelo art. 18.º n.º 1 existe apenas no caso em que um dos terrenos confinantes tenha área superior à unidade de cultura. — Ac. do STJ de 13/10/1993, *Col. Jur. STJ.* I, 3, 64.

A este Acórdão deu a sua concordância o Prof. Antunes Varela, na *Rev. Leg. Jur.* 127, 294 e segs., onde comenta:

A redacção da disposição (n.º 1 do art. 18.º) é manifestamente *infeliz* e, olhando apenas ao seu texto, tornaria o sentido da norma verdadeiramente enigmático. É que, começando por atribuir o direito de preferência aos *proprietários de terrenos confinantes* — e terrenos *confinantes* é uma expressão *genérica*, semelhante a terrenos *vizinhos*, propriedades *contíguas*, que tanto abrange o *terreno vendido* ou que se *pretende vender*, como os terrenos que, à volta, confrontam com ele, têm estremas com ele — acaba por distinguir entre *aqueles e estes* (quais), ao prescrever que a preferência se mantém, ainda que a área *daqueles* (*quais*, se todos são confinantes uns dos outros?) seja superior à unidade de cultura.

Seria, de facto, uma verdadeira *enormidade* a solução de estender a preferência legal à alienação de qualquer prédio rústico (fosse qual fosse a sua área), em benefício de todos os proprietários rurais vizinhos ou confinantes, independentemente também da dimensão do prédio destes. E nenhuma indicação segura existe no *texto* ou no *espírito* do diploma de 1988 de que o legislador tenha pretendido consagrar tal *disparate* económico — jurídico estendendo a todo o território do País um sistema de verdadeira asfixia dos proprietários rurais. Se a intenção do legislador continuava a ser a de combater, na medida do possível, a existência do minifúndio, é evidente que o art. 18.º não podia visar os casos de alienação em que, nem o prédio vendido, nem o prédio confinante de quem pretenda preferir na venda, tenham uma área inferior à unidade de cultura. E, acrescente-se, efectivamente, que nem sequer o *texto* da disposição, apesar da inabilidade de quem o redigiu, apoia semelhante despautério. Com efeito, ao distinguir desastradamente na *sua parte final* (relativamente aos *terrenos confinantes*, a que se refere a *parte inicial*) entre *aqueles* (cuja área pode ser superior à unidade de cultura) e *estes* (quais?), o texto do n.º 1 do referido art. 18 dá nitidamente a entender que *estes* hão-de naturalmente possuir uma área *inferior* à unidade de cultura.

E a verdade, aliás, é que nenhumas dúvidas têm sério cabimento quanto ao espírito da norma implantada no referido art. 18.º. Se o legislador, ao reformular o regime da preferencia legal traçado no art. 1380.º do C.C., continuava apenas interessado em eliminar os minifúndios, aproveitando a oportunidade de o seu dono livremente os querer alienar, mas sem manter o regime do C.C., nem regressar à solução de 1962 (como inequivocamente se depreende do preâmbulo do diploma de 1988), uma única solução é capaz de corresponder simultaneamente a esse duplo objectivo — que é a de estabelecer um direito *recíproco* de preferência entre os donos dos prédios rústicos confinantes, desde que um deles (seja aquele cujo dono quer vendê-lo, seja o

197

outro contíguo, que pretende comprá-lo) tenha área inferior à unidade de cultura.

21. I — O direito de preferência previsto no art. 1380.º do C.C. a favor dos proprietários de terrenos confinantes visa obviar aos inconvenientes derivados da exploração agrícola em áreas fragmentadas com superfícies inferiores à unidade de cultura fixada para a respectiva zona, favorecendo a recomposição das áreas mínimas para esse efeito. Daí que, nos termos do art. 1381.º al. *a)* não haja lugar a preferência quando algum dos terrenos se não destina à cultura.

II — Para se concluir, porém, que não goza do direito de preferência o proprietário de prédio confinante com outro que não se destina à cultura, pois tem por fim a construção, não basta provar que os adquirentes deste «compraram o prédio com destino a construção». Torna-se mister, que aquele a quem esse facto impeditivo favorece prove — art. 342.º n.º 2 do C.C. — «a aptidão construcional do terreno vendido», a qual não decorre exclusivamente da manifestação de vontade, mas de circunstâncias várias, plasmadas na lei, como a existência das necessárias infra-estruturas — Ac. do STJ de 11/7/1991, *Bol.* 409, 803.

22. I — O direito legal de preferência conferido pelo art. 1380.º n.º 1 do C.C., tem como pressuposto ou facto constitutivo ser o preferente dono do terreno agrícola confinante com o terreno agrícola alienado.

II — O direito legal de preferência não depende agora de o terreno confinante, beneficiário da preferência, ter área inferior à unidade e cultura, como dispunha o n.º 1 do art. 1380.º do C.C., antes da alteração introduzida pelo art. 18.º n.º 1 do Dec.-Lei n.º 384/88, assim como não depende da afinidade ou identidade de culturas nos prédios confinantes, conforme doutrina com força obrigatória geral fixada no Assento do STJ de 18/3/1986, *Bol.* 355, 121.

III — Se os AA se limitaram a invocar a sua qualidade de proprietários do terreno confinante sem invocação de qualquer forma de aquisição (originária ou derivada) desse alegado direito, nem indicação de presunção da titularidade do mesmo, e sendo tal qualidade impugnada pelos RR, a acção está votada ao naufrágio.

IV — É que, em tal situação, não se podendo taxar a petição de inepta, mas antes de deficiente, impõe-se a absolvição do pedido e não da instância. — Ac. da Relação de Coimbra de 21/9/1993, *Col. Jur.* XVIII, 1, 41.

23. I — O exercício do direito de preferência relativo à transmissão da propriedade sobre prédios rústicos tem como causa final um emparcelamento surgido por preocupações de rentabilidade agrícola e hoje, também, de carácter ambiental.

II — O art. 1381.º al. *a)* do C.C. reflecte uma situação excepcional impeditiva do exercício do direito de preferência que implica ónus de prova factual por parte daquele ou daqueles contra quem a preferência pretende exercer-se, traduzindo-se, no campo processual, numa autêntica excepção peremptória.

III — Para preenchimento daquela situação excepcional, nada na lei exige que o destino a considerar para o terreno adquirido conste explicitamente do documento que titula a compra e venda, sendo determinante o facto psicológico constituído pela finalidade da compra. — Ac. do STJ de 18/1/1994, *Col. Jur. STJ* II, 1, 46.

24. Para funcionar a excepção prevista no art. 1381.º al. *a)*, parte final, do C.C., tem o interessado que alegar e provar não só que tem a intenção de construir, mas ainda que tal é legalmente possível — Ac. da Relação de Coimbra de 8/3/1994, *Bol.* 435, 911.

25. A intenção de destinar o prédio a outro fim, que não a cultura — mesmo que não tenha de constar necessariamente da escritura de alienação, conforme entendimento dominante (Profs. Pires de Lima e Antunes Varela, *Anotado*, III, 2.ª ed., 276) tem de existir no momento da celebração do contrato (cfr. Ac. da Relação de Coimbra de 16/12/1986, *Col.* 1986, V, 97). É que o destinar-se o prédio a fim diferente da cultura é que funciona como facto impeditivo do direito de potenciais preferentes. Ora se o propósito de o destinar a fim diverso da cultura não existir no momento da aquisição, o direito de preferência nasce, e não será já inutilizado por uma ulterior escolha de fim diverso. — (Ac. da Relação de Coimbra de 16/12/1986, *Col. Jur.* 1986, V, 97). — Ac. do STJ de 15/3/1994, *Col. Jur. STJ,* II, 1, 153.

26. I — Não goza de direito de preferência o proprietário confinante quando o prédio rústico vendido se destina a fim diferente do de cultura.

II — Não se exige que no acto de venda o prédio esteja já afectado a fim diverso do de cultura.

III — Para demonstrar a diversidade de fim qualquer meio de prova é admissível, devendo além do mais provar-se que a afectação é legalmente admissível.

IV — Se o fim diverso de cultura recair apenas em determinada parcela do prédio vendido é legítimo o direito de preferência por parte do proprietário confinante em relação à parte restante. — Ac. do STJ de 21/6/1994, *Col. Jur. STJ*, II, 2, 154.

27. I — Numa leitura meramente literal do n.º 1 do art. 1380.º do C.C., no caso de a venda de terreno, de área inferior à unidade de cultura, ser feita a proprietário de terreno confinante, já nenhum outro proprietário confinante, em qualquer circunstâncias, terá direito de preferência.

II — Sendo pressuposto do direito de preferência contemplado naquele normativo que a venda do prédio seja feita a terceiro não confinante, e verificando-se no caso concreto que o prédio rústico foi vendido a proprietário de prédio limítrofe, de concluir é que aos autores, embora donos de prédio confinante com o vendido e cuja área total formada se aproxima mais da unidade de cultura, não pode ser reconhecido o direito de preferência.

III — O art. 1381.º al. *a)* do C.C. é de todo inaplicável ao caso concreto, porquanto se limita a retirar ao proprietário confinante, e em dada situação, o direito de preferência de que, em princípio e à luz do preceituado no art. 1380.º, ele gozaria. Ora, e como se veio de ver, nem sequer se reconheceu aos autores o direito de prelação por eles invocado — Ac. do STJ de 7/7/1994, *Bol.* 439, 562.

28. I — Não goza do direito de preferência o proprietário confinante quando o prédio rústico vendido se destina a fim diferente do de cultura.

II — Sempre que o adquirente alegue que a sua intenção foi dar ao terreno outra afectação ou destino, será de considerar invocada a excepção da al. *a)* do art. 1381.º do C.C..

III — Incumbe ao titular do direito de preferência o ónus de provar que a mudança de destino não é legalmente possível, que o destino não pode ser diferente do de cultura — Ac. do STJ de 23/5/1996, *Bol.* 457, 370; ver, ainda, o Ac. do STJ de 21/6/1994, *Bol.* 438, 450; Acs. da Relação de Évora de 14/11/1996, *Bol.* 461, 543, e de 18/3/1993, *Bol.* 425, 643.

29. O destino do prédio para construção, como forma de obstar à preferência de prédios rústicos confinantes, exige que o acto da compra para construção seja em termos de projecto imediato e não potencial ou virtual — Ac. da Relação de Coimbra de 17/6/1997, *Col. Jur.* XXII, 3, 31.

30. I — A omissão da escritura do destino diferente a dar ao prédio (que é para construção) não é impeditivo de uma prova futura, por qualquer meio, desse destino.

II — Tendo os AA proposto acção de preferência para lhes ser reconhecido o direito de haverem para si dois prédios rústicos confinantes do seu e averiguando-se que neles estava a ser construída uma casa, não podem os AA, sem modificar o pedido, obter a procedência sobre a parte sobrante rústica.

III — Não basta saber qual a área coberta da casa para se concluir que o demais é rústico e pode ser objecto de preferência. — Ac. da Relação de Coimbra de 1/7/1997, *Col. Jur.* XXII, 4, 11.

31. I — O direito de preferência, na compra e venda de prédio rústico, não se verifica quando o objecto do contrato é diferente do de cultura, como o de construção de um imóvel. II — O fim de construção não tem de constar de escritura pública, podendo provar-se por outros meios. III — O fim diverso tem que ser legalmente possível. — Ac. do S.T.J. de 19/3/1998, *Col. Jur. STJ.*, VI, 1, 143.

32. I — Os proprietários de terrenos confinantes não gozam do direito de preferência se o terreno vendido se destinar a construção. II — Mas é necessário que a afectação do terreno a construção seja legalmente possível, embora possa ocorrer em momento posterior à alienação, estando o ónus da prova a cargo dos RR. — Ac. do S.T.J. de 14/3/2002, *Col. Jur. STJ.*, X, 1, 133.

33. Tendo a venda de prédio rústico sido feita a proprietário de terreno confinante, já nenhum outro proprietário confinante goza do direito de preferência previsto no artigo 1380.º do CC. — Ac. da Relação de Évora de 14/3/2002, *Col. Jur.* XXVII, 2, 267.

VI — Comunicação ao titular do direito de preferência

1. É uniforme a jurisprudência no sentido de que para o direito de preferência poder ser exercido, basta que o alienante haja manifestado pela forma legalmente exigida e aqui observada a «vontade real, séria e inequívoca» de alienar a coisa, sendo dispensável, no caso de gestão de negócios pelo lado do adquirente, que, na data da propositura da acção respectiva, se tenha verificado a ratificação do negócio, a chamada legitimidade representativa *ex post facto*, alicerçada na fundamentação vertida para a sentença apelada e que agora também se acolhe, afigurando-se dispensável a sua repetição (cfr. os Acs. do S.T.J. de 6/3/1979, no *B.M.J.* 285, pág. 286 de 26/11/1980, no *B.M.J.* 301, pág. 433, da Relação de Coimbra, de 23/7/1985, no *B.M.J.* 251, pág. 211 e da Relação do Porto de 6/3/1978, na *Col. Jur.* 1978, 3, pág. 890).

Orientação que mereceu a concordância do Prof. Vaz Serra, em anotação ao Ac. do S.T.J. de 5/3/1979, citado, na *Rev. Leg. Jur.* ano 112, pág. 245; explicando:

«Efectivamente, a comunicação a que o art. 416.º do C.C. se refere significa, na falta de circunstâncias em contrário, uma declaração de alienação ao titular do direito de preferência, para a hipótese de este a aceitar, pelo que, uma vez aceita ela, e observada, sendo caso disso, a forma legal, se conclui entre ambos um contrato de alienação.

Donde resulta que o exercício do direito de preferência não depende de haver sido celebrado um contrato de alienação com terceiro: se, não tendo a preferência sido oferecida ao seu titular, o sujeito a ela fizer a alienação a outrem, tem aquele o direito de fazer valer judicialmente a preferência (C.C., arts. 1410.º e 1117.º), mas isso não exclui que esta possa ser exercida extrajudicialmente nos termos enunciados.

Assim..., se, a venda tiver sido realizada entre o onerado com a preferência e o terceiro, intervindo no contrato, em nome do comprador, um representante sem poder de representação, não há obstáculo a que o titular do direito de preferência exerça o seu direito: desde que o proprietário da coisa manifestou, na forma legal, a vontade de a vender, não importa que o tivesse feito a um comprador representado por um representante sem poder de representação, porque isso não exclui que houvesse declarado a vontade de vender e que se verifique o pressuposto legal do exercício do direito de preferência.

O facto de a compra e venda efectuada carecer de ratificação do representado para ser eficaz em relação a este (C.C., art. 268.º) não obsta ao exercício do direito de preferência, dado ser isso estranho à legitimidade de tal exercício, pois este não depende da eficácia da alienação para o terceiro comprador: se o contrato fosse eficaz para o comprador, o direito de preferência poderia ser exercido, também o podendo ser apesar da ineficácia do contrato para o comprador enquanto este não o ratifica, já que não interessa, para o efeito da preferência, a eficácia ou ineficácia para o comprador que não tem uma posição a que esteja subordinado o direito de preferência do seu titular e que perderia com o exercício da preferência, a sua qualidade de comprador ainda que tivesse ratificado o negócio» — Ac. da Relação de Coimbra de 4/3/1992, *Col. Jur.* XVII, 2, 41.

2. Devendo a comunicação do projecto da venda e de suas cláusulas ser dirigida ao titular do direito de preferência ou a seu procurador bastante, impõe-se concluir que o procurador em apreço — ao qual não foram conferidos poderes de administração do património do representado, mas apenas poderes para a prática de actos bem especificados, como seja tomar de arrendamento qualquer prédio urbano e comprar qualquer prédio rústico ou urbano — não tinha poderes para renunciar, tácita ou expressamente, ao direito de preferência em causa — Ac. do S.T.J. de 1/3/1988, *Bol.* 375, 369.

3. A comunicação, ao titular do direito de preferência, do projecto de venda pode ser feita por interposta pessoa que, nos termos do art. 258.º do C.C., represente o alienante — Ac. da Relação de Coimbra de 10/1/1989, *Bol.* 383, 619.

4. Não releva juridicamente — pois não é mais do que uma informação — a comunicação feita ao titular do direito de preferência por pessoa diversa do alienante (nomeadamente, um terceiro interessado no negócio), salvo se para tal existir o adequado mandato — Ac. da Relação de Coimbra de 2/11/1988, *Bol.* 381, 759; ver ainda, Prof. Antunes Varela, *Rev. Leg. Jur.*, 105, 14 e o Ac. do S.T.J. de 28/5/1996, *Col. Jur. STJ*, IV, 2, 93.

5. A informação prestada pelo alienante ao titular do direito de preferência de que tem intenção de vender o prédio por determinado preço e com determinadas condições de pagamento e de que existem vários possíveis compradores não pode valer como comunicação para exercício do direito de preferência (pois que, em rigor, não o chama a preferir mas a contratar, se quiser) — Ac. da Relação de Coimbra de 28/2/1990, *Bol.* 394, 542.

6. Não satisfaz as exigências do art. 416.º, n.º 1, do C.C. a comunicação em que o dono da coisa informa o titular do direito de preferência de que tenciona vendê-la de imediato e que não o fará sem saber se ele está, ou não, interessado em adquiri-la — Ac. da Relação de Coimbra de 5/7/1989, *Bol.* 389, 656.

7. Não satisfaz ao disposto no art. 416.º, n.º 1, do C.C. a informação transmitida ao titular do direito de preferência de que por terceiro foi feita a proposta de adquirir o imóvel por certo preço — Ac. da Relação de Coimbra de 21/11/1989, *Bol.* 391, 710.

8. I — A comunicação judicial ou extrajudicial do projecto de venda ao preferente para este declarar se pretende exercer o seu direito vincula o proprietário, desde que chegue ao seu poder ou conhecimento no prazo estipulado a respectiva aceitação, à realização do negócio com o preferente, ficando este, havendo incumprimento, investido no direito potestativo, correspondente a uma verdadeira execução específica, de se constituir titular do direito de propriedade sobre a coisa mediante decisão judicial.
II — A comunicação não tem, contudo, esse significado e alcance, com as referidas consequências, quando havendo uma pluralidade de titulares do direito de preferência é feita só a um deles e para ser exercida só por este e o proprietário da coisa apenas pretende saber da vontade desse titular do direito de preferência para depois decidir da venda — Ac. do S.T.J. de 15/6/1989, *Bol.* 388, 479.

9. I — A forma de pagamento do preço só deverá ser comunicada ao preferente quando o pagamento não seja a pronto.

II — Se nada for comunicado quanto à forma de pagamento do preço, o titular da preferência não pode prever outra coisa que não seja o pagamento no acto da escritura, dado o disposto no art. 885.º do C.C.

III — A data da escritura não é elemento que deva ser comunicado ao preferente, pois que não pode ser considerada como elemento capaz de influir na formação da vontade do preferente — Ac. da Relação do Porto de 14/3/1989, *Col. Jur.* XIV, 2, 44.

10. A comunicação para preferência pode ser levada ao titular do direito por qualquer meio, mesmo verbal, deve ser clara e inequívoca e não tem que fixar prazo para a preferência — Ac. da Relação do Porto de 27/6/1991, *Col. Jur.* XVI, 3, 267.

11. Se a comunicação do dono da coisa ao titular do direito de preferência for feita antes de haver qualquer projecto concreto de venda aceite por terceiro e o segundo nada disser ou se limitar a declarar que não aceita a proposta contratual que lhe é feita, sem renunciar à preferência, o obrigado à comunicação não fica liberado do seu dever quando encontrar terceiro interessado na compra, quer esta seja ajustada pelo preço oferecido inicialmente, quer por preço superior — Ac. da Relação de Évora de 26/9/1991, *Col. Jur.* XVI, 4, 303.

12. I — O titular do direito de preferência tem de ter conhecimento prévio do negócio em que pode vir a querer preferir ou em que possa vir a renunciar, sem o que a preferência ou a renúncia carecem de objecto definido.

II — Esse conhecimento terá de ser o que lhe é dado através da comunicação imposta ao vendedor pelo n.º 1 do art. 416.º do C.C. — Acs. do S.T.J. de 26/11/1981, *Bol.* 311, 377 e de 22/2/1984, *Bol.* 334, 473 e *Rev. Leg. Jur.* 121, 348.

13. A comunicação a fazer pelo vendedor ao titular do direito de preferência deve conter todos os elementos susceptíveis de influir na formação da sua vontade, nos quais se incluem a indicação do comprador, o preço por este oferecido, a época da celebração da escritura e as condições do pagamento.
— Acs. da Relação de Coimbra de 27/7/1982, *Bol.* 321, 447 e de 1/6/1982, *Bol.* 320, 461, do S.T.J. de 3/7/1984, *Bol.* 339, 383, e da Relação do Porto de 18/5/1993, *Col. Jur.*, XVIII, 3, 207.

14. I — O conhecimento da venda a dar ao titular do direito de preferência não tem de ser necessariamente feito através de notificação judicial. Pode sê-lo por qualquer meio. Mas seja qual for o meio utilizado, esse conhecimento tem de ter o mesmo conteúdo, isto é, devem comunicar-se todos os factores ou elementos reais do contrato capazes de influir na formação da vontade de preferir.

II — Dado que o art. 416.º, n.º 2, do C.C. marca o prazo de oito dias para a declaração de preferência, contados daquele conhecimento efectivo e completo, não é relevante a troca de correspondência anterior entre o titular do direito e o representante dos herdeiros do dono do prédio vendido, sem referência a cláusulas do contrato projectado, designadamente — a forma de pagamento do preço — à pessoa dos compradores e à reparação do usufruto e da nua propriedade, e por consequência sem uma data a partir da qual o titular do direito pudesse fazer validamente a sua declaração. — Ac. do S.T.J. de 24/7/1979, *Bol.* 289, 311.

15. I — A comunicação do obrigado ao direito de preferência e a declaração do titular deste, a que se refere o art. 416.º do C.C., não dependem de forma especial.

II — A validade da renúncia ao seu exercício também não depende de forma especial. — Vd. Acs. da Relação do Porto de 8/10/1969, *J.R.* 15, 833 e de 27/6/1991, *Col. Jur.* XVI, 3, 257; e Acs. da Relação de Coimbra de 22/6/1977, *Col. Jur.* II, 735 e de 13/12/1978, *Bol.* 284, 293.

16. I — Não obsta ao exercício do direito de preferência o facto de o vendedor ter perguntado ao preferente se estava interessado na compra do prédio e este ter respondido negativamente; é que, a lei exige que lhe seja dado conhecimento do projecto da venda e das respectivas cláusulas do contrato.

II — Actua de boa fé o preferente que exerce um direito que a lei lhe confere, quando os vendedores não cumpriram a obrigação que a lei lhes impunha. — Ac. da Relação do Porto de 27/7/1978, *Col. Jur.* III, 1225. Ver, ainda, o Ac. da Relação de Coimbra de 10/1/1979, *Col. Jur.* IV, 13.

17. I — Constitui elemento essencial da alienação o conhecimento do nome do previsto comprador uma vez que, como futuro senhorio, poderá vir a exercer o seu eventual direito de denúncia, pondo em crise o contrato de arrendamento existente.

II — Igualmente se deve considerar elemento essencial a data estabelecida para o contrato promessa, pois a sua indicação é necessária para conhecimento do momento de satisfação do encargo correspondente ao sinal previsto. — Ac. do S.T.J. de 15/5/1984, *Bol.* 337, 348; ver também Ac. do S.T.J. de 31/5/1984, *Bol.* 337, 353, e da Relação de Lisboa de 13/10/1994, *Col. Jur.*, XIX, 4, 110.

18. Comunicado ao titular do direito de preferência o projecto da venda, esse direito caduca se o referido titular, dentro do prazo legal ou convencional, não declarar, inequívoca e frontalmente, que quer preferir. — Ac. da Relação do Porto de 20/2/1986, *Col. Jur.* XI, 1, 188.

19. I — É o interesse do preferente que serve de aferidor da importância dos elementos do contrato como determinante da sua vontade de preferir.

II — Não podem considerar-se, por isso, elementos essenciais do contrato esboçado o número de registo na Conservatória, o artigo matricial e os encargos ou ónus, quando nenhuns incidem sobre o objecto da venda. — Ac. da Relação de Lisboa de 1/4/1986, *Col. Jur.* XI, 2, 106.

20. I — A realização de leilão traduz-se em simples convite para contratar ou proposta negocial dirigida ao público, conforme o alienante tenha ou não reservado o direito de concluir o negócio.

II — Este acto, só por si, não substitui nem equivale à comunicação exigida pelo art. 416.º, n.º 1, do C.C.

III — Apenas será de entender de outro modo, quando o preferente for expressamente convidado pelo alienante para o leilão e a ele tenha assistido. — Ac. da Relação do Porto de 7/7/1987, *Col. Jur.* XII, 4, 201.

21. A comunicação prevista no art. 416.º, n.º 1, do C.C., supõe a prévia existência do negócio acordado com terceiro, não sendo bastante a proposta de venda directa. — Ac. da Relação do Porto de 21/1/1986, *Bol.* 353, 510.

22. Não vale como comunicação do projecto de venda a proposta, feita ao titular do direito de preferência, da venda do prédio por um certo preço, pois o projecto de venda que deve ser-lhe dado a conhecer é o que envolve como comprador uma terceira pessoa e não o próprio preferente. — Ac. da Relação de Coimbra de 20/5/1986, *Bol.* 357, 499.

23. O direito de preferência que o art. 29.º, n.º 1, da Lei n.º 76/77, de 29 de Setembro confere aos respectivos arrendatários no caso de venda de prédios objecto de arrendamento rural está subordinado, por força do n.º 2 do mesmo artigo, ao estatuído no art. 416.º, n.º 1, do C.C., nos termos do qual deve o obrigado à preferência comunicar — por qualquer meio (arts. 217.º, n.º 1, e 219.º, do citado Código) — ao titular do direito o «projecto de venda» e as «cláusulas do respectivo contrato», isto é, os elementos essenciais deste, tais como o objecto da compra e venda, o preço, as condições do seu pagamento e a pessoa do adquirente.

Não se mostram satisfeitos tais requisitos quando apenas se prova que, em contacto pessoal com o titular do direito, o obrigado à preferência lhe perguntou se estava interessado em comprar um conjunto de prédios, incluindo o objecto da preferência, pelo preço global por que depois foram efectivamente vendidos a outrem. — Ac. do S.T.J. de 15/1/1987, *Bol.* 363, 508.

24. Se o direito de preferência pertencer, em comum, a dois titulares casados entre si, a comunicação da alienação deve ser feita a ambos. — Ac. da Relação do Porto de 14/7/1988, *Col. Jur.* XIII, 4, 171.

25. O obrigado à preferência, por força do n.º 1 do art. 416.º do C.C., tem por obrigação dar conhecimento prévio da projectada venda ou dação em cumprimento ao titular do direito de preferência, para que este possa vir a preferir ou a renunciar.

Hoje, e por força do disposto no art. 1463.º do CPC, a notificação para o exercício do direito de preferência deve ser feita a ambos os cônjuges, se o direito lhes pertencer em comum. No arrendamento rural deve ser feita a ambos, quer quando os dois tenham celebrado o contrato de arrendamento, quer quando só um deles o tenha outorgado, mas a posição contratual se tenha comunicado ao não interveniente, nos regimes de comunhão de bens.

Com a entrada em vigor da Constituição da República Portuguesa de 1976, e mesmo antes da modificação introduzida no art. 1463.º do C.P.C. pelo Dec.--Lei n.º 368/77, de 3 de Setembro, a notificação para o exercício do direito de preferência passara a dever ser feita a ambos os cônjuges, se o direito de preferência lhes pertencesse em comum, por aplicação do princípio da igualdade jurídica estabelecido no art. 36.º, n.º 3 da C.R.P. — Ver Assento do STJ de 25/6/1987, *Bol.* 368, 147.

26. Como refere o Conselheiro Aragão Seia, *Arrendamento Urbano*, 6.ª, ed., 307, a comunicação judicial ou extrajudicial do projecto de venda ao preferente para este declarar se pretende exercer o seu direito vincula o proprietário, à realização do negócio com o preferente, desde que chegue ao seu poder ou conhecimento no prazo estipulado a respectiva aceitação, ficando este, havendo incumprimento, investido no direito potestativo, correspondente a uma verdadeira execução específica, de se constituir titular do direito de propriedade sobre a coisa mediante decisão judicial (Ac. do S.T.J. de 15/6/1989, *Bol.* 388, 479), nos termos do art. 830.º do C.C.

O Dr. Agostinho Cardoso Guedes, *A Natureza Jurídica do Direito de Preferência*, 164, entende que nem é necessário o recurso à analogia por, o dever a cargo do sujeito passivo poder ser executado especificamente, cabendo perfeitamente no espírito do art. 830 do C.C., independentemente da forma que as declarações do sujeito passivo e do preferente tenham revestido — isto uma vez aceite como verdadeira a asserção de que o exercício da preferência envolve a criação de um dever de contratar para o sujeito passivo. (...) Se o preferente declarar, dentro do prazo fixado, que pretende preferir, fica o sujeito passivo obrigado a celebrar o contrato projectado com o mesmo preferente (art. 1458.º n.º 2 do C.P.C.) dentro dos vinte dias seguintes à declaração deste; note-se que só no momento em que o preferente declara querer preferir é que se constitui o dever de contratar a cargo do sujeito passivo. Na eventualidade de o contrato não se realizar dentro do prazo aludido, então, nos dez dias subsequentes, deverá o preferente requerer ao tribunal que designe dia e hora para o sujeito passivo receber o preço por termo no processo (art. 1458.º n.º 2 do C.P.C.), sob pena de perder o seu direito (art. 1458.º n.º 3 do C.P.C.) — se o sujeito passivo não comparecer ou se recusar a receber o preço, poderá o preferente consigná-lo em depósito (art. 1458.º n.º 2, parte final, do C.P.C.). Uma vez pago ou depositado o preço, os bens são adjudicados ao preferente, sem necessidade de qualquer acto do sujeito passivo, retroagindo os efeitos da aquisição à data do pagamento ou depósito do preço (art. 1458.º n.º 4 do C.P.C.). Este mecanismo não é outra coisa senão a execução específica do dever de contratar a cargo do sujeito passivo, que não foi cumprido dentro do prazo fixado na lei para o efeito.

Nota o Prof. Henrique Mesquita, *Rev. Leg. Jur.* 126, 52, que o dever de comunicar é um *dever de conduta*, não tendo a notificação qualquer sentido após a realização do negócio, ficando o vinculado à preferência, por virtude da omissão que cometeu, *obrigado a indemnizar* o preferente dos danos que a falta de notificação, impedindo-o de efectivar o seu direito nesta fase, porventura lhe tenha causado.

Porém, no Ac. do STJ de 18/7/1975, *Bol.* 249, 485, e na *Rev. Leg. Jur.* 109, 296, comentado pelo Prof. Vaz Serra, e no Ac. da Relação de Lisboa de 26/11/1998, *Col. Jur.* XXIII, 5, 107, entendeu-se que, cumprido o dever de comunicação ao preferente, a não celebração do contrato de venda por parte do proprietário pode sujeitá-lo a indemnização.

27. I — A comunicação da venda ao preferente não depende de formalidade especial, podendo ser feita por escrito - judicial ou extra — judicial — ou verbalmente.

II — A simulação do preço é irrelevante para efeitos dessa comunicação.

III — É irrelevante o facto de na comunicação se anunciar apenas o nome de um dos compradores, quando na realidade existam dois, em regime de compropriedade.

IV — É irrelevante que entre a data da comunicação e a da celebração da escritura tenha decorrido o prazo de um ano. — Ac. do STJ de 18/11/1993, *Col. Jur. STJ.* I, 3, 140.

28. Não é oponível ao preferente a data da chegada da comunicação do vendedor a casa daquele, mas recebida por filha do preferente, quando este estava de férias; só lhe é oponível a partir do seu regresso de férias, na ausência de prova de que, antes, tenha tomado conhecimento do teor dessa comunicação. — Ac. da Relação de Lisboa de 15/12/1993, *Col. Jur.* XVIII, 5, 161.

29. I — A comunicação a que se refere o art. 416.º n.º 1 do C.C. destina-se a dar ao preferente a possibilidade de preferir, sendo viável após proposta do terceiro interessado na aquisição da coisa, mas antes do vendedor aceitar esta proposta.

II — A comunicação feita só poderia valer se tivesse sido realizada perante os dois co-arrendatários do prédio vendido, e não perante um deles.

III — Sendo os autores co-titulares de um só direito de arrendamento, donde emerge apenas um direito de preferência de que ambos são co-titulares, está em tal situação afastada a hipótese de existência do abuso de direito, por actos atinentes a um pretenso factum proprium, praticado por um só deles. — Ac. do STJ de 8/11/1994, *Bol.* 441,250.

30. O art. 416.º n.º 1 do C.C. impõe que a comunicação dos elementos essenciais do negócio ao preferente seja feita pelo obrigado a dar a preferência. — Acs. do STJ de 13/2/1996, *Bol.* 454 ,706, e de 28/5/1996, *Col. Jur. STJ*, IV, 2, 93.

31. Uma coisa é o R alegar que o A teve conhecimento da venda, outra muito diferente alegar que ele conheceu os elementos essenciais dela. — Ac. da Relação de Évora de 28/4/1998, *Col. Jur.* XIX, 2, 269.

32. I — O direito de preferência do arrendatário rural pode exercer-se nos casos de venda da nua propriedade de prédio sujeito a usufruto.

II — Neste caso quem tem a obrigação de comunicar ao preferente o projecto da venda é o proprietário da raiz do prédio arrendado.

III — O preferente pode ter conhecimento do negócio projectado por outras fontes diversas das previstas na lei.

IV — Porém neste caso nada pode fazer senão aguardar que o projecto lhe seja notificado.

V — O negócio projectado deve ser levado ao conhecimento do preferente pelo obrigado e não por qualquer outra pessoa.

VI — De igual modo a declaração de aceitação de preferência deverá ser levada pelo titular desta ao obrigado à preferência e não ao terceiro interessado.

VII — Antes do negócio, o preferente não pode reclamar do obrigado a sua celebração nos casos em que não tenha sido este o autor da notificação a que alude o art. 416.º n.º 1 do C.C.

VIII — Nos casos, porém, em que a comunicação do projecto tiver sido feita pelo obrigado e o preferente tiver declarado àquele a intenção de preferir, nasce para ambos a intenção recíproca de realizarem entre si o contrato de alienação.

XI — A modificação ou distrate do negócio a que se alude no n.º 2 do art. 11410.º do C.C. têm de ser posteriores e não anteriores à alienação. — Ac. da Relação de Évora de 4/6/1998, *Col. Jur.* XXIII, 3, 271.

33. I — A comunicação obrigatória para preferência, prevista no art. 416.º n.º 1, do C.C., constitui uma verdadeira declaração negocial da pessoa que se propõe vender, a qual não pode ser suprida ou justificada, nomeadamente, mediante a intervenção de terceiro sem poderes de representação do futuro vendedor.

II — A comunicação efectuada por um terceiro, a menos que intervenha como mandatário do vendedor, não passa de uma pura informação, que em nada vincula o obrigado à preferência nem o constitui em responsabilidade civil contratual para com o preferente, se não consumar o negócio projectado.

III — Só o facto ilícito do alienante, constituído pela falta de notificação, pode servir de fundamento à acção de preferência. — Ac. do STJ de 2/3/1999, *Col. Jur. STJ.* VII, 1, 131, de que foi relator o Conselheiro Aragão Seia, também comentado favoravelmente na *Rev. Leg. Jur.*, 132, 189, pelo Prof. Henrique Mesquita.

VII — Renúncia ao direito de preferência

1. Efectuada a comunicação nos termos legais, escreve o Conselheiro Aragão Seia, *Arrendamento Urbano*, 6.ª, ed., 308, se o titular do direito de preferência nada disser no prazo de oito dias o seu direito caduca — n.º 2 do art. 416.º (Este prazo refere-se apenas à resposta a dar pelo preferente e não à outorga do contrato — Prof. Vaz Serra, *Rev. Leg. Jur.* 101, 234 —, pelo que não se vê que outra caducidade seja aqui descortinável. — Ac. do S.TJ. de 18/11/1993, *Col. Jur. STJ,* I, 3, 140; ver ainda o Ac. do S.TJ. de 11/3/1992, *Bol.* 415, 569).

Se declarar que não o pretende exercer extingue-se por renúncia.

Mas a resposta dada, sem que lhe tivessem sido fornecidos os elementos essenciais da alienação não pode, só por si, ter o sentido inequívoco de disposição ou renúncia ao direito de preferir.

Se não declarar de uma forma clara, inequívoca e sem reservas que pretende preferir entende-se, também, que renunciou e o seu direito extingue-se.

Partindo do princípio de que ao preferente foram comunicados o projecto de venda e as cláusulas do contrato, a validade da renúncia ao exercício do direito de preferência, que não pode ser antecipada (Acs. da Relação do Porto de 26/10/1989, *Col. Jur.* XIV, 4, 227, e de 18/5/1993, *Col. Jur.* XVIII, 3, 207), não está dependente de qualquer forma, podendo ser verbal ou tácita, e ser provada por testemunhas (Acs. do S.TJ. de 25/6/1981, *Bol.* 308, 242 e *Rev. Leg. Jur.* 115, 279 e de 22/4/1997, *Bol.* 466, 491; ver, ainda a anotação do Prof. Vaz Serra ao Ac. do S.TJ. de 19/4/1979, *Rev. Leg. Jur.* 112, 315). E poderá haver abuso de direito? Ver Ac. do S.TJ. — 13/2/1997, *Bol.* 464, 524. No sentido de que pode ser antecipada ver o Ac. da Relação do Porto de 7/6/1991, *Col. Jur.* XVI, 3, 269.

Tal como a aceitação a renúncia tem de ser clara, inequívoca e sem reservas, não bastando a manifestação de desinteresse na opção (Acs. da Relação de Coimbra de 22/7/1980, *Col. Jur.* V, 4, 18 e do S.TJ. de 3/12/1985, *Bol.* 352, 345).
Havendo dúvidas se o preferente renunciou ao seu direito tem de se concluir pela negativa (Ac. do S.TJ. de 12/10/1982, *Bol.* 320, 416).
No caso de os titulares do direito de preferência serem marido e mulher a renúncia tem de ser feita por ambos.
Tal como a comunicação para preferir deve ser feita ao titular do direito ou ao seu representante com poderes para tanto também a renúncia só pode ser declarada pelo titular do direito de preferir ou pelo seu representante com poderes bastantes (Ac. do S.TJ. de 1/3/1988, *Bol.* 375, 369; ver, com interesse, o Ac. do S.TJ. de 26/11/1980, *Bol.* 301, 433 e *Rev. Leg. Jur.* 115, 28).

2. A renúncia ao direito de preferência na venda de coisa imóvel pode ser verbal ou provada por testemunhas. — Ac. do S.T.J. de 27/10/1972, *Bol.* 220, 163.

3. O direito de preferência não caduca se o obrigado vier a contratar com outrem, não nos termos oferecidos ao titular daquele direito, mas antes em condições mais favoráveis ao adquirente; pelo contrário, se as condições forem mais onerosas, a declaração de renúncia deve considerar-se extensiva ao contrato celebrado. — Ac. da Relação de Coimbra de 28/4/1981, *Bol.* 309, 411.

4. A renúncia ao direito de preferência, para ser válida, tem de ser inequívoca e clara, não constituindo renúncia uma simples conversa em que o proprietário manifesta a sua intenção de vender determinado imobiliário e o pretenso preferente se desinteressa da compra. — Acs. da Relação de Coimbra de 22/7/1980, *Col. Jur.* V, 4, 18 e da Relação de Évora, de 11/10/1979, *Bol.* 293, 451.
Ver com interesse o Ac. da Relação de Coimbra de 18/10/1988, *Col. Jur.* XIII, 4, 81.

5. I — Não dependendo a renúncia ao direito de preferência de expressa manifestação de vontade, produz tal efeito a declaração em que o titular do direito afirma «não querer o prédio arrendado por preço algum».
II — A prova de renúncia ao direito de preferência pode fazer-se por meio de testemunhas. — Ac. do S.T.J. de 19/7/1979, *Bol.* 289, 303.

6. É ineficaz a renúncia antecipada a um direito de preferência legal (a renúncia a esse direito aparece na nossa lei não como um acto espontâneo mas antes como um acto cominatoriamente provocado pelo alienante da coisa). — Acs. da Relação de Coimbra de 22/6/1982, *Bol.* 320, 461 e de 6/7/1982, *Bol.* 321, 447, ver, ainda, Ac. da Relação do Porto de 18/5/1993, *Col. Jur.*, XVIII, 3, 207.

7. A oferta de venda aos preferentes não pode considerar-se equivalente à comunicação para exercício do direito de preferência e a contraproposta do preço, longe de poder reputar-se como renúncia a esse exercício, antes revela interesse na compra e indicia não se estar na disposição de abdicar desse direito perante uma eventual alienação futura. — Ac. da Relação de Lisboa de 12/4/1983, *Bol.* 326, 521.

8. I — O decurso do prazo para o exercício do direito de preferência é um facto extintivo cuja prova compete àquele contra quem é feita a invocação do direito.
II — Para que possa aplicar-se o disposto no art. 416.º, n.º 2, do C.C., é indispensável que coincidam nos seus termos iniciais o projecto comunicado ao preferente e o negócio efectivamente celebrado.
III — Nos casos de justificada dúvida sobre se o preferente renunciou ao seu direito, deve concluir-se pela negativa.
IV — O facto de o titular do direito de preferência ter respondido negativamente a uma proposta de negociação directa não implica, por si, a existência de renúncia. — Ac. do S.T.J. de 12/10/1982, *Bol.* 320, 416 e de 11/10/1979, *Bol.* 290, 395.

9. Não existe actualmente no nosso direito um preceito equivalente ao § único do art. 815.º do C.C. de Seabra e, assim, de harmonia com a regra da consensualidade do art. 219.º do C.C. vigente, a validade da renúncia não depende da observância de forma especial, podendo esta ser verbal e até mesmo tácita, e provar-se, nos termos do art. 392.º do mesmo diploma, por meio de testemunhas. — Ac. do S.T.J. de 25/6/1981, *Bol.* 308, 242 e *Rev. Leg. Jur.* 115, 279.

10. I — Não pode haver renúncia ao direito de preferir se ao preferente não foi comunicado o projecto da venda e as cláusulas do contrato, entrando nos elementos essenciais desse projecto o preço e as condições de pagamento, a pessoa do adquirente e tudo aquilo que, de modo decisivo, possa determinar a formação da vontade.
II — Admitir que possa haver uma renúncia antecipada, tendo apenas por objecto o direito de preferir em relação à venda potencial ou eventual de certo prédio, quaisquer que sejam as condições, equivale a liberar o vendedor do dever legal imposto no art. 416.º, n.º 2, do C.C. ou a desobrigá-lo dessa sujeição ou encargo. — Acs. da Relação de Coimbra de 1/6/1982 e de 22/6/1982, *Col. Jur.* VII, 3, 39 e VII, 3, 53. Ver Ac. do S.T.J. de 3/12/1985, *Bol.* 352, 345 e Acs. da Relação de Évora de 16/2/1984, *Bol.* 336, 482 e da Relação de Coimbra de 18/10/1988, *Col. Jur.* XIII, 4, 81.

11. I — A renúncia, ou seja a perda voluntária de um direito por manifestação unilateral de vontade, não é admitida, em termos gerais, no domínio das obrigações, como forma de extinção de créditos, mas apenas como forma de extinção das garantias reais.
II — Não tem qualquer valor a declaração feita a várias pessoas por titulares do direito de preferência de que não querem adquirir o prédio.
III — O princípio da igualdade jurídica dos cônjuges, consagrado no art. 36.º n.º 3 da Constituição da República, impunha, mesmo antes da modificação introduzida no art. 1463.º do C.P.C. pelo Dec.-Lei n.º 368/77, de 3 de Setembro, que a notificação para o exercício do direito de preferência fosse feita a ambos os cônjuges — Ac. do S.T.J. de 11/6/1981, *Bol.* 308, 222 e Assento do S.T.J. de 25/6/1987, *Bol.* 368, 147.

12. A promessa de, com outros comproprietários, vender o prédio, configura renúncia ao direito de preferência. — Ac. da Relação do Porto de 22/11/1984, *Col. Jur.* IX, 5, 251.

13. I — O titular do direito de preferência pode renunciar ao exercício desse direito.
II — Essa renúncia pode ser antecipada, mediante declaração clara e concludente, que não carece de qualquer forma.
III — Caso sejam preferentes marido e mulher, a renúncia tem de ser feita por ambos — Ac. da Relação do Porto de 27/6/1991, *Col. Jur.* XVI, 3, 267.

14. O arrendatário é titular de um direito legal de preferência, em consequência do que não pode renunciar genericamente a ele, só o podendo fazer em relação a cada caso concreto que lhe seja comunicado na forma legal — Ac. da Relação do Porto de 26/10/1989, *Col. Jur.* XIV, 4, 227.

15. Não tendo sido efectuada a comunicação prevista no art. 416.º, n.º 1 do C.C., é impossível pretender que o titular do direito de preferência renunciou ao seu exercício — Ac. da Relação do Porto de 26/10/1989, *Col. Jur.* XIV, 4, 227.

16. O dever de comunicar ao titular do direito de preferência as cláusulas concretas de uma alienação projectada só cessa, por renúncia antecipada, se aquele tiver declarado que não quer preferir na venda, seja qual for o preço, seja quem for o comprador e sejam quais forem as condições de pagamento — Ac. da Relação de Coimbra de 7/6/1988, *Bol.* 378, 802.

17. São actos completamente distintos a aquisição de uma coisa que, em regra, é um acto de enriquecimento e a renúncia a um direito, que se traduz num empobrecimento, isto é, na perda de um valor patrimonial sem o recebimento de qualquer contrapartida — Ac. do S.T.J. de 1/3/1988, *Bol.* 375, 369.

18. A renúncia por parte de um dos cônjuges não preclude a possibilidade de outro exercer a prelação. — Ac. da Relação de Coimbra de 29/10/1985, *Col. Jur.* X, 4, 84 e da Relação do Porto de 14/7/1988, *Col. Jur.* XIII, 4, 171.

19. I — A comunicação do obrigado à preferência e a declaração de preferência do respectivo titular, quando a venda depender de forma especial, correspondem, respectivamente, à proposta e aceitação do contrato, ficando este perfeito. Se a venda depender de forma especial as partes constituem-se na obrigação de contratar, devendo o contrato celebrar-se em conformidade com as regras gerais das obrigações sem prazo.
II — A perda do direito de preferência pode resultar de uma manifestação directa e unilateral de vontade por parte de quem tem o direito de preferir, concretizando renúncia ou perda voluntária do direito, ou derivar simplesmente de uma atitude de inércia.
III — A invocação da forma mais intensa da perda do direito de preferência abrange, juridicamente, a perda resultante de simples inércia.
IV — Assim, se não se provar aquela, mas tiver sido invocada a caducidade, esta é relevante. — Ac. da Relação do Porto de 5/1/1984, *Col. Jur.* IX, 1, 205.

20. A renúncia à preferência, para ser válida, pressupõe o cumprimento da obrigação de comunicar, cujo ónus pertence ao vendedor, sendo sujeita ao princípio da consensualidade ou liberdade de forma — Ac. do STJ de 8/11/1994, *Bol.* 441, 250.

21. A renúncia ao direito de preferência tem por base a comunicação dos elementos essenciais do negócio por parte do obrigado a dar preferência. — Ac. do STJ de 13/2/1996, *Bol.* 454, 706.

22. O silêncio do preferente não pode ser tomado como renúncia ao seu direito. — Ac. do STJ de 28/5/1996, *Col. Jur. STJ*, IV ,2, 93.

VIII — Notificação para preferência

1. Não diz este preceito como se exerce o direito de preferência quando o prédio estiver arrendado a vários arrendatários, mas o princípio geral, consagrado nos arts. 1458.º e segs. do C.P.C., é o de que se procederá a licitação entre eles.

2. Não se justifica que o julgador suspenda a instância (em acção de preferência) para que os autores demonstrem serem os licitantes a quem, através do processo apropriado, foi atribuído o direito de preferência. — Ac. da Relação de Coimbra de 21/4/1981, *Bol.* 309, 410.

3. Tendo a lei criado um processo de jurisdição voluntária destinado a que alguém seja notificado judicialmente para exercer o direito de preferência, o emprego da notificação judicial avulsa para alcançar esse fim representa erro na forma do processo, que produz a nulidade deste, não podendo aproveitar-se os actos já praticados se do facto resultar uma discriminação das garantias do réu. — Ac. do S.T.J. de 23/3/1980, *Bol.* 299, 271.

4. O facto de através do processo de notificação, previsto pelo art. 1465.º do C.P.C., ser atribuído a alguém o direito de preferência, com exclusão de outros, não significa que estes fiquem irremediavelmente afastados do direito de preferência e que jamais lhe venha a caber esse direito. Assim, vindo-se a provar que o preferente escolhido não tinha o direito atribuído, por improcedência da respectiva acção, esta passa para o preferente imediato na ordem hierárquica. — Ac. da Relação do Porto de 7/3/1978, *Bol.* 277, 320.

5. Hoje, e por força do disposto no art. 1463.º do C.P.C., a notificação para o exercício do direito de preferência deve ser feita a ambos os cônjuges, se o direito lhes pertencer em comum. No arrendamento rural deve ser feita a ambos, quer quando os dois tenham celebrado o contrato de arrendamento, quer quando só um deles o tenha outorgado, mas a posição contratual se tenha comunicado ao não interveniente, nos regimes de comunhão de bens.

Com a entrada em vigor da Constituição da República Portuguesa de 1976, e mesmo antes da modificação introduzida no art. 1463.º do C.P.C. pelo Dec.-Lei n.º 368/77, de 3 de Setembro, a notificação para o exercício do direito de preferência passara a dever ser feita a ambos os cônjuges, se o direito de preferência lhes pertencesse em comum, por aplicação do princípio da igualdade jurídica estabelecido no art. 36.º, n.º 3 da CRP — Assento do S.T.J. de 25/6/1987, *Bol.* 368, 147.

6. Exerce o seu direito de preferência em conformidade com o disposto no art. 1458.º do C.P.C. aquele que, notificado nos termos do n.º 1 do citado preceito, responde a essa notificação declarando desejar preferir pelo real e efectivo valor da coisa a que o contrato se refere, que diz ser inferior ao preço indicado, mas que depositou este último preço nos termos do n.º 4 daquele artigo, embora sob protesto de vir a fazer valer os seus direitos pelos meios competentes. — Ac. do S.T.J. de 3/5/1979, *Bol.* 287, 210.

7. I — O processo estabelecido no art. 1465.º do C.P.C. não é o único meio de afastar os preferentes mais graduados ou melhor colocados; se estes tiverem perdido o direito, *v.g.*, por terem deixado passar o prazo para a proposição da acção, não é necessária a utilização daquele meio.

II — Tendo o autor, na petição inicial, fundado o direito de preferência no facto de ser o único proprietário confinante ou o proprietário confinante com melhor direito, é possível, na réplica, alterar a causa de pedir, sustentando que a preferência resulta de o preferente que teria melhor direito o ter perdido em consequência de o não haver exercido no prazo legal. — Ac. do S.T.J. de 15/10/1981, *Bol.* 310, 248 e *Rev. Leg. Jur.* 116, 279.

8. I — Como o autor não formulou à então Comissão Arbitral de Arrendamento Rural o pedido para lhe ser deferido o direito de preferência, não obstante existirem outros rendeiros do mesmo prédio, tem de concluir-se não haver definido, pelo meio próprio e oportunamente, a titularidade desse direito, de acordo com o disposto no art. 2.º, n.º 5, do Dec.-Lei n.º 201/75, de 15 de Abril.

II — Daí que, não se demonstrando, de acordo com plano legal, que o autor é o sujeito da relação jurídica preferencial que veio fazer actuar em juízo, deve considerar-se parte ilegítima na causa.

III — Conclusão diferente não se pode extrair do regime da Lei n.º 76/77, de 29 de Setembro, que expressamente revogou o Dec.-Lei n.º 210/75, e foi mandada aplicar aos processos pendentes em juízo, pois, ao contrário do que acontecia no Dec.-Lei n.º 201/75, não se previu nem regulamentou no art. 29.º o caso de haver pluralidade de titulares do direito de preferência, mas havendo que recorrer aos princípios gerais, falta a definição do titular do direito de preferência que se invocou, à luz dos arts. 419.º, n.º 2, do C.C., e 1460.º do C.P.C. — Ac. do S.T.J. de 10/4/1980, *Bol.* 296, 269.

Verifica-se a mesma situação no diploma em vigor.

9. I — O processo de notificação para preferência — art. 1458.º do C.P.C., não é obrigatório. Não obstante a existência de tal processo, os interessados podem servir-se de todos os meios, incluindo a notificação judicial avulsa para dar conhecimento da projectada venda.

II — O facto de o titular do direito de preferência ter dado conhecimento ao tribunal, por requerimento, que pretendia exercer esse direito não produz quaisquer direitos, pois essa declaração de vontade de preferir deveria ter sido feita aos vendedores e não ao Tribunal. Não tendo sido usado o processo do

ART. 28.º Decreto-Lei n.º 385/88, de 25 de Outubro

art. 1458.º, a declaração em juízo não produziu quaisquer efeitos. — Ac. da Relação do Porto de 16/10/1979, *Bol.* 291, 536.

10. I — O processo especial de notificação para preferência constitui mero acto preliminar da acção de preferência, pois destina-se a determinar o preferente a quem caberá exercer posteriormente o respectivo direito.
II — Decidido em acção própria que um dos licitantes no referido processo especial não é titular de direito de preferência, nem por isso pode ser invocada a excepção de caso julgado, uma vez que são diferentes os sujeitos, o pedido e a causa de pedir, o que não quer dizer que, eventualmente, não venha a ser considerada a existência de inutilidade superveniente da lide — Ac. do S.T.J. de 2/11/1987, *Bol.* 372, 399.

11. I — No caso de preferência legal atribuída simultaneamente a vários indivíduos, o direito de cada um é na sua origem precário e só se consolida em acto posterior, mediante o expediente das licitações. — Ver, ainda, o Ac. da Relação de Coimbra de 30/5/1990, *Bol.* 397, 577.
II — No concurso de vários preferentes não é obrigatória a comparência de todos no acto da licitação, bastando a sua notificação, e não devem licitar aqueles que já renunciaram à preferência, pois ao fazê-lo perderam o interesse em adquirir o direito ou a coisa facultados pela opção, deixando, desse modo, de ter legitimidade para a respectiva acção — Ac. da Relação do Porto de 13/6/1989, *Bol.* 388, 593.

12. I — O titular do direito de preferência legal não é obrigado a notificar os restantes preferentes para que digam se pretendem (ou não) exercer o seu direito de preferir.
II — Quando o direito de preferência pertence simultaneamente a vários titulares, não é de aplicar o art. 1465.º do C.P.C., por não haver direitos sucessivos de preferência, mas sim o art. 1458.º, n.º 6, do mesmo Código, que determina o exercício conjunto do direito de preferência, quando este pertence, em simultâneo, a vários titulares (art. 419.º, n.º 1, do C.C.).
III — Todavia, quando esse direito pertence a mais de um titular e haja de ser exercido apenas por um deles (caso previsto no art. 419.º, n.º 2, do C.C.), já é indispensável propor a acção de preferência com prévia notificação dos outros titulares.
IV — Só que existem situações diferentes das enunciadas nas conclusões anteriores, ou sejam, as da preferência resultante de direitos distintos, ainda que da mesma natureza, quer se trate de direitos concorrentes, quer sucessivos — Ac. do S.T.J. de 5/5/1988, *Bol.* 377, 476.

13. I — A notificação para preferência, derivando esse direito de disposição que o concede com carácter sucessivo a vários titulares, tem de ser levada a cabo através do processo especial imposto pelo n.º 3 do art. 1465.º do C.P.C.
II — Será exercido em processo comum sumário o pedido para os outros demandados (proprietário e novo arrendatário) deduzirem, querendo, oposição à pretendida preferência. — Ac. da Relação de Évora de 18/3/1982, *Col. Jur.* VII, 2, 369.

14. I — Havendo mais de um titular do direito de preferência em caso de venda já efectuada, qualquer deles pode propor imediatamente a acção de preferência, sem ter usado o processo especial a que se refere o art. 1465.º do C.P.C.

II — Este processo especial só é necessário se o requerente quer ter a certeza de poder propor aquela acção sem correr o risco de vir a ser preterido por um concorrente. — Ac. da Relação de Lisboa de 2/2/1984, *Col. Jur.* IX, 1, 131.

15. Não constitui condição de procedência da acção, em caso de concurso de preferentes, o afastamento prévio pelo A dos outros direitos concorrentes. — Ac. da Relação de Coimbra de 21/9/1993, *Col. Jur.* XVIII, 4, 41.

16. I — A falta de notificação de preferentes, em acção executiva, não impede que estes exerçam o direito em acção própria.

II — O que não exclui configuração de nulidade processual decorrente da omissão, bem como da indicação de possíveis preferentes, indicação que, em princípio, pertence ao exequente.

III — Mas o executado pode invocar tal nulidade e fazer a indicação de tais preferentes. — Ac. do STJ de 28/5/1996, *Col. Jur. STJ*, IV, 2, 100.

IX — Preço da preferência

1. O prazo de depósito do preço tem natureza substantiva e não judicial — Ac. da Relação de Coimbra de 20/9/1988, *Bol.* 379, 647; ver, Acs. da mesma Relação, de 26/1/1993, *Bol.*, 423, 606, e de 13/4/1996, *Bol.*, 486, 370.

2. Conforme a Jurisprudência do S.T.J. estabelecida, entre outros, nos Acs. do S.T.J. de 25/5/1982, de 27/6/1985, de 20/5/1986, de 17/3/93 e de 28/1/1997, nos *Bols.* 317, 269, 348, 422, 357, 418, *Col. Jur. STJ*, I, 2, 11, e V, 1, 77, o vocábulo preço usado no n.º 1 do art. 1410.º do C.C., deve interpretar-se no seu sentido restrito, não abrangendo, portanto, a sisa, despesas de escritura, despesas de registo e outras.

Entende-se, porém, que pelo facto de o preferente não ser obrigado a depositar senão o preço propriamente dito, isso não significa que não tenha de pagar ao preferido outras despesas que este tenha necessariamente efectuado por motivo da compra, mas só depois de lhe ser reconhecido o direito de preferência.

Face ao n.º 5 deste art. 28.º, por analogia com o que se dispõe nos arts. 909.º, n.º 2 e 1465.º, n.º 1, *b)*, do C.P.C., que pressupõem uma decisão, e porque o preço só será pago ou depositado dentro dos trinta dias seguintes ao trânsito em julgado da respectiva sentença, parece que nele se terão de englobar as restantes despesas, despesas que, como se nota na *Rev. dos Trib.*, 93, 160, o preferido tem de pedir em reconvenção. — Ver, também, Ac. Relação de Lisboa de 15/2/1993, *Col. Jur.*, XVIII, 5, 161. Em sentido contrário os Profs. Pires de Lima e Antunes Varela, *C.C. Anotado*, III, 2.ª ed., 375.

Do efeito retroactivo da preferência exercida decorre, ainda necessariamente, como se diz no Ac. da Relação do Porto de 21/1/1993, *Col. Jur.* XVIII, 1, 206, que se não possa atender à inflação entretanto ocorrida, mesmo

ART. 28.º Decreto-Lei n.º 385/88, de 25 de Outubro

sendo, como é, facto notório; ver, ainda, o Ac. da Relação de Coimbra de 9/4/1991, *Col. Jur.* XVI, 2, 83.

3. No caso de o preço não estar legalmente fixado, como sucede no caso previsto no n.º 1 do art. 417.º do C.C., ou seja o de a coisa ter sido vendida juntamente com outra ou outras por um preço global e o preferente pretender exercer o seu direito só em relação a uma ou parte delas, nenhum obstáculo existe a que na acção de preferência se determine o preço proporcional da coisa vendida juntamente com outra ou outras. — Ac. do S.T.J. de 24/4/1973, *Bol.* 226, 214. Ver ainda os Acs. da Relação de Coimbra de 7/2/1979, *Col. Jur.* IV, 53 e da Relação do Porto de 8/5/1984, *Col. Jur.* IX, 3, 257. — Ver arts. 1458.º a 1464.º e 1429.º, do C.P.C.

4. A decisão que reconhece o direito de preferência na venda de prédio arrendado pode relegar para execução de sentença a determinação do preço quando:

a) O prédio foi vendido com outro por preço global;

b) Os preferidos não requerem, podendo fazê-lo, arbitramento destinado à determinação do preço correspondente ao prédio a que se refere o pedido, diferente do indicado e depositado pelos preferentes;

c) Não existem na acção, elementos suficientes para fixar o valor do prédio que é objecto da preferência, designadamente por se admitir que o indicado pelos preferentes é inferior ao valor real. — Vd. Acs. do S.T.J. de 21/2/1978, *Bol.* 274, 241 e *Rev. Leg. Jur.* 111, 254, e de 9/3/1978, *Bol.* 275, 220 e *Rev. Leg. Jur.* 111, 283, e Ac. da Relação de Coimbra de 20/9/1988, *Col. Jur.* XIII, 4, 56.

5. I — Feita uma venda por 100 e tendo-se declarado simuladamente um preço de 30, um preferente não pode invocar a sua qualidade de terceiro de boa fé para preferir pelo preço declarado: é-lhe oponível a nulidade do negócio simulado, sendo admitido a preferir pelo preço real.

II — Sendo controvertido o preço real, só pode considerar-se assente com trânsito em julgado da sentença que o declara e fixa. Por conseguinte, só a partir desse trânsito é que, em caso de simulação de preço, se começa a contar o prazo de oito dias para o preferente depositar a diferença entre o preço real e o preço declarado, na hipótese de este ser inferior àquele. — Ac. da Relação do Porto de 12/4/1984, *Bol.* 336, 465. Ver, também, Acs. da Relação de Coimbra de 11/6/1985, *Bol.* 348, 475, de 3/12/1985, *Bol.* 352, 433 e de 18/10/1988, *Col. Jur.* XIII, 4, 81.

6. Deve ser julgada improcedente a acção quando se verifique que o autor tem o direito de preferência em discussão; que o preço não foi simulado; que o autor propôs acção preferindo pelo preço julgado real e mais baixo do que o preço constante da escritura de compra e venda; que este preço foi julgado o verdadeiro. — Ac. da Relação do Porto de 21/1/1964, *J.R.* 10, 184; e ainda o Ac. do S.T.J. de 9/3/1978, *Bol.* 275, 220 e *Rev. Leg. Jur.* 111, 283.

7. Declarando o requerido que pretendia preferir na venda do prédio mas pelo seu valor real e não pelo constante da proposta, é certo que não se apresentou a exercer a preferência em relação aos termos propostos pelo requerente e perdeu, assim, o seu direito no que diz respeito ao projectado contrato, conforme estabelece o n.º 3 do art. 1458.º do C.P.C. — Ac. da Relação do Porto de 14/11/1978, *Bol.* 282, 251.

8. A autora, arguindo de simulado o preço de 100 000$00, constante da escritura de compra e venda, pediu que lhe fosse reconhecido o direito de haver para si os prédios alienados pelo preço de 20 000$00. Não se tendo provado a simulação o pedido de preferência pelo preço de 20 000$00, o único formulado, tinha forçosamente de improceder. — Ac. da Relação de Lisboa de 12/4/1983, *Bol.* 326, 522, e do STJ de 21/5/1996, *Col. Jur. STJ*, IV, 2, 79.

9. No caso do preço da escritura de compra e venda ser rectificado (para valor superior) através de escritura devidamente averbada, é ainda relativamente ao preço inicial que o preferente deve ser admitido a exercer o seu direito (sendo irrelevante que a divergência entre os dois valores se devesse a simples lapso ou a acordo simulatório). — Ac. da Relação de Coimbra de 29/5/1979, *Bol.* 290, 475.

10. I — Na acção da preferência em que os autores, arrendatários de um prédio urbano, pretendem preferir na compra desse prédio apenas por 500.000$00, não lhes pode ser reconhecido o direito de preferência pelo verdadeiro preço de 1.800.000$00 que por erro daquele primeiro foi rectificado por escritura, tendo esta sido levada ao conhecimento do autor recorrido.

II — O erro na indicação do preço real do contrato de compra e venda é relevante e rectificável desde que haja acordo dos respectivos outorgantes, sendo certo que essa relevância se mantém relativamente ao exercício do direito de preferência — Ac. da Relação do Porto de 21/3/1991, *Col. Jur.* XVI, 2, 243.

11. A simulação é inoponível pelos próprios simuladores ao preferente de boa fé que tem o direito de se substituir ao adquirente pelo preço estabelecido na escritura de venda, inferior ao realmente convencionado. — Ac. do S.T.J. de 3/11/1983, *Bol.* 331, 557.

12. A simulação é inoponível aos terceiros de boa fé prejudicados com a invalidade do negócio simulado, mas não àqueles que apenas deixam de lucrar com ela — Ac. da Relação do Porto de 26/10/1989, *Col. Jur.* XIV, 4, 227.

13. Em acção de preferência, julgada procedente a favor do arrendatário rural, deve este, dentro do prazo legal, dirigir-se pessoalmente a casa do preterido e entregar-lhe as espécies monetárias que prefazem a soma devida e não mandar-lhe um cheque, pelo correio. — Ac. da Relação de Évora de 26/2/1987, *Col. Jur.* XII, 1, 318.

14. I — Em acção de preferência, o preferente arrendatário rural tem, obrigatoriamente, de pagar ou depositar o preço referido na lei, sob pena de caducidade do direito de preferência e do arrendamento.

II — Nas acções de preferência do arrendatário rural não há lugar a sisa e se o réu não formular na reconvenção o pedido de pagamento das despesas da escritura basta ao autor depositar o preço da transmissão — Ac. da Relação do Porto de 15/6/1992, *Bol.* 418, 853.

15. Do efeito retroactivo da preferência exercida decorre, ainda necessariamente, que se não possa atender à inflação entretanto ocorrida, mesmo sendo, como é, facto notório. — Ac. da Relação do porto de 21/1/1993, *Col. Jur.* XVIII, 1, 206.

16. O preferente deve as despesas da celebração do negócio, além do preço, se lhe forem pedidas em reconvenção e se ele, como comprador as tivesse de pagar. — Ac. da Relação de Lisboa de 15/12/1993, *Col. Jur.* XVIII, 5, 161.

17. Ac. do STJ de 15/3/1994, *Col. Jur. STJ*, II, 1, 152: não é condição de procedência da acção de preferência a demonstração pelos AA que têm a posição de «melhores preferentes».

Não cabe aos Réus acautelar os direitos de terceiro, possíveis titulares de direito de preferência relativamente ao mesmo prédio tanto mais que, como ensina o Prof. Antunes Varela (*Colectânea*, 1990, T. III, pág. 37) não ficam privados do seu direito, cabendo-lhes propor nova acção de preferência, contra quem se tenha tornado proprietário do prédio.

Esta, é, aliás, a solução que tem sido adoptada por este Supremo Tribunal, em numerosos Acórdãos e que não vemos razão para alterar.

Em conformidade com ela qualquer proprietário confinante não perde o seu direito pelo facto de existirem outros proprietários com melhor preferência. Este mantém-se e poderá ser exercido sem necessidade de afastamento prévio dos demais preferentes através do processo do art. 1465.º. Aliás um tal afastamento não constitui condição da acção, nem há preceito que o determine. (Acórdão S.T.J. de 15/2/90, *Bol.* 401, pág. 570 e seg.; de 5/5/88, *Bol.* 377, pág. 476; de 7/9/89, *Bol.* 291, pág. 574 e segs.).

Como o Prof. Antunes Varela expendeu (in *Rev. Leg. Jur.* ano 116, pág. 288) desapareceu do sistema vigente o preceito anteriormente inserido no § 5.º do art. 2309.º do Cód. Civil de 1867, que tornava obrigatória a notificação para preferência dos titulares de direitos capazes de competir com o preferente. Por outro lado refere ainda aquele Mestre de Coimbra — nada nos diz, no art. 1465.º do actual Código do Processo Civil, seja no n.º 1 (preferência, concedida simultaneamente a várias pessoas), seja no n.º 3 (preferência sucessiva) — ao invés do que ocorre nas hipóteses versadas nas disposições legais anteriores, relativamente ao obrigado à preferência — que a notificação de um dos preferentes aos outros, para se saber a qual deve caber a propriedade, seja obrigatória.

Ora — acrescenta o citado Acórdão deste Supremo Tribunal de 15/9/90 — desde que não está fixada a obrigatoriedade do afastamento prévio dos demais preferentes, deve deixar-se ao respectivo interessado a liberdade de agir, como entender. Aliás, não se lhe pode impor uma sanção (a perda do exercício do direito) só porque não recorreu ao afastamento dos outros preferentes, através do processo do art. 1465.º. Se o legislador não lhe impõe uma tal obrigação como pode o julgador extrair consequências do seu não exercício ou efectivação?!... De forma alguma isso é possível.

Como diz o Prof. Antunes Varela (*ob. cit.*, 288) o preferente tem a faculdade de notificar os restantes preferentes para que, definitivamente, de uma vez por todas, se decida quem quer e pode preferir. Mas não tem o dever jurídico, nem sequer o ónus de fazê-lo.

Portanto, o preferente pode perfeitamente decidir-se a correr o risco de, tendo proposto a acção sem afastamento prévio dos demais preferentes, vir mais tarde a ser accionado por qualquer destes e ver-se substituído por eles na aquisição do prédio vendido.

De todo o modo, pelo facto de não ter adoptado previamente o procedimento dos arts. 1461.º e 1465.º, o preferente não perde o direito de acção.

18. I — O preço a pagar pelo preferente terá que ser o que se mostrar devido por efeito da lei vigente à data da alienação, lei que definirá a quem assiste a preferência e determina a contrapartida que é devida.

II — O valor a depositar, quando a lei permite que o depósito ocorra depois do trânsito da decisão que define a preferência, é o que consta da escritura de alienação, não tendo que ser actualizado. — Ac. da Relação de Évora de 23/6/1994, *Col. Jur.* XIX, 3, 285.

19. I — Numa acção de preferência está vedado aos AA, no início da audiência, pedir que a preferência lhes seja concedida pelo preço da escritura ou por qualquer outro, diferente e superior, que eventualmente venha a ser considerado pelo tribunal.

II — No caso de simulação do preço, com declaração de preço inferior para fugir ao Fisco, a preferência tem de ser exercida pelo preço real.

III — Os próprios simuladores podem demonstrar essa simulação com recurso à prova testemunhal, desde que exista «um começo de prova por escrito», como seja uma escritura de rectificação do preço. — Ac. da Relação de Coimbra de 24/1/1995, *Col. Jur.* XX, 1, 35.

20. I — A preferência, para ser exercida, implica uma predisposição do preferente para assumir todo o contexto da relação jurídica que subsiste e, na qual, apenas muda um polo subjectivo.

II — Assim, se um autor pretende exercer um direito de preferência na compra de um prédio, mas por preço inferior ao que consta da respectiva escritura de compra e venda, pedindo a declaração de simulação quanto ao preço expresso, e tal simulação não se prova, subsistindo unicamente, como preço conhecido, o constante da escritura, a acção não pode proceder, sob pena de ofensa do art. 661 do C.P.C. — Ac. do STJ de 21/5/1996, *Col. Jur. STJ*, IV, 2, 79.

21. Julgada procedente a acção de preferência intentada pelo arrendatário rural, este deve entregar ao adquirente preterido ou ao alienante o preço da alienação, na medida em que tenha ou não sido pago, como consequência da natureza daquela como acção de substituição (art. 28.º n.º 5). Nesse preceito, com a expressão «o preço será pago ou depositado...», confere-se ao arrendatário uma faculdade alternativa quanto à forma de cumprimento da obrigação da entrega do preço. Tal depósito deve ser feito à ordem do juiz do processo, como termo normal da acção de preferência, mas não deixa de ser liberatório pelo facto de ser efectuado directamente na CGD e de nele se haver mencionado como beneficiário o vendedor, em lugar do comprador. — Ac. do STJ de 4/3/1997, *Col. Jur. STJ*, V, 1, 115.

ART. 28.º Decreto-Lei n.º 385/88, de 25 de Outubro

22. Face à divergência entre o preço real e o declarado na escritura, haja ou não simulação, o direito de preferência só pode ser reconhecido se o preferente pagar o preço real (preço «devido» — n.º 1 do art. 1420.º do C.C.) pago pelo adquirente. — Ac. da Relação de Évora de 23/10/1997, *Col. Jur.* XXII, 4, 279.

23. I — Em acção de preferência que procede o R preferido é reembolsado do preço que pagou, ainda que não haja contestado.

II — Pode, numa acção, reconvir-se para obter o pagamento de despesas resultantes da compra, em especial as notariais, de registo e de sisa.

III — Neste pedido reconvencional não se atende ao valor do preço propriamente dito.

IV — Às verbas provadas neste âmbito abate-se o que no depósito de preferência tiver excedido o preço da venda, nessa medida não sendo devidos juros de mora. — Ac. da Relação de Lisboa de 22/1/1998, *Col. Jur.* XXIII, 1, 87.

24. Uma coisa é o preço do prédio comprado, outra o valor da sisa e dos emolumentos da escritura. — Ac. da Relação de Évora de 28/4/1998, *Col. Jur.* XIX, 2, 269.

25. I — O art. 1410.º n.º 2 do Código Civil visa proibir que vendedor e comprador, obrigados à preferência, a frustrem mediante o expediente de resolverem o contrato de alienação, ou, o que daria o mesmo resultado, virem a posteriori alterar o preço, invocando lapso e indicando então um preço muito elevado para levarem o preferente a desistir da sua pretensão.

II — Sendo este o objectivo da lei, é claro que, com o mesmo, se não pretendeu impedir que deva valer o novo preço, desde que os obrigados à preferência provem que o novo preço é efectivamente o real.

III — Colocar o ónus da prova do novo preço a cargo do preferente seria tornar a razão de ser do citado normativo, apostado precisamente em impedir as manobras fraudulentas dos obrigados à preferência. — Ac. do STJ de 17/6/1998, *Bol.* 478, 373.

26. I — Arguida pelo autor em acção de preferência a simulação do preço, e tendo a acção entrado para além do prazo estabelecido no artigo 1410.º n.º 1 do CC, deve prosseguir a acção até final, independentemente de o autor se mostrar disposto a adquirir pelo preço declarado na escritura. II — Caso se apure não ter havido a arguida simulação, a excepção de caducidade procede. –Ac. do STJ de 10/10/2002, *Proc. 2731/02, da 7.ª Secção.*

X — Caducidade do direito de preferência — Prazo

1. A preferência pode ser exercida por via judicial ou extrajudicial.

No primeiro caso o preferente tem a faculdade de, dentro do prazo de seis meses a contar da data em que teve conhecimento dos elementos essenciais da alienação, fazer valer o seu direito contra o adquirente. — Cfr. art. 1410.º do C.C.

No segundo caso o direito nasce antes de qualquer alienação, com o aviso do projecto de venda do senhorio ao arrendatário. Este deve exercer o seu direito dentro do prazo de oito dias. — Cfr. art. 416.º do C.C.

O não exercício do direito de preferência no prazo legal produz a caducidade do direito. — Sobre este ponto ver o Ac. do S.T.J. de 27/10/1972, *Bol.* 220, 163. Efectuada a comunicação nos termos legais, escreve o Conselheiro Aragão Seia, *Arrendamento Urbano*, 6.ª, ed., 308, se o titular do direito de preferência nada disser no prazo de oito dias o seu direito caduca — n.º 2 do art. 416.º (Este prazo refere-se apenas à resposta a dar pelo preferente e não à outorga do contrato — Prof. Vaz Serra, *Rev. Leg. Jur.* 101, 234 —, pelo que não se vê que outra caducidade seja aqui descortinável. — Ac. do S.TJ. de 18/11/1993, *Col. Jur. STJ*, I, 3, 140; ver ainda o Ac. do S.TJ. de 11/3/1992, *Bol.* 415, 569).

2. O prazo de caducidade do exercício do direito de preferência conta-se a partir do conhecimento que o preferente tenha de todos os elementos essenciais da alienação. — Ac. do S.T.J. de 3/7/1984, *Bol.* 339, 383, ver, ainda, Ac. da Relação de Coimbra de 26/1/1993, *Bol.* 423, 606.

3. A caducidade do direito referida no n.º 5 deve ser suscitada pelo R., pois, pode dar-se o caso do pagamento lhe ter sido efectuado directamente sem necessidade de depósito.

4. I — Para o início do prazo de caducidade do exercício do direito de preferência é determinante não a data do conhecimento da venda mas a data do conhecimento dos elementos essenciais da alienação.
II — Tendo sido um gestor de negócios a intervir na escritura de compra e venda, pelos vendedores, só após a ratificação do contrato por estes é que aquele prazo pode começar a correr — Ac. da Relação do Porto de 1/7/1991, *Col. Jur.* XVI, 4, 229.

5. Para ser eficaz, a caducidade estabelecida no art. 416.º, n.º 2, do C.C. tem de ser invocada pelas partes — Ac. da Relação do Porto de 27/6/1991, *Col. Jur.* XVI, 3, 267.

XI — Sanção para o preferente abstencionista

1. Impõe-se ao arrendatário que preferiu a obrigação de cultivar o prédio directamente, como seu proprietário, durante, pelo menos, cinco anos, salvo caso de força maior, devidamente comprovado, sob pena de ter de pagar ao anterior proprietário o valor equivalente ao quíntuplo da última renda vencida e de transmitir a propriedade ao preterido com o exercício da frequência, se este o desejar, pelo preço que adquiriu o prédio — n.ᵒˢ 3 e 4 do preceito em anotação.
A obrigação referida não impede que o arrendatário preferente possa praticar impunemente actos mencionados nas als. *b), c), d)* e *f)* do art. 21.º; tão pouco condiciona o direito de preferência, pois não se trata de uma condição resolutiva referente ao direito de propriedade, mas sim de uma restrição ao livre exercício deste.
Sendo o n.º 3, como parece, uma norma imperativa, terá como efeito, salvo o caso de força maior, a nulidade dos negócios que o preferente celebrar e que a contrariem, nos termos do art. 280.º do C.C.

ART. 29.º Decreto-Lei n.º 385/88, de 25 de Outubro

Não poderá, por exemplo, durante 5 anos, arrendar o prédio, sob pena de nulidade do arrendamento, assim como não poderá nesse período, doá-lo ou vendê-lo, sob pena de nulidade desses contratos.

Tal obrigação não é imposta nem ao co-herdeiro, nem ao comproprietário, pois, o direito de preferir concedido a estes, tem por fundamento, além do mais, contribuir para o aumento da área dos prédios, evitando a fragmentação e dispersão da propriedade.

XII — Isenção de Sisa

1. No caso de procedência do direito de preferência do arrendatário rural há sempre isenção de sisa; no caso de transacção onerosa dos prédios a favor dos respectivos arrendatários rurais só há isenção de sisa desde que exista contrato escrito com assinaturas reconhecidas notarialmente há, pelo menos, três anos.

Pretendeu-se, por este meio, combater a evasão tributária, impondo-se a obrigação de demonstrar a qualidade de arrendatário por aquele lapso de tempo.

2. I — Ao tribunal, quando se exerçam direitos de preferência, apenas compete contribuir para a liquidação e pagamento da sisa, devendo adjudicar o prédio ao preferente independentemente daquele pagamento.

II — Compete à Repartição de Finanças, no caso de exercício do direito de preferência, pronunciar-se sobre a eventual isenção de sisa — Ac. da Relação de Coimbra de 9/4/1991, *Col. Jur.* XVI, 2, 83, ver, ainda, o Ac. do STJ de 28/1/1997, *Col. Jur. STJ*, V, 1, 77, e o Ac. da Relação do Porto de 17/1/2000, *Bol.* 493, 416.

3. A decisão de que os autores, em acção de preferência julgada procedente com base na propriedade do prédio rústico confinante, devem fazer prova, em 30 dias após o trânsito, de haverem pago a sisa ou dela estarem isentos, deve ser interpretada no sentido de que a sua inobservância apenas fará incorrer os preferentes nas sanções previstas pela lei tributária aplicável — Ac. da Relação de Coimbra de 17/6/1997, *Col. Jur.* XXII, 334.

ARTIGO 29.º
Arrendamento de campanha

O Ministro da Agricultura, Pescas e Alimentação pode autorizar, mediante portaria, por tempo limitado e em condições expressamente definidas, arrendamentos de campanha ou outras formas transitórias de exploração de terras alheias por períodos inferiores a um ano, sempre que condicionalismos de ordem económica e social o justifiquem.

NOTAS

1. Exploração de campanha é o contrato pelo qual uma parte, mediante retribuição, transfere para outra, chamada «campanheiro» ou «seareiro», a exploração de culturas num ou mais prédios rústicos ou parte deles, por um ou mais anos, até ao máximo de um ano agrícola por cada folha de cultura — cfr. o n.º 6 de do art. 3.º da Lei n.º 109/88, de 26 de Setembro (Lei de Bases da Reforma Agrária agora revogado), cuja definição é adoptada para os efeitos do presente Dec.-Lei por força do art. 39.º; ver anotações a este artigo e ao 1.º.

2. Diz este artigo que pode ser autorizado o arrendamento de campanha mediante portaria do Ministro em casos que justifique, consoante a especificidade regional. Não quer dizer que esse seja um princípio defensável mas pode haver algumas características específicas em termos regionais que levem a que isso seja vantajoso para a própria exploração da terra. Portanto, não é como princípio que se define — ver o D. da Assembleia da República de 8/4/88, I Série, pág. 2619.

3. A qualificação do contrato pode todavia não coincidir com a estipulação do tipo. É tradicional a designação de «venda de pastagem» ao contrato de arrendamento rural de um pasto com restrição de objecto ao apascentamento de gado. Não obstante a designação de «venda», o contrato é qualificável como de arrendamento rural (contrato de campanha) — cfr. Prof. Pedro Pais de Vasconcelos, *Contratos Atípicos*, 134, nota 276; ver anotações aos artigos 1.º e 13.º.

4. I — O contrato de campanha é de renovação aleatória e por períodos descontínuos.
II — Os contratos em que se não pagou a renda anterior não se renovam.
III — Os arrendamentos de campanha estão excluídos dos depósitos liberatórios. — Ac. da Relação de Évora de 28/2/1985, *Col. Jur.* X, 1, 313; cfr. também, Ac. da mesma Relação de 24/1/1985, *Bol.* 345, 464.

5. I — Em relação à denúncia do contrato de arrendamento por parte do senhorio, podem verificar-se três regimes: *a)* O regime de renovação sucessiva e preventiva; *b)* O regime de renovação obrigatória; *c)* Aquele outro em que não vigora o princípio da renovação sucessiva e preventiva do contrato.
II — O contrato de exploração de campanha enquadra-se no regime em que não vigora o princípio da renovação sucessiva e preventiva. — Ac. da Relação de Évora de 17/10/1985, *Bol.* 352, 444.

6. As condições para o arrendamento de campanha têm vindo a ser definidos nos seguintes diplomas:
Portaria n.º 566/75, de 19/9;
Dec.-Lei n.º 896/76, de 30/12;
Portaria n.º 363/77, de 18/6;
Portaria n.º 724/77, de 23/11;
Portaria n.º 747/77, de 12/12;
Portaria n.º 161/78, de 25/3;

ART. 29.º Decreto-Lei n.º 385/88, de 25 de Outubro

Portaria n.º 80/79, de 13/2;
Portaria n.º 99/80, de 11/3;
Portaria n.º 210/81, de 24/2;
Portaria n.º 554/82, de 4/6;
Portaria n.º 522/83, de 4/5;
Portaria n.º 158/84, de 21/3;
Portaria n.º 64/86, de 6/3;
Portaria n.º 167/88, de 18/3;
Portaria n.º 374/89, de 17/4; *DR* II Série de 29/4/89;
Portaria n.º 225/90, de 26/3;
Portaria n.º 126/98, de 3/3;
Portaria n.º 238/99, de 6/3;
Portaria n.º 246/2001, de 23/3.

PORTARIA N.º 246/2001, DE 22 DE MARÇO

Nos termos do disposto no artigo 29.º do Decreto-Lei n.º 385/88, de 25 de Outubro, pode o Ministro da Agricultura, do Desenvolvimento Rural e das Pescas autorizar, mediante portaria, por tempo limitado e em condições expressamente definidas, arrendamentos de campanha por períodos inferiores a um ano.

Nestes termos:

Manda o Governo, pelo Ministro da Agricultura, do Desenvolvimento Rural e das Pescas, o seguinte:

1.º — 1 — Durante o ano de 2001, o arrendamento da campanha rege-se pelo disposto na presente portaria.

2 — Para efeitos desta portaria, entende-se por:

a) Arrendamento de campanha — contrato pelo qual uma parte, mediante retribuição, transfere para outra, chamada «campanheiro» ou «seareiro», a exploração de culturas de um ou mais prédios rústicos ou parte deles, por um ou mais anos, até ao limite máximo de uma campanha por cada folha cultural.

b) Seareiro/campanheiro — agricultor autónomo, titular de uma exploração do tipo familiar, quando esta empresa agrícola é constituída por uma pessoa singular que, permanente e predominantemente, utiliza a actividade própria ou de pessoas do seu agregado doméstico, sem recurso ou com recurso excepcional ao trabalho assalariado, ou o trabalhador rural que vive exclusiva ou predominantemente da agricultura e explora a terra nas condições previstas na alínea anterior.

3 — Compete às associações de agricultores legalmente constituídas na área onde se localizam os prédios rústicos objecto de arrendamento de campanha ou, quando estas não existam, às zonas agrárias respectivas certificarem a verificação dos requisitos relativos à alínea *b)* do n.º 2.

2.º Os arrendamentos far-se-ão mediante contrato escrito celebrado entre os proprietários ou empresários das explorações e os campanheiros/seareiros, do qual conste o respectivo prazo, o montante da renda, a identificação das partes contratantes, a identificação do prédio ou parcela do mesmo, a área e as culturas a efectuar.

3.º Os valores da renda máxima por hectare são os constantes da tabela anexa a esta portaria.

4.º — 1 — Quando no prédio arrendado durante o período fixado no contrato, por causas imprevisíveis e anormais, resultar diminuição significativa da capacidade produtiva do prédio, ao arrendatário assiste o direito de obter a resolução do contrato ou a fixação de nova renda com valor inferior ao contratado.
2 — Consideram-se causas imprevisíveis ou anormais, para este efeito, além de outras, inundações, ocorrências meteorológicas, acidentes geológicos e ecológicos e doenças ou pragas de natureza excepcional que não resultem de práticas inadequadas de exploração.
3 — O disposto nos números anteriores não é aplicável às aleatoriedades climáticas susceptíveis de serem cobertas pelo seguro de colheitas, nos termos da legislação em vigor.
4 — A ocorrência de causas imprevisíveis e anormais deverá ser declarada pela direcção regional de agricultura, a pedido do arrendatário.
5.º Findo o período contratual, o seareiro/campanheiro é obrigado a restituir os prédios ou parcelas objecto do contrato no estado em que as recebeu, ressalvadas as deteriorações inerentes a uma prudente utilização, sob pena de pagamento de indemnização, nos termos da lei geral.

Tabela a que se refere o n.º 3

Classe de solos	Regadio	Sequeiro
A	188 000$00	133 000$00
B	177 000$00	122 000$00
C	83 000$00	

7. I — De facto, em 1989 e 1990 havia um limite máximo do montante da renda. Mas a Portaria n.º 225/90, que manteve em vigor a de 1989, foi a última a fixar o montante das rendas antes do contrato em causa.
II — A caducidade *strictu sensu* dá-se por superveniência de um facto (previsto pela própria lei que se destina a vigência temporária) ou pelo desaparecimento, em termos definitivos, daquela realidade que a lei se destina a regular. No caso, nem desapareceu a realidade que a Portaria se destinava a regular, nem nesse diploma legal está previsto qualquer facto conducente à cessação da sua vigência. O que significa que essa Portaria não cessou a sua vigência em 1990, por caducidade, mantendo-se em vigor à data da celebração do contrato. Como ensina Baptista Machado em «Introdução ao Direito e ao Discurso Legitimador», pág. 165, «é frequente estabelecer-se numa lei que o regime nela estabelecido será revisto dentro de certo prazo. Passado esse prazo sem que se verifique a revisão, não cessa a vigência da lei por caducidade, ela continua a vigorar até à sua substituição».
III — O contrato é nulo se a renda convencionada for superior ao montante legalmente fixado, não resultando daqui, porém, a não obrigação do arrendatário pagar a renda.

IV — Não fornecendo os autos elementos que permitam a clarificação dos solos dos terrenos arrendados (regadio ou sequeiro/classe A, B, C), a renda a pagar terá de ser fixada em execução de sentença.

V — Sendo o contrato de arrendamento de campanha nulo, não está o senhorio obrigado a pagar qualquer indemnização, por aquele não constituir facto ilícito gerador da obrigação de indemnizar. De qualquer modo nunca tal obrigação recairia sobre o senhorio, pois não estava o mesmo obrigado a assegurar ao arrendatário a água necessária à cultura, aliás variável em função da qualidade do solo. — Ac. da Relação de Lisboa de 21/11/1996, *Col. Jur.* XXI, 5, 105.

8. A entrega para exploração dos prédios expropriados ou nacionalizados podia ser efectuada mediante exploração de campanha, a regulamentar em Dec.-Lei pelo Governo — art. 39.º da citada Lei n.º 109/88, hoje revogada pela Lei n.º 86/95, de 1 de Setembro (Lei de bases do desenvolvimento agrário).

O Dec.-Lei n.º 158/91, de 26 de Abril, adiante publicado e em vigor por força do art. 45.º da citada Lei n.º 86/95, disciplinou a entrega para exploração de terras nacionalizadas ou expropriadas.

ARTIGO 30.º
Arrendamento para fins de emparcelamento

Os prédios adquiridos para fins de emparcelamento podem ser arrendados por prazos inferiores aos estabelecidos no artigo 5.º deste diploma.

NOTAS

1. Sobre o regime de emparcelamento rural ver o Dec.-Lei n.º 384/88, de 25 de Outubro, regulamentado pelo Dec.-Lei n.º 103/90, de 22 de Março, e o art. 1382.º do C.C..

ARTIGO 31.º
Parceria agrícola

1 — Nos contratos de parceria agrícola só podem ser objecto de divisão entre o parceiro proprietário e o parceiro cultivador, no máximo, os três principais produtos habitualmente produzidos nos prédios objecto de contrato.

2 — A divisão nunca pode fazer-se atribuindo ao parceiro proprietário quota superior a metade da produção de acordo com o número anterior.

NOTAS

1. Esta disposição tem carácter imperativo.

2. Aos contratos de parceria agrícola aplica-se, com as necessárias adaptações, tudo quanto respeita aos arrendamento rurais — cfr. art. 33.º.

3. O n.º 4 do art. 73.º da Lei n.º 77/77, de 29 de Setembro definia a parceria agrícola como sendo o contrato pelo qual uma parte dá ou entrega a outrem um ou mais prédios rústicos para serem cultivados e explorados por quem os recebe, em troca de pagamento de uma quota parte da respectiva produção ou da prestação de qualquer forma de trabalho.

4. Não quer dizer que a parceria agrícola seja um princípio defensável mas pode haver algumas características específicas em termos regionais que levem a que isso seja vantajoso para a própria exploração da terra.

Sendo um tipo de utilização conjunta da terra, deve tender para a sua extinção, tal como a Constituição aponta. Mas o certo é que há zonas do País onde este aspecto é importante. E o Governo entende que, para além de atender à realidade que emana da própria elaboração da lei, deve atender à realidade social do País e é tendo em conta esta situação que aparece, num período transitório e até que se defina, o contrato de parceria. — Vd. *D. da Assembleia da República* de 8/4/88, I Série, pág. 2619.

5. Serão criadas condições aos cultivadores para a efectiva abolição do regime de parceria agrícola — n.º 2 do art. 96.º da Constituição da República — não existindo, porém, qualquer limite temporal para a sua extinção.

6. Os contratos de parceria agrícola têm de ser reduzidos obrigatoriamente a escrito até ao dia 1 de Julho de 1989 — n.º 3 do art. 36.º, aplicável por força do art. 33.º.

7. Os produtos não principais da exploração revertem na totalidade para o parceiro cultivador.

A quota dos produtos a partilhar não pode ir além de metade, sob pena de ficar reduzida a esse limite. É evidente que esta divisão terá de estar intimamente ligada com as despesas de exploração, efectivas e condicionais, a realizar pelos dois parceiros.

A *retribuição* ou *quota justa* dependerá sempre da contribuição que cada uma das partes dê à *sociedade*.

8. As culturas a efectuar nos prédios devem ser acordadas no início do contrato, mediante um plano de exploração aprovado pelos dois parceiros.

O plano não poderá ser alterado sem acordo de ambos.

9. A conversão da parceria agrícola em arrendamento pode dar-se a todo o tempo, desde que haja acordo dos parceiros.

10. Na Lei n.º 76/77, o parceiro cultivador não podia ser forçado a participar nas despesas de exploração em proporção superior à sua quota-parte nos frutos do prédio e apenas no que concerne a sementes e adubos, a insecticidas ou pesticidas. Não poderia comparticipar, por exemplo, no pagamento da contribuição predial ou de qualquer taxa de irrigação do prédio, que onerassem exclusivamente o parceiro proprietário. Este art. 31.º já nenhuma referência faz a semelhante tipo de limitação, razão pela qual parece lícito concluir que, no respeitante a despesas, se quis dar largas ao princípio da liberdade contratual seja qual for a finalidade da despesa efectuada — cfr. Profs. Pires de Lima e Antunes Varela, *C.C. Anotado*, II, 4.ª ed., 468.

11. O contrato de parceria agrícola, definido no art. 73.º n.º 4, da Lei n.º 77/77, de 29 de Setembro, tal como já resultava do art. 1299.º do C.C. de 1867 e se evidencia nos diplomas e normas que presentemente a tal contrato se referem, como o Dec.-Lei n.º 385/88, no seu art. 31.º, pressupõe que a relação contratual se tenha constituído entre o proprietário do prédio e o cultivador — Ac. da Relação de Évora de 9/1/1992, *Bol.* 413, 636.

12. I — O contrato de parceria agrícola, bem assim o contrato de arrendamento rural, têm de ser reduzidos a escrito, constituindo o respectivo documento uma formalidade *ad probationem*, que pode ser substituída por confissão expressa, judicial ou extrajudicial.

II — O documento que o consubstancia é um documento particular, o qual, embora prove que os seus autores fizeram as declarações que nele lhes são atribuídas, considerando-se, por isso, provados os respectivos factos, na medida em que forem contrários aos interesses dos seus declarantes, não obsta, no entanto, a que estes provem a divergência entre a vontade declarada no documento e a sua vontade real. — Ac. da Relação do Porto de 15/10/1996, *Col. Jur.* XXI, 4, 232.

13. Apenas o parceiro cultivador responde pelas indemnizações devidas por acidentes de trabalho, de que seja vítima o pessoal empregado na exploração do prédio. — Cfr. *Tratado de Locação*, Pinto Loureiro, III, 350.

14. É de arrendamento, e não de parceria agrícola, o contrato pelo qual alguém se obrigou, para com o proprietários de prédio rústico, à realização dos trabalhos de lavoura, sementeira, ceifa e debulha duma seara de cevada, contra o pagamento do preço então ajustado, parte em dinheiro e parte em maquia. — Ac. da Relação de Évora de 17/5/1977, *Col. Jur.* II, 553.

15. No caso de venda ou dação em cumprimento do prédio objecto de parceria agrícola, aos respectivos parceiros com, pelo menos, três anos de vigência do contrato assiste o direito de preferirem na transmissão — n.º 1 do art. 28.º, aplicável por força do disposto no art. 33.º.

16. Caso no domínio da Lei n.º 201/75, de 15 de Abril, que extinguiu a parceria agrícola, um dos parceiros tenha notificado o outro para celebrarem contrato escrito de arrendamento e este não haja sido outorgado, mantém-se em vigor a parceria, reanimada pelo art. 30.º da Lei n.º 76/77, de 29 de Setembro — cfr., neste sentido, o Ac. da Relação de Lisboa de 3/3/1979, *Bol.* 289, 370.

17. Os contratos de parceria agrícola que não tenham sido convertidos em contratos de arrendamento, nos termos do art. 44.º, n.º 2, do Dec.-Lei n.º 201/75 de 15 de Abril, mantêm a natureza que tinham anteriormente — Ac. da Relação do Porto de 17/1/1991, *Col. Jur.* XVI, 1, 229.

18. O contrato de parceria agrícola não pode ter por objecto um prédio urbano e seus logradouros, sob pena de nulidade. — Ac. da Relação do Porto de 18/4/1985, *Col. Jur.* X, 2, 233.

19. Sobre parceria pecuária ver art. 1121.º e segs. do C.C.
I — A Portaria n.º 724/86, de 29/11, que regulamentou em Portugal as disposições comunitárias de prémios ou subsídios aos produtores de ovinos e caprinos, atribuía a titularidade desses prémios ao respectivo titular da exploração, como tal se entendendo o dono dos animais.
II — Porém, se no contrato atípico de parceria pecuária celebrado entre esse proprietário e o pastor nada se disse quanto ao destino de tais prémios, há que recorrer para o efeito ao disposto no art. 239.º do C.C.; e concluindo-se que o espírito do acordo é no sentido da divisão igualitária de tudo o que respeitasse à exploração do rebanho, aí será de incluir também a atribuição desses prémios ou subsídios. — Ac. do STJ de 4/11/1997, *Col. Jur. STJ*, 5, 3, 118.

20. É proibida a celebração de contratos de parceria florestal — ver o art. 25.º do Dec.-Lei n.º 394/88, de 8 de Novembro.

21. I — A parceria pecuária é um acto de administração.
II — Constituem requisitos do contrato de parceria pecuária que os animais sejam entregues ao parceiro e que, pelo menos «em parte», este os cuide e alimente.
III — Distingue-se do contrato de sociedade porque nesta a contribuição dos sócios tem que traduzir-se na respectiva integração no fundo patrimonial comum e autónomo do dos associados. — Ac. da Relação de Évora de 30/1/1986, *Col. Jur.* XI, 1, 235.

22. I — Optando o parceiro pensador por pedir a resolução do contrato por via judicial, a declaração resolutiva só opera com a prolação da sentença, sem prejuízo de ter eficácia retroactiva. II — Enquanto não houver declaração resolutiva judicial, a parceria renova-se, nos termos acordados, sendo, por isso, lícita a ocupação das terras do parceiro proprietário pelo parceiro pensador. - Ac. do STJ de 23/1/2001, *Col. Jur. STJ.*, IX, 1, 80.

23. I — No contrato de sociedade, é essencial a intenção de cada um dos contraentes de se associar aos outros, pondo em comum bens, valores e trabalho, constituindo uma organização dirigida ao exercício de uma actividade económica, com o fim de partilhar lucros e o de sujeição a perdas comuns.
II — A repartição dos resultados tanto pode ser efeito próprio ou típico do contrato de sociedade como do de parceria.
III — O facto de o proprietário, para além da cedência do uso da terra, custear as despesas com a lavoura e ceifa mecânicas, como sementes, adubos

e jornas dos assalariados não afecta a caracterização do contrato como de parceria.

IV — Contrariamente à regularidade com que se processam as explorações agrícolas, com épocas bem definidas de sementeiras e colheitas, na exploração pecuária, em que a maior fonte de rendimento está nas coisas que se conseguem, não é aconselhável, nem razoável, que a exploração perdure por prazo certo — Ac. da Relação de Évora de 4/4/1989, *Col. Jur.* XIV, 2, 276.

24. I — A nulidade da cláusula inserta num contrato de arrendamento rural da divisão do vinho e da fruta não acarreta a nulidade de todo o contrato a não ser que se mostre que o contrato não teria sido concluído sem essa parte.

II — O tribunal pode oficiosamente declarar a nulidade de qualquer contrato ferido de tal vício, mas não deve decretar oficiosamente os efeitos dessa nulidade sob pena de violar o princípio da substanciação consagrado na nossa lei processual e o disposto no art. 661.º n.º 1 do C.P.C. — Ac. da Relação de Coimbra de 14/6/1988, *Col. Jur.* XIII, 4, 40.

25. A acção destinada à denúncia do contrato de parceria agrícola não tem de ser obrigatoriamente proposta contra marido e mulher, pois tal contrato não envolve alienação, oneração, arrendamento ou constituição de outros direitos pessoais de gozo sobre imóveis próprios ou comuns (al. *a)*, n.º 1 do art. 1682.º-A, do C.C.), quando o R não seja proprietário do prédio sujeito à cultura em parceria. — Ac. da Relação de Coimbra de 16/11/1982, *Col. Jur.* VII, 5, 30.

26. I — São fundamentos de resolução do contrato os taxativamente estabelecidos na al. *e)* do art. 21.º, com referência ao art. 13.º, não se integrando a celebração de um contrato de parceria agrícola por parte do arrendatário em qualquer das situações ali previstas.

II — Efectivamente, o contrato de parceria agrícola, não rompendo com a relação pessoal existente entre o locador e o locatário rurais, não se integra na figura de subarrendamento — Ac. da Relação de Évora de 13/1/1994, *Bol.* 433, 639.

27. O aprofundamento dos processos de participação e parceria é um objectivo integrador da política agrícola e do desenvolvimento rural expresso no Programa do XIII Governo Constitucional.

Existem já no quadro normativo vigente mecanismos, embora avulsos, visando possibilitar a consecução de tal objectivo, nomeadamente a possibilidade de os serviços pertencentes ao Ministério da Agricultura, do Desenvolvimento Rural e das Pescas e institutos dele dependentes participarem em entidades (privadas), cujo objectivo coincida com o domínio das suas atribuiria (art. 8.º do Dec.-Lei n.º 94/93, de 2-4).

Porém, a concretização do referido objectivo de participação e parceria tem demonstrado a necessidade da existência de um quadro orientador dos respectivos processos mais desenvolvido, o qual se encontra já em fase adiantada de elaboração.

Neste contexto, determino que até à entrada em vigor do acto normativo que consubstanciará aquele quadro orientador sejam suspensos os processos em curso de participação e parceria envolvendo serviços e outros organismos dependentes do Ministério, sem prejuízo de outras formas de apoio às entidades privadas de algum modo ligadas à agricultura e ao desenvolvimento rural. — Despacho n.º 34/96, de 22/3/1996, *D.R. II Série,* de 9/4/1996.

ARTIGO 32.º
Contratos mistos

Nos contratos mistos de arrendamento e parceria só um dos produtos poderá ser objecto de divisão e dois de renda.

NOTAS

1. Como nota o Conselheiro Aragão Seia em anotação ao art. 2.º do RAU, *Arrendamento Urbano,* 6.ª ed., 139, dispõe o n.º 2 do art. 204.º do C.C. que se entende por prédio rústico uma parte delimitada do solo e as construções nele existentes que não tenham autonomia económica, e por prédio urbano qualquer edifício incorporado no solo, com os terrenos que lhe sirvam de logradouro.

Assim, não obstante existirem no prédio rústico lagares, alambiques, adegas, celeiros, dependências para guarda de utensílios agrícolas, palheiros, estábulos, etc., o mesmo não perde a categoria de rústico, se essas construções não tiverem autonomia económica; do mesmo modo o prédio urbano não deixa de o ser pelo facto de ter a servi-lo como logradouro terrenos de cultivo ou de jardim.

Depois de definidas as categorias dos prédios é que pode surgir o arrendamento misto. O que está em causa não são, pois, as partes integrantes dos prédios, mas o objecto do contrato.

Para o Prof. Vaz Serra (*União de Contratos. Contratos Mistos, Bol.* 91, 33) o negócio misto é aquele que resulta da combinação de dois ou mais negócios, combinação que a lei não regula, regulando apenas um, alguns ou todos os negócios que entram na sua formação. A lei, por hipótese, regula certo negócio (que, por isso, é um negócio típico) ou regula dois negócios (que são, assim, negócios típicos), mas não regula o conjunto que da combinação daquele negócio com outro ou dos dois negócios deriva. Pode dar-se também o caso de o negócio misto ser constituído, não por negócios integrais, mas apenas por elementos de vários negócios.

Envolvendo o contrato uma parte urbana e uma parte rústica, *destinada a um fim rural*, não estando nenhuma das partes ao serviço da outra, e havendo dúvidas sobre as normas que o hão — de reger, haverá que recorrer, então, ao artigo em anotação.

O arrendamento será urbano se a parte urbana for de valor superior à rústica. O valor de cada uma das partes é determinado pelo que constar da matriz predial; na falta ou deficiência desta pela renda que os contraentes tenham atribuído a cada uma das partes; na falta de discriminação procede-se a avaliação, forma de prova pericial prevista nos arts. 568 e segs. do C.P.C. e não a avaliação fiscal, regulada no Código da Contribuição Predial. — Ver Parecer da P.G.R. n.º 20/69, de 29/5/1969, *Bol.* 192, 137.

Se a parte rústica se *destina a um fim diferente do rural*, atento o disposto no n.º 1 do art. 6.º, há que recorrer ao art. 1028.º do C.C., para determinar as normas aplicáveis.

231

2. Há efectivamente, contrato misto de arrendamento e parceria sempre que uma das partes se obriga a proporcionar à outra o gozo temporário de um prédio rústico, mediante uma retribuição constituída por uma parte fixa, certa ou determinada (dinheiro ou géneros) e por uma quota de frutos. — Cfr. Dr. João de Matos, *Manual do Arrendamento e Aluguer*, I, 48.

3. Aos contratos mistos aplica-se, com as necessárias adaptações, tudo quanto respeita aos arrendamentos rurais. — Cfr. art. 33.º.

4. I — Configura contrato misto, regulável pelas normas próprias de cada um dos contratos que o integram, o arrendamento de um prédio que envolve parte urbana e parte rústica, sendo a primeira para habitação do arrendatário e a segunda para fins agrícolas, sem que nenhuma delas esteja ao serviço da outra.

II — É válido o contrato de parceria agrícola, celebrado no início do ano de 1980, e cuja existência se discute em acção pendente de decisão da 1.ª instância à data da entrada em vigor do Dec.-Lei n.º 385/88, de 25 de Outubro — Ac. da Relação do Porto de 23/10/1990, *Col. Jur.* XV, 4, 233.

5. Ver anotações ao art. 31.º.

ARTIGO 33.º

Legislação aplicável

Aos contratos de parceria agrícola e mistos aplica-se, com as adaptações necessárias, tudo quanto respeita aos arrendamentos rurais.

NOTAS

1. Contratos mistos para efeito deste artigo são os de arrendamento e parceria — art. 32.º.

2. Estabelece-se uma hipótese de absorção. — Prof. Almeida Costa, *Direito das Obrigações*, 9.ª ed., 341, nota 3.

ARTIGO 34.º

Extinção da parceria agrícola

A parceria agrícola manter-se-á até que o Governo, por decreto-lei, estabeleça as normas transitórias adequadas à sua efectiva extinção.

NOTAS

1. Serão criadas condições aos cultivadores para a efectiva abolição do regime de parceria agrícola — vd. n.º 2 do art. 96.º da Constituição da República.

2. Ver anotações ao art. 31.º.

ARTIGO 35.º
Formas de processo

1 — Os processos judiciais referidos no artigo 28.º têm carácter de urgência, seguem os termos de processo ordinário ou sumário, consoante o valor, e, enquanto estiverem pendentes, não pode efectivar-se a entrega do prédio ao senhorio com base em denúncia do contrato.

2 — Os restantes processos judiciais referentes a arrendamentos rurais têm carácter de urgência e seguem a forma de processo sumário, salvo se outras forem expressamente previstas.

3 — É sempre admissível recurso para o tribunal da relação quanto à matéria de direito, sem prejuízo dos recursos ordinários, consoante o valor da acção, tendo sempre efeito suspensivo o recurso interposto da sentença que decrete a restituição do prédio.

4 — Nos casos previstos no n.º 4 do artigo 11.º aplica-se o processo previsto no artigo 1429.º do Código de Processo Civil, que reveste também carácter de urgência, não havendo recurso da decisão.

5 — Nenhuma acção judicial pode ser recebida ou prosseguir, sob pena de extinção da instância, se não for acompanhada de um exemplar do contrato, quando exigível, a menos que logo se alegue que a falta é imputável à parte contrária.

NOTAS

Vão ser estudadas separadamente a acção de preferência e os restantes processos referentes a arrendamentos rurais.

Acção de preferência

(ver anotações ao art. 28.º)

I — Tribunal competente

1. As acções de preferência devem ser propostas no tribunal da situação dos bens — n.º 1 do art. 73.º do C.P.C. — não sendo válida qualquer estipulação, por acordo das partes, em contrário — art. 110.º n.º 1, al. *a)* do C.P.C.

II — Forma de processo

2. As acções de preferência seguem os termos do processo ordinário ou sumário, consoante o valor.

3. Se os factos que fundamentam o despejo tiverem ocorrido em data anterior à alienação do prédio, relativamente à qual o arrendatário pretende exercer o direito de preferência, não deve ser suspensa a instância na acção de despejo com fundamento na pendência de acção de preferência (causa prejudicial), visto o resultado desta acção ser indiferente para a decisão do despejo — Ac. da Relação do Porto de 10/11/1988, *Bol.* 381, 746.

4. A sentença proferida em acção de preferência, apesar de constitutiva, constitui título executivo para obter a entrega de coisa certa. — Ac. do STJ de 18/3/1997, *Col. Jur. STJ*, V, 1, 160.

III — Valor da acção

1. O preço certificado na escritura de venda traduz o valor do acto, sendo esse o valor que deve ser atribuído à acção de preferência pois, com ela, pretende-se obter a modificação do acto jurídico da venda pela substituição do respectivo adquirente — art. 310.º, n.º 1, do C.P.C. — Vd. neste sentido o Ac. da Relação do Porto de 28/10/1966, *J.R.* 12, 730 e o Ac. do S.T.J. de 17/5/1978, *Bol.* 177, 209.

2. I — O valor da acção de preferência é igual ao valor da coisa (ou seja, o preço pelo qual foi vendida).
II — Sendo esse preço de 65 000$00, deve o juiz fixar à causa esse valor, mesmo que o autor tenha oferecido o valor de 80 000$00 e os réus o hajam tacitamente aceite na contestação. — Ac. da Relação de Coimbra de 9/3/1982, *Bol.* 317, 302.

3. Na acção especial de notificação para preferência, a que se refere o art. 1458.º do C.P.C., a utilidade económica do pedido afere-se pelo valor do acto jurídico que se efectiva com a adjudicação do prédio ao preferente, valor que se determina, à semelhança do que acontece nos casos do art. 310.º do mesmo Código, pelo preço respectivo previamente pago ou depositado. Assim, o valor da acção para efeitos de custas será o do preço fixado para a venda. — Ac. da Relação do Porto de 19/6/1981, *Bol.* 308, 289.

4. O valor da acção de preferência, quer para efeitos de competência, alçada e forma de processo, quer para efeitos tributários, é igual ao preço pelo qual a coisa (objecto da preferência) foi vendida. — Acs. da Relação de Coimbra de 9/12/1986, *Bol.* 362, 605 e da Relação do Porto de 16/5/1991, *Col. Jur.* XVI, 3, 235.

5. Em matéria cível a alçada dos Tribunais da Relação é de € 14.963,94 e a dos Tribunais de 1.ª instância de € 3.740,98 — art. 24.º da Lei n.º 3/99, de 13 de Janeiro, rectificada em 16 de Fevereiro de 1999 e alterada pelas Leis n.º 101/99, de 26 de Julho, e n.º 323/2001, de 17 de Dezembro.

IV — Prazo de propositura da acção

1. O preferente tem a faculdade de, dentro do prazo de seis meses a contar da data em que teve conhecimento dos elementos essenciais da alienação, fazer valer o seu direito contra o adquirente — cfr. art. 1410.º do C.C.

2. O prazo de seis meses previsto no art. 1410.º, n.º 1 do C.C., conta-se a partir do conhecimento dos elementos essenciais do negócio efectivamente celebrado, sendo irrelevante que o autor já antes os conhecesse como um projecto de alienação. — Ac. da Relação de Coimbra de 29/10/1985, *Bol.* 350, 394; ver, ainda, o Ac. do STJ de 3/7/1984, *Bol.* 339, 383 e o Ac. da Relação de Lisboa de 15/2/1993, *Col. Jur.* XVIII, 5, 161.

3. O termo «a quo» do prazo de 6 meses, referido no art. 1410.º do C.C., pode situar-se depois do momento em que a alienação teve lugar, mas não pode situar--se antes dele. — Ac. da Relação de Coimbra de 29/10/1985, *Col. Jur.* X, 4, 84.

4. I — No caso do exercício da preferência quando a alienação já tenha sido efectuada e o direito caiba a várias pessoas, pode haver dois prazos para a propositura da acção de preferência: o de seis meses, consignado no art. 1410.º, n.º 1, do C.C., e o prazo adicional de trinta dias, fixado na al. *c)* do n.º 1 do art. 1465.º do C.P.C.

II — Por efeito do disposto no n.º 2 do art. 1465.º do C.P.C. é considerada tempestiva a acção de preferência, desde que o processo preliminar dos arts. 1460.º e 1465.º, do mesmo Código, seja instaurado no prazo de seis meses estabelecido no art. 1410.º, n.º 1, do C.C.

III — Determinada, porém, a titularidade do direito de preferência, através do processo de notificação previsto nos arts. 1460.º e 1465.º do C.P.C., ocorrerá ainda a caducidade do direito, se a acção de preferência não for proposta no prazo de trinta dias, constante da al. *c)* do n.º 1 do referido art. 1465.º.

IV — Tal prazo de trinta dias é um prazo para a propositura de uma acção, aplicando-se-lhe, assim, o disposto no n.º 4 do art. 144.º do C.P.C. — Ac. do S.T.J. de 28/2/1985, *Bol.* 344, 432.

5. Em razão do disposto no art. 343.º, n.º 2, do C.C., é de aceitar que, na ausência de prova quanto à data certa do conhecimento por parte dos autores dos elementos essenciais do contrato, a acção foi proposta em tempo. — Ac. da Relação de Évora de 10/5/1979, *Bol.* 290, 484.

6. I — O prazo de seis meses fixado no art. 1410.º, n.º 1, do C.C. conta-se a partir da data em que o autor teve conhecimento da venda (sendo assim irrelevante, nomeadamente, todo o tempo anterior à data da escritura).

II — Não recai sobre o preferente qualquer dever de diligência no sentido de averiguar as circunstâncias em que o negócio foi celebrado — Ac. da Relação de Coimbra de 27/6/1989, *Bol.* 388, 604.

7. Para efeitos de contagem do prazo de 6 meses, previsto no art. 1410.º, n.º 1 do C.C., é irrelevante o conhecimento dos elementos levados ao contrato--promessa — Ac. da Relação do Porto de 26/10/1989, *Col. Jur.* XIV, 4, 227.

8. Absolvidos da instância os réus compradores por estarem desacompanhados dos vendedores e requerida a intervenção principal destes no prazo de 30 dias, no mesmo processo, não há caducidade do direito de preferir, apesar dos vendedores serem chamados à acção para além do prazo de 6 meses — Ac. da Relação de Coimbra de 4/2/1992, *Col. Jur.* XVII, 1, 95.

V — Carácter urgente

1. Tal como nos diplomas anteriores sobre arrendamento rural volta a mencionar-se o carácter urgente destes processos, sem que se explicite o que isso significa, continuando, também, a não haver na lei processual qualquer regulamentação específica. Tem, porém, de se entender que as diligências destes processos preferem às dos outros que não sejam urgentes e, *a contrario* do disposto no art. 143.º do C.P.C., podem ser praticadas nos domingos, em dias de feriados e durante as férias.

É o que resulta da análise de vários textos legais, a saber:

Processo Civil

— Praticam-se mesmo em férias os actos urgentes referidos no art. 143.º n.º 2, que desde logo remete para os procedimentos cautelares (art. 381.º e segs.), onde se fixam regimes de urgência (art. 382.º), incluindo a regra da *precedência* a outros processos não urgentes e o *encurtamento* de prazos.

— Os processos de recuperação da empresa e de falência, incluindo os embargos e recursos a que houver lugar, têm carácter urgente e gozam de precedência sobre o serviço ordinário do tribunal (art. 10.º n.º 1 do Código dos Processos Especiais de Recuperação da Empresa e de Falência).

Processo Criminal

— Certos actos praticam-se em qualquer dia (art. 103.º n.º 2).
— Certos prazos correm em férias (art. 104.º n.º 2).

Processo Administrativo

— São urgentes e por isso correm em férias: os processos de contencioso eleitoral; à suspensão de eficácia dos actos impugnados contenciosamente, a intimação para consulta de documentos ou passagem de certidões, a intimação para um comportamento e a produção antecipada de prova (art. 6.º da Lei de Processo nos Tribunais Administrativos e fiscais (Dec.-Lei n.º 267/85, de 16 de Julho).

— Quando entrar em vigor a Lei n.º 15/2002, de 22 de Fevereiro: São urgentes e por isso correm em férias, com dispensa de vistos prévios, mesmo em fase de recurso jurisdicional, e os actos da secretaria são praticados no próprio dia, com precedência de quaisquer outros: os processos de contencioso eleitoral, com o âmbito definido no Código de Processo nos Tribunais Administrativos e Fiscais, aprovado pela Lei n.º 15/2002, de 22 de Fevereiro; de contencioso pré-contratual, com o âmbito definido naquele Código; de intimação para prestação de informações, consulta de documentos ou passagem de certidões; de intimação para defesa de direitos, liberdades e garantias; e de providências cautelares.

Processo Constitucional

— Réus presos (art. 43.º n.ºˢ 3 e 5): os prazos correm em férias e são reduzidos (10 a 20 dias: art. 79.º n.º 2); os prazos de vista e para elaboração do acórdão são reduzidos a metade, devendo o relator conferir prioridade a tais processos (art. 79.º-B, n.ºˢ 2 e 3) e o presidente dar-lhes prioridade na elaboração da tabela [art. 39.º n.º 1 al. *h)*].
— Recursos em que estejam em causa direitos, liberdades e garantias: regime idêntico (disposições citadas).
— Recursos interpostos de decisões proferidas em processo qualificado como urgente pela respectiva lei processual: regime idêntico (art. 43.º n.º 5).
— Fiscalização preventiva: encurtamento de prazos quando haja urgência (art. 60.º).
— Processos eleitorais e outros, salvo recursos, etc., correm em férias.

Posto isto, as características comuns que se podem extrair dos referidos processos urgentes são:
— correm com prioridade em relação aos outros;
— mesmo em férias judiciais;
— em alguns casos com encurtamento de prazos, mas só se a lei o disser;
Portanto, relativamente ao arrendamento rural a urgência caracteriza--se por:
— correrem em férias;
— com prioridade sobre os não urgentes.

2. I — Muito embora os processos relativos a arrendamentos rurais tenham carácter de urgência, estão sujeitos ao disposto no n.º 1 do art. 143.º (hoje n.ºˢ 1 e 2) do C.P.C. não podendo, por isso, ser praticados aos domingos, dias feriados ou férias os respectivos actos judiciais.
II — Não havendo, como não há, quaisquer disposições legais que disciplinem em especial os processos que sejam assim rotulados, tal designação só significa que eles preferem aos que o não sejam. — Ac. da Relação de Coimbra de 8/5/1979, *Col. Jur.* IV, 875.

3. Actos urgentes em cível são os que, pelas sua consequências imediatas, não são adiáveis (exemplo: os arrestos, arrolamentos, certas condições de subida do recurso no último dia do prazo) — Ac. do STJ de 21/2/1995, *Bol.* 444, 555.

VI — Redução obrigatória a escrito do contrato

1. Ver anotações ao art. 3.º e ao preceito em anotação, rubrica Restantes processos judiciais referentes a arrendamentos rurais — V.

2. Nenhuma acção judicial pode ser recebida ou prosseguir, sob pena de extinção da instância, se não for acompanhada de um exemplar do contrato, a menos que logo se alegue que a falta é imputável à parte contrária. Trata-se de significativas derrogações ao direito comum (arts. 220.º e 286.º C.C.), no qual não assume relevância a *imputabilidade* da falta do documento exigido para a validade do contrato, salvo as hipóteses particulares em que a invocação da nulidade constitua abuso de direito nos termos do art. 334.º do C.C. — Prof. Pereira Coelho, *Arrendamento*, 1988, 333.

3. Na vigência do actual diploma há que distinguir os contratos existentes à data da sua entrada em vigor, que só devem estar obrigatoriamente reduzidos a escrito a partir de 1/7/1989 — n.º 3 do art. 36.º — dos celebrados após essa entrada em vigor.

Neste último caso, a acção não poderá ser recebida ou prosseguir se não for acompanhada de um exemplar do contrato, a menos que se alegue que a falta é imputável à parte contrária; na primeira hipótese, a acção podia ser recebida até 1/7/1989, sem essa alegação, e prosseguir.

4. I — A omissão de forma escrita não implica falta de condição de validade contratual, ou nulidade, ou impossibilidade probatória, mas sim a falta de um requisito específico, de um pressuposto especial para que o contrato possa apresentar-se como título obrigacional judiciário e ser invocado em juízo.

II — Esta impossibilidade de recurso a juízo pode ser absoluta — se a omissão do escrito for imputável a ambos os contraentes — ou relativa — se essa omissão for imputável apenas a um deles, como resulta do n.º 5 do art. 35.º do Dec.-Lei n.º 385/88, de 25 de Outubro — Ac. da Relação de Évora de 9/3/1990, *Bol.* 395, 687.

5. A exigência de forma escrita para um contrato de arrendamento rural e a maneira de superar a sua falta, respeitam apenas às relações entre arrendatário e senhorio e não são extensíveis às relações do arrendatário com terceiro. — Ac. do STJ de 12/3/1998, *Proc. 1013/97, 2.ª Secção*.

6. No Dec.-Lei n.º 385/88 o processo não pode prosseguir sem um exemplar do contrato, a menos que se prove que a falta é imputável à parte contrária, impedimento que se traduz na omissão de um pressuposto processual em termos de excepção dilatória inominada que conduz à absolvição da instância — Ac. do STJ de 27/4/1993, *Bol.* 426, 431.

7. O n.º 5 do art. 36.º não é aplicável ao contrato que antes da sua entrada em vigor foi validamente denunciado, ainda que o processo esteja pendente na 1.ª instância. — Ac. da Relação de Évora de 7/12/1995, *Col. Jur.* XX, 5, 294.

8. I — Os proprietários de terrenos confinantes não gozam do direito de preferência na alienação de prédios que formem uma exploração agrícola efectiva, exclusiva ou predominantemente feita através do trabalho do próprio agricultor, cultivador directo ou agricultor autónomo ou do seu agregado familiar.

II — Para que o arrendatário rural tenha preferência na venda do prédio arrendado, a lei apenas exige que o contrate vigore há, pelo menos, três anos e não que esteja reduzido a escrito há mais de três anos.

III — A circunstância de os arrendamentos rurais terem, obrigatoriamente, de ser reduzidos a escrito não pode impedir os outorgantes de, em escrito posterior, estabelecerem a data do começo da respectiva vigência.

IV — E, de tal declaração, não podem deixar de ser retirados efeitos jurídicos, quer no plano das relações senhorio/arrendatário, quer no das relações entre estes e terceiros. — Ac. do STJ de 30/6/1998, *Col. Jur. STJ*, VI, 2, 146.

9. O especial regime da nulidade por falta de forma do contrato de arrendamento rural não impede o arrendatário de exercer o direito de preferência na compra do imóvel com base em tal contrato verbal, desde que, tendo procedido à notificação judicial do senhorio, nos termos do art. 3.º n.º 3, cumpra o preceituado no art. 35.º n.º 5, ambos do Dec.-Lei n.º 385/88. — Ac. da Relação do Porto de 22/9/1999, *Bol.* 479,708.

10. I — Sendo o contrato de arrendamento rural um contrato formal, é indispensável que o arrendatário, em acção de oposição à denúncia, junte um exemplar do respectivo instrumento, a menos que alegue logo que a sua falta é imputável ao senhorio. II — Face à nova redacção do artigo 508.º, n.º 1, do CPC, conjugado com o artigo 266.º – princípio de cooperação —, o juiz deve convidar o autor que não haja junto aquele documento, nem alegado o que quer que seja sobre a falta de redução a escrito do contrato, a fazer essa junção e a aperfeiçoar a petição, se tiver havido recusa do réu em formalizar o dito contrato. – Ac. da Relação de Coimbra de 7/12/1999, *Bol.* 492,491.

11. I — O direito de preferência do arrendatário rural é regulado pela lei vigente na data em que ocorre a alienação do prédio rústico que pretende preferir. II — A proibição da invocação da nulidade do contrato de arrendamento, por falta de redução a escrito do mesmo, inserta no n.º 5 do artigo 35.º da LAR, abrange não só o contraente culpado de tal situação, em função da notificação que para o efeito lhe foi feita pela outra parte, mas também o contraente que ficando em pura inércia, ou seja, não exigindo do outro essa redução a escrito, concorre, de igual modo, para que não se produza esse resultado. III — Não sendo já os réus vendedores, em consequência da alienação que efectuaram do prédio, senhorios da autora-arrendatária, encontram-se desprovidos de legitimidade substantiva para reduzir a escrito o contrato de arrendamento e, como tal, não se pode falar em recusa ilegítima, por parte dos mesmos, na redução a escrito do contrato de arrendamento rural (que fora entretanto solicitada por aquela, através de notificação judicial avulsa, já no decurso da própria acção). IV — E sendo assim, e em tais circunstâncias, a falta de redução a escrito de contrato de arrendamento e ausência de prova de que tal situação é imputável ao senhorio, ou aos seus antecessores, determina, ao abrigo do disposto no artigo 35.º, n.º 5, da LAR, a extinção da instância. — Ac. da Relação de Coimbra de 28/11/2000, *Col. Jur.* XXV, 5, 29.

12. I — É hoje e desde 1/7/89, sempre exigível a forma escrita em todos os contratos de arrendamento ao agricultor autónomo, qualquer que tenha sido a data da sua celebração. II — Pressupondo o exercício do direito de preferência que o contrato esteja em vigor no momento da alienação, então se o contrato não estava anteriormente reduzido a escrito, o que se impunha, para satisfazer o requisito processual e evitar a sanção de extinção da instância, era de notificar o actual senhorio para aquele efeito. — Ac. da Relação do Porto de 11/1/2001, *Col. Jur.* XXVI, 1, 178.

13. I — A exigência da redução do contrato de arrendamento rural a escrito, consignada no n.º 1 do artigo 3.º do Dec.-Lei n.º 385/88, de 25 de Outubro, destina-se essencialmente a proteger o arrendatário. II- A falta de documento exigido pelo n.º 5 do artigo 35 da LAR, não integra uma excepção peremptória, impeditiva da constituição dos próprios direitos emergentes do contrato, mas sim um mero pressuposto processual ou excepção dilatória inominada, levando à extinção da instância. — Ac. do STJ de 19/9/2002, *Proc. 2444/02, da 2ª Secção*.

VII — Causa de pedir

1. A causa de pedir na acção de preferência do rendeiro cultivador directo é a exploração pelo rendeiro exclusiva ou predominantemente com o próprio trabalho executivo ou o das pessoas do seu agregado familiar. — Ac. da Relação de Coimbra de 23/3/1977, *Col. Jur*. II, 281.

2. Invocada pelos autores, como causa de pedir na acção de preferência, a sua confinância com o prédio vendido e defendendo-se os réus por excepção, com a sua situação de arrendatários de metade desse prédio alienado, é irrelevante a aceitação dessa confissão pelos autores na resposta, onde alegam ser arrendatários da outra metade, desde que não pretendam dela prevalecer-se modificando ou ampliando a causa de pedir. — Ac. da Relação de Coimbra de 11/1/1978, *Col. Jur*. III, 245.

3. I — Causa de pedir na acção de preferência consiste no facto jurídico (venda ou dação em cumprimento) que constitui o seu fundamento legal (a preferência), como direito subjectivo que através dela (acção) se pretende fazer valer.
II — Não é, pois, parte integrante dessa mesma causa de pedir a não comunicação prévia, pelo obrigado à preferência ao titular desta, da venda ou da dação em cumprimento projectadas, como das cláusulas dos respectivos contratos ou dos elementos essenciais da alienação — Ac. da Relação de Évora de 20/6/1991, *Bol*. 408, 666.

VIII — Legitimidade para a acção

1. Questão que tem sido debatida, como refere o Conselheiro Aragão Seia, *Arrendamento Urbano*, 6.ª ed., 316, é a de saber se a acção de preferência deve ser intentada só contra o adquirente ou também contra o alienante. A corrente jurisprudencial dominante vinha-se firmando no sentido de que apenas tinha legitimidade passiva o adquirente e não o alienante, não bastando a este um mero interesse moral (apoiado em razões de ordem moral) em que a coisa não viesse a integrar-se no património do preferente (Acs. do S.T.J. de 18/12/1970, *Bol*. 202, 208, de 20/5/1975, *Bol*. 247, 155, de 1/2/1979, *Bol*. 284, 146, de 7/6/1979, *Bol*. 288, 307 e de 26/11/1980, *Bol*. 301, 433 e na *Rev. Leg. Jur*. 115, 28).

Diferente seria, por exemplo, se fosse alegada qualquer questão que lhe pudesse causar prejuízo, como seja a simulação do preço ou a imputação de qualquer espécie de responsabilidade, caso em que deveriam ser demandados ambos (Ac. da Relação do Porto de 9/12/1980, *Bol*. 302, 315).

O Prof. Antunes Varela tem insistido, veementemente, pela legitimidade passiva do alienante, por ser essa a orientação que, no seu entender, o Código implicitamente perfilhou, ao aludir, na parte final do n.º 1 do art. 1410.º do C.C. (redacção primitiva), ao despacho que ordena a citação dos réus, em lugar de dizer, como seria natural, se não fora essa intenção, a *citação do réu*. Com a expressão réus, quis a lei referir o comprador e o vendedor, no caso da venda, ou o devedor e o credor, no caso de dação em pagamento, estabelecendo entre eles um caso nítido de *litisconsórcio necessário passivo* (*Rev. Leg. Jur.* 100, 241; 101, 385; 105, 8; 119, 107; 120, 22; 121, 350; *Das Obrigações em Geral*, I, 10.ª, ed., 384, e *Manual de Processo Civil*, em co-autoria com os Drs. Miguel Bezerra e Sampaio e Nora, 2.ª ed., 137; Acs. do STJ de 14/5/1991, *Rev. Leg. Jur.* 126, 330 e jurisprudência da Relação de Coimbra nele citada, de 24/10/1991, *Bol.* 410, 719, de 15/1/1992, *Bol.* 413, 557, de 27/9/1994, *Bol.* 439, 502, de 11/1/1996, *Bol.* 453, 381, e de 30/4/1997, *Proc. 909/96, 2.ª secção*).

Após a publicação do Dec.-Lei n.º 68/96, de 31 de Maio, a expressão "despacho que ordene a citação dos réus" encontra-se substituída por "à propositura da acção", não por que o legislador tivesse querido manifestar-se sobre o problema, mas apenas porque desapareceu o despacho liminar do juiz sobre a petição inicial.

Acresce, segundo o mesmo ilustre Prof., que a acção de preferência assenta hoje *num acto ilícito do alienante* (falta de comunicação) de cuja prática decorre, naturalmente a obrigação de o seu autor indemnizar o lesado por todos os prejuízos que lhe cause.

Devem, por isso, no seu entender, intervir necessariamente na acção de preferência (além do preferente cujo interesse foi lesado e se pretende restaurar), tanto o adquirente (cujo direito sobre a coisa se pretende sacrificar em proveito do autor), como o alienante, por ser um absurdo discutir judicialmente um direito nascido de um *facto ilícito* que lhe é imputado — e lhe pode trazer consequências danosas — sem a sua presença e com a negação aberta do princípio do *contraditório*. Acresce que as custas da acção devem ser pagas pelo alienante que verdadeiramente deu causa ao processo (*Rev. Leg. Jur.* 126, 365 e 373).

Para o ilustre Prof. apareceu *uma luz no fundo do túnel*, com o citado Ac. do S.TJ. de 14/5/1991.

E a *luz* tem vindo a crescer, a crescer, e acabou por se firmar.

Com as recentes alterações ao C.P.C., designadamente ao n.º 3 do art. 26.º, o problema parece ter ficado clarificado.

Dispõe este inciso que na falta de indicação da lei em contrário são considerados titulares de interesse relevante para o efeito de legitimidade os sujeitos da relação controvertida, *tal como é configurada pelo autor*.

A legitimidade assenta, assim, na efectiva configuração da situação em que se baseia a própria legitimação dos intervenientes no processo.

São titulares da relação controvertida na acção de preferência os intervenientes no negócio de compra e venda e o titular de direito de preferência.

O alienante é sempre parte legítima como interveniente no negócio e por ser a ele que incumbia oferecer a preferência, sendo elo de ligação entre o comprador e o preferente.

2. A regra da legitimidade passiva nas acções de preferência — alienante e adquirente — não se mantém quando a aquisição da coisa for feita através

241

de partilha judicial a que se procedeu em processo de inventário. Neste caso, a legitimidade é aplicada através de critérios consignados no art. 26.º do C.P.C. — Ac. do S.TJ. de 20/2/1997, *Bol.* 464,446.

3. I — Nas acções de preferência existe litisconsórcio necessário passivo devendo ser demandados o alienante e o adquirente. II — A venda executiva envolve um contrato de direito público, integrado pelos actos do Juiz e do comprador que se fundem e cruzam para formarem um acto bilateral. III — O exequente e a executada não são partes na venda judicial; não têm, por isso, de intervir na acção de preferência. IV — Tão pouco o Estado pode ser considerado «réu alienante» pelo que, igualmente, não é de considerar a sua intervenção na acção. V — Donde, parte legítima na acção de preferência, em sede de arrematação em hasta pública, são os compradores. VI — Sendo ambos os prédios de natureza rústica, contíguos e com área global inferior à unidade de cultura, a preferência terá de envolver ambos os prédios; a preferência na venda apenas de um deles implicaria fraccionamento ilegal e seria anulável. — Ac. da Relação do Porto de 15/11/2001, *Col. Jur.*, XXVI, 5, 185.

4. Qualquer dos cônjuges tem legitimidade para, por si só, intentar acção de preferência.

Na verdade, face ao n.º 1 do art. 28.º-A do C.P.C. com a redacção do Dec.--Lei n.º 368/77, de 3 de Setembro, só têm de ser propostas por marido e mulher ou por um deles com o consentimento do outro, as acções de que pode resultar a perda ou a oneração de bens que só por ambos possam ser alienados, ou a perda de direitos que só por ambos possam ser exercidos.

E, como se escreveu no Ac. do S.T.J. de 25/11/1969, *Bol.* 191, 231, do exercício do direito de preferência não pode resultar a perda ou oneração de quaisquer bens do casal, pois se destina à aquisição de novos bens e à valorização dos já existentes no casal.

Também não pode implicar a perda do direito de preferência, pois visa precisamente a fazê-lo reconhecer e a efectivá-lo.

O seu não exercício é que pode determinar a sua perda, porque se trata de um direito potestativo que caduca se não for exercido dentro de certo prazo.

Além disso, nenhuma disposição legal exige que tal direito seja exercido por ambos os cônjuges.

A intervenção conjunta dos cônjuges só é indispensável para a alienação ou oneração de certos bens do casal e, como se viu, o exercício do direito de preferência não constitui alienação nem oneração, mas sim acto tendente a adquirir bens.

Por isso, cabe perfeitamente nos poderes de administração — art. 1678.º, n.º 3 do C.C., como aliás resulta do art. 1463.º do C.P.C., que permite a qualquer cônjuge exercê-lo mesmo quando pertence em comum a ambos.

5. I — Em relação a uma coisa, actos de administração são os praticados para o seu engrandecimento e actos de disposição os que têm como consequência a sua perda.

II — A aquisição de um prédio confinante é acto de administração.

III — O exercício de actos que vão além do exercício normal de uma coisa está sujeito às regras de administração ordinária. — Ac. da Relação de Coimbra de 10/7/1979, *Col. Jur.* IV, 1102.

6. O direito de preferência é um direito real de aquisição. — Ac. da Relação do Porto de 5/1/1984, *Col. Jur.* IX, 1, 203 e *Rev. Leg. Jur.* 103, 471 e segs.

7. I — É inconsequente a conclusão que o autor é parte ilegítima, numa acção ordinária tendente a exercer o direito de preferência, «uma vez que só depois de se saber qual dos preferentes de graduação diferente é que deve exercer o direito de preferir é que se poderá afirmar se aquele que está em causa é ou não sujeito desse direito e titular da relação controvertida».

II — Isto porque se o autor não prova ter o direito que se arroga, a consequência não é a sua ilegitimidade para a acção mas a improcedência da sua pretensão. — Ac. do S.T.J. de 28/2/1980, *Bol.* 294, 288 e *Rev. Leg. Jur.* 115, 277.

8. I — Tendo invocado a renúncia dos restantes co-herdeiros e sendo, por isso, os únicos preferentes, os autores garantiram a sua legitimidade, pois ela afere-se, de acordo com o n.º 3 do art. 26.º do C.P.C., pela sua posição na relação material controvertida, tal como esta é configurada na petição inicial.

II — Por isso, se os autores não provarem ter o direito que se arrogam, a consequência não é a sua ilegitimidade, mas a improcedência da acção. — Ac. do S.T.J. de 25/6/1981, *Bol.* 308, 242.

9. Se um contrato de arrendamento rural abrangia vários prédios, que vieram a ser partilhados por falecimento do locador, a resolução ou denúncia desse contrato só pode ser pedida em juízo por todos os herdeiros a quem os prédios foram adjudicados, sob pena de ilegitimidade. — Ac. da Relação do Porto de 15/3/1984, *Col. Jur.* IX, 2, 218.

10. I — O direito de preferência deve ser exercido por todos os comproprietários.

II — Assim, o autor, sendo um desses comproprietários, tem de apresentar a renúncia dos que não querem exercer esse direito e requerer a intervenção provocada dos restantes que não se manifestaram.

III — Não é facto superveniente que altere a declaração de ilegitimidade por decisão que transitou em julgado, não se ter provado a alegação inicial da autora de que todos os demais comproprietários haviam renunciado à preferência.

IV — A falta de um dos comproprietários no exercício do direito de preferência constitui ausência de uma condição de acção. — Ac. da Relação do Porto de 3/4/1986, *Col. Jur.* XI, 2, 192.

11. I — Em caso de pluralidade de titulares de direitos de preferência distintos, qualquer deles pode propor a acção de preferência contra o adquirente sem prévio afastamento dos demais.

II — O emprego do meio processual previsto no art. 1465.º do C.P.C. constitui uma faculdade, não um dever ou ónus jurídico. — Ac. da Relação de Évora de 13/6/1985, *Bol.* 350, 400.

12. O não uso do processo do art. 1465.º, 3, do C.P.C., não determina a ilegitimidade do que intenta a acção de preferência, desde que este seja um dos que detêm o respectivo direito, embora em via sucessiva. — Ac. da Relação de Coimbra de 18/2/1986, *Bol.* 354, 620.

13. A lei não impõe litisconsórcio necessário activo entre comproprietários, no que concerne ao exercício do direito de preferência a propósito da venda da quota de um outro comproprietário a um estranho. — Ac. da Relação de Évora de 23/10/1986, *Bol.* 362, 616.

14. I — Numa situação de pluralidade de preferentes, respeitante ao mesmo direito de preferência ou contitularidade de uma única relação jurídica e não a direitos de preferência distintos, o comproprietário que pretenda instaurar acção de preferência e não possa provar a renúncia dos outros consortes, terá de propor a acção conjuntamente com estes ou provocar a sua intervenção na acção, sob pena de ilegitimidade activa.
II — No entanto, se nenhum mais quiser ou puder preferir, o consorte preferente poderá intentar, por si só, a acção de preferência, chamando a si, toda a quota alienada.
III — Se outro consorte, porventura preterido, quiser — sendo, ainda, titular do direito de preferência — intentar acção para que tal se reconheça, essa acção apenas se estabelece entre ele e o consorte preferente, ficando, assim, garantido o direito potestativo daquele. — Ac. do S.T.J. de 22/1/1987, *Bol.* 363, 523.

15. I — Para não haver o risco de ser inoperante a decisão, entende-se que há litisconsórcio necessário activo no caso de vários comproprietários gozarem do direito de preferência.
II — Aquele que quer preferir deve munir-se de documento de renúncia dos que não o desejam fazer, ficando assim habilitado a pedir a adjudicação da quota alienada.
III — Na hipótese de não conseguir obter esse documento, deve socorrer-se da intervenção provocada, prevista no art. 356.º do C.P.C. — Ac. da Relação do Porto de 3/4/1986, *Bol.* 356, 440.

16. O obrigado à preferência, por força do n.º 1 do art. 416.º do C.C., tem por obrigação dar conhecimento prévio da projectada venda ou dação em cumprimento ao titular do direito de preferência, para que este possa vir a preferir ou a renunciar.
Com a entrada em vigor da Constituição das República Portuguesa de 1976, e mesmo antes da modificação introduzida no art. 1463.º do C.P.C. pelo Dec.--Lei n.º 368/77, de 3 de Setembro, a notificação para o exercício do direito de preferência passou a dever ser feita a ambos os cônjuges, por aplicação do princípio da igualdade jurídica estabelecido no art. 36.º, n.º 3 da C.R.P. — Ver Assento do STJ de 25/6/1987, *Bol.* 368, 147.

17. A pluralidade de preferentes pode resultar ou de uma contitularidade em que, existindo um único direito de preferência que, por ter uma pluralidade e titulares, deverá ser exercido em litisconsórcio activo ou de eventuais direitos de preferência distintos, autónomos, ainda que recaindo sobre o mesmo negócio, que não obrigam a uma pluralidade de demandantes, cuja notificação ou intervenção é uma faculdade aberta ao preferente como preliminar da acção de preferência: não de um dever ou de um ónus que a lei lhe imponha, sob a cominação de ilegitimidade. — Ac. do S.T.J. de 7/11/1989, *Bol.* 391, 574.

18. Numa acção de preferência relativa à compra e venda de um prédio não tem de intervir o titular da hipoteca sobre esse prédio — Ac. da Relação de Lisboa de 24/10/1991, *Col. Jur.* XVI, 4, 188.

19. I — No caso de concurso de preferência, o titular de um direitos de preferência não necessita de afastar, previamente, os outros eventuais titulares desse direito.
II — Se houver mais do que uma acção de preferência proposta ou distribuída, relativamente ao mesmo imóvel, será caso de se suspender uma, à espera de solução definitiva de outra, por prejudicialidade. — Ac. da Relação de Coimbra de 23/1/1996, *Bol.* 453, 570.

IX — Abuso de direito

1. Não é abusivo o exercício do direito de preferência se o preferente tem o propósito de alienar a terceiro o prédio que é objecto de opção. — Ac. da Relação de Lisboa de 31/5/1984, *Col. Jur.* IX, 3, 327.

2. Não é lícito deduzir reconvenção pedindo indemnização com base no abuso do direito de acção. — Ac. da Relação do Porto de 22/11/1984, *Col. Jur.* IX, 5, 251.

3. I — O direito de acção é uma realidade essencialmente distinta do direito subjectivo (substantivo) que se pretende fazer reconhecer em juízo.
II — Admitida a autonomia do direito de acção, não é difícil sustentar que também ele é susceptível de exercício abusivo dentro dos contornos da cláusula geral do art. 334.º do C.C.
III — A litigância de má-fé é um afloramento do abuso de direito, admitindo-se que o mesmo seja aplicável a situações que não se integrem nos limites restritivos dessa litigância, que pressupõe o dolo, não se bastando com a negligência grosseira. — Ac. da Relação do Porto de 19/5/1994, *Col. Jur.* XIX, 3, 211.

4. I — O abuso de direito pressupõe a existência de uma contradição entre o modo ou o fim com que o titular exerce o direito e o interesse a que o poder nele consubstanciado se encontra adstrito e casos em que se excede os limites impostos pela boa fé.
II — O abuso de direito tem as consequências de um acto ilegítimo podendo dar lugar à obrigação de indemnizar, à nulidade, legitimidade de posição e alongamento do prazo de prescrição e caducidade. — Ac. do STJ de 28/11/1996, *Col. Jur. STJ*, IV, 3, 118.

5. I — É admissível a prova testemunhal que tiver por objecto o motivo ou fim do negócio.
II — É simulado o acto que envolve uma compra e venda celebrada para encobrir uma doação.
III — Mas a nulidade é inoponível a quem for terceiro de boa fé, pelo que é válida a compra e venda e válido o direito de preferência consequente.
IV — Abusa do direito quem pretenda aproveitar-se do seu direito de preferência para obter para si, um bem muito superior em valor ao que quer

atribuir, em detrimento do alienante e do adquirente, já que excedido está manifestamente o limite imposto pelos bons costumes, a traduzir um injusto enriquecimento. — Ac. do STJ de 4/3/1997, *Col. Jur. STJ*, V, 1, 121.

6. Sendo o recurso interposto para o Supremo com fundamento em caso julgado, apenas esta questão tem de ser apreciada. — Ac. do STJ de 14/10/1997, *Col. Jur. STJ*, V, 3, 59.

7. O contrato promessa, como se sabe, é «a convenção pela qual ambas as partes, ou apenas uma delas, se obrigam, dentro de certo prazo ou verificados certos pressupostos, a celebrar determinado contrato» — contrato prometido (cfr. A. Varela, *Das Obrigações em Geral*, vol. 1, 9.ª edição, pág. 317).

Numa promessa de compra e venda, a prestação a que os pactuantes se vinculam traduz-se em outorgarem no futuro contrato, correspondentemente, como comprador e como vendedor.

O promitente comprador fica apenas com o direito de exigir ao promitente vendedor uma prestação de *facere*: a realização do contrato prometido ou, mais rigorosamente, a emissão da declaração negocial da venda imprescindível à celebração do contrato.

Em regra, o contrato — promessa produz meros efeitos obrigacionais, restritos às partes contratantes, a menos que elas lhe tenham atribuído eficácia real (art. 413.º do Cód. Civil).

Quando o contrato — promessa tem eficácia meramente obrigacional, os efeitos que dele nascem não valem contra terceiros, não podem ser opostos a terceiros, nem destes pode ser exigida qualquer indemnização, pelo facto da sua violação.

Assim, no caso de violação culposa pelo promitente — vendedor, designadamente pela venda da coisa a terceiro, ao promitente — comprador resta apenas o pedido de indemnização contra o faltoso.

Mesmo que o não cumprimento resulte da colaboração de terceiro, só o devedor faltoso e não o terceiro (que nenhum dever assumiu perante o lesado) responde pela violação cometida (cfr. A. Varela, *op.* e *vol. cits.*, págs. 184/185 e 338).

Por isso, sempre que o obrigado à preferência, se vincula a alienar a coisa através de um contrato — promessa, é aconselhável que o faça sob a condição de o preferente não exercer o seu direito, pois, de outra forma, corre o risco de ter que indemnizar o promissário, em consequência do incumprimento (que o exercício da preferência inevitavelmente acarretará) da obrigação que perante ele assumiu — (cfr. Henrique Mesquita, *Obrigações Reais e Ónus Reais* —, pág. 209, nota 129).

De realçar, entretanto, que, embora, a doutrina dominante entre nós não admita, em princípio a *eficácia externa* das obrigações, é possível configurar casos em que o terceiro, que impediu o cumprimento do contrato promessa com efeitos meramente obrigacionais, possa responder perante o credor — o promitente — comprador — por ter agido com *abuso do direito* (art. 334.º do Cód. Civil).

Ponto é que esse terceiro, adquirente da coisa, ao exercer a sua liberdade de contratar, tenha excedido, por conseguinte, *manifestamente* os limites impostos pela boa-fé, sendo a sua conduta particularmente chocante e censurável (cfr. A. Varela, *op. e vol. cits.*, págs. 184/185; Almeida Costa, *Direito das Obrigações*, 6.ª edição, págs. 73/75; e Ana Prata, *O Contrato-Promessa e o seu Regime Civil*, págs. 694/703).

O que significa que a existência do abuso do direito, traduzido no exercício anormal do direito próprio, tem de ser facilmente apreensível, sem que seja preciso, pois, o recurso a grandes congeminações.

Haverá abuso do direito, segundo o critério proposto por Coutinho de Abreu, quando um comportamento, aparentando ser exercício de um direito, se traduz na não realização dos interesses pessoais de que esse direito é instrumento e na negação de interesses sensíveis de outrem. (cfr. — *Do Abuso do Direito,* pág. 43).

(...) Mesmo considerando que a R, uma vez comprados os prédios (que os RR e respectivas mulheres, previamente, haviam prometido vender aos AA), tencionava vendê-los, nem assim se poderia ver caracterizado o abuso de direito, na medida em que essa futura alienação bem poderia representar o melhor para os seus próprios interesses (cfr. Acórdão da Relação de Évora de 31/05/84, *C.J.*, IX, 3.º, pág. 327). — Ac. do STJ de 11/3/1997, *Col. Jur. STJ*, V, 1, 141.

8. Tendo a A intentado acção de preferência 7 anos depois da escritura de compra e venda celebrada pela R, agiu com excesso manifesto dos limites impostos pela boa-fé pois, se tivesse sido diligente na defesa dos seus interesses poderia, em princípio, começar imediatamente a averiguar as condições do negócio e, isso, nunca levaria 7 anos. — Ac. da Relação de Évora de 23/4/1998, *Col. Jur.* XXIII, 2, 278.

X — Pedido do cancelamento do registo em nome dos primitivos compradores

1. Na acção de preferência não tem que, nem deve sequer, ser pedido o cancelamento do registo em favor dos primitivos compradores. É que com a acção de preferência apenas se visa uma substituição subjectiva no lado dos adquirentes, o que é muito diferente de impugnação. A transmissão subsiste, o beneficiário é que muda. — Acs. da Relação do Porto de 29/7/1982 e 5/7/1983, *Col. Jur.* VII, 4, 225 e VIII, 4, 218. Ver, com interesse, o Ac. da Relação de Coimbra de 11/3/1986, *Col. Jur.* XI, 2, 54.

Nos termos do art. 13.º do C.R.P., os registos são cancelados com base na extinção dos direitos, ónus ou encargos neles definidos ou em execução de decisão judicial transitada em julgado.

2. Reconhecido o direito de preferência será de ordenar o cancelamento do registo efectuado a favor do R?

Respondemos negativamente.

Com efeito, importa acentuar que a acção de preferência, não é uma acção de anulação, mas uma pura acção de substituição.

Ora, tendo em conta que o reconhecimento da preferência não implica extinção do direito do adquirente preferido, mas unicamente a sua substituição pelo do preferente, o registo feito a favor do R não é nulo nem inexistente, não havendo, portanto, à luz dos arts. 10.º e segs. do C.R. Predial, fundamento para o seu cancelamento (cfr. neste sentido, Catarino Nunes, *C.R.P. Anotado*, 82/83, Seabra Magalhães, *Formulário do Registo Predial*, 81, e, ainda, os Acs. da Relação do Porto de 29/7/1982, *C.J.* VII, 4, 225, de 5/7/1983, *C.J.* VIII, 4, 218, e de 21/1/1986, *C.J.* XI, 1, 168).

Logo não pode ser ordenado o cancelamento pedido, tanto mais que as AA, com base nesta decisão e alicerçando-se no registo de que é beneficiário o R, poderão requerer o registo a seu favor, nos termos do disposto nos arts. 2.º n.º 1, al. *a)*, 36.º e 43.º do C.R. Predial.

Registo que, realce-se, na lógica, aliás, do direito registral, bem poderá ser feito por averbamento (cfr. J. A. Mouteira Guerreiro, *Noções do Direito Registral — Predial e Comercial*, 2.ª ed., 238, nota 4). — Ac. do STJ de 28/1/1997, *Col. Jur. STJ*, V, 1, 77.

XI — Ónus da prova

1. Nas acções de preferência o A. não tem que fazer a prova da aquisição originária da propriedade, bastando a prova feita através do título translativo de propriedade. — Acs. da Relação do Porto de 6/6/1969, *J.R.* 15, 656 e de 31/10/1989, *Bol.* 390, 456.

2. I — Aquele que, sendo arrendatário de prédio rústico, pretende exercer o direito de preferência na venda dele, apenas terá que provar este facto e que o cultiva directamente ou como agricultor autónomo, porque a isso se resumem os factos constitutivos do seu direito.

II — Cabe ao vendedor, contestante, provar os elementos constitutivos da excepção de caducidade: que fez a comunicação do projecto de venda; e que decorreu o prazo da propositura da acção. — Ac. da Relação de Coimbra de 17/4/1979, *Col. Jur.* IV, 577.

3. Na acção de preferência, aos autores compete provar os factos dos quais resultará a qualidade de preferente, incumbindo aos réus o ónus da prova dos susceptíveis de implicarem a existência de outro(s) preferente(s) com melhor direito. — Ac. da Relação de Coimbra de 14/10/1980, *Bol.* 302, 320.

4. Não é ao autor em acção de preferência que cabe provar que não lhe foi dado conhecimento do projecto de venda, pois o ónus da prova deve ter-se por invertido nos casos de extrema dificuldade de produção, como sucede em relação aos factos de tipo negativo, por ser isso o que resulta do sistema dos arts. 342.º e segs. do C.C., mas sim ao réu que, a título de excepção, compete alegar e provar que fez a devida comunicação ao titular do direito de preferência. — Ac. do S.T.J. de 19/1/1984, *Bol.* 333, 369.

5. I — Na acção de preferência, ao autor cabe provar a existência dos requisitos substanciais que caracterizam o seu direito.

II — Alegando o autor, mas não provando, que não lhe foi dado conhecimento prévio do projecto da venda, daí não resulta a improcedência da acção intentada dentro de seis meses após a efectivação do negócio.

III — É que incumbe ao réu o ónus da prova de que a dita comunicação teve lugar. — Acs. da Relação de Évora, de 16/2/1984, *Bol.* 336, 477 e da Relação de Coimbra de 20/12/1983, *Bol.* 333, 525 e de 5/6/1984, *Bol.* 338, 474.

Arrendamento Rural ART. 35.º

6. É ao A., que é quem invoca a preferência, que compete provar que só posteriormente à aquisição foi decidido dar ao prédio um fim diferente da cultura. — Ac. da Relação de Coimbra de 16/12/1986, *Col. Jur.* XI, 5, 96.

7. Em acção de preferência proposta com fundamento no art. 1380.º do C.C. é ao autor que cabe o ónus da prova que o seu prédio confina com o que foi objecto de alienação. — Ac. da Relação de Coimbra de 7/4/1987, *Bol.* 366, 570.

8. O ónus de provar o decurso do prazo de propositura da acção de preferência cabe aos réus. — Acs. da Relação de Évora de 24/3/1983 e da Relação de Coimbra de 8/11/1983, 20/9/1988 e 4/3/1992, respectivamente, nos *Bols.* 327, 706; 332, 515; 379, 647 e na *Col. Jur.* XVII, 2, 39; Ac. do S.T.J. de 3/10/1989, *Bol.* 390, 408.

9. Em acção de preferência fundada na compropriedade, ao autor incumbe provar a existência da mesma situação de compropriedade — Ac. da Relação de Coimbra de 3/5/1988, *Bol.* 377, 556.

10. Quem pretenda ver judicialmente reconhecido um direito real de preferência, na qualidade de proprietário confinante, deverá (terá) alegar e provar, de acordo com a repartição do ónus probatório, os factos constitutivos do seu direito e que são os indicados no art. 1388.º do C.C. Por seu turno, quem possa defender-se terá de provar alguma das excepções indicadas no art. 1381.º do mesmo Código. — Acs. do S.T.J. de 5/7/1988, *Bol.* 379, 578 e de 22/11/1988, *Bol.* 381, 592; Ac. da Relação de Coimbra de 11/10/1988, *Bol.* 380, 544.

11. No exercício do direito de preferência pode discutir-se e provar-se, por qualquer meio, que o preço real da venda de um prédio é diferente do que consta da escritura pública, pois o que importa é aquele primeiro — Ac. da Relação de Lisboa de 7/3/1989, *Bol.* 385, 599.

12. Cabe ao autor alegar e provar a área e o tipo de produção do prédio como facto constitutivo do direito de preferência que visa exercer — Ac. da Relação de Coimbra de 5/3/1991, *Col. Jur.* XVI, 2, 72.

13. Na acção de preferência é ao réu que incumbe alegar e provar que foi dado conhecimento do negócio efectuado ao autor mais de seis meses antes da propositura da acção — Ac. da Relação de Coimbra de 16/2/1994, *Bol.* 434, 693.

14. I — Compete ao preferente, como autor da acção, alegar e provar os factos constitutivos do seu direito.
II — O facto negativo que consiste em não ser o adquirente proprietário confinante do prédio vendido, porque constitutivo do direito do autor da acção, tem de ser por este alegado e provado, sob pena de improcedência. — Ac. da Relação do Porto de 8/1/1996, *Bol.* 453, 561.

XII — Registo da acção

1. O *registo de acções* é uma das matérias mais interessantes e complexas.
Quando se fala em registar a acção quer-se normalmente dizer registar a petição. Melhor se diria o *articulado*, pois poderá ser outro, como é o caso da contestação ou da réplica.
Registam-se as acções, por sua natureza, em termos *provisórios*, visto que ainda não existe um julgamento. Quando ele se consumou já não se fala em registar a *acção*, mas sim a decisão. Esta constitui, portanto, a resolução definitiva da questão cujo registo está previsto no n.º 3 do art. 3.º do C.R.P.. Tratar-se-á, normalmente, de um registo *definitivo*.
A acção, pelo contrário, é o pleito, em fase controvertida, ainda por resolver. Por isso, o registo é *provisório por natureza*.
Para que serve registar acções? Para tentar responder teremos, como sempre, de procurar as causas. «Busquemos as causas e cesse o traficar com vãs palavras», já dizia o Poeta.
Ora, se o porquê do registo é a *publicidade* dos direitos (das situações jurídicas reais) com vista à segurança do comércio jurídico, o das acções terá de estar aí contido. E este registo pode ser extremamente útil, necessário até, para evitar nova demanda.
Figuremos o simples caso da *acção de preferência*.
Se o autor dessa acção a não registar, bem pode acontecer que o preferido, no decurso do pleito, venha a revender o prédio (o que já tem acontecido com alguma frequência) e o terceiro subadquirente registe a sua compra. Quando, após o ganho de causa, o autor quiser registar a aquisição a seu favor (pois por efeito da decisão, se substituiu à pessoa do preferido) vai encontrar o prédio já registado a favor de terceiro. O n.º 2 do art. 34.º do C.R.P. impede que alguma vez venha a obter, à revelia de tal terceiro, o registo definitivo. Por outro lado, o art. 5.º do C.R.P. torna inoponível ao terceiro subadquirente a decisão judicial — que só produz efeitos *inter partes*. Que lhe resta então? Se quiser vir a obter o prédio terá de repetir a causa contra o terceiro, para o convencer do seu direito. Mas pode já ser tarde, nomeadamente por terem sido ultrapassados os prazos e por, entretanto, se ter verificado a aquisição tabular. Quer dizer: por não ter registado a acção, apesar de ter o direito, obtendo ganho de causa, poderá não ficar com o prédio, porque um terceiro se *adiantou* a registar a sua aquisição.
De resto, apesar da indiscutível utilidade do instituto, há uma certa antipatia por parte de alguns juristas nesta matéria de registo de acções. Por vários motivos, tais como a dilação que pode causar e as dificuldades encontradas no acesso ao registo, nomeadamente por o pedido não se ajustar ao que está tabularmente definido. Recorde-se, a este propósito, que ao abrigo do disposto no art. 519.º do C. Proc. Civil o registante poderá *requerer ao juiz* que ordene à parte contrária a entrega de documentos ou a execução de actos porventura necessários. É prática pouco comum, mas que se afigura inteiramente possível. — Dr. J. A. Mouteira Guerreiro, *Noções de Direito Registral*, 2.ª ed., 59.

2. Muito embora o direito legal de preferência não esteja sujeito a registo, já o mesmo não acontece relativamente à acção através da qual seja exercido

— a chamada *acção real de preferência*. Trata-se de uma acção *constitutiva* (e não de uma acção condenatória de reivindicação, conforme pretendo Carlos Coelho, na *Rev. de Direito e Economia*, ano VIII, pág. 178), destinada a obter um *efeito jurídico novo*: a substituição do adquirente pelo preferente na titularidade do direito que o primeiro adquiriu sobre a coisa sujeita à prelação (sobre os vários tipos de acções, vide, por último, Antunes Varela, Miguel Bezerra e Sampaio Nora, *Manual de Processo Civil*, n.º 6). Por força do disposto no artigo 3.º, 1, alínea *a)*, do Código do Registo Predial, deve entender-se que esta acção, quando verse sobre imóveis (ou sobre coisas móveis, registáveis), está sujeita a registo.

A falta de registo da acção, porém, não torna o direito legal de preferência inoponível aos terceiros que tenham adquirido direitos sobre a coisa litigiosa no período da *mora litis*. As consequências da omissão do registo vêm referidas no n.º 3 do artigo 271.º do Código de Processo Civil e são de ordem meramente processual.

Se o preferente regista a acção, a sentença favorável que nela obtiver tem uma eficácia superior à que normalmente deriva do caso julgado: além de vincular as partes, produz ainda efeitos contra todo aquele que adquirir sobre a coisa litigiosa, durante a pendência da acção, direitos incompatíveis com os do preferente.

Se pelo contrário o registo não é efectuado, a sentença terá apenas sua eficácia normal: eficácia *inter partes*. Mas o autor não fica impedido de fazer valer o seu direito real contra terceiros, para quem a coisa tenha sido entretanto transmitida. Simplesmente, para lograr o efeito a que se dirigia a primeira acção, necessita de os convencer em novo pleito (neste sentido, Alberto dos Reis, no *Comentário ao Código de Processo Civil*, vol. III, págs. 81 e segs.; Vaz Serra, na *Rev. de Leg. e de Jur.*, ano 103, págs. 471 e segs.; Antunes Varela, no mesmo ano desta *Rev.*, págs. 479 e segs.; *Rev. dos Trib.*, ano 87, págs. 360 e 362). — Profs. Pires de Lima e Antunes Varela, *C.C. Anotado*, III, 2.ª ed., 383.

3. Os direitos legais de preferência não estão sujeitos a registo, ao contrário do que acontece com o direito convencional de preferência a que se atribua eficácia real (novo C.C., art. 421.º; al. *g)*, do n.º 1 do art. 2.º do C.R.P., aprovado pelo Dec.-Lei n.º 47 611, de 28/3/1967; e al. *f)* do n.º 1 do art. 2.º do C.R.P. vigente, aprovado pelo Dec.-Lei n.º 224/84, de 6 de Julho), produzindo, portanto, efeitos em relação a terceiros independentemente de registo: desde que tais direitos são criados pela lei e se fundam numa situação objectiva visível ou conhecível por terceiros, a lei não impõe o seu registo para que sejam eficazes *erga omnes*. — Cfr. *Rev. Leg. Jur.* 103, 471.

Muito embora o *direito legal* de preferência não esteja sujeito a registo, parece dever entender-se, em face do disposto no art. 3.º, al. *a)*, do C.R.P., que é diverso o regime estabelecido na lei para as acções por meio das quais tal direito se exerça — as chamadas *acções reais* de preferência. Estas estão sujeitas a registo quando versem sobre imóveis (ou sobre coisas móveis registáveis.) — Cfr. *Rev. Leg. Jur.* 103, 479.

O art. 3.º do C.R.P. nada diz sobre as consequências da falta de registo das acções de preferência. Mas a sua doutrina está estreitamente relacionada com o n.º 3 do art. 271.º do C.P.C.

Faltando o registo, a sentença terá apenas a sua eficácia normal: eficácia *inter partes*. Mas o autor não fica impedido de exercer o seu direito real contra terceiros para quem a coisa tenha sido entretanto transmitida. Simplesmente, para lograr o efeito a que se dirigira a primeira acção, necessita de os convencer em novo pleito. — Cfr. *Rev. Leg. Jur.* 103, 483 e 484. Veja-se, também com interesse, o Ac. da Relação de Lisboa de 3/1/1969, *J.R.* 15, 6, os Acs. do S.T.J. de 20/6/1969, *Bol.* 188, 164, e de 21/1/1992, *Bol.* 413, 514, a *Rev. dos Trib.*, 87, 332 e a *Rev. do Not. e Reg. Pred.*, 1962, 154 e 1963, 162.

A inscrição será provisória por natureza e a sua conversão definitiva efectuar-se-á em face da certidão da sentença (cfr. arts. 92.º, n.º 1, *a)*, e 101.º, n.º 2, *b)*. — Ver Acs. da Relação do Porto de 8/6/1989 e de 22/2/1990, *Col. Jur.* XIV, 3, 138 e *Bol.* 394, 528.

4. Na acção de preferência, na alienação de quinhão hereditário, não é obrigatório o registo da acção. — Ac. da Relação de Coimbra de 9/7/1985, *Col. Jur.* X, 4, 54 e *Bol.* 349, 558.

5. Se uma acção sujeita a registo não foi registada e teve seguimento após os articulados, não resulta daí a nulidade dos actos posteriores aos articulados, mas apenas que se aplique o regime do art. 271.º, n.º 3 do C.P.C. — Ac. da Relação do Porto de 26/10/1989, *Col. Jur.* XIV, 4, 227.

6. I — As acções sujeitas a registo não terão seguimento após os articulados sem se comprovar a sua inscrição.

II — A suspensão da instância destina-se a permitir à parte que requeira o registo, não se lhe impondo a obrigação de recorrer em caso de indeferimento.

III — É aos serviços de registo predial que incumbe decidir da necessidade ou não do registo — Ac. da Relação do Porto de 23/3/1989, *Col. Jur.* XIV, 2, 209 e de 2/4/1991, *Col. Jur.* XVI, 2, 252.

7. I — O prazo para a interposição do recurso do despacho de Conservador do Registo Predial que recusa a elaboração de um registo tem natureza substantiva. — Ac. da Relação de Évora de 9/11/1989, *Bol.* 391, 725. — Ver art. 144.º do C.P.C..

8. I — O registo de uma acção tem natureza cautelar, traduzindo-se numa antecipação do registo da sentença de procedência.

II — A dúvida do registo de acção relativa a imóveis decorrente de a acção não ter sido proposta contra os titulares inscritos deve ser removida por ter sido requerida a intervenção principal desses titulares, sem necessidade de se aguardar o desfecho do incidente — Ac. da Relação de Lisboa de 27/6/1991, *Col. Jur.* XVI, 3, 174.

9. I — A irregularidade que consiste em falta de registo da acção não gera nulidade do processo.

II — Fica sanada eventual irregularidade do registo da acção se a parte interessada a não arguir dentro de 5 dias após conhecer o termo do registo — Ac. da Relação do Porto de 2/3/1989, *Col. Jur.* XIV, 2, 113.

Arrendamento Rural ART. 35.º

10. Não está sujeita a registo a acção de preferência cujo objecto é uma quota ideal de uma herança (mesmo que desta herança façam parte bens móveis) — Ac. da Relação de Coimbra de 19/2/1992, *Bol.* 414, 640.

11. Vendido pelo adquirente o prédio a terceiro no decurso da acção de preferência e registada a aquisição nada impede que o preferente, que obteve ganho de causa, proponha acção contra o adquirente e o terceiro com vista à anulação da venda, apesar de o registo da acção de preferência, provisório por natureza e por dúvidas e até posterior ao da aquisição, ter sido declarado caduco. — Ac. do STJ de 22/4/1997, *Col. Jur. STJ*, V, 2, 58.

12. A acção através da qual o autor pretende tomar a posição detida pelo réu referente a um prédio rústico, por este adquirido, exercendo o direito de preferência, tem de ser necessariamente registada, por poder ser posta em causa a segurança do comércio jurídico. — Ac. da Relação de Évora de 1/10/1998, *Bol.* 480, 558.

XIII — Recursos

1. Em matéria cível a alçada dos tribunais da Relação é de € 14.963,94 e a dos tribunais de 1.ª instância de € 3.740,98 — art. 24.º da Lei n.º 3/99, de 13 de Janeiro, rectificada em 16 de Fevereiro de 1999 e alterada pelas Leis n.º 101/99, de 26 de Julho, e n.º 323/2001, de 17 de Dezembro.

Se o valor da acção de preferência exceder o das alçadas de 1.ª e 2.ª instâncias os recursos são ordinários; se não exceder, haverá sempre recurso para o Tribunal da Relação, apenas restrito à matéria de direito, não havendo, nessa altura recurso para o S.T.J.

2. Ver notas sobre «Recursos» na rubrica «Restantes processos judiciais referentes a arrendamentos rurais».

Restantes processos judiciais referentes a arrendamentos rurais

1. Processos judiciais referentes a arrendamentos rurais são aqueles que resultam de questões que, emergindo do contrato, respeitam ao arrendamento, distinguindo-se das que, emergindo também do contrato não respeitam ao arrendamento. — Cfr. Ac. do S.T.J. de 17/2/1977, *Bol.* 264, 173.

Como opina o Dr. Carlos Ferreira de Almeida, *Rev. dos Trib.*, 95, 291, o problema tem, pois, de ser apreciado à luz dos dois elementos processuais comuns:

a) A causa de pedir;
b) O pedido.

Se o autor toma por causa de pedir o direito real de propriedade e pede em função desse direito não está em causa uma questão relativa ao arrendamento; mas já estará se tomar por causa de pedir o arrendamento e se pede em função dele.

Há casos que apresentam dificuldade.

Assim, *A* dá de arrendamento a *B* uma parte da sua quinta, reservando a parte restante para a sua exploração directa. *B* vem opor-se ao trânsito de *A*

pelos caminhos da parte arrendada e este propõe a acção para ver reconhecido o seu direito. B defende-se opondo que o trânsito do autor prejudica os seus uso e fruição.
Quid juris?
Afigura-se que, na acção intentada por A, em razão do pedido e da causa de pedir, não se está perante uma questão relativa ao arrendamento.
Uma e outra respeitam ao direito real de propriedade.

2. Em sentido contrário à solução proposta no caso de trânsito por caminhos da parte arrendada, pronunciou-se o Ac. da Relação do Porto de 7/7/1976, *Col. Jur.* I, 391, confirmado pelo Ac. do S.T.J. de 16/2/1977, com voto de vencido do Conselheiro Abel de Campos no sentido de que entende não estar em causa uma questão relativa ao arrendamento, mas sim um direito de propriedade que não faz parte do arrendamento, antes dele foi expressamente excluído.

I — Tribunal competente

1. Nas acções que tenham por objecto questões de arrendamento rural, integram o tribunal dois juízes sociais. Destes, um é recrutado de entre senhorios e outro de entre rendeiros. — Art. 112.º da Lei n.º 3/99, de 13 de Janeiro.

2. As acções possessórias — arts. 1037.º e 1276.º e segs., do C.C. — e as acções de despejo devem ser propostas no tribunal da situação dos bens — n.º 1 do arts. 73.º e 110.º n.º 1 al. *a)*, do C.P.C..
Se com a acção se pretende obter o pagamento de rendas em dívida a acção será proposta, à escolha do credor, no tribunal em que a obrigação devia ser cumprida ou no tribunal do domicílio do réu — n.º 1 do art. 74.º e n.º 1 do art. 109.º, do C.P.C..
O art. 7.º dispõe nos n.ºs 5 e 6 que a renda em dinheiro será paga em casa do senhorio, a menos que o contrato estipule outro local; caso seja fixada, parcialmente, em géneros, estes serão entregues ao senhorio na sede da exploração agrícola do prédio arrendado.

3. As acções em que se discutam reais situações possessórias sobre imóveis têm de ser propostas no tribunal da localização dos bens e portanto também a instaurada pelo arrendatário, ao abrigo do disposto no n.º 2 do art. 1037.º do Código Civil. — Ver o Ac. da Relação de Évora de 28/1/1993, *Col. Jur.* XVIII, 1, 267.

4. I — A causa de pedir numa acção movida contra determinada seguradora para haver dela o montante de seguro de colheita que celebrou com o autor reside, essencialmente, não no incumprimento do respectivo contrato, mas sim nos prejuízos derivados de um dos riscos a que a respectiva apólice dá cobertura, ou seja, aos alegados prejuízos sofridos na plantação objecto do seguro.
II — Sendo assim, o tribunal competente para conhecer da acção é o que resulta do art. 74.º n.º 2 do C.P.C., isto é, o correspondente ao lugar onde o facto aconteceu, uma vez que a regra contida neste normativo não pode

ser repelida pela vontade das partes, consoante expressamente resulta das disposições conjugadas dos arts. 100.º n.º 1, parte final, e 109.º n.º 2 (actual 110.º n.º 1), do Código citado. — Ac. da Relação de Évora de 7/12/1994, *Bol.* 442, 275.

5. Em acção de despejo que segue a forma do processo sumário, a competência do tribunal colectivo não se determina pelo valor da causa, mas sim pela possibilidade de recurso ordinário para o Tribunal da Relação. Impõe-se, por isso, a intervenção do tribunal colectivo sempre que a mesma tenha sido requerida e a causa admita recurso ordinário, independentemente do valor — Ac. da Relação de Évora de 5/6/1997, *Bol.* 468, 494.

II — Forma de processo

1. Os processos judiciais, que não sejam acções de preferência, mas respeitem a arrendamentos rurais, seguem sempre a forma de processo sumário, salvo se outras forem expressamente previstas.

Englobam-se nesta ressalva os casos previstos no n.º 2 do art. 8.º, no art. 10.º e no n.º 4 do art. 11.º, a que se aplica o processo previsto no art. 1429.º do C.P.C. — Ver notas aos respectivos artigos.

2. Os preceitos do processo sumário aplicáveis encontram-se nos arts. 783.º a 792.º do C.P.C.

3. O Dec.-Lei n.º 269/98, de 1 de Setembro, aprovou o regime dos procedimentos destinados a exigir o cumprimento de obrigações pecuniárias emergentes de contratos de valor não superior à alçada do tribunal da 1.ª instância. No artigo 7.º do Regime dos Procedimentos diz-se que se considera injunção a providência que tem por fim conferir força executiva a requerimento destinado a exigir o cumprimento daquelas obrigações.

4. Se o locatário for privado de coisa ou perturbado no exercício dos seus direitos, pode usar, mesmo contra o locador, dos meios facultados ao possuidor nos arts. 1276.º e segs. — Cfr. art. 1037.º, n.º 2, do C.C., conjugado com o art. 35.º.

De notar, como se refere no Ac. do S.T.J. de 19/4/1990, Bol. 396, 398, que o arrendatário, tendo embora o corpus da posse — a detenção da coisa — não tem o animus de exercer o direito real correspondente mas apenas o direito de a reter ou de a utilizar, pelo que a sua detenção da coisa não implica a perda da posse do anterior possuidor, mesmo que tenha durado mais de um ano.

Revogados os arts. 1033.º a 1043.º do C.P.C. pelo Dec.-Lei n.º 329.º-A/95, de 12 de Dezembro, as acções possessórias regem-se, agora, pelo processo comum, na forma que ao caso couber, sem qualquer especialidade digna de relevo.

5. O arrendatário, embora não seja mais do que um possuidor em nome alheio, pode socorrer-se, para defender os seus direitos dimanados do contrato de arrendamento, das acções possessórias de prevenção, manutenção e res-

tituição de posse e lançar mão, ainda, quer da acção directa, quer dos embargos de terceiro. — Ac. da Relação de Lisboa de 6/7/1995, *Bol.* 449, 419.

6. I — Em acção de reivindicação, havendo reconhecimento pelo R do direito de propriedade, a restituição só pode ser recusada nos casos previstos na lei.
II — Um desses casos é a existência de um arrendamento.
III — A lei processual refere a acção de despejo apenas nos casos em que a extinção do arrendamento se funda em circunstância posterior à celebração do contrato e não num vício ou irregularidade atinente à própria formação do contrato que atinja os elementos intrínsecos do acordo negocial, como sejam a nulidade ou anulabilidade deste.
IV — Na acção de reivindicação ou em qualquer outra sujeita ao processo comum de declaração não se pode discutir a caducidade do arrendamento para obter a entrega do prédio.
V — Isso encontra-se reservado à acção de despejo, pelas mesmas ou semelhantes razões com o que sucede nos casos de denúncia ou resolução do contrato de arrendamento. — Ac. da Relação de Lisboa de 14/4/1994, *Col. Jur.* XIX, 2, 118.

7. O locador, dono de um prédio rústico, que pretenda vê-lo desocupado pelo respectivo locatário por motivo de cessação de contrato deve usar da acção de despejo como meio judicial próprio para esse efeito, e não servir-se de uma acção de reivindicação, sob pena, neste último caso, de ver neutralizado o pedido de restituição do prédio pela invocação do vínculo arrendatício ainda não declarado extinto pela pertinente acção de despejo. — Ac. da Relação de Coimbra de 5/5/1998, *Bol.* 477, 571.

8. O cônjuge do arrendatário rural, casado no regime de comunhão geral de bens, não demandado na respectiva acção em que foi decretado o despejo dos prédios tomados de arrendamento pelo seu marido, pode usar de embargos de terceiro para defesa da sua posse, face à execução da sentença ali proferida. — Ac. da Relação do Porto de 18/6/1998, *Col. Jur.*, XXIII, 3, 205.

9. I — A inexactidão do registo fundada na inexactidão material do título que lhe serviu de base (no qual se menciona uma área inferior à área real do prédio) de que resulte manifesta alteração do próprio objecto da relação jurídica a que o facto registado se refere, por ser causa da nulidade do registo, não pode ser rectificada de acordo com o regime mais simples do processo de rectificação regulado nos artigos 1202.º e segs. do C. Registo Predial. II — O ajustamento à realidade material e jurídica subjacente, no caso de vício de registo que coloque em causa a própria identidade física do prédio, como é a caso da área mencionada ser diferente da real, impõe antes, nos termos do artigo 122.º n.º 1 do CRP o recurso à via judicial comum, através, designadamente, de uma acção de simples apreciação positiva. III — Só após a declaração judicial, obtida pela via judicial comum, nesse caso, poderá alcançar-se a rectificação do registo, obtendo-se a perfeita correspondência entre a inscrição e a descrição predial que dela depende. — Ac. da Relação de Coimbra de 25/6/2002, *Col. Jur.* XXVII, 3, 38.

III — Valor do processo

1. Os processos judiciais referentes a arrendamentos rurais são aqueles que resultam de questões que, emergindo do contrato, respeitam ao arrendamento. A acção parte de uma relação locatícia.

Se se discute a subsistência de um arrendamento para se obter a desocupação de um imóvel por quem, face ao contrato de arrendamento em causa, nele não tem o direito de se manter, o valor do processo será o da renda anual, acrescido das rendas em dívida e da indemnização requerida. — Vd. art. 307.º, n.º 1, do C.P.C.

2. Na acção possessória movida pelo arrendatário contra o detentor do prédio o valor da causa é o da renda anual (art. 307.º do C.P.C.). — Ac. da Relação de Coimbra de 8/11/1983, *Col. Jur.* VIII, 5, 47.

3. Nas acções em que se pede a alteração do montante da renda relativa a um contrato de arrendamento rural, o valor da causa será o maior dos valores em discussão. — Ac. da Relação de Évora de 5/7/1984, *Col. Jur.* IX, 4, 282.

4. A acção de oposição do arrendatário rural à denúncia do contrato de arrendamento para o termo do prazo tem o valor da renda anual fixada nesse contrato. — Ac. da Relação de Évora de 20/1/1994, *Col. Jur.* XIX, 1, 274.

5. Em matéria cível a alçada dos Tribunais da Relação é de € 14.963,94 e a dos Tribunais de 1.ª instância de € 3.740,98. — Art. 24.º da Lei n.º 3/99, de 13 de Janeiro, rectificada em 16 de Fevereiro de 1999 e alterada pelas Leis n.º 101/99, e 26 de Julho, e 323/2001, de 17 de Deembro.

IV — Carácter urgente

1. Como nos diplomas anteriores sobre arrendamento rural continua-se a mencionar o carácter urgente destes processos, sem que se explicite o que isso significa, continuando, também, a não haver na lei processual qualquer regulamentação específica.

Tem, porém, de se entender que as diligências destes processos preferem às dos outros que não sejam urgentes e, *a contrario* do disposto no art. 143.º do C.P.C., podem ser praticadas aos domingos, em dias feriados e durante as férias.

É o que resulta da análise de vários textos legais, a saber:

Processo Civil

— Praticam-se mesmo em férias os actos urgentes referidos no art. 143.º n.º 2, que desde logo remete para os procedimentos cautelares (art. 381.º e segs.), onde se fixam regimes de urgência (art. 382.º), incluindo a regra da *precedência* a outros processos não urgentes e o *encurtamento* de prazos.

— Os processos de recuperação da empresa e de falência, incluindo os embargos e recursos a que houver lugar, têm carácter urgente e gozam de precedência sobre o serviço ordinário do tribunal (art. 10.º n.º 1 do Código dos Processos Especiais de Recuperação da Empresa e de Falência).

Processo Criminal
— Certos actos praticam-se em qualquer dia (art. 103.º n.º 2).
— Certos prazos correm em férias (art. 104.º n.º 2).

Processo Administrativo
— São urgentes e por isso correm em férias: os processos de contencioso eleitoral; a suspensão de eficácia dos actos impugnados contenciosamente, a intimação para consulta de documentos ou passagem de certidões, a intimação para um comportamento e a produção antecipada de prova (art. 6.º da Lei de Processo nos Tribunais Administrativos e fiscais (Dec.-Lei n.º 267/85, de 16 de Julho).

— Quando entrar em vigor a Lei n.º 15/2002, de 22 de Fevereiro: São urgentes e por isso correm em férias, com dispensa de vistos prévios, mesmo em fase de recurso jurisdicional, e os actos da secretaria são praticados no próprio dia, com precedência de quaisquer outros: os processos de contencioso eleitoral, com o âmbito definido no Código de Processo nos Tribunais Administrativos e Fiscais, aprovado pela Lei n.º 15/2002, de 22 de Fevereiro; de contencioso pré-contratual, com o âmbito definido naquele Código; de intimação para prestação de informações, consulta de documentos ou passagem de certidões; de intimação para defesa de direitos, liberdades e garantias; e de providências cautelares.

Processo Constitucional
— Réus presos (art. 43.º n.os 3 e 5): os prazos correm em férias e são reduzidos (10 a 20 dias: art. 79.º n.º 2); os prazos de vista e para elaboração do acórdão são reduzidos a metade; devendo o relator conferir prioridade a tais processos (art.79-B, n.os 2 e 3) e o presidente dar-lhes prioridade na elaboração da tabela [art. 39 n.º 1 al. h)].

— Recursos em que estejam em causa direitos, liberdades e garantias: regime idêntico (disposições citadas).

— Recursos interpostos de decisões proferidas em processo qualificado como urgente pela respectiva lei processual: regime idêntico (art. 43.º n.º 5).

— Fiscalização preventiva: encurtamento de prazos quando haja urgência (art. 60.º).

— Processos eleitorais e outros, salvo recursos, etc., correm em férias.

Posto isto, as características comuns que se podem extrair dos referidos processos urgentes são:
— correm com prioridade em relação aos outros;
— mesmo em férias judiciais;
— em alguns casos com encurtamento de prazos, mas só se a lei o disser.

Portanto, relativamente ao arrendamento rural a urgência caracteriza-se por:
— correrem em férias;
— com prioridade sobre os não urgentes.

2. Actos urgentes em cível são os que, pelas sua consequências imediatas, não são adiáveis (exemplo: os arrestos, arrolamentos, certas condições de subida do recurso no último dia do prazo) — Ac. do STJ de 21/2/1995, *Bol.* 444, 555.

3. I — Muito embora os processos relativos a arrendamentos rurais tenham carácter de urgência, estão sujeitos ao disposto no n.º 1 do art. 143.º do C.P.C.

não podendo, por isso, ser praticados aos domingos, dias feriados ou férias os respectivos actos judiciais.

II — Não havendo, como não há, quaisquer disposições legais que disciplinem em especial os processos que sejam assim rotulados, tal designação só significa que eles preferem aos que o não sejam. — Ac. da Relação de Coimbra de 8/5/1979, *Col. Jur.* IV, 875.

V — Redução obrigatória a escrito do contrato

1. Ver anotações ao art. 3.º e ao preceito em anotação, rubrica Acção de Preferência, VI.

2. A redução a escrito dos contratos de arrendamento, mesmo dos já existentes, é manifestamente uma medida legislativa que se destina a proteger os interesses do contraente mais fraco, no caso, o rendeiro e cultivador da terra. Com efeito, a exigência legal de reduzir à forma prescrita todos os contratos de arrendamento rural tem certamente na sua base — como, em geral, a adopção de quaisquer formalidades solenes —, a obtenção de uma maior clareza do respectivo conteúdo e a consecução de uma maior facilidade de prova em juízo, para além de melhor ponderação do acto que celebram.

Estas razões, em contratos em que uma das partes é claramente mais desfavorecida do que a outra, não pode deixar de ser entendida como um reforço da finalidade constitucional de garantir a maior estabilidade ao contrato pela estratificação das respectivas cláusulas num documento escrito.

Assim, não pode deixar de se concluir que tal exigência legislativa, quando por si só considerada, não viola o art. 99.º n.º 1 da Constituição. Mesmo quando se considere a imposição legal da redução a escrito dos contratos já existentes à data da publicação do diploma e para cuja concretização se concedeu um prazo razoável — de Outubro de 1988 a 1 de Julho de 1989 — não se vislumbra ainda qualquer fundamento que permita afirmar que tal disposição legal viola o preceito constitucional referido. De facto, a imposição da redução a escrito dos contratos já existentes não contende nem com a garantia de estabilidade do contrato de arrendamento nem com a garantia dos legítimos interesses do cultivador: parece evidente que qualquer destas finalidades fica melhor defendida pela formalização escrita do contrato. — Ac. do Tribunal Constitucional n.º 386/98, de 19/5/1998, *DR II Série*, de 30/11/98.

3. A exigência do n.º 5 é essencial para que o autor veja a acção recebida ou para que ela prossiga, no caso de só posteriormente se ter dado pela falta do exemplar do contrato.

Não impede, contudo, que o réu se defenda na acção contra ele proposta.

Criou-se uma nova causa de extinção da instância a juntar às previstas no artigo 287.º do CC.

Ver, também, o Ac. da Relação do Porto de 5/11/01, *Col. Jur.* XXVI, 5, 169.

4. Proferida uma sentença que reconheça a existência de um contrato, essa decisão passa a servir para o futuro como «documento escrito».

5. I — A sentença não se traduz num contrato, mas num acto jurídico que tem por missão pôr termo a um conflito de interesses e dar certeza e segurança a um direito. II — Por isso, a sentença que julgou válida a denúncia de um contrato de arrendamento rural não pode ser considerada um contrato escrito. — Ac. da Relação do Porto de 5/11/2001, *Col. Jur.* XXVI, 5, 169.

6. A acção de preferência pressupõe a existência de um contrato de arrendamento rural, onde a causa de pedir é uma relação de arrendamento, onde o carácter imperativo do n.º 1, do artigo 3.º, conjugado com o n.º 3, do artigo 36.º da LAR, exige que todos os contratos ainda que pretéritos e celebrados verbalmente tivessem de estar reduzidos a escrito a partir de 1/7/89, sob pena da inobservância de tal forma ser passível de duas sanções: a nulidade do contrato — artigo 3.º supra citado e artigo 220.º, do C. Civil — e a de nenhuma acção ser recebida ou prosseguir em juízo, se não for acompanhada de um exemplar do contrato, ou da alegação que a falta é imputável à outra parte, sob pena de extinção da instância — cfr. Ac. da Relação do Porto de 16/3/1992, *Proc. 688/91, da 1.ª Secção.* Resulta, também, dos artigos 28.º e 35.º, n.º 1 da LAR, que impende, em regra, sobre o arrendatário, quando este pretenda exercer o direito de preferência sobre o arrendado, o ónus de instruir a acção com um exemplar do contrato ou alegar que a falta de formalização do contrato não lhe é imputável, mas sim por culpa da outra parte. — Ac. da Relação do Porto de 5/11/2001, *Col. Jur.* XXVI, 5, 169.

7. I — Se nenhuma das partes convocou a outra para a redução a escrito do contrato de arrendamento rural, nenhuma delas pode invocar em juízo o contrato verbal, no regime do Dec.-Lei n.º 385/88, de 25 de Outubro. II — A nulidade resultante da falta de redução a escrito do contrato não pode ser oficiosamente conhecida pelo tribunal, pois daí poderia advir o efeito de beneficiar quem se tornou responsável pela não existência de escrito. — Ac. do STJ de 23/1/2001, *Proc. 1959/00, 2.ª Secção.*

8. I — A insusceptibilidade do recurso a juízo tanto pode ser absoluta — se a omissão do escrito for imputável a ambos os contraentes —, como relativa — se essa omissão for de imputar apenas a um dos contraentes que não tenha justificação para a sua falta.
II — O que implica que possa «requerer qualquer procedimento judicial relativo ao contrato» não só o contraente não culpado da existência do escrito, mas também o contraente responsável pela omissão mas com justificação para ela. — Ac. da Relação de Coimbra de 26/11/1976, *Bol.* 263, 303.

9. I — Nos contratos de arrendamento de pretérito, a falta de junção de um exemplar do contrato, ou o suprimento da falta pela alegação da culpa da contra-parte pela não formalização, não é fundamento de suspensão da instância, mas de extinção desta.
II — Na acção possessória intentada pelo arrendatário rural a cominação de extinção da instância é a sanção para a falta de junção de um exemplar do contrato escrito, ou do seu suprimento pela alegação da sua falta ser imputável à parte contrária — Ac. da Relação do Porto de 21/10/1991, *Col. Jur.* XVI, 4, 264.

10. A falta de junção, com a petição inicial da respectiva acção, do documento escrito comprovativo do arrendamento rural ao agricultor autónomo, em litígio, tem como consequência a extinção da instância, a menos que o autor alegue na respectiva petição que essa falta é imputável à parte contrária. — Ac. da Relação do Porto de 29/1/1991, *Col. Jur.* XVI, 1, 243; ver Ac. da mesma Relação de 7/11/1991, *Col. Jur.* XVI, 5, 241.

11. A exigência de forma escrita para um contrato de arrendamento rural e a maneira de superar a sua falta, respeitam apenas às relações entre arrendatário e senhorio e não são extensíveis às relações do arrendatário com terceiro. — Ac. do STJ de 12/3/1998, *Proc. 1013/97, 2.ª Secção.*

12. Nenhuma acção judicial pode ser recebida ou prosseguir, sob pena de extinção da instância, se não for acompanhada de um exemplar do contrato, a menos que logo se alegue que a falta é imputável à parte contrária. Trata-se de significativas derrogações ao direito comum (arts. 220.º e 286.º C.C.), no qual não assume relevância a *imputabilidade* da falta do documento exigido para a validade do contrato, salvo as hipóteses particulares em que a invocação da nulidade constitua abuso de direito nos termos do art. 334.º do C.C. — Prof. Pereira Coelho, *Arrendamento*, 1988, 333.

13. I — A redução a escrito de contrato de arrendamento rural verbal, não implica a celebração de contrato novo.
II — Tendo o senhorio notificado o inquilino para comparecer em certo cartório notarial para reduzir a escrito aquele contrato de arrendamento rural, como passava a ser obrigatório, e não tendo o dito inquilino assentido nessa redução a escrito, pode o senhorio invocar como resulta dos n.ºs 3 e 4 do art. 3.º do Dec.-Lei n.º 385/88, a nulidade daquele contrato verbal. — Ac. da Relação de Évora de 29/9/1994, *Col. Jur.* XIX, 4, 265.

14. É operante a notificação do rendeiro para o senhorio reduzir a escrito o contrato de arrendamento rural celebrado antes da entrada em vigor do Dec.--Lei n.º 358/88, mesmo que efectuada após este último ter notificado aquele da denúncia do mesmo contrato. – Ac. da Relação de Lisboa de 23/2/1999, *Col. Jur.* XXIV, 1, 119.

15. I — A circunstância de os arrendamentos rurais terem, obrigatoriamente, de ser reduzidos a escrito não pode impedir os outorgantes de, em escrito posterior, estabelecerem a data do começo da respectiva vigência.
II — E, de tal declaração, não podem deixar de ser retirados efeitos jurídicos, quer no plano das relações senhorio/arrendatário, quer no das relações entre estes e terceiros. — Ac. do STJ de 30/6/1998, *Col. Jur. STJ*, VI, 2, 146.

VI — Causa de pedir

1. A causa de pedir nas acções possessórias propostas pelos arrendatários, ao abrigo do disposto no n.º 2 do art. 1037.º do C.C. não consiste na posse mas na situação jurídica emergente de um contrato de locação, que dá ao locatário o direito de utilizar a coisa locada (prudentemente) e gozá-la (adequadamente); e no caso de arrendamento rural, de a explorar para fins agrícolas ou pecuários. — Acs. da Relação de Évora de 24/11/1977, *Bol.* 273, 329 e de

29/7/1987, *Col. Jur.* XII, 4, 289; ver ainda Prof. Henrique Mesquita, *Rev. Leg. Jur.* 125, 283.

2. I — A forma de processo a seguir na acção, que tenha como base um contrato de arrendamento rural, é determinada pelo pedido e pela causa de pedir.

II — Há erro na forma de processo — acção de arrendamento rural, intentada com base num contrato de arrendamento rural —, quando se prove que tal arrendamento é, afinal, urbano.

III — Tal nulidade determina a absolvição da instância. — Ac. da Relação do Porto de 16/7/1987, *Col. Jur.* XII, 4, 212.

3. Subsistindo entre as partes um contrato de arrendamento rural de determinado prédio, em que a renda foi fixada, e se mantém, em géneros, se, na acção de despejo, se invoca como causa de pedir a falta de pagamento da renda em dinheiro ao abrigo da lei antiga (Dec.-Lei n.º 201/75, de 15 de Abril), esta não pode haver-se como verificada, e a acção improcederá. — Ac. da Relação do Porto de 23/5/1978, *Col. Jur.* III, 852.

4. Em acção especial possessória, em que os autores invocam, como causa de pedir, a situação jurídica que decorre da sua posição de arrendatários de um prédio rústico, tem força reflexa de caso julgado uma decisão judicial proferida em outro processo que verse sobre a relação que serviu de fundamento na acção posterior, mesmo que entre esta e aquela não haja completa identidade das partes — Ac. do S.T.J. de 9/12/1988, *Bol.* 382, 471.

5. A causa de pedir numa acção movida contra determinada seguradora para haver dela o montante de seguro de colheita que celebrou com o autor reside, essencialmente, não no incumprimento do respectivo contrato, mas sim nos prejuízos derivados de um dos riscos a que a respectiva apólice dá cobertura, ou seja, aos alegados prejuízos sofridos na plantação objecto do seguro. — Ac. da Relação de Évora de 7/12/1994, *Bol.* 442, 275.

VII — Legitimidade

1. O locatário deve invocar a privação ou perturbação dos seus direitos como locatário efectivo, não podendo deixar de se provar esta qualidade sobre pena de ilegitimidade. — Ac. da Relação de Lisboa de 17/7/1986, *Col. Jur.* XI, 4, 134.

2. O direito ao arrendamento rural representa um bem ou valor comunicável ao cônjuge do arrendatário, que não interveio no contrato de arrendamento, mas que com este é casado no regime de comunhão geral de bens, constituindo um bem do património comum dos cônjuges, que são simultaneamente titulares do direito ao arrendamento rural, implicando a falta de um deles na acção a ilegitimidade do outro. — Acs. da Relação de Évora de 30/4/1987, *Col. Jur.* XII, 2, 310, de Lisboa de 26/11/1985, *Col. Jur.* XI, V, 94, de Coimbra de 17/1/1989, *Bol.* 383, 615 e do Porto de 11/1/1990, *Bol.* 393, 657, de 27/4/1993, *Bol.* 426, 518, e de 18/6/1998, *Col. Jur.*, XXIII, 3, 205. Em sentido contrário os Acs. da Relação do Porto de 30/3/1989, *Col. Jur.* XIV, 2, 213 e da Relação de Évora de 12/3/1992, *Col. Jur.* XVII, 2, 277.

3. Sendo o arrendamento rural efectuado pelo usufrutuário, não tem que intervir na acção de despejo o proprietário de raiz. — Ac. da Relação de Coimbra de 17/3/1987, *Col. Jur.* XII, 2, 77.

4. I — O contrato de locação é pessoal e não real.

II — Daí que seja necessária a intervenção de todos os co-herdeiros para se instaurar acção onde se faça a declaração de caducidade do contrato de arrendamento rural do prédio rústico, dado de arrendamento pelo «de cuius» usufrutuário e que faz parte do acervo de uma herança indivisa.

III — Aplica-se, assim, o art. 2091.º e não o art. 2078.º, ambos do C.C.
— Ac. da Relação de Évora de 17/5/1984, *Col. Jur.* IX, 3, 320.

5. I — É de admitir o incidente de oposição, deduzido por quem invocar a qualidade de real arrendatário rural, numa acção pendente, entre o senhorio como A. e o R. como arrendatário.

II — Para tanto não é necessário que o opoente invoque o mesmo direito invocado pelo A. contra o R. como pertencendo-lhe a ele, opoente, exclusivamente ou não, pois é unicamente exigível que o direito, próprio, do opoente possa vir a ser posto em crise, possa ser comprometido, pelo sucesso do direito que o A. pretende fazer valer.

III — É questão de fundo, saber se o opoente é ou não arrendatário.
— Ac. da Relação de Coimbra de 8/1/1980, *Col. Jur.* V, 1, 180.

6. Sendo vários os comproprietários qualquer deles tem legitimidade para, isoladamente, propor a acção de despejo de prédio comum, sem necessidade de os restantes virem a juízo — Acs. da Relação do Porto de 11/1/1990, *Bol.* 393, 657, e da Relação de Évora de 11/1/1996, *Bol.* 453, 578.

É que a locação por prazo não superior a seis anos constitui, nos termos do n.º 1 do art. 1024.º do C.C., um acto de administração ordinária.

Assim sendo, a denúncia ou resolução do contrato tem, naturalmente, a mesma natureza.

Em conformidade com o disposto nos arts. 1407.º e 985.º, do C.C., a administração da coisa comum rege-se pela regra da maioria, só podendo considerar-se oposição relevante aquela que represente essa maioria.

A falta de concordância dos restantes comproprietários respeita à validade da própria relação contratual em que a acção se funda, ou seja, ao mérito da causa, não sendo um problema de legitimidade.

7. I — A acção de reivindicação tanto pode ser intentada contra o possuidor, em nome próprio, como contra um mero detentor, podendo também ser demandados ambos, simultaneamente, sem que haja, todavia, litisconsórcio necessário.

II — O arrendamento efectuado por um *non dominus* é um acto ineficaz em relação ao proprietário que nele não interveio, podendo este reivindicar livremente o prédio das mãos do pretenso arrendatário sem necessidade de prévia declaração judicial de nulidade ou ineficácia do arrendamento.

III — Uma vez registada a aquisição a favor do reivindicante, a presunção estabelecida no art. 7.º do C.R.P. actua independentemente da alegação de que o prédio reivindicado era propriedade do transmitente — Ac. da Relação do Porto de 21/1/1992, *Bol.* 413, 606.

8. O arrendatário rural, casado pelo regime de comunhão geral de bens, tem legitimidade para, desacompanhado do seu cônjuge, intentar contra o senhorio acção para obstar à efectivação da denúncia do contrato de arrendamento — Ac. da Relação do Porto de 10/11/1992, *Bol.* 421, 496.

9. I — O arrendatário é possuidor em nome alheio da coisa arrendada, mas é possuidor em nome próprio do direito ao arrendamento.

II — Como tal, pode intentar acções possessórias contra qualquer possuidor ou esbulhador da coisa arrendada, mesmo que não tenha praticado qualquer acto de posse relativamente à mesma, bastando-lhe provar a sua posição de arrendatário — Ac. da Relação de Lisboa de 3/6/1993, *Bol.* 428, 669; ver, também, o Ac. da Relação de Évora de 16/6/1994, *Bol.* 438, 575.

10. Se a acção tem como base um contrato de arrendamento que se diz incumprido pelo senhorio, ele será parte ilegítima se se demonstrar que, antes da prática dos factos desrespeitadores do contrato, transmitiu a outrem o seu posicionamento de titular da relação jurídica contratual. — Ac. do STJ de 7/12/1993, *Col. Jur. STJ*, I,3, 167.

11. O contitular de herança indivisa pode propor acção de despejo relativamente a um prédio que faz parte da herança — Ac. da Relação de Coimbra de 23/2/1994, *Bol.* 434, 692.

12. Qualquer dos comproprietários tem legitimidade para, desacompanhado dos restantes, propor acção de despejo. — Ac. da Relação de Coimbra de 23/5/1995, *Bol.* 447, 578.

13. O cabeça de casal de heranças ilíquidas e indivisas abertas por óbito de seus pais tem legitimidade, enquanto tal, para instaurar acção de despejo em processo sumário para a resolução do contrato de arrendamento de prédio incluído nas heranças. — Ac. da Relação de Évora de 19/6/1996, *Col. Jur.* XXII, 2, 276.

14. O cônjuge de arrendatário rural, casado no regime de comunhão geral de bens, não demandado na respectiva acção em que foi decretado o despejo dos prédios tomados de arrendamento pelo seu marido, pode usar de embargos de terceiro para defesa da sua posse, face à execução da sentença ali proferida. — Ac. da Relação do Porto de 18/6/1998, *Col. Jur.* XXIII, 3, 205.

VIII — Aspectos da tramitação da acção

1. I — Há erro de forma de processo, quando se utiliza a acção de despejo nos processos referentes aos arrendamentos rurais.

II — Tal erro, no entanto, nenhuns efeitos produz, se a citação dos réus foi efectuada dentro dos moldes prescritos pela lei para o processo sumário. — Ac. da Relação do Porto de 18/3/1980, *Col. Jur.* V, 2, 117.

2. A inspecção judicial deixou de ser obrigatória nos processos judiciais referentes a arrendamentos rurais.

É uma prova real e directa: real, porque o meio probatório consiste na observação de uma coisa; directa, porque a observação é feita pelo próprio tribunal. — Cfr. J. A. dos Reis, *C.P.C. Anotado*, IV, 309.

Destina-se a pôr o magistrado que julgar a causa em contacto directo e imediato com os prédios visados na acção.

Como se nota no Ac. da Relação de Coimbra de 10/4/1984, *Col. Jur.* IX, 2, 52, por deprecada não é um trâmite normal do processo, mas antes um acto proibido.

3. A inspecção judicial destina-se a provar os factos alegados, pelo que apenas se deve realizar quando se tornar necessário provar tais factos, o que não acontece se se provaram por acordo os factos alegados pelo A. — Ac. da Relação de Lisboa de 8/1/1980, *Col. Jur.* V, 1, 192.

4. Não é discricionário, sendo por isso, susceptível de recurso, o despacho que nega a realização da diligência de prova — inspecção judicial — solicitada em requerimento da parte interessada — Ac. da Relação de Lisboa de 29/6/1992, *Col. Jur.* XVII, 3, 171.

A prova por inspecção judicial, requerida oportunamente, não constitui um poder discricionário do juiz mas um poder dever que só poderá deixar de ser exercido quando a diligência se mostrar de todo desnecessária ou inútil, o que deverá constar de despacho fundamentado e susceptível de recurso (arts. 612.º n.º 1 e 679.º n.º 1, do C.P.C.). — Ac. do STJ de 19/4/1995, *Col. Jur. STJ*, III, 2, 43.

5. Dada a natureza especial da matéria versada nestes processos, o juiz deve fazer-se acompanhar, na inspecção judicial, por pessoa que tenha competência para o elucidar sobre a averiguação e interpretação dos factos que se propõe observar. — Cfr. art. 614.º, n.º 1, do C.P.C.

6. Se o juiz proceder a inspecção judicial, devem, no respectivo auto, consignar-se todos os elementos úteis à decisão da causa, sem o que, sendo utilizados na sentença elementos que dela não constavam, será caso de anulação da decisão para alargamento da matéria de facto. — Acs. da Relação de Coimbra de 25/5/1982, *Bol.* 319, 346 e de 5/2/1980, *Bol.* 296, 342.

7. Não tem força probatória plena um documento em que a Junta de Freguesia certifica que em certa zona é uso e costume serem as rendas pagas no domicílio do senhorio. — Ac. da Relação de Évora de 3/11/1988, *Col. Jur.* XIII, 5, 256.

8. Do princípio da renovação sucessiva do arrendamento resulta que cabe ao senhorio o ónus da prova de que procedeu a uma denúncia tempestiva.

Cabe ao rendeiro o ónus da prova das circunstâncias que podem obstar à eficácia daquela denúncia — Ac. da Relação de Évora de 3/11/1988, *Col. Jur.* XIII, 5, 253.

9. Ao contrário do que sucede no arrendamento urbano — cfr. Conselheiro Aragão Seia, *Arrendamento Urbano*, 6.ª ed., em anotação ao art. 58.º — no arrendamento rural não é admissível a acção incidental de despejo imediato por falta de pagamento de rendas, não só porque toda a legislação substantiva e adjectiva que respeita a tal arrendamento foi refundida, passando o despejo a seguir a forma sumária, onde aquele acção incidental não está prevista, como também porque foi revogado o art. 979.º do C.P.C..

10. Prof. Antunes Varela, *Rev. Leg. Jur.* 127, 377: 1.ª — Na resolução do problema da qualificação dos prédios mistos, com parte rústica e parte urbana e com afectação a vários fins, deve adoptar-se naturalmente o mesmo critério da *predominância da aplicação efectiva* do imóvel — e não a da sua maior aptidão natural — que os tribunais têm seguido na classificação da terra como *terreno de sequeiro* ou terreno de *regadio*, quando neles se explorem simultaneamente culturas de uma ou outra espécie ou natureza (ver, entre outros, os Acs. do STJ de 11/10/1979, *Bol.* 290, 395, de 1/6/1983, *Bol.* 328, 568, e de 12/7/1983, *Bol.* 329, 561). 2.ª — O apuramento das culturas efectivamente exploradas no prédio durante determinados anos, bem como a determinação da área realmente ocupada por cada espécie de árvores, de produtos hortícolas, de vinha, etc., constitui *matéria de facto*. A classificação do prédio como terreno de regadio ou de sequeiro, tendo naturalmente em vista a determinação da área necessária à formação de uma exploração agrícola rentável constitui um *juízo de valor* (e não um puro *juízo de facto*), de raiz economicista, que não deve ser incluído, nem no questionário, nem na *especificação*. 3.ª — Apesar de também não constituir *matéria de direito*, o erro na qualificação do terreno como regadio ou de sequeiro pode constituir objecto do recurso de revista, com o fundamento de que na classificação dele houve *violação* ou *omissão* dos critérios fixados ou admitidos por lei para esse efeito.

11. Importa demarcar com rigor o que seja matéria de facto e matéria de direito.

J. Alberto dos Reis esclarece que o questionário versa unicamente sobre pontos ou questões de facto; não é lícito formular quesitos sobre questões de direito (pág. 206), que os quesitos não devem pôr factos *jurídicos*; devem pôr unicamente factos *materiais*, entendendo-se por factos materiais as ocorrências da vida real, isto é, ou os fenómenos da natureza, ou as manifestações concretas dos seres vivos, nomeadamente os actos e factos dos homens e por factos jurídicos os factos materiais vistos à luz das normas e critérios de direito (pág. 209), que o tribunal colectivo há-de ser perguntado sobre facto *simples*, e não sobre factos *complexos*, sobre factos puramente *materiais*, e não sobre factos *jurídicos*, sobre meras ocorrências *concretas*, e não sobre *juízos de valor*, *induções* ou *conclusões* a extrair dessas ocorrências — (pág. 215 — tudo do Cód. Proc. Civil Anotado, vol. III).

O art. 1.376.º n.º 1 do Cód. Civil proíbe o fraccionamento de terrenos aptos para cultura em parcelas de área inferior a determinada superfície mínima, correspondente à unidade de cultura fixada para cada zona do País.

A área da unidade de cultura para Portugal continental veio a ser fixada no art. 1.º da Portaria n.º 202/70, de 21 de Abril.

Aí se estabeleceram duas categorias de terrenos — terrenos de regadio (englobando os arvenses e os hortícolas) e terrenos de sequeiro.

Nem nessa Portaria, nem no Cód. Civil se define o que se deva entender por cada uma dessas expressões.

Socorrendo-nos da VERBO — Enciclopédia Luso-Brasileira de Cultura, podemos descortinar o sentido de cada uma delas, sendo de atender que aí são referidas às próprias culturas:

— *Arvense* — cultura das plantas herbáceas anuais ou vivazes integradas, ou não, em sucessões lógicas designadas rotações. Ao termo arvense está associada a ideia de terra lavrada e a expressão cultura arvense, ainda hoje mal definida, só exclui, em rigor, as culturas arbustivas, arbóreas e florestais. (vol. 2; v. também o acórdão da Rel. Évora de 28 de Abril de 1994, na *Col. Jur.*, Ano XIX, tomo 2, pág. 269).

— *Horticultura* — tem por objecto a cultura intensiva destas plantas (...) legumes e hortaliças (...) o que a distingue da cultura arvense e é principalmente a técnica cultural de uma e de outra que são diferentes, não só no que respeita à extensão relativa como sobretudo à especialidade e intensidade dos processos em horticultura e à continuidade da produção (vol. 10. onde se cita J. Rasteiro, Aula de Horticultura e Arboricultura. Horticultura, Instituto Superior de Agronomia, Lisboa 1921).

— *Sequeiro* — lugar que não tem água para rega. Cultura de Sequeiro é aquela em que a planta para o seu desenvolvimento normal não dispõe de água de rega, ficando pois dependente das condições climáticas, o que implica fortes irregularidades quanto à produção final (vol. 16.).

Trata-se, como vemos, de termos técnicos mais ou menos precisos, que a lei não define, limitando-se a recolher o sentido que a respectiva ciência — a Agronomia — lhe confere.

O Supremo Tribunal de Justiça já julgou que a classificação de terrenos utilizados em várias culturas para efeito de determinação da unidade de cultura que lhe devia corresponder faz-se em função do predomínio de alguma daquelas que lá normalmente se praticam e que à luz deste critério não há que ter em conta o aproveitamento *possível*, mas aquele que efectivamente lhe tem sido dado (acórdão de 1 de Junho de 1983, no *BMJ* n.º 328, pág. 568).

Também a Relação de Coimbra decidiu já que a classificação dos terrenos deve ser feita em face das culturas predominantes no momento da venda e, a partir daí, é que se sabe se eles têm, ou não, área inferior à unidade de cultura. (acórdão de 15 de Janeiro de 1985, na Col. Jur., Ano X, tomo 1, pág. 65).

Escreveu-se neste último aresto que, ser um terreno classificado para regadio hortícola é uma conclusão a retirar-se depois de analisados os conceitos técnicos usados pela lei que, por isso mesmo, se transformaram em conceitos jurídicos.

E acrescentou-se:

É uma questão de facto apurar quais as culturas que em determinado terreno existem e questão de direito apurar o que em determinados conceitos técnico — agrários absorvidos pelo legislador e em qual deles se enquadra a cultura que naquele terreno se faz (ibidem, págs. 65-66).

Como se ensina, com outros exemplos, no Manual de Proc. Civil de Antunes Varela, Miguel Bezerra e Sampaio e Nora, verdadeira *questão* de direito constitui outrossim a *aplicação prática* desses *conceitos*, ou seja, a questão de saber se no caso concreto houve realmente uma *colisão de veículos* e se a *culpa* do acidente foi deste ou daquele condutor (juízos que integram a operação de *subsunção* dos factos às norma na construção do *silogismo judiciário*) (2.ª edição, pág. 406, nota 1).

Também no acórdão de 7 de Julho de 1992 da Relação de Évora se decidiu que por envolver questão de direito deve considerar-se como não escrita a resposta a um quesito respeitante à qualificação de um terreno como de cultura arvense (na *Col. Jur.*, Ano XVI, tomo 4, pág. 298) — Ac. da Relação do Porto de 30/5/1995, *Col. Jur.* XX, 3, 228.

Tem o seguinte voto de vencido:
Não constitui matéria de direito saber se um prédio rústico é de cultura de sequeiro, arvense ou hortícola. Trata-se de noções próprias da botânica, de que o direito se apropriou sem lhes alterar o sentido (não foi de um dicionário de conceitos jurídicos, mas de uma enciclopédia de cultura geral que o acórdão recolheu as definições apropriadas).

Não é também, aceita-se, pura matéria de facto.

Como recentissimamente escreveu Antunes Varela (*Rev. Leg. Jur.*, ano 127, págs. 377 e 378):

O apuramento das culturas efectivamente exploradas no prédio durante determinados anos, bem como a determinação da área realmente ocupada por cada espécie de árvores, de produtos hortícolas, de vinha, etc., constitui matéria de facto. A classificação do prédio como terreno de regadio ou de sequeiro, tendo naturalmente em vista a determinação da área necessária à formação de uma exploração agrícola rentável constitui um juízo de valor (e *não* puro juízo de facto), de raiz economicista, que não deve ser incluído, nem no questionário, nem na especificação.

Por isso, é que a jurisprudência sustenta que, como acto constitutivo do direito dos A.A., estes devem descrever a ou as culturas que se praticam nos prédios, o que nesta acção se omitiu (v. Ac. Rel. Coimbra, de 5/3/91, *Col. Jur.*, Ano XVI, tomo 2, pág. 74 e Ac. Rel. Évora, de 28/4/94, *Col. Jur.*, Ano XIX, tomo 2, pág. 270). Em tais casos, o «non liquet» volve-se contra os demandantes, em função das regras de determinação do ónus da prova.

Na verdade, os juízos de valor sobre factos não são de inserir na especificação ou no questionário, o que não implica, se erradamente o tiverem sido, que a resposta se dê por não escrita, visto não se tratar de questão de direito e só esta ficar abrangida pelo art. 646.º n.º 4, do Cód. Proc. Civil (Antunes Varela, *Rev. cit.*, Ano 122, pág. 222 e Ac. desta Rel., de 27/9/94, *Col. Jur.*, ano XIX, tomo 4, pág. 200).

O que nesta acção acontece, todavia, é que os RR conhecem o sentido da noção de terrenos de sequeiro, arvenses ou hortícolas, sob pena de se aceitar o absurdo de negarem o que ignoravam.

Se a alegação dos A.A., em vez de um juízo de valor sobre um facto, fosse um puro facto, aquele modo de impugnar seria irrelevante, por a declaração dos RR corresponder a um facto de que deviam ter conhecimento, do mesmo passo que não é admissível a contestação por negação (art. 490.º, n.ᵒˢ 2 e 3, do Cód. Proc. Civil).

Logo aí, fere o meu sentido de justiça que os contestantes acabem por tirar proveito de urna conduta processual evasiva, negando certa qualificação do terreno, mas não se atrevendo a indicar a qualificação correcta (há deveres de lealdade processual que se sobrepõem ao cumprimento formal das obrigações das partes).

Por outro lado, não posso minimizar que o desfecho da lide contraria o que veio a ser a solução legal acolhida pouco tempo depois e que se traduz no art. 18.º n.º 1 do Dec.-Lei n.º 384/88, de 25/10. O legislador veio a considerar especiosa a natureza do prédio preferendo, conferindo direito de preferência aos proprietários de terrenos confinantes ainda que a área do prédio que com eles confina — seja superior à unidade de cultura.

12. I — Em acção de reivindicação pode conhecer-se da validade e subsistência do contrato de arrendamento invocado pelos réus a legitimar a sua ocupação do reivindicado, como facto impeditivo do direito do proprietário pedir a restituição.

II — Mas, provada a validade e subsistência do arrendamento não se poderá obter a restituição do arrendado senão através da competente acção de despejo, único meio que a lei reconhece para a cessação do arrendamento — Ac. do STJ de 18/12/1990, *Bol.* 402, 589.

13. Não há caso julgado se a segunda acção tem por fundamento um facto jurídico da mesma natureza que o alegado na acção anterior mas ocorrido depois da sentença nesta proferida — Ac. da Relação de Coimbra de 28/4/1993, *Bol.* 426, 530.

14. Nos limites objectivos do caso julgado estão abrangidas as questões preliminares que constituam antecedente lógico necessário da parte dispositiva da sentença — Acs. da Relação de Coimbra de 11/1/1994, *Bol.* 433, 626, e de 3/5/1994, *Bol.* 437, 593.

15. I — Na acção de reivindicação ou em qualquer outra sujeita ao processo comum de declaração não se pode discutir a caducidade do arrendamento para obter a entrega do prédio.

II — Isso encontra-se reservado à acção de despejo, pelas mesmas ou semelhantes razões com o que sucede nos casos de denúncia ou resolução do contrato de arrendamento. — Ac. da Relação de Lisboa de 14/4/1994, *Col. Jur.* XIX, 2, 118.

16. Não se verifica o caso julgado em relação à decisão que em determinado momento reconheceu que a denúncia do contrato de arrendamento rural punha em risco a subsistência do arrendatário, posto que a segunda decisão se reporte a denúncia efectuada em momento posterior, com base em factos temporalmente diferentes. — Ac. da Relação de Évora de 25/2/1999, *Bol.* 484, 449.

17. Não pode passar-se da citação pessoal para a edital sem que o juiz a tenha ordenado e depois, como é evidente, de terem sido colhidas informações sobre o paradeiro dos citandos — Ac. da Relação de Évora de 24/11/1994, *Bol.* 441, 414.

18. Celebrado contrato escrito de arrendamento, pode a exacta definição do seu objecto fazer-se com recurso à prova documental. — Ac. da Relação de Coimbra de 16/5/1995, *Bol.* 447, 581.

IX — Abuso de direito

1. Não é lícito deduzir reconvenção pedindo indemnização com base no abuso do direito de acção. — Ac. da Relação do Porto de 22/11/1984, *Col. Jur.* IX, 5, 251.

2. I — O direito de acção é uma realidade essencialmente distinta do direito subjectivo (substantivo) que se pretende fazer reconhecer em juízo.

II — Admitida a autonomia do direito de acção, não é difícil sustentar que também ele é susceptível de exercício abusivo dentro dos contornos da cláusula geral do art. 334.º do C.C..

III — A litigância de má-fé é um afloramento do abuso de direito, admitindo-se que o mesmo seja aplicável a situações que não se integrem nos limites restritivos dessa litigância, que pressupõe o dolo, não se bastando com a negligência grosseira. — Ac. da Relação do Porto de 19/5/1994, *Col. Jur.* XIX, 3, 211.

3. I — O abuso de direito pressupõe a existência de uma contradição entre o modo ou o fim com que o titular exerce o direito e o interesse a que o poder nele consubstanciado se encontra adstrito e casos em que se excede os limites impostos pela boa-fé.

II — O abuso de direito tem as consequências de um acto ilegítimo podendo dar lugar à obrigação de indemnizar, à nulidade, legitimidade de posição e alongamento do prazo de prescrição e caducidade. — Ac. do STJ de 28/11/1996, *Col. Jur. STJ*, IV, 3, 118.

4. Sendo o recurso interposto para o Supremo com fundamento em caso julgado, apenas esta questão tem de ser apreciada. — Ac. do STJ de 14/10/1997, *Col. Jur. STJ*, V, 3, 59.

X — Aspectos da tramitação da execução

1. No despejo de prédio rústico tem de se seguir o formalismo do art. 928.º n.º 2, do C.P.C., adaptado ao processo sumário, pois, é a tramitação própria da lei geral, ou seja, da execução da decisão que resolve o contrato. — Arts. 801.º e 463.º do C.P.C.; ver, ainda o art. 465.º.

2. Deve ser considerada como causa prejudicial a uma execução de despejo rústico a acção de remição do prédio, intentada pelo inquilino contra o senhorio. — Ac. da Relação de Lisboa de 29/6/1982, *Col. Jur.* VII, 3, 128.

3. Não haverá inspecção judicial na fase executiva da acção que ordenou a entrega dos prédios rústicos ao seu dono por denúncia do respectivo contrato de arrendamento rural, uma vez que naquela existem preceitos reguladores próprios e será na acção declarativa que interessará aquela inspecção. — Ac. da Relação do Porto de 5/2/1980, *Bol.* 295, 455.

4. O único e válido título executivo do senhorio de arrendamento rural que pretenda efectivar o despejo por denúncia do contrato, sem que o arrendatário tenha deduzido oposição — designadamente por esta não ser legalmente admissível nos termos do n.º 1 do art. 20.º — é a sentença judicial da acção que, previamente, terá de propor contra o arrendatário, nos termos do art. 35.º — Ac. da Relação de Lisboa de 30/5/1996, *Bol.* 458, 380.

5. Decretada em acção de despejo, por invocação do arrendatário, a anulação do contrato por omissão da forma legalmente prescrita, fica aquele obrigado até à restituição da coisa locada — o que lhe compete —, e independentemente da sua fruição, ao pagamento da renda (em singelo ou agravada, conforme o caso), único modo de reparar o prejuízo assim criado — Ac. da Relação de Lisboa de 31/10/1991, *Bol.* 410, 859.

XI — Recursos

1. Nas acções previstas no n.º 2 do art. 8.º e no n.º 4 do art. 11.º não há recurso — n.º 4 do art. 35.º.

Em matéria cível a alçada dos tribunais da Relação é de € 14.963,94 e a dos tribunais de 1.ª instância é de € 3.740,98 — art. 24.º da Lei n.º 3/99, de 13 de Janeiro, rectificada em 16 de Fevereiro de 1999 e alterada pelas Leis n.º 101/99, de 26 de Julho, e n.º 323/2001, de 17 de Dezembro.

2. Da al. *d)* do n.º 1 do art. 42.º (hoje n.º 3 do art. 35.º), da Lei n.º 76/77, de 29 de Setembro, consignando o princípio da imperiosa admissibilidade do recurso para a 2.ª instância quanto à matéria de direito nas causas concernentes ao arrendamento rural, independentemente do seu valor, resulta que não é admissível o recurso para o Supremo Tribunal de Justiça. — Cfr. Ac. do S.T.J. de 6/12/1978, *Bol.* 282, 126.

Discordamos deste Acórdão, perfilhando o voto de vencido do conselheiro Dr. Rui de Matos Corte-Real:

A al. *d)* do n.º 1 do art. 42.º (hoje n.º 3 do art. 35.º), não visa limitar a admissão do recurso, mas antes a aumentar os casos da sua admissão, afastando a regra das alçadas.

Assim, o que se pretende significar com essa alínea é que, independentemente do valor do processo, mesmo dentro da alçada do tribunal de 1.ª instância, haverá sempre recurso para a Relação, mas, se o processo estiver dentro dessa alçada, apenas limitado a matéria de direito.

Se o valor exceder as alçadas da 1.ª e 2.ª instâncias, os recursos serão os ordinários; se o valor não exceder a alçada da 1.ª instância, então, haverá sempre recurso para a Relação, mas apenas restrito a matéria de direito, não havendo, nessa altura, recurso para o S.T.J.

No sentido deste voto decidiram os Acs. do S.T.J. de 14/12/1978, *Bol.* 282, 140 e de 26/2/1980, *Bol.* 294, 327.

3. I — A expressão «recurso quanto à matéria de direito» significa, apenas, a matéria de direito versada na decisão final.

II — Quanto a outras questões, ainda que de direito, rege o princípio geral das alçadas para que remete a segunda parte daquela alínea. — Despacho do Presidente da Relação do Porto de 12/6/1982, *Col. Jur.* VII, 4, 188 e Acs. da Relação de Coimbra de 27/10/1981, *Col. Jur.* VI, 4, 34 e de 4/11/1986, *Bol.* 361, 614.

4. Restringindo-se o âmbito do recurso à matéria de direito, não pode discutir-se a matéria de facto, designadamente, se certo documento contrariaria ou não a que ficou definitivamente fixada. — Ac. da Relação do Porto de 3/4/1979, *Col. Jur.* IV, 451.

5. O recurso interposto da sentença que decreta a restituição do prédio tem sempre efeito suspensivo; quando não é ordenada a restituição o recurso tem efeito meramente devolutivo — n.º 3.

6. Em processo de arrendamento rural é admissível recurso quanto à matéria de direito, do despacho saneador no qual os réus foram absolvidos da instância, independentemente do valor da causa. — Despacho do Presidente da Relação de Coimbra de 8/6/1984, *Col. Jur.* IX, 3, 35.

7. I — Nas acções referentes a arrendamento rural o recurso em matéria de facto, designadamente por alteração de respostas a quesitos, está subordinado às regras gerais.
II — Em matéria de direito é sempre admissível, mesmo que o valor da causa não exceda a alçada da 1.ª instância. Neste caso não haverá, então, recurso para o S.T.J. do acórdão proferido pela Relação — Ac. da Relação de Évora de 3/11/1988, *Col. Jur.* XIII, 5, 256; ver ainda Ac. da Relação de Évora de 26/4/1990, *Col. Jur.* XV, 2, 295.

8. O presente Dec.-Lei — ver art. 36.º — aplica-se aos contratos existentes — com a ressalva do n.º 3 do citado art. 36.º — aos novos processos e aos pendentes em juízo, que à data da sua entrada em vigor ainda não tenham sido objecto de decisão em 1.ª instância, pelo que é com base nele que têm de decidir--se os recursos interpostos no seu domínio.
É claro que, se à data da entrada em vigor deste Dec.-Lei já havia sido proferida decisão em 1.ª instância mas o recurso só veio a ser interposto posteriormente, a este terá de aplicar-se a lei antiga.

9. I — Não goza de genérica garantia constitucional o estabelecimento do duplo grau de jurisdição.
II — Os arts. 678.º n.º 1 do CPC e 35.º n.º 3 e do Dec.-Lei n.º 385/88, não desrespeitam por qualquer forma os arts. 13.º e 20.º da Constituição da República — Ac. do STJ de 13/2/1992, *Bol.* 414, 123.

10. Apesar de também não constituir *matéria de direito*, o erro na qualificação do terreno como regadio ou de sequeiro pode constituir objecto do recurso de revista, com o fundamento de que na classificação dele houve *violação* ou *omissão* dos critérios fixados ou admitidos por lei para esse efeito. — Prof. Antunes Varela, *Rev. Leg. Jur.* 127, 377.

XII — Registo da acção

1. O arrendamento rural não está sujeito a registo (al. *m)* do n.º 1 do art. 2.º do C.R.P. vigente, aprovado pelo Dec.-Lei n.º 224/84, de 6 de Julho). As acções do n.º 2 do art. 42.º (hoje art. 35.º, n.º 2) são acções pessoais, porque se fundam numa relação obrigacional, num negócio jurídico, não se encontrando sujeitas a registo predial. — Ver anotações a este artigo — Acção de preferência, XII, e os Acs. da Relação de Lisboa de 27/3/1979, *Col. Jur.* IV, 606 e de Évora de 22/3/1984, *Bol.* 337, 423.

2. Interessa precisar as situações em que a acção deve ser registada. Há muitas acções que não é necessário registar e outras que nem podem ser registadas, mas que por vezes se insiste em fazê-lo, talvez até para justificar atrasos nos processos e nas decisões. Todavia, é preciso que, neste assunto, o registo de acções não se torne mais um quebra-cabeças para as partes, para os juízes, para os advogados e para os conservadores.

É necessário definir bem e entender quais as acções que *devem* ser registadas. São, em princípio, as *acções reais, as declarativas* (em que se pretende obter o reconhecimento do direito real) e as *condenatórias.* A acção executiva (não os incidentes que possa ter, como a remição), a falência, os processos cautelares não se registam. Registam-se, sim, as próprias *providências* ordenadas nessas acções, como é o caso da penhora, do arresto, do arrolamento, da providência não especificada, da apreensão de bens.

Por outro lado, estão *fora do âmbito do registo* as acções *pessoais, as possessórias* e as que não dizem respeito a prédios *determinados* (cf. al. *c)* do n.º 2 do art. 5.º do C.R.P.), em que nem poderia funcionar o princípio da especialidade, fundamental em registo predial. Recorde-se que é de prédios *concretos* e direitos sobre eles, que, no fundo, sempre se trata. A petição de herança, o inventário, o despejo, o divórcio, a investigação, os meios possessórios, estão fora do âmbito do registo de acções. — J. A. Mouteira Guerreiro, *Noções de Direito Registral,* 2.ª ed., 60.

ARTIGO 36.º
Âmbito de aplicação da presente lei

1 — Aos contratos existentes à data da entrada em vigor da presente lei aplica-se o regime nela prescrito.

2 — Ficam totalmente isentas de custas as acções instauradas ao abrigo de normas anteriores quando as partes desistam das mesmas ou se verifique a inutilidade superveniente da lide.

3 — O novo regime previsto no artigo 3.º da presente lei apenas se aplicará aos contratos existentes à data da sua entrada em vigor a partir de 1 de Julho de 1989.

4 — O presente diploma não se aplica aos processos pendentes em juízo que à data da sua entrada em vigor já tenham sido objecto de decisão em 1.ª instância, ainda que não transitada em julgado, salvo quanto a normas de natureza interpretativa.

5 — Os contratos de arrendamento já renovados à data da entrada em vigor da presente lei não podem ser objecto de denúncia por parte do senhorio, para efeitos de exploração directa, nos primeiros quatro anos a contar do início da última renovação.

6 — Até ao termo do prazo, em curso, dos contratos validamente celebrados ao abrigo do artigo 36.º da Lei n.º 76/77, de 29 de Setembro, não se aplica o disposto no artigo 13.º do presente diploma.

NOTAS

1. Um último aspecto é o problema que vai constituir a baralhada deste diploma. Trata-se do facto de esta lei ir fazer recuar os processos judiciais que transitam pelo tribunais já há anos, que ainda não estão julgados e que vão voltar ao ponto zero. Este é um problema que vai criar uma enormíssima baralhada nos tribunais. — Ver *D. da Assembleia da República*, I Série, de 8/4/1988, pág. 2626.

2. Ao estabelecer o novo regime do arrendamento rural este diploma não o fez exaustivamente, pelo que são aplicáveis aos contratos, em tudo o que não for contrário à nova legislação, os princípios que regem o contrato de locação, contemplado nos arts. 1022.º e segs. do C.C.

Contém normas de direito processual e de direito substantivo.

Entre nós, a doutrina formula o seguinte princípio geral: a lei processual nova é de aplicação imediata, quer às acções ainda não instauradas no momento da sua entrada em vigor, quer às já então pendentes.

Uma lei processual aplicar-se-ia sempre, portanto, aos processos ou porções de processos, que ocorram durante a sua vigência.

Este princípio geral assenta na consideração do interesse público que domina tanto o direito processual, como todas as relações e direitos subjectivos accionados.

Entende-se que a nova lei é, do ponto de vista público ou estadual, a tida como melhor para a defesa dos interesses que estão na base do direito processual.

Além disso, o processo não tira nem dá direitos: limita-se a reconhecê-los. Não há, pois, que entrar em linha de conta, ao menos em primeiro plano, com os interesses privados.

O intérprete tem, assim, o campo aberto para aplicar a lei nova, sem curar de saber quais as expectativas das partes, uma vez que tais expectativas não são atendíveis.

O carácter instrumental do processo faz com que as partes não tenham um verdadeiro direito a esperar que ele atinja o seu resultado normal

— a sentença — se os pressupostos se verificaram no momento da instauração da lide, mas já não se verificam no momento da decisão; o mesmo se diga quanto à alteração das formalidades ou à denegação de tutela anteriormente concedida.

É este o ensinamento do Prof. Anselmo de Castro, no *Direito Processual Civil Declaratório*, 1981, I, 56.

Também é princípio tradicional do nosso direito o da irrectroactividade em direito civil, afirmado, de resto, pelo art. 12.º, n.º 1, do C.C., mas que não tem a dignidade de norma constitucional, como também já se disse no Ac. do S.T.J. de 26/2/1980, *Bol.* 294, 327.

Segundo ele, as leis só se aplicam para o futuro e, mesmo quando se apliquem para o passado, isto é, quando tenham eficácia retroactiva, presume-se que existe o propósito de respeitar os efeitos já produzidos — cit. art. 12.º, n.º 1.

Vd. neste sentido o Ac. do S.T.J. de 16/11/1976, *Bol.* 261, 120 e Ac. da Relação do Porto de 14/1/1977, *Col. Jur.* II, 64.

O novo diploma, porém, não só se aplica imediatamente a todos os processos pendentes em juízo, excepto aos que à data da sua entrada em vigor já tivessem sido objecto de decisão em 1.ª instância, ainda que não transitada em julgado, como também aos contratos existentes à data da sua entrada em vigor.

3. Tem de presumir-se, nos termos do art. 12.º do C.C., que essa aplicação imediata da nova lei não prejudica os efeitos já produzidos pelos factos (vendas ou dações em cumprimento de prédios rústicos arrendados em regime de arrendamento rural) que ela vem regular. — Prof. Antunes Varela, *Rev. Leg. Jur.* 114, 17.

4. O presente diploma impõe a redução a escrito de todos os contratos de arrendamento, incluindo os arrendamentos ao agricultor autónomo.

Esta obrigatoriedade estendeu-se, também, a partir de 1/7/1989 aos contratos existentes à data da sua entrada em vigor, por força do n.º 3 do art. 36.º.

Deste modo, todos os contratos de arrendamento rural em vigor, incluindo os arrendamentos ao agricultor autónomo, têm de estar reduzidos a escrito, sob pena de nulidade.

Têm que se equacionar os vários problemas que podem surgir numa acção em que se invoca um contrato de arrendamento rural não reduzido a escrito.

Assim há que averiguar:

— se numa acção de declaração de nulidade de contrato verbal é necessário alegar que a culpa da não redução a escrito pertence à parte contrária;

— se a alegação de que a não redução a escrito do contrato só é válida e eficaz nas relações entre o senhorio e o arrendatário, ou, também, entre ele e terceiros;

— se o tribunal deve decidir a acção sem conhecer da nulidade ou se pode conhecer dela.

As disposições legais a ter em consideração são o art. 220.º do C.C. e os artigos 3.º n.ºˢ 1 a 4 e 35.º n.º 5 do Dec.-Lei n.º 385/88, de 25 de Outubro.

Dispõe o art. 220.º do C.C. que a declaração negocial que careça de forma legalmente prescrita é nula, quando outra não seja a sanção especialmente prevista na lei.

A nulidade deixará de ser a sanção para a inobservância da forma legal, sempre que, em casos particulares, a lei determine outra consequência — cfr. Prof. Mota Pinto, *Teoria Geral do Direito Civil*, 3.ª ed., 436.

O Dec.-Lei n.º 385/88 não cominou outra sanção para a inobservância da forma legal, apenas fazendo a ressalva do n.º 4 do art. 3.º de que adiante se conhecerá, quanto ao regime da sua arguição.

Resulta da conjugação dos n.ºs 1 e 4 do art. 3.º que o contrato não reduzido a escrito é *nulo* e que essa *nulidade* pode ser invocada por qualquer das partes que não tenha sido notificada pela outra para o reduzir a escrito, ou que, após notificação se não tenha recusado a fazê-lo.

Na verdade pode dar-se não só o caso de as partes não tomarem a iniciativa da notificação para reduzirem a escrito o contrato mas, também, o da não concretização do conteúdo da notificação ser da culpa da parte notificante, como por exemplo quando não comparece no dia e hora designados para a celebração do escrito.

Se não houve notificação a parte, mesmo que seja a beneficiada pela na não redução a escrito, pode invocar a nulidade sem necessidade de alegar que a falta é imputável à contraparte, circunstância que, como, é óbvio, afasta desde logo a existência do próprio contrato escrito, o que se compreende por a causa de pedir ser exactamente a falta de forma legal.

Em reforço desta ideia vem o n.º 5 do art. 35.º ao dispor que o contrato só deve ser junto *quando exigível*, caso em que não existindo se deve alegar que a sua falta é imputável à parte contrária.

Aceita-se, perfeitamente, que no caso de acção de anulação *não seja exigível*, pois não faria sentido notificar a contraparte para reduzir a escrito o contrato se se quer pedir a declaração da sua nulidade. Para obviar a que isso possa acontecer a parte contrária é que, diligente e atempadamente, deve notificar a contraparte para a redução do contrato a escrito.

Por sua vez o n.º 2 do art. 3.º ao determinar que o senhorio entregará o original do contrato na repartição de finanças da sua residência habitual e uma cópia nos respectivos serviços regionais do Ministério da Agricultura, Pescas e Alimentação, quer significar que a redução a escrito tem por finalidade não só proteger os intervenientes no contrato verbal mas, também, salvaguardar interesses do Estado.

Na verdade, como atrás se disse, já o Dec.-Lei n.º. 10 553, de 14 de Fevereiro de 1925, e a Lei n.º 2072, de 18 de Junho de 1954, consideravam a utilidade do contrato escrito por permitir, além do mais, a organização de um cadastro de arrendamento.

O Dec.-Lei n.º 201/75, de 15 de Abril, consagrara no n.º 2 do art. 2.º a mesma exigência do Dec.-Lei n.º 385/88, e o Dec.-Lei n.º 76/77, de 29 de Setembro, impôs a remessa de um exemplar à comissão concelhia do arrendamento rural e de outro ao organismo competente do Ministério da Agricultura e Pescas.

E no n.º 7 do actual art. 28.º consigna-se que só ficam isentas de sisa as transmissões de prédios a favor dos respectivos arrendatários rurais desde que exista contrato escrito há, pelo menos, três anos, com assinaturas reconhecidas notarialmente ou autenticadas pelos serviços oficiais competentes.

Actualmente continua, pois, espelhado na lei o interesse do Estado em saber quais os prédios arrendados, as obrigações fiscais dos intervenientes nos contratos, as possibilidades de emparcelamento e quais os eventuais interessados, qual o responsável pelo não cultivo dos prédios, a quem deve conceder crédito agrícola, etc.

Não se pode dizer, assim, que a redução a escrito dos contratos tenha só em vista salvaguardar os intervenientes de eventuais conflitos ou proteger o arrendatário, parte normalmente considerada mais fraca.

A lei quer mesmo impor às partes a redução a escrito dos contratos e sancionar apenas a refractária no cumprimento da obrigação.

Vejamos, agora, o que se passa nas relações entre o arrendatário rural com contrato verbal e um terceiro.

O arrendatário rural pode propor acção contra terceiro sem necessidade de alegar que o contrato não está reduzido a escrito, desde que a sua pretensão não tenha naquele contrato a causa de pedir.

É o caso de o terceiro, ilicitamente, destruir uma horta que o arrendatário cultiva em terreno arrendado verbalmente. Ao arrendatário basta alegar ter sofrido prejuízo por ser o dono da horta.

Por sua vez o terceiro também pode demandar o arrendatário sem que tenha necessidade de fazer referência ao contrato de arrendamento. Por exemplo, se o arrendatário tiver deitado abaixo o muro do terceiro, quando lavrava o terreno para plantar a horta.

Mas se a pretensão tiver por causa de pedir o contrato, o arrendatário terá de o juntar, não podendo imputar a falta da redução a escrito ao senhorio, pois, o contrato é em relação ao terceiro, *res inter alios acta*. Não o juntando a acção está votada ao insucesso. — Neste sentido o Ac. do STJ de 12/3/1998, *Proc. 1013/97, 2.ª Secção.*

O terceiro, por seu lado, não poderá demandar o arrendatário com base no contrato verbal de arrendamento, que em relação a si é nulo e de que não poderá fazer prova. Aliás, ser-lhe-ia dificílimo provar, na falta de contrato escrito, que o arrendatário havia notificado o senhorio para o reduzir a escrito.

É o que resulta do n.º 4 do art. 3.º ao restringir a impossibilidade de invocação da nulidade do contrato de arrendamento à *parte* que, após notificação, se recuse a reduzi-lo a escrito, sancionando-a, assim, pela sua falta.

A exigência da junção do contrato escrito com a petição ou do seu suprimento através da alegação de que a falta é imputável à parte contrária só tem lugar quando a acção tenha como causa de pedir, ou faça parte desta, um contrato verbal de arrendamento rural.

Trata-se de um pressuposto processual positivo, especial destas acções, que tem de ser necessariamente alegado para a admissibilidade da instância ou para que ela possa prosseguir, se só mais tarde se der pela sua falta, sob pena de extinção.

O demandante tem de alegar na petição inicial que notificou a contraparte para reduzir a escrito o contrato verbal de arrendamento, descrevendo as clausulas contratuais, e que o demandado recusou a sua solicitação.

Se o demandante não provar nem uma coisa nem outra e se a contraparte rejeitar a existência do contrato a acção improcede.

Nas relações entre as partes não pode, em princípio, um terceiro pedir a declaração da nulidade do contrato nem esta ser oficiosamente conhecida pelo tribunal.

Suponhamos, agora, que foi proposta acção de reivindicação pelo dono do prédio, não alegando a existência de qualquer contrato.

Na contestação os RR invocaram um contrato verbal de arrendamento rural, mas não supriram a sua falta através da imputação dela ao A ou aos seus antecessores.

A invocação feita pelos RR consubstancia uma excepção peremptória de que o tribunal tem de conhecer.

O tribunal, no presente caso, nem tem de declarar o contrato nulo. Limita--se a constatar que não foi feita prova do mesmo.

Haveria obstáculo à procedência da acção se os RR tivessem alegado e provado a existência do contrato verbal e que o A havia sido notificado para o reduzir a escrito mas que recusara. O contrato teria então uma vigência de facto até que fosse decretada a sua nulidade.

Mas a excepção teria de improceder se se desse como provada a existência de um contrato de arrendamento verbal, sem que se igualmente se julgasse provado que a falta da redução a escrito era imputável ao A.

O tribunal poderia, se o julgasse conveniente, conhecer expressamente da nulidade, considerando que tal pedido de declaração está implícito no do A.

Um contrato nulo é um *nado-morto*. Um contrato verbal não produz efeitos.

Ignorando o *nado-morto*, ou conhecendo dele, o efeito é sempre igual quando no pedido se formula apenas o fim último que se pretende alcançar e que, na acção de reivindicação, é o mesmo que se alcançaria com a declaração de nulidade (art. 289.º do C.C.) — a restituição.

Não se pode esquecer que, como se disse, o contrato reduzido a escrito é *nulo* e que essa *nulidade* pode ser invocada por qualquer das partes que não tenha sido notificada pela outra para o reduzir a escrito, ou que, após notificação se não tenha recusado a fazê-lo.

O que se deixou dito consta, no essencial, do voto de vencido do Conselheiro Aragão Seia, no Ac. do STJ de 6/10/1998, *Col. Jur. STJ*, VI, 3, 51, que julgou que o Tribunal não pode oficiosamente conhecer da nulidade do contrato por falta de formalidade escrita, em acção de reivindicação.

5. Também já no Ac. da Relação de Coimbra de 4/5/1993, *Col. Jur.* XVIII, 3, 29, se decidira que a acção de anulação do contrato de arrendamento rural, com fundamento em nulidade decorrente de inobservância de forma escrita, pressupõe dois requisitos: *a)* haver o autor tomado a iniciativa de redução a escrito do contrato, cumprindo assim o ónus que sobre ele impendia; *b)* recusa injustificada da parte contrária a fazê-lo. Ver, ainda, o Ac. da Relação do Porto de 19/4/1992, *Col. Jur.* XVII, 2, 235.

6. Estamos ante uma aplicação retroactiva da lei, muito embora ao arrepio da regra básica expressa nos artigos 12, n.º 1 do C.Civil, segundo a qual «a lei só dispõe para o futuro», mas o certo é que nada obsta a que as normas transitórias de qualquer diploma legal, como acontece com este Dec.-Lei n.º 385/88, atribuam eficácia retroactiva a um ou outro dos seus preceitos, dado que o princípio da não retroactividade da lei não tem assento na Constituição vigente (Pires de Lime e Antunes Varela, *C.C. Anotado*, vol. I, 4.ª ed., 61; Antunes Varela, *R.L.J.* 114, 15 e 16; 120, 108; 128, 143; J. Baptista Machado, Sobre a aplicação no tempo do novo Código Civil, ed. de 1968, 56, Ac. do S.T.J. de 26/2/80, *B.M.J.* 294, 327).

(...) Com efeito, a lei nova, ao retomar a orientação, já constante de vários outros diplomas anteriores, de determinar a aplicação aos contratos de arrendamento rurais já existentes do regime nela vertido, não deixou de garantir o mínimo de certeza e segurança das pessoas visadas quanto aos direitos e expectativas legitimamente criadas, no aspecto em causa: concedeu um prazo suficientemente longo para a redução a escrito dos contratos já existentes — prazo decorrente desde 30 de Outubro de 1988 até 1 de Julho de 1989 — como continuou a permitir aos arrendatários enquanto autores que se alegasse e imputasse tal falta aos senhorios. — Ac. do Tribunal Constitucional n.º 222/98, de 4/3/1998, *Bol.* 457, 48.

7. Apesar de ser incontroversa a eficácia retroactiva da nova Lei n.º 76/77, quer no que respeita às normas processuais ou de jurisdição, quer no que se refere às regras de direito substantivo, há que interpretar e aplicar a retroactividade nos seus devidos termos.

Assim, no que toca ao direito de preferência reconhecido no art. 29.º aos arrendatários rurais, a aplicação retroactiva da nova lei significa que a preferência existe, não só em relação aos arrendamentos que venham a ser realizados após a entrada em vigor da nova Lei n.º 76/77, mas também em relação aos arrendamentos anteriores.

Mas não pode, de modo nenhum, envolver a aplicação da nova lei a actos de alienação efectuados antes da vigência dela, no domínio do Dec.-Lei n.º 201/75 ou antes da publicação deste diploma. A lei reguladora do direito de preferência não pode, em princípio, deixar de ser a vigente na data em que o acto de alienação do prédio se realiza (contanto que o titular esteja ainda a tempo de exercer o seu direito), até pela consideração elementar de que só por essa lei o obrigado à preferência se pode orientar na altura da alienação. — Cfr. Profs. Pires de Lima e Antunes Varela, *C. C. Anotado*, II, 3.ª ed., 513.

8. Aos processos pendentes em juízo à data da entrada em vigor da Lei n.º 76/77, aplicam-se as regras da mesma Lei — regras tanto de natureza substantiva como de feição adjectiva —, o que significa que no texto legal o legislador fez uma clara declaração de retroactividade para todos os casos, objecto ou não de acção a correr termos, pois não faria sentido que tais regras se aplicassem aos processos instaurados já e não regulassem os demais conflitos de relações locativas não presentes ainda à consideração dos tribunais.

De resto, se dúvidas houvesse, uma vez que a disposição legislativa se refere a um conjunto de normas dirigidas à tutela de uma generalidade de pessoas que possam vir a achar-se ligadas pela relação jurídica de locação, atingindo-as não enquanto contraentes mas enquanto pessoas ligadas por certo tipo de vínculo contratual, teria de funcionar a segunda parte da regra no n.º 2 do art. 12.º do C.C., donde resultaria a aplicação das normas ao conteúdo e efeitos das relações já constituídas e subsistentes (cfr. Baptista Machado, *Sobre a Aplicação no Tempo do Novo Código Civil*, pág. 122). — Ac. da Relação do Porto de 4/6/1981, *Col. Jur.* VI, 3, 145. No mesmo sentido o Ac. da Relação do Porto de 18/1/1979, *Col. Jur.* IV, 271. — Ver, também, o Ac. do S.T.J. de 26/2/1980, *Bol.* 294, 327 e *Rev. Leg. Jur.* 114, 16 e Arrendamento Rural: contratos de pretérito e redução a escrito, *Rev. de Direito e de Estudos Sociais*, Ano XXXIII, n.º 1-2, 149.

ART. 36.º Decreto-Lei n.º 385/88, de 25 de Outubro

9. Só uma lei deve ser aplicada e não as duas, ou seja, a nova e a antiga.
— Ver voto de vencido do Desembargador Pereira da Silva no Ac. da Relação de Coimbra de 8/11/1983, Col. Jur. VIII, 5, 47.

10. Haverá inutilidade superveniente da lide — n.º 2 do art. 36.º —, quando o adequado seria a improcedência da acção, se se aplicarem as novas normas de direito substantivo a situação objecto de processo pendente e não estiverem nos autos todos os elementos necessários à sua procedência.
Não é possível o recurso a articulados supervenientes por estes respeitarem à superveniência de factos materiais que interessam à pretensão do A. ou à defesa do R. e que devem figurar na base instrutória ou ser considerados como assentes, e não a alteração de normas jurídicas, que venham a implicar a apreciação de factos materiais já conhecidos.

11. I — A expressão «factos constitutivos, modificativos ou extintivos do direito» do art. 506.º, n.º 1, do C.P.C., não abrange a entrada em vigor da Lei Nova, alterando os pressupostos da procedência da acção.
II — É de conhecimento oficioso a questão da aplicação à hipótese de uma Lei Nova que alterou o seu enquadramento.
III — As virtualidades da entrada em vigor da Lei Nova devem ser conhecidas pelo juiz, independentemente de alegação. — Ac. da Relação do Porto de 7/7/1981, Bol. 309, 407.

12. Ficam isentas de custas as acções instauradas ao abrigo de normas anteriores quando as partes desistam das mesmas ou se verifique a inutilidade superveniente da lide — n.º 2 do art. 36.º.

13. É com base na lei antiga que tem de se decidir o recurso interposto no domínio da lei nova em processo que, à data da sua entrada em vigor, já tinha sido objecto de decisão em 1.ª instância.

14. Se após a publicação do presente Diploma, mas antes da entrada em vigor, o senhorio denunciou o contrato com base na lei antiga a denúncia é válida mas, após a sua entrada em vigor, seguir-se-ão os seus termos, designadamente quanto à oposição prevista no n.º 1 do art. 19.º.
Se nas mesmas circunstâncias, o senhorio denunciou o contrato com base na lei nova a denúncia é ineficaz.

15. Se à data da entrada em vigor do presente Diploma estiver pendente acção proposta pelo senhorio para obter a denúncia do contrato e o arrendatário tiver deduzido oposição alegando que o despejo põe em risco sério a sua subsistência económica e a do seu agregado familiar — n.º 1 do actual art. 19.º — a acção tem de ser aproveitada.
Caso contrário, a instância terá de se extinguir por inutilidade superveniente da lide, podendo o arrendatário propor acção nos termos do art. 19.º, n.º 1, nos 60 dias posteriores ao trânsito em julgado daquele despacho.
Se na mesma acção se discutir se o senhorio a propôs ou não atempadamente essa questão fica sem efeito, pois, agora é ao arrendatário que compete propor a acção.

16. Os contratos que não podem ser objecto de denúncia por parte do senhorio nos primeiros quatro anos a contar do início da última renovação, nos termos do n.º 5, podem ver o seu prazo alterado em conformidade com o disposto nos arts. 14.º, n.º 3 e 6.º, n.º 1, se o arrendatário fizer no prédio benfeitorias úteis com o consentimento do senhorio ou, na falta deste, mediante um plano de exploração a aprovar pelos serviços regionais do Ministério da Agricultura.

17. O n.º 4 do art. 36.º do Dec.-Lei n.º 385/88, de 25 de Outubro, impede a aplicação do diploma aos actos processuais praticados na sua vigência em processos judiciais instaurados e julgados antes de ele entrar em vigor, e determina que aos arrendamentos em apreciação nesses processos seja aplicável a lei antiga — Ac. da Relação de Évora de 19/12/1989, *Bol.* 392, 528.

18. Publicado o Dec.-Lei n.º 385/88 na pendência de uma acção sobre arrendamento rural, esse diploma é aplicável à análise do pedido reconvencional, ainda que, à data da sua entrada em vigor, o pedido do autor já tivesse sido decidido no saneador — Ac. da Relação de Lisboa de 18/4/1991, *Col. Jur.* XVI, 2, 175.

19. I — O Dec.-Lei n.º 385/88 aplica-se a todos os contratos cuja denúncia não tenha ainda produzido efeito à data do início da sua vigência.
II — O disposto no n.º 5 do art. 36.º do Dec.-Lei n.º 385/88 apenas visa as denúncias de contratos de arrendamento efectuados pelo senhorio antes da sua entrada em vigor — Ac. da Relação de Évora de 8/2/1990, *Col. Jur.* XV, 1, 303.

20. Proposta acção para denúncia, pelo senhorio, de arrendamento rural, para ser aquele a explorar directamente o prédio arrendado e tendo entrado em vigor, na pendência da acção, o Dec.-Lei n.º 385/88, de 25 de Outubro, verifica-se inutilidade superveniente da lide porque, nos termos do n.º 5 do art. 36.º daquele Dec.-Lei, o senhorio só pode agora exercer aquele direito, depois de decorridos 4 anos sobre a última renovação do contrato — Ac. da Relação de Évora de 17/5/1990, *Col. Jur.* XV, 3, 274.

21. I — À denúncia contratual feita pelo senhorio e respectiva oposição pelo inquilino, ocorridas no domínio da Lei n.º 76/77, de 29 de Setembro, aplica-se essa lei e não o Decreto-Lei n.º 385/88, de 25 de Outubro, não obstante a validade da denúncia e oposição apenas serem judicialmente apreciadas após a vigência do Decreto-Lei n.º 385/88.
II — Ao inquilino, para se opor validamente à denúncia, não basta alegar que não aceita por desconhecer as razões do senhorio para denunciar o contrato — Ac. da Relação de Évora de 21/6/90, *Bol.* 398, 605.

22. I — À luz do regime estabelecido pelo Dec.-Lei n.º 385/88, de 25 de Outubro, não são concedidos aos arrendatários direitos e meios de defesa que a lei anterior não previsse.
II — Quando é mandada aplicar a lei nova aos contratos existentes, a determinação não pode deixar de ser entendida no sentido de ficarem ressalvados os efeitos já produzidos pelos factos que a lei se destina a regular.

III — O n.º 5 do art. 36.º daquele Dec.-Lei terá de ser interpretado no sentido de que apenas contempla as denúncias que sejam efectuadas depois da sua entrada em vigor, sendo a forma de conceder alguma protecção ao arrendatário pelo facto de não poder opor-se à denúncia — Ac. da Relação de Évora de 10/5/1990, *Col. Jur.* XV, 3, 270.

23. I — Estando pendente em juízo acção de denúncia de contrato de arrendamento a agricultor autónomo, efectuado na vigência da Lei n.º 76/77, de 29 de Setembro, com fundamento em não renovação do mesmo, publicado no Dec.-Lei n.º 385/88, de 25 de Outubro, em princípio, é o regime neste diploma legal instituído, que deve ser observado.

II — Ressalva-se, porém, a contagem do prazo inicial e de renovação do contrato de arrendamento em causa, que, por força do art. 12.º do C.C. e relativamente aos já verificados antes do actual regime, devem ser considerados os fixados naquela lei.

III — Consequentemente, fixando-se na Lei do Arrendamento Rural, que o prazo do arrendamento e da renovação dos contratos a agricultor autónomo é de um ano, tem de se concluir que o prazo inicial do contrato terminou em 15/8/83 e o da última renovação em 15/8/88.

IV — Logo e por força do n.º 5 do art. 36.º do Dec.-Lei n.º 385/88, a denúncia feita em 16/8/87 pelos senhorios, só operará em 15/8/92 — Ac. da Relação do Porto de 15/3/1990, *Col. Jur.* XV, 2, 283; ver nova redacção do n.º 3 do art. 5.º.

24. I — Se no momento do início da vigência do Dec.-Lei n.º 385/88, de 25 de Outubro, a denúncia efectuada ao abrigo da Lei n.º 76/77, de 29 de Setembro, ainda não tiver produzido efeitos e não tiver sido proferida sentença na acção instaurada para decidir a oposição deduzida, a questão deve ser julgada segundo os princípios daquele dec.-lei, devendo, em consequência, julgar-se extinta a instância por inutilidade superveniente da lide, a não ser que, quando os efeitos da denúncia se devam produzir, o contrato já tenha uma duração superior a dez anos.

II — Se o fundamento de resolução do contrato ocorrer no domínio da Lei n.º 76/77 é este o diploma aplicável. — Ac. da Relação de Évora de 5/4/1990, *Bol.* 396, 454.

25. I — Face ao regime estabelecido pelo Dec.-Lei n.º 385/88, de 25 de Outubro, a nulidade do contrato só pode ser conhecida oficiosamente caso não se tenha alegado e provado a notificação à parte contrária para reduzir o contrato a escrito e a sua correspondente recusa.

II — Feita essa alegação e prova, nem a parte recorrente pode invocar a nulidade, nem o tribunal pode dela tomar conhecimento oficioso — Ac. da Relação do Porto de 19/4/1992, *Col. Jur.* XVII, 2, 235.

26. I — Nos termos do art. 36.º n.º 5 do Dec.-Lei n.º 385/88 os contratos de arrendamento a agricultor autónomo já renovados à data da sua entrada em vigor (30/10/1988) não podem ser objecto de denúncia por parte do senhorio, para efeitos de exploração directa, nos primeiros quatro anos a contar do início da última renovação.

II — Não obstante, não pode negar-se àquele o direito de manifestar antecipadamente essa sua vontade de denúncia, desde que ela venha a produzir os seus efeitos decorrido aquele período temporal de 4 anos e seja feita com a antecedência mínima de um ano relativamente ao termo do prazo ou da renovação. — Ac. da Relação do Porto de 24/11/1992, *Col. Jur.* XVII, 5, 60.

27. Art. 36.º da Lei n.º 76/77, de 29 de Setembro — (Subarrendamento e cessão do direito de arrendamento):

I — Ao arrendatário é proibido subarrendar, emprestar ou ceder por comodato, total ou parcialmente, os prédios arrendados ou ceder a terceiros a sua posição contratual, salvo se o arrendatário for o Estado ou uma autarquia local, aplicando-se-lhes o preceituado no número seguinte.

II — A proibição referida no número anterior não se aplica no caso de aqueles actos praticados pelo arrendatário o serem a uma sociedade cooperativa agrícola, a qual fica colocada, no entanto, na posição do arrendatário para todos os efeitos emergentes da presente lei.

III — É lícito o subarrendamento ao Estado desde que para fins de investigação agrária, de extensão rural ou de formação profissional.

28. A exigência de forma escrita para um contrato de arrendamento rural e a maneira de superar a sua falta, respeitam apenas às relações entre arrendatário e senhorio e não são extensíveis às relações do arrendatário com terceiro. — Ac. do STJ de 12/3/1998, *Proc. 1013/97, 2.ª Secção.*

29. I — Nos termos do art. 36.º, n.º 1, do Dec.-Lei n.º 385/88, de 25-10, aplica-se a lei nova aos contratos anteriores. Isto significa que, em princípio, os prazos dos contratos, celebrados por seis anos, passaram a ser de dez anos — art. 5, n.º 1, do mesmo diploma.

II — Contudo, uma vez que à data da entrada em vigor de tal Dec.-Lei já estavam em curso as renovações dos contratos, tem de manter-se o regime anterior de duração do contrato, por força do art. 12.º do C.C. — Ac. do STJ de 26/6/1997, *Proc. 461/97, 2.ª Secção.*

30. À denúncia de um contrato de arrendamento rural e oposição à mesma, aplica-se a lei sobre arrendamento rural vigente no momento em que ocorreram, mesmo que a sua apreciação judicial seja feita posteriormente e já no domínio da lei nova — Ac. da Relação de Évora de 4/10/1990, *Bol.* 400, 754.

31. Parece irrecusável que a norma de carácter retroactivo não viola de forma intolerável a segurança jurídica e a confiança dos cidadãos, ainda quando atente contra direitos adquiridos, pelo que não se deve arvorar o art. 12 do C.C., em norma constitucional. — Ac. do STJ de 11/2/1992, *Bol.* 414, 465.

32. I — A norma do n.º 5 estabeleceu um regime transitório para os contratos já renovados, fixando um prazo de 4 anos de renovação obrigatória.

II — O senhorio pode, no entanto, denunciar o contrato no decurso do prazo de 4 anos e para o termo deles. — Acs. da Relação de Coimbra de 24/2/1993, *Col. Jur.* XVIII, 1, 56, e de 2/11/1993, *Col. Jur.* XVIII, 5, 23.

33. I — O princípio do Estado de direito democrático implica que os cidadãos possam ter fundadas expectativas na manutenção de situações de facto já alcançadas como consequência do direito em vigor, importando proceder, na sua aplicação, a um justo balanceamento entre tais expectativas e a liberdade constitutiva e a auto-revisibilidade do legislador.
II — Não se justifica a protecção mediante inovação do principio do Estado de direito democrático quando as expectativas dos interessados não sejam materialmente fundadas, se mostrem de tal modo enfraquecidas que a sua cedência, quanto a outros valores, não signifique sacrifício incomportável ou se não perspectivem como consistentes.
III — Não viola o princípio de Estado de direito democrático, assim entendido, a norma de direito transitório segundo a qual aos contratos de arrendamento rural celebrados no âmbito do ordenamento jurídico anterior ao Dec.--Lei n.º 385/88, havendo processo pendente visando o despejo do arrendatário e em que ainda não tivesse sido proferida sentença em 1.ª instância, é imediatamente aplicável o regime constante da lei nova — menos favorável ao arrendatário, privado da possibilidade de se opor à denúncia quando o senhorio pretenda explorar directamente o prédio arrendado. — Ac. do Tribunal Constitucional n.º 156/95, de 15/3/1995, *Bol.* 446 (suplemento), 545.

34. I — Se o prazo inicial de um contrato de arrendamento rural terminou no domínio da lei de Arrendamento Rural antiga, não é legítimo dar à nova Lei uma dimensão retroactiva tal, que vá mexer com a duração desse prazo.
II — Se a lei nova se aplica aos contratos existentes à data da sua entrada em vigor, isso só pode significar que o contrato que está em causa não pode ser objecto de extinção por denúncia, dentro dos primeiros quatro anos a contar do início da renovação então em curso.
III — A denúncia do contrato de arrendamento rural deve ser exercida de modo a que haja coincidência entre a data da extinção da relação contratual e o termo do prazo legal ou da sua renovação. — Ac. da Relação de Évora de 27/4/1995, *Col. Jur.* XX, 2, 269.

35. I — O arrendamento rural subsistente e já renovado à data da entrada em vigor do Dec.-Lei n.º 385/88, embora inicialmente celebrado pelo prazo de seis anos, renovável pelo período de três anos, passa a valer como celebrado pelo prazo de 10 anos com renovação por períodos sucessivos de 3 anos.
II — Porém, para efeitos de aplicação do disposto no art. 36.º n.º 5 o prazo de 4 anos conta-se da data do início da última renovação do contrato ocorrida na vigência da Lei n.º 76/77. — Ac. da Relação de Évora de 26/9/1995, *Col. Jur.* XX, 4, 272; ver nova redacção do n.º 3 do art. 5.º.

36. I — Se antes da entrada em vigor do Dec.-Lei n.º 385/88, ao arrendatário é comunicado a denúncia do contrato e aquele nenhuma oposição deduziu, a denúncia é eficaz, produzindo todos os seus efeitos.
II — O n.º 5 do art. 36.º não é aplicável ao contrato que antes da entrada em vigor de tal diploma foi validamente denunciado, ainda que o processo esteja pendente na 1.ª instância. — Ac. da Relação de Évora de 7/12/1995, *Col. Jur.* XX, 5, 294.

37. O novo regime previsto no art. 3.º da presente lei apenas se aplicará aos contratos existentes à data da sua entrada em vigor a partir de 1 de Julho de 1989. Da conjugação destes preceitos (arts. 3.º, n.º 1, e 36.º, n.ᵒˢ 1 e 3) decorre que, a partir de 01/07/89, todos os contratos de arrendamento rural, mesmo os já existentes à data do início de vigência do Dec.-Lei 385/88, têm de estar reduzidos a escrito.

Estamos ante uma aplicação retroactiva da lei, muito embora ao arrepio da regra básica expressa no art. 12.º, n.º 1, do C. Civil, segundo a qual a lei só dispõe para a futuro, mas o certo é que nada obsta a que as normas transitórias de qualquer diploma legal, como acontece com este Dec.-Lei 385/88, atribuam eficácia retroactiva a um ou outro dos seus preceitos, dado que o princípio da não retroactividade da lei não tem assento na Constituição vigente (Pires de Lima e Antunes Varela, *C.C. Anotado*, Vol. 1, 4.ª ed., pág. 61; Antunes Varela, *R.L.J.* 114, págs. 15 e 16; 120, 108 e 128, 143; J. Baptista Machado, Sobre a aplicação no tempo do novo Código Civil, ed. de 1968, pág. 56; Ac. do S.T.J. de 26/02/80, *B.M.J.* 294, pág. 327).

É, pois, exigível o exemplar do contrato e porque este não foi junto nem foi alegado que a sua falta era imputável à parte contrária, forçoso é concluir que a presente acção não pode ser recebida ou prosseguir e há lugar à extinção da instância, nos termos do transcrito n.º 5 do art. 35.º (Pires de Lima e Antunes Varela, *C.C. Anotado*, Vol. II, 2.ª ed., pág. 473 e 3.ª ed., págs. 437 e 512; Aragão Seia, Costa Calvão, Cristina Aragão Seia, *Arrendamento Rural*, 2.ª ed., págs. 18, 153, 163; Acs. da Rel. do Porto de 04/10/90, 29/01/91 e 21/10/91 e da Rel. de Évora de 07/11/91, in, respectivamente, *Col. Jur.*, Ano 1990, Tomo IV, pág. 224; Ano 1991, Tomo 1, pág. 243; Ano 1991, Tomo IV, pág. 264 e Ano 1991, Torno IV, pág. 241).

E não se diga, como os recorrentes fazem, que, por ter sido revogado o art. 49.º da Lei 76/77, pela art. 2.º da Lei 76/79, os contratos de arrendamento celebrados antes do início de vigência da Lei n.º 76/77 deixaram de estar sujeitos à exigência de forma escrita, pelo que estaria convalidado o contrato de arrendamento rural em causa, celebrado como foi em 01/04/54.

Existiu tal revogação, é certo, mas, a seguir, veio o Dec.-Lei n.º 385/88 estabelecer um regime jurídico diferente, segundo o qual, como acima se disse, todos os contratos de arrendamento rural têm de estar obrigatoriamente reduzidos a escrito a partir de 1 de Julho de 1989.

De qualquer modo, segundo os recorrentes, se o dito art. 36.º fosse interpretado de modo a abranger o caso ora em apreço seria inconstitucional, por contrariar o princípio do Estado de direito, consignado no art. 2.º da Constituição, em que se inclui o princípio da protecção da confiança dos cidadãos. Para rebater este argumento bastará alinhar a orientação acolhida pelo Tribunal Constitucional. Segundo esta, o princípio da não retroactividade não está constitucionalmente consagrado, como já se salientou, mas logo se acrescenta que, não obstante, uma lei retroactiva poder ser inconstitucional, não por ser retroactiva, mas por contrariar normas ou preceitos constitucionais, como, por exemplo, o princípio da protecção da confiança, ínsito no princípio do Estado de direito democrático, especificamente acolhido no art. 2.º da Constituição, coisa que sucederá quando a aplicação retroactiva de um preceito legal se revelar, ostensivamente irrazoável, quando a norma retroactiva violar de forma intolerável a segurança jurídica e a confiança que os cidadãos e a comunidade hão-

-de depositar na ordem jurídica que os rege, confiança materialmente justificada no reconhecimento da situação jurídica ou das suas consequências (Acs. do Tribunal Constitucional de 24/02/92 e de 17/03/92, in, respectivamente, *B.M.J.* 414, pág. 130 e 415 pág. 90.

Ora, não sofre dúvida que a retroactividade decorrente dos preceitos em causa não atenta, ao menos de forma intolerável, irrazoável, contra o princípio da protecção da confiança dos cidadãos, já que como tal não pode ser olhada a exigência da redução a escrito de um contrato, antes válido não obstante ter sido verbalmente celebrado, para o efeito de viabilizar uma acção em juízo, tanto mais que para ultrapassar o obstáculo lhe teria bastado notificar a outra parte para reduzir a escrito tal contrato e, em caso de recusa, articular isto mesmo (citados n.º 3 do art. 3.º e n.º 5 do art. 35.º).

Mas será que o n.º 5 do art. 35.º se aplica à presente acção, em que o rendeiro pretende remir o contrato, tornando-se dono da terra mediante o pagamento do seu preço, nos termos do art. 5.º do Dec.-Lei n.º 547/74, de 22/10?

Não faltará quem responda negativamente à pergunta feita, e com alguma razão, dado um argumento de ordem sistemática apontar nesse sentido: o art. 35.º distingue entre as acções de preferência (n.º 1) e os restantes processos judiciais tratados no Dec.-Lei n.º 335/88, como os referentes a indemnizações, à denúncia do contrato, à resolução, etc. (n.º 2) e por isso, quando, logo a seguir a esta enumeração das várias espécies de processos, os de preferência e os restantes, se diz «Nenhuma acção judicial», (n.º 5) parece sugerir-se que com esta expressão apenas se quer referir aos processos tratados no dito Dec.-Lei 335/88.

Contudo, há boas razões em sentido contrário.

Como todos sabem, uma acção identifica-se pelo pedido e pela causa de pedir (cf. art. 498.º do C.P. Civil). No caso *sub judice* a causa de pedir é o contrato de arrendamento rural celebrado no condicionalismo previsto no art. 1.º do citado Dec.-Lei n.º 547/74 e o pedido é a aquisição da propriedade da terra pelo pagamento do preço a fixar, assim se remindo o contrato. Está, pois, em jogo a existência de um contrato de arrendamento rural, a causa de pedir é uma relação de arrendamento, e quando tal sucede não podemos deixar de estar perante uma acção referente a arrendamento rural, o que já não aconteceria se estivesse em causa o direito real de propriedade ou a responsabilidade civil extracontratual. Daí que esta acção esteja abrangida pelo n.º 2 do art. 35.º ao dizer «Os restantes processos judiciais referentes a arrendamentos rurais...» e pelo n.º 5 do mesmo artigo quando refere «Nenhuma acção judicial...».

A letra deste n.º 5 do art. 35.º não faz qualquer excepção e está em termos absolutos que favorecem a preconizada interpretação.

Depois, não se vê razão válida para sujeitar esta acção de remição do contrato de arrendamento rural, em que a causa de pedir é o arrendamento rural no já apontado condicionalismo, a um regime diferente, no capítulo da exigência da junção do exemplar do contrato, do dos outros processos referentes ao arrendamento rural, como sejam a acção de preferência (art. 28.º do Dec.--Lei n.º 385/88) e os restantes processos. Na verdade, em todos esses processos, há necessidade de averiguar da existência do contrato de arrendamento rural e de o interpretar e executar, muito embora o objectivo de presente acção seja a aquisição do direito de propriedade sobre a terra arrendada no falado condicionalismo, mediante o pagamento do seu preço.

Se bem que de maneira não muito clara e expressa, julgamos sufragarem esta orientação alguns juristas (Pires de Lima e Antunes Varela, *C.C. Anotado*, Vol. II, 3.ª ed., 511; Aragão Seia, Costa Calvão, Cristina Aragão Seia, *Arrendamento Rural*, 2.ª ed., págs. 153, 160; Dr. Carlos Ferreira de Almeida, *Rev. dos Tribunais*, Ano 95, págs. 291 e segs.; Acs. do S.T.J. de 17/02/77, *B.M.J.* 264, pág. 173, e de 21/06/83, *B.M.J.* 328, pág. 532; Ac. da Rel. do Porto, de 04/10/90 e de 21/10/91 e da Rel. de Évora de 07/11/91, in, respectivamente, *Col. Jur.*, Ano XV, Torno IV, pág. 224; Ano XVI, Tomo IV, pág. 264; Ano XVI, Tomo V, pág. 241).

Quanto à invocada ilegalidade de que estaria ferida a Portaria 489/77, de 01/08, no seu art. 3.º, basta referir que a questão se deve considerar morta desde que o art. 42.º da Lei n.º 76/77 revogou expressamente esse art. 3.º, para além de que, para decidir o objecto do presente recurso, não é preciso aplicar ou desaplicar tal preceito e daí que nos seja inteiramente indiferente qualquer vício de que ele padeça. — Ac. do STJ de 9/1/1996, *Col. Jur. STJ*, IV, 1, 35.

38. A presente lei entrou em vigor em 30/10/88 — Acs. da Relação do Porto de 29/1/1991, *Col. Jur.* XVI, 1, 244, e da Relação de Coimbra de 24/2/1993, *Col. Jur.* XVIII, 1, 56.

ARTIGO 37.º
Tribunais arbitrais

Poderão ser criados em cada comarca tribunais arbitrais, com a constituição e as competências que legalmente lhes venham a ser conferidas, para o julgamento de questões emergentes do contrato de arrendamento rural.

NOTAS

1. Podem existir tribunais arbitrais — n.º 2 do art. 209.º da Constituição da República Portuguesa.

2. Sobre o tribunal arbitral necessário ver o art. 1525.º do C.P.C.

3. Sobre a arbitragem voluntária ver a Lei n.º 31/86, de 29 de Agosto e o Dec.-Lei n.º 425/86, de 27 de Dezembro, que define as condições a que deverão obedecer as entidades que, no âmbito da Lei n.º 31/86, pretendem promover com carácter institucionalizado a realização de arbitragens voluntárias.

ARTIGO 38.º
Aplicação da presente lei nas regiões autónomas

1 — A legislação sobre arrendamento rural aprovada pela Assembleia Regional dos Açores mantém-se em vigor nesta Região Autónoma.

ART. 38.º   *Decreto-Lei n.º 385/88, de 25 de Outubro*

2 — As competências cometidas pela presente lei ao Ministério da Agricultura, Pescas e Alimentação e ao Ministro da Agricultura, Pescas e Alimentação, com excepção das respeitantes a tabelas de rendas, são exercidas na Região Autónoma da Madeira pelo respectivo Governo Regional.

NOTAS

É da exclusiva competência da Assembleia da República legislar, salvo autorização ao Governo, sobre o regime geral do arrendamento rural e urbano — al. *h)* do n.º 1 do art. 165.º da CRP.

As regiões autónomas, que são pessoas colectivas territoriais, podem legislar, com respeito pelos princípios fundamentais das leis gerais da República, em matérias de interesse específico para as regiões que não estejam reservadas à competência própria dos órgãos de soberania; legislar, sob autorização da Assembleia da República, em matérias de interesse específico para as regiões que não estejam reservadas à competência própria dos órgãos de soberania; desenvolver, em função do interesse específico das regiões, as leis de bases em matérias não reservadas à competência da Assembleia da República, bem como, entre outras, as do regime geral do arrendamento rural e urbano — art. 227.º n.º 1, als. *a), b)* e *c)*, da CRP.

Também o n.º 4 do art. 112.º, embora referindo-se ao conteúdo dos actos normativos, dispõe que os decretos legislativos regionais versam sobre matérias de interesse específico para as respectivas regiões e não reservadas à Assembleia da República ou ao Governo, não podendo dispor contra os princípios fundamentais das leis gerais da República, sem prejuízo de poderem legislar, sob autorização da Assembleia da República, em matérias de interesse específico para as regiões que não estejam reservadas à competência própria dos órgãos de soberania.

Daqui decorre que a legislação regional não pode criar um ordenamento jurídico paralelo, não pode criar um diploma que dispense a lei geral. Só pode incidir sobre as especificidades regionais.

Como se diz no Ac. do Tribunal Constitucional n.º 139/90, de 2/5/1990, *Bol.* 397, 41, o que se entende por *interesse específico* é algo que, não tipificado nem definido constitucionalmente, terá de ser materialmente densificado a partir da *ratio* do próprio regime político — administrativo que a lei fundamental criou para as regiões autónomas e que, de certo modo, o seu artigo 227.º (actual art. 225.º) consubstancia. Ou seja, e por outras palavras, respeitando o valor intangível da integridade da soberania do Estado e o quadro constitucional, e não se limitando a assumir-se como interesse *exclusivo*, o interesse específico passa pelo condicionalismo geoeconómico — social da Região, que o isolamento insular aviva, e pelos objectivos económicos que o n.º 2 do art. 227.º (actual n.º 2 do art. 225.º) enumera condensadamente.

Sobre o interesse *específico* cfr., ainda, entre outros, os Acs. do Tribunal Constitucional n.º 154/88, de 29/6/1988, *Bol.* 378, 202, n.º 257/88, de 9/11/1988, *Bol.* 381, 95, n.º 245/89, de 23/2/1989, *Bol.* 384, 350, n.º 133/90, de 19/4/1990,

Arrendamento Rural ART. 38.º

Bol. 396, 181, n.º 246/90, de 11/7/1990, *Bol.* 399, 87, n.º 138/94, de 26/1/1994, *Bol.* 433, 151, n.º 431/94, de 25/5/1994, *Bol.* 437, 138, n.º 711/97, de 16/12/1997, *Bol.* 472, 79.

O Tribunal Constitucional continua a sublinhar, designadamente no Ac. n.º 330/99, de 2 de Junho de 1999, *Bol.* 488, 79, que "onde esteja uma matéria reservada à *competência própria dos órgãos de soberania*, não há interesse específico para as Regiões que legitime o poder legislativo das Regiões Autónomas". E, segundo a jurisprudência reiterada e uniforme desse Tribunal, matérias reservadas à competência própria dos órgãos de soberania, e, como tais, vedadas ao poder legislativo regional, são, desde logo, as que integram a competência legislativa própria da Assembleia da República, enumeradas nos arts. 161.º, 164.º (reserva absoluta) e 165.º (reserva relativa) da Constituição, bem como a que é da exclusiva competência legislativa do Governo, ou seja, a matéria respeitante à sua própria organização e funcionamento (art. 198.º n.º 2).

Em sintonia com o exposto ver, com muito interesse, a interpretação que damos ao art. 26.º (Direito subsidiário) do Decreto Regional n.º 11/77/A, de 20 de Maio, adiante publicado.

De notar, porém, que o n.º 1 dispôs que *a legislação sobre arrendamento rural aprovada pela Assembleia da Regional dos Açores mantém-se em vigor nesta Região Autónoma.*

Não significa isto que qualquer anterior violação da reserva parlamentar se deva considerar sanada.

Ao dizer que se mantém em vigor a legislação, o legislador parte do princípio de que tal legislação é válida, designadamente por ter sido emitida sobre matéria em que existe *interesse específico*.

Se a legislação for inconstitucionalmente inválida e a questão for colocada ao Tribunal Constitucional — única instância com competência para dizer a última palavra sobre questões jurídico-constitucionais, não deixará de, como tal, ser declarada, não obstante o disposto neste preceito.

Com a revisão constitucional de 1997 os poderes legislativos das regiões foram consideravelmente alargados. O fim específico continua, no entanto, a ser exigido para a validade da legislação regional.

AÇORES

1. O Arrendamento Rural nos Açores, adiante publicado, está disciplinado pelo Decreto Regional n.º 11/77/A, de 20 de Maio, alterado pelo Decreto Regional n.º 1/82/A, de 28 de Janeiro, pelo Decreto Legislativo Regional n.º 7/86/A, de 25 de Fevereiro, e pelo Decreto Legislativo Regional n.º 16/88/A, de 11 de Abril.

2. O Dec. Regional n.º 18/80/A, de 21 de Agosto, alterado pelo Dec. Regional n.º 20/81/A, de 31 de Outubro, pelo Dec. Legislativo Regional n.º 7/86/A, de 25 de Fevereiro, e pelo Dec. Legislativo Regional n.º 19/97/A, de 4 de Novembro, estabeleceu o regime jurídico do arrendamento rural dos baldios.

3. O Decreto Regulamentar Regional n.º 19/88/A, de 20 de Abril, fixou a unidade de cultura para a Região Autónoma dos Açores.

ART. 38.º								Decreto-Lei n.º 385/88, de 25 de Outubro

4. O Dec. Legislativo Regional n.º 6/98/A, de 13 de Abril, estabeleceu normas sobre a protecção, o ordenamento e a gestão do património florestal da Região Autónoma dos Açores.

5. O Decreto Regulamentar Regional n.º 13/99/A, de 3 de Setembro, desenvolveu o regime jurídico da protecção do património florestal da Região Autónoma dos Açores.

6. O Decreto Legislativo Regional n.º 23/99/A, de 31 de Julho, criou o sistema de apoio ao crédito para aquisição de terra (SICATE).

7. O Decreto Regulamentar Regional n.º 4/2000/A, de 1 de Fevereiro, regulamentou o sistema de apoio ao crédito para a aquisição de terra (SICATE), criado pelo Decreto Legislativo Regional n.º 23/99/A, de 31 de Julho.

8. A Portaria n.º 17/2001 de 1 de Março, alterada pelas Portarias n.º 61/2001, de 20 de Setembro, n.º 36/2002, de 11 de Abril, e n.º 72/2002, de 1 de Agosto, rectificada pelas Declarações n.º 31/2002, de 16 de Agosto, e n.º 38/2002, de 12 de Dezembro, aprovou o Regulamento de Aplicação da Intervenção "Indemnizações Compensatórias" do Plano de Desenvolvimento Rural da Região Autónoma dos Açores (PDRu-Açores).

9. A Portaria n.º 26/2001, de 10 de Maio, alterada pela Portaria n.º 56/2001, de 30 de Agosto, aprovou o Regulamento de Aplicação da Sub-Acção 2.2.3.1 Beneficiação do Sector Florestal, Acção 2.2.3 — Apoio ao Sector Florestal, Medida 2.2 — Incentivos à Modernização e Diversificação do Sector Agro-Florestal, Eixo 2 — Incrementar a Modernização da Base Produtiva Tradicional, do PRODESA — Programa Operacional para o Desenvolvimento Económico e Social dos Açores.

10. A Portaria n.º 52-A/2001, de 19 de Julho, rectificada pelas Declarações n.ºˢ 22/2001, de 9 de Agosto, e n.º 28/2001, de 27 de Setembro e alterada pelas Portarias n.º 44/2002, de 26 de Abril, e n.º 112/2002, de 12 de Dezembro, aprovou o regulamento de aplicação da intervenção «Medidas Agro-Ambientais», do Plano de Desenvolvimento Rural da Região Autónoma dos Açores (PDRu-Açores).

11. A Portaria n.º 74/2001, de 20 de Dezembro, aprovou o Regulamento de Aplicação da Intervenção «Florestação de Terras Agrícolas» do Plano de Desenvolvimento Rural da Região Autónoma dos Açores.

MADEIRA

1. O Dec. Lei n.º 47 937, de 15 de Setembro de 1967, proibiu para o futuro os contratos de colonia no arquipélago da Madeira, *sendo tidos como de arrendamento* os que se realizarem com este nome; definiu os direitos de preferência dos contratos celebrados até à data da sua entrada em vigor.

2. O Dec.-Lei n.º 580/74, de 5 de Novembro, determinou que não pudessem ser interpostas acções com vista à resolução do contrato de colonia e que ficassem suspensas todas as acções em curso sobre a mesma matéria no arquipélago da Madeira.

3. A Lei n.º 77/77, de 29 de Setembro (Bases Gerais da Reforma Agrária), no seu art. 55.º, extinguiu os contratos de colonia existentes na Região Autónoma da Madeira, passando as situações daí decorrentes a *reger-se pelas disposições do arrendamento rural* e por legislação estabelecida em decreto da Assembleia Regional.

4. O Dec. Regional n.º 13/77/M, de 18 de Outubro, extinguiu o regime de colonia na Região Autónoma da Madeira e manteve em vigor as disposições do Dec.-Lei n.º 47 937, de 15 de Setembro de 1967, que não o contrariem, nem à regulamentação do arrendamento rural.

5. O Dec. Regulamentar Regional n.º 7/79/M, de 25 de Maio, criou o Fundo Especial para a Extinção da Colonia e determinou a aplicação subsidiária do Dec.-Lei n.º 43 355, de 24 de Novembro de 1960, e legislação posterior que o alterou.

6. O Dec. Regional n.º 16/79, de 14 de Setembro, aprovou o regulamento do regime de extinção da colonia e revogou o n.º 2 do art. 22.º e o art. 24.º do Dec. Regional n.º 13/77/M, de 18 de Outubro.

7. O Dec. Regulamentar Regional n.º 2/80/M, de 12 de Março, criou, na dependência da Secretaria Regional da Condição Económica, o Fundo Especial para a Extinção da Colonia e revogou o Dec. Regulamentar Regional n.º 7/79/M.

8. O Dec. Regional n.º 7/80/M, de 20 de Agosto, deu nova redacção aos arts. 6.º, 7.º e 9.º do Dec. Regional n.º 16/79/M, de 14 de Setembro, e revogou o art. 13.º deste diploma e o n.º 3 do art. 22.º do Dec. Regional n.º 13/77/M, de 18 de Outubro.

9. O Dec. Regional n.º 1/81/M, de 14 de Março, alargou os prazos de remição de extinção do regime de colonia.

10. O Dec. Legislativo Regional n.º 1/83/M, de 5 de Março, revogou a al. *d)* do art. 9.º do Dec. Regional n.º 16/79/M, de 14 de Setembro, com a redacção que lhe foi dada pelo Dec. Regional n.º 7/80/M, de 20 de Agosto.

11. O Dec. Legislativo Regional n.º 17/83/M, de 21 de Dezembro, prorrogou os prazos de remição previstos no Dec. Regional n.º 1/81/M, de 14 de Março.

12. O Dec. Legislativo Regional n.º 23/85/M, de 31 de Dezembro, prorrogou os prazos de remição previstos no Dec. Legislativo Regional n.º 17/83/M, de 21 de Dezembro.

13. O Dec. Legislativo Regional n.º 3/87/M, de 13 de Março, deu nova redacção ao art. 3.º do Dec. Legislativo Regional n.º 1/87/M, de 10 de Janeiro

ART. 38.º *Decreto-Lei n.º 385/88, de 25 de Outubro*

(prorrogou os prazos de remição da colonia previstos no Dec. Legislativo Regional n.º 23/85/M, de 31 de Dezembro).

14. O Dec. Legislativo Regional n.º 13/90/M, de 23 de Maio, prorrogou os prazos de remição previstos no Dec. Legislativo Regional n.º 1/87/M, de 10 de Janeiro, com efeitos a partir de 1 de Maio de 1990, nos seguintes termos: os prazos de remição conferidos ao senhorio pela segunda parte da al. *a)* do art. 1.º do Dec. Legislativo Regional n.º 1/87/M, de 10 de Janeiro, e ao proprietário do prédio confinante pela al. *b)* do mesmo preceito legal são prorrogados até 31 de Dezembro de 1994 e 31 de Dezembro de 1996, respectivamente.

15. A Lei n.º 62/91, de 13 de Agosto, definiu os critérios de fixação da indemnização a atribuir aos senhorios pela remição da propriedade de terra pelos colonos.

16. Dec. Legislativo Regional n.º 15/94/M, de 20 de Agosto, estabeleceu as condições gerais de aplicação na Região Autónoma da Madeira do Programa de Desenvolvimento Agrícola e Rural (PDAR) do Quadro Comunitário de Apoio para o período de 1994 a 1999.

17. O Dec.-Lei n.º 103/90, de 22 de Março, rectificado em 30/6/90, e alterado pelo Dec.-Lei n.º 59/91, de 30 de Janeiro, que regulamentou as bases gerais do regime de emparcelamento e fraccionamento de prédios rústicos aplica-se à Região Autónoma da Madeira, nos termos do art. 57.º do mesmo Diploma.

18. O Dec. Regulamentar Regional de 5/90/M, de 2 de Abril, definiu as entidades competentes para, na Região Autónoma da Madeira, exercerem o disposto no Dec.-Lei n.º 336/89, de 4 de Outubro, que estabelece o novo regime jurídico para as sociedades de agricultura de grupo.

19. O Dec. Legislativo Regional n.º 9/90/M, de 19 de Abril, adaptou à Região Autónoma da Madeira o disposto no Dec.-Lei n.º 196/89, de 14 de Junho, que estabelece o regime jurídico da Reserva Agrícola Nacional.

20. O Dec. Legislativo Regional n.º 25/92/M, de 25 de Agosto, disciplinou a utilização das águas da Região Autónoma da Madeira destinadas ao regadio e à conservação dos respectivos bens e legados, regulamentado pelo Dec. Regulamentar Regional n.º 15/96/M, de 3 de Dezembro.

21. O Dec. Regulamentar Regional n.º 15/96/M, de 3 de Dezembro, regulamentou o Dec. Legislativo Regional n.º 25/92/M, de 25 de Agosto, instituindo regras para o reconhecimento de associações de regantes na Região Autónoma da Madeira.

22. O Dec. Legislativo Regional n.º 18/98/M, de 18 de Agosto, estabeleceu medidas de prevenção contra incêndios florestais.

23. O Decreto Legislativo Regional n.º 5/2001/M, de 4 de Abril, estabeleceu as condições gerais de aplicação, da medida n. 2.1 — Agricultura e desenvolvimento rural do Programa Operacional Plurifundos para a Região Autónoma da Madeira, no âmbito do III Quadro Comunitário de Apoio.

24. O Decreto Legislativo Regional n.º 23/2001/M, de 23 de Agosto, estabeleceu as regras gerais de aplicação do Plano de Desenvolvimento Rural para a Região Autónoma da Madeira para o período de 2000 a 2006.

25. Na remição de colonia o valor actual do solo considerado para fins agrícolas e por desbravar a que se referem o n.º 2 do art. 7.º do Dec. Regional n.º 13/77/M, de 18 de Outubro, e o n.º 2 do art. 1.º da Lei n.º 62/91, de 13 de Agosto, é reportado à data em que se procede à arbitragem, na fase administrativa. — Assento do STJ de 22/11/1995, *Bol.* 451, 15.

26. O Ac. n.º 62/91 do Tribunal Constitucional de 13/3/1991, *Bol.* 405, 103, declarou com força obrigatória geral a inconstitucionalidade do art. 9.º do Dec.--Regional n.º 16/79/M, de 14 de Setembro, com a redacção que lhe foi dada pelo Dec. Legislativo Regional n.º 1/83/M, de 5 de Março, ou seja, enquanto este revogou a al. *d)* do referido art. 9.º, na redacção do art. 1.º do Dec. Regional n.º 7/80/M, de 20 de Agosto.

Entendeu o Tribunal Constitucional que a revogação da al. *d)* impedia totalmente que a parte contra a qual é instaurada a acção de remição pudesse defender os seus direitos, visto que nenhuma questão, de direito ou de facto, poderia ser apreciada em juízo antes da decisão dos árbitros que fosse fixar o valor da indemnização e, nos termos do Código das Expropriações, a partir desse momento só é possível recorrer do resultado da arbitragem. Ao revogar-se a al. *d)* restringiu-se o direito de acesso aos tribunais, suprimindo-se a possibilidade de se discutir, em juízo, substancialmente, a existência do direito de remir, instituindo-se um regime que violou, efectivamente, os princípios da igualdade das partes e do contraditório. Isso resulta da circunstância de o requerido no processo, o proprietário, não se poder pronunciar em juízo sobre a existência do contrato de colonia invocado pelo remitente ou sobre a existência do direito de remir.

Deu-se, assim, a repristinação da mencionada al. *d)*.

27. A Resolução n.º 180/82, de 21 de Setembro, do Conselho da Revolução, *D.R. I Série*, de 11/10/1982, não declarou a inconstitucionalidade do art. 55.º da Lei n.º 77/77, de 29 de Setembro, nem dos Dec. Regionais n.º 13/77/M, de 18 de Outubro, 16/79/M, de 14 de Setembro, e 7/80/M, de 20 de Agosto, todos referentes ao regime de colonia. — Cfr., ainda, o Parecer da Comissão Constitucional n.º 32/82, de 16/9/1982, *Bol.* 321, 200, e o Ac. do Tribunal Constitucional n.º 404/87, de 29/7/87, *Bol.* 369, 296, e arestos aí citados.

28. Os Acs. do Tribunal Constitucional n.º 605/92, de 17/12/92, *Bol.* 422, 60, e o n.º 341/94, de 26/4/1994, *D.R. II Série*, de 4/11/1994, julgaram que o n.º 2 do art. 61.º da Lei n.º 62/91, é conforme à Constituição.

29. Declararam a inconstitucionalidade orgânica do n.º 2 do art. 7.º do Dec. Regional n.º 13/77/M, entre outros, os Acs. do Tribunal Constitucional

ART. 38.º   *Decreto-Lei n.º 385/88, de 25 de Outubro*

n.º 194/89, de 9/2/89, *Bol.* 384, 243, n.º 195/89, de 9/2/89, *D.R. II Série*, de 16/5/1989, n.º 273/92, de 14 de Julho, *D.R. II Série*, de 23/11/1992 e n.º 148/93, de 28/1/93 (não publicado).

30. Julgou que não são nem orgânica, nem materialmente inconstitucionais, os arts. 1.º e 3.º do Dec. Regional n.º 13/77/M, e que o art. 9.º do Dec. Regional n.º 16/79/M, na versão do Dec. Regional n.º 7/80/M, também não é materialmente inconstitucional, além de outros, o Ac. do Tribunal Constitucional n.º 404/87, de 29/7/87, *Bol.* 369, 298; também os Acs. do Tribunal Constitucional n.º 396/89, de 18/5/89, *Bol.* 387, 187, n.º 47/90, de 21/2/90, *Bol.* 394, 190, e o n.º 54/91, de 27/2/91, *Bol.* 404, 138, para não mencionar outros, não julgaram materialmente inconstitucionais as normas dos arts. 1.º, 3.º n.ᵒˢ 1 e 7 n.º 1 do Dec. Regional n.º 13/77/M, bem como a norma do art. 9.º do Dec. Regional n.º 16/79/M, na redacção do Dec. Regional n.º 7/80/M.

31. I — Na remição da colonia o cálculo da indemnização ao senhorio deve incidir sobre o valor do terreno tal qual se apresentava antes do arrendamento ou desbravamento do mesmo.

II — No entanto, pode haver benfeitorias que não tenham contribuído para alterar o rendimento do prédio, embora úteis ou necessárias ao colono-rendeiro.

III — Não é inconstitucional nem ilegal o disposto no art. 7.º, n.º 2, do Dec. Regulamentar n.º 17/77/M, de 18 de Outubro, que institui o critério de valorização da remição da colonia. — Ac. da Relação de Lisboa de 24/4/1986, *Col. Jur.* XI, 2, 124.

32. I — O valor da indemnização, na falta de acordo entre as partes, corresponde ao valor actual do solo considerado para fins agrícolas e por desbravar, ou seja, sem considerar as benfeitorias introduzidas.

II — É ao momento da arbitragem que se deve atender para apurar o valor real da propriedade. — Acs. da Relação de Lisboa de 27/2/1986, *Col. Jur.* X, 1, 111 e de 29/7/1986, *Bol.* 364, 918.

33. I — As remissões dos terrenos em regime de colonia, quando não resultem de negócios titulados por escritura pública, têm de ser feitas em acção judicial cuja instrução se inicia por uma fase administrativa, a correr pela Secretaria Económica do Governo da Região Autónoma da Madeira, finda a qual o processo deverá ser remetido ao tribunal para os ulteriores termos.

II — Na fase administrativa, vigora o princípio da legitimidade aparente, não sendo, por isso, necessária a intervenção de todos os titulares das benfeitorias, nem de todos os comproprietários do terreno, enquanto, na fase judicial, é indispensável a intervenção de todos sob pena de ilegitimidade, activa ou passiva. — Ac. do S.T.J. de 8/10/1987, *Bol.* 370, 548; ver, também, o Ac. STJ de 17/12/1997, *Col. Jur. STJ*, V, 3, 168.

34. I — O direito de remição tem que ser exercido, em conjunto, por todos os comproprietários das benfeitorias, salva a possibilidade de algum(uns) renunciar(em) ao seu direito.

II — Sendo caso de litisconsórcio necessário activo, a actuação de um só interessado como autor acarreta a sua ilegitimidade — Ac. da Relação do Porto de 2/5/1989, *Col. Jur.* XIV, 3, 124.

Arrendamento Rural ART. 38.º

35. I — O segmento do n.º 2 do art. 7.º do D.R. 13/77/M que condiciona a indemnização ao proprietário do solo tendo necessariamente em atenção «fins agrícolas» é materialmente inconstitucional por ofender os princípios da justa indemnização e do valor real.

II — No caso *sub judice* nunca poderia haver eventual aumento da indemnização arbitrada, porque o requerido não recorreu da sentença que fixou aquela, e o Direito português não consente, em processo civil, a *reformatio in pejus*.

III — A justa indemnização, em casos de remissão da propriedade do solo, decorrente da extinção da colonia, deve ter em apreço o valor real do solo, considerado por desbravar e com referência à data do encerramento da discussão na comarca. — Ac. da Relação de Lisboa de 15/11/1990, *Col. Jur.* XV, 5, 118.

36. I — Mediante a extinção da colonia (arts. 101.º, n.º 1, da Constituição da República, versão originária, 55.º n.º 1 da Lei n.º 77/77, de 29 de Setembro, e art. 1.º do Dec. Legislativo Regulamentar n.º 13/77/M, de 18 de Outubro) o legislador pôs termo a todos os contratos de colonia que ainda subsistiam (ou seja, os celebrados até à entrada em vigor do Dec.-Lei n.º 47 937, de 15 de Setembro de 1967), suprimindo-os.

II — Não obstante, esta extinção de direito da colonia não produziu efeitos automaticamente.

III — O legislador, para dar execução efectiva àquela extinção, atribuiu a determinadas pessoas um direito de remição, que é um direito real de aquisição de natureza potestativa e caracter oneroso.

IV — Atendendo a esta natureza, a efectivação da extinção, porque dependente da vontade dos titulares da remição, demora um certo tempo e pode, até, não se realizar. Na pendência continua a existir colonia.

V — Enquanto subsistir a colonia, os direitos dos proprietários do chão e do colono sobre o solo e as benfeitorias, respectivamente, persistem mas limitados por aquela extinção e pela finalidade da consolidação, sendo regidos em vista do agora apontado, pela legislação do arrendamento rural e de alguns usos e costumes que persistam ao abrigo do disposto nos arts. 25.º do Dec.-Lei n.º 13/77/M, de 18 de Outubro, e 1.º n.º 2 do Dec.-Lei n.º 47 937, de 15 de Setembro de 1967.

VI — Não há obstáculo legal a que, nesse período, os direitos do dono do solo e do colono se transmitam «mortis causa» por via hereditária.

VII — Mas é contaria à lei a transmissão voluntária e separada a favor de um terceiro de um dos direitos reais mediante negócio jurídico celebrado entre vivos, já que os direitos reais menores apenas subsistem em vista da consolidação.

VIII — Por consequência, são nulos esses negócios jurídicos — art. 280.º n.º 1 do C.C..

XIX — Ao colono é proibido subarrendar (já que se encontra na posição de arrendatário — art. 55.º n.º 1 da Lei n.º 77/77, de 29 de Setembro, e n.º 1 do Dec. Regional n.º 13/77/M, de 18 de Outubro) as benfeitorias, atento o disposto no art. 36.º da Lei n.º 76/77, de 29 de Setembro, primeiro, e no art. 13.º n.º 1 do Dec.--Lei n.º 385/88, de 25 de Outubro, depois. Um tal acto é nulo (art. 280.º do C.C.).

X — As despesas feitas no prédio já depois da extinção da colonia não dão lugar a benfeitorias, no sentido de objecto do direito do colono no contrato de colonia. Quando muito, ocorrendo os respectivos requisitos, são-no no sentido do art. 216.º do C.C.. Na verdade, decretada a extinção da colonia a situação

295

preexistente fica cristalizada, deixando de ser lícito ao colono modificar o prédio mediante a realização de novas benfeitorias (no primeiro sentido).

XI — Para que se possa falar em benfeitorias no sentido do art. 216.º do C.C. é necessária a existência de uma ligação do autor das despesas ao prédio por uma relação ou vínculo jurídico.

XII — Até à efectivação da extinção da colonia, o que o dono do chão pode reivindicar de terceiro é apenas o chão e não a totalidade do prédio (isto é, incluindo as benfeitorias que são propriedade do colono). — Ac. do STJ de 4 de Julho de 1996, *Proc. 157/96, 2.ª Secção.*

37 I — O direito de remissão de propriedade do solo pelo rendeiro que nela tenha implantado benfeitorias, conferido pelo art. 3.º n.º 1 do Dec. Regulamentar n.º 13/77/M, de 18/10, quando não resulte de negócio titulado por escritura pública, deve ser tornado efectivo em acção judicial que seguirá a forma de processo urgente regulada no C. das Expropriações, com as necessárias adaptações e modificações resultantes do art. 9.º do Dec. Regional n.º 16/79/M, na redacção introduzida pelo Dec. Regional n.º 7/80/M, de 20/8.

II — Enquanto na fase administrativa desse processo vigorar o princípio da legitimidade aparente (já que qualquer interessado que não tenha sido convocado pode intervir em qualquer momento, sem que, contudo, daí resulte a repetição de quaisquer actos ou diligências) já na sua fase judicial vigora o princípio geral de legitimidade consagrado no art. 26.º n.º 3 do C.P.C., devendo, em consequência, estarem na acção todos os sujeitos da relação material controvertida.

III — Assim, na fase judicial desse processo, os requeridos, sendo casados em regime de comunhão de adquiridos são parte ilegítima se estiverem desacompanhados dos seus cônjuges. — Ac. do STJ de 17/12/1997, *Col. Jur. STJ,* V, 3, 169.

ARTIGO 39.º

Definições

Para os efeitos da presente lei, consideram-se adoptadas as definições constantes da Lei de Bases da Reforma Agrária.

NOTAS

1. Artigo 3.º da Lei n.º 109/88, de 26 de Setembro
(Lei de Bases da Reforma Agrária)

Definições

Para efeitos desta lei entende-se por:
1) Prédio rústico — Uma parte delimitada do solo e as construções nele existentes que não tenham autonomia económica;
2) Estabelecimento agrícola — a universalidade de bens e serviços organizada distintamente com vista ao exercício da actividade agrícola por uma empresa agrícola;

3) Empresa agrícola — a entidade singular ou colectiva que coordena factores de produção para exercer, por conta própria, a exploração de um ou mais estabelecimentos agrícolas;

4) Agricultor autónomo — o titular de uma exploração do tipo familiar, quando esta empresa agrícola é constituída por uma pessoa singular que, permanente e predominantemente, utiliza a actividade própria ou de pessoas do seu agregado doméstico, sem recurso ou com recurso excepcional ao trabalho assalariado;

5) Agricultor empresário — a empresa agrícola constituída por uma pessoa singular que, permanente e predominantemente, utiliza a actividade de pessoal contratado;

6) Exploração de campanha — o contrato pelo qual uma parte, mediante retribuição, transfere para outra, chamada «campanheiro» ou «seareiro», a exploração de culturas num ou mais prédios rústicos ou parte deles, por um ou mais anos, até ao máximo de um ano agrícola por cada folha de cultura;

7) Agregado doméstico — o conjunto de pessoas que vivem habitualmente em comunhão de mesa e habitação ou em economia comum, ligadas por relação familiar, jurídica ou de facto;

8) Actividade agrícola — toda a actividade agrícola, em sentido estrito, pecuária e florestal;

9) Cooperativas agrícolas — as empresas agrícolas constituídas nos termos do Cód. Cooperativo e legislação complementar.

10) Níveis mínimos de aproveitamento (NMA) — o grau de intensificação cultural ou ocupação cultural abaixo do qual se considera a área em estado de subaproveitamento;

11) Solos abandonados — os que, sendo susceptíveis de utilização agrária, se encontrem há, pelo menos, três anos inexplorados sem motivo justificado;

12) Solos subaproveitados — os solos que estejam a ser explorados abaixo da suas potencialidades, não atingindo os NMA;

13) Solos em maus uso — os que estejam submetidos a utilização ou práticas culturais não aconselháveis, degradantes ou depauperantes do solo, com consequente perda de produtividade, ou os que sejam submetidos a culturas arbóreo-arbustivas ou povoamentos florestais, com claro desrespeito pelas normas estabelecidas na condução dos montados e povoamentos.

2. A Lei de bases da reforma agrária foi revogada pela Lei n.º 86/95, de 1 de Setembro (Lei de bases do desenvolvimento agrário).

Esta Lei, no seu art. 21.º, apenas define o conceito de empresa agrícola:

a — A empresa agrícola de tipo familiar, suportada pela exploração agrícola cujas necessidades de trabalho são asseguradas predominantemente pelo agregado familiar do respectivo titular, e não pela utilização de assalariados permanentes;

b — A empresa agrícola de tipo patronal, suportada por explorações agrícolas cujas necessidades de trabalho são asseguradas maioritariamente por assalariados permanentes, e não pelo agregado familiar;

c — A empresa agrícola sob a forma de cooperativa.

Todas as outras definições constantes do art. 3.º da Lei de bases da reforma agrária mantém-se inalteráveis.

Parece, pois, que a remissão que este art. 39.º faz para a Lei de bases da reforma agrária tem de ser entendida como uma remissão material, continuando a vigorar as definições desta lei, na parte não alterada.

É um caso de supervivência ou sobrevigência da lei, para o estrito efeito de integrar as normas de reenvio da lei do Arrendamento Rural.

Se assim se não entender, há que integrar as lacunas criadas pela revogação da lei, dentro do espírito do sistema, ou seja, lançando mão dos conceitos que o legislador criaria — que são os que criou por via do reenvio.

O resultado é sempre o mesmo.

Ver anotações ao artigo 1.º e ao n.º 2 do artigo 22.º.

Para efeitos do Regulamento de Aplicação do Regime de Ajudas à Melhoria da Eficácia das Estruturas Agrícolas ver, no Anexo à Portaria n.º 195/98, de 24 de Março, adiante publicada, as definições de agricultor a título principal, capacidade profissional bastante, actividade principal, unidade homem trabalho (UHT), rendimento de referência, rendimento do trabalho, jovem agricultor, primeira instalação, regiões desfavorecidas, exploração agrícola familiar, turismo no espaço rural, investimento de natureza artesanal, prédio próximo, termo do plano de melhoria, primeira aquisição de gado e exploração agrícola.

3. A págs. 26 de *Formas de Exploração da Propriedade Rústica*, o Prof. Castro Caldas escreve: Enquanto a empresa é um conjunto de factores (Trabalho, Capital e Empréstimo) coordenados para a realização de um fim — a produção — a exploração é o conjunto de instrumentos de que a empresa se serve para atingir o seu objectivo. Será uma área limitada do solo agrícola e respectivas benfeitorias, de dimensões variáveis conforme os casos, sobre o qual um grupo de trabalhadores (ou até um só trabalhador) executa, com o auxílio de capitais de exploração apropriados, as práticas necessárias para conseguir a produção agrícola.

4. Sucintamente, podemos definir a exploração agrícola em sentido restrito, como sendo o acto de tirar utilidade do solo agrícola; a exploração pecuária, como a actividade que utiliza a terra com a objectivo de produção de vegetais utilizados na criação e gados; a exploração florestal, como a actividade que respeita à plantação de matas e ao seu aproveitamento.

ARTIGO 40.º

Disposições revogatórias

1 — São revogadas as Leis n.ᵒˢ 76/77, de 29 de Setembro, e 76/79, de 3 de Dezembro.

2 — São igualmente revogados os Decretos-Leis n.ᵒˢ 32/79, de 28 de Fevereiro, com as alterações constantes da Lei n.º 24/79, de 26 de Julho, e 130/81, de 28 de Maio.

NOTAS

1. A Lei n.º 76/77, de 29 de Setembro estabeleceu o regime jurídico do arrendamento rural.

2. A Lei n.º 76/79, de 3 de Dezembro, introduziu alterações ao conjunto dos arts. 6.º, 18.º, 19.º, 20.º, 21.º, 22.º, 42.º, 44.º, 51.º e 52.º da Lei n.º 76/77.

3. O Dec.-Lei n.º 32/79, de 28 de Fevereiro, definiu os princípios gerais orientadores da criação e funcionamento das comissões concelhias de arrendamento rural e foi alterado, por ratificação, pela Lei n.º 24/79, de 26 de Julho.

4. O Dec.-Lei n.º 130/81, de 28 de Maio, deu nova redacção ao n.º 4 do art. 29.º da Lei n.º 76/77.

5. Por ser lei especial, o Dec.-Lei n.º 547/74, de 22 de Outubro, não foi revogado pelo Dec.-Lei n.º 385/88, de 25 de Outubro.

Assim os contratos de arrendamento de terrenos incultos para serem desbravados e cultivados, celebrados ao abrigo do disposto naquele Dec.-Lei n.º 547/74, continuam a reger-se pelo regime jurídico contido neste diploma legal. — Ac. da Relação de Évora de 14/1/1993, *Col. Jur.*, XVIII, 1, 263.

DECRETO-LEI N.º 547/74, DE 22 DE OUTUBRO

Arrendamentos de terras incultas ou em mato
que se tornam produtivas

1. Em certas zonas do País, particularmente no Ribatejo e na península de Setúbal, existem situações em que a terra inculta foi totalmente aproveitada por famílias de agricultores que, com base em contratos de arrendamento, a desbravaram, cultivaram e valorizaram, nela se fixando com carácter de permanência. Normalmente, tratou-se de divisão de herdades em courelas, que foram entregues à exploração directa de pequenos agricultores.

A disciplina jurídica de tais situações era a do arrendamento rural que não contemplava a situação específica de as terras se encontrarem incultas e daí terem-se verificado, desde há dezenas de anos, graves problemas de justiça social, quando o senhorio requeria o despejo ou exigia aumentos de renda, tendo em conta o rendimento das benfeitorias que haviam sido fruto do trabalho e de investimentos exclusivos dos rendeiros.

Em 23 de Novembro de 1954 foi publicado o Decreto-Lei n.º 39 917, em que, a propósito dos casos da Quinta da Torre, do concelho de Palmela, e Fernão Ferro, do concelho do Seixal, se estatuiu o princípio de que as benfeitorias feitas nas referidas condições eram propriedade de quem as realizou ou dos seus sucessores na respectiva posse ou fruição.

O Supremo Tribunal de Justiça, ao julgar sobre a inconstitucionalidade daquele diploma, invocada pelos proprietários, decidiu negativamente, acolhendo o princípio estabelecido no referido diploma legal.

2. Não obstante, a situação continuou até hoje e importa ter em conta que a apropriação, pelo dono da terra, das benfeitorias feitas pelos rendeiros e bem assim o despejo destes das terras que eles ou os seus antepassados cultivaram e onde muitas vezes têm a sua habitação constituem uma forma injusta de exploração da terra e uma violação dos princípios elementares de justiça social.

Esta situação, que está em manifesta oposição com os princípios do programa do Governo Provisório, tem de cessar imediatamente, o que se leva a efeito através do presente diploma, que não só atribui ao rendeiro o direito às benfeitorias, como cria as condições para, à semelhança dos aforamentos, se poderem extinguir os contratos existentes, através da consolidação, na pessoa do rendeiro, do direito da propriedade do solo, mediante remição.

A estabilidade do rendeiro, enquanto não usar do direito de remição, é garantida pela fixação de condições limitadas e taxativas para o despejo por parte do senhorio.

O valor das benfeitorias e da terra é fixado, para efeitos de indemnização ou de remição, por uma comissão arbitral, constituída por um juiz de direito designado pelo Secretário de Estado da Agricultura, que preside, um técnico também designado pelo Secretário de Estado, um representante dos proprietários e outros dos rendeiros.

Nestes termos:

Usando da faculdade conferida pelo n.º 1, 3.º, do artigo 16.º da Lei Constitucional n.º 3/74, de 14 de Maio, o Governo Provisório decreta e eu promulgo, para valer como lei, o seguinte:

Artigo 1.º Os casos de arrendamento rural em que as terras foram dadas de arrendamento no estado de incultas ou em mato e se tornaram produtivas mediante o trabalho e investimento do rendeiro regem-se, além do disposto na lei sobre o arrendamento rural, pelas disposições especiais constantes dos artigos seguintes.

Art. 2.º — 1. As benfeitorias feitas pelos rendeiros constituem propriedades destes.

2. Entende-se por benfeitoria, para os efeitos deste diploma, todo e qualquer melhoramento feito pelo rendeiro ou seus sucessores sobre os terrenos incultos ou em mato.

Art. 3.º — 1. Cabe às comissões arbitrais decidir sobre a existência dos factos referidos no artigo 1.º e das benfeitorias e fixar o valor destas.

2. As comissões arbitrais são constituídas por três membros, sendo o presidente o juiz de direito da comarca, outro representante dos proprietários e outros dos colonos-rendeiros, ambos designados pelas respectivas associações, se existirem, ou eleitos em assembleias expressamente convocadas para esse fim pelo Instituto de Reorganização Agrária.

3. Das decisões das comissões arbitrais cabe recurso, com efeito meramente devolutivo, para o tribunal da relação competente, que julga em definitivo.

4. As decisões das comissões arbitrais serão tomadas como base nos meios de prova que as mesmas admitirem como válidos.

5. Os rendeiros estão isentos de quaisquer encargos, quando recorrerem às comissões arbitrais para os efeitos prescritos neste diploma, e não são por eles devidas custas nos recursos interpostos para o tribunal da relação.

— As comissões arbitrais referidas no art. 3.º foram extintas pelo n.º 3 do art. 48.º da Lei n.º 76/77, de 29 de Setembro.

Não obstante a revogação pelo artigo 40.º do Dec.-Lei n.º 385/88, de 25 de Outubro, da Lei n.º 76/77, de 29 de Setembro, que atribuiu aos tribunais judiciais a competência que antes incumbia às comissões arbitrais, há que entender que esta competência a eles continua a pertencer, dado que se trata de uma competência jurisdicional que, por força da própria Constituição da República e da Lei Orgânica dos Tribunais, se inscreve na reserva do juiz — artigo 202.º da Constituição da República e artigos 2.º e 62.º e segs. da Lei n.º 3/99, de 13 de Janeiro, Lei de Organização e Funcionamento dos Tribunais Judiciais.

Assim não entendeu o Ac. da Relação de Évora de 22/3/2001, *Col. Jur*. XXVI, 2, 252, que considerou que houve uma cessação da competência dos tribunais e que, havendo acordo das partes, o direito de remição pode ser efectivado por negócio jurídico de compra e venda.

Sobre a composição do tribunal comum ver o artigo 35.º e anotações.

Art. 4.º — 1. O senhorio só pode fazer cessar o contrato se o rendeiro não pagar a renda em dois anos seguidos ouse prejudicar gravemente a potencialidade produtiva da terra.

2. Na hipótese da cessação do contrato prevista no número anterior, o rendeiro goza do direito de retenção enquanto não for pago do valor das benfeitorias.

Art. 5.º — 1. O rendeiro tem o direito de remir o contrato, tornando-se dono da terra pelo pagamento do preço que for fixado pela comissão arbitral.

2. Este preço será determinado pelo valor potencial da terra, excluídas as benfeitorias, tendo em conta o estado em que se encontrava a terra no início do contrato.

3. Depositado na Caixa Geral de Depósitos o montante do preço referido no número anterior e paga a respectiva sisa, a comissão arbitral efectuará a transferência, a favor do rendeiro, dos bens remidos.

4. As certidões ou fotocópias notariais da deliberação da comissão referida no número anterior são havidas, para todos os efeitos, como escrituras públicas.

5. O direito conferido pelo n.º 1 deste artigo exerce-se independentemente das áreas mínimas de unidade de cultura fixadas pela Portaria n.º 202/70, de 21 de Abril.

— Este n.º 5 foi aditado pelo Dec.-Lei n.º 412/77, de 29 de Setembro.
— Vd. a Portaria n.º 202/70, de 21 de Abril, em nota ao art. 9.º.

Art. 6.º Ao rendeiro que use do direito facultado no artigo anterior será prestada assistência financeira pelos Fundos de Melhoramentos Agrícolas ou de Reestruturação Fundiária, para pagamento do preço da remissão e da sisa.

Art. 7.º — 1. São suspensas as acções de despejo, bem como as acções cíveis cujo objectivo seja o da restituição de terras e aquelas em que se peça a destruição de casas e benfeitorias levadas a efeito pelos rendeiros, de qualquer natureza e em qualquer fase, intentadas contra os rendeiros referidos no artigo 1.º.

2. A instância será suspensa com a apresentação de requerimento onde se invoque a existência da situação de arrendamento rural prevista neste diploma.

3. Os processos judiciais assim suspensos transitarão para as comissões arbitrais.

— As comissões arbitrais referidas no art. 3.º foram extintas pelo n.º 3 do art. 48.º da Lei n.º 76/77, de 29 de Setembro.

Não obstante a revogação pelo artigo 40.º do Dec.-Lei n.º 385/88, de 25 de Outubro, da Lei n.º 76/77, de 29 de Setembro, que atribuiu aos tribunais judiciais a competência que antes incumbia às comissões arbitrais, há que entender que esta competência a eles continua a pertencer, dado que se trata de uma competência jurisdicional que, por força da própria Constituição da República e da Lei Orgânica dos Tribunais, se inscreve na reserva do juiz – artigo 202.º da Constituição da República e artigos 2.º e 62.º e segs. da Lei n.º 3/99, de 13 de Janeiro, Lei de Organização e Funcionamento dos Tribunais Judiciais.

Assim não entendeu o Ac. da Relação de Évora de 22/3/2001, Col. Jur. XXVI, 2, 252, que considerou que houve uma cessação da competência dos tribunais e que, havendo acordo das partes, o direito de remição pode ser efectivado por negócio jurídico de compra e venda.

Sobre a composição do tribunal comum ver o artigo 35.º e anotações.

Art. 8.º Os rendeiros que, embora na situação prevista no artigo 1.º, foram judicialmente despejados podem, no prazo de dois anos, requerer à comissão arbitral o regresso às terras, a partir do ano agrícola que então estiver em curso, ou o pagamento das benfeitorias por eles realizadas.

— As comissões arbitrais referidas no art. 3.º foram extintas pelo n.º 3 do art. 48.º da Lei n.º 76/77, de 29 de Setembro.

Não obstante a revogação pelo artigo 40.º do Dec. Lei n.º 385/88, de 25 de Outubro, da Lei n.º 76/77, de 29 de Setembro, que atribuiu aos tribunais judiciais a competência que antes incumbia às comissões arbitrais, há que entender que esta competência a eles continua a pertencer, dado que se trata de uma competência jurisdicional que, por força da própria Constituição da República e da Lei Orgânica dos Tribunais, se inscreve na reserva do juiz — artigo 202.º da Constituição da República e artigos 2.º e 62.º e segs. da Lei n.º 3/99, de 13 de Janeiro, Lei de Organização e Funcionamento dos Tribunais Judiciais.

Assim não entendeu o Ac. da Relação de Évora de 22/3/2001, Col. Jur. XXVI, 2, 252, que considerou que houve uma cessação da competência dos tribunais e que, havendo acordo das partes, o direito de remição pode ser efectivado por negócio jurídico de compra e venda.

Sobre a composição do tribunal comum ver o artigo 35.º e anotações.

Art. 9.º Constará de portaria do Secretário de Estado da Agricultura o regulamento do processo a seguir pelas comissões arbitrais para a fixação do preço da terra, defesa dos direitos de terceiros, e bem assim do que for necessário à execução do disposto neste decreto-lei.

Art. 10.º Este decreto-lei entra imediatamente em vigor.

PORTARIA N.º 489/77, DE 1 DE AGOSTO

Processo para fixação do preço da terra

Com a publicação do Decreto-Lei n.º 547/74, de 22 de Outubro, procurou-se disciplinar juridicamente certas situações em que a terra foi aproveitada por agricultores ou sua família, que, com base em contratos de arrendamento, a desbravaram e cultivaram, permitindo-lhes o direito de remir os seus contratos pelo pagamento do preço a fixar pela comissão arbitral competente.

O exercício deste direito, atribuído aos colonos rendeiros, era condicionado pela publicação de uma portaria do Secretário de Estado da Agricultura em que se regulasse o processo a seguir pelas comissões arbitrais para a fixação do preço da terra, defesa dos direitos de terceiros, assim como o necessário à execução do disposto naquele diploma, pelo que justificar-se-ia deste modo a revisão daquele prazo para os efeitos previstos no artigo 8.º.

Foi posteriormente definido pelos artigos 27.º e seguintes do Decreto-Lei n.º 201/75, de 15 de Abril, a composição e funcionamento das comissões arbitrais, onde às mesmas se atribuía competência para apreciação das questões relativas à matéria prevista no Decreto-Lei n.º 547/74, de 22 de Outubro.

Relativamente ao processo a seguir para a fixação do preço da terra de forma que se pudesse consolidar na pessoa do rendeiro o direito de propriedade do solo mediante remissão não foi ainda objecto de qualquer regulamentação que permitisse às comissões arbitrais encontrar aquele valor.

Nestes termos:

Manda o Governo da República Portuguesa, pelo Ministro da Agricultura e Pescas, o seguinte:

1.º O valor potencial da terra deve ser determinado tendo em conta o seu valor de rendimento na primeira fase de exploração após o arroteamento, subtraído dos investimentos iniciais correspondentes aos encargos de desgravamento para pôr o terreno em estado de cultivo, calculados quer o rendimento, quer os encargos em termos de valores actuais segundo a fórmula:

$$VP = VR - I$$

Para estes cálculos não devem considerar-se culturas de valor excepcional, mas sim ou culturas tradicionais da região ou o repovoamento florestal, sendo o significado das iniciais na fórmula anterior o seguinte:

VP — Valor potencial;
VR — Valor de rendimento;
I — Investimento correspondente a acções de desbravamento.

2.º Sempre que se torne difícil obter estimativas suficientemente rigorosas para as determinações referidas no número anterior proceder-se-á por comparação com o valor actual de terrenos que se possam considerar em condições idênticas àquelas em que se encontravam os solos antes do desbravamento.

3.º As acções relativas ao conhecimento das situações descritas nos números anteriores são da competência da comissão arbitral que funciona junto do tribunal da comarca respectiva e seguem a forma de processo sumário independentemente do seu valor.

— As comissões arbitrais referidas no art. 3.º foram extintas pelo n.º 3 do art. 48.º da Lei n.º 76/77, de 29 de Setembro.

Não obstante a revogação pelo artigo 40.º do Dec.-Lei n.º 385/88, de 25 de Outubro, da Lei n.º 76/77, de 29 de Setembro, que atribuiu aos tribunais judiciais a competência que antes incumbia às comissões arbitrais, há que entender que esta competência a eles continua a pertencer, dado que se trata de uma competência jurisdicional que, por força da própria Constituição da República e da Lei Orgânica dos Tribunais, se inscreve na reserva do juiz — artigo 202.º da Constituição da República e artigos 2.º e 62.º e segs. da Lei n.º 3/99, de 13 de Janeiro, Lei de Organização e Funcionamento dos Tribunais Judiciais.

Assim não entendeu o Ac. da Relação de Évora de 22/3/2001, *Col. Jur.* XXVI, 2, 252, que considerou que houve uma cessação da competência dos tribunais e que, havendo acordo das partes, o direito de remição pode ser efectivado por negócio jurídico de compra e venda.

Sobre a composição do tribunal comum ver o artigo 35.º e anotações.

6. Para os efeitos do disposto no Dec.-Lei n.º 547/74, de 22 de Outubro, presume-se que as terras foram dadas de arrendamento no estado de incultas ou em mato se não houver contrato escrito ou ele for omisso quanto ao estado de terras e o arrendamento subsistir há mais de 50 anos. — Art. 3.º da Lei n.º 108/97, de 16 de Setembro.

7. Mas será que o n.º 5 do art. 35.º se aplica à presente acção, em que o rendeiro pretende remir o contrato, tornando-se dono da terra mediante o pagamento do seu preço, nos termos do art. 5.º do Dec.-Lei n.º 547/74, de 22/10.

Não faltará quem responda negativamente à pergunta feita, e com alguma razão, dado um argumento de ordem sistemática apontar nesse sentido: o art. 35.º distingue entre as acções de preferência (n.º 1) e os restantes processos judiciais tratados no Dec.-Lei n.º 335/88, como os referentes a indemnizações, à denúncia do contrato, à resolução, etc. (n.º 2) e por isso, quando, logo a seguir a esta enumeração das várias espécies de processos, os de preferência e os restantes, se diz «Nenhuma acção judicial», (n.º 5) parece sugerir-se que com esta expressão apenas se quer referir aos processos tratados no dito Dec.-Lei 335/88.

Contudo, há boas razões em sentido contrário.

Como todos sabem, uma acção identifica-se pelo pedido e pela causa de pedir (cf. art. 498.º do C.P. Civil). No caso *sub judice* a causa de pedir é o contrato de arrendamento rural celebrado no condicionalismo previsto no art. 1.º do citado Dec.-Lei n.º 547/74 e o pedido é a aquisição da propriedade da terra pelo pagamento do preço a fixar, assim se remindo o contrato. Está, pois, em jogo a existência de um contrato de arrendamento rural, a causa de pedir é uma relação de arrendamento, e quando tal sucede não podemos deixar de estar perante uma acção referente a arrendamento rural, o que já não aconteceria se estivesse em causa o direito real de propriedade ou a responsabilidade civil extracontratual. Daí que esta acção esteja abrangida pelo n.º 2 do art. 35.º ao dizer «Os restantes processos judiciais referentes a arrendamentos rurais...» e pelo n.º 5 do mesmo artigo quando refere «Nenhuma acção judicial...».

A letra deste n.º 5 do art. 35.º não faz qualquer excepção e está em termos absolutos que favorecem a preconizada interpretação.

Depois, não se vê razão válida para sujeitar esta acção de remição do contrato de arrendamento rural, em que a causa de pedir é o arrendamento rural no já apontado condicionalismo, a um regime diferente, no capítulo da exigência da junção do exemplar do contrato, do dos outros processos referentes ao arrendamento rural, como sejam a acção de preferência (art. 28.º do Dec.--Lei n.º 385/88) e os restantes processos. Na verdade, em todos esses processos, há necessidade de averiguar da existência do contrato de arrendamento rural e de o interpretar e executar, muito embora o objectivo de presente acção seja a aquisição do direito de propriedade sobre a terra arrendada no falado condicionalismo, mediante o pagamento do seu preço.

Se bem que de maneira não muito clara e expressa, julgamos sufragarem esta orientação alguns juristas (Pires de Lima e Antunes Varela, *C.C. Anotado*, Vol. II, 3.ª ed., 511; Aragão Seia, Costa Calvão, Cristina Aragão Seia, *Arrendamento Rural*, 2.ª ed., págs. 153, 160; Dr. Carlos Ferreira de Almeida, *Rev. dos Tribunais*, Ano 95, págs. 291 e segs.; Acs. do S.T.J. de 17/02/77, *B.M.J.*

264, pág. 173, e de 21/06/83, *B.M.J.* 328, pág. 532; Ac. da Rel. do Porto, de 04/10/90 e de 21/10/91 e da Rel. de Évora de 07/11/91, in, respectivamente, *Col. Jur.*, Ano XV, Torno IV, pág. 224; Ano XVI, Tomo IV, pág. 264; Ano XVI, Tomo V, pág. 241).
Quanto à invocada ilegalidade de que estaria ferida a Portaria n.º 489/77, de 01/08, no seu art. 3.º, basta referir que a questão se deve considerar morta desde que o art. 48.º da Lei n.º 76/77 revogou expressamente esse art. 3.º, para além de que, para decidir o objecto do presente recurso, não é preciso aplicar ou desaplicar tal preceito e daí que nos seja inteiramente indiferente qualquer vício de que ele padeça. — Ac. do STJ de 9/1/1996, *Col. Jur. STJ*, IV, 1, 35.

8. Para o exercício do direito de remissão atribuído ao rendeiro pelo art. 5.º do Dec.-Lei n.º 547/74, de 22 de Outubro é necessário que ele, por si ou por pessoas do seu agregado familiar, seja o cultivador directo do prédio arrendado. — Cfr. Ac. da Relação de Évora de 14/3/78, *Col. Jur.* II, 544.

9. I — Para que o rendeiro tenha o direito de remir o contrato impõe-se: *a)* que a terra lhe tenha sido dada de arrendamento em estado de inculta ou em mato; *b)* que a terra se tenha tornado produtiva mediante o trabalho e o investimento do rendeiro.
II — O legislador não apontou os critérios a ter presentes para se determinar quando se encontra uma terra no estado de inculta ou em mato.
III — A terra ao ser arrendada pode encontrar-se no estado de inculta ou porque nunca foi cultivada ou porque o proprietário desistiu de a cultivar ou porque vem usando o sistema de cultura rotativa.
IV — Segundo este sistema, após uma sementeira de trigo ou outro cereal, as terras permanecem sem qualquer outra cultura durante vários anos, de modo a criarem vegetação e outros elementos necessários à sua futura produção (em pousio).
V — O legislador não quis abranger no art. 1.º do Dec.-Lei n.º 547/74, de 22 de Outubro, as terras de cultura rotativa porque esta é, em diversas regiões do país a mais rentável e, frequentemente, a única possível. — Cfr. Ac. da Relação de Évora de 18/4/78, *Col. Jur.* III, 579; ver ainda os Acs. da Relação de Évora de 16/2/78, 18/4/78 e de 30/5/78, *Col. Jur.* III, 220, 581 e 1388.

ARRENDAMENTO RURAL NOS AÇORES

DECRETO REGIONAL N.º 11/77/A

DE 20 DE MAIO

São deste diploma os artigos indicados sem outra menção e da responsabilidade dos anotadores a reformulação de alguns sumários de acórdãos citados.

DECRETO REGIONAL N.º 11/77/A

de 20 de Maio

1. 47 % do produto interno bruto dos Açores resulta de explorações agrícolas, pecuárias e florestais, as quais ocupam 48% da população activa.

Das 300 000 explorações agrícolas que o Decreto-Lei n.º 201/75, de 15 de Abril, indica — em seu preâmbulo — como existentes em Portugal, 40 000 situam-se na Região dos Açores, ou seja perto de 1/7 enquanto a população açoriana nada mais representa do que 1/35 da actual população portuguesa.

Das diferentes explorações agrárias da terra açoriana, 80% são familiares ou familiares imperfeitas; 40,3% desenvolvem-se em terrenos próprios; 28,5% em terrenos arrendados, e 30,4% em terrenos cumulativamente próprios e arrendados.

66% de todas estas explorações abrangem menos de 1 ha, 28% menos de 5 ha e 0,7% mais de 5 ha.

2. Este conjunto de elementos define estatisticamente a Região como acentuadamente rural, o que lhe confere determinadas características sociológicas próprias de comunidades tradicionais. O ser uma zona de fortíssima emigração — com os seus correlativos laços mentais e económicos — para os Estados Unidos e para o Canadá traduz-se em vincar algumas daquelas características. O que tudo levou a uma relativa indiferença perante os condicionalismos estabelecidos, *ex novo*, pelo Decreto--Lei n.º 201/75, diploma que, pela sua génese, pela sua anterioridade quanto à Constituição e até pela actual não vigência de preceitos, não pode considerar-se como sendo, no todo ou em parte, uma lei geral da República.

Uma disciplina, de raiz regional, para as relações de arrendamento rural, respeitando os parâmetros essenciais da Constituição — tanto no estabelecimento concreto de situações social-

309

mente mais justas, como na consideração dos seus artigos 98.º e 99.º —, vem preencher um vazio legal *de facto*, com a consideração adjuvante de dados tipicamente próprios dos Açores.

Estes dados vão de uma realidade sócio — económica muito específica, até à receptividade popular para normas consideradas progressivas, justas e aceitáveis — porque não impostas de fora para dentro — e adequadas, sem perderem o seu dinamismo de progresso e justiça, a diferentes práticas concretas que coexistem no arquipélago dos Açores.

3. Daí também a conveniência em dotar a Região com um diploma que — embora com grande dose de generalidade (de modo a poder aplicar-se, a diversos condicionalismos, por — que eles variam de ilha para ilha) — possa, no todo, criar um quadro geral para as relações jurídicas de arrendamento rural, apontado para corrigir eficazmente deficiências estruturais existentes, num clima construtivo e de paz social que o povo dos Açores na sua grande maioria reclama.

O presente diploma, sem pretender ser perfeito em matéria de tão delicadas implicações, procura assim atender às características inegavelmente específicas da Região quanto às relações entre proprietários da pouca terra existente e aqueles que a exploram, ao mesmo tempo que atenua a imperatividade de outros textos legais, claramente elaborados com o pensamento em diferentes partes de Portugal, com características humanas e naturais absolutamente distintas.

4. Da consideração, mais presente do que nunca, do interesse específico regional — em conformidade com o artigo 229.º, n.º 1, alínea *a)*, da Constituição — resultaram certas disposições, como as que devolvem aos tribunais comuns o conhecimento dos litígios emergentes das relações de arrendamento rural, bem como o conhecimento do direito à cessão da posição de rendeiro, como cobertura legal, mas estreitamente condicionada e vigiada, para situações de facto existentes e generalizadas.

Será deste tipo, no entender da Assembleia, o mais elevado mérito, do direito regional democraticamente estabelecido: a sua inserção nas realidades, humanas e económicas da Região e a sua manifestação por via do órgão constitucionalmente qualificado para o fazer. Muito dificilmente se encontraria outro campo como o presente, em que as especificidades regionais apareçam tão claras e em que a expectativa popular por um direito próprio seja tão forte: os Açorianos são gente da terra, como sempre se afirmaram no seu pequeno território e até nos lugares de emigração em que mais tipicamente se evidenciam as suas qualidades de produtividade, de trabalho e de inserção social positiva.

5. Assim, a Assembleia Regional decreta, nos termos da alínea a) do n.º 1 do artigo 229.º da Constituição, o seguinte:

Este preâmbulo foi rectificado no Suplemento do *D.R.*, I Série de 23/6/1977.

ARTIGO 1.º
Âmbito

Na Região Autónoma dos Açores as relações jurídicas de arrendamento rural ficam sujeitas ao disposto no presente decreto regional.

NOTAS

1. O presente Dec. Regional foi alterado pelo Dec. Regional n.º 1/82/A, de 28 de Janeiro, pelo Dec. Legislativo Regional n.º 7/86/A, de 25 de Fevereiro, e pelo Dec. Legislativo Regional n.º 16/88/A, de 11 de Abril.

2. É da exclusiva competência da Assembleia da República legislar, salvo autorização ao Governo, sobre o regime geral do arrendamento rural e urbano — al. *h)* do n.º 1 do art. 165.º da C.R.P..

As regiões autónomas, que são pessoas colectivas territoriais, podem legislar, com respeito pelos princípios fundamentais das leis gerais da República, em matérias de interesse específico para as regiões que não estejam reservadas à competência própria dos órgãos de soberania; legislar, sob autorização da Assembleia da República, em matérias de interesse específico para as regiões que não estejam reservadas à competência própria dos órgãos de soberania; desenvolver, em função do interesse específico das regiões, as leis de bases em matérias não reservadas à competência da Assembleia da República, bem como, entre outras, as do regime geral do arrendamento rural e urbano — art. 227.º n.º 1, als. *a)*, *b)* e *c)*, da C.R.P..

Também o n.º 4 do art. 112.º, embora referindo-se ao conteúdo dos actos normativos, dispõe que os decretos legislativos regionais versam sobre matérias de interesse específico para as respectivas regiões e não reservadas à Assembleia da República ou ao Governo, não podendo dispor contra os princípios fundamentais das leis gerais da República, sem prejuízo de poderem legislar, sob autorização da Assembleia da República, em matérias de interesse específico para as regiões que não estejam reservadas à competência própria dos órgãos de soberania.

Daqui decorre que a legislação regional não pode criar um ordenamento jurídico paralelo, não pode elaborar um diploma que dispense a lei geral. Só pode incidir sobre as especificidades regionais.

Como se diz no Ac. do Tribunal Constitucional n.º 139/90, de 2/5/1990, *Bol.* 397, 41, o que se entende por *interesse específico* é algo que, não tipificado nem

311

definido constitucionalmente, terá de ser materialmente densificado a partir da *ratio* do próprio regime político — administrativo que a lei fundamental criou para as regiões autónomas e que, de certo modo, o seu artigo 227.º (actual art. 225.º) consubstancia. Ou seja, e por outras palavras, respeitando o valor intangível da integridade da soberania do Estado e o quadro constitucional, e não se limitando a assumir-se como interesse *exclusivo*, o interesse específico passa pelo condicionalismo geoeconómico — social da Região, que o isolamento insular aviva, e pelos objectivos económicos que o n.º 2 do art. 227.º (actual n.º 2 do art. 225.º) enumera condensadamente.

Sobre o *interesse específico* cfr., ainda, entre outros, os Acs. do Tribunal Constitucional n.º 154/88, de 29/6/1988, *Bol*. 378, 202, n.º 257/88, de 9/11/1988, *Bol*. 381, 95, n.º 245/89, de 23/2/1989, *Bol*. 384, 350, n.º 133/90, de 19/4/1990, *Bol*. 396, 181, n.º 246/90, de 11/7/1990, *Bol*. 399, 87, n.º 138/94, de 26/1/1994, *Bol*. 433, 151, n.º 431/94, de 25/5/1994, *Bol*. 437, 138, n.º 711/97, de 16/12/1997, *Bol*. 472, 79.

O Tribunal Constitucional continua a sublinhar, designadamente no Ac. n.º 330/99, de 2/6/99, *Bol*. 488, 79, que "onde esteja uma matéria reservada à *competência própria dos órgãos de soberania*, não há interesse específico para as Regiões que legitime o poder legislativo das Regiões Autónomas". E, segundo a jurisprudência reiterada e uniforme desse Tribunal, matérias reservadas à competência própria dos órgãos de soberania, e, como tais, vedadas ao poder legislativo regional, são, desde logo, as que integram a competência legislativa própria da Assembleia da República, enumeradas nos arts. 161.º, 164.º (reserva absoluta) e 165.º (reserva relativa) da Constituição, bem como a que é da exclusiva competência legislativa do Governo, ou seja, a matéria respeitante à sua própria organização e funcionamento (art. 198.º n.º 2).

Em sintonia com o exposto ver, com muito interesse, a interpretação que damos ao art. 26.º (Direito subsidiário).

De notar, porém, que o n.º 1 do art. 38.º do Dec.-Lei n.º 385/88, de 25 de Outubro (Arrendamento Rural no continente) dispôs que a *legislação sobre arrendamento rural aprovada pela Assembleia da Regional dos Açores mantém-se em vigor nesta Região Autónoma*.

Não significa isto que qualquer anterior violação da reserva parlamentar se deva considerar sanada.

Ao dizer que se mantém em vigor a legislação, o legislador parte do princípio de que tal legislação é válida, designadamente por ter sido emitida sobre matéria em que existe *interesse específico*.

Se a legislação for inconstitucionalmente inválida e a questão for colocada ao Tribunal Constitucional — única instância com competência para dizer a última palavra sobre questões jurídico — constitucionais, não deixará de, como tal, ser declarada, não obstante o citado art. 38.º.

Com a revisão constitucional de 1997 os poderes legislativos das regiões foram consideravelmente alargados. O fim específico continua, no entanto, a ser exigido para a validade da legislação regional.

3. São organicamente constitucionais os Decs. Regionais n.ºˢ 11/77-A e 16/88-A. — Ac. da Relação de Lisboa de 9/7/1991, *Col. Jur*. XVI, 4, 171.

ARTIGO 2.º

Noção

1 — A locação de prédios rústicos para fins de exploração agrícola e pecuária, nas condições de uma regular utilização, denomina-se «arrendamento rural».

2 — Presume-se rural o arrendamento que recaia sobre prédios rústicos e do contrato e respectivas circunstâncias não resulte destino diferente.

NOTAS

1. Redacção do Dec. Legislativo Regional n.º 16/88/A, que alterou a primitiva, que era a seguinte: *«Noção»*
1. A locação de prédios rústicos para fins de exploração agrícola, pecuária ou florestal, nas condições de uma regular utilização, denomina-se arrendamento rural.
2. Se o arrendamento recair sobre prédio rústico e do contrato e respectivas circunstâncias não resultar o destino que lhe é atribuído, presume-se rural; exceptuam-se os arrendamentos em que intervenha como rendeiro o Estado ou pessoa colectiva pública, os quais se presumem celebrados para fins de interesse público próprios dessas entidades.

2. Os dois números do preceito em anotação correspondem, com ligeira alteração de redacção, aos dois primeiros números do art. 1.º do Dec.-Lei n.º 385/88; ver respectivas anotações.

3. I — Os elementos essenciais do contrato de arrendamento são a cedência a outrem do gozo de uma coisa, designadamente o aproveitamento das utilidades da coisa, a existência de um prazo de duração e o pagamento de uma retribuição. II — Não estando contratualmente definida a duração do arrendamento, há que recorrer às normas supletivas que suprem a falta de indicação do prazo. III — No regime do arrendamento rural que vigora nos Açores, a inobservância de forma escrita é obstáculo a qualquer acção judicial relativa ao contrato, a menos que o contraente interessado na discussão judicial do contrato alegue e prove que a falta é imputável ao outro contraente. IV — Não comportando a posse judicial avulsa a defesa reconvencional, ao demandado é lícito opor, por via de excepção, a existência de um contrato de arrendamento. — Ac. da Relação de Lisboa de 6/2/1992, *Proc. 52862*.

ARTIGO 3.º

Equiparações

1 — Salvo para fins industriais ou como mero aproveitamento de excedentes de cultura, a venda de cortes de erva é proibida.

ART. 3.º   *Decreto Regional n.º 11/77/A, de 20 de Maio*

2 — Continuam, também, proibidas todas as demais formas de utilização da terra baseadas em contrato de parceria agrícola.

3 — Os contratos celebrados contra o disposto nos números anteriores consideram-se arrendamentos rurais e ficam sujeitos à disciplina do presente diploma.

4 — O disposto nos números anteriores não se aplica aos proprietários de prédios que, na sua totalidade, tenham área igual ou inferior a 1 ha.

NOTAS

1. Redacção introduzida pelo Dec. Regional n.º 1/82/A.

2. O preceito foi revogado pelo art. 2.º do Dec. Legislativo Regional n.º 16/88/A.

3. Era a seguinte a redacção inicial: «*Equiparações*»
 1. Salvo para fins industriais ou como mero aproveitamento de excedentes de cultura, a venda sistemática de cortes de erva é proibida.
 2. Continuam também proibidas todas as demais formas de utilização da terra baseadas em contrato de parceria agrícola.
 3. Os contratos celebrados contra o disposto nos números anteriores consideram-se arrendamentos rurais e ficam sujeitos à disciplina do presente diploma.

4. Sobre parceria agrícola ver arts. 31.º a 34.º do Dec.-Lei n.º 385/88 e respectivas anotações.

5. Esta norma foi expressamente revogada pelo art. 2.º do Dec. Leg. Regional n.º 16/88/A, de 11 de Abril, sem ser substituída por qualquer outra, pelo que, devendo entender-se que aquilo que não contrarie normas expressas, princípios gerais de direito, nem desvirtue a regulamentação emergente do contrato celebrado, se terá de entender como permitido. Assim não resultando dos termos do contrato que as vendas de erva ou silagens é proibida, temos de concluir que essas actividades estão permitidas e não constituem mudança de finalidade convencional do terreno arrendado. Se bem vemos, o destino do terreno para exploração pecuária significa que aquilo que nele se produzir deve ser utilizado na alimentação de animais, sejam eles criados ou não no local e que, face à revogação do disposto no art. 3.º daquele Dec. Regional, é indiferente que eles pertençam ao rendeiro ou ao terceiro. Parece, assim, que destinando-se a erva e o milho cultivados no terreno à alimentação de animais ainda se está dentro do fim convencionado "exploração pecuária" para o terreno arrendado e, como tal, não se verifica o fundamento de resolução do contrato da al. *b)* do art. 17.º — Ac. da Relação de Lisboa de 3/11/1994, *Col. Jur.* XIX, 5, 85.

6. I — Nos Açores, é ilegal a venda de "cortes de erva" de prédio tomado em arrendamento, salvo para fins industriais ou como mero aproveitamento de excedentes. II- Todavia, aquela conduta só dá lugar à rescisão do arrendamento se causar prejuízo grave à produtividade, substância ou função económica e social do prédio. III- A utilização do prédio rústico para fins agrícolas por um terceiro, com o desconhecimento do senhorio, em virtude de o arrendatário ter vendido dois "cortes de erva", não deverá ser equiparada à sublocação, nem constitui causa de resolução do contrato. IV- Não é sublocação por não integrar cedência do gozo temporário da coisa locada. V- Não é comodato pois não é cedência gratuita. VI- Não há cessão pois não integra cessão da posição contratual. – Ac. da Relação de Lisboa de 3/12/1991, *Proc. 16561*.

ARTIGO 4.º
Objecto do contrato

1 — O arrendamento rural, além do terreno e vegetação permanente de natureza não florestal, compreende todas as coisas implantadas ou presas ao solo destinadas habitualmente para o desempenho da sua função económica normal.

2 — Salvo cláusula expressa em contrário, não se consideram compreendidos no arrendamento:

***a)* O arvoredo existente em terrenos destinados a corte de matos;**

***b)* As árvores florestais isoladas;**

***c)* Os frutos pendentes à data do início da vigência do contrato;**

***d)* Os edifícios afectos a unidades fabris, económicas, habitacionais ou de recreio que não sejam complementares ou acessórias da exploração agrícola ou pecuária nem habitualmente ligadas ao desempenho da função económica e social normal do prédio locado.**

3 — O disposto neste decreto legislativo regional não se aplica ao arrendamento para fins florestais, o qual deverá ser objecto de legislação especial.

NOTAS

1. Redacção do Dec. Legislativo Regional n.º 16/88/A.

2. Na redacção primitiva o preceito dispunha: «*Objecto do contrato*»
   1. O arrendamento rural, além do terreno com o arvoredo e demais vegetação permanente que nele existir, compreende todas as coisas implantadas ou

ART. 5.º   Decreto Regional n.º 11/77/A, de 20 de Maio

presas ao solo indispensáveis para o desempenho da sua função económica normal.

2. Quaisquer outras coisas existentes no prédio e que não satisfaçam as características referidas no número anterior devem ser expressamente relacionadas no contrato, sob pena de não ficarem compreendidas no objecto do mesmo.

3. Mediante acordo das partes expressamente clausulado podem, contudo, ser excluídos do arrendamento o arvoredo florestal, os frutos pendentes à data do início da vigência do contrato e os edifícios afectos a unidades fabris, económicas, habitacionais ou de recreio que não sejam complementares ou acessórias da exploração agrícola, pecuária ou florestal, nem indispensáveis ao desempenho da função económica e social normal de prédio arrendado.

3. Ver anotações ao art. 2.º do Dec.-Lei n.º 385/88.

4. O Arrendamento Florestal é disciplinado pelo Dec.-Lei n.º 394/88, de 8 de Fevereiro, que, por força do seu art. 30.º é aplicável às Regiões Autónomas dos Açores e da Madeira, com as adaptações decorrentes da transferência de competências do Governo para os órgãos de governo próprio da região.

5. O Decreto Legislativo Regional n.º 6/98/A, de 13 de Abril, estabelece normas sobre a protecção, o ordenamento e a gestão do património florestal da Região Autónoma dos Açores.

6. O Decreto Regulamentar Regional n.º 13/99/A, de 3 de Setembro, desenvolve o regime jurídico da protecção do património florestal da Região Autónoma dos Açores.

7. Os semoventes não são coisas implantadas ou presas ao solo. Implantada diz-se da coisa inserida, fixada noutra coisa, e presa da coisa ligada, amarrada fixa, pregada, segura a outra coisa, como pode ver-se no Grande Dicionário da Língua Portuguesa. De resto, não sendo o gado propriedade do senhorio, não pode estar no âmbito do objecto do contrato de arrendamento rural. O que o art. 4.º visa é não excluir do arrendamento tudo o que, implantado ou preso ou solo, e portanto inseparável dele, seja indispensável à função económica normal do seu destino, como edifícios, sistemas de rega, construções várias, etc. — Ac. da Relação de Lisboa de 17/7/1986, *Col. Jur.* XI, 4, 134.

ARTIGO 5.º
Forma do contrato

1 — O contrato de arrendamento rural deve ser obrigatoriamente reduzido a escrito.

2 — No prazo de 60 dias, o senhorio entregará o original do contrato na repartição de finanças da sua residência habitual e uma cópia, autenticada por aquela repartição, nos respectivos serviços externos da Direcção Regional da Agricultura, da Secretaria Regional da Agricultura e Pescas.

3 — O disposto nos números anteriores é aplicável às alterações das rendas feitas nos termos do art. 10.º-A.
4 — O contrato de arrendamento rural não está sujeito a registo predial.

NOTAS

1. A redacção actual foi dada pelo Dec. Legislativo Regional n.º 16/88/A.

2. Redacção primitiva: «*Forma*»
1. O contrato de arrendamento rural deve ser obrigatoriamente reduzido a escrito.
2. O senhorio deve entregar o original, certidão ou fotocópia autenticada do contrato na repartição de finanças do concelho onde se localiza o prédio arrendado, dentro do prazo máximo de trinta dias a contar da respectiva assinatura, e, ainda dentro do mesmo prazo, uma cópia na câmara municipal, que a remeterá à Secretaria Regional da Agricultura e Pescas.
3. Os arrendamentos rurais não estão sujeitos a registo predial.
4. No caso de não cumprimento do disposto no n.º 1, os contraentes não poderão requerer qualquer procedimento judicial relativo ao contrato, a menos que aleguem, e venham a provar, que a falta é imputável ao outro contraente.
Presume-se que a falta é imputável ao contraente que, tendo sido notificado para assinar o contrato, no prazo de trinta dias, injustificadamente se tenha recusado a isso.
5. No caso de não cumprimento do disposto no n.º 2, o senhorio ficará, ainda, sujeito ao pagamento de multa igual ao triplo da renda correspondente aos meses completos da duração do incumprimento que lhe for imputável, a qual constitui receita da região.

3. Redacção do Dec. Regional n.º 1/82/A: «*Forma*»
1. O contrato de arrendamento rural deve ser obrigatoriamente reduzido a escrito.
2. O senhorio deve entregar o original, certidão ou fotocópia autenticada do contrato na repartição de finanças do concelho onde se localize o prédio arrendado, dentro do prazo máximo de 30 dias a contar da respectiva assinatura, e, ainda, dentro do mesmo prazo, uma cópia na câmara municipal, que a remeterá à Secretaria Regional da Agricultura e Pescas.
3. O disposto nos números anteriores é aplicável às alterações das rendas feitas nos termos do artigo 10.º do presente diploma.
4. O contrato de arrendamento rural não está sujeito a registo predial.

4. O art. 26.º, depois alterado pelo Dec. Regional n.º 1/82/A, dispunha na sua redacção original que «a redução a escrito do contrato de arrendamento terá de verificar-se no prazo de noventa dias a contar da entrada em vigor deste decreto».

5. Ver anotações ao art. 3.º do Dec.-Lei n.º 385/88.

ART. 5.º-A Decreto Regional n.º 11/77/A, de 20 de Maio

6. I — As als. *a)* e *b)* do art. 5.º estão em vigor. **II** — A falta de forma escrita não conduz a invalidade do contrato nem a impossibilidade de prova além da confissão mas, apenas, a que qualquer dos contraentes não possa requerer algum procedimento judicial relativo ao contrato a menos que prove que a falta de escrito não lhe é imputável. **III** — Nesta restrição, não se inclui a invocação de arrendamento rural pelo réu de acção de reivindicação que, assim, poderá provar o contrato por qualquer meio e, consequentemente, levar à improcedência do pedido reivindicatório. — Ac. da Relação de Lisboa de 18/12/1997, *Col. Jur.* XXII, 5, 128.

7. I — Os elementos essenciais do contrato de arrendamento são a cedência a outrem do gozo de uma coisa, designadamente o aproveitamento das utilidades da coisa, a existência de um prazo de duração e o pagamento de uma retribuição. **II** — Não estando contratualmente definida a duração do arrendamento, há que recorrer às normas supletivas que suprem a falta de indicação do prazo. **III** — No regime do arrendamento rural que vigora nos Açores, a inobservância de forma escrita é obstáculo a qualquer acção judicial relativa ao contrato, a menos que o contraente interessado na discussão judicial do contrato alegue e prove que a falta é imputável ao outro contraente. **IV** — Não comportando a posse judicial avulsa a defesa reconvencional, ao demandado é lícito opor, por via de excepção, a existência de um contrato de arrendamento. — Ac. da Relação de Lisboa de 6/2/1992, *Proc. 52862*.

ARTIGO 5º-A
Sanção da falta de forma

1 — No caso de não cumprimento do disposto no n.º 1 do artigo anterior, os contraentes não poderão requerer qualquer procedimento judicial relativo ao contrato, a menos que aleguem, e venham a provar, que a falta é imputável ao outro contraente.

2 — Presume-se que a falta é imputável ao contraente que, tendo sido notificado para assinar o contrato, no prazo máximo de 30 dias injustificadamente se tenha recusado a isso.

3 — No caso de não cumprimento do disposto no n.º 2 do artigo anterior, o senhorio ficará ainda sujeito ao pagamento de multa igual ao triplo da renda correspondente aos meses completos da duração do incumprimento que lhe for imputável, a qual constitui receita da Região.

NOTAS

1. Preceito introduzido pelo Dec. Regional n.º 1/82/A.

318

2. O n.º 3 foi revogado pelo art. 2.º do Dec. Legislativo Regional n.º 16/88/A.

3. Ver anotações aos arts. 3.º e 35.º do Dec.-Lei n.º 385/88.

ARTIGO 5.º-B
Suprimento da falta de forma

1 — A falta de forma pode ser suprida por decisão judicial que, à face da prova produzida, reconstitua os elementos essenciais do contrato.

2 — A decisão judicial pode ser provocada por iniciativa do interessado, tanto em acção própria como por via de reconvenção.

3 — A faculdade de requerer suprimento judicial pode exercer-se até à contestação de qualquer acção que tenha por objecto a restituição do prédio arrendado sem título.

NOTAS

1. Preceito introduzido pelo Dec. Regional n.º 1/82/A.

2. Não tem correspondência no Dec.-Lei n.º 385/88.

ARTIGO 6.º
Cláusulas nulas

São nulas as cláusulas por via das quais:

a) O arrendatário se obrigue a vender as colheitas, no todo ou em parte, a entidades certas e determinados;

b) O arrendatário se obrigue ao pagamento de prémios de seguros contra incêndios de edifícios, bem como das contribuições, impostos ou taxas que incidam sobre os prédios objecto do contrato que sejam devidos pelo senhorio;

c) Qualquer dos contraentes renuncie ao direito de pedir a rescisão do contrato e as indemnizações que forem devidas nos casos de violação de obrigações legais ou contratuais;

d) O arrendatário renuncie ao direito de renovação do contrato ou se obrigue antecipadamente a denunciá-lo;

ART. 7.º   *Decreto Regional n.º 11/77/A, de 20 de Maio*

e) O arrendatário se obrigue, por qualquer título, a serviços que não revertam em benefício directo do prédio ou se sujeite a encargos extraordinários ou casuais não compreendidos no contrato;

f) As partes subordinem a eficácia ou validade do contrato a condição resolutiva ou suspensiva;

g) Se ofendam princípios ou direitos declarados neste diploma e nas leis, na medida em que sejam aplicáveis na Região.

NOTAS

1. Redacção do Dec. Legislativo Regional n.º 16/88/A.

2. Era a seguinte a redacção primitiva: «*Cláusulas nulas*»
São nulas as cláusulas por via das quais:
a) O rendeiro se obrigue a vender as colheitas, no todo ou em parte, a entidades certas e determinadas;
b) O rendeiro se obrigue ao pagamento de prémios de seguros contra incêndios de edifícios, bem como de contribuições, impostos ou taxas que incidam sobre os prédios objecto de contrato que sejam devidos pelo senhorio;
c) Qualquer dos contraentes renuncie ao direito de pedir a rescisão do contrato e as indemnizações que forem devidas nos casos de violação de obrigações legais ou contratuais;
d) O rendeiro renuncie ao direito de renovação do contrato ou se obrigue antecipadamente a denunciá-lo.
e) O rendeiro se obrigue, por qualquer título, a serviços que não revertam em benefício directo do prédio ou se sujeite a encargos extraordinários ou casuais não compreendidos no contrato.
f) As partes subordinem a eficácia ou validade do contrato a condição resolutiva ou suspensiva;
g) Se ofendam princípios ou direitos declarados neste diploma e nas leis, na medida em que sejam aplicáveis na Região.

3. Ver anotações ao art. 4.º do Dec.-Lei n.º 385/88.

ARTIGO 7.º

Prazo do arrendamento

1 — Os arrendamentos rurais não podem ser celebrados por prazo inferior a seis anos, a contar da data em que tiverem início, valendo aquele se houver sido estipulado prazo mais curto.

2 — Findo o prazo estabelecido no número anterior, ou o convencionado, se for superior, entende-se renovado o contrato por períodos sucessivos de três anos enquanto o mesmo não for denunciado nos termos deste diploma.

3 — O senhorio não pode opor-se à primeira renovação.

4 — O termo de qualquer prazo corresponderá sempre ao fim do ano agrícola em curso, que deve ser expressamente indicado nos contratos.

5 — O disposto no número anterior entende-se sem prejuízo do estabelecimento de prazos especiais por diploma regulamentar, no âmbito de medidas de fomento.

6 — Os prédios afectos ao Instituto Regional de Ordenamento Agrário adquiridos para fins de emparcelamento podem ser arrendados por prazos inferiores aos estabelecidos nos números anteriores.

NOTAS

1. Redacção dada pelo Dec. Legislativo Regional n.º 16/88/A.

2. Era a seguinte a redacção inicial: «*Duração do arrendamento*»
1. Os arrendamentos rurais não podem ser celebrados por prazo inferior a seis anos; quando convencionada duração mais curta, valerão por aquele prazo.
2. Findo o prazo estabelecido no número anterior ou convencionado, se for superior, considera-se automaticamente prorrogado o contrato por períodos iguais e sucessivos de três anos, enquanto não houver denúncia nos termos deste diploma.
3. O termo de qualquer prazo corresponderá sempre ao fim do ano agrícola em curso, que deve ser expressamente indicado em todos os contratos.
4. O disposto no número anterior entende-se sem prejuízo do estabelecimento de prazos especiais por diploma emanado dos órgãos competentes, no âmbito de medidas de fomento decretadas nos termos legais.

3. O disposto no n.º 3 do art. 7.º só se aplica aos contratos celebrados posteriormente à entrada em vigor do presente diploma. — n.º 3 do art. 4.º do Dec.-Lei n.º 16/88/A.

4. Ver anotações ao art. 5.º do Dec.-Lei n.º 385/88.
Na fixação de regimes especiais o legislador regional há-de conter-se nos limites que a Constituição lhe fixa no art. 227.º n.º 1 al. *a)*.
É necessário que haja especificidades regionais capazes de justificar esse regime especial e o legislador regional ao editar normação especial há-de fazê-

-lo com respeito pelos princípios fundamentais das leis gerais da República, ou seja, no caso concreto, com respeito pelos princípios fundamentais do regime geral do arrendamento rural. Verificado o regime especial a Assembleia Regional é livre de editar o regime do arrendamento rural para a região.

A esta luz afigura-se líquido que a existência de diferentes prazos de duração e de renovação do contrato e a impossibilidade de antecipação da renda não contrariam qualquer princípio fundamental, pelo que o preceito em anotação não colide com o correspondente do Dec.-Lei n.º 385/88, de 25 de Outubro, agora alterado pelo Dec.-Lei n.º 524/99, de 10 de Dezembro. — Ver anotações aos arts. 1.º, 16.º e 26.º.

ARTIGO 7.º-A
Alteração do prazo

1 — Sempre que uma exploração agrícola objecto de arrendamento venha a ser reconvertida pelo arrendatário em termos a definir por decreto legislativo regional, o contrato tem a duração mínima fixada na decisão que aprova o respectivos plano de reconversão.

2 — A reconversão referida no número anterior terá de ter a autorização do senhorio.

3 — O prazo referido no n.º 1 não pode exceder dezoito anos, devendo na sua fixação ser considerados o tempo já decorrido desde o início ou renovação do contrato, o valor económico da reconversão, o volume de investimento a fazer e o benefício resultante para o proprietário findo o contrato.

4 — Findo o prazo fixado nos termos deste artigo, só por acordo expresso das partes pode haver continuação do contrato, o qual vale então como novo arrendamento.

NOTAS

1. Este preceito foi introduzido pelo Dec. Legislativo Regional n.º 16/88/A.

2. Ver anotações ao art. 6.º do Dec.-Lei n.º 385/88.

ARTIGO 8.º
Renda

1 — A renda é estipulada em dinheiro ou em géneros, consoante o acordo das partes, sem prejuízo do disposto no n.º 1 do artigo 9.º.

2 — A renda é anual, só pode ser alterada nos termos do presente diploma e em caso algum pode ser convencionada a antecipação do seu pagamento.

3 — O pagamento da renda será, porém, feito em dinheiro e em casa do senhorio, a menos que o contrato estipule outro local.

NOTAS

1. Redacção introduzida pelo Dec. Legislativo Regional n.º 16/88/A.

2. Redacção original: «*Fixação e pagamento da renda*»
1. A renda poderá ser estipulada em dinheiro ou em géneros, consoante o acordo das partes, sem prejuízo do disposto no n.º 1 do artigo seguinte.
2. O pagamento da renda será, porém, feito em dinheiro e não é exigível antecipadamente.

3. Ver anotações ao art. 7.º do Dec.-Lei n.º 385/88.
Na fixação de regimes especiais o legislador regional há-de conter-se nos limites que a Constituição lhe fixa no art. 227.º n.º 1 al. *a)*.
É necessário que haja especificidades regionais capazes de justificar esse regime especial e o legislador regional ao editar normação especial há-de fazê-lo com respeito pelos princípios fundamentais das leis gerais da República, ou seja, no caso concreto, com respeito pelos princípios fundamentais do regime geral do arrendamento rural.
Verificado o regime especial a Assembleia Regional é livre de editar o regime do arrendamento rural para a região.
A esta luz afigura-se líquido que a existência de diferentes prazos de duração e de renovação do contrato e a impossibilidade de antecipação da renda não contrariam qualquer princípio fundamental, pelo que o preceito em anotação não colide com o correspondente do Dec.-Lei n.º 385/88, de 25 de Outubro, agora alterado pelo Dec.-Lei n.º 524/99, de 10 de Dezembro. — Ver anotações aos arts. 1.º, 16.º e 26.º.

ARTIGO 8.º-A

Actualização de rendas

As rendas serão actualizadas anualmente por iniciativa de qualquer das partes, não podendo, contudo, ultrapassar os limites fixados nas tabelas referidas no artigo seguinte.

NOTAS

1. Este preceito foi introduzido pelo Dec. Legislativo Regional n.º 16/88/A.

2. Ver anotações ao art. 8.º do Dec.-Lei n.º 385/88.

ART. 9.º   *Decreto Regional n.º 11/77/A, de 20 de Maio*

ARTIGO 9.º

Tabela de rendas

1 — Para efeitos da actualização prevista no artigo anterior, a Secretaria Regional da Agricultura e Pescas estabelecerá tabelas de rendas máximas, com base na evolução dos preços correntes dos produtos agrícolas, na diferente natureza dos solos, nas formas do seu aproveitamento e quaisquer outros factores atendíveis, ouvidas as associações ligadas ao sector.

2 — As tabelas previstas no número anterior serão estabelecidas por ilha ou concelho e constarão de portaria a publicar anualmente até 31 de Agosto.

3 — Se o contrato abranger edifícios, dependências, instalações ou outros equipamentos fixos, o valor da renda dos mesmos será referido expressamente no contrato, com destaque das rendas parcelares.

NOTAS

1. Redacção dada pelo Dec. Legislativo Regional n.º 16/88/A.

2. Redacção primitiva: «*Limites da renda*»

1. Os valores máximos das rendas a praticar nos novos arrendamentos serão fixados até ao dia 30 de Setembro de cada ano, para cada concelho e relativamente às diferentes classes de terra e formas de aproveitamento, por portaria da Secretaria Regional da Agricultura e Pescas, ouvidas as respectivas Assembleias Municipais.

2. O preço dos géneros produzidos no concelho será, também, fixado anualmente, até 30 de Setembro, e, para os efeitos deste diploma, pela respectiva Assembleia Municipal, que deverá ter em atenção, além de outros factores, as produções reais havidas no ano agrícola corrente.

3. Se o arrendamento abranger equipamentos móveis ou imóveis existentes no prédio arrendado poderão ser excedidos os valores máximos fixados no n.º 1, na medida da correspondente sobrevalorização, mediante autorização concedida pela Secretaria Regional da Agricultura e Pescas, a requerimento dos contraentes.

3. Redacção do Dec. Regional n.º 1/82/A: «*Limites da renda*»

1. Os valores máximos das rendas a praticar nos novos arrendamentos serão fixados até ao dia 31 de Agosto de cada ano, para cada concelho e relativamente às diferentes classes de terra e formas de aproveitamento, por portaria da Secretaria Regional da Agricultura e Pescas, ouvidas as respectivas assembleias municipais e as associações de agricultores, sempre que estas últimas representem mais de 35% dos agricultores da sua área de acção.

2. O preço dos géneros produzidos no concelho será, também, fixado anualmente, até 31 de Agosto, para os efeitos deste diploma, pela respectiva assembleia municipal, ouvidos os serviços da Secretaria Regional da Agricultura e Pescas, devendo ter-se em atenção, além de outros factores, as produções reais havidas no ano agrícola corrente.

3. Se o arrendamento abranger equipamentos móveis ou imóveis existentes no prédio arrendado, poderão ser excedidos os valores máximos fixados no n.º 1, na medida da correspondente sobrevalorização, mediante autorização concedida pela Secretaria Regional da Agricultura e Pescas, a requerimento dos contraentes.

4. Ver anotações ao art. 9.º do Dec.-Lei n.º 385/88.

5. Os valores máximos das rendas para os anos agrícolas que se mencionam foram fixados pelas Portarias a seguir indicadas, publicadas no Jornal Oficial da Região Autónoma dos Açores:

— ano agrícola de 1994/1995 — Portaria n.º 52/94, de 29/9, rectificada em 9/9.
— ano agrícola de 1995/1996 — Portaria n.º 72/95, de 19/10, rectificada em 9/11.
— ano agrícola de 1996/1997 — Portaria n.º 55/96, de 5/9.
— ano agrícola de 1997/1998 — Portaria n.º 69-A/97, de 28/8.
— ano agrícola de 1998/1999 — Portaria n.º 62-A/98, de 27/8.
— ano agrícola de 1999/2000 — Portaria n.º 73-A/99, de 26/8.
— ano agrícola de 2000/2001 — Não foi publicada Portaria.
— ano agrícola de 2001/2002 — Portaria n.º 56-A/2001, de 30/8.
— ano agrícola de 2002/2003 — Portaria n.º 80/2002, de 22/8.

PORTARIA N.º 80/2002, DE 22 DE AGOSTO

Ao abrigo do disposto no artigo 9.º do Decreto Regional n.º 11/77/A, de 20 de Maio, na redacção que lhe foi conferida pelo artigo 1.º do Decreto Legislativo Regional n.º 16/88/A, de 11 de Abril, manda o Governo da Região Autónoma dos Açores, pelo Secretário Regional da Agricultura e Pescas, nos termos da alínea o) do artigo 60.º do Estatuto Político-Administrativo, o seguinte:

1. Os valores máximos das rendas de prédios rústicos para o ano agrícola de 2002/2003 serão os que constam do mapa anexo à presente portaria, da qual faz parte integrante.

ART. 9.º Decreto Regional n.º 11/77/A, de 20 de Maio

2. Os valores das rendas para os novos contratos de arrendamento rural deverão ser expressos em moeda com curso legal em Portugal e por hectare.

3. Os montantes fixados no mapa anexo à presente portaria constituem máximos a aplicar, devendo, no estabelecimento em concreto do valor das rendas, tomar-se em conta aos seguintes factores:

a) Categoria e classe das terras;

b) Tipo de cultura ou exploração predominante e seus graus de rendibilidade;

c) Localização do prédio e vias de acesso;

d) Melhorias e benfeitorias introduzidas pelo senhorio que possam influenciar na rendibilidade dos prédios;

e) Construção de edifícios úteis ao aproveitamento da terra tendo em vista o fim a que se destina a exploração;

f) Outros factores relacionados com formas de aproveitamento das terras e susceptíveis de contribuir para a fixação da renda.

ANEXO

Mapa de actualização das rendas — ano agrícola 2002/2003

Unidade: Euros

Concelhos Tipos de terrenos	Alqueire (968 m2)	Alqueire (1232 m2)	Alqueire (1393 m2)	Hectare (ha)
ANGRA DO HEROÍSMO				
Terrenos de zona alta	18,2	—	—	188
Terrenos de zona média	—	—	—	—
Terrenos de zona baixa	28,1	—	—	290,3
CALHETA				
Terrenos de pastagem	17,3	—	—	178,7
Terrenos de cultivo	21,9	—	—	226,2
CORVO	10,6	—	—	109,5
HORTA				
Terrenos de zona alta	10	—	—	103,3
Terrenos de zona média	19,4	—	—	200,4
Terrenos de zona baixa	26,4	—	—	272,7
LAGOA				
Terrenos de 3.ª classe	—	—	14,1	101,2
Terrenos de 2.ª classe	—	—	25,2	180,9
Terrenos de 1.ª classe	—	—	35,6	255,6
LAJES DAS FLORES				
Terrenos de zona alta	5,2	—	—	53,7
Terrenos de zona média	16,5	—	—	170,5
Terrenos de zona baixa	19,9	—	—	205,9

ART. 9.º

Concelhos Tipos de terrenos	Valores máximos das rendas (em euros)			
	Alqueire (968 m2)	Alqueire (1232 m2)	Alqueire (1393 m2)	Hectare (ha)
LAJES DO PICO				
Terrenos de pastagem alta	8,2	—	—	84,7
Terrenos de pastagem média	10	—	—	103,3
Terrenos de pastagem baixa ou cultivo	21,9	—	—	226,2
MADALENA				
Terrenos de pastagem alta	4,2	—	—	43,4
Terrenos de pastagem média	7,3	—	—	75,4
Terrenos de pastagem baixa ou cultivo	10,6	—	—	109,5
NORDESTE				
Terrenos de 3.ª classe	—	—	14,5	104,1
Terrenos de 2.ª classe	—	—	24,4	175,2
Terrenos de 1.ª classe	—	—	34,6	248,4
PONTA DELGADA				
Terrenos de 3.ª classe	—	—	17,5	125,6
Terrenos de 2.ª classe	—	—	26	186,6
Terrenos de 1.ª classe	—	—	36,7	263,5
POVOAÇÃO				
Terrenos de 3.ª classe	—	—	14,1	101,2
Terrenos de 2.ª classe	—	—	25,2	180,9
Terrenos de 1.º classe	—	—	35,6	255,6
PRAIA DA VITÓRIA				
Terrenos de zona alta	18,2	—	—	188
Terrenos de zona média	—	—	—	—
Terrenos de zona baixa	28,1	—	—	290,3
RIBEIRA GRANDE — ZONA 1				
Terrenos de 3.ª classe	11,1	—	—	114,7
Terrenos de 2.ª classe	19,6	—	—	202,5
Terrenos de 1.ª classe	28,8	—	—	297,5
RIBEIRA GRANDE — ZONA 2				
Terrenos de 3.ª classe	—	—	14,1	101,2
Terrenos de 2.ª classe	—	—	25,2	180,9
Terrenos de 1.ª classe	—	—	35,6	255,6
STA. CRUZ DAS FLORES				
Terrenos de zona alta	52,3	—	—	540,3
Terrenos de zona média	16,5	—	—	170,5
Terrenos de zona baixa	19,9	—	—	205,6
STA. CRUZ DA GRACIOSA	19,2	—	—	198,3

ART. 9.º Decreto Regional n.º 11/77/A, de 20 de Maio

Concelhos Tipos de terrenos	Valores máximos das rendas (em euros)			
	Alqueire (968 m2)	Alqueire (1232 m2)	Alqueire (1393 m2)	Hectare (ha)
SÃO ROQUE				
Terrenos de pastagem alta	6,4	—	—	66,1
Terrenos de pastagem média	12,4	—	—	128,1
Terrenos de pastagem baixa ou cultivo ..	23,2	—	—	239,7
VELAS				
Terrenos de pastagem	16	—	—	165,3
Terrenos de cultivo	19,9	—	—	205,6
VILA FRANCA DO CAMPO				
Terrenos de 3.ª classe	—	—	14,1	101,2
Terrenos de 2.ª classe	—	—	25,2	180,9
Terrenos de 1.ª classe	—	—	35,6	255,6
VILA DO PORTO	—	11,5	—	93,3

6. O alqueire tem sido considerado não só uma medida de capacidade mas também uma medida agrária, medida esta que tem origem na área de terreno que comporta um alqueire semeadura.

No arquipélago dos Açores os valores máximos das rendas de prédios rústicos são fixados tendo como ponto de referência a medida agrária de alqueire, que não tem sempre a mesma extensão, computada em metros.

Há três tipos de alqueire: o alqueire de vara grande (1393 metros quadrados), o alqueire de vara pequena (968 metros quadrados) e um outro que só existe na ilha de Santa Maria — Vila do Porto (1.232 metros quadrados).

Um alqueire corresponde a 200 varas. Uma vara é um quadrado que tem por lado a medida do instrumento (vara) que serviu de padrão de medida do respectivo quadrado, melhor dizendo, vara é não só o nome do pau que serviu para medir, mas também o nome por que é conhecido cada quadrado dos duzentos que compõem o alqueire.

A vara que actualmente serve de medida do alqueire de vara pequena mede 2,2 metros (10 palmos a 22 cm), a que serve de medida do alqueire de vara grande 2,638644079 metros (tradicionalmente 2,64 metros correspondentes a 12 palmos) e a que serve de medida do alqueire da ilha de Santa Maria — Vila do Porto 2,481934729 metros (tradicionalmente 2,42 metros a que correspondem 11 palmos).

Alqueire de vara pequena — Cada vara tem a área de 4,84 metros quadrados. O lado de cada quadrado ou vara é de 2,2 metros, o que se obtém calculando a raíz quadrada de 4,84. 200 varas correspondem a 968 metros quadrados.

Alqueire de vara grande — Cada vara tem a área de 6.965 metros quadrados. O lado de cada quadrado ou vara é de 2,639128644 metros, o que se obtém calculado a raíz quadrada de 6,965. 200 varas correspondem a 1393 metros quadrados.

Alqueire da ilha de Santa Maria — Cada vara tem a área de 6.16 metros quadrados. O lado de cada quadrado ou vara é de 2,481934729 metros, o que obtém calculando a raíz quadrada de 6.16. 200 varas correspondem a 1232 metros quadrados.

ARTIGO 10.º
Redução da renda

1 — Quando no prédio arrendado, por causas imprevisíveis e anormais, resultar, com carácter duradouro plurianual, diminuição significativa da capacidade produtiva do prédio, ao arrendatário assiste o direito de obter a resolução do contrato ou a fixação de nova renda, salvo se essa diminuição resultar de práticas inadequadas de exploração.

2 — Consideram-se causas imprevisíveis e anormais, além de outras, inundações, acidentes geológicos e ecológicos e pragas de natureza excepcional, excluindo todos os acidentes que possam ser cobertos por contrato de seguro, de acordo com a lei.

NOTAS

1. Redacção do Dec. Legislativo Regional n.º 16/88/A.

2. Redacção inicial: «*Alterações da renda*»
1. Sem prejuízo de alterações consensuais dentro dos limites fixados no artigo anterior, o montante da renda estipulado em dinheiro poderá ser revisto, em conformidade com os mesmos limites, pelo tribunal da situação do prédio, a pedido de qualquer das partes que o requeira dentro dos sessenta dias imediatamente anteriores ao termo de cada triénio.
2. Enquanto não estiver devidamente regulamentado o seguro de colheita, poderá, na falta de acordo, a renda de cada ano ser reduzida pelo tribunal, em caso de força maior.
3. Sempre que circunstâncias excepcionais e de carácter permanente alterem substancialmente a produtividade dos prédios, poderá qualquer das partes, na falta de acordo, requerer ao tribunal a actualização das rendas.

3. Redacção do Dec. Regional n.º 1/82/A: «*Alterações da renda*»
1. Sem prejuízo das alterações consensuais dentro dos limites fixados no artigo anterior, o montante da renda estipulada em dinheiro poderá ser alterado, em conformidade com os mesmos limites, pelo tribunal da situação do prédio, a pedido de qualquer das partes, sempre que hajam decorrido, pelo menos, 3 anos sobre a fixação da renda e desde que o respectivo pedido de revisão se faça até ao dia 31 de Outubro do ano anterior àquele em que a nova renda passar a vigorar.

ART. 10.º-A Decreto Regional n.º 11/77/A, de 20 de Maio

2. *Enquanto não estiver devidamente regulamentado o seguro de colheita, poderá, em caso de força maior e na falta de acordo, a renda de cada ano ser reduzida pelo tribunal.*

3. *Sempre que circunstâncias excepcionais e de carácter permanente alterem substancialmente a produtividade dos prédios, poderá qualquer das partes, na falta de acordo, requerer ao tribunal a actualização das rendas.*

4. Este preceito revogou a parte correspondente do Dec. Regulamentar Regional n.º 3/A/79, de 7 de Fevereiro, que alterara o n.º 2 do art. 2.º do Dec. Regulamentar Regional de 26/77/A, de 20 de Setembro.

5. Ver anotações ao art. 10 do Dec.-Lei n.º 385/88.

ARTIGO 10º-A
Procedimento a adoptar para alteração de renda

1 — Os pedidos de alteração de renda devem ser dirigidos à parte contrária, neles mencionando o requerente a renda que considera dever ser paga.

2 — Os pedidos são formulados por escrito, após a ocorrência das causas ou quando as consequências das mesmas se fizerem sentir, e deverão explicitar os motivos que justifiquem a redução de renda.

3 — No caso de os contraentes, nos 30 dias seguintes à formulação do respectivo pedido, não chegarem a acordo sobre a alteração da renda, poderão recorrer a tribunal no prazo de 60 dias a contar do término daquele prazo.

4 — Enquanto não for proferida decisão judicial, o arrendatário poderá efectuar o pagamento da renda na base da redução proposta, ficando, porém, obrigado ao pagamento da importância correspondente ao complemento da renda que possa vir a ser fixada por decisão judicial, acrescida dos respectivos juros.

NOTAS

1. Este preceito foi introduzido pelo Dec. Legislativo Regional n.º 16/88/A e revogou a parte correspondente do Dec. Regulamentar Regional n.º 3/A/79, de 7 de Fevereiro, que alterara o n.º 2 do art. 2.º do Dec. Regulamentar Regional de 26/77/A, de 20 de Setembro.

2. Ver anotações aos arts. 8.º e 11.º do Dec.-Lei n.º 385/88.

ARTIGO 11.º

Mora do arrendatário

1 — Quando, por causa que lhe seja imputável, o arrendatário não pagar a renda no tempo e forma devidos, o senhorio, decorridos 90 dias após a data do vencimento, tem o direito de exigir judicialmente, além das rendas em atraso, os respectivos juros calculados nos termos da lei civil e obter a resolução do contrato com fundamento na mora.

2 — Cessa o direito à resolução do contrato se o arrendatário provar nos autos que até à contestação pagou ao senhorio, ou depositou à ordem deste, a renda devida, acrescida de indemnização equivalente ao dobro do valor da renda e os respectivos juros.

3 — É aplicável o disposto no art.º 973.º do Código de Processo Civil à hipótese prevista no número anterior.

NOTAS

1. Redacção do Dec. Legislativo Regional n.º 16/88/A.

2. Redacção primitiva: «*Mora do rendeiro*»
1. Quando, por causa que lhe seja imputável, o rendeiro não pagar a renda no tempo e forma devidos, o senhorio tem o direito de exigir judicialmente, além das rendas em atraso, os respectivos juros, calculados nos termos da lei civil, e obter a resolução do contrato com fundamento na mora.
2. Cessa o direito à resolução do contrato se o rendeiro provar nos autos, até à contestação da acção de despejo, que pagou ao senhorio, ou depositou à ordem deste, a renda devida acrescida da indemnização equivalente ao dobro do valor da renda e os respectivos juros.
3. É aplicável o disposto no art. 973.º do Código de Processo Civil à hipótese prevista no número anterior.

3. Os arts. 964.º a 997.º do C.P.C. foram revogados pelo art. 3.º do Dec.- -Lei n.º 321-B/90, de 15 de Outubro, que aprovou o regime do Arrendamento Urbano. Ver anotações ao art. 16.º.

4. Ver anotações ao art. 12.º do Dec.-Lei n.º 385/88.

5. I — O Dec. Regional n.º 11/77/A, que exige que o depósito da renda em falta seja feito em momento e por forma diferentes daqueles que a Lei do Arrendamento Rural n.º 76/77, de 29 de Setembro, estabelece (art. 13.º) não é inconstitucional, nem material nem organicamente, pois, por um lado, em nada

ART. 12.º   Decreto Regional n.º 11/77/A, de 20 de Maio

afecta os direitos que através da acção de despejo pretendem fazer-se valer, e, por outro lado, a matéria legislada pelo diploma em causa é de interesse específico para os Açores, como o reconheceu a própria Assembleia da República, ao ressalvá-lo no art. 52.º da aludida Lei n.º 76/77 (actual n.º 1 do art. 38.º), e não constitui matéria reservada à competência própria dos órgãos de soberania.
II — Nos termos do art. 11.º n.º 2 do citado Dec. Regional, o depósito das rendas em dívida só é liberatório quando o rendeiro prove nos autos, até à contestação da acção de despejo, que depositou à ordem do senhorio a renda devida acrescida da indemnização equivalente ao dobro do valor da renda e os respectivos juros. — Ac. da Relação de Lisboa de 7/6/1978, *Bol.* 280, 374.

ARTIGO 12.º

Benfeitorias

1 — O arrendatário pode fazer no prédio ou prédios arrendados benfeitorias úteis, com o consentimento escrito do senhorio ou, na falta deste, mediante um plano de exploração a aprovar pela Secretaria Regional da Agricultura e Pescas, no prazo de 90 dias a contar da recepção do pedido, depois de ouvidas as partes ou os seus representantes.

2 — O senhorio só pode fazer as benfeitorias úteis que sejam consentidas pelo arrendatário ou, na falta de consentimento escrito deste, aprovadas pela Secretaria Regional da Agricultura e Pescas, no prazo de 90 dias a contar da recepção do pedido, depois de ouvidas as partes ou seus representantes.

3 — As benfeitorias referidas no n.º 1 poderão implicar alteração do prazo do contrato e as constantes do n.º 2 poderão fazer alterar o prazo do contrato e o montante da renda, alterações que, na falta de acordo das partes, serão objecto das decisões administrativas referidas nos números anteriores.

4 — Em caso algum o prazo do contrato estabelecido por acto administrativo, na falta de acordo das partes, poderá exceder dezoito anos, considerado o tempo decorrido desde o início da vigência do contrato ou desde a sua última renovação.

5 — Quando as benfeitorias referidas no n.º 2, pedidas pelo senhorio, importem alteração sensível do regime de exploração do prédio ou o arrendatário se não conformar com o eventual acréscimo de renda, tem este a faculdade

de proceder, no prazo de 30 dias, à denúncia do contrato, a qual só produz efeitos no fim do respectivo ano agrícola.

NOTAS

1. Redacção dada pelo Dec. Legislativo Regional n.º 16/88/A.

2. Redacção original: «Benfeitorias feitas pelo senhorio»
1. O rendeiro pode fazer no prédio arrendado benfeitorias necessárias ou úteis sem consentimento do senhorio.
2. Se houver consentimento por escrito do senhorio, ou seu suprimento judicial, o rendeiro, finda a vigência do contrato, tem o direito de exigir o valor das benfeitorias efectuadas.
3. Na decisão sobre o pedido de suprimento da autorização do senhorio deverão considerar-se, especialmente, a utilidade que, das benfeitorias, resultar para o aumento da capacidade produtiva do prédio ou para melhorar as condições de habitabilidade e das instalações sociais dos que trabalham a terra.
4. As benfeitorias realizadas pelo rendeiro não justificam a revisão do montante da renda.

3. Ver anotações ao art. 14.º do Dec.-Lei n.º 385/88.

4. Ac. da Relação de Lisboa de 7/12/1994, *Col. Jur.* XIX, 5, 117: Deixou este Dec. Regional de fazer qualquer referência a indemnizações por benfeitorias realizadas pelo rendeiro, pelo que essa questão passou a ser regulada pela lei geral que, aliás e nos termos do art. 26.º, é mandada aplicar subsidiariamente.
Ver anotações ao art. 26.º.

ARTIGO 13.º
Indemnização por deterioração

O senhorio tem direito a exigir do arrendatário, quando ocorrer a cessação da relação contratual, indemnização relativa a deterioração ou danos causados nos prédios arrendados, ou coisas neles integradas, por facto imputável ao mesmo arrendatário ou como consequência de este não haver cumprido com as obrigações normais de cultivador.

NOTAS

1. Redacção do Dec. Legislativo Regional n.º 16/88/A.

2. Redacção primitiva: «*Indemnização pelas benfeitorias consentidas*»

1. A indemnização pelas benfeitorias necessárias ou úteis consentidas será calculada tendo em conta, além do custo suportado pelo rendeiro, as vantagens que o mesmo delas haja fruído na vigência do contrato por virtude do que fez nos prédios e o proveito que disso resultar, futuramente, para o senhorio.

2. O rendeiro goza do direito de retenção do prédio enquanto não for indemnizado do valor das benfeitorias referidas no n.º 1.

3. No caso previsto no número anterior, o rendeiro tem ainda o direito de ser indemnizado de todas as despesas de exploração do prédio retido acrescidas de uma percentagem correspondente ao lucro normal da exploração, na medida em que o não tiver realizado.

3. Ver anotações ao art. 16.º do Dec.-Lei n.º 385/88.

ARTIGO 14.º
Benfeitorias feitas pelo senhorio

1 — O senhorio pode fazer benfeitorias no prédio com o consentimento do rendeiro ou com o seu suprimento judicial.

2 — O senhorio indemnizará o rendeiro pelo prejuízo que a realização destas benfeitorias lhe causar.

NOTAS

1. Este preceito foi revogado pelo art. 2.º do Dec. Legislativo Regional n.º 16/88/A. A matéria de que tratava está agora regulada no art. 12.º.

2. Ver anotações ao art. 15.º do Dec.-Lei n.º 385/88.

ARTIGO 15.º
Denúncia do contrato

Os contratos de arrendamento a que se refere este diploma consideram-se sucessiva e automaticamente renovados se não forem denunciados nos termos seguintes:

a) **O arrendatário deve avisar o senhorio, mediante comunicação escrita, com a antecedência mínima de um ano relativamente ao termo do prazo inicial ou das suas renovações;**

b) **O senhorio deve avisar também o arrendatário pela forma referida na alínea anterior com a antecedência**

mínima de um ano relativamente ao termo da primeira ou subsequentes renovações.

NOTAS

1. Redacção do Dec. Legislativo Regional n.º 16/88/A. A al. *b)* foi rectificada no Suplemento do *D.R. I Série*, de 30/7/1988.

2. Redacção original: «*Denúncia*»
1. Os contratos de arrendamento previstos neste diploma consideram-se sucessiva e automaticamente renovados se não forem denunciados nos termos seguintes:
   a) O rendeiro deverá avisar o senhorio, mediante comunicação escrita, com a antecedência mínima de um ano relativamente ao termo do prazo inicial ou das suas renovações;
   b) O senhorio deverá avisar o rendeiro, mediante comunicação escrita, com a antecedência mínima de um ano relativamente ao termo do prazo inicial ou das suas renovações.
   2. O senhorio que usar desta faculdade é obrigado, salvo caso fortuito ou de força maior, a explorar directamente por si, seu cônjuge, ascendentes ou descendentes o prédio ou prédios durante o prazo mínimo de três anos.
   3. Em caso de inobservância do disposto do número anterior, o rendeiro despedido tem direito a exigir uma indemnização do senhorio equivalente ao período referido no mesmo número, segundo as rendas estipuladas no contrato denunciado ou a reocupar o prédio, iniciando novo contrato, desde que o requeira ao tribunal, no prazo de trinta dias a contar do conhecimento do facto.

3. Redacção do Dec. Regulamentar Regional n.º 1/82/A: «*Denúncia*»
1. Os contratos de arrendamento previstos neste diploma consideram-se sucessiva e automaticamente renovados se não forem denunciados nos termos seguintes:
   a) O rendeiro deverá avisar o senhorio, mediante comunicação escrita, com a antecedência mínima de 1 ano relativamente ao termo do prazo inicial ou das suas renovações;
   b) O senhorio deverá avisar o rendeiro, mediante comunicação escrita, com a antecedência mínima de 1 ano relativamente ao termo do prazo inicial ou das suas renovações.
   2. A certidão da notificação, ou o duplicado autenticado da comunicação escrita referida na al. b) do número anterior, é título executivo bastante para a obtenção do mandado de despejo, salvo o disposto no artigo 16.º.

4. Ver anotações ao art. 18.º do Dec.-Lei n.º 385/88.

5. Denunciado um arrendamento rural pelo senhorio para alienação do prédio, o prazo respectivo a que se reporta o art. 15.º-A conta-se desde a efectiva restituição do prédio ao ex-senhorio pelo ex-arrendatário. — Ac. da Relação de Lisboa de 18/4/1996, *Col. Jur.* XXI, 2, 102.

ART. 15.º   Decreto Regional n.º 11/77/A, de 20 de Maio

6. Numa primeira fase, extra-judicial, o senhorio denuncia o contrato e o arrendatário opõe-se à denúncia; numa segunda fase, judicial, o senhorio propõe-se afastar a validade formal ou substancial da oposição.
Da conjugação dos arts. 15.º, 15.º-A e 16.º retira-se que o regime de denúncia pelo senhorio e respectiva oposição pelo arrendatário se processa do seguinte modo:
O senhorio comunica ao arrendatário a denúncia do contrato, por forma escrita, com a antecedência legal mínima (um ano), já sabendo que fica obrigado a explorar o prédio pelo período de seis anos ou a aliená-lo no prazo de um ano a contar da cessação do contrato.
Por sua vez o arrendatário pode opor-se à denúncia quando considere que se verifica algum dos fundamentos constantes do n.º 3 do art. 16.º, ou seja, que o senhorio não pode ou não tenciona cumprir as obrigações referidas no § anterior (explorar o prédio por seis anos ou aliená-lo no prazo de um ano) e ainda quando a efectivação da denúncia ponha em risco a sua subsistência económica.
Finalmente, o senhorio pode obstar à procedência da oposição à denúncia feita pelo arrendatário instaurando uma acção judicial na qual cumpre alegar e provar a invalidade formal da oposição ou a sua falta de fundamento. — Ac. da Relação de Lisboa de 13/8/1998, *Proc. 1045/1/96, da 1.ª Secção.*

7. A lei requer a comunicação por escrito, com a antecedência mínima de um ano relativamente ao termo do prazo inicial ou das suas renovações, mas não dispõe quanto à forma em concreto da comunicação. Sendo o telegrama indiscutivelmente uma forma escrita (não se trata de telegrama telefonado), nada obstava a que a A optasse por esse modo, que basta à exigência legal. Todavia, além de demonstrar que o remeteu (e já demonstrou), vê-se agora na contingência de ter de provar que a R o recebeu (prova que teria desde logo facilitada se por exemplo houvesse optado pela carta registada, e até com aviso de recepção, forma que, é claro, valeria igualmente).
Dizemos que lhe cumprirá fazer prova de que a R recebeu o telegrama, por isso que se trata evidentemente de uma declaração receptícia, que apenas se torna eficaz quando chega ao poder do destinatário ou é dele conhecida — o que resulta desde logo do art. 224.º, n.º 1, do CC, norma própria dos negócios jurídicos que é aplicável aos meros actos jurídicos por força do art. 295.º do CC; mas que também sempre resultaria do próprio sentido e utilidade da norma do art. 15.º al. *a)*, da LARA.
Sendo por fim evidente que não é à R que cumpre o ónus da prova do *facto negativo* "não ter recebido comunicação de denúncia", mas antes à A a prova de aquela tê-la recebido, enquanto facto constitutivo do seu direito (art. 342.º, n.º 1, do CC). — cfr. Juiz Dr. Luís Pedro Mendes Lima, *despacho saneador de 22/10/1999, na Acção Sumária n.º 734/99, do 5.º Juízo do Tribunal Judicial de Ponta Delgada.*

8. Face à alteração introduzida pelo Decreto Regional 16/88/A (Açores) de 11 de Abril, ao art. 15 do Dec.-Lei n.º 11/77/A de 20 de Maio, (com a redacção que lhe havia sido dada pelo Decreto Regional 1/82/A de 28 de Janeiro) a certidão de notificação no duplicado autenticado de comunicação escrita aludidos naquele preceito legal deixaram de constituir título executivo. — Ac. da Relação de Lisboa de 2/5/1995, *Proc. 933931.*

ARTIGO 15.º-A
Obrigações decorrentes da denúncia

1 — O senhorio que usar da faculdade prevista no artigo anterior é obrigado, alternativamente, salvo caso fortuito ou de força maior:

a) A explorar o prédio ou prédios, por si, seu cônjuge não separado judicialmente de pessoas e bens ou de facto e por parentes ou afins na linha recta, durante o prazo mínimo de seis anos;

b) A alienar o prédio no prazo de um ano a contar da data da cessação do contrato.

2 — Para o efeito da alínea *a)* do número anterior, a venda de cortes de erva não é considerada exploração directa; esta deverá ser contínua e ter início após a tradição do prédio.

3 — O arrendatário despedido prefere, com observância do disposto no artigo 21.º, na aquisição do prédio alienado nos termos da alínea *b)* do n.º 1.

4 — Em casos de inobservância do disposto no n.º 1, o arrendatário despedido tem direito a exigir do senhorio uma indemnização equivalente ao triplo do valor da renda anual estipulada no contrato denunciado ou a reocupar o prédio iniciando novo contrato, nos precisos termos do que anteriormente vigorava, desde que o requeira ao tribunal no prazo de 30 dias a contar do conhecimento do facto.

NOTAS

1. Redacção do Dec. Legislativo Regional n.º 16/88/A. O n.º 3 foi rectificado no Suplemento do *D.R. I Série*, de 30/7/1988.

2. O art. 15.º-A foi introduzido pelo Dec. Regional n.º 1/82/A, com a seguinte redacção: «*Obrigações decorrentes da denúncia*»

1. O senhorio que usar da faculdade prevista no artigo anterior é obrigado, salvo caso fortuito ou de força maior, a explorar directa e predominantemente, por si, seu cônjuge, ascendentes ou descendentes, o prédio ou prédios durante o prazo mínimo de três anos.

2. Em caso de inobservância do disposto no número anterior, o rendeiro despedido tem direito a exigir uma indemnização do senhorio equivalente ao período referido no mesmo número, segundo as rendas estipuladas no contrato denunciado, ou a reocupar o prédio, iniciando novo contrato, nos precisos termos do que anteriormente vigorava, desde que o requeira ao tribunal no prazo de 30 dias a contar do conhecimento do facto.

3. Ver anotações aos arts. 20.º e 28.º do Dec.-Lei n.º 385/88.

4. Se o senhorio usar da faculdade de denúncia prevista no art. 15.º e, depois, alienar o prédio no prazo de um ano a contar da cessão do contrato o arrendatário despedido tem direito de preferência, nos termos do art. 21.º — al. b) e n.º 3.

No termo «alienação» apenas se compreendem as transmissões a título oneroso, como a venda e a dação em pagamento, pois não é possível preferir num negócio gratuito, como seja uma doação. Isto porque, para utilizar a definição do Prof. Antunes Varela, *Rev. Leg. Jur.* 103, 476, e 118, 126, os direitos legais de preferência apenas conferem ao respectivo titular a faculdade de, em igualdade de condições («*tanto por tanto*»), ele se substituir a qualquer adquirente da coisa sobre que incidam, em certas formas de alienação. É um privilégio de prioridade em situações relativas, de confronto ou competição com outrem.

5. São materialmente constitucionais as normas dos arts. 15.º-A e 16.º, do Dec. Regional n.º 11/77/A, com a redacção do Dec. Legislativo Regional n.º 16/88/A. — Ac. da Relação de Lisboa de 9/7/1991, *Col. Jur.* XVI, 4, 171.

6. A expressão «á data da cessação do contrato» constante do art. 15.º-A n.º 1 al. b) do Dec. Regional n.º 11/77/A, de 20 de Junho — com as alterações introduzidas pelo Dec. Regional n.º 16/88/A, de 11 de Abril —, deve ser interpretada no sentido de que tal data tem a ver com a restituição efectiva do prédio por parte do ex-arrendatário ao ex-senhorio — Ac. da Relação de Lisboa de 18/4/1996, *Bol.* 456, 487.

7. Resulta das disposições conjugadas dos arts. 16.º n.º 3 al. a) e 15.º-A, n.º 1 al. a), do Dec. Regional n.º 11/77/A, de 20/5, na redacção dada pelo art. 1.º do Dec. Legislativo Regional n.º 16/88/A, de 11/4, que é fundamento de oposição à denúncia o senhorio não poder ou não tencionar explorar o prédio ou prédios, por si, seu cônjuge não separado de pessoas e bens ou de facto e por parentes ou afins na linha recta, durante o prazo mínimo de seis anos. Esta exigência da lei, do senhorio explorar o prédio ou prédios, por si, seu cônjuge não separado judicialmente de pessoas e bens ou de facto e por parentes ou afins em linha recta, não pode deixar de ser interpretada como imposição da obrigação de ser sempre o próprio senhorio a explorar a terra objecto da denúncia do arrendamento, embora podendo explorá-la não apenas por si como também através do cônjuge (não separado) e de parentes ou afins em linha recta. — Ac. da Relação de Lisboa de 2/5/1996, *Col. Jur.* XXI, 3, 80.

8. Estabelecendo o artigo 15.º-A n.º 1 do Decreto Legislativo Regional 16/88/A, de 19/04/88, que o senhorio é obrigado a explorar directa e predominantemente a terra, por si, seu cônjuge, ascendentes ou descendentes, quer significar que também estes seus familiares podem fazer tal exploração em vez dele. – Ac. da Relação de Lisboa de 1/10/1992, *Proc. 56752.*

ARTIGO 16.º
Oposição à denúncia

1 — O arrendatário que se considere numa das situações que lhe permita deduzir oposição à denúncia deverá comunicá-lo por escrito ao senhorio no prazo de 60 dias a partir da data em que tiver recebido a comunicação prevista na alínea *b)* do art. 15.º.

2 — O senhorio pode obstar à oposição à denúncia deduzida pelo arrendatário se no prazo de 60 dias após a recepção da declaração do arrendatário instaurar acção judicial na qual alegue e prove a invalidade formal da oposição ou a sua falta de fundamento.

3 — São fundamentos de oposição à denúncia a alegação, por parte do arrendatário, de que:

a) **O senhorio não pode ou não tenciona cumprir as obrigações referidas no n.º 1 do artigo anterior;**

b) **A efectivação da denúncia põe em risco a sua subsistência económica.**

4 — A denúncia do contrato produzirá efeitos sempre que esteja em risco a subsistência económica do senhorio.

NOTAS

1. Redacção do Dec. Legislativo Regional n.º 16/88/A. A al. *b)* do n.º 3 foi rectificada no Suplemento do *D.R. I Série,* de 30/7/1988.

2. Redacção primitiva: «*Oposição à denúncia*»
1. O rendeiro poderá obstar à efectivação da denúncia do contrato pelo senhorio, mediante decisão judicial, desde que a denúncia previsivelmente não satisfaça as condições referidas no n.º 2 do artigo anterior ou ponha em grave risco a subsistência económica do rendeiro e seu agregado familiar ou ainda desde que a pessoa que se destinar a explorar directamente o prédio não vá exercer unicamente a profissão de agricultor.
2. A oposição à denúncia prevista no número anterior não produzirá efeitos caso ponha em grave risco a subsistência económica do senhorio e seu agregado familiar.

3. Redacção do Dec. Regional n.º 1/82/A: «*Oposição à denúncia*»
1. O rendeiro poderá obstar à efectivação da denúncia do contrato pelo senhorio, mediante decisão judicial, nos seguintes casos.

ART. 16.º   *Decreto Regional n.º 11/77/A, de 20 de Maio*

a) Quando a denúncia não satisfaça as condições referidas no n.º 1 do artigo anterior;
b) Quando inviabilize a exploração por insuficiência da dimensão;
c) Quando ponha em risco a situação económica do rendeiro e do seu agregado familiar;
d) Quando a pessoa que se destinar a explorar directamente o prédio não vá exercer unicamente a profissão de agricultor.
2. O rendeiro só pode usar da faculdade referida no número anterior se exercer, em termos de profissão efectiva ou exclusiva, a actividade de agricultor.
3. A oposição à denúncia deverá ser deduzida no prazo de 180 dias, a contar de 1 de Novembro do ano em que a denúncia tiver sido feita.
4. A oposição à denúncia prevista no n.º 1 não produzirá efeitos caso ponha em risco a subsistência económica do senhorio ou do seu agregado familiar.

4. Ver anotações ao art. 19.º do Dec.-Lei n.º 385/88.

Relativamente ao arrendamento rural na Região Autónoma dos Açores, o n.º 2 do art. 2.º do Dec. Regulamentar Regional n.º 26/77/A, de 20 de Setembro, na redacção do Dec. Regulamentar Regional n.º 3/A/79, de 7 de Fevereiro, dispõe que "o processo aplicável ao despejo será o previsto nos artigos 964 e seguintes do Código do Processo Civil".

Entendemos que este preceito enferma de inconstitucionalidade orgânica.

Na verdade, se se pode considerar que no arrendamento rural dos Açores poderá haver, na parte substantiva, casos de *interesse específico* que necessitem de regulamentação própria face às leis da República — ver anotações aos arts. 1.º e 26.º —, já o mesmo não se poderá dizer relativamente às normas de direito adjectivo, designadamente ao "processo aplicável ao despejo".

É que a matéria de processo civil é matéria reservada à competência própria dos órgãos de soberania, da competência concorrente da Assembleia da República e do Governo, não havendo *interesse específico* que legitime o poder legislativo da Região Autónoma.

As normas aplicáveis seriam, assim, os arts. 35.º e segs. do Dec.-Lei n.º 385/88.

Mas independentemente destas considerações dir-se-á que os arts. 964.º a 997.º do CPC foram revogados pela al. *b)* do n.º 1 do art. 3.º do Dec.-Lei n.º 321-B/90, de 15 de Outubro, que aprovou o Regime do Arrendamento Urbano, determinando no seu art. 4.º que as remissões feitas para os preceitos revogados consideram-se efectuadas para as correspondentes normas do RAU.

Mas será que, por isso, as normas do RAU serão aplicáveis ao arrendamento rural dos Açores?

Quando o Dec.-Lei n.º 321-B/90 revogou os mencionados arts. do CPC já as formas de processo e tramitação no arrendamento rural estavam definidas nos arts. 35.º e segs. do Dec.-Lei n.º 385/88, de 25 de Outubro, pelo que apenas teve em consideração o arrendamento urbano.

Por isso, na medida em que as normas processuais para que remetia o n.º 2 do art. 2.º do Dec. Regulamentar Regional n.º 26/77/A, de 20 de Setembro, na redacção do Dec. Regulamentar Regional n.º 3/A/79, de 7 de Fevereiro, foram revogadas, a norma remissiva ou de reenvio ficou vazia, sem conteúdo, pois deixou de haver normas que especificadamente regulassem o despejo na

340

legislação sobre arrendamento rural dos Açores, embora esta se mantivesse em vigor — art. 38.º n.º 1 do Dec.-Lei n.º 385/88.

Há, por isso, que recorrer às normas do regime geral do arrendamento rural consignadas no Dec.-Lei n.º 385/88, na falta de normas caracterizadas pelo *interesse específico* da Região, únicas que se podiam sobrepor à aplicação daquele regime — ver anotações aos arts. 1.º e 26.º.

Se, porém, se entender que se está perante uma lacuna, então há que preenchê-la dentro do espírito do sistema e, as normas mais próximas, são as dos arts. 35.º e segs. do citado Dec.-Lei n.º 385/88.

5. O Ac. do Tribunal Constitucional n.º 138/94, de 26/1/94, *Bol.* 433, 151, havia julgado inconstitucionais as normas constantes do art. 16.º do Dec. Regional n.º 11/77/A, com a redacção que lhe fora dada pelo Dec. Regional n.º 1/82/A, de 28 de Janeiro.

6. São materialmente constitucionais as normas dos arts. 15.º-A e 16.º do Dec. Regional n.º 11/77/A, com a redacção do Dec. Legislativo Regional n.º 16/88/A. — Ac. da Relação de Lisboa de 9/7/1991, *Col. Jur.* XVI, 4, 171.

7. A limitação ao direito de denúncia do senhorio consistente no risco para a subsistência económica do arrendatário reporta-se efectivamente à subsistência do rendeiro como pessoa e não à subsistência da empresa agrícola do rendeiro. É o que resulta da letra da lei e também do seu espírito, pois a *ratio legis* do preceito que a prevê tem cariz eminentemente social e não propriamente económico. Trata-se de dar prevalência às necessidades pessoais do arrendatário sobre as conveniências do senhorio porque mais valiosas para a lei aquelas. Se a lei quisesse que a dita limitação se reportasse à subsistência da empresa tê-lo-ia dito claramente, empregando antes o termo *viabilidade*, que é mais comumente utilizado quando se trata de empresas e referindo-se expressamente à empresa. É sabido que a expressão «subsistência económica» é comumente usada relativamente a indivíduos mais só que a empresas. Em resumo: o que a lei pretende evitar é apenas que a denúncia do arrendamento coloque o arrendatário em situação de miséria ou de grande pobreza, ou seja, em termos de não poder prover à sua subsistência, de não poder satisfazer as suas necessidades básicas ou elementares, por considerar que essa subsistência é um valor a que se deve dar preferencialmente protecção relativamente às conveniências económicas do senhorio. Se porém a denegação da denúncia puser em risco a subsistência económica do senhorio (entendida aqui nos mesmos termos) já ela (denúncia) produzirá efeitos (art. 16.º n.º 4). — Ac. da Relação de Lisboa de 7/12/1994, *Col. Jur.* XIX, 5, 117.

8. A exigência legal de o senhorio, que pretende o despejo após a denúncia do contrato de arrendamento rural, vir a explorar o prédio por si, cônjuge não separado judicialmente de pessoas e bens ou de facto e por parentes ou afins em linha recta, não pode deixar de ser interpretada como imposição da obrigação de ser sempre o próprio senhorio a explorar a terra, embora podendo fazê-lo não apenas por si mas também através do cônjuge não separado e de parente ou afins em linha recta. Só assim, com efeito, se pode conseguir obter a conciliação

ART. 16.º   *Decreto Regional n.º 11/77/A, de 20 de Maio*

dos legítimos direitos e interesses dos donos das terras com os dos cultivadores e respeitar-se a orientação agrícola voltada para o agricultor e tendente a favorecer o desenvolvimento de todas as potencialidades do meio rural visada pelo Dec. Legislativo Regional n.º 7/86/A, de 25-2 (lei de bases do sector agrícola dos Açores), diploma este que determinou se procedesse à revisão da legislação regional sobre arrendamento rural, e que veio a ser levada a efeito pelo Dec. Regional 16/88/A, que teve como propósito expresso procurar conciliar os legítimos direitos e interesses dos donos das terras com os dos cultivadores. — Ac. da Relação de Lisboa de 2/5/1996, *Col. Jur.* XXI, 3, 80.

9. O R enviou ao A um telegrama notificando-o de que se opunha à denúncia do contrato, «com os fundamentos previstos nas duas alíneas do art. 16.º n.º 3 do Dec. Regional n.º 11/77-A».

Daqui se retira que o arrendatário, na comunicação que fez ao senhorio, não indicou nenhum facto concreto subsumível a alguma das alíneas do art. 16.º.

Esse modo de deduzir oposição foi técnico — juridicamente incorrecto, sobretudo tendo em conta que a lei confere ao senhorio a possibilidade de repudiar a oposição deduzida, mas impõe-lhe o ónus de alegar e provar a falta de fundamentação da oposição.

Ora, está bem de ver que a falta de alegação de factos concretos por parte do rendeiro não permite ao senhorio a alegação e prova da falta de fundamento desses mesmos factos.

O que significa, em última instância, que o rendeiro não deduziu oposição validamente fundada. — Ac. da Relação de Lisboa de 13/8/1998, *Proc. 1045/1/96, da 1.ª Secção.*

10. Importa distinguir o que a lei considerou como área mínima ideal de exploração familiar, da situação de risco de subsistência económica.

Na redacção primitiva do art. 16.º n.º 1 do Dec. Regional n.º 11/77-A, dizia-se que o rendeiro podia obstar à efectivação da denúncia desde que ela pusesse «em grave risco a subsistência económica do rendeiro e seu agregado familiar».

Na redacção dada pelo Dec. Regional n.º 1/82-A, falava-se, na al. *b)*, na inviabilização da exploração por insuficiência da dimensão, a par de, na al. *c)*, se prever a situação em que a denúncia pusesse em risco a situação económica do rendeiro e do seu agregado familiar.

Finalmente, na redacção actual, do Dec. Legislativo Regional n.º 16/88-A, o art. 16.º n.º 3 prevê apenas duas alíneas. A primeira referente às obrigações do senhorio que denuncia, e a segunda que se refere à efectivação da denúncia pôr em risco a subsistência económica do rendeiro.

Desapareceu o fundamento da inviabilização da exploração por insuficiência da dimensão. — Ac. da Relação de Lisboa de 13/8/1998, *Proc. 1045/1/96, da 1.ª Secção.*

11. I — O direito de oposição (à denúncia do contrato de arrendamento rural) conferido pelo Decreto Regional 11/77-A, de 20 de Maio, em qualquer das suas versões, é um direito potestativo, não uma simples faculdade legal.

II — O facto de onde emerge tal direito de oposição é um facto constitutivo--causal, na medida em que os efeitos jurídicos que dele emergem resultam da valoração do referido facto, à luz de uma ponderação dos interesses privados envolvidos na situação em que ele se produz. III- Tendo o Decreto Regional 16/88-A, de 11 de Abril, restringido os fundamentos de oposição a tal denúncia, nos termos do n.º 2 do art. 12.º do Código Civil não pode ser afectado o núcleo do direito potestativo nascido à sombra da lei antiga. IV — É de aplicação imediata o Decreto Regional 16/88-A quanto ao novo modo de exercício desse direito de oposição. V — Assim, tendo optado pela via da acção judicial, em vez da mera comunicação escrita ao senhorio, usou o arrendatário um procedimento que lhe estava vedado, por manifesta falta de correspondência entre o direito (de oposição à denúncia do contrato de arrendamento rural) e a acção — art. 2.º n. 4, do CPC. — Ac. da Relação de Lisboa de 24/1/1991, *Proc. 36272.*

ARTIGO 16.º-A
Indemnização por denúncia

1 — O arrendatário que viva exclusivamente da actividade agrícola e ou pecuária e cujo contrato tenha sido denunciado nos termos da alínea b) do artigo 15.º terá direito a uma indemnização, a pagar pelo senhorio no acto da entrega do prédio ou prédios, calculada na base do valor da renda paga aquando da denúncia e correspondente a um terço do número de anos de vigência do contrato.

2 — O disposto no número anterior não se aplica ao senhorio que viva exclusivamente da actividade agrícola e ou pecuária.

3 — Em caso algum a indemnização prevista no n.º 1 poderá ultrapassar nove vezes o valor da renda estipulada aquando da denúncia do contrato.

NOTAS

1. Este preceito foi introduzido pelo Dec. Legislativo Regional n.º 16/88/A.

2. Não tem correspondência no Dec.-Lei n.º 385/88.

3. A limitação ao direito de denúncia do senhorio consistente no risco para a subsistência económica do arrendatário reporta-se efectivamente à subsistência do rendeiro como pessoa e não à subsistência da empresa agrícola do rendeiro. É o que resulta da letra da lei e também do seu espírito pois a «*ratio legis*» do preceito que a prevê e atrás referido tem cariz eminentemente social e não propriamente económico. Trata-se de dar prevalência às necessidades pessoais do arrendatário sobre as conveniências do senhorio porque mais valiosas para a lei aquelas. Se a lei quisesse que a dita limitação se reportasse à subsistência da empresa tê-lo-ia dito claramente, empregando antes o termo «viabilidade» que é mais comumente utilizado quando se trata de empresas e

referindo-se expressamente à empresa. É sabido que a expressão subsistência económica é comumente usada relativamente a indivíduos mais só que a empresas. Em resumo: o que a lei pretende evitar é apenas que a denúncia do arrendamento coloque o arrendatário em situação de miséria ou de grande pobreza, ou seja, em termos de não poder prover à sua subsistência, de não poder satisfazer as suas necessidades básicas ou elementares, por considerar que essa subsistência é um valor a que se deve dar preferencialmente protecção relativamente às conveniências económicas do senhorio. Se porém a negação da denúncia puser em risco a subsistência económica do senhorio (entendida aqui nos mesmos termos) já ela (denúncia) produzirá efeitos (art. 16.º n.º 4). — Ac. da Relação de Lisboa de 7/12/1994, Col. Jur. XIX, 5, 117.

4. Resulta das disposições conjugadas dos arts. 16.º n.º 3 al. *a)* e 15.º-A, n.º 1 al. *a)*, do Dec. Regional n.º 11/77/A, de 20/5, na redacção dada pelo art. 1.º do Dec. Legislativo Regional n.º 16/88/A, de 11/4, que é fundamento de oposição à denúncia o senhorio não poder ou não tencionar explorar o prédio ou prédios, por si, seu cônjuge não separado de pessoas e bens ou de facto e por parentes ou afins na linha recta, durante o prazo mínimo de seis anos. Esta exigência da lei, do senhorio explorar o prédio ou prédios, por si, seu cônjuge não separado judicialmente de pessoas e bens ou de facto e por parentes ou afins em linha recta, não pode deixar de ser interpretada como imposição da obrigação de ser sempre o próprio senhorio a explorar a terra objecto da denúncia do arrendamento, embora podendo explorá-la não apenas por si como também através do cônjuge (não separado) e de parentes ou afins em linha recta. — Ac. da Relação de Lisboa de 2/5/1996, Col. Jur. XXI, 3, 80.

ARTIGO 17.º
Resolução do contrato

1 — O senhorio só pode pedir a resolução do contrato no decorrer do prazo do mesmo se o arrendatário:

a) **Não pagar a renda no tempo e lugar próprios, nem fizer depósito liberatório;**

b) **Faltar ao cumprimento de uma obrigação legal, com prejuízo para a produtividade, substância ou função económica e social do prédio;**

c) **Utilizar processos de cultura comprovadamente depauperantes da potencialidade produtiva dos solos;**

d) **Usar o prédio para fins não agrícolas;**

e) **Não velar pela boa conservação dos bens ou causar prejuízos graves nos que, não sendo objecto de contrato, existam no prédio arrendado;**

f) **Salvo o previsto no art. 22.º, subarrendar ou ceder, a qualquer título, total ou parcialmente, os prédios arren-**

dados ou ainda ceder a sua posição contratual sem autorização do senhorio;
 g) Não atingir os níveis mínimos de utilização do solo estabelecidos na legislação em vigor ou não observar injustificadamente o que for determinado nos planos a que se referem os artigos 7.º-A e 12.º;
 h) Utilizar o prédio para fins não agrícolas.

NOTAS

1. A redacção actual é do Dec. Legislativo Regional n.º 16/88/A. A al. b) do n.º 1 foi rectificada no Suplemento do D.R. I Série, de 30/7/1988.

2. Redacção inicial: «Rescisão pelo senhorio»
O senhorio só pode pedir a rescisão do contrato, se o rendeiro:
 a) Não pagar a renda no tempo e lugar próprios, nem fizer depósito liberatório;
 b) Faltar ao cumprimento de alguma obrigação legal com prejuízo grave para a produtividade, substância ou função económica e social do prédio;
 c) Utilizar processos de cultura comprovadamente depauperantes da potencialidade produtiva dos solos;
 d) Não velar pela boa conservação dos bens ou causar prejuízos graves nos que, não sendo objecto do contrato, existam no prédio arrendado;
 e) Subarrendar, emprestar ou ceder por comodato, total ou parcialmente, os prédios arrendados ou ceder a sua posição contratual em face do senhorio nos casos em que tal cessão não for permitida;
 f) Efectuar a cessão sem obedecer ao disposto nos n.ºs 2 e 3 do art. 22.º;
 g) Não observar as normas ou instruções dimanadas dos poderes públicos quanto à melhor utilização e produtividade dos prédios arrendados.

3. Redacção do Dec. Regional n.º 1/82/A: «Rescisão pelo senhorio»
O senhorio só pode pedir a rescisão do contrato se o rendeiro:
 a) Não pagar a renda no tempo e lugar próprios, nem fizer depósito liberatório;
 b) Faltar ao cumprimento de alguma obrigação legal com prejuízo grave para a produtividade, substância ou função económica e social do prédio;
 c) Utilizar processos de cultura comprovadamente depauperantes da potencialidade produtiva dos solos;
 d) Usar o prédio para fins não agrícolas;
 e) Não velar pela boa conservação dos bens ou causar prejuízos graves nos que, não sendo objecto do contrato, existam no prédio arrendado;
 f) Subarrendar, emprestar ou ceder por comodato, total ou parcialmente, os prédios arrendados ou ceder a sua posição contratual em face do senhorio nos casos em que tal cessão não for permitida;
 g) Efectuar a cessão sem obedecer ao disposto nos n.ºs 2 e 3 do art. 23.º;
 h) Não observar as normas ou instruções dimanadas dos poderes públicos quanto à melhor utilização e produtividade dos prédios arrendados.

4. Só por mero lapso legislativo é que se justificará a coincidência entre as alíneas d) e h) deste preceito.

5. Ver anotações ao art. 21.º do Dec.-Lei n.º 385/88.
Sobre a forma do processo ver anotações ao art. 16.º.

6. I — No contrato de locação, salvo disposição especial da lei, qualquer dos contraentes tem a faculdade de transmitir a terceiro a sua posição contratual, desde que o outro contraente consinta na transmissão.
II — Nos termos da al. f) do art. 17.º do Dec. Regional n.º 11/77-A, de 20/5, o senhorio pode pedir a resolução do contrato de arrendamento rural se o arrendatário, além do mais, ceder a sua posição contratual sem autorização do senhorio.
III — Tendo de ser reduzido a escrito o arrendamento rural, uma eventual cessão tem de ter, também, a forma escrita.
IV — O tremo «rendeiro», embora tenha sempre uma conotação jurídica, constitui, também, expressão da vida quotidiana, com um significado prático e corrente, o de que o senhorio reconhece alguém como que, efectivamente, explora como se fosse arrendatário, prédio rústico seu, por cedência informal do arrendatário, o que, contudo, não chega para conferir validade e eficácia legais à dita cedência ou cessão, nem legitimidade para se ser demandado como arrendatário — Ac. da Relação de Lisboa de 26/3/1998, *Col. Jur.* XXIII, 2, 112.

7. I — Sendo convencionado que o prédio arrendado se destina a exploração pecuária, não há alteração de fim se nele se produz erva que o rendeiro vende a terceiros.
II — Não há empréstimo do prédio locado se o rendeiro autoriza que os animais pertencentes à pessoa a quem vendeu a erva venham comê-la ao local.
III — A entrada dos animais no terreno, para comerem a erva ou a silagem de milho, de modo nenhum significa que a posse, detenção ou uso tenha sido transferido para o seu dono, com abdicação da sua posição de rendeiro. — Ac. da Relação de Lisboa de 3/11/1994, *Col. Jur.* XIX, 5, 85.

8. As situações descritas na al. f) — como de resto acontece com as previstas na al. f) do art. 64.º do RAU — são caracterizadas pela circunstância de, através dessas situações, o rendeiro propiciar a outrem a utilização do prédio locado, afastando de si ou renunciando, ao menos por um certo período, a fazer tal utilização. A entrada no terreno de animais para comerem a erva ou a silagem do milho, de modo nenhum significa que a posse, detenção ou uso tenha sido transferido para o seu dono, com abdicação da posição do rendeiro. — Ac. da Relação de Lisboa de 3/11/1994, *Col. Jur.* XIX, 5, 85.

9. I — Nos Açores, é ilegal a venda de «cortes de erva» de prédio tomado em arrendamento, salvo para fins industriais ou como mero aproveitamento de excedentes. II — Todavia, aquela conduta só dá lugar à rescisão do arrendamento se causar prejuízo grave à produtividade, substância ou função económica e social do prédio. III — A utilização do prédio rústico para fins agrícolas por um terceiro, com o desconhecimento do senhorio, em virtude de o arrendatário ter vendido dois «cortes de erva», não deverá ser equiparada à sublocação, nem constitui causa de resolução do contrato. IV — Não é sublocação por não integrar cedência do gozo temporário da coisa locada. V — Não é comodato pois não é cedência gratuita. VI — Não há cessão pois não integra cessão da posição contratual. — Ac. da Relação de Lisboa de 3/12/1991, *Proc. 16561*.

ARTIGO 18.º
Resolução para urbanização

1 — O senhorio pode pedir a resolução do contrato se destinar o terreno, na parte abrangida por projecto, a construção urbana.

2 — A resolução pode ser parcial, se convier ao rendeiro.

3 — O rendeiro terá o direito de pedir uma indemnização proporcional ao prejuízo sofrido e bem assim o de recuperar o prédio nas condições anteriores à resolução, se os trabalhos referidos no n.º 1 se não iniciarem no prazo de um ano.

NOTAS

1. Não tem correspondeência no Dec.-Lei n.º 385/88.

2. Sobre a forma de processo ver antes anotações ao art. 16.º.

ARTIGO 19.º
Caducidade do contrato

1 — O arrendamento não caduca por morte do senhorio nem pela transmissão do prédio.

2 — Quando cesse o direito ou findem os poderes de administração com base nos quais o contrato foi celebrado, observar-se-á o disposto no n.º 2 do artigo 1051.º do Código Civil.

3 — O arrendamento rural não caduca por morte do arrendatário, transmitindo-se ao cônjuge sobrevivo desde que não separado judicialmente de pessoas e bens ou de facto e a parentes ou afins na linha recta que com o mesmo viviam habitualmente em comunhão de mesa e habitação ou em economia comum há mais de um ano.

347

4 — A transmissão a que se refere o número anterior defere-se pela ordem seguinte:

a) Ao cônjuge sobrevivo;

b) Aos parentes ou afins da linha recta, preferindo os primeiros aos segundos, os descendentes aos ascendentes e os de grau mais próximo aos de grau mais remoto.

5 — A transmissão a favor dos parentes ou afins, segundo a ordem constante do número anterior, também se verifica por morte do cônjuge sobrevivo quando, nos termos deste artigo, lhe tenha sido transmitido o direito ao arrendamento.

6 — Todavia, o arrendamento caducará se o direito à sucessão na posição do arrendatário não for exercido nos três meses seguintes à morte deste ou do cônjuge não separado de pessoas e bens ou de facto, mediante comunicação escrita ao senhorio, mas a restituição do prédio ou prédios nunca poderá ser exigida antes do fim do ano agrícola em curso, no termo daquele prazo.

NOTAS

1. Redacção do Dec. Legislativo Regional n.º 16/88/A.

2. Era a seguinte a redacção original: «*Transmissibilidade*»

1. O arrendamento rural não caduca por morte do senhorio, nem pela transmissão do prédio, nem quando cesse o direito ou findem os poderes legais de administração com base nos quais o contrato foi celebrado.

2. O arrendamento rural também não caduca por morte do rendeiro e transmite-se ao cônjuge sobrevivo não separado de pessoas e bens ou de facto, parentes ou afins até ao 4.º grau que com o mesmo vivam habitualmente em comunhão de mesa e habitação ou em economia comum há pelo menos dois anos.

3. A transmissão a que se refere o número anterior defere-se pela ordem seguinte:

a) Ao cônjuge sobrevivo;

b) Aos parentes ou afins de linha recta, preferindo os primeiros aos segundos, os descendentes aos ascendentes e os de grau mais próximo aos de grau mais afastado;

c) Aos parentes ou afins do 2.º grau da linha colateral, preferindo os primeiros aos segundos;

d) Aos restantes parentes e afins, preferindo os primeiros aos segundos e os de grau mais próximo ao de grau mais afastado.

4. A transmissão a favor dos parentes ou afins, dentro dos limites e segundo a ordem estabelecida nos números anteriores, também se verifica por morte do cônjuge sobrevivo quando, nos termos deste artigo, lhe tenha sido transmitido o direito ao arrendamento.

5. *O arrendamento, todavia, caducará quando o direito à sua transmissão conferido neste artigo não for exercido nos três meses seguintes à morte do rendeiro ou do cônjuge não separado de pessoas e bens ou de facto, mediante comunicação escrita ao senhorio, mas a restituição do prédio nunca poderá ser exigida antes do fim do ano agrícola em curso, no termo daquele prazo.*

3. Ver anotações aos arts. 22.º, 23.º e 24.º do Dec.-Lei n.º 385/88.

ARTIGO 20.º
Caducidade por expropriação

1 — A expropriação do prédio ou prédios arrendados por utilidade pública importa a caducidade do arrendamento.

2 — Se a expropriação for total, o arrendamento é considerado encargo autónomo para o efeito de o arrendatário ser indemnizado pelo expropriante.

3 — Na indemnização, além dos valores dos frutos pendentes ou das colheitas inutilizadas, atende-se ainda ao valor das benfeitorias a que o arrendatário tenha direito e aos demais prejuízos emergentes da cessação do arrendamento, calculados nos termos gerais de direito.

4 — Se a expropriação for parcial, o arrendatário, independentemente dos direitos facultados no número anterior em relação à parte expropriada, pode optar pela resolução do contrato ou pela redução proporcional da renda.

NOTAS

1. A redacção actual é do Dec. Legislativo Regional n.º 16/88/A.

2. Redacção primitiva: «*Caducidade por expropriação*»
1. A expropriação por utilidade pública do prédio arrendado importa a caducidade do arrendamento.
2. Se a expropriação for total, o arrendamento é considerado encargo autónomo para o efeito de o rendeiro ser indemnizado pelo expropriante; na indemnização, além do valor dos frutos pendentes ou das colheitas inutilizadas, acrescido do valor das benfeitorias a que tenha direito, será considerado o prejuízo do rendeiro pela cessação do arrendamento, calculado nos termos gerais do direito.
3. Se a expropriação for parcial, o rendeiro, independentemente dos direitos facultados no número anterior em relação à parte expropriada, pode optar pela resolução do contrato ou pela redução proporcional da renda.

3. Ver anotações ao art. 25.º do Dec.-Lei n.º 385/88.

ARTIGO 21.º
Preferência

1 — No caso de venda ou dação em cumprimento do prédio arrendado, aos respectivos arrendatários assiste o direito de preferirem na transmissão.

2 — O direito de preferência do arrendatário cede perante o exercício desse direito por co-herdeiro ou comproprietário ou por proprietário de prédio confinante, nos termos do artigo 1380.º do Código Civil, quando este seja directamente explorado por aquele.

3 — Salvo o disposto no número anterior, é aplicável o disposto nos artigos 416.º a 419.º e 1410.º do Código Civil, com as necessárias adaptações.

NOTAS

1. A redacção actual é do Dec. Legislativo Regional n.º 16/88/A.

2. Redacção primitiva: «*Direito de preferência*»
1. No caso de venda ou dação em cumprimento de prédios que sejam objecto de arrendamento rural têm direito de preferência, por ordem de menção, os rendeiros, os proprietários dos prédios servientes e as cooperativas de produção de pequenos agricultores e trabalhadores rurais existentes no concelho onde o prédio se situa.
2. O disposto no número anterior entende-se sem prejuízo dos direitos de preferência estabelecidos na lei a favor dos co-titulares de herança indivisa e dos comproprietários.

3. Redacção do Dec. Regional n.º 1/82/A: «*Direito de preferência*»
1. No caso de venda ou dação em cumprimento de prédios que sejam objecto de arrendamento rural, têm direito de preferência, pela ordem de menção, os rendeiros, os proprietários dos prédios servientes e as cooperativas de produção de pequenos agricultores e trabalhadores rurais existentes no concelho onde o prédio se situa.
2. É aplicável, mesmo no caso de haver mais de um rendeiro a preferir nos termos do número anterior, o disposto nos arts. 416.º a 419.º e 1410.º do Código Civil, com as necessárias adaptações.
3. O disposto no número anterior entende-se sem prejuízo dos direitos de preferência estabelecidos na lei a favor dos co-titulares de herança indivisa e dos comproprietários.

4. I — O prazo de depósito do preço, na acção de preferência, é de caducidade, não se suspendendo por um requerimento a solicitar a substituição do depósito em numerário por uma garantia bancária, mas apenas nos termos dos artigos 328º e 1410º, n.º 1, do CC. II- O despacho que, em face de tal requerimento, ordena a notificação da parte contrária para se pronunciar, é de mero expediente, e não faz caso julgado formal sobre o pedido, concomitantemente formulado, de suspensão do prazo para o depósito. - Ac. do STJ de 30/4/2002, Proc. n.º 52/02, da 1ª Secção.

5. Sendo necessário graduar direitos de preferência sucessivos, não competitivos, obedecer-se-á à seguinte ordem:
  a) co-herdeiro ou comproprietário ou proprietário do prédio confinante, *quando o esteja a explorar directamente*;
  b) arrendatário.

Se o proprietário do prédio confinante o não estiver a explorar directamente, então a ordem de graduação passará a ser:
  a) co-herdeiro ou comproprietário;
  b) arrendatário;
  c) proprietário do prédio confinante, que não o explore directamente.

6. Ao contrário do que sucede no art. 28.º do Dec.-Lei n.º 385/88 o direito do arrendatário cede perante o do proprietário do prédio confinante, *que o esteja a explorar directamente*.

As normas referentes à preferência em arrendamento rural integram o regime geral deste.

Para que a Região Autónoma dos Açores pudesse legislar sobre ela, de modo diverso do do Dec.-Lei n.º 385/88, era necessário, como se pôs em evidência em anotação ao art. 1.º, que especificidades de relevo justificassem um *regime específico* na ordenação dos preferentes no caso de venda ou dação em cumprimento de prédio objecto de contrato de arrendamento rural.

Não resulta do art. 21.º do Dec. Regional n.º 11/77/A, nem na última versão, nem nas anteriores, que haja relações específicas entre senhorios e rendeiros e proprietários limítrofes que justifiquem o regime actualmente vigente que, anteriormente, passou por diversas mutações e onde, também, se não encontra essa justificação.

O facto de no n.º 2 do art. 38.º do Dec.-Lei n.º 385/88, se ter mantido em vigor a legislação vigente à data na Região Autónoma dos Açores, como também já se disse em anotação ao art. 1.º, apenas se quer significar que o legislador partira do princípio de que tal legislação é válida, designadamente por ter sido emitida sobre matéria em que existe *interesse específico*.

Acresce que o Dec.-Lei n.º 385/88 estabeleceu para o demais território nacional um regime de preferência nas transmissões de prédios submetidos ao arrendamento rural, semelhante ao que se encontra em vigor na Região Autónoma dos Açores.

Terá por isso de se concluir que, do ponto de vista de uma perspectiva do legislador nacional, a solução adoptada na graduação da preferência estabelecida no art. 28.º do Dec.-Lei n.º 385/88 se justificou, independentemente das especificidades regionais, por ser mais proteccionista do arrendatário.

Assim sendo, consideramos que o n.º 2 enferma de inconstitucionalidade, no segmento que atribui preferência ao proprietário do prédio confinante, *que o esteja a explorar directamente*, face ao arrendatário, por violação do disposto nos arts. 115.º n.º 3 e 229.º al. a) da Constituição da República, na versão resultante da 1.ª Revisão Constitucional, normas que na 2.ª Revisão constam

351

ART. 22.º   *Decreto Regional n.º 11/77/A, de 20 de Maio*

igualmente dos arts. 115.º n.º 3 e 229.º n.º 1, al. *a)*, e actualmente dos arts. 112.º n.º 4 e 227.º n.º 1 al. *a)*.

7. Ver anotações ao art. 28.º do Dec.-Lei n.º 385/88. Sobre a forma de processo ver anotações ao art. 16.º.

8. Sobre direitos de preferência concorrentes ou competitivos e sucessivos, não competitivos, ver anotações aos arts. 47.º a 49.º do *Arrendamento Urbano*, 6.ª ed., Conselheiro Aragão Seia.

9. O n.º 2 do art. 21.º do Dec. Regional n.º 11/77/A, na redacção dada pelo Dec. Regional n.º 1/82/A, não é inconstitucional. — Ac. da Relação de Lisboa de 26/1/1988, *Bol.* 373, 590.

10. Sobre um caso de preferência do *rendeiro*, quando estava em vigor a redacção original deste preceito, ver o Ac. do STJ de 3/11/1983, *Bol.* 331, 557.

11. I — A não propositura, pelo rendeiro, da acção de preferência no prazo de seis meses, a contar da data em que teve conhecimento dos elementos essenciais da alienação, conduz à caducidade do próprio direito real de aquisição do rendeiro, produzindo a sua extinção. II — A prova dos factos extintivos do direito invocado, no caso a caducidade, compete àquele contra quem é invocação é feita. — Ac. da Relação de Lisboa de 26/10/1993, *Proc. n.º 67331*.

ARTIGO 22.º

Cessão da exploração pecuária

1 — Nos casos de arrendamento directamente relacionados com a actividade pecuária é permitida a cessão entre vivos do direito ao arrendamento, desde que seja acompanhada da transferência em conjunto de todas as instalações, utensílios, máquinas, gado e quaisquer outros elementos que integrem a exploração do cedente.

2 — O arrendatário que pretenda efectuar essa cessão deverá requerer previamente autorização para tal, em petição devidamente fundamentada, dirigida à Secretaria Regional da Agricultura e Pescas, onde especifique discriminadamente todos os elementos referentes à cessão e respectivos valores.

3 — No caso de ser concedida autorização pela Secretaria Regional da Agricultura e Pescas para a pretendida cessão, o arrendatário deverá comunicar a sua intenção, com as respectivas condições, ao senhorio ou senhorios por carta registada com aviso de recepção.

4 — O senhorio do prédio objecto de transmissão goza do direito de preferência. Se o arrendatário tiver vários senhorios, poderá optar, em primeiro lugar, o senhorio que for proprietário do prédio ou prédios de menor área, seguindo-se-lhe os restantes, por ordem crescente.

5 — O senhorio que pretenda usar do direito a que se refere o número anterior deverá declará-lo no prazo de 30 dias a contar da data em que for notificado pelo arrendatário cedente.

6 — Não se verificando o exercício do direito de preferência por parte de qualquer dos senhorios e a cedência se tiver efectuado, o arrendamento terminará no fim do respectivo prazo, inicial ou renovado.

7 — O arrendatário que utilizar a faculdade conferida pelo n.º 1 não poderá usá-la novamente nos três anos subsequentes.

NOTAS

1. A redacção actual é do Dec. Legislativo Regional n.º 16/88/A.

2. Era a seguinte a redacção primitiva, rectificada no Suplemento do *D.R. I Série*, de 23 de Junho de 1977: «*Cessão de exploração pecuária*»
1. Nos casos de arrendamentos directamente relacionados com a actividade pecuária, é permitida a cessão entre vivos do direito ao arrendamento, desde que seja acompanhada da transferência em conjunto de todas as instalações, utensílios, máquinas, gado e quaisquer outros elementos que integrem a exploração do cedente.
2. O rendeiro que pretenda efectuar essa cessão deverá requerer previamente autorização para tal, em petição devidamente fundamentada, dirigida à Secretaria Regional da Agricultura e Pescas, onde especifique discriminadamente todos os elementos referentes à cessão e respectivos valores.
3. No caso de ser concedida autorização pela SRAP para a pretendida cessão, o rendeiro deverá comunicar a sua intenção, com as respectivas condições, ao senhorio ou senhorios, por carta registada com aviso de recepção.
4. O senhorio do prédio objecto de transmissão goza do direito de preferência.
Se o rendeiro tiver vários senhorios, poderá optar, em primeiro lugar, o senhorio que for proprietário do prédio ou prédios de menor área, seguindo-se--lhe os restantes, por ordem crescente.
5. O senhorio que pretenda usar do direito a que se refere o número anterior deverá declará-lo no prazo de trinta dias a contar da data em que for notificado pelo rendeiro cedente.
6. Não se verificando o exercício do direito de preferência por parte de qualquer dos senhorios e a cedência se tiver efectuado, o arrendamento terminará no fim do respectivo prazo, inicial ou renovado.

7. *O rendeiro que utilizar a faculdade conferida pelo n.º 1 não poderá usá-la novamente nos três anos subsequentes.*

3. Ver al. *f)* do art. 17.º e art. 23.º.

4. Não tem correspondência no Dec.-Lei n.º 385/88.

5. I — O locatário deve invocar a privação ou perturbação dos seus direitos como locatário efectivo, não podendo deixar de se provar esta qualidade, sob pena de ilegitimidade.

II — Nos termos do art. 22.º só é válida a cessão entre vivos do direito ao arrendamento relacionado com a actividade pecuária, desde que seja acompanhada da transferência, no conjunto, de todos os elementos que integram a exploração, devendo, sob pena de possibilidade de rescisão, ser precedia de autorização administrativa.

III — Todavia essa cedência, que constitui uma excepção dos casos de cedência ilícita que fundamenta a resolução do contrato, ou rescisão, na técnica do diploma citado, por parte do senhorio, tem de obedecer a certos requisitos previstos nos n.ᵒˢ 2 e 3 do mesmo artigo, devendo ser precedida de autorização da Secretaria Regional da Agricultura e Pescas. Sem eles não é lícita, pelo que não há cedência do arrendamento.

IV — É ilegítimo o exercício dum direito em contradição com o comportamento assumido anteriormente pelo excercente, por ser contrário aos princípios impostos pela boa-fé.

V — Se o A convencionou com outrem na cedência das reses e dos pastos, convencendo que se demitia efectivamente da sua posição de titular do arrendamento, através de um comportamento que nos Açores é tido como transferência efectiva do mesmo, deu lugar à confiança justificada do adquirente das reses e seu sucessor, de acordo com a convicção generalizada, de que assumira com seriedade — por ser costume — o compromisso de que não exerceria mais o seu direito de arrendatário. Deu, por isso, lugar aos comportamentos posteriores da senhoria, que fez novo arrendamento com os recorrentes, transferindo para eles o gozo da terra e propriedade das reses. Se agora vem exercer o seu direito, contra o compromisso que justificadamente foi tomado como sério, prosseguindo um objectivo que prejudica os recorrentes, excede manifestamente os limites impostos pela boa-fé, vendo a sua actuação incursa no disposto no art. 334.º do C.C. — Ac da Relação de Lisboa de 17/7/1986, *Col. Jur.* XI, 4, 134.

6. I — A não propositura, pelo rendeiro, da acção de preferência no prazo de seis meses, a contar da data em que teve conhecimento dos elementos essenciais da alienação, conduz à caducidade do próprio direito real de aquisição do rendeiro, produzindo a sua extinção. II — A prova dos factos extintivos do direito invocado, no caso a caducidade, compete àquele contra quem é invocação é feita. — Ac. da Relação de Lisboa de 26/10/1993, *Proc. n.º 67331.*

ARTIGO 23.º
Arrendamento de terras pertencentes a entes públicos

1 — Os contratos de arrendamento de terras pertencentes a qualquer ente publico, nomeadamente as incluídas na reserva de terras, administradas pelo IROA, são regulados pelo presente diploma.

2 — Porém, o seu carácter de interesse público determina a respectiva caducidade, sem direito a indemnização, logo que a Administração decida dar-lhes outro destino.

NOTAS

1. Redacção do art. 65.º do Dec. Legislativo Regional n.º 7/86/A, de 25 de Fevereiro.

2. Era a seguinte a redacção original: «*Intervenção administrativa*»
1. Verificando que os prédios não se mostram cultivados, ou o estão de maneira deficiente, a câmara municipal fará notificar o rendeiro ou o proprietário, respectivamente, se houver ou não arrendamento, para fazer cessar aquela situação em prazo não inferior a sessenta dias nem superior a um ano.
2. Em caso de não cumprimento por parte do rendeiro, será o facto comunicado ao senhorio, ou pode rescindir o contrato nos termos das alíneas c), d) ou g) do art. 17.º.
Se o senhorio assim não proceder no prazo de sessenta dias, a câmara municipal comunicará o facto ao Governo Regional, que poderá, compulsivamente, substituir-se ao rendeiro ou promover a expropriação por utilidade pública.
3. Em caso de não cumprimento por parte do proprietário, poderá o Governo Regional proceder ao arrendamento compulsivo ou promover a expropriação nos termos do número anterior.

3. Redacção dada pelo Dec. Regional n.º 1/82/A: «*Intervenção administrativa*»
1. Verificando que os prédios não se mostram cultivados, ou o estão de maneira deficiente, a câmara municipal fará notificar o rendeiro ou o proprietário, respectivamente se houver ou não arrendamento, para fazer cessar aquela situação em prazo não inferior a 60 dias nem superior a um ano.
2. Em caso de não cumprimento por parte do rendeiro, será o facto comunicado ao senhorio, que pode rescindir o contrato nos termos das alíneas c), e) ou h) do art.º 17.º
3. Se o senhorio assim não proceder no prazo de 60 dias, a câmara municipal comunicará o facto ao Governo Regional, que poderá, compulsivamente, substituir-se ao rendeiro ou promover a expropriação por utilidade pública.

ART. 24.º   Decreto Regional n.º 11/77/A, de 20 de Maio

4. Em caso de não cumprimento por parte do proprietário, poderá o Governo Regional proceder ao arrendamento compulsivo ou promover a expropriação, nos termos do número anterior.

4. Não tem correspondência no Dec.-Lei n.º 385/88.

ARTIGO 24.º
Aplicação no tempo

1 — As relações e situações jurídicas emergentes de arrendamentos rurais de pretérito, ou de contratos a eles equiparados, ficam sujeitas ao regime do presente decreto regional, tanto no aspecto substantivo como no adjectivo.

2 — Para efeitos de denúncia, os contratos, ainda que celebrados por períodos mais curtos, consideram-se em contínua vigência desde o seu início, nos termos do artigo 7.º.

NOTAS

1. Redacção do Dec. Regulamentar Regional n.º 1/82/A.

2. Este preceito foi revogado pelo art. 2.º do Dec. Legislativo Regional n.º 16/88/A, que dispôs no
Art. 4.º (Direito transitório) — 1 — Sem prejuízo do disposto nos números seguintes, as alterações introduzidas por este diploma aos Decretos Regionais n.ºˢ 11/77/A e 1/82/A, respectivamente de 20 de Maio e de 28 de Janeiro, aplicam-se aos contratos de arrendamento rural existentes à data da sua entrada em vigor.
2 — Aquelas alterações não são aplicáveis aos processos que naquela data estejam pendentes em juízo.
3 — O disposto no n.º 3 do artigo 7.º só se aplica aos contratos celebrados posteriormente à entrada em vigor do presente diploma.

3. Redacção original: «*Aplicação no tempo*»
1. As relações e situações jurídicas emergentes de arrendamentos rurais de pretérito, ou de contratos a eles equiparados ficam sujeitas ao regime do presente decreto regional, tanto no aspecto substantivo como no adjectivo.
2. Para efeitos de denúncia, os contratos, ainda que celebrados por períodos mais curtos, consideram-se em contínua vigência desde o seu início, nos termos do artigo 7.º.
3. Mantém-se o direito às denúncias já requeridas judicialmente até 28 de Fevereiro do corrente ano.
4. A revisão prevista no n.º 1 do art. 10.º pode ser requerida até ao fim do presente ano agrícola, desde que, nesse ano e nos dois anos anteriores, não se tenha verificado alteração das rendas, ainda que por mútuo acordo.

4. Ver anotações ao art. 36.º do Dec.-Lei n.º 385/88.

ARTIGO 25.º
Práticas especulativas

Constitui conduta especulativa, punível nos termos da legislação respectiva:

a) A recusa de recibo de renda paga;
b) A cobrança antecipada de renda;
c) A exigência, pelo senhorio, de renda mais elevada do que a devida ou de qualquer outra quantia não autorizada pela lei ou, em termos regulares, pelo contrato.

NOTAS

1. A al. *c)* foi rectificada no Suplemento do *D.R. I Série*, de 23/7/1977.

2. Ver anotação ao art. 1.º.

3. Não tem correspondência no Dec.-Lei n.º 385/88.

4. Esta norma é claramente uma norma punitiva, que faz previsão do facto e remete para a *legislação respectiva* o seu sancionamento. Não diz, porém, qual é a legislação respectiva, pelo que se fica sem saber se remete para uma sanção civil, contra-ordenacional ou penal. Se é para uma sanção civil ou contra--ordenacional, não a localizamos. Mas, nesse caso, de qualquer jeito, afastada estaria a hipótese de ter sido cometido um crime de especulação; se é para a legislação penal que remete, mormente para o art. 35.º do Dec.-Lei n.º 28/84, de 20 de Janeiro, depara-se um problema de inconstitucionalidade.

O art. 25.º da LARA (Lei do Arrendamento Rural dos Açores) mantém a redacção inicial dada pelo Dec. Regional n.º 11/77/A, de 20 de Maio, já que as reformas posteriores o mantiveram intocado.

Tal Dec. Regional é um diploma emanado da Assembleia Regional dos Açores, cuja competência em matéria legislativa estava definida na conjugação dos arts. 229.º e 233.º, n.º 3 da C.R.P., hoje arts. 227.º e 232.º, e só podia versar sobre matérias de interesse específico da Região que não estivessem reservadas à competência própria dos órgãos de soberania. — arts. 229.º n.º 1 al. *a)*, 233.º n.º 3 e 115.º da C.R.P., hoje arts. 227.º n.º 1 al. *a)*, 228.º, 232.º e 112.º n.º 4 da C.R.P. vigente.

Para evitar equívocos, diga-se desde já que *«onde esteja uma matéria reservada à "competência própria dos órgãos de soberania", não há interesse específico para as Regiões que legitime o poder legislativo das Regiões Autónomas»* — Ac. do Tribunal Constitucional n.º 160/86, *D.R. II Série*, de 1/8/1986.

Ora, a *«definição dos crimes, penas, medidas de segurança e respectivos pressupostos, bem como processo criminal»* «é *da exclusiva competência da Assembleia da República»*, só ela podendo legislar sobre essas matérias, salvo autorização ao Governo — art. 167.º n.º 1, al. *e)*, da C.R.P., hoje art. 165.º n.º 1 al. *c)*.

ART. 25.º   *Decreto Regional n.º 11/77/A, de 20 de Maio*

Quer isto dizer que pertence exclusivamente à Assembleia da República a criminalização de condutas — cfr. Ac. do TC n.º 56/84, *D.R. I Série*, de 9/8/84 — pelo que só ela pode legislar sobre a matéria em apreço, isto é, criminalizar penalmente a fixação e cobrança de rendas em montante superior ao legalmente consentido pela LARA, não o podendo fazer a Assembleia Regional dos Açores.

Assim, qualquer interpretação do art. 25.º da LARA que conduza a que condutas aí previstas sejam punidas penalmente é inconstitucional, pois, se era esse o intento da Assembleia Regional dos Açores, violou o art. 229.º n.º 1 al. *a)*, conjugado com o art. 167.º n.º 1 al. *e)* da C.R.P. — hoje arts. 227.º n.º 1 al. *a)* e 165.º n.º 1 al. *c)* — a que está submetida.

Inconstitucionalidade esta que, como se viu, ocorre logo na génese do diploma e se mantém nos dias de hoje.

Aliás, situação análoga é tratada no Ac. do TC n.º 431/94, *D.R. Série I-A*, de 21/6/94, que se pronunciou pela inconstitucionalidade das normas constantes dos arts. 78.º e 80.º do Decreto aprovado pela Assembleia Regional dos Açores em 17 de Março de 1994, relativo ao Estatuto das Vias de Comunicação Terrestre da Região Autónoma dos Açores. — cfr. Juiz Dr. José Maria Moreira da Silva, *despacho de 26/10/1998, na Instrução n.º 18/98, do Tribunal Judicial da Comarca de Praia da Vitória.*

5. Sobre a decisão citada no número anterior, e de modo concordante, pronunciou-se recentemente o Tribunal Constitucional no Acórdão n.º 502/99, de 21/9/99, *DR II Série*, de 18/2/2000.

Aí se diz que desde a versão originária da Constituição de 1976, em vigor à data em que foi editado o Decreto Regional n.º 11/77/A, de 20 de Maio, que vigoram, em matéria de delimitação do âmbito da competência legislativa das Regiões Autónomas e dos órgãos de soberania, dois princípios fundamentais:

— por um lado o de que as assembleias legislativas regionais apenas podem legislar em matérias não reservadas à competência própria dos órgãos de soberania [cfr. art. 229.º, n.º 1, al. *a)* da versão originária e art. 227.º, n.º 1, alínea *a)* da actual redacção da Constituição];

— por outro lado, o de que a matéria relativa à *definição de crimes e penas* se situa no âmbito da reserva de competência legislativa da Assembleia da República [art. 167.º, al. *e)*, da versão inicial da Constituição de 1976 e art. 165.º, n.º 1, al. *c)*, da actual redacção].

À luz destas regras torna-se evidente — não carecendo, por isso, de maiores considerações — que não cabia no âmbito da competência legislativa da Assembleia Legislativa Regional dos Açores, tal como ele se encontrava definido em 1977, como não cabe ainda hoje, editar norma a tipificar como crime certas "condutas especulativas" a imputar ao senhorio.

As Assembleias Regionais não têm — como não tinham em 1977 — competência legislativa para tipificar um comportamento como crime, por se tratar de matéria que se situa no âmbito da reserva de competência legislativa da Assembleia da República [art. 167.º, al. *e)*, da versão inicial da Constituição de 1976 e art. 165.º, n.º 1, al. *c)*, da actual redacção].

Assim, é efectivamente de considerar inconstitucional, por violação dos arts. 229.º, n.º 1, al. *a)* e 167.º, al. *e)*, ambos da versão originária da Constituição, qualquer interpretação do disposto no art. 25.º do Decreto Regional n.º 11/77/A, de 20 de Maio, que lhe confira o sentido de conter norma incriminatória.

ARTIGO 26.º
Direito subsidiário

Nos casos omissos, em tudo o que não contrarie os princípios deste diploma, aplicam-se as regras gerais dos contratos e as especiais da locação, em conformidade com as disposições do Código Civil.

NOTAS

1. Redacção dada pelo Dec. Regional n.º 1/82/A.

2. Redacção originária: «*Prazo para redução a escrito*»
A redução a escrito do contrato de arrendamento terá de verificar-se no prazo de noventa dias a contar da entrada em vigor deste decreto.

3. Não tem correspondência no Dec.-Lei n.º 385/88.
Sobre a forma de processo ver anotações ao art. 16.º.

4. Este preceito, que dispõe sobre o direito subsidiário, não pode ser interpretado literalmente.

Com efeito, como se escreveu em anotação ao artigo 1º, é da exclusiva competência da Assembleia da República legislar, salvo autorização do Governo, sobre o regime geral do arrendamento rural e urbano — hoje al. *h)* do n.º 1 do art. 165.º da Constituição da República, ao tempo arts. 101.º, 164.º al. *d)* e 169.º n.º 2.

Tendo em atenção o disposto no n.º 1 als. *a)*, *b)* e *c)*, do art. 227.º e no n.º 4 do art. 112.º, da Constituição da República, ao tempo art. 229.º n.º 1 als. *a)*, *b)* e *c)*, tem de se entender que a legislação regional não pode criar um ordenamento jurídico paralelo, não pode conter um diploma que dispense a lei geral. Só pode incidir sobre as especificidades regionais.

Daqui decorre que o art. 26.º, ora em anotação, tem de ser interpretado em termos de não afastar na Região Autónoma dos Açores a aplicação do regime geral do arrendamento rural, aprovado pelo Dec.-Lei n.º 385/88, de 25 de Outubro, por ser matéria reservada dos órgãos de soberania do Estado, sob pena de violação da Constituição.

No que não constituir regime geral do arrendamento rural podem, então, ser aplicadas supletivamente não as normas constantes do Dec.-Lei n.º 385/88, mas as do art. 26.º.

Em conclusão, o sentido útil deste preceito é tão só possibilitar a aplicação de normas de direito subsidiário específico que não contrariem as do regime geral do arrendamento rural consignadas no Dec.-Lei n.º 385/88, podendo ser aplicadas em vez de normas deste Dec.-Lei que, pela sua natureza, não façam parte daquele regime geral.

ART. 27.º   *Decreto Regional n.º 11/77/A, de 20 de Maio*

Assim, não podem ser afectados na aplicação, entre outros, designadamente os arts. 28.º e 31.º n.º 1 do Dec.-Lei n.º 385/88, porque a matéria deles constante faz parte, pela sua própria natureza, da reserva dos órgãos de soberania do Estado, consubstanciando-se a matéria de preferência — ver anotação ao art. 21.º — num direito potestativo que não reflecte qualquer especificidade regional, inserindo-se, antes na base do ordenamento jurídico, e a de recurso e das alçadas na actividade dos tribunais e no modo de exercício da função judicial.

5. Proposta acção contra a Região Autónoma dos Açores, a citação é feita na pessoa do Presidente do Governo Regional, sendo nula a citação do Ministério Público, que, todavia, pode exercer o patrocínio da Região Autónoma a solicitação desta. — Ac. da Relação do Porto de 9/11/1995, *Bol.* 541, 516.

6. É ilegítimo o exercício dum direito em contradição com o comportamento assumido anteriormente pelo excercente, por ser contrário aos princípios impostos pela boa-fé. Se o A convencionou com outrem na cedência das reses e dos pastos, convencendo que se demitia efectivamente da sua posição de titular do arrendamento, através de um comportamento que nos Açores é tido como transferência efectiva do mesmo, deu lugar à confiança justificada do adquirente das reses e seu sucessor, de acordo com a convicção generalizada, de que assumira com seriedade — por ser costume — o compromisso de que não exerceria mais o seu direito de arrendatário. Deu, por isso, lugar aos comportamentos posteriores da senhoria, que fez novo arrendamento com os recorrentes, transferindo para eles o gozo da terra e propriedade das reses. Se agora vem exercer o seu direito, contra o compromisso que justificadamente foi tomado como sério, prosseguindo um objectivo que prejudica os recorrentes, excede manifestamente os limites impostos pela boa fé, vendo a sua actuação incursa no disposto no art. 334.º do C.C.. — Ac da Relação de Lisboa de 17/7/1986, *Col. Jur.* XI, 4, 134.

7. Deixou este Dec. Regional de fazer qualquer referência a indemnizações por benfeitorias realizadas pelo rendeiro, pelo que essa questão passou a ser regulada pela lei geral que, aliás e nos termos do art. 26.º, é mandada aplicar subsidiariamente. — Ac. da Relação de Lisboa de 7/12/1994, *Col. Jur.* XIX, 5, 117.

ARTIGO 27.º
Competência territorial

1 — As questões emergentes da aplicação deste diploma legal, nomeadamente as que dizem respeito ao despejo dos prédios, direitos de preferência, oposição às denúncias, fixação e alteração de rendas e outras, serão julgadas no tribunal da comarca da localização dos prédios.

NOTAS

1. Redacção do Dec. Regional n.º 1/82/A.

2. A redacção original é a que ora consta do corpo do art. 26.º.

3. Embora do texto conste que se trata do primeiro número o certo é que não existe o n.º 2.

4. Corresponde ao art. 1.º do Dec. Regulamentar Regional n.º 26/77/A, de 20 de Setembro, não tendo correspondência no Dec.-Lei n.º 385/88.
Sobre a forma de processo ver anotações ao art. 16.º

ARTIGO 28.º
Entrada em vigor

O presente diploma entra em vigor na data da sua publicação.

NOTAS

1. Sobre direito transitório dispôs o art. 2.º do Dec. Legislativo Regional n.º 16/88/A, no seu
Art. 4.º (Direito transitório) — 1 — Sem prejuízo do disposto nos números seguintes, as alterações introduzidas por este diploma aos Decretos Regionais n.ºs 11/77/A e 1/82/A, respectivamente de 20 de Maio e de 28 de Janeiro, aplicam-se aos contratos de arrendamento rural existentes à data da sua entrada em vigor.
2 — Aquelas alterações não são aplicáveis aos processos que naquela data estejam pendentes em juízo.
3 — O disposto no n.º 3 do artigo 7.º só se aplica aos contratos celebrados posteriormente à entrada em vigor do presente diploma.

ARRENDAMENTO FLORESTAL

DECRETO-LEI N.º 394/88

DE 8 DE NOVEMBRO

São deste diploma os artigos indicados nas notas sem outra menção.

Os preceitos do Arrendamento Florestal devem ser confrontados com os do Dec.-Lei n.º 385/88, de 25 de Outubro, que estabeleceu o novo regime de Arrendamento Rural, e com as respectivas notas.

DECRETO-LEI N.º 394/88

de 8 de Novembro

Desde a publicação da Lei n.º 76/77, de 29 de Setembro (artigo 47.º, n.º 1), tem vindo a ser anunciada ou prometida uma legislação especial sobre arrendamentos para fins florestais. O presente decreto-lei vem finalmente cumprir o que, pelo menos a nível legislativo, vem sendo prometido há mais de dez anos.

Partindo da experiência da aplicação dos mecanismos do arrendamento rural e verificando o peso relativo dos interesses em presença no acto do arrendamento florestal, privilegiou-se claramente o estabelecimento de acordos contratuais livres entre senhorio e arrendatário. Define-se assim um quadro jurídico por via do qual ficam clarificadas as regras de acesso à terra arrendada para todos os que queiram criar riqueza silvícola no seu conceito mais vasto.

Deixam-se por outro lado para outro tipo de legislação as intervenções genéricas de carácter técnico ou de correcção estrutural de que a floresta portuguesa carece, seja ela conduzida em terras próprias ou arrendadas.

À Direcção-Geral das Florestas remete-se fundamentalmente o papel de divulgador desta legislação, cabendo-lhe igualmente o tratamento da informação que resulte da comunicação obrigatória dos contratos, para, desta forma, prosseguir a via de aproximação livremente assumida e mutuamente vantajosa entre os produtores florestais e os técnicos especializados ao serviço da Administração Pública.

Assim:

Tendo sido ouvidos os órgãos de governo próprio das Regiões Autónomas dos Açores e da Madeira;

No uso da autorização legislativa concedida pela Lei n.º 99/88, de 23 de Agosto, e nos termos da alínea b) do n.º 1 do art. 201.º da Constituição, o Governo decreta o seguinte:

ARTIGO 1.º

Objecto

As relações jurídicas emergentes do contrato de arrendamento florestal ficam sujeitas ao disposto no presente diploma e legislação complementar.

NOTAS

1. Anteriormente o «Arrendamento Rural» abrangia as relações jurídicas emergentes da locação para fins de exploração florestal.

2. A locação de prédios rústicos para fins de exploração agrícola ou pecuária, nas condições de uma regular utilização, está regulamentada no Dec.-Lei n.º 385/88, de 25 de Outubro.

ARTIGO 2.º

Noção

1 — A locação de prédios rústicos para fins de exploração silvícola denomina-se arrendamento florestal.

2 — Entende-se por exploração silvícola qualquer das formas seguintes de utilização da terra:

a) **Instalação, condução e exploração de povoamentos florestais em terrenos nus ou cobertos de vegetação espontânea;**

b) **Condução e exploração de povoamentos florestais já existentes;**

c) **Exploração silvopastoril, cinegética, apícola ou outra utilização produtiva análoga;**

d) **Constituição ou ampliação de zonas de conservação.**

3 — O arrendamento florestal pode incluir, embora sem predominância na respectiva unidade de gestão, a criação de áreas de recreio, para desporto e turismo.

Arrendamento Florestal ART. 3.º

NOTAS

1. Locação é o contrato pelo qual uma das partes se obriga a proporcionar à outra o gozo temporário de uma coisa, mediante retribuição; diz-se arrendamento quando versa sobre coisa imóvel e aluguer, quando incide sobre coisa móvel. — Ver arts. 1022.º e 1023.º do C.C.

2. Sobre a noção de prédio rústico ver notas ao art. 1.º do Dec.-Lei n.º 385/88, de 25 de Outubro.

3. É de arrendamento florestal e não de urbano o arrendamento de terrenos para fins de exploração silvícola, com casa de habitação do arrendatário, independentemente da relação de quantidade entre os valores do terreno e da casa.

4. I — É um contrato de seguro agrícola, do tipo «genérico» e por área cultivada, o contrato com uma clausula das condições especiais onde estabelece que o seguro abrange os trabalhadores empregues em actividades agrícolas na unidade de exploração agrícola do segurado, ficando excluídos desse seguro os trabalhos de arranque, corte, desbaste, esgalhe e limpeza de árvores, quando considerados actividades silvícolas ou exploração florestal. II- Tendo o sinistrado sido atingido pela queda de um dos pinheiros que então destroncava num pinhal, há que concluir que o acidente ocorreu em actividade de exploração florestal e não em actividade agrícola e daí que o acidente não esteja coberto pelo seguro. — Ac. do STJ de 24/3/1999, *Bol.* 485, 233.

ARTIGO 3.º
Objecto do contrato

1 — O arrendamento florestal, além do terreno com o arvoredo e demais vegetação permanente, compreende todas as construções existentes que sejam indispensáveis ao desempenho da sua função económica normal.

2 — Podem ser excluídos expressamente do objecto do arrendamento os frutos pendentes ou cortes de arvoredo já existente à data do início da vigência do contrato.

3 — Salvo cláusula contratual expressa em contrário, presumem-se compreendidas no arrendamento as construções existentes no terreno que sejam complementares ou acessórias da exploração florestal.

NOTAS

1. A presunção do n.º 3 é *juris tantum*, admitindo prova em contrário.

2. O Dec.-Lei n.º 169/2001, de 25 de Maio, estabeleceu medidas de protecção ao sobreiro e azinheira.

3. Ac. da Relação de Lisboa de 2/10/1997, Col. Jur. XXII, 4, 102:
I — Tendo havido um incêndio num prédio rústico e estando impedida, legalmente, a conversão cultural, foi nulo o negócio jurídico tendente à florestação e compra da produção respectiva em desrespeito do Dec.-Lei n.º 172/88 (agora revogado pelo Dec.-Lei n.º 11/97, de 14 de Janeiro).
II — A essência da situação radica na nulidade do negócio e não tanto em impossibilidade da prestação.
III — É irrelevante o desconhecimento que as partes tivessem do Dec.-Lei n.º 172/88.
IV — Logo, deve ser restituído tudo o que as partes tenham prestado; e, estando em causa a restituição de dinheiro pago, acrescer-lhe-ão juros de mora desde a citação da ré restituinte.

4. I — Tem objecto contrário à lei e é, por isso, nulo o contrato de florestação com eucaliptos, a curto prazo, de um terreno que fora anteriormente explorado como montado de sobro e havia sido percorrido no ano anterior por um incêndio.
II — Não existe abuso de direito — *venire contra factum proprium* — se não se verifica o conhecimento pela A, à data da celebração do contrato, das circunstâncias que o tornavam nulo e uma actuação consciente fazendo crer à R que nunca faria uso do direito de obter essa nulidade. — Ac. do STJ de 4/6/1998, Col. Jur. STJ, VI, 2, 108.

ARTIGO 4.º

Forma

O contrato de arrendamento florestal e suas alterações devem constar de documento assinado pelas partes.

NOTAS

1. Confrontando a redacção deste preceito com a do n.º 1 do art. 3.º do Dec.-Lei n.º 385/88, de 25 de Outubro, que estabeleceu o regime de arrendamento rural, pareceria que o contrato de arrendamento florestal e suas alterações não teriam de ser *obrigatoriamente* reduzidas a escrito.
Contudo o n.º 2 do art. 26.º dissipa todas as dúvidas ao impor a redução a escrito, no prazo de 120 dias, dos contratos verbais existentes à data da sua entrada em vigor.

2. Proferida uma sentença que reconheça a existência de um contrato e reconstitua as suas cláusulas passa a servir para o futuro como «documento escrito» — ver art. 5.º.

3. I- A sentença não se traduz num contrato, mas num acto jurídico que tem por missão pôr termo a um conflito de interesses e dar certeza e segurança a um direito. II- Por isso, a sentença que julgou válida a denúncia de um contrato de arrendamento rural não pode ser considerada um contrato escrito.
- Ac. da Relação do Porto de 5/11/2001, Col. Jur., XXVI, 5, 169.

ARTIGO 5.º
Suprimento da falta de forma

1 — A falta de forma pode ser suprida por decisão judicial que reconstitua as cláusulas do contrato.

2 — Este suprimento pode ser obtido por via de acção ou de reconvenção.

3 — No caso de não ter sido acordada uma cláusula de actualização, o tribunal fixá-la-á de acordo com a equidade.

NOTAS

1. Todos os contratos conterão obrigatoriamente uma cláusula de actualização da renda. — Cfr. n.º 1 do art. 11.º.

ARTIGO 6.º
Comunicação e isenções

1 — No prazo de 30 dias a contar da celebração do contrato, o senhorio enviará cópia deste aos serviços regionais da Direcção-Geral das Florestas.

2 — A infracção do disposto no número anterior constitui contra-ordenação punível com coima de 5000$ a 50 000$, a aplicar pelo chefe da circunscrição florestal respectiva.

3 — O contrato não está sujeito a inscrição no registo predial e está isento do selo e de qualquer outro imposto, taxa ou emolumento.

4 — O disposto nos números anteriores é aplicável, com as necessárias adaptações, às alterações ao contrato.

NOTAS

1. Sobre a redução a escrito do contrato, ver art. 4.º e notas.

2. O Código do Imposto do Selo, aprovado pela Lei n.º 150/99, de 11 de Setembro, determinou que no arrendamento e no subarrendamento, o locador e o sublocador — art. 3.º n.º 3 al. *b)* — comuniquem à repartição de finanças da área da situação do prédio os contratos de arrendamento, subarrendamento e respectivas promessas, bem como as suas alterações. A comunicação é

efectuada até ao fim do mês seguinte ao do início do arrendamento, subarrendamento, das alterações ou, no caso de promessa, das disponibilização do locado. No caso de o contrato apresentar a forma escrita a comunicação é acompanhada de um exemplar do contrato — art. 27.º do CIS.

O documento que constitui o contrato deve ser elaborado em triplicado para que, além do que deverá ser entregue na repartição de finanças, um exemplar fique com o senhorio e outro com o arrendatário. No caso dos arrendamentos rurais a comunicação ou o original do contrato devem ser presentes na repartição de finanças do senhorio, pois prevalece a lei especial.

A falta ou atraso na apresentação ou a não exibição, imediata ou no prazo que a lei ou a administração tributária fixarem, de declarações ou documentos comprovativos dos factos, valores ou situações constantes das declarações, documentos de transporte ou outros que legalmente os possam substituir, comunicações, guias, registos, ainda que magnéticos, ou outros documentos e a não prestação de informações ou esclarecimentos que autonomamente devam ser legal ou administrativamente exigidos constituem contra-ordenação fiscal a que á aplicável coima de (euro) 100 a (euro) 2500 — n.º 1 do art. 11.º do Regime Geral das Infracções Tributárias (RGIT), aprovado pela Lei n.º 15/01 de 5 de Junho —, elevando-se tais valores para o dobro se aplicável a uma pessoa colectiva, sociedade, ainda que irregularmente constituída, ou outra entidade fiscalmente equiparada (n.º 4 do art. 26.º do RGIT).

Estas infracções fiscais, porque omissivas, consideram-se praticadas na área do serviço fiscal em que deveria ser cumprido ou se deveria considerar cumprido o dever violado e na data em que termine o prazo para o respectivo cumprimento — n.ºs 1 e 2 do art. 5.º do RGIT.

Em princípio o procedimento por estas contra-ordenações extingue-se por efeito da prescrição logo que sobre a sua prática hajam decorridos cinco anos — art. 119.º da Lei Geral Tributária, aprovada pelo Dec.-Lei n.º 398/98, de 7 de Dezembro.

Sobre a responsabilidade da pessoas colectivas e seus representantes, ver os arts. 6.º, 7.º e 8.º do RGIT e art. 7.º do Dec.-Lei n.º 433/82, de 27 de Outubro.

Quando, em processo judicial, se mostre não terem sido cumpridas quaisquer obrigações previstas no Código do Imposto do Selo directa ou indirectamente relacionadas com a causa, deve o secretário judicial, no prazo de 10 dias, comunicar a infracção ao serviço local da área da ocorrência do facto tributário, para efeitos da aplicação do Código — art. 23.º do CIS.

3. A Lei n.º 150/99, de 11 de Setembro, que aprovou o Código do Imposto do Selo e a Tabela Geral anexos, alterada pela Lei n.º 176-A/99, de 30 de Dezembro, determinou no art. 3.º que a Tabela Geral se aplica aos contratos celebrados a partir de 1 de Março de 2000.

No n.º 2 da Tabela Geral, relativamente ao arrendamento e subarrendamento, incluindo as alterações que envolvam aumento de renda operado pela revisão de cláusulas contratuais e a promessa quando seguida da disponibilização do bem locado ao locatário, faz-se incidir o imposto de 10% sobre a renda ou seu aumento convencional, correspondentes a um mês ou, tratando-se de arrendamentos por períodos inferiores a um mês, sem possibilidade de renovação ou prorrogação, sobre o valor da renda ou do aumento estipulado para o período da sua duração.

A liquidação e o pagamento do imposto nos arrendamentos e subarrendamentos, competem ao locador e sublocador — al. *g)* do art. 14.º do CIS. Porém, o n.º 3 do preceito em anotação, como lei especial que é, prevalece sobre a Tabela Geral.

4. O Dec.-Lei n.º 20/98, de 3 de Fevereiro, alterado pelo Dec.-Lei n.º 253/98, de 11 de Agosto, define os serviços competentes para a decisão de aplicação de coimas e sanções acessórias em processos de contra-ordenação em matéria de legislação florestal.

ARTIGO 7.º

Duração do arrendamento

1 — O arrendamento florestal não pode celebrar-se por mais de setenta anos, considerando-se reduzido a este limite o prazo superior que haja sido fixado.

2 — O prazo não poderá ser inferior a dez anos, excepto se se tratar de arrendamento para instalação de viveiros.

NOTAS

1. Os contratos celebrados por mais de 30 anos (no caso 70) não são nulos: consideram-se reduzidos ao limite legal. Não se verifica, porém, um fenómeno de redução, tal como está previsto no art. 292.º do C.C. pois a limitação do prazo impõe-se, mesmo que não seja essa a vontade conjectural das partes. Trata-se de uma redução que exprime uma limitação da ordem pública. Entende-se haver inconvenientes, quer no aspecto económico, quer no plano social, em que o gozo de determinada coisa seja obrigatoriamente concedido por um período demasiado dilatado no tempo a quem não seja o seu proprietário ou usufrutuário. — Cfr. neste sentido Profs. Pires de Lima e Antunes Varela, *C.C. Anotado*, II, 4.ª ed., pág. 348.

2. O prazo mínimo de duração do contrato (excepto se se tratar de arrendamento para instalação de viveiros, que não tem limite mínimo) é de dez anos.
No caso de ter sido estipulado prazo mais curto vale aquele prazo, que se presume convencionado, como convencionado, também, se presume, se não tiver sido fixado qualquer prazo, embora seja admissível prova em contrário.

3. Diversamente do que sucede com o arrendamento rural, o contrato de arrendamento florestal não se renova automaticamente findo o prazo nele fixado, salvo cláusula ou acordo expresso dos contraentes. — Cfr. art. 21.º.

4. I — Estamos perante um contrato de arrendamento florestal, consubstanciado no acordo mediante o qual uma das partes, a proprietária de uma

herdade, cedeu o uso desta com os sobreiros nela existentes para que ao longo de noventa e nove anos o cessionário extraísse a cortiça que os sobreiros produzissem.

II — O objecto do contrato não era apenas a cortiça produzida em certo momento. Houve uma transferência temporária da propriedade com os sobreiros nela existentes para o arrendatário, a fim de que este, acompanhando o seu desenvolvimento pudesse vir a usufruir da cortiça produzida.

III — Uma vez que o arrendamento teve início em 1907 para durar até 2006, e como entretanto foi publicado o Dec.-Lei n.º 394/88, de 8-11, que estabelece o regime geral do arrendamento florestal, dispondo no seu art. 26.º, n.º 1, que este tipo de arrendamentos não pode celebrar-se por mais de 70 anos, consideram-se reduzidos a este limite os contratos já celebrados.

IV — Trata-se de uma norma especial criada para o regime do arrendamento florestal em que o legislador não consente que os contratos ultrapassem 70 anos.

V — Estando-se perante urna norma de carácter especial, o disposto no art. 7.º não pode ser afastado por uma norma de carácter geral como é o art. 297.º do C.C..

VI — O referido contrato tem portanto, de considerar-se findo no dia em que entrou em vigor o citado Dec.-Lei n.º 394/88, ou seja, em 13 de Novembro de 1988. E para que se considere findo não se tornava necessário qualquer declaração das partes.

VII — Mesmo que seja celebrado por um prazo inferior a 70 anos, o contrato não se renova automaticamente até atingir aquele prazo.

VIII — O disposto no art. 18.º, n.º 1, al. b), do Dec.-Lei n.º 385/88, de 25-10, não tem aplicação à hipótese vertente, uma vez que o Dec.-Lei n.º 394/88, estabeleceu um prazo máximo de duração para o contrato.

IX — Tendo os réus procedido à venda da cortiça depois da referida data de 13 de Novembro de 1988, fizeram-no já depois de caducado o contrato de arrendamento. Daí que a autora, ex-arrendatária não tenha direito ao valor da cortiça que os réus venderam. — Ac. do STJ de 17/4/1996, *Proc. 619/96, 2.ª Secção.*

5. I — É contrato de arrendamento e não de compra e venda aquele por virtude do qual se transfere o direito de colher cortiça produzida em determinada propriedade mediante retribuição, durante certo número de anos.

II — O princípio do melhor tratamento do arrendatário, que constitui uma das especialidades mais características do regime do arrendamento urbano e rural, não se justifica no âmbito do arrendamento florestal, em que os arrendatários são, muitas vezes, as grandes empresas de celulose e os senhorios pequenos proprietários.

III — Por força do n.º 1 do art. 7.º do Dec.-Lei n.º 394/88, que é de carácter inovador, onde o arrendamento florestal ganhou autonomia, tal arrendamento não pode ser celebrado por mais de 70 anos, considerando-se reduzido a esse limite o prazo superior que tenha sido fixado.

IV — O decurso deste prazo, no entanto, não opera «por si» a caducidade do contrato, apenas faculta, a qualquer das partes, denunciá-lo por esse motivo.

V — Assim, o contrato será tido como renovado, se nenhuma das partes o tiver denunciado no tempo e pela forma convencionada, ou na designada por lei — Ac. da Relação de Évora de 23/4/1998, *Col. Jur.* XXIII, 2, 278.

ARTIGO 8.º
Cláusulas nulas

São nulas as cláusulas contratuais em que:

a) O arrendatário se obrigue a vender os produtos por serviços emergentes do contrato, no todo ou em parte, a entidades certas e determinadas;

b) O arrendatário se obrigue ao pagamento de prémios de seguros contra incêndios de edifícios ou instalações fixas não compreendidas no contrato, bem como de impostos, contribuições ou taxas incidentes sobre os imóveis objecto do contrato e que sejam devidos pelo senhorio;

c) Qualquer dos contraentes renuncie ao direito de pedir a resolução do contrato e as indemnizações que foram devidas nos casos de violação de obrigações legais ou contratuais.

NOTAS

1. Por razões de interesse e ordem pública não podem ser afastadas por vontade das partes as cláusulas referidas nas diversas alíneas.

Não obstante o vício de qualquer delas, prevalece o arrendamento florestal, já que a nulidade de qualquer uma não determina a invalidade de todo o contrato. — Cfr. art. 292.º do C.C., afastando-se a aplicação da segunda parte deste preceito.

Na al. *a)* procura-se preservar a liberdade dos contratantes, partindo-se do princípio que o arrendatário é a parte mais fraca.

Na al. *b)* pretende-se salvaguardar o mesmo princípio e a estabilidade das rendas.

Na al. *c)* quer-se impedir que o senhorio e o arrendatário possam violar impunemente as suas obrigações legais ou contratuais.

2. Ac. da Relação de Évora de 23/4/1998, *Col. Jur.* XXIII, 2, 278: O princípio do melhor tratamento do arrendatário, que constitui uma das especialidades mais características do regime do arrendamento urbano e rural, não se justifica no âmbito do arrendamento florestal, em que os arrendatários são, muitas vezes, as grandes empresas de celulose e os senhorios pequenos proprietários.

ARTIGO 9.º
Alteração da composição, regime e estrutura dos povoamentos

1 — Na ausência de acordo dos contraentes, a autorização do director-geral das Florestas permite ao arren-

datário alterar a composição, regime e estrutura dos povoamentos, com vista a aumentar a rendibilidade económica da exploração ou a racionalizar o aproveitamento dos recursos, desde que a recusa de consentimento do senhorio seja manifestamente injustificada.

2 — Tratando-se de arrendamento cujo fim seja a exploração de povoamentos florestais já existentes, a falta de consentimento do senhorio só judicialmente pode ser suprida.

3 — No processo de suprimento previsto no número anterior, o tribunal solicitará obrigatoriamente parecer ao director-geral das Florestas.

4 — Da autorização do director-geral das Florestas e da sentença proferida no processo de suprimento deve constar a alteração da renda que a equidade impuser.

5 — Do acto do director-geral das Florestas cabe recurso contencioso.

NOTAS

1. O recurso é interposto para o Tribunal Administrativo de Círculo. — Cfr. al. a) do n.º 1 do art. 51.º do Dec.-Lei n.º 129/84, de 27 de Abril. No regime da Lei n.º 13/2002, de 19 de Fevereiro, o recurso deve ser dirigido ao TAC territorialmente competente — arts. 24.º, 37.º e 44.º.

ARTIGO 10.º

Fixação e pagamento da renda

1 — A renda é anual, estipulada e paga em dinheiro, podendo, no entanto, outra modalidade ser convencionada entre os contraentes.

2 — A antecipação da renda poderá ser acordada entre as partes contraentes.

NOTAS

1. Ver notas ao art. 7.º do Dec.-Lei n.º 385/88, de 25 de Outubro, que estabeleceu o regime de arrendamento rural.

ARTIGO 11.º
Alteração das rendas

1 — Todos os contratos conterão obrigatoriamente uma cláusula de actualização da renda.

2 — Sempre que circunstâncias excepcionais e de carácter permanente alterem substancialmente a produtividade do prédio, poderá qualquer dos contraentes, na falta de acordo, requerer ao tribunal a alteração da renda.

NOTAS

1. Sobre o processo para se obter a fixação e alteração de rendas ver o n.º 1 do art. 27.º e respectiva anotação.
No caso de não ter sido acordada uma cláusula de actualização, o tribunal fixá-la-á de acordo com a equidade. — Cfr. n.º 3 do art. 5.º.

2. I — A partir do Dec.-Lei n.º 394/88, de 8 de Novembro, que autonomizou os contratos de arrendamento florestal, estes conterão obrigatoriamente uma cláusula de actualização da renda (art. 11.º, n.º 1).

II — O regime daquele diploma é aplicável aos contratos já existentes (art. 26.º, n.º 1).

III — Celebrado contrato anteriormente ao referido Dec.-Lei, podem as partes introduzir-lhe cláusula de actualização, ou por acordo, ou, na falta deste, por intervenção judicial (art. 5.º, n.º 3) — Ac. da Relação do Porto de 4/6/1991, *Col. Jur.* XVI, 3, 244.

ARTIGO 12.º
Tempo e lugar do pagamento da renda

Salvo cláusula em contrário, o pagamento da renda deve ser efectuado, no último dia do prazo a que respeita, no domicílio do senhorio à data do vencimento.

ARTIGO 13.º
Mora do arrendatário

1 — Constituindo-se o arrendatário em mora, o senhorio tem o direito de exigir, além das rendas em atraso, uma indemnização de valor igual ao que for devido, salvo se o contrato for resolvido com base na falta de pagamento das rendas, caso em que apenas terá o direito às rendas devidas.

2 — Cessa o direito à indemnização ou à resolução do contrato se o arrendatário fizer cessar a mora no prazo de quinze dias a contar do seu começo.

3 — Após a interposição da acção de resolução do contrato com base na falta de pagamento das rendas, o direito à resolução só caduca se o arrendatário, até à contestação da acção, pagar ou depositar as rendas em atraso e uma indemnização de valor igual ao dobro do que for devido.

NOTAS

1. Ver notas ao art. 12.º do Dec.-Lei n.º 385/88, de 25 de Outubro, que estabeleceu o regime de arrendamento rural.

2. Constituindo-se o arrendatário em mora, há que distinguir: se o senhorio não interpôs acção de resolução do contrato, o arrendatário pode fazer cessar a mora no prazo de 15 dias a começar do seu começo, pagando a renda em singelo; se passarem os 15 dias ou se o senhorio interpôs acção de resolução do contrato, o inquilino só pode purgar a mora se pagar o dobro do que for devido.

3. *Até à contestação da acção* significa até ao fim do prazo para a contestação.

ARTIGO 14.º
Benfeitorias feitas pelo arrendatário

1 — O arrendatário pode fazer no prédio arrendado benfeitorias necessárias sem consentimento do senhorio.

2 — Salvo cláusula contratual em contrário, o arrendatário carece do consentimento do senhorio para fazer benfeitorias úteis.

3 — As benfeitorias realizadas pelo arrendatário não justificam a revisão do montante da renda.

4 — Salvo cláusula contratual em contrário, cessando o arrendamento por qualquer causa, as benfeitorias revertem para o senhorio, sem haver lugar a qualquer indemnização.

NOTAS

1. Sobre benfeitorias ver notas aos arts. 14.º e 15.º do Dec.-Lei n.º 385/88, de 25 de Outubro, que estabeleceu o regime de arrendamento rural.

2. Ao contrário do habitual, todas as benfeitorias, quer sejam necessárias, úteis ou voluptuárias, consentidas ou não pelo senhorio, e seja qual for a causa de cessação do arrendamento, revertem para ele sem haver lugar a indemnização, a menos que outra coisa tenha sido clausulada.

3. O consentimento para o arrendatário fazer as benfeitorias não precisa de ser escrito, podendo ser dado de qualquer modo.

ARTIGO 15.º
Cálculo do valor das benfeitorias que dão lugar à indemnização

1 — A indemnização pelas benfeitorias efectuadas ao abrigo da cláusula prevista no n.º 4 do artigo anterior será calculada tendo em conta, além do valor da renda, o custo suportado pelo arrendatário, as vantagens que o mesmo delas haja usufruído na vigência do contrato em virtude do que fez no imóvel e o proveito que disso resultar futuramente para o senhorio.

2 — O pagamento da indemnização referida no número anterior poderá ser fraccionado de forma que as prestações se efectuem aquando da percepção pelo senhorio dos benefícios resultantes das benfeitorias.

NOTAS

1. A indemnização pelas benfeitorias, quando for devida, não é calculada pelo seu valor real, mas com base no valor da renda, no custo suportado pelo arrendatário, as vantagens que o mesmo delas haja usufruído na vigência do contrato em virtude do que fez no imóvel e o proveito que disso resulta futuramente para o senhorio.

O pagamento pode ser diferido, de modo a que o senhorio a venha a receber na totalidade ou em prestações aquando da percepção, por ele, dos benefícios delas resultantes.

ARTIGO 16.º
Benfeitorias feitas pelo senhorio

1 — O senhorio pode fazer benfeitorias no prédio com o consentimento do arrendatário ou com o seu suprimento judicial.

2 — O senhorio indemnizará o arrendatário pelo prejuízo que a realização destas benfeitorias eventualmente lhe causar.

NOTAS

1. O senhorio só pode fazer benfeitorias no prédio, inclusive as necessárias, com o consentimento do arrendatário ou com o seu suprimento judicial.

O consentimento não precisa de ser escrito, podendo ser dado de qualquer modo.

ARTIGO 17.º
Resolução do contrato pelo senhorio

O senhorio só pode pedir a resolução do contrato se o arrendatário:

a) Não pagar a renda no tempo e lugar próprio nem fizer o pagamento previsto nos termos do n.º 1 do artigo 13.º;

b) Faltar ao cumprimento de alguma obrigação legal ou contratual com prejuízo grave para a produtividade, substância ou função económica e social do prédio;

c) Usar o prédio para fins diferentes do estipulado no contrato;

d) Não velar pela boa conservação dos bens ou causar prejuízos graves nos que, não sendo objecto do contrato, existam no prédio arrendado;

e) Sublocar ou comodatar, total ou parcialmente, os prédios arrendados ou ceder a sua posição contratual em violação do disposto no presente diploma.

NOTAS

1. Ver notas ao art. 21.º do Dec.-Lei n.º 385/88, de 25 de Outubro, que estabeleceu o regime de arrendamento rural.

ARTIGO 18.º
Cessação do contrato pelo arrendatário

O arrendamento pode cessar, em qualquer altura, por iniciativa do arrendatário, que terá de avisar o senhorio com a antecedência mínima de dois anos, mediante carta registada com aviso de recepção.

NOTAS

1. O arrendatário pode denunciar o contrato em qualquer altura, por sua iniciativa e sem invocar qualquer causa, contanto que o faça com a antecedência mínima de dois anos em relação à data em que pretende ver cessado o arrendamento.
O senhorio não tem o direito de denunciar o contrato.

ARTIGO 19.º
Transmissibilidade

1 — O arrendamento florestal não caduca por morte do senhorio, nem pela transmissão do prédio nem quando cesse o direito ou os poderes legais de administração com base nos quais o contrato foi celebrado.

2 — O mesmo arrendamento não caduca por morte do arrendatário, transmitindo-se ao cônjuge sobrevivo não separado de pessoas e bens ou de facto, àquele que no momento da sua morte vivia com ele há mais de cinco anos em condições análogas às dos cônjuges e a parentes ou afins na linha recta que com ele vivessem em comunhão de mesa e habitação ou em economia comum há pelo menos dois anos.

3 — A transmissão a que se refere o número anterior defere-se pela ordem seguinte:

a) Ao cônjuge sobrevivo;
b) Aos parentes ou afins na linha recta, preferindo os primeiros aos segundos, os descendentes aos ascendentes e os de grau mais próximo aos de grau mais afastado;
c) À pessoa que vivia com o arrendatário há mais de cinco anos em condições análogas às dos cônjuges.

4 — A transmissão a favor dos parentes ou afins do primitivo arrendatário também se verifica por morte do cônjuge sobrevivo quando, nos termos deste artigo, lhe tenha sido transmitido o direito ao arrendamento.

5 — O arrendamento, todavia, caduca se o titular do direito à sua transmissão não o exercer nos três meses seguintes à morte do arrendatário mediante comuni-

379

cação ao senhorio por carta registada com aviso de recepção.

NOTAS

1. Ver notas aos arts. 22.º, 23.º e 24.º do Dec.-Lei n.º 385/88, de 25 de Outubro, que estabeleceu o regime de arrendamento rural.

ARTIGO 20.º
Caducidade do arrendamento devido a expropriação

1 — A expropriação por utilidade pública da totalidade do imóvel arrendado importa a caducidade do arrendamento.

2 — Se a expropriação for total, o arrendamento é considerado como encargo autónomo para o efeito de o arrendatário ser indemnizado pelo expropriante, tendo aquele direito a uma indemnização calculada nos termos da legislação respectiva, mas nunca inferior ao valor dos capitais investidos ou dos lucros cessantes, valores estes sempre reportados à data em que é proferida a primeira decisão no processo de expropriação por utilidade pública.

3 — Em alternativa, e para o cômputo da indemnização, também se poderá atender à capitalização dos rendimentos anuais ou multianuais verificados no momento referido na última parte do número anterior.

4 — Se a expropriação for parcial, o arrendatário, independentemente dos direitos facultados nos dois números anteriores em relação à parte expropriada, pode optar pela redução proporcional da renda ou pela resolução do contrato quando o senhorio, nos termos da legislação referente a expropriações por utilidade pública, não tenha requerido a expropriação total ou não veja deferida esta pretensão.

NOTAS

1. Ver notas ao art. 25.º do Dec.-Lei n.º 385/88, de 25 de Outubro, que estabeleceu o regime de arrendamento rural.

2. A expropriação só extingue o arrendamento na medida em que se não compadeça com a subsistência deste contrato — Ac. da Relação de Évora de 7/3/1991, Col. Jur. XVI, 2, 316.

ARTIGO 21.º
Termo do contrato

Salvo cláusula contratual ou o acordo expresso dos contraentes, o contrato de arrendamento não se renova automaticamente findo o prazo nele fixado.

NOTAS

1. Sobre a duração do arrendamento ver o art. 7.º e notas.

ARTIGO 22.º
Exploração em talhadia

No caso de exploração de espécies em talhadia, o arrendatário, no termo do contrato, é obrigado a arrancar os cepos, salvo cláusula contratual ou acordo expresso em contrário.

NOTAS

1. Talhadia é o tipo de exploração de culturas florestais em que a renovação das árvores pré-existentes é assegurada através do corte (rolamento) destas e da subsequente rebentação das toiças (emissão de rebentos a partir de gomos localizados no colo ou nas raízes da árvore rolada).

Trata-se de uma alternativa à propagação das árvores por via sexuada (por semente).

A propagação por via assexuada, como é o caso da talhadia, é prática relativamente pouco corrente. No entanto, é utilizada entre nós nomeadamente na renovação de soutos bravos (castanheiro) e nos eucaliptais.

O Dec. Regulamentar Regional n.º 13/99/A, de 3 de Setembro, define talhadia como o regime no qual a continuidade dos povoamentos é garantida pelo aproveitamento dos rebentos ou pôlas de origem caulinar ou radicular, resultantes de gomos adventícios ou dormentes.

ARTIGO 23.º
Sublocação e cessão da posição contratual

A sublocação e a cessão da posição contratual do arrendatário carecem de autorização do senhorio.

ART. 24.º   *Decreto-Lei n.º 394/88, de 8 de Novembro*

NOTAS

1. Ver notas ao art. 13.º do Dec.-Lei n.º 385/88, de 25 de Outubro, que estabeleceu o regime de arrendamento rural.

2. O assinalável peso determinante da terra explicará parcialmente a parcimónia legislativa no respeitante à previsão e disciplina dos negócios que podem ter a empresa agrícola por objecto. São poucas, com efeito, as normas que se lhe referem explicitamente. E não deixa de ser notável que os diplomas reguladores do arrendamento rural e florestal não contenham disposições especiais relativas a empresas agrícolas. (...) O que junto ao facto desses diplomas proibirem o subarrendamento e a cessão da posição contratual do arrendatário, salvo acordo do senhorio, e estabelecerem o princípio da não renovação automática dos contratos (v. Dec.-Lei n.º 385/88 — arts. 13.º e 18.º, e segs. —, e Dec.-Lei n.º 394/88 — arts. 23.º e 21.º), motiva algumas observações. O arrendatário que tenha constituído uma empresa agrícola (em sentido estrito) sobre prédio arrendado não tem possibilidade, sem autorização do senhorio (respeitante à mobilização do direito ao arrendamento), de aliená-la — podendo, assim, ficar comprometida a continuidade ou integridade dela. Por outro lado, tendo o senhorio o direito de, em princípio, denunciar o contrato para o termo do prazo ou da sua renovação, o exercício desse direito acarretará normalmente a extinção da empresa. É sensível o pendor proprietarista — rural da lei, em detrimento da empresa... — Prof. Coutinho de Abreu, *Da Empresarialidade*, 83 e segs.; ver, ainda, do mesmo autor, *Curso de Direito Comercial*, vol. I, 3.ª ed., 239 e segs..

ARTIGO 24.º

Direito de preferência

1 — No caso de venda ou dação em cumprimento de prédios que sejam objecto de arrendamento florestal, têm direito de preferência, pela ordem de menção, os arrendatários, os proprietários de prédios servientes, os proprietários de prédios confinantes e os membros dos agrupamentos de produtores florestais existentes no concelho onde o prédio, ou a sua maior área, se situar.

2 — Nas situações previstas no número anterior é aplicável, com as necessárias adaptações, o disposto nos artigos 416.º a 418.º e 1410.º do Código Civil.

3 — Havendo mais do que um preferente interessado em exercer o seu direito, abrir-se-á licitação entre eles, revertendo o excesso para o senhorio.

4 — O disposto nos números anteriores entende-se sem prejuízo dos direitos de preferência estabelecidos na lei

a favor dos contitulares de herança indivisa ou dos comproprietários.

NOTAS

1. Sobre o direito de preferência ver o art. 28.º do Dec.-Lei n.º 385/88, de 25 de Outubro, que estabeleceu o regime de arrendamento rural.

2. O direito de preferência cabe, em primeiro lugar, aos contitulares de herança indivisa e aos comproprietários.
Seguem-se os arrendatários que, ao contrário do que sucede no arrendamento rural, têm direito de preferência independentemente do tempo de vigência do contrato.
Depois têm direito de preferir os proprietários dos prédios servientes e dos prédios dominantes. Compreende-se a preferência que lhes é atribuída tendo em vista a finalidade de acabar com os prédios encravados e de aumentar a área de cultura.
Já não se compreende muito bem por que razão um membro de um agrupamento de produtores florestais existente no concelho, que pode ter uma propriedade no lado oposto ao da oferecida para venda, há-de ter preferência.

3. A forma normal do exercício do direito de preferência é a acção de preferência com processo comum, ordinário ou sumário consoante o valor.
No entanto o C.P.C. prevê o exercício do direito de preferência em diversos processos. — Cfr. arts. 892.º, 1333.º e 1458.º e segs.

4. Pertencendo simultaneamente a vários títulos o direito de preferência e havendo mais do que um preferente interessado em o exercer a tramitação a seguir é a notificação para preferência prevista no art. 1458.º do C.P.C.

5. O direito de preferência abrange, também, a venda de quota ideal ou indivisa do prédio arrendado, já que no n.º 4 se diz que o exercício dos direitos de preferência estabelecidos cedem perante o exercício desses direitos pelos contitulares de herança indivisa ou dos comproprietários.
Resulta daqui que, se estes o não exercerem, ele pertence aos outros enumerados.

6. I — É no momento em que se opera a alienação que o direito de preferência se radica no seu titular.
II — Tendo a autora intentado a acção de preferência 7 anos depois da escritura de compra e venda celebrada pela ré, agiu com excesso manifesto dos limites impostos pela boa-fé pois, se tivesse sido diligente na defesa dos seus interesses, poderia, em princípio, começar imediatamente a averiguar as condições do negócio e, isso, nunca levaria 7 anos.
III — O instituto do abuso de direito consagrado no art. 334.º do C.C. é do conhecimento oficioso pelos tribunais. — Ac. da Relação de Évora de 23/4/1998, *Col. Jur.* XXIII, 2, 278.

ARTIGO 25.º

Parceria

É proibida a celebração de contratos de parceria florestal.

NOTAS

1. Sobre o contrato de parceria ver o art. 31.º do Dec.-Lei n.º 385/88, de 25 de Outubro, que estabeleceu o regime de arrendamento rural.

2. Trata-se de um preceito imperativo.

3. Proibindo, para o futuro, a celebração de contratos de parceria florestal, o preceito não proíbe a manutenção dos existentes.

ARTIGO 26.º

Aplicação da lei a arrendamento existentes

1 — As relações e situações jurídicas emergentes de arrendamentos já existentes e que se enquadrem na previsão do artigo 2.º ficam sujeitas ao regime do presente diploma, quer na parte substantiva quer na adjectiva.

2 — A redução a escrito de contratos já existentes e a prática de outras formalidades previstas neste diploma terão de verificar-se no prazo de 120 dias a contar do início da sua vigência.

NOTAS

1. O presente diploma aplica-se imediatamente aos contratos existentes à data da sua entrada em vigor e que, nos termos do art. 2.º, se possam qualificar como de arrendamento florestal, tendo, assim, efeitos retroactivos.

2. O presente decreto-lei entrou em vigor em 13 de Novembro de 1988. A redução a escrito de contratos já existentes, mas verbais, e a prática de outras formalidades previstas neste diploma, teriam de verificar-se até ao dia 13 de Março de 1989, inclusive.

3. Pelas razões constantes do parecer da P.G.R. de 11/10/1979, *Bol.* 297, 29, não é afectado o conteúdo dos contratos anteriormente celebrados como de arrendamento rural e que abrangiam arvoredo florestal.

Esses contratos, celebrados «dentro dos limites da lei» devem ser pontualmente cumpridos, não apenas como expressão da autonomia da vontade individual, mas também como instrumento de cooperação entre as pessoas.

4. A questão trazida a este Tribunal no presente recurso reconduz-se à interpretação do disposto no art. 26.º/2, do Dec.-Lei n.º 394/88, de 8 de Novembro, em conjugação com o preceituado no art. 5.º/3 do mesmo diploma: o prazo de caducidade referido naquela disposição aplicar-se-á igualmente ao pedido de fixação pelo tribunal da cláusula de actualização da renda mencionada no art. 11.º/1?

Cremos decididamente que não, embora não se adira porventura, de todo, à argumentação do acórdão recorrido. Vejamos.

O regime instituído pelo Dec.-Lei n.º 394/88 aplica-se retroactivamente às relações e situações jurídicas emergentes de arrendamento já existentes e que se enquadrem na previsão do art. 2.º, quer na parte substantiva quer na adjectiva (art. 26.º/1) referindo-se a parte substantiva ao contrato em si mesmo considerado (forma, conteúdo, efeitos) e referindo-se a parte adjectiva aos meios processuais adequados à resolução das questões emergentes dos mesmos contratos (art. 27.º).

Ora, segundo o n.º 2 do referido art. 26.º, a redução a escrito de contratos já existentes e a prática de outras formalidades previstas neste diploma terão de verificar-se no prazo de 120 dias a contar do início da sua vigência, ou seja, até 13 de Março de 1989, já que o diploma em referência entrou em vigor em 13 de Novembro de 1988.

Aceita-se que, considerada a disposição isoladamente e no seu aspecto meramente literal, comportasse a interpretação pretendida pela recorrente. Bastaria considerar a inserção da cláusula de actualização da renda como uma «formalidade» para que a indicada interpretação fosse possível, o que, aliás, implicaria um certo forçar da letra da lei.

Mas o art. 9.º do C. Civil, no seu n.º 1, alerta-nos para subsidiariedade da interpretação literal ao estatuir que, a interpretação não deve cingir-se à letra da lei, mas reconstituir a partir dos textos o pensamento legislativo, tendo sobretudo em conta a unidade do sistema jurídico, as circunstâncias em que a lei foi elaborada e as condições específicas do tempo em que é aplicada.

Porém, e como acima referimos, considerar, como mera formalidade a inserção nos contratos de arrendamento florestal de uma cláusula de actualização da renda implicaria desde logo algo de violência contra a letra da lei. É que esta refere a «prática de outras formalidades» previstas no diploma, e a inserção da dita cláusula nos contratos não condiz com o verbo «praticar».

«Forma é uma certa e determinada figuração exterior prescrita para a declaração» — na definição de Rui Alarcão, em A Confirmação, 1, 188, citado por Abílio Neto e H. A. Martins no «Vocabulário Jurídico» anexo ao Código Civil Anotado.

Formalidade tem a ver com o ritualismo, com o modo de proceder e a cláusula em referência tem a ver com a substancia do contrato, constituindo uma das suas cláusulas mais importantes. De tal forma que a lei a considera obrigatória, a impõe mesmo em relação aos contratos do passado.

Aproximando o disposto no art. 26.º/2 do que se dispõe nos arts. 11.º/1 e 5, concluímos que a inclusão da cláusula de actualização da renda, sendo um elemento essencial do contrato de arrendamento florestal, de inclusão obrigatória («todos os contratos conterão obrigatoriamente tal cláusula» — art. 11.º/1), não é, sem dúvida, uma «formalidade» a «praticar».

Estipula o n.º 1 do art. 5.º que a falta de forma do contrato (que, bem como as suas alterações, deve constar de documento assinado pelas partes — art. 4.º) pode ser suprida por decisão judicial, e acrescenta que esta decisão deve reconstituir as cláusulas do contrato, inserindo-se entre estas uma relativa à actualização da renda, mesmo que não tenha sido acordada no contrato informal celebrado entre as partes (art. 5.º/3).

Ora, é certo que a lei concedeu o prazo de 120 dias para a redução a escrito dos contratos já existentes à data da sua entrada em vigor (art. 26.º/2), mas a verdade é que não estabeleceu qualquer prazo para a instauração da acção destinada a suprir a falta de forma (art. 5.º/1).

Aliás, se as partes esgotassem todo o prazo do art. 26.º/2 tentando infrutiferamente a redução a escrito dos termos do contrato que celebraram informalmente (e concedendo-lhe a lei 120 dias para esse efeito nada justificaria que lhes reduzisse esse prazo), necessariamente teriam que propor a acção destinada a suprir a falta de forma para além desse prazo.

Por outro lado, não podemos esquecer que a regra é as acções não estarem sujeitas a qualquer prazo de caducidade na sua propositura. Por conseguinte, para que determinada acção esteja sujeita a prazo de caducidade é necessário que a lei claramente o diga e não é, seguramente, o que sucede no caso de que nos ocupamos.

Por isso, no caso de um contrato informal em que as *partes não tenham acordado numa cláusula de actualização*, a acção para suprimento da falta de forma, em *cuja decisão deve constar obrigatoriamente a dita cláusula*, não está sujeita a qualquer prazo de caducidade, sendo que o prazo do art. 26.º/2 se não refere à propositura da acção para suprimento da falta de forma, mas a redução a escrito pelas próprias partes.

Da mesma forma, se se trata de incluir em contrato escrito anterior a cláusula que se tornou obrigatória, da actualização da renda.

O art. 5.º dá o mesmo tratamento às duas situações: inexistência de contrato escrito e omissão da dita cláusula, e não se vislumbra qualquer razão para, no aspecto em causa, as distinguir. — Ac. do STJ de 5/5/1994, *Col. Jur. STJ*, II, 2, 81.

ARTIGO 27.º

Disposições processuais

1 — O processo aplicável às acções de resolução dos contratos de arrendamento florestal será o previsto nos artigos 964.º e seguintes do Código de Processo Civil, mas o processo próprio para se obter a fixação e alteração de rendas será o regulado nos artigos 1052.º e seguintes do mesmo Código.

2 — Todas as questões emergentes da aplicação do presente diploma, nomeadamente as que dizem respeito à resolução dos contratos, direito de preferência, fixação e alteração das rendas, são da competência do tribunal

Arrendamento Florestal ART. 28.º

judicial da comarca de localização do prédio ou da sua maior área.

NOTAS

1. Na reforma processual de 1995 foi entendido que «a prova pericial» se revelará perfeitamente idónea para dar resposta, no quadro do processo comum de declaração, às necessidades e interesses tutelados com a instituição da figura do *arbitramento*. — Cfr. Preâmbulo do Dec.-Lei n.º 329-A/95, de 12 de Dezembro.

2. Todas as acções emergentes da aplicação do presente diploma são da competência do Tribunal da comarca da localização do prédio ou da sua maior área — n.º 1 do art. 73.º do C.P.C. em conjunção com o n.º 2 do preceito em anotação — não sendo válida qualquer estipulação, por acordo das partes, em contrário. — Art. 110.º n.º 1 al. *a)*, do C.P.C..

3. A remissão para os arts. 964.º e segs. do C.P.C., revogados pelo art. 3.º, n.º 1, al. *b)* do Dec.-Lei n.º 321-B/90, de 15 de Outubro, que aprovou o Regime de Arrendamento Urbano (RAU), consideram-se efectuados para os arts. 52.º e segs. do RAU, em conformidade com o art. 4.º daquele Dec.-Lei.

ARTIGO 28.º

Direito subsidiário

1 — Nos casos omissos, desde que não contrariem os princípios deste diploma, aplicam-se sucessivamente as regras respeitantes ao contrato de locação e as dos contratos em geral previstas no Código Civil.

2 — Nos casos omissos referentes a matéria de contra-ordenações previstas neste diploma aplica-se o Decreto-Lei n.º 433/82, de 27 de Outubro.

3 — Nos casos omissos neste diploma e respeitantes à parte adjectiva aplica-se o Código de Processo Civil.

NOTAS

1. O Dec.-Lei n.º 433/82, de 27 de Outubro com as alterações introduzidas pelo Dec.-Lei n.º 356/89, de 17 de Outubro, rectificado no *D.R.*, de 31/10/89, 2.º Suplemento, e pelo Dec.-Lei n.º 244/95, de 14 de Setembro, pelo Dec.-Lei n.º 323/2001, de 17 de Dezembro, e pela Lei n.º 109/2001, de 24 de Dezembro, instituiu o ilícito de mera ordenação social e respectivo processo.

ARTIGO 29.º
Meios de execução

Compete à Direcção-Geral das Florestas, através dos seus serviços centrais e regionais, divulgar o conteúdo deste diploma, promover a sua aplicação e zelar pelo cumprimento das suas disposições.

NOTAS

1. O Dec.-Lei n.º 31/94, de 5 de Fevereiro, estabeleceu as condições de aplicação dos Regulamentos (CEE) n.ºˢ 2078/92, 2079/92 e 2080/92, do Conselho, de 30 de Junho, que instituem diversos regimes de ajuda aos métodos de produção agrícola.
A Portaria n.º 199/94, de 6 de Abril, rectificada no *3.º Suplemento do DR Série I-B*, de 31 de Maio, estabeleceu o regime de ajudas às medidas florestais na agricultura instituídas pele Regulamento n.º 2080/92, do Conselho, de 30 de Junho, e foi alterada pelas Portarias n.º 995/94, de 12 de Novembro, n.º 952/95, de 14 de Agosto, n.º 1123/95, de 14 de Setembro, n.º 216/96, de 14 de Junho e n.º 777/98, de 16 de Setembro, para uniformizar critérios tendo em atenção o novo Regulamento do Programa de Desenvolvimento Florestal aprovado pela Portaria n.º 199/98, de 25 de Março, rectificada no *3.º Suplemento do DR Série I-B*, de 30 de Maio.

2. O Dec.-Lei n.º 150/94, de 25 de Maio, publicado nesta edição, estabeleceu as condições gerais de aplicação do Programa de Apoio à Modernização Agrícola e Florestal (PAMAF).

3. O Dec.-Lei n.º 74/96, de 18 de Junho, rectificado no 2.º Suplemento do *D.R. Série I-A*, de 31 de Julho, republicado na íntegra, após várias alterações, pelo Dec.-Lei n.º 246/2002, de 8 de Novembro, aprovou a Lei Orgânica do Ministério da Agricultura, do Desenvolvimento Rural e das Pescas, que instituiu a Direcção-Geral das Florestas.

4. O Dec.-Lei n.º 75/96, alterado pelo Dec.-Lei n.º 166/2000, de 5 de Agosto, de 18 de Junho, fixou a lei quadro das direcções regionais de agricultura.

5. A Lei n.º 33/96, de 17 de Agosto, adiante publicada, definiu as bases da política florestal nacional.

6. O Dec. Regulamentar n.º 11/97, de 30 de Abril, aprovou a Lei Orgânica da Direcção-Geral das Florestas, do Ministério da Agricultura, do Desenvolvimento Rural e das Pescas.

7. O Dec. Lei n.º 256/97, de 27 de Setembro, investiu a Direcção-Geral das Florestas em funções de autoridade florestal nacional.

8. O Dec.-Lei n.º 20/98, de 3 de Fevereiro, alterado pelo Dec.-Lei n.º 253/98, de 11 de Agosto, definiu os serviços competentes para a aplicação de coimas e

sanções acessórias em processo de contra ordenação em matéria de legislação florestal.

9. A Portaria n.º 199/98, de 25 de Março, rectificada no 3.º Suplemento do D.R. Série I-B, de 30/5/1998, aprovou o Regulamento de Aplicação do Programa de Desenvolvimento Florestal.

10. I — A Direcção Geral de Florestas, embora possuindo certa autonomia, seja administrativa, seja de outra ordem, conforme a sua Lei Orgânica, não deixa de ser um órgão do Estado, um departamento do Serviço Central de um Ministério.

II — Como tal, não tem personalidade jurídica nem judiciária.

III — Por isso, proposta acção contra essa Direcção Geral de Florestas, deve ser indeferida in limine (hoje não há indeferimento in limine) — Ac. da Relação de Coimbra de 20/11/1990, Col. Jur. XV, 5, 55.

ARTIGO 30.º
Aplicação às regiões autónomas

O presente diploma aplica-se às Regiões Autónomas dos Açores e da Madeira, com as adaptações decorrentes da transferência de competências do Governo para os órgãos de governo próprio de cada região.

EMPARCELAMENTO RURAL

DECRETO-LEI N.º 384/88 ([1])

DE 25 DE OUTUBRO

O progresso da agricultura portuguesa — que se pretende orientar, por um lado, no sentido de aumentar a produção do sector agro-alimentar, em ordem a satisfazer as necessidades do País e a reduzir o volume de bens importados, e, por outro lado, de modo a rendibilizar os meios de produção para que a actividade agrícola aumente a sua competitividade e proporcione à população rural um nível de vida mais aproximado dos padrões verificados noutros sectores de actividade — tem sido retardado por uma estrutura fundiária desordenada, em que predominam as explorações com dimensão insuficiente e conduzidas por agricultores idosos com baixo grau de instrução.

Segundo o último recenseamento agrícola, mais de dois terços das explorações têm dimensão inferior a 2 ha, sendo a média geral de apenas 6,60 ha. Além disso, verificam-se elevados graus de fragmentação e dispersão, traduzidos em valores médios de 1,05 ha por parcela e de 6,3 blocos por exploração.

Esta fragmentação e dispersão da propriedade e das explorações agrícolas têm sido sempre uma condicionante negativa, à qual — preenchendo o longo vazio de medidas legislativas adequadas, desde os primeiros projectos de Oliveira Martins,

---

([1]) No Dec.-Lei n.º 384/88 foi respeitado validamente o prazo de autorização legislativa concedido pela Lei n.º 79/88, de 7 de Julho, pelo que o mesmo não padece de inconstitucionalidade orgânica. — Ac. do Tribunal Constitucional n.º 187/2000, de 28/3/00, *DR II Série*, de 27 de Outubro de 2000.

em 1887, e Elvino de Brito, em 1899, passando pelo primeiro diploma publicado, mas nunca regulamentado, que foi o Decreto n.º 5705, de 10 de Maio de 1919, até aos anos 60 — se procurou fazer face com a publicação da Lei n.º 2116, de 14 de Agosto de 1962, e do Decreto n.º 44647, de 26 de Outubro do mesmo ano.

Contudo, desde a definição do regime jurídico do emparcelamento da propriedade rústica em 1962, os resultados conseguidos são demasiado modestos, visto que: em três perímetros com a área total de 446 ha as operações concluídas revestiram, por assim dizer, carácter experimental; as acções em perímetros de maior extensão, em especial nos campos do Mondego (15 000 ha), foram interrompidas em 1974 e somente retomadas cinco anos mais tarde, e outras intervenções de maior vulto, na Cova da Beira, nos regadios do Algarve e no Baixo Vouga, só viriam a ser recentemente iniciadas como componentes de projecto de desenvolvimento agrícola da cooperação técnica e financeira com países europeus.

Embora o inêxito tenha muito a ver com dificuldades, tais como as condições específicas da estrutura fundiária no País, aliadas à persistência de um elevado índice de população activa na agricultura, cedo se revelaria a inadequação de algumas disposições da lei a um trabalho eficaz e a impossibilidade de o Estado, por si só, realizar os objectivos da lei.

Com o presente diploma do emparcelamento e fraccionamento de prédios rústicos e de exploração agrícolas procura-se, portanto, adaptar o regime jurídico das operações de emparcelamento ao quadro constitucional vigente e introduzir as alterações que a experiência na aplicação da actual legislação de emparcelamento aconselha, tendo em vista os seguintes objectivos:

Redefinir o conceito de emparcelamento, alargando-o a operações que transcendem ou completam as previstas no regime em vigor, de modo a atingir mais eficazmente a finalidade principal, que é o aumento da área dos prédios e das explorações agrícolas dentro de limites a estabelecer, e articulando-o com a promoção do aproveitamento racional dos recursos naturais, a salvaguarda da sua capacidade de renovação e a manutenção da estabilidade ecológica [cf. artigo 66.º, n.º 2, al. *d)*, da Constituição da República Portuguesa, Directiva n.º 85/377-CEE, de 22 de Junho de 1985, e artigo 13.º, n.º 1, da Lei n.º 11/87, de 7 de Abril — Lei de Bases do Ambiente];

Melhorar o processo de execução das operações de emparcelamento, tornando simultaneamente mais precisos e flexíveis os termos em que se opera a remodelação predial nas suas diferentes modalidades;

Conferir às autarquias locais e à iniciativa privada a faculdade de elaborar e executar projectos de emparcelamento, reservando ao Estado apenas a sua aprovação;

Facilitar a constituição de reservas de terras e conferir maior eficácia à sua utilização como «banco de terras», em apoio quer ao rendimento dos prédios rústicos e das explorações agrícolas quer à criação de novas e bem dimensionadas unidades de exploração;

Eliminar dificuldades de articulação das competências dos vários organismos com intervenção principal ou acessória nas operações de remodelação predial e incompatibilidades aparentes ou reais de disposições legais quanto a finalização dos actos de emparcelamento;

Conferir mais força executória às operações de emparcelamento mais importantes, sem o menor prejuízo da participação e da manifestação da vontade dos proprietários e empresários agrícolas directamente interessados;

Aperfeiçoar e ampliar os mecanismos reguladores do fraccionamento de prédios rústicos e de explorações agrícolas, sem prejuízo da preservação dos recursos naturais, nomeadamente através de intervenção disciplinadora dos organismos do Estado competentes na matéria, sempre que se reconheça necessário exercê-la para melhorar a estrutura fundiária e mediante mais adequada fixação e graduação do direito de preferência nas transmissões de prédios rústicos e de explorações agrícolas economicamente viáveis;

Criar, aperfeiçoar ou proporcionar a criação de incentivos fiscais e outros para serem alcançados os objectivos da lei aplicados, designadamente, ao redimensionamento aconselhável dos prédios rústicos e das explorações agrícolas e à indivisão de unidades de exploração economicamente viáveis.

Assim, no uso da autorização legislativa concedida pelos artigos 1.º e 2.º da Lei n.º 79/88, de 7 de Julho, e nos termos da alínea b) do n.º 1 do artigo 201.º da Constituição, o Governo decreta o seguinte:

CAPÍTULO I

Do emparcelamento

ARTIGO 1.º

Âmbito

1 — Nas regiões onde a fragmentação e a dispersão da propriedade rústica e da empresa agrícola determinam inconvenientes de carácter económico-social deverão realizar-se operações de emparcelamento destinadas a melhorar as condições técnica e económicas da exploração agrícola.

2 — Poderão também realizar-se operações de emparcelamento com o objectivo de assegurar a conservação da Natureza e o correcto ordenamento do território.

3 — Considera-se ainda no âmbito do emparcelamento a realização de melhoramentos fundiários e rurais de carácter colectivo que sejam indispensáveis à remodelação predial ou que, realizados simultaneamente com esta, contribuam para a valorização económica da respectiva zona ou para a promoção das populações rurais.

NOTAS

1. Art. 95.º da Constituição da República Portuguesa («redimensionamento do minifúndio»):
— Sem prejuízo do direito de propriedade, o Estado promoverá, nos termos da lei, o redimensionamento das unidades de exploração agrícola com dimensão inferior à adequada do ponto de vista dos objectivos da política agrícola, nomeadamente através de incentivos jurídicos, fiscais e creditícios à sua integração estrutural ou meramente económica, designadamente cooperativa, ou por recurso a medidas de emparcelamento.

ARTIGO 2.º

Iniciativa

1 — As operações de emparcelamento são da iniciativa dos particulares interessados, das autarquias locais ou do Estado.

2 — Compete às comissões de coordenação regional incentivar e coordenar as operações de iniciativa dos particulares e das autarquias locais.

3 — Compete à Direcção-Geral de Hidráulica e Engenharia Agrícola, em colaboração com a direcção regional de agricultura da zona, promover e coordenar as operações de iniciativa do Estado, aprovar os projectos de emparcelamento de iniciativa particular ou autárquica e fiscalizar a sua execução.

ARTIGO 3.º

Operações de emparcelamento

As operações de emparcelamento podem assumir as seguintes formas:

a) Emparcelamento integral;
b) Emparcelamento simples;
c) Emparcelamento de exploração;
d) Redimensionamento de explorações agrícolas;
e) Troca de terrenos e árvores.

ARTIGO 4.º

Emparcelamento integral

1 — O emparcelamento integral consiste na substituição de uma estrutura predial defeituosa de propriedade rústica por outra que, associada à realização de melhoramentos fundiários, permite:

a) Concentrar a área de prédios ou suas parcelas pertencentes a cada proprietário no menor número possível de prédios, com transferência de direitos, ónus e encargos;
b) Aumentar a superfície dos novos prédios mediante a incorporação de terrenos da reserva de terras.

2 — Sem prejuízo do objectivo definido no número anterior, o emparcelamento integral visará ainda o reagrupamento e parcelas, que pertencendo embora a diversos proprietários, sejam exploradas em conjunto.

ARTIGO 5.º

Emparcelamento simples

O emparcelamento simples consiste na correcção da divisão parcelar de terrenos pertencentes a, pelo menos, dois proprietários, com a finalidade de melhorar as condições técnicas e económicas da exploração através da concentração, do redimensionamento, da rectificação de estremas e da extinção de encraves e servidões.

ARTIGO 6.º
Emparcelamento de exploração

1 — O emparcelamento de exploração consiste na concentração das parcelas dispersas de uma mesma empresa agrícola, ainda que pertencentes a proprietários diferentes, e executa-se, sempre que possível, simultaneamente com o emparcelamento integral ou simples.

2 — A execução das operações de emparcelamento de exploração deverá subordinar-se às condições seguintes:

a) Não agravar a fragmentação da propriedade;

b) Ser possível assegurar a duração igual dos contratos de arrendamento que incidam ou venham a incidir sobre os terrenos abrangidos, por períodos não inferiores a treze anos, contados a partir do ano agrícola em que se conclua a remodelação parcelar.

ARTIGO 7.º
Redimensionamento de explorações agrícolas

1 — O redimensionamento de explorações agrícolas consiste no aumento, até aos limites que forem definidos para cada região, da sua superfície, de modo a melhorar a rentabilidade dos factores de produção.

2 — O objectivo referido no número anterior poderá ser alcançado por qualquer das modalidades seguintes:

a) Aquisição ou arrendamento de prédios confinantes ou próximos de outros integrados nas explorações a redimensionar;

b) Aquisição ou arrendamento pelos interessados de terrenos da reserva de terras.

ARTIGO 8.º

Troca de terrenos e árvores

1 — A troca de terrenos e árvores visa a eliminação de encraves e direitos de superfície, a correcção da forma ou da estrutura das explorações agrícolas ou o reforço da sua produtividade.

2 — Para efeitos do disposto no número anterior, podem ser expropriados:

a) Os prédios encravados ou as árvores implantadas em terreno alheio;

b) Os prédios ou parcelas que tenham estremas comuns de extensão superior a 70% dos respectivos perímetros;

c) Os prédios ou parcelas situados entre prédios de um mesmo proprietário que, numa extensão superior a 30% do seu perímetro, tenham, isoladamente ou em conjunto, estremas comuns com aqueles prédios;

d) As parcelas subtraídas à exploração do prédio de que fazem parte, por sobre elas incidirem direitos reais menores ou de arrendamento de que sejam titulares outras pessoas, desde que se situem naqueles prédios em condições idênticas às referidas na alínea anterior.

3 — Em qualquer dos casos previstos no número anterior é necessário que a área total dos terrenos a permutar ou a expropriar seja inferior a um terço da área daquele ou daqueles em que se destinam a ser integrados ou que separam e ainda que, quando se trate de árvores, o respectivo valor seja inferior a um terço do valor do prédio em que se situam.

ARTIGO 9.º

Órgãos de emparcelamento

1 — As operações de emparcelamento integral serão acompanhadas por uma comissão de apreciação e, quando da iniciativa do Estado, por uma comissão de trabalho.

2 — É facultativa a constituição dessas comissões nas outras operações de emparcelamento.

3 — O Governo definirá, nos termos do artigo 24.º do presente diploma, a estrutura, composição e forma de funcionamento das comissões previstas nos números anteriores.

ARTIGO 10.º

Reserva de terras

1 — A Direcção-Geral de Hidráulica e Engenharia Agrícola, em colaboração com a direcção regional de agricultura da zona, promoverá nas zonas a emparcelar, qualquer que seja a entidade responsável pela iniciativa, a constituição de uma reserva de terras com as finalidades seguintes:

a) Incorporação dos prédios resultantes de operações de emparcelamento;

b) Redimensionamento de explorações agrícolas, por venda, permuta, arrendamento ou subarrendamento;

c) Criação de novas unidades de exploração, em propriedade ou arrendamento;

d) Afectação a fins de valorização económica e social de carácter colectivo.

2 — A reserva de terras será composta por:

a) Terrenos adquiridos ou arrendados pela Direcção--Geral de Hidráulica e Engenharia Hidráulica;

b) Terrenos cedidos por agricultores empresários ou autónomos cessando as suas actividades nessa qualidade;

c) Terrenos que integrem o domínio público ou privado do Estado e das autarquias, excepto baldios, mediante acordos a celebrar com as entidades a que estiverem afectos e sem prejuízo da legislação que regula a desafectação e cessão de bens sujeitos àquele regime;

d) Parcelas sobrantes de terrenos expropriados por utilidade pública;

e) Terrenos expropriados por utilidade pública para fins de reestruturação agrária no âmbito das obras de fomento hidroagrícola.

3 — Os terrenos declarados em situação de abandono ou mau uso, nos termos da legislação aplicável, podem ser integrados na reserva de terras quando de tal facto depender a viabilidade de operações de emparcelamento.

ARTIGO 11.º

Equivalência dos terrenos emparcelados

1 — Os prédios e as unidades de exploração resultantes das operações de emparcelamento integral, simples ou de exploração devem ser equivalentes em classe de cultura e valor de produtividade aos que lhes deram origem, excluído o valor das parcelas da reserva de terras neles incorporadas.

2 — A equivalência estabelecida nos termos do número anterior não se considera prejudicada quando a diferença não exceder 5% do valor exacto que deveria ser reatribuído.

3 — Essa equivalência poderá ser afastada se houver acordo entre as partes.

4 — A diferença de valor entre os terrenos que vierem a ser utilizados para melhoramentos fundiários de carácter colectivo e aqueles que forem desafectados de tal utilização será deduzida ou acrescida, proporcionalmente, a todos os beneficiários do emparcelamento.

5 — Na impossibilidade de se estabelecer a equivalência em terreno ou em benfeitorias de igual espécie, poderão ser efectuadas compensações pecuniárias desde que não seja afectada a unidade de cultura, haja acordo dos interessados ou, na ausência de acordo, nos seguintes casos:

a) As compensações não excederem mais de 20% do valor dos terrenos acrescido do das benfeitorias;

b) O valor das benfeitorias a compensar não atingir 20% do valor dos prédios.

ARTIGO 12.º

Transferência de direitos, ónus e encargos

1 — Os prédios atribuídos a cada proprietário ficam sub-rogados no lugar dos que lhe pertenciam antes do emparcelamento.

2 — Transferem-se para os prédios resultantes do emparcelamento todos os direitos, ónus ou encargos de natureza real, bem como os contratos de arrendamento que incidiam sobre os prédios anteriormente pertencentes ao mesmo titular, salvo o disposto no número seguinte.

3 — Caducarão os contratos de arrendamento cuja transferência a Direcção-Geral de Hidráulica e Engenharia Agrícola declare prejudicial aos objectivos do emparcelamento, ficando obrigada a indemnizar os rendeiros, nas condições previstas na legislação sobre arrendamento rural para os casos de expropriação por utilidade pública.

4 — Quando os direitos, ónus, encargos ou contratos referidos no n.º 2 não respeitarem a todos os prédios do mesmo proprietário, delimitar-se-á a parte equivalente em que ficam a incidir.

5 — A transferência dos contratos de arrendamento rural, quando corresponder a uma efectiva substituição dos terrenos sobre os quais incidam, constitui fundamento bastante para a sua rescisão pelos respectivos rendeiros.

6 — As servidões que tenham de permanecer passarão a incidir sobre os prédios resultantes do emparcelamento, mediante a consequente alteração dos prédios dominante e serviente.

ARTIGO 13.º
Alterações da situação jurídica

São ineficazes, para efeito de emparcelamento, as transmissões entre vivos dos prédios abrangidos pelas operações de emparcelamento, desde a aprovação ou autorização para elaboração do projecto até à sua execução, salvo reconhecimento expresso pela Direcção-Geral de Hidráulica e Engenharia Agrícola de que não prejudicam a elaboração ou execução do projecto.

ARTIGO 14.º
Publicidade das operações de emparcelamento e comunicação dos respectivos actos

1 — A todas as decisões com interesse geral para as operações de emparcelamento será dada publicidade por

anúncios nos jornais e pela afixação de editais nos lugares do estilo nos municípios e freguesias em que se situem os terrenos abrangidos.

2 — Todos os actos respeitantes às operações de emparcelamento que interessem individualmente a proprietários ou titulares de direitos sobre os terrenos a emparcelar serão notificados aos interessados.

ARTIGO 15.º

Prejuízos causados pelos estudos e trabalhos

1 — Os proprietários ou possuidores por qualquer título de terrenos em que tenha de proceder-se a estudos ou trabalhos de emparcelamento ficam obrigados a consentir na utilização desses terrenos ou na passagem através deles necessárias à efectuação desses estudos e trabalhos.

2 — Os proprietários e possuidores referidos no número anterior têm direito a ser indemnizados pelos prejuízos efectivamente causados nos seus terrenos ou explorações pelos mencionados estudos e trabalhos.

ARTIGO 16.º

Aprovação pelos interessados

A realização de operações de emparcelamento carece de aprovação maioritária dos proprietários, arrendatários e titulares de direitos reais menores dos prédios abrangidos.

ARTIGO 17.º

Exploração e conservação das obras conexas

1 — A exploração e conservação das obras conexas do emparcelamento ficam a cargo dos beneficiários respectivos, sem prejuízo das atribuições conferidas por lei às autarquias locais e outros organismos públicos.

2 — Aprovado o projecto de emparcelamento, a Direcção-Geral de Hidráulica e Engenharia Agrícola promoverá a constituição de uma associação ou junta de

agricultores que, em representação de todos os beneficiários, assegure a exploração e conservação das obras, salvo se estes deliberarem integrar-se numa associação de beneficiários já existente.

ARTIGO 18.º

Direito de preferência

1 — Os proprietários de terrenos confinantes gozam do direito de preferência previsto no artigo 1380.º do Código Civil, ainda que a área daqueles seja superior à unidade de cultura.

2 — Os preferentes referidos no número anterior não gozam do direito de preferência em relação aos terrenos que, integrados numa área a emparcelar, sejam adquiridos pela Direcção-Geral de Hidráulica e Engenharia Agrícola para fins de emparcelamento após a aprovação ou a autorização para elaboração do respectivo projecto.

NOTAS

1. I — O direito de preferência que visa fomentar o emparcelamento da propriedade rústica só existe na alienação de prédios minifundiários — isto é, na alienação de prédios cuja área não atinja a unidade de cultura fixada para a região onde os mesmos se situem, quer no domínio da Lei n.º 2116, de 14 de Agosto de 1962 (Base VI, n.º 1), quer no do C.C. de 1966 (art. 1380.º n.º 1), quer, ainda, no do Dec.-Lei n.º 384/88, de 25 de Outubro (art. 18.º n.º 1).

II — A titularidade desse direito era atribuído aos proprietários dos terrenos confinantes com a alienação, mesmo que tivessem área superior à da unidade de cultura, no domínio da Lei n.º 2116 (Base VI, n.º 1), mas após a entrada em vigor do C.C. de 1966, passou a sê-lo apenas aos proprietários de terrenos confinantes com área inferior à da unidade de cultura, e voltou a ser conferida aos proprietários indicados em primeiro lugar com o Dec.-Lei n.º 384/88.

III — Não existe direito de preferência, fundado na circunstância de o terreno a favor do qual se pretende que ela exista ser confinante com o alienado, relativamente à alienação de prédio rústico com área superior à da unidade de cultura, quando o primeiro desses prédios tenha também área superior à da unidade de cultura.

IV — A razão legal da instituição deste tipo de preferência funda-se na ideia de promover, tanto quanto possível, o emparcelamento dos prédios com áreas inferiores à da unidade de cultura, para tornar a respectiva exploração mais rentável, o que já se não verifica quando ambos os prédios têm área superior à da referida unidade de cultura — Parecer do Prof. Henriques Mesquita, *Col. Jur.* XVI, 2, 35; ver o Ac. da Relação de Évora de 7/7/1992, *Col. Jur.* XVII, 4, 298.

Este Parecer foi completado Pelo Prof. Henrique Mesquita no sentido de que a lei estabelece um direito recíproco de preferência entre os donos dos prédios rústicos confinantes desde que um deles tenha área inferior à unidade de cultura. — cfr. *Rev. Leg. Jur.* 127, 374.

2. O direito legal de preferência exercitado na acção, com o qual se visa o emparcelamento da propriedade rústica e o desaparecimento de minifúndios economicamente inviáveis, depende, face ao disposto nos arts. 1380.º, do C.C. e 18.º, n.º 1, do Dec.-Lei n.º 384/88, de 25 de Outubro, da verificação cumulativa destes requisitos: ter o terreno alienado área inferior à unidade de cultura fixada para a região em que se situa; ser o preferente dono do terreno confinante com o terreno alienado; não ser o adquirente do terreno alienado propriedade confinante.

O art. 1380.º, n.º 1 fazia ainda depender o exercício desse direito do facto de o terreno confinante com o alienado, beneficiário da preferência, ter também área inferior à unidade de cultura. Mas o Dec.-Lei n.º 384/88, citado, que estabeleceu o regime do emparcelamento rural, conducente ao desaparecimento dos minifúndios já em vigor na data da alienação do prédio aqui objecto da preferência (29/3/1989), veio, no seu art. 18.º, n.º 1, estabelecendo a solução que fora consagrada na Lei n.º 2116, de 15 de Junho de 1962, conferir o direito de preferência aos proprietários dos terrenos confinantes com o alienado, este de área inferior à unidade de cultura, ainda que a área daqueles seja superior à unidade de cultura (cfr. neste sentido, Prof. Henrique Mesquita, Direito de Preferência. Alienação de prédios minifúndios, parecer publicado na *Col. Jur.* XVI, Tomo II, pág. 37 e segs., Prof. I Galvão Teles, Direito de Preferência na Alienação de Prédios Confinantes (A propósito da nova legislação sobre emparcelamento rural), in Lusíada — Revista de Ciência e Cultura, Série de Direito, n.º 1 Março/1991, págs. 11 e segs.) — Ac. da Relação de Coimbra de 4/3/1992, *Col. Jur.* XVII, 2, 41.

3. O direito legal de preferência não depende agora de o terreno confinante, beneficiário da preferência, ter área inferior à unidade e cultura, como dispunha o n.º 1 do art. 1380.º do C.C., antes da alteração introduzida pelo art. 18.º n.º 1 do Dec. Lei n.º 384/88, assim como não depende da afinidade ou identidade de culturas nos prédios confinantes, conforme doutrina com força obrigatória geral fixada no Assento do STJ de 18/3/1986, *Bol.* 355, 121. — Ac. do Tribunal da Relação de Coimbra de 21/9/1993, *Col. Jur.* XVIII, 4, 41.

4. O direito recíproco de preferir estabelecido no n.º 1 do art. 18.º existe apenas no caso em que um dos terrenos confinantes tenha área inferior à unidade da cultura. — Ac. da Relação de Évora de 17/11/1994, *Col. Jur.* XIX, 5, 283.

5. O direito de preferência concedido pelo art. 1380.º do C.C. é — o apenas em favor de proprietários de terrenos confinantes com área inferior à unidade de cultura.

II — Com a entrada em vigor do Dec.-Lei n.º 384/88, os proprietários de terrenos confinantes podem preferir, mesmo que os seus terrenos tenham área superior à unidade de cultura.

III — Sendo o direito concedido pelo C.C. um direito recíproco, o direito conferido pelo Dec.-Lei n.º 384/88 é também recíproco.

IV — Com uma restrição, porém: o direito recíproco de preferir, estabelecido pelo art. 18.º n.º 1 existe apenas no caso em que um dos terrenos confinantes tenha área superior à unidade de cultura. — Ac. do STJ de 13/10/1993, *Col. Jur. STJ*, I, 3, 64.

A este Acórdão deu a sua concordância o Prof. Antunes Varela, na *Rev. Leg. Jur.* 127, 370 e segs., onde comenta:

A redacção da disposição (n.º 1 do art. 18.º) é manifestamente *infeliz* e, olhando apenas ao seu texto, tornaria o sentido da norma verdadeiramente enigmático. É que, começando por atribuir o direito de preferência aos *proprietários de terrenos confinantes* — e terrenos *confinantes* é uma expressão *genérica*, semelhante a terrenos *vizinhos*, propriedades *contíguas*, que tanto abrange o *terreno vendido* ou que se *pretende vender*, como os terrenos que, à volta, confrontam com ele, têm estremas com ele — acaba por distinguir entre *aqueles* e *estes* (quais?), ao prescrever que a preferência se mantém, ainda que a área *daqueles* (*quais*, se todos são confinantes uns dos outros?) seja superior à unidade de cultura.

Seria, de facto, uma verdadeira *enormidade* a solução de estender a preferência legal à alienação de qualquer prédio rústico (fosse qual fosse a sua área), em benefício de todos os proprietários rurais vizinhos ou confinantes, independentemente também da dimensão do prédio destes. E nenhuma indicação segura existe no *texto* ou no *espírito* do diploma de 1988 de que o legislador tenha pretendido consagrar tal *disparate* económico-jurídico estendendo a todo o território do País um sistema de verdadeira asfixia dos proprietários rurais. Se a intenção do legislador continuava a ser a de combater, na medida do possível, a existência do minifúndio, é evidente que o art. 18.º não podia visar os casos de alienação em que, nem o prédio vendido, nem o prédio confinante de quem pretenda preferir na venda, tenham uma área inferior à unidade de cultura. E, acrescente-se, efectivamente, que nem sequer o *texto* da disposição, apesar da inabilidade de quem o redigiu, apoia semelhante despautério. Com efeito, ao distinguir desastradamente *na sua parte final* (relativamente aos *terrenos confinantes*, a que se refere a *parte inicial*) entre *aqueles* (cuja área pode ser superior à unidade de cultura) e *estes* (quais?), o texto do n.º 1 do referido art. 18.º dá nitidamente a entender que *estes* hão-de naturalmente possuir uma área *inferior* à unidade de cultura.

E a verdade, aliás, é que nenhumas dúvidas têm sério cabimento quanto ao *espírito* da norma implantada no referido art. 18.º. Se o legislador, ao reformular o regime da preferência legal traçado no art. 1380.º do C.C., continuava apenas interessado em eliminar os minifúndios, aproveitando a oportunidade de o seu dono livremente os querer alienar, mas sem manter o regime do C.C., nem regressar à solução de 1962 (como inequivocamente se depreende do preâmbulo do diploma de 1988), uma única solução é capaz de corresponder simultaneamente a esse duplo objectivo — que é a de estabelecer um direito *recíproco* de preferência entre os donos dos prédios rústicos confinantes, desde que um deles (seja aquele cujo dono quer vendê-lo, seja o outro contíguo, que pretende comprá-lo) tenha área inferior à unidade de cultura.

Ainda a propósito do mesmo Acórdão o Prof. Antunes Varela teceu as seguintes considerações:

1.ª — Na resolução do problema da qualificação dos prédios mistos, com parte rústica e parte urbana e com afectação a vários fins, deve adoptar-se naturalmente o mesmo critério da *predominância da aplicação efectiva* do imóvel — e não a da sua maior aptidão natural — que os tribunais têm seguido na classificação da terra como *terreno de sequeiro* ou terreno de *regadio*, quando neles se explorem simultaneamente culturas de uma ou outra espécie ou natureza (ver, entre outros, os Acs. do STJ de 11/10/1979, *Bol.* 290, 395, de 1/6/1983, *Bol.* 328, 568, e de 12/7/1983, *Bol.* 329, 561).

2.ª — O apuramento das culturas efectivamente exploradas no prédio durante determinados anos, bem como a determinação da área realmente ocupada por cada espécie de árvores, de produtos hortícolas, de vinha, etc., constitui *matéria de facto*. A classificação do prédio como terreno de regadio ou de sequeiro, tendo naturalmente em vista a determinação da área necessária à formação de uma exploração agrícola rentável constitui um *juízo de valor* (e não um puro *juízo de facto*), de raiz economicista, que não deve ser incluído, nem no questionário, nem na *especificação*.

3.ª — Apesar de também não constituir *matéria de direito*, o erro na qualificação do terreno como regadio ou de sequeiro pode constituir objecto do recurso de revista, com o fundamento de que na classificação dele houve violação ou omissão dos critérios fixados ou admitidos por lei para esse efeito.

6. I — Pretendendo o legislador assegurar a melhor rentabilidade da actividade agrícola, o exercício do direito de preferência consagrado no artigo 1380.º do CC, tem um fim, qual seja o de facilitar as condições de exploração agrícola. II — O direito de preferência constitui uma limitação ao princípio da liberdade negocial que, se em concreto não reverter a favor daquele objectivo que ditou o seu reconhecimento, passa a constituir um privilégio injustificado; o exercício desse direito em circunstâncias que excluam a obtenção de tal objectivo, é contrário à sua função económica e social, sendo ilícito, por abuso do direito (artigo 334.º do CC). III — A consequência do exercício abusivo do direito de preferência é a sua nulidade (artigo 294.º do CC). IV — O alargamento que o artigo 18.º, n.º 1, do Dec.-Lei n.º 384/88, de 25-10, deu ao campo de aplicação do artigo 1380.º do CC, ao conferir tal direito de preferência aos proprietários de terrenos confinantes ainda que a área dos mesmos seja superior à unidade de cultura, destinou-se a obter o aumento da área dos prédios e das explorações agrícolas. V — Se o titular do direito de preferência aí estabelecido não pretende, com o seu exercício, alargar, para melhor a rentabilizar, a área da sua actividade agrícola, mas antes entrar na titularidade de um outro prédio rústico para depois o vender a terceiro, servindo-se pois de tal direito para que esse terceiro, e não ele, venha a ser o proprietário do prédio objecto da preferência, então satisfar-se-iam os interesses desse terceiro, mas não os inerentes ao regime de emparcelamento. VI — Tal actuação está manifestamente fora do fim económico e social do direito que exerce, sendo abusiva. – Ac. do STJ de 19/2/2002, *Proc. n.º 4295/01, 1.ª Secção.*

7. O artigo 18º, n.º 1, do Dec.-Lei n.º 384/88, de 25/10, estabelece um direito de preferência entre os donos dos prédios rústicos confinantes, desde que um deles (seja aquele cujo dono quer vendê-lo, seja o dono do contíguo que pretende comprá-lo) tenha a área inferior à unidade de cultura. — Ac. do STJ de 28/2/2002, *Proc. n.º 62/02, da 6.ª Secção.*

8. Tendo em atenção o que se veio a estatuir no n.º 1 do artigo 18.º do Decreto-Lei n.º 384/88, torna-se por demais claro que essa norma, ao estabelecer que os proprietários de terrenos confinantes gozam do direito de preferência nos casos de venda, dação em cumprimento ou aforamento de prédios a quem não seja proprietário confinante, ainda que a área dos primeiros não seja inferior à unidade de cultura, veio porventura introduzir uma modificação a um regime concessivo do direito de preferência que se surpreende do n.º 1 do artigo 1380.º do Código Civil (que concedia tal direito aos proprietários de terrenos confinantes com área inferior à unidade de cultura). E diz-se porventura, por isso que se não desconhece jurisprudência de harmonia com a qual o regime que hoje se extrai do artigo 18.º, n.º 1, do Decreto-Lei n.º 384/88 era já de aplicar, pese embora o teor meramente literal do n.º 1 daquele artigo 1380.º, no domínio deste (cf. Acórdão do Supremo Tribunal de Justiça de 7 de Julho de 1994, na *Col. Jur. STJ*, II, 1, 52). E igualmente se torna claro, mesmo na óptica segundo a qual o mencionado n.º 1 do artigo 18.º veio, efectivamente, a efectuar uma alteração do regime do direito de preferência que se extrai do n.º 1 do artigo 1380.º do Código Civil, que ela não necessita de qualquer regulamentação ou pormenor executivo para se tornar exequível. — Ac. do Tribunal Constitucional n.º 187/2000, de 28/3/00, *DR II Série*, de 27 de Outubro de 2000.

CAPÍTULO II

Do fraccionamento

ARTIGO 19.º

Fraccionamento e troca de prédios rústicos

1 — Ao fraccionamento e à troca de terrenos com aptidão agrícola ou florestal aplicam-se, além das regras dos artigos 1376.º e 1379.º do Código Civil, as disposições da presente lei.

2 — Na execução das operações de emparcelamento as transmissões que se verifiquem e a transferência de direitos a que se refere o artigo 12.º fazem-se independentemente dos limites das unidades de cultura.

3 — Quando todos os interessados estiverem de acordo, as situações de indivisão poderão ser alteradas no âmbito do emparcelamento, pela junção da área correspondente a alguma ou todas as partes alíquotas, a

prédios que sejam propriedade de um ou de alguns comproprietários.

NOTAS

1. I — No caso do n.º 3 do art. 1379.º do C.C. — acção de anulação por excessivo fraccionamento de terrenos aptos para a cultura — deve entender-se que a caducidade é estabelecida por motivos de ordem pública, pois o direito a ela sujeito consiste na definição (breve) da anulação ou validade de fraccionamento do prédio rústico, matéria que contende com interesses relevantes da ordem agrícola, económica e social.

II — O prazo de caducidade é um prazo prefixo, que pressupõe o interesse na rápida definição do direito, o que não se compadece com dilações.

III — Por isso, a caducidade não está sujeita a suspensão e apenas se considera interrompida (impedida) entre a propositura da acção e interrupção da instância — Ac. da Relação de Évora de 15/1/1998, *Col. Jur.* XXIII, 1, 255.

2. A harmonização das regras do emparcelamento rural, com as regras do inventário e a ausência de tratamento jurídico da situação em que a exploração agrícola economicamente viável é constituída por prédios que constituem a herança e outros que a não integram, impõe que se considerem os artigos 20.º, n.º 2, do Dec. Lei n.º 384/88, de 25 de Outubro, e 45.º, do Dec.-Lei n.º 103/90, de 22 de Março, aplicáveis apenas a situações em que a exploração agrícola é constituída por prédios todos eles integrantes da herança. — Ac. da Relação de Coimbra de 19/3/2002, *Col. Jur.* XXVII, 2, 9.

3. Os tribunais administrativos são os competentes em razão da matéria para a declaração de invalidade ou a anulação dos actos administrativos que precederam o fraccionamento de prédios rústicos. Porém, para apreciar a validade do próprio fraccionamento e das posteriores compras e vendas das parcelas são competentes os tribunais judiciais. — Ac. do STJ de 6/6/2002, *Col. Jur. STJ.*, X, 2, 97.

ARTIGO 20.º

Fraccionamento de exploração agrícola

1 — A divisão em substância de prédio rústico ou conjunto de prédios rústicos que formem uma exploração agrícola economicamente viável só poderá realizar-se:

a) **Para efeitos de redimensionamento de outras explorações, operada nos termos da presente lei;**

b) **Para reconversão da própria exploração ou se a sua viabilidade técnico-económica não for gravemente afectada;**

c) Se da divisão resultarem explorações com viabilidade técnico-económica;
d) Se do fraccionamento não resultar grave prejuízo para a estabilidade ecológica.

2 — O disposto no número anterior aplica-se à partilha de herança de que façam parte prédios nas condições nele referidas.

NOTAS

1. Sobre o conceito de exploração agrícola e seu fraccionamento ver os arts. 44.º e 45.º do Dec.-Lei n.º 103/90, de 22 de Março.

ARTIGO 21.º

Limites mínimos

1 — Os liminos mínimos de superfície dos prédios rústicos, designados por unidades de cultura, e os limites mínimos das explorações agrícolas serão fixados para as diferentes regiões do País e, dentro destas, para as zonas em que se verifiquem particulares condições económico--agrárias e sociais mediante decreto regulamentar, a publicar no prazo de um ano a contar da entrada em vigor do presente decreto-lei.

2 — Nos perímetros de emparcelamento podem ser fixados, simultaneamente com a aprovação do projecto, limites mínimos especiais.

CAPÍTULO III

Disposições finais e transitórias

ARTIGO 22.º

Apoio financeiro e regime fiscal

A lei estabelecerá o regime de apoio financeiro e o regime fiscal aplicável às operações de emparcelamento ou resultantes da aplicação do disposto no capítulo II do presente decreto-lei.

ARTIGO 23.º

Legislação aplicável nas regiões autónomas

1 — A legislação sobre emparcelamento e fraccionamento de prédios rústicos e de explorações agrícolas aprovada pela Assembleia Regional dos Açores mantém-se em vigor nesta Região Autónoma.

2 — As competências cometidas pelo presente diploma à Comissão de Coordenação Regional, à Direcção-Geral de Hidráulica e Engenharia Agrícola e às direcções regionais de agricultura serão exercidas na Região Autónoma da Madeira pelos órgãos e serviços regionais com competências e atribuições análogas.

ARTIGO 24.º

Legislação complementar

O Governo, através de decreto-lei, regulamentará a matéria do presente diploma no prazo de 60 dias.

NOTAS

1. Regulamentado pelo Dec.-Lei n.º 103/90, de 22 de Março, a seguir publicado.

2. O Dec.-Lei n.º 384/88 entrou em vigor decorrido o prazo da *vacatio legis*. O seu art. 24.º que, aliás, nem carecia de regulamentação, não determina que só entrará em vigor após ser regulamentado — Ac. da Relação de Évora de 24/2/1994, *Bol.* 434, 709.

3. Não se lobriga no Dec. Lei n.º 384/88 a existência de qualquer norma de onde decorra que a produção dos respectivos efeitos quanto à globalidade normativa ali vertida fica dependente da edição do diploma regulamentador a que se faz alusão no artigo 24º. – Ac. do Tribunal Constitucional n.º 187/2000, de 28/3/00, *DR II Série*, de 27 de Outubro de 2000.

ARTIGO 25.º

Legislação revogada

São revogados a Lei n.º 2116, de 14 de Agosto de 1962, e o Decreto n.º 44 647, de 26 de Outubro de 1962.

NOTAS

1. A Lei n.º 2116 promulgou as bases do emparcelamento da propriedade rústica e o Decreto n.º 44 647 regulamentou o emparcelamento.

REGULAMENTAÇÃO DAS BASES GERAIS DO REGIME DE EMPARCELAMENTO E FRACCIONAMENTO DE PRÉDIOS RÚSTICOS

DECRETO-LEI N.º 103/90

DE 22 DE MARÇO

Considerando que o Dec.-Lei n.º 384/88, de 25 de Outubro, estabeleceu, no uso da autorização legislativa concedida pela Lei n.º 79/88, de 7 de Julho, as bases gerais do emparcelamento e fraccionamento de prédios rústicos e de explorações agrícolas;
Considerando a necessidade de proceder à regulamentação de tal matéria, como determina o art. 24.º do citado decreto-lei;
Considerando o disposto na al. a) do n.º 1 do art. 26.º da Lei n.º 114/88, de 30 de Dezembro;
Tendo sido ouvidos os órgãos de governo próprio das Regiões Autónomas dos Açores e da Madeira;
Ouvida a Associação Nacional dos Municípios Portugueses:
No uso da autorização legislativa concedida pela alínea a) do n.º 2 do artigo 26.º da Lei n.º 114/88, de 30 de Dezembro, no desenvolvimento do regime jurídico estabelecido pelo Decreto-Lei n.º 384/88, de 25 de Outubro, e nos termos das alíneas b) e c) do n.º 1 do artigo 201.º da Constituição, o Governo decreta o seguinte:

TÍTULO I

Emparcelamento

CAPÍTULO I

Emparcelamento da iniciativa do Estado

SECÇÃO I

Emparcelamento integral

ARTIGO 1.º

Âmbito

O Estado promove a execução de operações de emparcelamento integral quando elas constituam base indispensável para:

a) A execução de programas integrados de desenvolvimento agrícola regional;

b) O ordenamento do espaço agrícola e a reconversão cultural;

c) A reestruturação da propriedade rústica e da empresa agrícola afectadas pela realização de grandes obras públicas, nomeadamente auto-estradas, caminhos de ferro, barragens e aeroportos.

ARTIGO 2.º

Estudos prévios

A Direcção-Geral de Hidráulica e Engenharia Agrícola, abreviadamente designada DGHEA, sempre que julgue indispensável ou conveniente a realização de operações de emparcelamento integral, deve propor ao Ministro da Agricultura, Pescas e Alimentação a elaboração de estudos prévios, visando:

a) O levantamento da estrutura fundiária, das características ambientais, económicas e sociais da zona e das vantagens da realização de um projecto de emparcelamento;

b) A delimitação aproximada da zona a emparcelar;

c) A previsão de melhoramentos fundiários e rurais a incluir no projecto;
d) O conhecimento de possíveis dificuldades, do respectivo fundamento e do modo de as superar;
e) A estimativa dos meios humanos e materiais necessários à execução do projecto;
f) A determinação dos prazos para a realização das várias fases da remodelação predial e dos melhoramentos a incluir no projecto;
g) A determinação do grau de viabilidade técnica e económica do projecto em função dos resultados previsíveis e dos custos.

NOTAS

1. A al. *c)* foi rectificada no Suplemento do *D.R. I Série*, de 30 de Junho.

ARTIGO 3.º
Autorização para a elaboração dos projectos

A elaboração dos projectos de emparcelamento integral de iniciativa do Estado depende de autorização do Ministro da Agricultura, Pescas e Alimentação, sobre parecer da DGHEA, dado com fundamento nos estudos prévios.

NOTAS

1. Rectificado no Suplemento do *D.R. I Série*, de 30 de Junho.

ARTIGO 4.º
Preparação e execução dos projectos

1 — A preparação e a elaboração dos projectos de emparcelamento integral de iniciativa do Estado são da responsabilidade da DGHEA, em colaboração com as direcções regionais de agricultura, coadjuvada pelos órgãos de emparcelamento previstos nos arts. 29.º e segs.

2 — A elaboração e a execução dos projectos de melhoramentos incluídos no emparcelamento que pela sua natureza especial excedam as atribuições dos serviços

referidos no número anterior são asseguradas pelos organismos competentes do Ministério da Agricultura, Pescas e Alimentação ou de outros ministérios competentes em razão da matéria, mediante protocolos celebrados com a DGHEA, por iniciativa desta.

3 — A não celebração ou incumprimento dos protocolos nos prazos previstos permite à DGHEA obter, por sua iniciativa, os estudos e projectos necessários que lhe sejam exteriores.

ARTIGO 5.º
Definição e delimitação dos perímetros

1 — As operações de emparcelamento integral efectuam-se em perímetros correspondentes a um conjunto de prédios pertencentes a diversos proprietários e com idênticas características estruturais.

2 — Os perímetros de emparcelamento são delimitados de modo a possibilitar a fácil identificação dos terrenos abrangidos e a consequente aplicação das medidas legais a que ficam sujeitos os seus titulares.

3 — Exceptuam-se da remodelação predial:

a) Os terrenos que os planos directores municipais, planos de urbanização, áreas de desenvolvimento urbano prioritário ou de construção prioritária, plenamente eficazes, destinem a construção urbana ou a fins não agrícolas;

b) Os terrenos fortemente valorizados por benfeitorias que, salvo acordo dos interessados ou dentro dos limites estabelecidos no número seguinte, não permitem obter em troca a equivalência ou a compensação previstas no art. 11.º do Dec.-Lei n.º 384/88, de 25 de Outubro.

4 — Não havendo acordo dos interessados, os prédios a que se refere a al. *b)* do número anterior podem ser submetidos a emparcelamento desde que o valor das benfeitorias não exceda 20% do respectivo valor global ou quando devam ser sujeitos a simples rectificação de estremas.

NOTAS

1. A al. *b)* e o n.º 4 foram rectificados no Suplemento do *D.R. I Série*, de 30 de Junho.

ARTIGO 6.º
Elementos cartográficos

1 — Nos municípios em que não se encontre ainda organizado o cadastro geométrico da propriedade rústica, na falta de elementos cartográficos compatíveis com o rigor das operações de emparcelamento, a DGHEA solicitá-los-á ao Instituto Geográfico e Cadastral.

2 — Se o Instituto Geográfico e Cadastral não tiver possibilidade de fornecer, em tempo útil, os elementos cartográficos pedidos, a DGHEA pode obtê-los por execução directa ou por concurso entre empresas da especialidade.

3 — No caso de os elementos cartográficos não poderem ser fornecidos pelo Instituto Geográfico e Cadastral, este organismo deve prestar à DGHEA o apoio ao seu alcance e, se assim o entender, pode sujeitar os levantamentos aos princípios adoptados no cadastro geométrico.

NOTAS

1. O n.º 1 foi rectificado no Suplemento do *D.R. I Série*, de 30 de Junho.

ARTIGO 7.º
Determinação da situação jurídica dos prédios

1 — A determinação da situação jurídica dos prédios consiste na definição dos direitos, ónus e encargos que sobre eles impendem, bem como na identificação dos respectivos titulares.

2 — Para os efeitos do número anterior, a DGHEA deve recorrer aos meios disponíveis, solicitando, nomeadamente, informação directa pelos titulares ou pelos seus representantes legais e procedendo à consulta dos títulos existentes, bem como das matrizes e do registo predial.

3 — Quando surgirem dúvidas acerca da propriedade de alguma parcela, é considerado proprietário, na falta de título suficiente, aquele que estiver na posse da parcela de acordo com o regime da usucapião.

4 — Quando as dúvidas respeitem à delimitação de quaisquer prédios ou à existência, objecto ou titularidade de direitos, ónus ou encargos, observa-se, com as necessárias adaptações, o disposto no número anterior.

5 — A determinação da situação jurídica efectuada nos termos dos números anteriores, e após o cumprimento das formalidades a que se refere o art. 11.º, constitui processo de justificação suficiente para inscrição, no registo predial, dos direitos sobre os prédios abrangidos pelo emparcelamento.

6 — O processo de justificação a promover pela DGHEA segue as normas do processo de justificação notarial, com as devidas adaptações, nomeadamente a substituição da notificação judicial avulsa por notificação edital daquele organismo.

7 — A justificação referida no número anterior reveste a forma de auto lavrado e autenticado pela DGHEA e constitui título bastante para registo dos factos justificados, com dispensa da apreciação da regularidade fiscal das transmissões.

ARTIGO 8.º

Classificação e avaliação dos terrenos e benfeitorias

1 — Os terrenos abrangidos pelo emparcelamento são classificados segundo a sua capacidade produtiva e o tipo de aproveitamento, atribuindo-se a cada classe um valor relativo que permita estabelecer a equivalência com os novos prédios.

2 — As benfeitorias são avaliadas pelo seu valor indemnizatório.

ARTIGO 9.º

Realização de benfeitorias

Autorizada a elaboração do projecto de emparcelamento, só podem ser consideradas, para efeitos de avaliação, as benfeitorias realizadas com autorização escrita da DGHEA.

ARTIGO 10.º
Melhoramentos fundiários de carácter colectivo

Os melhoramentos fundiários que pela sua natureza determinem a compartimentação do perímetro e condicionem o novo loteamento devem estar definidos quando se iniciar o período de reclamação para fixação das bases do projecto.

ARTIGO 11.º
Fixação das bases do projecto

1 — Para fixação das bases do projecto de emparcelamento devem ser submetidos à reclamação dos interessados os seguintes elementos:

a) Delimitação do perímetro;
b) Identificação dos prédios, dos direitos, ónus e encargos que sobre eles incidam e dos respectivos titulares;
c) Classificação e avaliação dos terrenos e benfeitorias;
d) Melhoramentos fundiários de carácter colectivo;
e) Identificação dos terrenos do domínio público e privado do Estado e das autarquias cuja inclusão na reserva de terras se prevê;
f) Identificação dos terrenos incluídos na reserva de terras na sequência da declaração do seu estado de abandono ou mau uso;
g) Condições de atribuição das terras da reserva.

2 — Feitas as correcções que resultem das reclamações apresentadas pelos interessados, é declarada a fixação das bases do projecto de emparcelamento por portaria do Ministério da Agricultura, Pescas e Alimentação.

ARTIGO 12.º
Traçado dos novos prédios

Fixadas as bases do projecto de emparcelamento nos termos do artigo anterior, é estabelecido o novo loteamento de acordo com os critérios seguintes:

a) A concentração da área dos terrenos de cada proprietário no menor número possível de prédios, cuja superfície, forma e acesso favoreçam as condições técnicas e económicas da respectiva exploração;

b) A aproximação, tanto quanto possível, dos novos prédios das actuais sedes das explorações ou a criação de novos centros de lavoura com o acordo dos interessados;

c) O aumento, sempre que possível, da área dos prédios integrados em explorações de dimensão insuficiente, com recurso à incorporação de terrenos da reserva de terras.

NOTAS

1. O corpo do artigo foi rectificado no Suplemento do *D.R. I Série*, de 30 de Junho.

ARTIGO 13.º

Reclamação do projecto

1 — Terminada a elaboração do projecto, é este submetido à apreciação dos interessados, que podem apresentar reclamações e recursos nos termos dos arts. 37.º e segs.

2 — Para o efeito, são expostos os seguintes elementos do projecto:

a) Plano cartográfico do novo loteamento e dos melhoramentos fundiários previstos;

b) Indicação numérica da equivalência de valor entre os novos prédios e os anteriores;

c) Representação cartográfica das superfícies sobre as quais ficam a incidir ónus, encargos e posições contratuais transfe-ridos dos anteriores prédios ou constituídos por força do n.º 2 do art. 35.º;

d) Projectos de melhoramentos fundiários e rurais de carácter colectivo com incidência nas condições de exploração dos terrenos ou nas condições sociais e económicas das populações da zona.

ARTIGO 14.º

Aprovação do projecto pelos interessados

1 — Decididas as reclamações e feitas as correcções a que houver lugar, o projecto considera-se aprovado no caso de ter obtido a aceitação da maioria dos proprietários, arrendatários e titulares de direitos reais menores abrangidos ou a aceitação de proprietários que, em conjunto, detenham mais de metade da área a emparcelar.

2 — Entende-se que não aprovam o projecto aqueles que expressamente o declarem no prazo de 15 dias contados da última publicação do edital que dê conhecimento público das rectificações do projecto.

ARTIGO 15.º

Modificação do projecto

1 — Se o projecto não for aprovado, pode ser modificado, após o que deve ser de novo submetido à apreciação dos interessados.

2 — Se o projecto for novamente rejeitado, pode o Ministro da Agricultura, Pescas e Alimentação, mediante parecer da DGHEA:

a) Propor ao Conselho de Ministros a execução do projecto quando este se mostre adequado à eliminação de graves inconvenientes de ordem económica e social;

b) Propor ao Conselho de Ministros a execução parcial do projecto de acordo com o interesse económico e social das suas diversas componentes;

c) Determinar a suspensão dos trabalhos de emparcelamento.

3 — Na hipótese da al. *c)* do número anterior, a DGHEA dá publicidade à decisão ministerial e cessa a sua intervenção com a entrega dos autos que eventualmente tenha lavrado nos termos e para os efeitos dos n.ºs 5 a 7 do art. 7.º.

NOTAS

1. O n.º 3 foi rectificado no Suplemento do *D.R. I Série*, de 30 de Junho.

ARTIGO 16.º

Aprovação do projecto pelo Conselho de Ministros

1 — Os projectos de emparcelamento integral de iniciativa do Estado são aprovados por resolução do Conselho de Ministros, mediante proposta do Ministro da Agricultura, Pescas e Alimentação, com base em parecer da DGHEA.

2 — Da resolução do Conselho de Ministros devem constar obrigatoriamente os encargos previstos e os prazos de execução.

3 — A resolução do Conselho de Ministros pode conter, nos termos da legislação aplicável, a declaração da utilidade pública da expropriação, com carácter urgente, dos terrenos necessários à execução dos melhoramentos fundiários ou rurais de interesse colectivo considerados no projecto e determinar a desafectação do domínio público dos terrenos cuja inclusão na reserva de terras tenha sido prevista.

4 — A resolução do Conselho de Ministros deve determinar ainda:

a) A inutilização ou alteração das descrições e a caducidade das inscrições prediais referentes aos prédios abrangidos pelo emparcelamento quando for efectivado o registo dos prédios resultantes do emparcelamento;

b) A caducidade das inscrições matriciais dos prédios que sejam objecto do emparcelamento logo que se proceda às correspondentes novas inscrições e alterações das matrizes resultantes da remodelação predial nos termos do presente decreto-lei;

c) A proibição do fraccionamento dos prédios resultante do emparcelamento durante o período de 10 anos contados a partir da data do seu registo.

5 — A resolução do Conselho de Ministros confere ao projecto aprovado carácter obrigatório para todos os interessados abrangidos pela recomposição predial.

NOTAS

1. Ver anotações ao art. 9.º do Dec.-Lei n.º 196/89, de 14 de Junho (Reserva Agrícola Nacional).

Face ao n.º 5 do preceito em anotação não são possíveis operações relativas à florestação e exploração florestal em solos de exclusiva utilização agrícola que constem de um projecto aprovado de emparcelamento integral, visto esse projecto ter carácter obrigatório para todos os interessados abrangidos pela recomposição predial.

ARTIGO 17.º
Entrega dos novos prédios

1 — A entrega dos novos prédios resultantes da remodelação predial é feita, na ausência de acordo de todos os interessados, no prazo estabelecido pela comissão de trabalho, devendo ser anunciada com a antecedência mínima de seis meses.

2 — Depois da entrega fica ainda assegurada a colheita dos frutos pendentes por aqueles a quem pertencerem, podendo substituir-se a colheita por indemnização, se houver acordo entre as partes interessadas.

ARTIGO 18.º
Auto

1 — Concluída a execução do projecto, é lavrado auto pela DGHEA, em relação a cada proprietário, no qual se deve fazer menção dos bens que lhe pertenciam, dos que em substituição destes lhe ficam a pertencer e dos direitos, ónus e encargos que incidiam sobre os primeiros e são transferidos para os segundos.

2 — Quando nos prédios resultantes do emparcelamento forem também incorporados terrenos de reserva de terras, o auto citado no número anterior, que tem, para todos os efeitos, o valor de escritura pública, deve fazer igualmente menção do facto e da hipoteca constituída por força do n.º 2 do art. 35.º, bem como as condições de pagamento do valor dos terrenos.

3 — O auto deve conter, nomeadamente, os elementos seguintes:

a) A identificação completa e a residência dos titulares dos direitos;

b) A causa da aquisição;
c) A espécie, o valor e a duração dos direitos, ónus e encargos;
d) A natureza e a descrição completa dos novos prédios;
e) A situação matricial dos novos prédios expressa pelos artigos de matriz ou pela menção de estarem omissos;
f) A indicação do respectivo valor declarado;
g) A indicação dos melhoramentos fundiários e rurais de carácter individual ou colectivo de que tenha beneficiado cada um dos novos prédios.

ARTIGO 19.º
Registo e inscrição matricial dos prédios

1 — O auto constitui documento bastante para prova dos actos ou factos que dele constem, designadamente para os efeitos seguintes:

a) Registo da aquisição dos prédios resultantes da remodelação predial a favor dos proprietários;
b) Registo de quaisquer outros direitos, ónus ou encargos;
c) Inscrição dos novos prédios nas respectivas matrizes em substituição das inscrições que caduquem.

2 — As inscrições e alterações nas matrizes prediais são feitas oficiosamente em presença de certidão ou fotocópia do auto, devidamente legalizada, a remeter às competentes repartições de finanças pela DGHEA.

3 — A DGHEA tem legitimidade para requerer os actos de registo predial a favor dos titulares mencionados nos autos, tomando a responsabilidade do pagamento dos respectivos encargos, de que será reembolsada por aqueles.

SECÇÃO II
Outras formas de emparcelamento

ARTIGO 20.º
Regime

Às restantes operações de emparcelamento aplicam-se, com as necessárias adaptações, as disposições relativas ao emparcelamento integral e as disposições contidas na presente secção.

ARTIGO 21.º
Expropriação para troca de terrenos e árvores

1 — Só é legítimo o recurso à expropriação por utilidade pública quando a recusa à permuta tenha sido precedida de oferta ao recusante do direito sobre terrenos com as seguintes características:

a) Área não inferior à dos terrenos a expropriar;
b) Valor superior em, pelo menos, 20%;
c) Natureza análoga quanto à classe de cultura, aptidão e condições de exploração;
d) Situação não mais desvantajosa quanto à incidência de direitos, ónus e encargos, nomeadamente quando emergentes de quaisquer contratos.

2 — Igualmente só é legítima a expropriação do direito sobre árvores quando a recusa à permuta desse direito tenha sido precedida de oferta ao recusante:

a) Da entrega de árvores de igual espécie e valor às implantadas em terreno do recusante;
b) Da entrega de terreno contíguo a outro que já lhe pertença ou, quando tal não seja possível, de prédio autónomo, de modo que o valor da terra e das árvores que nela existam seja superior, no mínimo, em 20% do valor das próprias árvores;
c) De uma compensação pecuniária de valor superior, no mínimo em 50%, ao das próprias árvores.

NOTAS

1. As als. *b)* e *c)* foram rectificadas no Suplemento do *D.R. I Série*, de 30 de Junho.

ARTIGO 22.º
Proposta de compra

A expropriação prevista no artigo anterior deve ser, em qualquer caso, precedida de proposta de compra, pela

Decreto-Lei n.º 103/90, de 22 de Março

DGHEA ou por pessoa ou entidade a nomear por aquela, dos bens ou direitos a expropriar.

ARTIGO 23.º

Titulação dos resultados

Os resultados das operações de emparcelamento são titulados por auto lavrado pela DGHEA, nos termos e com os efeitos previstos nos arts. 18.º e 19.º, ou por escritura pública ou contrato de arrendamento celebrado de acordo com minuta aprovada pela DGHEA.

CAPÍTULO II

Emparcelamento da iniciativa das autarquias ou dos particulares

ARTIGO 24.º

Regime

As operações de emparcelamento da iniciativa das autarquias locais ou dos particulares regem-se pelo disposto no capítulo anterior, com as necessárias adaptações, e pelo disposto nos artigos seguintes.

NOTAS

1. Rectificado no Suplemento do *D.R. I Série*, de 30 de Junho.

ARTIGO 25.º

Autorização para elaboração dos projectos

1 — Compete à DGHEA autorizar a elaboração do projecto de emparcelamento, ouvida a comissão de coordenação regional da área respectiva, quando se trate de projecto da iniciativa das autarquias locais ou dos particulares.

2 — Para o efeito previsto no número anterior, as autarquias locais e os particulares devem fazer acompanhar o requerimento de estudo prévio, elaborado nos termos do art. 2.º.

ARTIGO 26.º

Aprovação dos projectos

1 — A autorização para execução dos projectos, após aprovação pelos interessados, compete:

a) Ao Governo, mediante parecer da DGHEA, nas operações de emparcelamento integral;
b) À DGHEA, nas restantes operações de emparcelamento.

2 — A DGHEA pode propor ao Governo, quando tal se justifique, a adopção das medidas necessárias à execução dos projectos.

ARTIGO 27.º

Execução dos projectos

A execução dos projectos é da responsabilidade dos interessados, que podem solicitar à DGHEA ou aos serviços regionais de agricultura o apoio técnico necessário e à comissão de coordenação regional a coordenação das acções dependentes dos vários organismos envolvidos.

NOTAS

1. Rectificado no Suplemento do D.R. I Série, de 30 de Junho.

ARTIGO 28.º

Fiscalização da execução dos projectos

À DGHEA compete acompanhar a execução dos projectos, acautelando que sejam cumpridas as normas estabelecidas no presente diploma.

CAPÍTULO III

Órgãos de emparcelamento

ARTIGO 29.º

Constituição

1 — São órgãos do emparcelamento a comissão de trabalho e a comissão de apreciação.

2 — Os órgãos de emparcelamento são constituídos após autorizada a elaboração do projecto e destinam-se ao acompanhamento exclusivo das respectivas operações de emparcelamento.

3 — Compete à DGHEA assegurar a constituição e a instalação dos órgãos de emparcelamento, o seu expediente e os encargos de funcionamento, incluindo a eventual retribuição de peritos.

4 — As comissões de trabalho e de apreciação dissolvem-se automaticamente após a conclusão das operações de emparcelamento através da titulação e registo dos respectivos resultados.

ARTIGO 30.º

Composição da comissão de trabalho

1 — A comissão de trabalho é constituída por iniciativa da DGHEA e tem a seguinte composição:

a) Um técnico agrícola designado pela DGHEA, com o acordo da direcção regional de agricultura, que preside aos trabalhos da comissão;

b) Os presidentes das juntas de freguesia em cujas áreas de competência se situam os terrenos a emparcelar ou, no seu impedimento, qualquer mandatário daquelas autarquias credenciado para o efeito;

c) Dois proprietários dos terrenos incluídos na remodelação a efectuar, designados pelas associações de proprietários;

d) Um agricultor-rendeiro dos terrenos abrangidos pela operação, designado pelas associações de rendeiros;

e) Um funcionário designado pela DGHEA como secretário e sem direito a voto.

2 — Os vogais referidos nas als. *c)* e *d)* do n.º 1, quando não nomeados pelas respectivas associações ou escolhidos pelos interessados em reuniões a promover para o efeito, devem ser cooptados pelos restantes membros.

3 — Para o efeito da sua participação nas reuniões previstas no número anterior são considerados proprietários e rendeiros todos os que façam prova documental ou testemunhal dessa qualidade na área abrangida pelas operações de emparcelamento.

4 — A composição da comissão de trabalho pode ser alargada ou reduzida em função da natureza e complexidade de remodelação a efectuar, com salvaguarda da representação dos proprietários e rendeiros e, quando se preveja a realização de melhoramentos de carácter colectivo, das juntas de freguesia.

NOTAS

1. O n.º 2 foi rectificado no Suplemento do *D.R. I Série*, de 30 de Junho.

ARTIGO 31.º

Competências da comissão de trabalho

1 — À comissão de trabalho compete, entre outros trabalhos necessários à preparação e execução dos projectos de emparcelamento, o seguinte:

a) Delimitar com exactidão o perímetro de emparcelamento;

b) Classificar e avaliar os terrenos e benfeitorias;

c) Definir os melhoramentos de carácter individual ou colectivo indispensáveis à remodelação predial e os que contribuam para a valorização económica da zona e para a promoção social das populações;

d) Detectar os casos de abandono ou mau uso de terrenos sujeitos a emparcelamento e proceder nos termos da legislação aplicável;

e) Identificar os terrenos do domínio público ou privado do Estado ou das autarquias cuja inclusão na reserva de terras deva ser promovida;

f) Colaborar na avaliação de prédios a adquirir para integração na reserva de terras e na sua reavaliação para efeitos de alienação.

2 — À comissão de trabalho compete ainda informar sobre todas as questões emergentes do emparcelamento.

ARTIGO 32.º

Composição da comissão de apreciação

1 — A comissão de apreciação será constituída por iniciativa da DGHEA anteriormente à data da fixação das bases do projecto e tem a composição seguinte:

a) O presidente da câmara municipal, o conservador do registo predial, o chefe da repartição de finanças e um notário de cada um dos concelhos onde se situar a zona submetida a emparcelamento;

b) Um representante dos proprietários dos terrenos incluídos na remodelação a efectuar, designado pelas respectivas associações;

c) Um representante dos agricultores-rendeiros, designado pelas respectivas associações, quando tal se justifique;

d) Dois técnicos agrícolas, sendo um designado pela DGHEA e outro pelo Instituto Geográfico e Cadastral;

e) Um licenciado em Direito designado pela DGHEA;

f) Um técnico representante de cada um dos organismos responsáveis pela preparação e execução de melhoramentos fundiários a realizar na zona, sempre que se justifique.

2 — A comissão designa, na sua primeira reunião, o presidente e o seu substituto.

3 — As funções de secretário são exercidas pelo técnico agrícola designado vogal pela DGHEA.

4 — Quando os vogais referidos nas als. *b)* e *c)* do n.º 1 não forem designados pelas respectivas associações

ou escolhidos pelos interessados em reuniões promovidas para o efeito, devem ser nomeados pelo respectivo director regional de agricultura.

5 — A composição da comissão de apreciação pode ser reduzida nas operações de menor vulto, com salvaguarda da representação de proprietários e rendeiros.

ARTIGO 33.º
Competências da comissão de apreciação

1 — Compete à comissão de apreciação:

a) Deliberar sobre as reclamações apresentadas no decorrer das operações;

b) Dar parecer sobre as questões que lhe sejam apresentadas pelos interessados, pela comissão de trabalho ou pelos organismos oficiais encarregados da preparação e execução do emparcelamento;

c) Emitir as recomendações que entender relativas às operações.

2 — Dos pareceres pedidos pelos interessados nas operações de emparcelamento devem ser remetidas cópias à comissão de trabalho.

3 — Para deliberar sobre as reclamações que lhe sejam apresentadas, a comissão de apreciação pode recorrer a peritagem por três técnicos da especialidade, sendo um indicado pela DGHEA, outro pelo autor ou autores da reclamação e o terceiro pela comissão.

NOTAS

1. A al. *b)* foi rectificada no Suplemento do *D.R. I Série*, de 30 de Junho.

ARTIGO 34.º
Funcionamento dos órgãos de emparcelamento

1 — Os órgãos de emparcelamento reúnem por convocatória do respectivo presidente, feita com a antecedência mínima de oito dias, na qual sejam mencionados a data, a hora e o local da reunião, bem como a agenda de trabalhos.

2 — Os órgãos de emparcelamento só podem deliberar validamente quando estiver presente, pelo menos, metade dos seus membros.

3 — As deliberações, que são exaradas em acta, são tomadas por maioria, tendo o presidente voto de qualidade em caso de empate na votação.

4 — Estão impedidos de intervir na deliberação os membros que tenham interesse directo ou indirecto na votação, presumindo-se aquele nos casos de compropriedade ou participação no capital de sociedade e este quando se trate de interesse do cônjuge, ascendente, descendente ou parente afim até ao 2.º grau, adoptantes e adoptados.

5 — O impedimento deve ser reconhecido pelos próprios, sendo o dos vogais decidido pelo presidente e o deste por deliberação dos restantes membros.

6 — Os membros dos órgãos de emparcelamento têm direito ao abono de senhas de presença pelas sessões a que assistirem, no valor que for fixado, por despacho conjunto dos Ministros das Finanças e da tutela do organismo proponente.

7 — Os membros dos referidos órgãos sem vínculo à função pública têm igualmente direito ao abono de ajudas de custo e a despesas de transporte, quando tiverem de se deslocar do local da sua residência, nos montantes e demais condições estabelecidos para os funcionários da Administração Pública.

8 — A retribuição dos peritos referidos no n.º 3 do artigo anterior constará igualmente do despacho conjunto previsto no n.º 6 do presente artigo.

CAPÍTULO IV

Reserva de terras

ARTIGO 35.º

Condições de transmissão dos terrenos da reserva de terras

1 — A transmissão dos terrenos da reserva de terras pode ser efectuada por incorporação directa nos prédios

resultantes de operações de emparcelamento, por venda ou por permuta.

2 — O pagamento devido pelas transmissões previstas no número anterior, quando seja diferido, deve ser garantido por hipoteca a constituir a favor da DGHEA sobre o prédio transmitido ou sobre parte determinada do prédio resultante do emparcelamento no qual fiquem incorporados os terrenos da reserva.

3 — Para os efeitos de determinação do valor dos terrenos é feita a sua reavaliação sempre que tenham decorrido mais de três anos entre a data da aquisição pela DGHEA e a aprovação dos projectos de emparcelamento pelos interessados.

4 — A reavaliação referida no número anterior deve ser sempre efectuada em relação a terrenos valorizados por benfeitorias realizadas pelo Estado, qualquer que seja o tempo decorrido entre as datas citadas.

NOTAS

1. O n.º 2 foi rectificado no Suplemento do *D.R. I Série*, de 30 de Junho.

ARTIGO 36.º

Exploração transitória dos terrenos
da reserva de terras

1 — Enquanto não lhes der destino definitivo, a DGHEA pode ceder o uso dos terrenos da reserva de terras por contrato apenas renovável por acordo das partes, do qual devem constar o seu prazo, o tipo de utilização permitida e a importância a pagar pelo utilizador.

2 — As benfeitorias realizadas sem autorização escrita da DGHEA, independentemente da sua natureza, não podem ser levantadas e não conferem qualquer direito de indemnização.

CAPÍTULO V

Reclamação e recurso

ARTIGO 37.º

Legitimidade, forma e prazos

1 — As reclamações apresentadas por proprietários de terrenos sujeitos a emparcelamento, bem como por titulares de direitos, ónus, encargos e contratos que incidam sobre esses terrenos, ou por seu representante legal, são dirigidas à comissão de apreciação, cabendo recurso das deliberações desta para o director-geral de Hidráulica e Engenharia Agrícola.

2 — Quando não for constituída a comissão de apreciação, as reclamações são dirigidas à entidade competente para a aprovação do projecto e das suas decisões não cabe recurso.

3 — As reclamações devem ser apresentadas no prazo de 30 dias a contar da data da recepção da notificação ou da data da última publicação do edital.

4 — O prazo é de 45 dias para quem residir nas regiões autónomas ou no estrangeiro e para aqueles cuja residência não for conhecida ou que não tenham recebido notificação, contando-se o prazo para os que estiverem nas duas últimas situações referidas a partir da data da última publicação do edital.

5 — Os recursos devem ser interpostos no prazo de 15 dias a contar da notificação da deliberação sobre a respectiva reclamação.

ARTIGO 38.º

Exposição dos elementos à reclamação

Para os fins do artigo anterior, os elementos a que se referem os arts. 11.º e 13.º ficam patentes, para exame pelos interessados, em todos os dias úteis do prazo para reclamar.

ARTIGO 39.º

Decisão das reclamações e recursos

1 — As deliberações devem ser notificadas aos interessados no prazo de 30 dias a partir do termo do período de reclamação e as decisões sobre os recursos devem igualmente ser notificadas no prazo de 45 dias contados da data da sua apresentação.

2 — Na falta de deliberação ou decisão nos prazos fixados, as reclamações ou recursos consideram-se deferidos.

ARTIGO 40.º

Observações dos interessados

O direito de reclamação e recurso exerce-se sem prejuízo de, em qualquer outra fase das operações, poderem os interessados apresentar as observações que entenderem sobre as questões relativas à execução dos trabalhos.

CAPÍTULO VI
Publicidade e notificação

ARTIGO 41.º

Publicidade das decisões com interesse geral

1 — A todas as decisões com interesse geral para as operações de emparcelamento deve ser dada publicidade por anúncio em jornal da imprensa regional ou num diário de âmbito nacional escolhido de entre os de maior circulação na zona onde se situam os terrenos abrangidos.

2 — Independentemente da publicação prevista no número anterior, deve ser efectuada a afixação de editais nos lugares de estilo nos municípios e freguesias em que se situem os terrenos abrangidos.

ARTIGO 42.º
Notificação e citações

1 — Todos os actos respeitantes a operações de emparcelamento que interessem individualmente a proprietários ou titulares de direitos sobre os terrenos a emparcelar são notificados aos interessados.

2 — As notificações podem ser pessoais ou por carta ou postal registados com aviso de recepção.

3 — As notificações relativas aos elementos a que se referem os arts. 11.º e 13.º, ou dos resultados das respectivas adaptações à natureza da remodelação predial, são efectuadas por carta ou postal registados com aviso de recepção, indicando-se aos interessados o local, os dias e as horas em que podem examinar os elementos expostos e advertindo-os do direito de apresentarem as reclamações que entenderem nos prazos e pela forma determinados no art. 37.º.

4 — Quando não for possível averiguar a residência dos interessados ou quando a notificação efectuada pela forma determinada no número anterior for devolvida, deve recorrer-se a citação edital.

ARTIGO 43.º
Notificações para prestação de esclarecimento

1 — Em qualquer fase das operações de remodelação predial os serviços e órgãos intervenientes podem notificar os proprietários interessados ou seus representantes legais para prestarem os esclarecimentos necessários à verificação dos direitos e ao conhecimento das realidades em que devem assentar o estudo e a execução do emparcelamento.

2 — Quando o proprietário não residir na zona em que decorrem as operações de remodelação predial, pode ser notificado para comparecer na DGHEA, na comissão de coordenação regional ou na direcção regional de agricultura mais próxima.

3 — O proprietário ou o titular de direitos que não cumprir a notificação que lhe houver sido regularmente

feita sujeita-se, sem possibilidade de reclamação ou recurso, à decisão que for tomada sobre a matéria a que a notificação se refira.

TÍTULO II

Fraccionamento

ARTIGO 44.º

Conceitos

1 — Para os efeitos do disposto no art. 20.º do Dec.-Lei n.º 384/88, de 25 de Outubro, considera-se exploração agrícola o prédio rústico ou o conjunto de prédios rústicos contíguos explorados em comum por uma pessoa singular ou colectiva.

2 — A exploração agrícola é considerada economicamente viável quando assegure um rendimento de trabalho por unidade homem de trabalho (UHT) superior ao salário mínimo nacional para os sectores não agrícolas.

3 — Por UHT entende-se a quantidade de trabalho que um trabalhador activo agrícola está apto a prestar, durante um ano e em condições normais, num período correspondente a 2400 horas.

ARTIGO 45.º

Fraccionamento de exploração agrícola

1 — A divisão a que se refere o art. 20.º do Dec.--Lei n.º 384/88, de 25 de Outubro, só se pode realizar sob parecer favorável da respectiva direcção regional de agricultura, emitido a requerimento do interessado.

2 — Decorridos 30 dias sem que o parecer a que se refere o número anterior seja emitido, considera-se para todos os efeitos a existência de parecer favorável.

3 — Verificada a situação prevista no número anterior, a direcção regional de agricultura respectiva deve, a

pedido dos interessados, passar de imediato certidão comprovativa de tal facto.

NOTAS

1. Ver art. 20 do Dec.-Lei n.º 384/88, de 25 de Outubro.

2. A harmonização das regras do emparcelamento rural, com as regras do inventário e a ausência de tratamento jurídico da situação em que a exploração agrícola economicamente viável é constituída por prédios que constituem a herança e outros que a não integram, impõe que se considerem os artigos 20.º, n.º 2, do Dec.-Lei n.º 384/88, de 25 de Outubro, e 45.º, do Dec.-Lei n.º 103/90, de 22 de Março, aplicáveis apenas a situações em que a exploração agrícola é constituída por prédios todos eles integrantes da herança. — Ac. da Relação de Coimbra de 19/3/2002, *Col. Jur.* XXVII, 2, 9.

3. Parecer da Procuradoria Geral da República n.º 17/99, de 11 de Novembro, *DR II Série*, de 8/3/2001: 1.ª Os pareceres constituem manifestações de juízos emitidos no exercício da função consultiva, a qual tem como escopo iluminar e aconselhar o órgão da Administração activa competente para a tomada da decisão final.

2.ª O parecer da Direcção Regional de Agricultura previsto no artigo 45.º do Decreto-Lei n.º 103/90, de 22 de Março, condiciona o fraccionamento de prédio rústico e, como tal, produz efeitos jurídicos externos.

3.ª Nessa medida, quando produzido através da intermediação do competente órgão administrativo, preenche as características de um acto administrativo contenciosamente recorrível e é sindicável com fundamento em vício de forma por falta de fundamentação.

4.ª A anulação contenciosa do parecer favorável da Direcção Regional de Agricultura possibilita a propositura de acção judicial de anulação do acto de fraccionamento de prédio rústico que tenha tido como pressuposto esse parecer.

5.ª A emissão de um novo parecer favorável, expurgado do vício que afectava o acto antecedente, em sede de execução de sentença, não impede a propositura da acção de anulação nos termos da conclusão anterior, mas justifica que se avalie a oportunidade da providência judiciária, em face da manutenção, para futuro, por efeito do acto renovável, das condições jurídicas que tornam viável o fraccionamento.

6.ª Na decisão a proferir pela Direcção Regional de Agricultura, ao abrigo do disposto no já citado artigo 45º do Decreto-Lei n.º 103/90, têm de constar todas as razões e fundamentos de facto e de direito que levaram àquela decisão, atentos os requisitos constantes das várias alíneas do n.º 1 do artigo 20.º do Decreto-Lei n.º 384/88, de 25 de Outubro.

7.ª Nos termos conjugados dos artigos 190.º, 269º e 275º e § único, todos do Código da Contribuição Predial e Imposto sobre a Indústria Agrícola (CCPIIA), o parecer dos técnicos do IPCC a emitir se e quando a Direcção-Geral das Contribuições e Impostos o entender necessário, para efeitos de decisão no processo de reclamação das matrizes prediais, tem de responder aos factos alegados pelos reclamantes, pelo que só em face dos mesmos o conteúdo daquele parecer poderá ser densificado.

ARTIGO 46.º

Indivisão das explorações agrícolas
em compropriedade

1 — Nos casos de compropriedade resultantes da impossibilidade de fraccionamento das explorações agrícolas economicamente viáveis e na falta de acordo quanto à manutenção da exploração em comum, observar-se-á o seguinte:

a) Se os interessados nisso convierem, é o direito globalmente adjudicado a algum deles pelo preço entre todos acordado ou, na falta de acordo, pelo preço resultante de avaliação judicial ou arbitral;

b) No caso previsto na alínea anterior, pode a adjudicação ser feita a mais de um comproprietário desde que os adjudicatários se obriguem a transferir o direito às respectivas quotas indivisas para uma sociedade com personalidade jurídica;

c) Não estando os interessados de acordo quanto à adjudicação, pode algum, ou alguns deles em comum, com a concordância dos restantes, obter o arrendamento do prédio ou prédios integrados na unidade de exploração, nas condições previstas no n.º 2 deste artigo;

d) No caso previsto na alínea anterior, podem ainda os interessados, nos termos gerais da administração de coisa comum, arrendar a terceiro o prédio ou prédios integrados na unidade de exploração;

e) Não conseguindo os interessados pôr-se de acordo quanto às soluções anteriores, procede-se a licitação entre eles e, se nenhum quiser licitar, à venda judicial, com repartição do preço.

2 — Quando qualquer dos comproprietários pretenda manter indivisa uma exploração agrícola nos termos previstos na al. *c)* do n.º 1, só pode fazê-lo desde que:

a) Assegure a exploração directa dos terrenos indivisos;

b) Celebre contratos de arrendamento por prazo nunca inferior a 10 anos e por valores de renda correspondentes aos valores máximos legais aplicáveis aos terrenos da exploração.

ARTIGO 47.º
Sanções

1 — São anuláveis os actos de fraccionamento ou troca de terrenos com aptidão agrícola ou florestal que contrariem o disposto no art. 20.º do Dec.-Lei n.º 384/88, de 25 de Outubro.

2 — Têm legitimidade para a acção de anulação o Ministério Público, a DGHEA ou qualquer particular que goze de direito de preferência no âmbito da legislação sobre emparcelamento e fraccionamento.

3 — O direito de acção de anulação caduca decorridos três anos sobre a celebração dos actos referidos no n.º 1.

4 — A DGHEA tem igualmente legitimidade para a acção de anulação a que se refere o art. 1379.º do C.C.

TÍTULO III
Disposições finais e transitórias

ARTIGO 48.º
Prejuízos causados pelos estudos e trabalhos

1 — Excepto no caso de simples passagem através dos terrenos, a obrigação a que se refere o n.º 1 do art. 15.º do Dec.-Lei n.º 384/88 só se efectiva 15 dias após notificação pelos serviços, na qual se informe da necessidade de ocupação dos terrenos e se convidem os interessados a dar o seu parecer, dentro daquele prazo, sobre a melhor forma de realizar os trabalhos e com o menor prejuízo.

2 — A indemnização a que se refere o n.º 2 do mesmo artigo é da responsabilidade da entidade pública ou privada responsável pelos mencionados estudos e trabalhos.

ARTIGO 49.º

Oposição à execução dos trabalhos

Os proprietários possuidores de terras ou outras pessoas que por qualquer meio impedirem a execução de actos integrados no processo de emparcelamento serão notificados para que, no prazo de oito dias, ponham termo ao seu comportamento ilícito, com a indicação expressa das consequências legais no caso de incumprimento.

ARTIGO 50.º

Anexação de prédios contíguos

1 — Todos os prédios rústicos contíguos com a área global inferior ao dobro da unidade de cultura ou ao limite mínimo das explorações agrícolas e pertencentes ao mesmo proprietário, qualquer que seja a sua origem, devem ser anexados oficiosamente ou a requerimento dos interessados pela repartição de finanças, com inscrição do novo prédio sob um único artigo e menção da correspondência aos artigos antigos.

2 — O proprietário deve ser notificado para se opor, querendo, no prazo de 30 dias.

3 — Realizada a operação prevista no n.º 1, a repartição de finanças deve enviar à conservatória do registo predial certidão do teor das matrizes, com a indicação da correspondência matricial.

4 — Feita a anotação da apresentação, o conservador efectua a anexação das descrições, oficiosa e gratuitamente, salvo os casos em que a existência de registos em vigor sobre os prédios obste à anexação.

ARTIGO 51.º

Isenção de sisa

1 — São isentas de sisa:

a) As transmissões resultantes de operações de emparcelamento realizadas ao abrigo do presente diploma;

b) A transmissão de terreno confinante com prédio do adquirente não abrangida pela alínea anterior, se da junção resultar uma parcela de terreno apto para cultura que não exceda o dobro da unidade de cultura fixada para a região ou se, embora excedendo esse limite, a junção contribuir para a constituição de exploração agrícola economicamente viável de tipo familiar.

c) As aquisições de bens que excedam o quinhão ideal do adquirente em partilha ou divisão de coisa comum, quando a unidade predial ou de exploração agrícola não possam fraccionar-se sem inconveniente.

2 — As isenções previstas nas als. *b)* e *c)* do número anterior são reconhecidas, a requerimento dos interessados, pelo chefe de repartição de finanças, com base em parecer da direcção regional de agricultura respectiva.

3 — As isenções de sisa a que se refere o n.º 1 têm eficácia retroactiva, as das als. *a)* e *b)* a partir da entrada em vigor da Lei n.º 114/88, de 30 de Dezembro, e as da al. *c)* a partir da entrada em vigor da Lei n.º 101/89, de 29 de Dezembro.

NOTAS

1. Redacção do Dec.-Lei n.º 59/91, de 30 de Janeiro, que a justifica assim no seu preâmbulo:

O excessivo fraccionamento da propriedade rústica é uma das grandes deficiências estruturais da agricultura portuguesa, resultando tal situação, muitas vezes, de sucessivos fraccionamentos de explorações agrícolas viáveis, efectuados, designadamente, para efeitos de partilhas.

Importa, pois, mais do que resolver situações de excessivo fraccionamento de propriedade fundiária mediante a adopção de acções de emparcelamento, sempre morosas e dispendiosas, fazer cessar as causas que lhe dão origem.

As isenções de sisa previstas na legislação vigente, embora importantes, não dão cobertura aos casos acima referidos, pelo que se impõe a sua adequação à realidade social.

A manutenção das explorações agrícolas bem dimensionadas é um dos requisitos essenciais para a modernização e progresso da agricultura portuguesa.

2. As Leis n.º 114/88 e n.º 101/89 aprovaram o Orçamento do Estado para, respectivamente, os anos de 1988 e 1989.

ARTIGO 52.º

Outras isenções

Os actos e contratos necessários à realização das operações previstas nas als. *a)* e *b)* do n.º 1 do artigo anterior gozam de isenção de quaisquer emolumentos.

ARTIGO 53.º

Unidade de cultura

Enquanto não forem fixadas as unidades de cultura nos termos do art. 21.º do Dec-Lei n.º 384/88, de 25 de Outubro, mantém-se em vigor a Portaria n.º 202/70, de 21 de Abril.

NOTAS

1. A Portaria n.º 202/70, de 21 de Abril, encontra-se publicada em nota ao art. 9.º do Dec.-Lei n.º 385/88, de 25 de Outubro (Arrendamento Rural).

ARTIGO 54.º

Financiamento de acções de emparcelamento

Enquanto não for determinado o regime de apoio financeiro a que se refere o art. 22.º do Dec.-Lei n.º 384/88, de 25 de Outubro, mantém-se em vigor as disposições aplicáveis ao financiamento de acções de emparcelamento instituídas pela Resolução n.º 159/80, de 7 de Maio, e reguladas pela Resolução n.º 219/81, de 16 de Outubro, bem como, na parte aplicável, a Resolução n.º 245/80, de 12 de Julho.

NOTAS

1. A Resolução n.º 159/80 criou o Programa de Financiamento a Arrendatários Rurais — PAR.

2. A Resolução n.º 219/81 estabeleceu os requisitos a que deverão obedecer quer os prédios, quer os peticionários que desejem usufruir destes dois tipos de aplicação de financiamento previstos no Programa PAR.

3. A Resolução n.º 245/80 definiu as condições e requisitos que os rendeiros e os respectivos prédios rústicos deverão satisfazer para acesso à formulação de pedidos de financiamento e estabelece os regimes administrativo e financeiro do Programa de Financiamento a Arrendatários Rurais — PAR.

ARTIGO 55.º
Operações de emparcelamento já executadas

1 — Às operações de emparcelamento integral executadas pela extinta Junta de Colonização Interna nos perímetros de Estorãos, no concelho de Ponte de Lima, de Cabanelas e Prado, no concelho de Vila Verde, e de Odeceixe e São Teotónio, nos concelhos de Aljezur e Odemira, e a outras executadas pela DGHEA, cuja conclusão se encontra pendente do registo dos prédios nas respectivas conservatórias, são aplicáveis, com as devidas adaptações, as disposições da presente lei sobre a matéria de registo predial.

2 — Constituem documento suficiente para servir de base aos registos a favor dos respectivos titulares os autos lavrados pela extinta Junta de Colonização Interna, ou pela DGHEA, desde que apresentados com requerimentos desta Direcção-Geral nos quais, por declarações complementares, sejam completados ou actualizados os elementos dos autos em conformidade com o art. 18.º.

ARTIGO 56.º
Região Autónoma dos Açores

A aplicação do disposto no presente diploma à Região Autónoma dos Açores não prejudica a legislação regional existente sobre esta matéria.

ARTIGO 57.º
Região Autónoma da Madeira

1 — O presente diploma aplica-se à Região Autónoma da Madeira, nos termos do disposto no n.º 2 do art. 23.º do Dec.-Lei n.º 384/88, de 25 de Outubro, sem prejuízo de

decreto legislativo regional que o adapte às particulares condições do respectivo território.

2 — Serão fixados por decreto legislativo regional os limites mínimos de superfície dos prédios rústicos, designados por unidades de cultura, e os limites mínimos das explorações agrícolas a que se refere o n.º 1 do art. 21.º do Dec.-Lei n.º 384/88, de 25 de Outubro.

NOTAS

1. O n.º 1 foi rectificado no Suplemento do *D.R. I Série*, de 30 de Junho.

ARTIGO 58.º

Regulamentação

As normas técnicas necessárias à execução das operações de emparcelamento serão aprovadas por portaria do Ministro da Agricultura, Pescas e Alimentação.

ARTIGO 59.º

Entrada em vigor

O presente diploma entra em vigor no dia imediato ao da sua publicação.

RESERVA AGRÍCOLA NACIONAL

DECRETO-LEI N.º 196/89

DE 14 DE JUNHO

O progresso e a modernização da agricultura portuguesa, com a consequente melhoria das condições sócio-económicas das populações que a ela se dedicam, constitui um dos grandes objectivos que o Governo se propôs prosseguir.

Um dos passos fundamentais para a boa prossecução desse objectivo é, sem dúvida, a protecção das áreas que melhores condições apresentam para tal actividade.

Este facto assume especial relevância se considerarmos que os solos de maior aptidão agrícola representam apenas cerca de 12% do território nacional.

Impõe-se, assim, a adopção de um regime jurídico que defenda de uma forma eficaz as áreas que, por serem constituídas por solos de maiores potencialidades agrícolas, ou por terem sido objecto de importantes investimentos destinados a aumentar a capacidade produtiva dos mesmos, se mostrem mais vocacionados para uma agricultura moderna e racional no quadro da nossa inserção no espaço comunitário.

Mas se a defesa dessas áreas das agressões várias de que têm sido objecto ao longo do tempo, designadamente de natureza urbanística, constitui uma vertente fundamental da política agrícola, não é menos verdade que, por si só, é insuficiente para garantir a afectação das mesmas à agricultura — objectivo que, em última análise, se pretende conseguir.

Na verdade, condição necessária para o efectivo e pleno aproveitamento agrícola dos solos de maiores potencialidades é a sua inserção em explorações agrícolas bem dimensionadas. Este problema é, aliás, já clássico na nossa agricultura, exercida, como é, sobre uma estrutura fundiária que, apesar das medidas legais e administrativas implantadas ao longo dos anos, se encontra excessivamente fraccionada.

Tendo em atenção esta realidade, o presente diploma estabelece, para as áreas integradas na Reserva Agrícola Nacional (RAN), que são precisamente aquelas em que o fraccionamento maiores inconvenientes acarreta, uma unidade de cultura superior à existente para o resto do território nacional. Por outro lado, confere aos proprietários de prédios rústicos situados numa área da RAN o direito de preferência na alienação ou dação em cumprimento de prédios rústicos existentes na mesma área.

Na linha do que já se encontrava previsto no Decreto-Lei n.º 451/82, de 16 de Novembro, embora nunca tivesse sido concretizado, o presente diploma atribui a gestão das áreas integradas na RAN a órgãos regionais representativos das várias entidades com responsabilidade na matéria, dotando-os, simultaneamente, dos instrumentos jurídicos que lhes possibilitem, em conjugação com as direcções regionais de agricultura, uma actuação pronta e eficaz perante as acções violadoras do regime ora instituído.

Tarefa candente para a plena realização dos objectivos do presente diploma, bem como para o regime jurídico administrativo por ele instituído, é, sem dúvida, a efectiva delimitação das áreas da RAN. Tal revela-se um trabalho complexo e necessariamente demorado (pelo menos a nível da totalidade do território nacional), que se integra na política de ordenamento do território, a que o Governo, aliás, tem dado a maior importância.

Por isso, o presente diploma prevê um regime transitório — a vigorar até à publicação das portarias que delimitarão as áreas da RAN —, baseado na classificação dos solos utilizada para a elaboração das cartas de capacidade de uso. Este sistema, que permite a aproximação possível à posterior delimitação das áreas da RAN, impede o agravamento da situação existente até que tal se verifique, pois aos solos assim identificados como pertencentes às classes A e B é aplicável o regime proibitivo previsto para as citadas áreas.

Foram ouvidos os órgãos de governo próprio das Regiões Autónomas dos Açores e da Madeira.

Assim:

Nos termos da alínea a) do n.º 1 do artigo 201.º, da Constituição, o Governo decreta o seguinte:

CAPÍTULO I

Disposições gerais

ARTIGO 1.º

Objecto

O presente diploma visa defender e proteger as áreas de maior aptidão agrícola e garantir a sua afectação à agricultura, de forma a contribuir para o pleno desenvolvimento da agricultura portuguesa e para o correcto ordenamento do território.

NOTAS

1. I — O Dec.-Lei n.º 196/89 veio estabelecer o novo regime jurídico da Reserva Agrícola Nacional e revogar o Dec.-Lei n.º 451/82, de 16 de Novembro, não sendo assim interpretativo.

II — A instituição de uma reserva agrícola nacional não está abrangida pelas alíneas do art. 168.º, n.º 1, e pela alínea c) do n.º 1 do art. 201.º, ambos da Constituição da República.

III — As restrições impostas ao direito de propriedade pelo Dec.-Lei n.º 451/82 não violam qualquer preceito constitucional.

IV — O direito à habitação, previsto no art. 65.º, n.º 3, da Constituição da República, não se mostra violado pelo Dec.-Lei n.º 451/82, pois as limitações aí previstas são admissíveis, já que estão em causa outros direitos que cumpre defender e que prevalecem sobre aquele direito.

V — Tem de se reconhecer aos autores o direito de preferência na venda do prédio, uma vez que estes provaram os requisitos previstos no art. 1380.º do Código Civil.

VI — E os réus não fizeram prova dos factos impeditivos previstos no art. 1381.º, n.º 1, alíneas b) e a), do mesmo diploma legal, pois, não obstante constar da escritura que a compra se destinava a construção, o certo é que se provou que os réus adquiriram o prédio para nele fazerem uma exploração agrícola com a construção de prédio urbano de apoio à mesma e também de habitação, isto é, não foi mudado o fim de cultura como principal — Ac. do S.T.J. de 26/6/1990, *Bol.* 398, 521.

ARTIGO 2.º

Definições

1 — Para efeitos do presente diploma, consideram-se:

a) Solos de classe A: os que têm uma capacidade de uso muito elevada, com poucas ou nenhumas limitações, sem riscos de erosão ou com riscos ligeiros, susceptíveis de utilização intensiva ou de outras utilizações;

b) Solos de classe B: os que têm uma capacidade de uso elevada, limitações moderadas, riscos de erosão moderados, susceptíveis de utilização agrícola moderadamente intensiva e de outras utilizações;

c) Solos de classe C: os que têm uma capacidade de uso moderada, limitações acentuadas, riscos de erosão elevados, susceptíveis de utilização agrícola pouco intensiva e de outras utilizações;

d) Solos de classe D: os que têm uma capacidade de uso baixa, limitações severas, riscos de erosão elevados a muito elevados, não susceptíveis de utilização agrícola, salvo em casos muito especiais poucas ou moderadas limitações para pastagem, exploração de matas e exploração florestal;

e) Solos da classe E: os que têm uma capacidade de uso muito baixa, limitações muito severas, riscos de erosão muito elevados, não susceptíveis de uso agrícola, severas a muito severas limitações para pastagens, exploração de matas e exploração florestal, não sendo em muitos casos susceptíveis de qualquer utilização económica, podendo destinar-se a vegetação natural ou floresta de protecção ou recuperação;

f) Solos de subclasse Ch: os que, pertencendo à classe C, apresentam excesso de água ou uma drenagem pobre, que constitui o principal factor limitante da sua utilização ou condicionador dos riscos a que o solo está sujeito em resultado de uma permeabilidade lenta, de um nível freático elevado ou da frequência de inundações;

g) Manchas de estrutura complexa: áreas constituídas por solos de diversas classes, cuja identificação cartográfica não é possível em virtude da pequena dimensão dos respectivos afloramentos;

h) Assento de lavoura: área onde estão implantadas as instalações necessárias para atingir os objectivos da exploração agrí acidade produtiva dos solos: as que sejam, ou tenham sido, abrangidas por acções tendentes a atenuar ou eliminar as suas limitações naturais e das quais resultem benefícios evidentes, quer para o empresário agrícola, quer para a comunidade rural, tais como obras de rega, drenagem, enxugo, defesa e conservação do solo e despedregas;

i) Áreas submetidas a importantes investimentos destinados a aumentar a capacidade produtiva dos solos: as que sejam, ou tenham sido, abrangidas por acções tendentes a atenuar ou eliminar as suas limitações naturais e das quais resultem benefícios evidentes, quer para o empresário agrícola, quer para a comunidade rural, tais como obras de rega, drenagem, enxugo, defesa e conservação do solo e despedregas;

j) Áreas cujo aproveitamento é determinante da viabilidade económica de explorações agrícolas: as que, embora não correspondendo a solos das classes A e B, tenham uma ocupação cultural tal que, se forem desanexadas, afectam significativamente ou comprometem a economia da exploração;

l) Agricultor: a pessoa que exerce a actividade agrícola a título principal.

2 — A classificação dos solos em classes de acordo com a sua capacidade de uso faz-se de acordo com os critérios técnicos constantes do anexo ao presente diploma, que dele faz parte integrante.

CAPÍTULO II

Reserva Agrícola Nacional

SECÇÃO I

Constituição da Reserva Agrícola Nacional

ARTIGO 3.º

Definição e estrutura

1 — A Reserva Agrícola Nacional, abreviadamente designada «RAN», é o conjunto das áreas que, em virtude das suas características morfológicas, climatéricas e sociais, maiores potencialidades apresentam para a produção de bens agrícolas.

2 — Para efeitos da sua gestão ordenada, a RAN divide-se em regiões que coincidem com o território de cada direcção regional de agricultura.

3 — Cada região da RAN tem como órgão próprio uma comissão regional da reserva agrícola, existindo, a nível nacional, o Conselho Nacional da Reserva Agrícola.

ARTIGO 4.º

Composição

1 — As áreas da RAN são constituídas por solos das classes A e B, bem como por solos de baixas aluvionares e coluviais e ainda por solos de outros tipos cuja integração nas mesmas se mostre conveniente para a prossecução dos fins previstos no presente diploma.

2 — Aos assentos da lavoura de explorações agrícolas viáveis situadas nas áreas da RAN é aplicável o regime desta.

ARTIGO 5.º

Delimitação

1 — As áreas da RAN são identificadas na carta da RAN, a publicar por portaria do Ministro da Agricultura, Pescas e Alimentação.

2 — A publicação da carta da RAN pode ser feita de forma parcelada, designadamente município a município, consoante os trabalhos da sua elaboração se forem desenvolvendo.

ARTIGO 6.º

Integração específica

1 — Quando assumam relevância em termos de economia local ou regional, podem ser integrados na RAN:

a) As áreas que tenham sido submetidas a importantes investimentos destinados a aumentar com carácter duradouro a capacidade produtiva dos solos;

b) Os solos cujos aproveitamento seja determinante da viabilidade económica de explorações agrícolas existentes;

c) Os solos da subclasse Ch.

2 — A submissão ao regime da RAN faz-se por despacho do Ministro da Agricultura, Pescas e Alimentação, sob proposta da direcção regional de agricultura e após parecer da comissão regional da reserva agrícola e audição dos titulares dos prédios em causa ou das suas organizações representativas.

3 — Os despachos a que se refere o número anterior são publicados na 2.ª série do *Diário da República*.

NOTAS

1. A audiência prévia dos titulares dos prédios rústicos abrangidos pela carta da Reserva Agrícola Nacional — integrados ou não numa dada associação de regantes — só é exigível nos casos de integração específica na Reserva Agrícola Nacional a operar por despacho ministerial relativamente às áreas que preencham as condições previstas no n.º 1 do art. 6.º do Dec.-Lei n.º 196/89, de 14 de Junho — Ac. do STA de 11/12/1996, *Bol.* 461, 462.

ARTIGO 7.º

Solos não integrados na RAN

Não se integram na RAN:

a) Os solos destinados a expansões urbanas, consignados em planos directores municipais, em planos de urbanização, em áreas de desenvolvimento urbano prioritário e em áreas de construção prioritária plenamente eficazes;

b) Os solos destinados à construção que se encontrem dentro dos limites ou perímetros dos aglomerados urbanos definidos por planos directores municipais e planos de urbanização plenamente eficazes ou, na sua falta, fixados em diploma legal ou ainda aprovados por despacho fundamentado do Ministro do Planeamento e da Administração do Território, sob proposta dos respectivos municípios;

c) Os solos destinados a loteamentos urbanos de interesse regional ou local, quando integrados em núcleos de construção legalmente autorizados antes da entrada em vigor do presente diploma.

SECÇÃO II
Regime da RAN

ARTIGO 8.º
Princípio geral

1 — Sem prejuízo do disposto nos artigos seguintes, os solos da RAN devem ser exclusivamente afectos à agricultura, sendo proibidas todas as acções que diminuam ou destruam as suas potencialidades agrícolas, designadamente as seguintes:

a) Obras hidráulicas, vias de comunicação e acessos, construção de edifícios, aterros e escavações;

b) Lançamento ou depósito de resíduos radioactivos, resíduos sólidos urbanos, resíduos industriais ou outros produtos que contenham substâncias ou microrganismos que possam alterar as características do solo;

c) Despejo de volumes excessivos de lamas, designadamente resultantes da utilização indiscriminada de processos de tratamento de efluentes;

d) Acções que provoquem erosão e degradação do solo, desprendimento de terras, encharcamento, inundações, excesso de salinidade e outros efeitos perniciosos;

e) Utilização indevida de técnicas ou produtos fertilizantes e fitofarmacêuticos.

2 — As actividades agrícolas desenvolvidas nos solos da RAN são objecto de tratamento preferencial em todas as acções de fomento e apoio à agricultura desenvolvidas pelas entidades públicas.

NOTAS

1. Por se reputar de interesse para a interpretação da al. *a)* dá-se conta do seguinte Ac. da Relação do Porto de 10/1/2001, *Col. Jur.* XXVI, 1, 221: Não comete a contra-ordenação de realização inautorizada de obra de urbanização (p. e p. pelo artigo 12.º, n.º 1, do Dec.-Lei n.º 93/90, de 19/3) aquele que, num terreno seu integrado na Reserva Ecológica Nacional (REN) colocou dois autocarros de dois pisos, desprovidos dos respectivos órgãos mecânicos, que transformou de modo a poderem servir de habitação a pessoas que, neles, passaram a ficar hospedadas.

2. I — Não padece de inconstitucionalidade a norma constante do n.º 5 do artigo 24.º do Código das Expropriações de 1991, interpretada por forma a excluir da classificação de «solo apto para construção» os solos integrados na Reserva Agrícola Nacional, expropriados para implantação de vias de comunicação. II — Na verdade, estando o valor do prédio expropriado limitado em consequência da existência de uma legítima restrição legal ao *jus aedificandi*, e não tendo o proprietário qualquer expectativa razoável de o ver desafectado e destinado à construção por particulares, não pode convocar-se o princípio da justa indemnização para reflectir no montante indemnizatório arbitrado uma potencialidade edificativa dos terrenos, legalmente inexistente e que não foi sequer confirmada pela finalidade dada aos solos após a expropriação (que foi a construção de uma via de comunicação). — Ac. do Tribunal Constitucional n.º 20/2000, de 11/1/2000, *Bol.* 493, 85.

ARTIGO 9.º
Utilização de solos da RAN condicionados pela lei geral

1 — Carecem de prévio parecer favorável das comissões regionais da reserva agrícola todas as licenças, concessões, aprovações e autorizações administrativas relativas a utilizações não agrícolas de solos integrados na RAN.

2 — Os pareceres favoráveis das comissões regionais da reserva agrícola só podem ser concedidos quando estejam em causa:

a) **Obras com finalidade exclusivamente agrícola, quando integradas e utilizadas em explorações agrícolas viáveis, desde que não existam alternativas de localização em solos não incluídos na RAN ou, quando os haja, a sua implantação nestes inviabilize técnica e economicamente a construção;**

b) **Habitações para fixação em regime da residência habitual dos agricultores em explorações agrícolas viáveis, desde que não existam alternativas válidas de localização em solos não incluídos na RAN;**

c) **Habitações para utilização própria e exclusiva dos seus proprietários e respectivos agregados familiares, quando se encontrem em situação de extrema necessidade sem alternativa viável para a obtenção de habitação condigna e daí não resultem inconvenientes para os interesses tutelados pelo presente diploma;**

d) Vias de comunicação, seus acessos e outros empreendimentos ou construções de interesse público, desde que não haja alternativa técnica economicamente aceitável para o seu traçado ou localização;

e) Exploração de minas, pedreiras, barreiras e saibreiras, ficando os responsáveis obrigados a executar o plano de recuperação dos solos que seja aprovado;

f) Obras indispensáveis de defesa do património cultural, designadamente de natureza arqueológica.

g) Operações relativas à florestação e exploração florestal quando decorrentes de projectos aprovados ou autorizados pela Direcção-Geral das Florestas;

h) Instalações para agro-turismo e turismo rural, quando se enquadrem e justifiquem como complemento de actividades exercidas numa exploração agrícola;

i) Campos de golfe declarados de interesse para o turismo pela Direcção-Geral do Turismo, desde que não impliquem alterações irreversíveis da topografia do solo e não se inviabilize a sua eventual reutilização agrícola.

3 — Os pareceres favoráveis a que se referem os números anteriores só podem incidir sobre solos das classes A e B quando não existir alternativa idónea para a localização das obras e construções em causa em afloramentos de outras categoria.

NOTAS

1. As alíneas *g)* a *i)* foram aditadas pelo Dec.-Lei n.º 274/92, de 12 de Dezembro.

2. O Dec.-Lei n.º 31/94, de 5 de Fevereiro, alterado pelo Dec.-Lei n.º 351//97, de 5 de Dezembro, estabeleceu as condições de aplicação dos Regulamentos (CEE) do Conselho, de 30 de Junho, n.º 2078/92 (relativo a métodos de produção agrícola compatíveis com as exigências da protecção do ambiente e à preservação do espaço natural), n.º 2079/92 (que institui um regime comunitário de ajudas à reforma antecipada na agricultura) e n.º 2080/92 (que institui um regime comunitário de ajudas às medidas florestais na agricultura).

Como decorre do preâmbulo da Portaria n.º 199/94, de 6 de Abril (que estabelece o regime das ajudas às medidas florestais na agricultura instituídas pelo Regulamento n.º 2080/92), alterado pelas Portarias n.º 995/94, de 12 de Novembro, n.º 952/95, de 4 de Agosto, n.º 1125/95, de 14 de Setembro, n.º 216//96, de 14 de Junho e n.º 777/98, de 16 de Setembro, no âmbito da reforma da política agrícola comum foi instituído um regime de ajudas às medidas florestais na agricultura tendo por objectivos, nomeadamente, fomentar a utilização alternativa de terras agrícolas, associando-se a alternativa floresta ao abandono da actividade agrícola, com particular interesse nas terras tornadas marginais nas novas condições de mercado, propiciando a melhoria das condições de vida das populações rurais através da obtenção de rendimentos superiores aos gerados pelo actual sistema de exploração.

Nos n.ᵒˢ 2 e 3 do art. 11.º do citado Dec.-Lei n.º 31/94, as acções de arborização enquadráveis nas medidas florestais na agricultura previstas nos mencionados regulamentos consideram-se para todos os efeitos actividade agrícola, carecendo de parecer prévio dos serviços regionais do ambiente quando tenham por objecto prédios situados no Sistema Nacional de Áreas Protegidas.

O facto de se considerarem aquelas acções de arborização como actividade agrícola gerou, por vezes, o entendimento de que não careciam do prévio parecer favorável das comissões regionais da reserva agrícola, referido no n.º 1 do preceito em anotação, que hoje na al. *g)* do n.º 2 estabelece expressamente carecerem dele as operações relativas à florestação e exploração florestal quando decorrentes de projectos aprovados ou autorizados pela Direcção-Geral das Florestas.

Mas sem razão.

É que no art. 1.º do Dec.-Lei 196/89, de 14 de Junho, diz-se que o diploma visa defender e proteger as áreas de maior aptidão agrícola e garantir a sua afectação à agricultura, de forma a contribuir para o pleno desenvolvimento da agricultura portuguesa e para o correcto ordenamento do território, acrescentando-se no n.º 1 do art. 8.º que sem prejuízo do disposto nos artigos seguintes, os solos da RAN devem ser exclusivamente afectos à agricultura, sendo proibidas todas as acções que diminuam ou destruam as suas potencialidades agrícolas.

Da conjugação da finalidade dos diplomas citados somos levados a concluir que a expressão *actividade agrícola* constante do Dec.-Lei n.º 31/94 foi utilizada para excluir esse sector de actividade económica do campo da comercialidade, valendo aqui, como refere o Prof. Coutinho de Abreu, *Curso de Direito Comercial*, I, 3.ª ed., 102, um conceito amplo de agricultura, que compreende a actividade agrícola em sentido estrito e tradicional (cultivo da terra para obtenção de colheitas), a silvicultura, a pecuária, e ainda a cultura de plantas e a criação de animais sem terra ou em que esta apresenta carácter acessório.

Assim, uma coisa será a utilização do solo, no sentido de cultivo da terra para obtenção de colheitas e outra será o uso do solo agrícola para operações relativas à florestação e exploração florestal que, como se vê da al. g) do n.º 2 do preceito em anotação, se traduzem em utilização não agrícola de solo o que, para tanto, precisa de prévio parecer favorável das comissões regionais da reserva agrícola.

Aliás, como flui do n.º 1 da Portaria 199/94, o diploma estabelece o regime das ajudas às medidas florestais na agricultura instituídas pelo Regulamento n.º 2080/92, tendo por objectivos, nomeadamente: *a)* fomentar a utilização alternativa de terras agrícolas; *b)* desenvolver actividades florestais nas explorações agrícolas. Distingue-se, claramente, entre terras agrícolas e actividades florestais nas explorações agrícolas.

Donde se conclui que mesmo as acções de arborização enquadráveis nas medidas florestais previstas nos mencionados Regulamentos do Conselho,

quando tiverem lugar em solos integrados na RAN, carecem de prévio parecer favorável das comissões regionais da reserva agrícola, a que acrescerá parecer prévio dos serviços regionais de ambiente se tiverem por objecto prédios situados no Sistema Nacional de Áreas Protegidas.
Ver anotação ao art. 16.º do Dec.-Lei n.º 103/90, de 22 de Março (Regulamento do emparcelamento rural).

3. I — O facto de um prédio rústico se encontrar integrado na Reserva Agrícola Nacional não impede que nele possam ser construídas habitações.

II — Não é aos tribunais comuns que compete decidir sobre a verificação dos requisitos de que depende a utilização não agrícola de tal prédio. — Ac. da Relação do Porto de 4/1/1994, *Col. Jur.* XIX, 1, 189.

4. O Ac. do Tribunal Constitucional n.º 20/2000, de 11 de Janeiro, *DR II Série*, de 28/4/2000, não julgou inconstitucional a norma do n.º 5 do artigo 24.º do Código das Expropriações vigente, interpretada por forma a excluir da classificação de «solo apto para construção» solos integrados na Reserva Agrícola Nacional expropriados para implantação de vias de comunicação; ver, no mesmo sentido, os Acs. do Tribunal Constitucional n.º 172/2002, de 17/4/02, *DR II Série*, de 3 de Junho de 2002, n.º 243/2001, de 23/5/01, *DR II Série*, de 4 de Julho de 2001, e n.º 219/2001, de 22/5/01, *DR II Série*, de 6 de Julho de 2001.

ARTIGO 10.º
Utilizações de solos da RAN não condicionadas pela lei geral

Todas as utilizações não estritamente agrícolas de solos integrados na RAN que, de acordo com a lei geral, não dependam de licença, concessão, aprovação ou autorização de entidades públicas carecem de autorização das comissões regionais da reserva agrícola.

ARTIGO 11.º
Requerimento de pareceres e autorizações

1 — A emissão dos pareceres e autorizações a que se referem os artigos 9.º e 10.º depende de requerimento dos interessados, instruído com os elementos necessários para a cabal apreciação da situação em causa.

2 — As entidades competentes para a emissão dos pareceres e autorizações podem solicitar aos interessados ou a quaisquer serviços públicos os elementos que considerem convenientes, bem como efectuar as vistorias e inspecções que se mostrem necessárias.

3 — Decorridos 90 ou 60 dias, consoante se trate do parecer exigido pelo artigo 9.º ou da autorização prevista pelo artigo 10.º, sem que os interessados tenham sido notificados do requerido, considera-se, para todos os efeitos, favorável o parecer ou concedida a autorização, respectivamente.

ARTIGO 12.º
Direito de preferência

1 — Sem prejuízo das preferências estabelecidas no Código Civil e em legislação complementar, os proprietários de prédios rústicos incluídos numa área da RAN gozam do direito de preferência na venda ou dação em cumprimento de prédios rústicos sitos na mesma área.

2 — O tribunal notifica os preferentes previstos no número anterior por meio de éditos a afixar na sede ou sedes das zonas agrárias com competência na área da RAN em que se situa o prédio em causa, devendo os preferentes exercer o seu direito nos 30 dias imediatos à afixação, aplicando-se em tudo o mais o disposto na lei processual civil, com as necessárias adaptações.

3 — No caso de violação do prescrito nos números anteriores é aplicável o disposto no artigo 1410.º do Código Civil, excepto se a alienação ou dação em cumprimento tiver sido efectuada a favor de um dos preferentes.

NOTAS

1. A relação do n.º 1 foi introduzida pelo art. 2.º do Dec.-Lei n.º 278/95, de 25 de Outubro.

2. Ver notas ao art. 28.º do Dec.-Lei n.º 385/88, de 25 de Outubro (Arrendamento Rural).

ARTIGO 13.º
Unidade de cultura

Nas áreas da RAN, a unidade de cultura corresponde ao dobro da área fixada pela lei geral para os respectivos terrenos e região.

SECÇÃO III

Órgãos da RAN

SUBSECÇÃO I

Conselho Nacional da Reserva Agrícola

ARTIGO 14.º

Composição

1 — O Conselho Nacional da Reserva Agrícola tem a seguinte composição:

a) Um representante do Ministro do Planeamento e da Administração do Território;
b) Dois representantes do Ministro da Agricultura;
c) Um representante do Ministro das Obras Públicas, Transportes e Comunicações;
d) Um representante do Ministro do Ambiente e Recursos Naturais;
e) Um representante das comissões regionais da reserva agrícola;
f) Um representante da Associação Nacional dos Municípios Portugueses.

2 — O Conselho Nacional é presidido pelo representante do Ministério da Agricultura, Pescas e Alimentação que para o efeito for nomeado.

3 — O membro a que se refere a alínea *e)* do n.º 1 é um dos presidentes das comissões regionais de reserva agrícola por estes designado.

NOTAS

1. Redacção do Dec.-Lei n.º 274/92, de 12 de Dezembro.

ARTIGO 15.º

Competências

1 — Compete ao Conselho Nacional da Reserva Agrícola:

a) Promover medidas de defesa da RAN;

b) Assegurar o cumprimento das normas estabelecidas no presente diploma e a realização das acções com elas relacionadas;

c) Propor as medidas legislativas ou regulamentares que considere necessárias;

d) Emitir os pareceres que lhe sejam solicitados pelo Ministro da Agricultura, Pescas e Alimentação;

e) Assegurar, sem prejuízo das especificidades regionais, a uniformidade de critérios de actuação das comissões regionais da reserva agrícola, podendo, para o efeito, emitir as orientações genéricas que se mostrem necessárias;

f) Deliberar sobre os recursos a que se refere o n.º 2 do artigo 17.º;

g) Emitir os pareceres previstos no artigo 32.º.

2 — As orientações genéricas previstas na alínea *e)* do nú-mero anterior carecem de homologação do Ministro da Agricultura, Pescas e Alimentação.

3 — Os actos praticados no exercício da competência estabelecida na alínea *f)* do n.º 1 que mantenham pareceres favoráveis ou que alterem pareceres desfavoráveis das comissões regionais de reserva agrícola apenas produzem efeitos se, no prazo de 30 dias após a sua emissão, não for proferido despacho conjunto, em sentido contrário, pelo ministro da Agricultura e pelo Ministro competente em razão da matéria.

4 — Os mesmos actos, quando mantenham pareceres desfavoráveis ou alterem pareceres favoráveis das comissões regionais da reserva agrícola relativos a casos previstos na alínea *d)* do n.º 2 do artigo 9.º que sejam de iniciativa pública ou, não o sendo, tenham sido reconhecidos com interesse público pelo membro do Governo competente em razão da matéria, podem ser modificados, dentro do mesmo prazo, por despacho conjunto dos membros do Governo a que se refere o número anterior.

NOTAS

1. Redacção do Dec.-Lei n.º 274/92, de 12 de Dezembro.

SUBSECÇÃO II

Comissões regionais da reserva agrícola

ARTIGO 16.º

Composição

1 — As comissões regionais da reserva agrícola têm a seguinte composição:

a) Dois representantes da direcção regional de agricultura respectiva, um dos quais é designado para presidente;

b) Um representante do Centro Nacional de reconhecimento e Ordenamento Agrário (CNROA);

c) Um representante da comissão de coordenação regional cuja área de actuação mais coincida com a região da RAN em causa;

d) Um representante da direcção regional de ambiente e recursos naturais cuja área de actuação mais coincida com a região da RAN em causa;

e) Um representante da Associação Nacional dos Municípios Portugueses.

2 — Os representantes referidos nas alíneas *a)* a *d)* do número anterior são designados por despacho de dirigente máximo do respectivo serviço.

NOTAS

1. Redacção do Dec.-Lei n.º 274/92, de 12 de Dezembro.

ARTIGO 17.º

Competências

1 — Compete às comissões regionais da reserva agrícola:

a) Colaborar com o Conselho Nacional da Reserva Agrícola nas acções de promoção e defesa da RAN;

b) Desenvolver acções de sensibilização da opinião pública relativamente à necessidade de defesa dos solos integrados na RAN;

c) Promover, a nível regional, a cooperação e a colaboração entre todas as entidades públicas, com vista à plena realização dos fins visados com o presente diploma;

d) Emitir os pareceres previstos no n.º 2 do artigo 6.º;
e) Emitir os pareceres previstos no artigo 9.º;
f) Conceder as autorizações a que se refere o artigo 10.º;
g) Aprovar a carta referida no n.º 1 do artigo 32.º;
h) Determinar e aplicar as coimas pelas contra-ordenações previstas no presente diploma;
i) Ordenar, nos termos do artigo 39.º, a cessação das acções desenvolvidas em violação do disposto no presente diploma;
j) Determinar, de acordo com o artigo 40.º, a reposição dos solos na situação anterior à infracção.

2 — Dos actos administrativos praticados no exercício das competências previstas nas alíneas *e)*, *f)*, *i)* e *j)* do número anterior cabe recurso necessário, com efeito suspensivo, para o Conselho Nacional da Reserva Agrícola.

3 — O recurso previsto no número anterior pode ser interposto pelos interessados e, ainda, no caso de se tratar de actos praticados ao abrigo das alíneas *e)* e *f)*, pelos membros da comissão.

NOTAS

1. Redacção do Dec.-Lei n.º 274/92, de 12 de Dezembro.

SUBSECÇÃO III

Disposições genéricas

ARTIGO 18.º

Mandatos

1 — Os membros do Conselho Nacional e das comissões regionais têm mandato de dois anos, podendo ser exonerados a todo o tempo pela entidade que os designou.

2 — Decorrido o respectivo mandato ou verificada a sua exoneração, os membros do Conselho Nacional e das comissões regionais continuam em funções até à designação dos seus substitutos.

ARTIGO 19.º
Reuniões

1 — O Conselho Nacional e as comissões regionais têm reuniões ordinárias, pelo menos com periodicidade mensal e quinzenal, respectivamente, nos dias, horas e locais que genericamente forem fixados por deliberação dos mesmos.

2 — O Conselho Nacional e as comissões regionais reúnem extraordinariamente sempre que o respectivo presidente o considere necessário, devendo a convocação ser feita com a devida antecedência.

ARTIGO 20.º
Funcionamento das reuniões

1 — O Conselho Nacional e as comissões regionais reúnem com a presença da maioria dos seus membros em efectividade de funções e deliberam por maioria absoluta dos votos dos membros presentes, tendo o presidente voto de qualidade.

2 — As reuniões são dirigidas pelo respectivo presidente ou, na sua ausência ou impedimento, pelo membro mais antigo ou pelo mais velho destes em caso de igualdade de circunstâncias.

3 — Nas reuniões ordinárias o Conselho Nacional e as comissões regionais podem deliberar sobre todos os assuntos da sua competência e nas extraordinárias somente acerca dos assuntos para que tenham sido convocadas.

4 — Das reuniões é sempre lavrada acta, assinada por todos os presentes.

ARTIGO 21.º
Participação nas reuniões

Sem prejuízo do disposto no n.º 3 do artigo 16.º, o presidente do Conselho Nacional e os presidentes das comissões regionais podem convocar, para participar, sem direito a voto, nas reuniões, quaisquer pessoas ou representantes de entidades públicas ou privadas cuja presença seja julgada conveniente.

ARTIGO 22.º

Apoio técnico e administrativo

1 — O apoio técnico e administrativo ao Conselho Nacional e às comissões regionais é dado, respectivamente, pelo Centro Nacional de Reconhecimento e Ordenamento Agrário e pelas direcções regionais de agricultura.

2 — Por despacho do Ministro da Agricultura, Pescas e Alimentação podem ser destacados funcionários ou agentes do respectivo Ministério para, em exclusividade, prestar apoio técnico e administrativo ao Conselho Nacional e às comissões regionais.

3 — O pessoal destacado ao abrigo do número anterior fica na dependência hierárquica do presidente do respectivo órgão.

ARTIGO 23.º

Senhas de presença

Os membros do Conselho Nacional e das comissões regionais têm direito a senhas de presença, em termos a fixar por despacho conjunto dos Ministros das Finanças e da Agricultura, Pescas e Alimentação.

CAPÍTULO III

Regimes transitórios

SECÇÃO I

Cartas de capacidade de uso dos solos

ARTIGO 24.º

Aplicabilidade das cartas de capacidade de uso dos solos

1 — Por portaria do Ministro da Agricultura, Pescas e Alimentação pode ser determinada a aplicabilidade das

cartas de capacidade de uso dos solos, elaboradas pelo Centro Nacional de Reconhecimento e Ordenamento Agrário, às zonas ainda não abrangidas por carta da RAN já publicada.

2 — As cartas a que se refere o número anterior classificam os solos em classes (A, B, C, D e E), subdivididas, à excepção da classe A, em subclasses (e, h e s), podendo delimitar manchas de estrutura complexa.

ARTIGO 25.º
Constituição da RAN nas zonas abrangidas por cartas de capacidade de uso dos solos

Nas zonas abrangidas por cartas de capacidade de uso dos solos, considera-se que integram a RAN os solos nelas identificados pertencentes às classes A e B e ainda as manchas de estrutura complexa que incluam solos das classes A ou B em percentagem a definir na portaria a que se refere o artigo anterior.

NOTAS

1. Rectificado no Suplemento do *D.R.* de 31/8/89.

ARTIGO 26.º
Regime aplicável

Às zonas abrangidas por cartas de capacidade de uso dos solos é aplicável, com as necessárias adaptações, o disposto nos artigos 3.º, 6.º a 11.º e 14.º a 23.º.

SECÇÃO II
Zonas não abrangidas por cartas da RAN nem por cartas de capacidade de uso dos solos

ARTIGO 27.º
Constituição da RAN

Nas zonas não abrangidas por cartas da RAN nem por cartas de capacidade de uso dos solos, considera-se que integram a RAN os solos das classes A e B, os solos de baixas aluvionares ou coluviais, independentemente da sua capacidade de uso, e ainda as áreas referidas na alínea *a)* do n.º 1 do artigo 6.º.

ARTIGO 28.º
Obrigatoriedade de certificados de classificação dos solos

Sempre que a área em questão não se encontre abrangida por plano regional ou municipal de ordenamento do território, carta da RAN ou carta da capacidade de uso de solos, todos os processos, de iniciativa pública ou privada, para licenciamento de loteamentos urbanos, obras de urbanização, obras hidráulicas, vias de comunicação, construção de edifícios, aterros, escavações ou quaisquer outras formas de utilização de solos com fins não agrícolas são obrigatoriamente instruídos, desde o início, com certificados dos solos que se pretendem utilizar.

NOTAS

1. Redacção do Dec.-Lei n.º 274/92, de 12 de Dezembro.

ARTIGO 29.º
Requerimento de certificados e sua emissão

1 — A emissão dos certificados a que se refere o artigo anterior é da competência das direcções regionais de agricultura, devendo ser requeridos, no início do processo, pelas entidades competentes para a sua instrução, que farão acompanhar o pedido dos seguintes elementos:

a) Identificação e morada do requerente e do proprietário do terreno, quando este não for o requerente;

b) Identificação e localização do prédio ou prédios rústicos, com indicação do lugar, freguesia e concelho, artigos matriciais, identificação cadastral, área total e área a afectar com as obras ou quaisquer outras formas de utilização do solo pretendidas, descrevendo-as e discriminando as suas finalidades;

c) Planta à escala de 1:25 000, onde venha assinalada, com rigor, a localização da obra, devendo incluir a delimitação da área total e da área a afectar, se as dimensões desta o permitirem;

d) Planta em escala não inferior a 1:10 000, contendo indicações de pormenor, nomeadamente os limites dos prédios e a localização exacta de todas as obras pretendidas, a qual, em caso de inexistência, deverá ser substituída por um esquema suficientemente claro que inclua as mesmas indicações.

2 — As plantas mencionadas nas alíneas *c)* e *d)* do número anterior serão enviadas em duplicado, sendo uma das vias autenticada pelos serviços e devolvida com o certificado, por carta registada.

3 — Os certificados de solos indicarão a classificação dos mesmos e a sua integração ou não na RAN, devendo, em caso de integração na RAN de solos não pertencentes às classes A e B, explicitar sucintamente o fundamento de tal integração.

4 — Da classificação efectuada pelas direcções regionais de agricultura cabe recurso necessário, a interpor no prazo de 30 dias, para o Centro Nacional de Reconhecimento e Ordenamento Agrário.

ARTIGO 30.º

Direito de requerer certificados

1 — Independentemente de qualquer processo administrativo a iniciar ou em curso, todas as pessoas têm direito a requerer certificados de classificação de solos.

2 — Os certificados obtidos de acordo com o prescrito no número anterior substituem os exigidos no artigo 28.º, desde que o processo em causa seja iniciado no prazo de três anos após a sua emissão.

ARTIGO 31.º

Regime aplicável

Sem prejuízo do disposto nos artigos anteriores, às zonas não abrangidas por cartas da RAN nem por cartas de capacidade de uso dos solos é aplicável, com as necessárias adaptações, o disposto nos artigos 3.º, 6.º a 11.º e 14.º a 23.º do presente diploma.

CAPÍTULO IV

Planos de ocupação física do território

ARTIGO 32.º

Parecer relativo à capacidade de uso dos solos

1 — Os processos de aprovação ou ratificação de planos regionais e municipais de ordenamento do território, áreas de desenvolvimento urbano prioritário, áreas de construção prioritárias, bem como os processos tendentes à fixação dos limites ou perímetros dos aglomerados urbanos, serão sempre instruídos com carta aprovada pela comissão regional da reserva agrícola que delimite as áreas cuja integração na RAN deve ser garantida.

2 — A carta referida no número anterior deve ser solicitada pela entidade competente para iniciar o respectivo processo, a qual fará acompanhar o pedido das peças, escritas e desenhadas, necessárias para o correcto conhecimento do pretendido.

3 — A carta referida no n.º 1 não é exigível quando:

a) Estejam em causa planos de urbanização e de pormenor relativos a áreas já abrangidas por planos regionais de ordenamento do território ou planos directores municipais, em vigor;

b) Estiver já em vigor, para a respectiva área, a portaria de delimitação da RAN a que alude o n.º 1 do artigo 5.º.

4 — Sempre que se verifique o disposto na alínea *b)* do número anterior a ratificação dos planos municipais de ordenamento do território deve ser instruída com parecer da comissão regional da reserva agrícola relativo às alterações à delimitação da RAN em vigor.

5 — Para efeitos do número anterior, a proposta deve ser previamente submetida a parecer da comissão técnica do plano director municipal e da direcção regional de

agricultura, no caso de esta não integrar a referida comissão, ou da comissão de coordenação regional quando se trate de outro tipo de plano.

6 — A entrada em vigor dos planos regionais e municipais de ordenamento do território faz caducar as cartas da RAN relativas à área em causa.

NOTAS

1. Redacção do Dec.-Lei n.º 274/92, de 12 de Dezembro.

ARTIGO 33.º

Identificação dos solos da RAN

Os solos integrados na RAN são obrigatoriamente identificados em todos os instrumentos que definam a ocupação física do território, designadamente planos regionais de ordenamento, planos directores municipais e planos de urbanização.

CAPÍTULO V

Garantias do regime da RAN

ARTIGO 34.º

Nulidades

São nulos todos os actos administrativos praticados em violação do disposto no n.º 1 do artigo 9.º.

ARTIGO 35.º

Responsabilidade do Estado e demais pessoas colectivas públicas

O estado e demais pessoas colectivas públicas são responsáveis pelos prejuízos que advenham, para os particulares de boa fé, da nulidade dos actos administrativos prescrita no artigo anterior.

ARTIGO 36.º
Contra-ordenações

1 — Constitui contra-ordenação punível, com coima de 50 000$ a 500 000$ a utilização não agrícola de solos integrados na RAN sem as licenças, concessões, aprovações ou autorizações exigidas por lei.

2 — Constitui contra-ordenação punível com coima de 30 000$ a 300 000$ a utilização de solos integrados na RAN em violação do disposto no artigo 10.º.

3 — A negligência é punível.

4 — No caso de a responsabilidade por contra-ordenações pertencer a pessoa colectiva, os valores máximos das coimas elevam-se a 6 000 000$, tratando-se de facto doloso, ou a 3 000 000$, no caso de facto negligente.

NOTAS

1. Redacção do Dec.-Lei n.º 274/92, de 12 de Dezembro.

ARTIGO 37.º
Fiscalização

1 — A fiscalização do disposto no presente diploma compete, em especial, às direcções regionais de agricultura e aos municípios.

2 — As direcções regionais de agricultura devem comunicar à Inspecção-Geral de Administração do Território todas as situações em que verifiquem haver violação do disposto no presente diploma por parte das autarquias locais.

ARTIGO 38.º
Instrução dos processos e aplicação das coimas

1 — A instrução dos processos pelas contra-ordenações previstas neste diploma é da competência das direcções regionais de agricultura.

2 — Finda a instrução, são os processos remetidos às comissões regionais da RAN, a quem compete determinar e aplicar as respectivas coimas.

3 — O produto das coimas aplicadas reverte em 70% para as direcções regionais de agricultura e em 30% para o CNROA, sendo tendencialmente afecto à satisfação das despesas inerentes ao funcionamento dos órgãos da RAN.

ARTIGO 39.º
Cessação das acções violadoras do regime da RAN

1 — Independentemente do processamento das contra-ordenações e da aplicação das coimas, as comissões regionais da reserva agrícola podem ordenar a cessação imediata das acções desenvolvidas em violação do disposto no presente diploma.

2 — O incumprimento da ordem de cessação constitui crime de desobediência, punido nos termos do artigo 388.º do Código Penal.

3 — Verificada a situação referida no número anterior, será levantado auto de notícia nos termos previstos no Código de Processo Penal.

ARTIGO 40.º
Reposição da situação anterior à infracção

1 — As comissões regionais da reserva agrícola podem, após a audição dos interessados, mas independentemente de aplicação das coimas, determinar aos responsáveis pelas acções violadoras do regime da RAN que procedam à reposição da situação anterior à infracção, fixando o prazo e os termos que devem ser observados.

2 — Após a notificação para que se proceda à reposição, se não for cumprida a obrigação no prazo para tal fixado, o director regional de agricultura pode mandar proceder aos trabalhos necessários à reposição da situação anterior à infracção, apresentando para cobrança nota de despesas efectuadas aos agentes infractores.

3 — Na falta de pagamento no prazo de 60 dias, será a cobrança efectuada nos termos do processo de execuções fiscais, constituindo a nota de despe-

sas título executivo bastante, devendo dela constar o nome e o domicílio do devedor, a proveniência da dívida e a indicação, por extenso, do seu montante, bem como a data a partir da qual são devidos juros de mora.

4 — No caso de a utilização em causa estar ilegalmente licenciada pela entidade pública competente, incumbe a esta a responsabilidade pelas despesas a que se referem os números anteriores.

CAPÍTULO VI

Disposições finais

ARTIGO 41.º

Publicidade

1 — Nos municípios abrangidos por cartas da RAN ou por cartas de capacidade de uso dos solos devem estas ser afixadas nos paços do concelho, acompanhadas de nota explicativa, de forma a proporcionar aos interessados o conhecimento das suas implicações.

2 — Os serviços regionais do Ministério da Agricultura, Pescas e Alimentação devem afixar, nos termos do número anterior, as cartas da RAN e as cartas de capacidade de uso dos solos que abranjam áreas da sua competência.

ARTIGO 42.º

Taxas

1 — A emissão dos pareceres referidos no artigo 9.º e dos certificados previstos nos artigos 28.º e 30.º depende do prévio pagamento pelos interessados de taxas de montantes a fixar por portaria do Ministro da Agricultura, Pescas e Alimentação.

2 — A emissão das cartas previstas na alínea a) do n.º 1 do artigo 32.º depende do pagamento de taxa, cujo montante é fixado na portaria referida no número anterior.

ARTIGO 43.º

Posse dos membros e entrada em funções do Conselho Nacional e das comissões regionais

1 — Os membros do Conselho Nacional e das comissões regionais da reserva agrícola devem ser designados no prazo de 30 dias após a publicação do presente diploma.

2 — O Ministro da Agricultura, Pescas e Alimentação dá posse aos membros designados do Conselho Nacional e das comissões regionais nos 30 dias seguintes ao decurso do prazo fixado no número anterior, os quais entram de imediato em funções.

ARTIGO 44.º

Normas transitórias

1 — Enquanto não forem constituídas as comissões regionais da reserva agrícola, as competências que lhes são atribuídas pelo presente diploma são exercidas pelos directores regionais de agricultura.

2 — Enquanto não for constituído o Conselho Nacional da Reserva Agrícola, as competências que lhe são atribuídas pelo presente diploma são exercidas pela Comissão de Apreciação de Projectos, criada pelo artigo 8.º do Decreto-Lei n.º 308/79, de 20 de Agosto, que para esse efeito se mantém em funções.

ARTIGO 45.º

Regiões autónomas

O presente diploma aplica-se às Regiões Autónomas dos Açores e da Madeira, sem prejuízo das adaptações que possam ser introduzidas por diploma regional adequado.

ARTIGO 46.º

Norma revogatória

São revogados o Decreto-Lei n.º 451/82, de 16 de Novembro, e a Portaria n.º 399/83, de 8 de Abril.

NOTAS

1. O Dec.-Lei n.º 451/82 instituiu a reserva agrícola nacional e a Portaria n.º 399/83 estabeleceu as normas relativas ao funcionamento do Conselho de Reserva Agrícola.

ARTIGO 47.º
Entrada em vigor

Sem prejuízo do disposto no n.º 1 do artigo 43.º, o presente diploma entra em vigor 30 dias após a data da sua publicação.

*

Anexo a que se refere o n.º 2 do artigo 2.º

Classe A

Solos com capacidade de uso muito elevada, com poucas ou nenhumas limitações, sem riscos de erosão ou com riscos ligeiros, susceptíveis de utilização agrícola intensiva e de outras utilizações.
Inclui solos:
   Com elevada ou moderada capacidade produtiva;
   De espessura efectiva mediana ou grande (mais de 45 cm);
   Com fraca ou moderada erodibilidade;
   Planos ou com declives suaves ou moderados (0%-8%);
   Bem ou moderadamente supridos de elementos nutritivos ou reagindo favoravelmente ao uso de fertilizantes;
   Bem providos de água durante todo o ano, mas podendo ser deficientes durante a maior parte da estação seca; a capacidade de água utilizável é, em geral, elevada; as culturas durante o período Outono-Primavera não são afectadas por deficiências de água no solo ou apenas o são ocasionalmente;
   Bem drenados e não sujeitos a inundações ou sujeitos a inundações ocasionais, de modo que as culturas só raramente são afectadas por um excesso de água no solo;
   Sem elementos grosseiros e afloramentos rochosos ou com percentagem de tais elementos que não afecte a sua utilização nem o uso de maquinaria;
   Não salinos ou alcalinos.
Podem apresentar algumas limitações ligeiras.
As principais são as seguintes:
   Espessura efectiva não muito grande (nunca inferior a 45 cm);
   Riscos de erosão ligeiros, podendo o solo ser defendido com práticas muito simples;
   Declives moderados (até 8%);

Menor abundância de elementos nutritivos ou reagindo menos favoravelmente ao uso de fertilizantes;
Deficiência de água na maior parte da estação seca;
Ligeiro excesso de água durante períodos curtos (correspondentes a períodos excepcionalmente chuvosos ou a inundações ocasionais);
Estrutura um pouco desfavorável ou certa dificuldade de serem trabalhados (grande esforço de tracção e ou períodos de sazão curtos).

Classe B

Solos com capacidade de uso elevada, limitações moderadas, riscos de erosão, no máximo, moderados, susceptíveis de utilização agrícola moderadamente intensiva e de outras utilizações.

Apresentam maior número de limitações e restrições de uso que os solos da classe A e necessitam de uma exploração mais cuidadosa, incluindo práticas de conservação mais intensivas. O número de culturas que se podem realizar é, em princípio, mais reduzido que na classe A, bem como o número de alternativas para a sua utilização.

As principais limitações podem resultar de qualquer dos seguintes factores:
Espessura efectiva reduzida (embora nunca inferior a 35 cm);
Riscos de erosão moderados exigindo práticas de defesa mais intensivas que na classe A;
Declives moderadamente acentuados (até 15%);
Mediana a baixa fertilidade ou reacção menos favorável ao uso de fertilizantes;
Deficiência de água durante o período seco estival; durante o período Outono-Primavera as culturas são frequentemente afectadas por deficiências de água no solo, o que resulta de uma capacidade de água utilizável mediana ou baixa;
Excesso de água no solo resultante de uma drenagem insuficiente ou de prováveis inundações, afectando algumas vezes as culturas;
Quantidade variável de elementos grosseiros ou afloramentos rochosos limitando a sua utilização por afectarem, embora não impedindo, o uso de maquinaria;
Ligeira salinidade e ou alcalinidade que afecte, mas não impeça, as culturas mais sensíveis.

Classe C

Solos com capacidade de uso mediana, limitações acentuadas, riscos de erosão, no máximo, elevados, susceptíveis de utilização agrícola pouco intensiva e de outras utilizações.

O número de limitações e restrições de uso é maior do que na classe B, necessitando de uma exploração ainda mais cuidadosa ou de práticas de conservação mais complexas. O número de culturas e de alternativas de exploração é também, em princípio, mais reduzido.

As principais limitações podem resultar de qualquer dos seguintes factores:
Reduzida espessura efectiva (nunca inferior a 25 cm);
Severos riscos de erosão;

Severos efeitos de erosão;
Declives acentuados (até 25%);
Baixa fertilidade de difícil correcção ou reacção muito pouco favorável ao uso de fertilizantes;
Deficiência de água durante o período seco estival; durante o período Outono-Primavera as culturas são mais frequentemente afectadas por deficiências de água utilizável muito baixa;
Excesso de água no solo resultante de uma drenagem imperfeita ou de inundações frequentes (embora só em determinada época do ano), afectando muito frequentemente as culturas;
Quantidade variável de elementos grosseiros ou de afloramentos rochosos limitando a sua utilização por impedirem o uso da maquinaria mais sensível;
Moderada salinidade e ou alcalinidade; as culturas sensíveis são muito afectadas; praticamente só as culturas resistentes são susceptíveis de serem cultivadas.

Classe D

Solos com capacidade de uso baixa, limitações severas, riscos de erosão, no máximo, elevados a muito elevados; não susceptíveis de utilização agrícola, salvo casos muito especiais; poucas ou moderadas limitações para pastagem, explorações de matos e exploração florestal.

As limitações que apresentam restringem o número de culturas, não sendo a cultura agrícola praticamente viável; admite-se a possibilidade de, em casos excepcionais e em condições especiais, poderem ser cultivados durante períodos não muito longos, mas sempre sujeitos a grandes restrições.

As principais limitações podem resultar de qualquer dos seguintes factores:
Espessura efectiva não muito reduzida (nunca inferior a 15 cm);
Riscos de erosão elevados a muito elevados;
Severos a muito severos efeitos de erosão;
Declives acentuados a muito acentuados;
Deficiências de água durante o período seco estival; durante o período Outono-Primavera só ocasionalmente a água do solo é suficiente para as culturas; os solos apresentam uma capacidade de água utilizável muito baixa;
Excesso de água durante grande parte ou todo o ano que impede ou limita muito a sua utilização agrícola, mas não impedindo ou limitando pouco a sua utilização com pastagem, exploração de matos ou exploração florestal; o excesso de água pode resultar de uma drenagem pobre ou muito pobre ou de inundações frequentes e de distribuição irregular;
Grande quantidade de elementos grosseiros ou afloramentos rochosos que limitam muito a utilização do solo por impedirem o uso de maquinaria pesada e dificultarem o uso da restante;
Moderada e elevada salinidade e ou alcalinos; não são possíveis as culturas sensíveis e as resistentes são muito afectadas, embora não sejam totalmente impedidas.

Classe E

Solos com capacidade de uso muito baixa, limitações muito severas, riscos de erosão muito elevados, não susceptíveis de uso agrícola; severas a muito severas limitações para pastagens, explorações de matos e exploração florestal; em muitos casos o solo não é susceptível de qualquer utilização económica; nestes casos pode destinar-se a vegetação natural ou floresta de protecção ou recuperação.

As principais limitações podem resultar dos seguintes factores:

Espessura efectiva excepcionalmente reduzida (inferior a 15 cm);
Riscos de erosão muito elevados;
Efeitos de erosão severos a muito severos;
Declives muito acentuados;
Deficiência de água durante praticamente todo o ano, exceptuando-se apenas o período de chuvas;
Excesso de água durante grande parte ou todo o ano, limitando muito severamente ou mesmo impedindo o seu aproveitamento como pastagem e ou exploração florestal; o excesso de água pode resultar de um nível freático superficial (drenagem muito pobre) ou de inundações muito frequentes e de distribuição irregular;
Afloramentos rochosos ou elementos grosseiros em tal percentagem que limitam ou impedem mesmo qualquer utilização do solo;
Elevada salinidade e ou alcalinidade; só a vegetação natural muito resistente consegue vegetar.

LEI DOS BALDIOS

LEI N.º 68/93
DE 4 DE SETEMBRO

CAPÍTULO I
Disposições gerais

ARTIGO 1.º

Noções

1 — São baldios os terrenos possuídos e geridos por comunidades locais.

2 — Para os efeitos da presente lei, comunidade local é o universo dos compartes.

3 — São compartes os moradores de uma ou mais freguesias ou parte delas que, segundo os usos e costumes, têm direito ao uso e fruição do baldio.

NOTAS

1. Ver artigos 11.º, 15.º, 21.º, 25 e 36.º.

2. I — Baldios são os terrenos comunitariamente usados e fruídos por moradores de determinada freguesia ou freguesias, ou parte delas, ou os terrenos possuídos ou geridos por comunidades locais, cujos poderes de administração competem à assembleia de compartes, a menos que esta os delegue na Junta de Freguesia.

II — Assim, porque a Junta e Freguesia não é uma comunidade local e porque os baldios não integram o seu património, não tem a mesma o direito de os reivindicar e de, consequentemente, pedir em juízo para ser declarada a sua única e exclusiva proprietária. — Ac. da Relação do Porto de 18/10/1994, *Col. Jur.* XIX, 2, 211.

3. I — Os baldios são coisas comuns, usufruídos pelos moradores de uma ou várias circunscrições, em regime de posse útil e não de propriedade.

II — A acção em que se pede o reconhecimento do terreno como baldio não versa sobre interesses imateriais. — Ac. do STJ de 12/1/1993, *Col. Jur. STJ.*, I, 29.

4. Tudo está em decidir, se as obras levadas a cabo pela recorrente, a partir de Dezembro de 1991, ao longo da servidão, são abrangidas pelo disposto nos arts. 1565.º e 1566.º, com referência ao art. 1561.º n.ºs 1 e 3, todos do C.C.. Segundo esse n.º 1, em proveito da agricultura, a todos é permitido encanar subterraneamente ou a descoberto, as águas particulares a que tenham direito, através de prédios rústicos alheios, não sendo quintais, jardins ou terreiros contíguos a casas de habitação, mediante indemnização do prejuízo que da obra resulte para os ditos prédios; as quintas muradas só estão sujeitas ao encargo quando o aqueduto seja construído subterraneamente.

E de acordo com o citado n.º 3, a natureza, direcção e forma do aqueduto serão as mais convenientes para o prédio dominante e as menos onerosas para o prédio serviente.

Assente que, no caso *sub judice*, foi constituída há mais de 150 e 200 anos a servidão de aqueduto acima descrita, não se põe o problema da sua constituição. E a sua eventual inovação ou modificação só pode ocorrer através da competente acção de arbitramento prevista nos arts. 1052.º e segs. do C.P.C..

Sucede que, no exercício das servidões, é lícito ao proprietário do prédio dominante fazer obras no prédio serviente, dentro dos poderes que lhe são conferidos no art. 1565.º, desde que não torne mais onerosa a servidão, conforme determina o n.º. 1 do art. 1566.º do C.C.. Esclarece o n.º 1 do artigo anterior que o direito de servidão compreende tudo o que é necessário para o seu uso e conservação. Acrescenta o seu n.º 2, que em caso de dúvida quanto à extensão ou modo de exercício, entender-se-á constituída a servidão por forma a satisfazer as necessidades normais e previsíveis do prédio dominante com o menor prejuízo para o prédio serviente.

Alega a recorrente que as obras que efectuou e pretende concluir não excedem o legal exercício do seu direito de exploração, aproveitamento e condução de águas de que é proprietária. E, ainda, que a recorrida não caracterizou nem quantificou, em momento algum, qualquer aumento de ónus ou prejuízos para o prédio serviente, como consequência das questionadas obras. Tais ónus ou prejuízos não foram sequer conhecidos em julgamento, não constando da especificação ou das respostas aos quesitos.

Entende-se que a questão não pode ser colocada nestes termos. Por ser matéria de direito, compete a este Supremo Tribunal julgar, face aos factos apurados, se as obras já levadas a efeito pela recorrente e as que pretende concluir, excedem, ou não, o lícito uso e condução das águas de que é proprietária. E, desde já, se pode dizer, que perante a factualidade apurada, não lhe assiste qualquer direito de exploração de águas no baldio, ora em causa. Se assim procedeu, tal conduta tem de se julgar ilícita. Igualmente ocorrerá esse julgamento, caso se conclua que as obras em apreço modificaram o conteúdo da servidão e (ou) tornaram esta mais onerosa para a dona do prédio serviente.

É, pois, altura de relembrar as obras realizadas pela recorrente e o que com elas visava.

Abriu três valas com cerca de seis metros de profundidade, duas delas junto a duas das referidas nascentes donde brota à superfície a água em questão, e a outra a catorze ou quinze metros a montante da restante nascente. Pretendia, assim, a recorrente fazer três poços com argolas de cimento com um metro de diâmetro.

É manifesto que aquela procurou fazer três poços novos, já que os dois existentes e exclusivos, com mais de 200 anos de existência se situavam e situam a duzentos e vinte metros para jusante de duas daquelas nascentes. E a montante da restante nascente não havia, portanto, qualquer poço.

Julga-se que, no caso, a servidão principal é a de aqueduto, sendo a de poço ou represa acessória daquela. Todavia, conforme já comentava Cunha Gonçalves (in *Tratado de Direito Civil*, vol. XI, pág. 669) a sorte da servidão acessória segue a da principal e está sujeita às mesmas regras gerais. Abrir valas com seis metros de profundidade, junto ou a montante próximo de nascentes de águas superficiais, que brotam naturalmente à flor da terra, constitui uma exploração de águas, conforme aparece referido nos factos apurados pela Relação e que se aceita. Seja ou não uma exploração de águas subterrâneas, o certo é que a abertura de tais poços se traduz ou pode acarretar um aumento do caudal das águas efectivamente preocupadas ao nível do chão. A inovação consistente na construção de três novos poços em locais onde nunca existiram e a simples potencialidade do aumento do caudal das águas levam a concluir que houve uma modificação, quer na localização, extensão e modo de exercício da anterior servidão, ultrapassando as necessidades normais e previsíveis, ao longo de mais de 200 anos, dos prédios dominantes, em detrimento do prédio serviente. Manifesto, por conseguinte que houve, aqui, violação nítida do que dispõe o n.º 1 do art. 1566.º e art. 1565.º n.ºs 1 e 2, do C.C..

E o mesmo se conclui quanto a abertura de valas com a profundidade de 0,5 a 3 metros, ao longo dos regos a céu aberto que ligam as ditas nascentes às mencionadas poças, para efeito de canalizar a água subterraneamente, em tubos de cimento.

Não se ignora que P. Lima e A. Varela (in *C.C. Anotado*, vol. III, em comentário ao art. 1566.º) disseram que, se o titular duma servidão de aqueduto em que a condução da água se faz por um rego coberto de pedra quiser substituir este por um tubo de ferro, que melhor o proteja contra as perdas ou infiltrações de águas, estará sem dúvida dentro dos poderes que lhe são conferidos no art. 1565.º, independentemente de saber se há ou não alteração da servidão. Mas o que se passa nestes autos não é nada semelhante. Aqui um rego a céu aberto daria lugar a uma encanação subterrânea muito mais profunda do que aquele e situada a seu lado. Claramente que se trata de uma alteração ou modificação da servidão anterior, com manifesto prejuízo para o prédio serviente atenta a profundidade da nova conduta. — Ac. do STJ de 28/5/1996, *Col. Jur. STJ*, IV, 2, 95.

5. Ver, ainda, com muito interesse o Ac. do STJ de 5/6/1996, *Col. Jur. STJ*, IV, 2, 114, com o seguinte sumário:

I — A enumeração que o art. 84.º n.º 1 als. *a)* e *c)* da Constituição da República faz das águas do domínio público não é taxativa.

II — São do domínio público as águas nascentes ou existentes em terreno baldio.

III — As águas do domínio público só passaram ao domínio particular nos casos taxativamente indicados no art. 1386.º n.º 1 als. *d)*, *e)* e *f)* do C.C. de 1966.

6. I — Os baldios são terrenos não individualmente apropriados que desde tempos imemoriais, servem de logradouro comum (a apascentação de gados, a produção e corte de matos, combustível ou estrume, a cultura e outras utilizações) dos vizinhos de certa circunscrição ou parte dela.
II — Os terrenos baldios foram considerados prescritíveis desde o CC de Seabra até ao início da vigência do Dec.-Lei n.º 39/76, de 19/1 (deixando de o ser a partir desta data).
III — Esses terrenos incluem-se no domínio comum, caracterizado, sobretudo, pela propriedade comunal dos vizinhos de certa circunscrição ou parte dela, representados pela autarquia a que pertence, que exerceria meros direitos de administração e polícia.
IV — A Junta de Freguesia, enquanto na administração de terrenos baldios, pratica actos que são tidos como actos de gestão de bens alheios, ou seja, pratica actos próprios de qualquer possuidor precário.
V — A Junta de Freguesia só pode invocar a excepção peremptória de aquisição por usucapião dos terrenos baldios que administra se alegar inversão do título ou cooperação por parte dos utentes desses baldios. — Ac. do STJ de 20/1/1999, *Col. Jur. STJ.* VII, 1, 53.

7. I — Baldios são terrenos possuídos e geridos por comunidades locais que formam um universo de compartes, ainda que ocasionalmente não estejam a ser objecto de aproveitamento. II — O facto de alguns habitantes de uma das freguesias fruírem uma parte do terreno baldio não determina qualquer direito de apropriação individual. III — Mesmo que não represente a totalidade das comunidades interessadas no baldio, o conselho directivo tem legitimidade para accionar quaisquer terceiros que se tenham indevidamente apossado de parte do baldio. — Ac. da Relação de Coimbra de 14/12/1999, *Bol.* 492, 491.

8. I — Baldios são terrenos possuídos e geridos por comunidades locais que, enquanto colectividade de pessoas, são titulares da propriedade dos bens e da unidade produtiva, bem como da respectiva gestão. II — A ré RDP não poderia iniciar obras, destinados à instalação de um retransmissor, em terreno baldio, sujeito ao regime florestal, sem o assentimento da respectiva comunidade ou de quem legitimamente a representa, apesar de ter sido autorizada pela direcção regional de agricultura. — Ac. do STJ de 20/6/2000, *Bol.* 498, 233.

9. I — Os baldios foram prescritíveis com o C. Administrativo de 1940, deixando de o ser com o Dec.-Lei n.º 39/76. II — Os actos ou negócios jurídicos de apropriação ou apossamento de baldios eram nulos nos termos do Dec.-Lei n.º 40/76, em termos gerais, ou anuláveis, e nulos nos termos da Lei n.º 68/93, de 4 de Setembro. III — Os Decs. Lei n.ᵒˢ 39/76 e 40/76, não abrangem os actos do Estado sobre baldios. IV — Compete ao R na acção de declaração negativa a prova dos factos constitutivos do seu direito. V — Proposta acção de impugnação da escritura de justificação notarial em que o Conselho Directivo de Baldio pede a ineficácia da escritura em que o Estado se arroga dono de uma casa e logradouro construídos na área dum baldio, ao Estado cumpria provar a usucapião. — Ac. do STJ de 21/11/2000, *Col. Jur. STJ.*, VIII, 3, 125.

10. I — O comparte de um baldio não tem legitimidade para se constituir assistente por um crime de infidelidade cometido contra o baldio. II — De facto, neste crime, protege-se o interesse económico do titular dos direitos patrimoniais desbaratados, e este é a comunidade de compartes no seu todo, e não cada um dos compartes que a compõem. — Ac. da Relação do Porto de 28/3/2001, *Col. Jur.* XXVI, 2, 218.

11. I — Os baldios, na sua génese, não se confundem com os bens próprios da freguesia ou do concelho, tendo antes carácter de bens em comunidade ou de propriedade comunal. II — A Lei n.º 68/93, de 4-11, manteve o princípio da inapropriabilidade dos baldios, embora sem carácter absoluto, admitindo, por conseguinte, excepções previstas no próprio diploma, por razões político-legislativas que os trabalhos complementares evidenciam. III — Comprovando-se nas instâncias, tão-só, que a ré, junta de freguesia, iniciou, em Dezembro de 1998, uma construção em terreno, que, desde tempos imemoriais, tem vindo a ser utilizado, entre outros fins, para pastagem e abate de madeiras por certa comunidade populacional, a apropriação pela ré do mencionado terreno (ainda que para fins acobertados por fundos comunitários) é nula. — Ac. do STJ de 3/4/2001, *Proc. 541/01, 1.ª Secção*.

ARTIGO 2.º
Âmbito de aplicação

1 — As disposições da presente lei são aplicáveis aos terrenos baldios, mesmo quando constituídos por áreas descontínuas, nomeadamente aos que se encontrem nas seguintes condições:

a) **Terrenos considerados baldios e como tais comunitariamente possuídos e geridos por moradores de uma ou mais freguesias, ou parte delas, mesmo que ocasionalmente não estejam a ser objecto, no todo ou em parte, de aproveitamento por esses moradores, ou careçam de órgãos de gestão regularmente constituídos;**

b) **Terrenos passíveis de uso e fruição por comunidade local, os quais, tendo anteriormente sido usados e fruídos como baldios, foram submetidos ao regime florestal ou de reserva não aproveitada, ao abrigo do Decreto-Lei n.º 27 207, de 16 de Novembro de 1936, e da Lei n.º 2069, de 24 de Abril de 1954, e ainda não devolvidos ao abrigo do Decreto-Lei n.º 39/76, de 19 de Janeiro;**

c) Terrenos baldios objecto de apossamento por particulares, ainda que transmitidos posteriormente, aos quais são aplicáveis as disposições do Decreto-Lei n.º 40/76, de 19 de Janeiro;

d) Terrenos passíveis de uso e fruição por comunidade local que tenham sido licitamente adquiridos por uma tal comunidade e afectados ao logradouro comum da mesma.

2 — O disposto na presente lei aplica-se, com as necessárias adaptações, e em termos a regulamentar, a equipamentos comunitários, designadamente eiras, fornos, moinhos e azenhas, usados, fruídos e geridos por comunidade local.

NOTAS

1. I — O registo predial apenas publicita direitos, não os confere. II — A verdadeira fonte de aquisição do direito de propriedade singular será exclusivamente a aquisição originária, razão pela qual, quando se regista uma aquisição derivada, sempre é possível à parte contrária ilidir a justeza desse registo, demonstrando, por qualquer meio de prova admissível em juízo, que o direito de propriedade não se radica nos titulares do registo efectuado. III — Em contrapartida, em matéria de terrenos baldios, vem sendo a tónica situada não em actos de aquisição originária do direito de propriedade, mas em actos de uso e de fruição por parte de uma comunidade de vizinhos. IV — Assim, quando se demonstra, ainda que através de depoimentos testemunhais, que os residentes da circunscrição se encontram no uso e fruição comum e colectivo do terreno, manifestamente está ilidida a presunção constante do registo, sendo tal uso e fruição elemento constitutivo dos baldios. — Ac. do STJ de 18/4/2002, Proc. 634/2002, da 7.ª Secção.

ARTIGO 3.º

Finalidades

Os baldios constituem, em regra, logradouro comum, designadamente para efeitos de apascentação de gados, de recolha de lenhas ou de matos, de culturas e outras fruições, nomeadamente de natureza agrícola, silvícola, silvo-pastoril ou apícola.

ARTIGO 4.º

Apropriação ou apossamento

1 — Os actos ou negócios jurídicos de apropriação ou apossamento, tendo por objecto terrenos baldios, bem

como da sua posterior transmissão, são nulos, nos termos gerais de direito, excepto nos casos expressamente previstos na presente lei.

2 — A declaração de nulidade pode ser requerida pelo Ministério Público, por representante da administração central, da administração regional ou local da área do baldio, pelos órgãos de gestão deste ou por qualquer comparte.

3 — As entidades referidas no número anterior têm também legitimidade para requerer a restituição da posse do baldio, no todo ou em parte, a favor da respectiva comunidade ou da entidade que legitimamente o explore.

NOTAS

1. Segundo o art. 4.º da Lei n.º 68/93, diploma de aplicação imediata, a Junta de Freguesia da área da situação do baldio tem legitimidade para defender esses bens dos apetites particulares. — Ac. da Relação de Coimbra de 8/2/1994, *Col. Jur.* XIX, 1, 35.

2. A Câmara Municipal não tem legitimidade para propor acção de anulação de contrato - promessa celebrado entre uma Junta de Freguesia e a EDP, relativo a baldio paroquial. — Ac. da Relação de Coimbra de 12/4/1994, *Col. Jur.* XIX, 2, 31.

3. I — Os baldios, na sua génese, não se confundem com os bens próprios da freguesia ou do concelho, tendo antes carácter de bens em comunidade ou de propriedade comunal. II — A Lei n.º 68/93, de 4-11, manteve o princípio da inapropriabilidade dos baldios, embora sem carácter absoluto, admitindo, por conseguinte, excepções previstas no próprio diploma, por razões político--legislativas que os trabalhos complementares evidenciam. III — Comprovando--se nas instâncias, tão-só, que a ré, junta de freguesia, iniciou, em Dezembro de 1998, uma construção em terreno, que, desde tempos imemoriais, tem vindo a ser utilizado, entre outros fins, para pastagem e abate de madeiras por certa comunidade populacional, a apropriação pela (ainda que para fins acobertados por fundos comunitários) é nula. — Ac. do STJ de 3/4/2001, *Proc. 541/01, 1.ª Secção.*

CAPÍTULO II
Uso e fruição

ARTIGO 5.º
Regra geral

1 — O uso e fruição dos baldios efectiva-se de acordo com as deliberações dos órgãos competentes dos com-

partes ou, na sua falta, de acordo com os usos e costumes, sem prejuízo do disposto nos artigos seguintes.

2 — Aos compartes é assegurada a igualdade de gozo e exercício dos direitos de uso e fruição do respectivo baldio.

ARTIGO 6.º

Plano de utilização

1 — O uso e fruição dos baldios obedece, salvo costume ou deliberação em contrário dos compartes, nomeadamente no caso de baldios de pequena dimensão, a planos de utilização aprovados e actualizados nos termos da presente lei.

2 — Os planos de utilização devem ser elaborados em estreita cooperação com as entidades administrativas que superintendem no ordenamento do território e na defesa do ambiente, às quais essa cooperação é cometida como dever juridicamente vinculante, nos termos da lei.

ARTIGO 7.º

Objectivos e âmbito

1 — Constituem objectivos dos planos de utilização a programação da utilização racional dos recursos efectivos e potenciais do baldio com sujeição a critérios de coordenação e valia sócio-económica e ambiental, a nível local, regional e nacional.

2 — Os planos de utilização podem dizer respeito apenas a um baldio ou a grupos de baldios, próximos ou afins, susceptíveis de constituir unidades de ordenamento, nomeadamente por exigência da dimensão requerida por objectivos de uso múltiplo ou integrado, por infra-estruturas só justificadas a nível superior ao de um só baldio ou por economias de escala na aquisição e utilização de equipamento.

3 — No caso previsto no número anterior o regime de gestão sofre as adaptações necessárias, nomeadamente por recurso à figura da gestão conjunta.

ARTIGO 8.º

Planos-tipo de utilização

1 — Os serviços competentes da Administração Pública, sem prejuízo do dever de cooperação previsto no n.º 2 do artigo 6.º, elaborarão projectos de planos-tipo de utilização adequados a situações específicas, em termos a regulamentar.

2 — Na elaboração dos planos-tipo previstos no número anterior tem-se em consideração os conhecimentos técnicos dos serviços e a experiência dos órgãos representativos dos compartes.

ARTIGO 9.º

Cooperação com serviços públicos

Sempre que a execução dos planos de utilização implique ou aconselhe formas continuadas de cooperação entre serviços públicos especializados e comunidades locais, devem os mesmos planos contemplar as regras disciplinadoras dessa cooperação.

ARTIGO 10.º

Cessão da exploração de baldios

1 — Os baldios podem ser objecto, no todo ou em parte, de cessão de exploração, nomeadamente para efeitos de povoamento ou exploração florestal, salvo nas partes do baldio com aptidão para aproveitamento agrícola.

2 — Pode ainda a assembleia de compartes deliberar a cessão da exploração de partes limitadas do respectivo baldio, para fins de exploração agrícola, aos respectivos compartes, sem prejuízo do princípio da igualdade de tratamento dos propostos cessionários.

3 — A cessão da exploração deve efectivar-se, tanto quanto possível, sem prejuízo da tradicional utilização do baldio pelos compartes, e tendo em conta o seu previsível impacte ambiental.

4 — A cessão de exploração, nos termos dos números anteriores, pode efectivar-se por períodos até 20 anos, sucessivamente prorrogáveis por períodos até igual tempo.

CAPÍTULO III

Organização e funcionamento

SECÇÃO I

Gestão

ARTIGO 11.º

Administração dos baldios

1 — Os baldios são administrados, por direito próprio, pelos respectivos compartes, nos termos dos usos e costumes aplicáveis ou, na falta deles, através de órgão ou órgãos democraticamente eleitos.

2 — As comunidades locais organizam-se, para o exercício dos actos de representação, disposição, gestão e fiscalização relativos aos correspondentes baldios, através de uma assembleia de compartes, um conselho directivo e uma comissão de fiscalização.

3 — Os membros da mesa da assembleia de compartes, bem como do conselho directivo e da comissão de fiscalização, são eleitos por períodos de dois anos, renováveis, e mantêm-se em exercício de funções enquanto não forem substituídos.

NOTAS

1. Ver artigos 4.º, 15.º, 21.º, 25.º e 36.º.

2. I — A gestão dos baldios pertence, por direito próprio, aos respectivos compartes, nos termos e usos aplicáveis, ou, na falta deles, organizados em assembleia de compartes, conselho directivo e comissões de fiscalização (artigo 11.º da Lei n.º 68/93, de 30 de Junho). II — Nos termos dos artigos 15.º, 21.º e 25.º da Lei n.º 68/93, de 30 de Junho, cabe ao conselho directivo competência para recorrer a juízo em defesa de quaisquer interesses comunitários dos baldios, independentemente de audição prévia da assembleia de compartes, embora esse recurso aos tribunais deva ser depois ratificado por aquela assembleia. III — Inexistindo conselho directivo, e ocorrendo o estado de necessidade administrativo, compete às juntas de freguesia defender em juízo os interesses comunitários dos baldios, pelo que deve reconhecer-se a estas legitimidade para intentar qualquer acção em defesa dos baldios. VI — Tal estado de necessidade administrativo ocorre em caso de perigo iminente e actual que ameace interesses colectivos protegidos pelo direito e verifica-se se um baldio, no todo ou em parte, está a sofrer, ou corre sério risco de vir a sofrer, um ataque que

altere profundamente os fins a que, historicamente, se destina, ou se, em razão desse ataque, estão a ser retirados produtos, bens ou partes integrantes de valor relevante, correndo a comunidade sério risco de não vir a receber esse valor.
V — A legitimidade das juntas de freguesia para intentar qualquer acção em defesa dos baldios também decorre do disposto no artigo 36.º da referida Lei n.º 68/93, enquanto determina que a administração dos baldios que, no todo ou em parte, tenha sido transferida de facto para qualquer entidade administrativa, nomeadamente uma junta de freguesia e que nesta situação se mantenha à data da entrada em vigor desta lei, se considera delegada nessa entidade com os correspondentes poderes e deveres e inerentes direitos. — Ac. do STJ de 8/2/2000, *Bol.* 494, 255.

ARTIGO 12.º
Reuniões

1 — Salvo nos casos especialmente previstos na lei, os órgãos das comunidades locais reúnem validamente com a presença da maioria dos seus membros e deliberam validamente por maioria simples dos membros presentes, tendo o respectivo presidente voto de qualidade.

2 — Às reuniões dos órgãos podem assistir oficiosamente e sem direito a voto representantes dos órgãos autárquicos em cuja área territorial o baldio se situe ou, quando se trate de baldio em cuja exploração florestal superintenda a Direcção-Geral das Florestas, um representante desta com direito a expor os pontos de vista dos respectivos órgãos, nomeadamente sobre matérias de interesse geral da respectiva população local constantes da ordem de trabalhos.

ARTIGO 13.º
Actas

1 — Das reuniões dos órgãos das comunidades locais são elaboradas actas, que, depois de lidas e aprovadas, são assinadas pela respectiva mesa, no que se refere à assembleia de compartes, e pelos respectivos membros, quanto aos restantes órgãos.

2 — Em caso de urgência devidamente justificada, os órgãos podem delegar a aprovação da acta.

3 — Só a acta pode certificar validamente as discussões havidas, as deliberações tomadas e o mais que nas reuniões tiver ocorrido.

4 — As actas referidas nos números anteriores podem ser livremente consultadas por quem nisso tiver interesse.

SECÇÃO II

Assembleia de compartes

ARTIGO 14.º

Composição

A assembleia de compartes é constituída por todos os compartes.

ARTIGO 15.º

Competência

1 — Compete à assembleia de compartes:

a) Eleger a respectiva mesa;

b) Eleger e destituir, em caso de responsabilidade apurada com todas as garantias de defesa, os membros do conselho directivo e os membros da comissão de fiscalização;

c) Deliberar sobre as actualizações do recenseamento dos compartes;

d) Regulamentar e disciplinar o exercício pelos compartes do uso e fruição do baldio, sob proposta do conselho directivo;

e) Discutir e aprovar o plano de utilização dos recursos do baldio e respectivas actualizações, sob proposta do conselho directivo;

f) Deliberar sobre o recurso ao crédito e fixar o limite até ao qual o conselho directivo pode obtê-lo sem necessidade da sua autorização;

g) Estabelecer os condicionamentos que tiver por necessários à comercialização, pelo conselho directivo, dos frutos e produtos do baldio;

h) Discutir e votar, eventualmente com alterações, o relatório e as contas de cada exercício propostos pelo conselho directivo;

i) Discutir e votar, com direito à sua modificação, a aplicação das receitas propostas pelo conselho directivo;

j) Deliberar sobre a alienação ou a cessão de exploração de direitos sobre baldios, nos termos do disposto na presente lei;

l) Deliberar sobre a delegação de poderes de administração prevista nos artigos 22.º e 23.º;

m) Fiscalizar em última instância a actividade do conselho directivo e das entidades em que tiverem sido delegados poderes de administração, e endereçar a um e a outras directivas sobre matérias da sua competência, sem prejuízo da competência própria da comissão de fiscalização;

n) Deliberar sobre a matéria dos recursos para si interpostos dos actos do conselho directivo;

o) Ratificar o recurso a juízo pelo conselho directivo, bem como a respectiva representação judicial, para defesa de direitos ou legítimos interesses da comunidade relativos ao correspondente baldio, nomeadamente para defesa dos respectivos domínios, posse e fruição contra actos de ocupação, demarcação e aproveitamento ilegais ou contrários aos usos e costumes por que o baldio se rege;

p) Deliberar sobre a extinção do correspondente baldio, nos termos da presente lei, ouvido o conselho directivo;

q) Deliberar sobre todos os demais assuntos do interesse da comunidade relativos ao correspondente baldio que não sejam da competência própria do conselho directivo;

r) Exercer as demais competências decorrentes da lei, uso e costume ou contrato.

2 — A eficácia das deliberações da assembleia de compartes relativas às alíneas *j)*, *l)* e *p)* do número anterior depende da sua votação por maioria qualificada de dois terços dos membros presentes.

3 — Quando não exista conselho directivo, a assembleia de compartes assume a plenitude da representação e gestão do baldio, regulamentando a forma de suprimento das competências daquele.

NOTAS

1. Ver artigos 4.º, 11.º, 21.º, 25.º e 36.º.

2. I — Nos termos do artigo 4.º do Decreto-Lei n.º 169/99, de 18 de Setembro. os órgãos autárquicos não são marginalizados da sorte dos baldios, tendo uma função, se não de fiscalização, ao menos correctora da utilização desses terrenos. II — A junta de freguesia, representada pelo seu presidente, tem legitimidade para instaurar procedimento cautelar de suspensão da deliberação da assembleia de compartes que decidiu constituir uma servidão de passagem a favor dum terreno particular. — Ac. da Relação do Porto de 21/6/2000, *Bol.* 498, 274.

ARTIGO 16.º
Composição da mesa

1 — A mesa da assembleia de compartes é constituída por um presidente, um vice-presidente e dois secretários, eleitos pela assembleia, de entre os seus membros, pelo sistema de lista completa.

2 — O presidente representa a assembleia de compartes, preside às reuniões e dirige os trabalhos.

ARTIGO 17.º
Periodicidade das assembleias

A assembleia de compartes reúne ordinariamente uma vez por ano, até 31 de Março, para apreciação, sempre que seja caso disso, das matérias a que se referem as alíneas *a)*, *b)*, *c)*, *h)* e *i)* do n.º 1 do artigo 15.º e extraordinariamente sempre que seja convocada.

ARTIGO 18.º
Convocação

1 — A assembleia de compartes é convocada nos termos consuetudinariamente estabelecidos e, na falta de uso e costume, por editais afixados nos locais do estilo, e eventual publicação no órgão de imprensa local ou regional mais lido na área do respectivo baldio ou pela rádio local mais ouvida.

2 — As reuniões da assembleia de compartes são convocadas pelo presidente da respectiva mesa, por iniciativa própria, a solicitação do conselho directivo ou da comissão de fiscalização, ou ainda de 5% do número dos respectivos compartes.

3 — Se, para o efeito solicitado, o presidente não efectuar a convocação dentro do prazo de 15 dias a contar da recepção do respectivo pedido, podem os solicitantes fazer directamente a convocação.

4 — O aviso convocatório deve em qualquer caso mencionar o dia, a hora, o local da reunião e a respectiva ordem de trabalhos e ser tornado público com a antecedência mínima de oito dias.

5 — A assembleia de compartes pode delegar no conselho directivo, com sujeição a ulterior ratificação, a resolução de assuntos constantes da ordem de trabalhos que não impliquem o julgamento ou a fiscalização de actos deste órgão ou a aprovação de propostas que dele tenham promanado, por razões de urgência e falta de tempo para sobre os mesmos eficazmente se debruçar.

ARTIGO 19.º

Funcionamento

1 — A assembleia de compartes reúne validamente no dia e à hora marcados no aviso convocatório, desde que se mostre verificada a presença da maioria dos respectivos compartes.

2 — Uma hora após a marcada no aviso convocatório a assembleia de compartes reúne validamente desde que se mostre verificada a presença de um quinto dos respectivos compartes.

3 — Caso não se verifique o quórum de funcionamento previsto no número precedente, o presidente da mesa convocará de imediato uma nova reunião para um dos 5 a 14 dias seguintes, a qual funcionará com qualquer número de compartes presentes.

SECÇÃO III

Conselho directivo

ARTIGO 20.º

Composição

1 — O conselho directivo é composto por três, cinco ou sete membros eleitos pela assembleia de compar-

tes de entre os seus membros pelo sistema de lista completa.

2 — O conselho directivo elege um presidente e um vice-presidente.

3 — O presidente representa o conselho directivo, preside às reuniões e dirige os trabalhos, sendo substituído nas suas faltas e impedimentos pelo vice-presidente.

4 — Os vogais secretariam e elaboram as actas.

5 — Podem ser eleitos vogais suplentes que substituam os efectivos em caso de vacatura do lugar e nas suas faltas e impedimentos, os quais são convocados pelo presidente e pela ordem da sua menção na lista.

ARTIGO 21.º

Competência

Compete ao conselho directivo:

a) Dar cumprimento e execução às deliberações da assembleia de compartes que disso careçam;

b) Propor à assembleia de compartes a actualização do recenseamento dos compartes;

c) Propor à assembleia de compartes os instrumentos de regulamentação e disciplina do exercício pelos compartes do uso e fruição do baldio e respectivas alterações;

d) Propor à assembleia de compartes os planos de utilização dos recursos do baldio e respectivas actualizações;

e) Aprovar e submeter à assembleia de compartes o relatório, as contas e a proposta de aplicação das receitas de cada exercício;

f) Propor à assembleia de compartes ou emitir parecer sobre propostas de alienação ou a cessão de exploração de direitos sobre baldios, nos termos da presente lei;

g) Propor à assembleia de compartes ou emitir parecer sobre propostas de delegação de poderes de administração, nos termos da presente lei;

h) Recorrer a juízo e constituir mandatário para defesa de direitos ou interesses legítimos da comunidade relativos ao correspondente baldio e submeter estes actos a ratificação da assembleia de compartes;

i) Representar o universo dos compartes nas relações com entidades públicas e privadas, sem prejuízo do disposto no n.º 2 do artigo 16.º;

j) Exercer em geral todos os actos de administração ou co-administração do baldio, no respeito da lei, dos usos e costumes e dos regulamentos aplicáveis;

l) Zelar pelo cumprimento dos regulamentos e dos planos de utilização dos recursos do baldio;

m) Zelar pela defesa dos valores ecológicos no espaço do baldio;

n) Propor ao presidente da mesa da assembleia de compartes a convocação desta;

o) Exercer as demais competências decorrentes da lei, uso, costume, regulamento ou convenção.

NOTAS

1. Ver artigos 4.º, 11.º, 15.º, 25.º e 36.º.

ARTIGO 22.º
Poderes de delegação

1 — Os poderes de administração dos compartes podem por estes ser delegados nos termos da presente lei em relação à totalidade ou parte da área do baldio, ou de uma ou mais das respectivas modalidades de aproveitamento, na junta de freguesia em cuja área o baldio se localize, ou no serviço da Administração Pública que superintenda na modalidade ou modalidades de aproveitamento a que a delegação se reporte.

2 — No caso de a área do baldio cuja administração é delegada se situar nos limites territoriais de mais de uma freguesia, pode a delegação ser deferida a uma só ou conjuntamente a todas as respectivas juntas de freguesia, que neste caso se obrigarão solidariamente em face dos compartes.

3 — Quando o número de freguesias previstas no número anterior se mostre elevado, ou seja difícil a cooperação entre elas, ou ainda quando o baldio assuma relevância ao nível do respectivo concelho, pode a delegação referida nos números anteriores ser deferida à respectiva câmara municipal.

4 — No acto de delegação serão formalizados os respectivos termos e condições, nomeadamente os direitos e os deveres inerentes ao exercício dos poderes delegados.

5 — A delegação de poderes prevista nos números antecedentes far-se-á sempre sem prejuízo da sua revogação a todo o tempo, bem como das responsabilidades contratuais que em cada caso couberem, nos termos gerais de direito.

ARTIGO 23.º

Delegação com reserva

1 — Os compartes podem efectivar as delegações de poderes previstas no artigo antecedente com reserva de co-exercício pelos compartes, directamente ou através dos respectivos órgãos de gestão, dos poderes efectivamente delegados.

2 — O regime de co-gestão decorrente do previsto no número antecedente será objecto de acordo, caso a caso, com respeito pelo princípio da liberdade contratual.

SECÇÃO IV

Comissão de fiscalização

ARTIGO 24.º

Composição

1 — A comissão de fiscalização é constituída por cinco elementos, eleitos pela assembleia de compartes, de entre os seus membros, de preferência com conhecimentos de contabilidade.

2 — Os membros da comissão de fiscalização elegerão um presidente e um secretário de entre todos eles.

ARTIGO 25.º

Competência

Compete à comissão de fiscalização:

a) Tomar conhecimento da contabilidade do baldio, dar parecer sobre as contas e verificar a regularidade dos documentos de receita e despesa;

b) Fiscalizar o cumprimento dos planos de utilização do baldio e a regularidade da cobrança e aplicação das receitas e da justificação das despesas;
c) Comunicar às entidades competentes as ocorrências de violação da lei e de incumprimento de contratos tendo o baldio por objecto;
d) Zelar pelo respeito das regras de protecção do ambiente.

NOTAS

1. Ver artigos 4.º, 11.º, 15.º, 21.º e 36.º.

CAPÍTULO IV

Extinção dos baldios

ARTIGO 26.º

Causas da sua extinção

Extinguem-se os baldios, no todo ou em parte, da respectiva área territorial:

a) Cuja extinção tiver sido declarada por unanimidade dos compartes em reunião da respectiva assembleia com a presença do mínimo de dois terços dos respectivos membros;
b) Que tenham sido, ou na parte em que o tenham sido, objecto de expropriação ou alienação voluntária, nos termos da presente lei.

ARTIGO 27.º

Utilização precária

1 — Após três anos de ostensivo abandono do uso e fruição de um baldio, judicialmente declarado, a junta ou juntas de freguesia em cuja área o mesmo se localize podem utilizá-lo directamente, sem alteração significativa da sua normal composição, ou ceder a terceiros a sua exploração precária por períodos não superiores a dois anos, renováveis, se e enquanto não tiverem sido

notificados pelo competente órgão de gestão do baldio de que os compartes desejam voltar à sua normal fruição.

2 — No caso previsto na parte final do número anterior, há lugar à prestação de contas pela junta ou juntas em causa, com entrega aos compartes do valor da cessão de exploração ou da receita líquida apurada, deduzida de 50% a título compensatório, no caso de utilização directa pelas referidas juntas.

ARTIGO 28.º

Consequências da extinção

Da extinção, total ou parcial, de um baldio decorre:

a) Nos casos da alínea a) do artigo 26.º e do n.º 6 do artigo 29.º, a sua integração no domínio privado da freguesia ou freguesias em cuja área territorial se situe o terreno baldio abrangido pela extinção;

b) No caso da alínea b) do artigo 26.º, a transferência dos direitos abrangidos pela expropriação ou alienação para a titularidade da entidade expropriante ou em qualquer caso beneficiária da expropriação, ou da entidade adquirente.

ARTIGO 29.º

Expropriação

1 — Os baldios podem, no todo ou em parte, ser objecto de expropriação por motivo de utilidade pública ou por abandono injustificado.

2 — A expropriação por utilidade pública será precedida de uma proposta de aquisição em que se especifiquem as razões de utilidade pública invocadas, bem como o preço e outras compensações oferecidas, devendo a assembleia de compartes pronunciar-se no prazo de 60 dias.

3 — Em caso de acordo das partes, a transmissão far-se-á nos termos gerais de direito.

4 — A expropriação deve limitar-se ao estritamente necessário, no momento em que tiver lugar, para a realização do objectivo que a justifica, com direito de rever-

são dos bens remanescentes ou que não tiverem sido objecto da utilização especificada no acto de expropriação.

5 — A indemnização devida pela expropriação é calculada nos termos da lei que rege especificamente a matéria mas, na sua fixação, tomar-se-á também em conta não só o grau de utilização efectiva do baldio como as vantagens propiciadas à comunidade local pela afectação do terreno aos fins da expropriação.

6 — A expropriação por abandono injustificado, como tal judicialmente declarado, pode ter lugar a pedido de junta ou juntas de freguesia em cuja área o baldio se situe, quando este tenha deixado de ser objecto de actos significativos de domínio, posse, gestão e fruição durante um período não inferior a 10 anos.

ARTIGO 30.º

Constituição de servidões

Podem constituir-se servidões sobre terrenos de baldios, nos termos gerais de direito.

NOTAS

1. Redacção da Lei n.º 89/97, de 30 de Julho.

ARTIGO 31.º

Alienação por razões de interesse local

1 — A assembleia de compartes pode deliberar a alienação a título oneroso, mediante concurso público, tendo por base o preço do mercado, de áreas limitadas de terrenos baldios:

 a) Quando os baldios confrontem com o limite da área de povoação e a alienação seja necessária à expansão da respectiva área urbana;

 b) Quando a alienação se destine à instalação de unidades industriais, de infra-estruturas e outros empreendimentos de interesse colectivo, nomeadamente para a comunidade local.

2 — As parcelas sobre que incidam os direitos a alienar não poderão ter área superior à estritamente necessária ao fim a que se destinam e, quando afectadas a objectivos de expansão habitacional, não poderão exceder 1500 m por cada nova habitação a construir.

3 — Não poderá proceder-se ao acto de transmissão da propriedade sem que a autarquia competente para o efeito dê o seu acordo à instalação dos empreendimentos ou à construção de habitações no local previsto.

4 — A alienação de partes de baldios para instalação de equipamentos sociais sem fins lucrativos pode efectivar-se a título gratuito e sem os condicionalismos previstos nos números anteriores, desde que tal seja deliberado pela assembleia de compartes, por maioria de dois terços.

5 — Na situação referida no número anterior não é permitida a sua posterior alienação a terceiros, a não ser que se processe a título gratuito e para os mesmos fins.

CAPÍTULO V

Disposições finais e transitórias

ARTIGO 32.º

Regra de jurisdição

1 — É da competência dos tribunais comuns territorialmente competentes conhecer dos litígios que directa ou indirectamente tenham por objecto terrenos baldios, nomeadamente os referentes ao domínio, delimitação, utilização, ocupação ou apropriação, contratos de cessão, deliberações dos seus órgãos ou omissões do cumprimento do disposto na lei.

2 — São isentos de preparos e custas judiciais os órgãos e membros das comunidades locais titulares de direitos sobre baldios, incluindo as entidades em que tiverem sido delegados os respectivos poderes de administração.

ARTIGO 33.º

Recenseamento

1 — O recenseamento dos compartes identifica e regista os moradores da comunidade local com direitos sobre o baldio.

2 — Os recenseamentos provisórios previstos no n.º 2 do artigo 22.º do Decreto-Lei n.º 39/76, de 19 de Janeiro, ou os recenseamentos tidos por definitivos, correspondentes ou não àqueles recenseamentos, ainda que validados apenas por práticas consuetudinárias inequívocas, são reconhecidos como válidos até à sua substituição ou actualização, nos termos da presente lei.

3 — Em caso de inexistência de recenseamento dos compartes de determinado baldio, a iniciativa da sua elaboração compete à assembleia de compartes, quando para o efeito convocada ou, em caso de inexistência ou não convocação daquela assembleia, ou da sua inércia dentro do prazo de seis meses a contar da entrada em vigor da presente lei, a sua elaboração compete a grupos de 10 membros da comunidade local usualmente reconhecidos como compartes, os quais deverão cooperar entre si no caso de se vir a constituir mais de um.

4 — Decorrido um ano a partir da entrada em vigor da presente lei sem que tenha ocorrido qualquer das iniciativas previstas no número anterior, a obrigação legal de efectuar o recenseamento é automaticamente transferida para a junta de freguesia em cuja área territorial se localize a totalidade ou a maior parte do baldio, para cumprimento no prazo de seis meses.

5 — A junta de freguesia referida no número anterior tem, em qualquer caso, o dever de cooperar com as entidades promotoras referidas no n.º 1, sob pena de, recusando-se a cooperar ou a cumprir a obrigação prevista no número anterior, passar a carecer de legitimidade para nela ser ou continuar delegada a administração do respectivo baldio, durante um período de 10 anos a contar do termo do semestre referido no número anterior.

6 — Em caso de renitente inexistência de recenseamento dos compartes, por inércia de todas as entidades referidas nos n.ᵒˢ 3 e 4 e até ao suprimento efectivo dessa falta, aplicam-se as regras consuetudinárias, quando inequivocamente existam e, na falta delas, supre a falta do recenseamento dos compartes o recenseamento eleitoral dos residentes na comunidade local a que o baldio pertence, com as adaptações e correcções aprovadas nas reuniões da assembleia de compartes convocadas com base nele.

7 — A convocação prevista na parte final do número anterior compete ao conselho directivo, quando exista, ou, na sua falta, a grupos de 10 membros da comunidade local usualmente reconhecidos como compartes, constituídos em comissão *ad hoc*.

ARTIGO 34.º

Devolução não efectuada

1 — Os baldios que, por força do disposto no artigo 3.º do Decreto-Lei n.º 39/76, de 19 de Janeiro, foram legalmente devolvidos ao uso, fruição e administração dos respectivos compartes, e que ainda o não tenham sido de facto, sê-lo-ão logo que, constituída a respectiva assembleia de compartes, esta tome a iniciativa de promover que a devolução de facto se efective.

2 — Os aspectos da devolução não regulados na presente lei e nos respectivos diplomas regulamentares serão, na falta de acordo, dirimidos por recurso ao tribunal comum, nos termos do artigo 32.º.

ARTIGO 35.º

Arrendamentos e cessões de exploração transitórios

1 — Os arrendamentos e as cessões de exploração de baldios, nomeadamente para efeitos de aproveitamento florestal, em curso à data da entrada em vigor da presente lei, que tenham sido objecto de ajuste com órgão representativo da respectiva comunidade local, ou de disposição legal, continuarão nos termos ajustados ou

prescritos até ao termo fixado ou convencionado, em qualquer caso não superior ao limite temporal fixado no n.º 4 do artigo 10.º.

2 — Os arrendamentos e as cessões de exploração que careçam da regularidade formal referida no número anterior serão objecto de renegociação com o órgão representativo da respectiva comunidade local para o efeito competente, sob pena de caducidade no termo do terceiro ano posterior ao do início da entrada em vigor da presente lei.

3 — No caso previsto na parte final do número anterior, haverá lugar à aplicação do disposto nos n.ºˢ 2 e 3 do artigo 36.º, com as necessárias adaptações.

ARTIGO 36.º

Administração transitória

1 — A administração de baldios que, no todo ou em parte, tenha sido transferida de facto para qualquer entidade administrativa, nomeadamente para uma ou mais juntas de freguesia, e que nessa situação se mantenha à data da entrada em vigor da presente lei, considera-se delegada nestas entidades com os correspondentes poderes e deveres e com os inerentes direitos, por força da presente lei, e nessa situação se mantém, com as adaptações decorrentes do que nesta lei se dispõe, até que a delegação seja expressamente confirmada ou revogada nos novos moldes agora prescritos.

2 — Finda a administração referida no número anterior, haverá lugar a prestação de contas, nos termos gerais, pela entidade gestora.

3 — As receitas líquidas apuradas serão distribuídas nos termos eventualmente previstos no acto de transferência ou em partes iguais pela entidade gestora e pela comunidade dos compartes.

NOTAS

1. Ver artigos 4.º, 11.º, 15.º, 21.º e 25.º.

ARTIGO 37.º

Administração em regime de associação

1 — Os baldios que à data da entrada em vigor da presente lei estejam a ser administrados em regime de associação entre os compartes e o Estado, previsto na alínea b) do artigo 9.º do Decreto-Lei n.º 39/76, de 19 de Janeiro, continuarão a ser administrados de acordo com esse regime até que ocorra um dos seguintes factos:

a) O termo do prazo convencionado para a sua duração;

b) A comunicação pela assembleia de compartes ao Estado, na pessoa ou entidade que para o efeito o represente, de que deve considerar findo aquele regime a partir de prazo não inferior ao máximo, sem renovações, previsto no n.º 4 do artigo 10.º, contado da notificação.

2 — Findo o regime de associação a que se refere o número anterior, poderá o mesmo ser substituído por delegação de poderes nos termos dos artigos 22.º e 23.º.

3 — Quando o regime de associação referido no n.º 1 não chegar ao termo dos prazos ali previstos, as partes regularão por acordo, ou, na falta dele, por recurso a juízo, as compensações que no caso couberem.

ARTIGO 38.º

Prescrição das receitas

1 — O direito das comunidades locais às receitas provenientes do aproveitamento dos baldios em regime florestal, nos termos do Decreto-Lei n.º 39/76, de 19 de Janeiro, depositadas pelos serviços competentes da administração central, e ainda não recebidas por nenhum órgão da administração do baldio, prescreve no prazo de três anos a contar da entrada em vigor da presente lei, desde que se mostre cumprido o disposto no subsequente n.º 2.

2 — Até 90 dias a contar da entrada em vigor da presente lei, os serviços da Administração comunicarão à junta ou juntas de freguesia os montantes referidos no número anterior, identificando a entidade depositária e

os respectivos depósitos, após o que as juntas de freguesia afixarão um aviso, nos locais do costume, durante o prazo que decorrer até à prescrição, comunicando aos compartes que têm ao seu dispor e podem exigir, nesse prazo, os montantes em causa, e promoverão a publicação do mesmo em jornal local ou, na falta deste, no jornal mais lido na localidade.

3 — No caso de os montantes em causa terem sido depositados pelos competentes serviços da Administração em qualquer banco à ordem das comunidades locais com direito ao seu recebimento, a instituição bancária respectiva deverá fazer a sua entrega ao órgão representativo da comunidade, dentro do prazo de 90 dias a contar da entrada em vigor da presente lei.

4 — No caso previsto no n.º 1, os serviços da Administração em cuja posse se encontrarem os montantes farão entrega dos mesmos, no prazo previsto no número anterior, à junta ou juntas de freguesia da área do baldio, para os efeitos do disposto no número seguinte.

5 — As juntas de freguesia referidas no número anterior elaborarão, no prazo de 90 dias a contar do respectivo recebimento, um plano de utilização dos montantes recebidos, a submeter à aprovação da assembleia de compartes ou, no caso de esta não existir ou não funcionar, à da respectiva assembleia ou assembleias de freguesia, no qual proporão a afectação dos mesmos montantes a empreendimentos e melhoramentos na área correspondente ao respectivo baldio, ou na área territorial da respectiva comunidade.

ARTIGO 39.º

Construções irregulares

1 — Os terrenos baldios nos quais, até à data da publicação da presente lei, tenham sido efectuadas construções de carácter duradouro, destinadas a habitação ou a fins de exploração económica ou utilização social, desde que se trate de situações relativamente às quais se verifique, no essencial, o condicionalismo previsto no artigo 31.º, podem ser objecto de alienação pela assembleia de compartes, por deliberação da maioria de dois

terços dos seus membros presentes, com dispensa de concurso público, através de fixação de preço por negociação directa, cumprindo-se no mais o disposto naquele artigo.

2 — Quando não se verifiquem os condicionalismos previstos no número anterior e no artigo 31.º, os proprietários das referidas construções podem adquirir a parcela de terreno de que se trate por recurso à acessão industrial imobilária, presumindo-se, até prova em contrário, a boa-fé de quem construiu e podendo o autor da incorporação adquirir a propriedade do terreno, nos termos do disposto no artigo 1340.º, n.º 1, do Código Civil, ainda que o valor deste seja maior do que o valor acrescentado, sob pena de, não tomando essa iniciativa no prazo de um ano a contar da entrada em vigor da presente lei, poderem as respectivas comunidades locais adquirir a todo o tempo as benfeitorias necessárias e úteis incorporadas no terreno avaliadas por acordo ou, na falta dele, por decisão judicial.

3 — Quando à data da publicação do presente diploma existam, implantadas em terreno baldio, obras destinadas à condução de águas que não tenham origem nele, em proveito da agricultura ou indústria, ou para gastos domésticos, podem os autores dessas obras adquirir o direito à respectiva servidão de aquetuto, mediante indemnização correspondente ao valor do prejuízo que da constituição da servidão resulte para o baldio.

4 — Na falta de acordo quanto ao valor da indemnização prevista no n.º 3 deste artigo, será ele determinado judicialmente.

5 — As comunidades locais têm, a todo o tempo, o direito de ser também indemnizadas do prejuízo que venha a resultar da infiltração ou erupção das águas ou da deterioração das obras feitas para a sua condução.

6 — Se a água do aqueduto não for toda necessária ao seu proprietário e a assembleia de compartes do baldio deliberar ter parte no excedente, poderá essa parte ser concedida à respectiva comunidade local, mediante prévia indemnização e pagando ela, além disso, a quota proporcional à despesa feita com a sua condução até ao ponto donde pretende derivá-la.

NOTAS

1. A redacção do n.º 2 foi deda pela Lei n.º 89/97, de 30 de Julho, que introduziu, ainda, os n.ºs 3, 4, 5 e 6.

ARTIGO 40.º
Mandato dos actuais órgãos

Os actuais membros da mesa da assembleia de compartes e do conselho directivo completam o tempo de duração dos mandatos em curso nos termos do Decreto-Lei n.º 39/76, de 19 de Janeiro, sem prejuízo da aplicação imediata das disposições da presente lei, designadamente quanto à constituição da comissão de fiscalização.

ARTIGO 41.º
Regulamentação

Sem prejuízo da entrada em vigor das normas da presente lei que possam ser directamente aplicáveis, o Conselho de Ministros procederá à regulamentação necessária à sua boa execução, no prazo de 90 dias a contar da entrada em vigor da presente lei.

ARTIGO 42.º
Norma revogatória

São revogadas todas as normas legais aplicáveis a baldios, nomeadamente os Decretos-Leis n.ºs 39/76 e 40/76, de 19 de Janeiro.

CONDIÇÕES GERAIS DE APLICAÇÃO DO PROGRAMA DE APOIO À MODERNIZAÇÃO AGRÍCOLA E FLORESTAL (PAMAF)

DECRETO-LEI N.º 150/94

DE 25 DE MAIO

No âmbito do quadro comunitário de apoio (1994-1999) para as intervenções estruturais comunitárias relativas a Portugal, foi aprovado o Programa Operacional de Modernização do Tecido Económico, no qual se inclui uma intervenção operacional para o sector agrícola.

Esta intervenção operacional, designada por Programa de Apoio à Modernização Agrícola e Florestal (PAMAF), visando, fundamentalmente, o reforço da capacidade competitiva do sector, a viabilização económica das explorações agrícolas e a preservação dos recursos naturais e do ambiente, envolve um numeroso e heterogéneo conjunto de medidas, cujo quadro legal de referência importa definir.

Assim:
Nos termos da alínea a) do n.º 1 do artigo 201.º da Constituição, o Governo decreta o seguinte:

ARTIGO 1.º

O presente diploma estabelece as condições gerais de aplicação, no território continental, do Programa de Apoio à Modernização Agrícola e Florestal, adiante

designado «PAMAF», do quadro comunitário de apoio para o período de 1994 a 1999.

ARTIGO 2.º

1 — O PAMAF tem por objectivos, nomeadamente, o reforço da competitividade do sector agrícola, a viabilização económica das explorações agrícolas e a preservação dos recursos naturais e do ambiente.

2 — Para prossecução dos objectivos enunciados no número anterior, podem ser concedidas ajudas nos seguintes domínios:

a) Infra-estruturas agrícolas;
b) Apoio às explorações agrícolas;
c) Florestas;
d) Investigação, experimentação e desenvolvimento (IED), formação e organização;
e) Transformação e comercialização de produtos agrícolas e silvícolas.

3 — Para além do disposto nos números anteriores, podem, ainda, ser concedidas ajudas no domínio do desenvolvimento rural e local e de acções específicas de reequilíbrio regional.

4 — Sem prejuízo do disposto no Decreto-Lei n.º 99/94, de 19 de Abril, o regime das ajudas a conceder no âmbito do presente diploma é objecto de resolução do Conselho de Ministros, excepto quando se trate de ajudas a conceder ao abrigo de regulamentos comunitários de natureza horizontal, caso em que é objecto de portaria do Ministro da Agricultura.

NOTAS

1. O Dec.-Lei n.º 31/94, de 5 de Fevereiro, alterado pelo Dec.-Lei n.º 351/97, de 5 de Dezembro, estabeleceu as condições de aplicação dos Regulamentos (CEE) n.ºs 2078/92, 2079/92 e 2080/92, do Conselho, de 30 de Junho, que instituem diversos regimes de ajuda aos métodos de produção agrícola.

2. A Portaria n.º 199/94, de 6 de Abril, rectificada no *3.º Suplemento do DR Série I-B,* de 31 de Maio, estabeleceu o regime de ajudas às medidas florestais na agricultura instituídas pele Regulamento n.º 2080/92, do Conselho, de 30 de Junho, e foi alterada pelas Portarias n.º 995/94, de 12 de Novembro,

Decreto-Lei n.º 150/94, de 5 de Maio

n.º 952/95, de 4 de Agosto, n.º 1123/95, de 14 de Setembro, n.º 216/96, de 14 de Junho, e n.º 777/98, de 16 de Setembro, para uniformizar critérios tendo em atenção o novo Regulamento do Programa de Desenvolvimento Florestal aprovado pela Portaria n.º 199/98, de 25 de Março, rectificada no *3.º Suplemento do DR Série I-B,* de 30 de Maio.

3. O Dec.-Lei n.º 99/94, de 19 de Abril, alterado pelos Decs-Leis n.º 1/96, de 4 de Janeiro, e n.º 208/98, de 14 de Julho, define a estrutura orgânica relativa à gestão, acompanhamento, avaliação e controlo da execução do quadro comunitário de apoio (QCA).

4. A Portaria n.º 195/98, de 24 de Março, rectificada no *DR Série I-B,* de 30 de Maio, alterada pela Portaria n.º 46-A/2001, de 25 de Janeiro, aprovou o Regulamento de Aplicação do Regime de Ajudas à Melhoria da Eficácia das Estruturas Agrícolas.

5. A Portaria n.º 196/98, de 24 de Março, alterada pela Portaria n.º 152/99, de 4 de Março, aprovou o Regulamento de Aplicação da Medida de Apoio às Explorações Agrícolas.

6. A Portaria n.º 199/98, de 25 de Março, rectificada no 3.º Suplemento do *DR Série I-B,* de 30/5/1998, aprovou o Regulamento de Aplicação do Programa de Desenvolvimento Florestal.

7. A Portaria n.º 382/98, de 2 de Julho, estabelece normas relativas à concessão de ajudas financeiras às organizações de produtores.

8. A Portaria n.º 215/2001, de 16 de Março, aprovou o Regulamento de Aplicação do Regime de Ajudas a Conceder aos Agrupamentos de Produtores Pré-Reconhecidos.

ARTIGO 3.º

1 — As candidaturas às ajudas referidas neste decreto- -lei são formalizadas através da apresentação do respectivo projecto, acompanhado dos elementos que vierem a ser exigidos no âmbito da regulamentação específica de cada ajuda.

2 — Após a recepção dos processos, podem as instituições receptoras solicitar aos candidatos esclarecimentos complementares, os quais devem ser apresentados no prazo máximo de 15 dias úteis, findos os quais a ausência de resposta, excepto quando não imputável ao candidato, significará a desistência das candidaturas.

ARTIGO 4.º

Sem prejuízo de outras exigências fixadas ao nível da regulamentação específica dos regimes de ajudas, os pro-

jectos devem apresentar viabilidade técnica, económica e financeira adequada à sua dimensão e complexidade.

ARTIGO 5.º

1 — Os apoios financeiros a conceder aos projectos podem assumir, cumulativamente ou não, a forma de:
a) Bonificação de juros;
b) Subvenção financeira a fundo perdido;
c) Subsídio reembolsável.

2 — O total do apoio financeiro a conceder por projecto ou por candidato não pode exceder um valor a estabelecer em regulamentação específica.

3 — As condições de atribuição dos apoios financeiros, nomeadamente os seus montantes específicos, serão fixadas em regulamentação específica.

ARTIGO 6.º

A atribuição das ajudas previstas no presente diploma e legislação complementar faz-se ao abrigo de contratos celebrados entre os beneficiários e o Instituto de Financiamento e Apoio ao Desenvolvimento da Agricultura e Pescas (IFADAP), salvo nos casos em que a resolução do Conselho de Ministros ou a portaria referidas no n.º 4 do artigo 2.º prevejam outra entidade para outorgar em nome do Estado.

ARTIGO 7.º

1 — Em caso de incumprimento pelos beneficiários das obrigações decorrentes do contrato, o IFADAP pode modificar ou rescindir unilateralmente os contratos.

2 — Em caso de rescisão do contrato pelo IFADAP, o beneficiário será notificado para, no prazo de 15 dias, proceder à restituição das importâncias recebidas, acrescidas de juros à taxa legal, contados desde a data em que tais importâncias foram colocadas à sua disposição, sem prejuízo da aplicação de outras sanções previstas na lei.

3 — No caso de o reembolso não ser feito no prazo estabelecido no número anterior, passarão a incidir sobre as importâncias em dívida juros calculados à taxa moratória legalmente estabelecida, contados desde o termo do referido prazo e até ao efectivo reembolso.

4 — Verificada a situação prevista no número anterior, constitui-se, ainda, o beneficiário na obrigação de pagar ao IFADAP os encargos resultantes das despesas extrajudiciais para cobrança dos montantes devidos, fixando-se esta obrigação em 10% do valor total das quantias recebidas pelos beneficiários.

5 — O disposto nos n.ºs 2, 3 e 4 é igualmente aplicável aos casos de modificação unilateral do contrato que determine a obrigação de devolução das importâncias recebidas.

6 — A rescisão do contrato pelo IFADAP determina, ainda, para os beneficiários a suspensão do direito de se candidatarem, individual ou colectivamente, quando participem em posição dominante, às ajudas previstas no presente diploma durante o restante período a que se refere a ajuda, mas nunca por prazo inferior a três anos.

7 — Nos casos previstos na parte final do artigo anterior, as competências previstas para o IFADAP cabem à entidade então designada.

ARTIGO 8.º

O beneficiário poderá, mediante requerimento, desistir da ajuda, desde que proceda à restituição da importâncias que haja recebido, acrescidas de juros calculados à taxa legal desde a data em que aquelas foram colocadas à sua disposição.

ARTIGO 9.º

Todos os apoios financeiros ficam sujeitos à verificação da sua utilização em conformidade com o projecto apresentado, não podendo ser desviados para outros fins, nem colocados, alienados, ou por qualquer forma onerados, no todo ou em parte, os bens com ele adquiridos sem autorização prévia da entidade contratante, até que sejam atingidos os objectivos do investimento.

ARTIGO 10.º

1 — Constituem títulos executivos as certidões de dívida emitidas pelo IFADAP ou pela entidade que contrate em nome do Estado, nos termos referidos no artigo 6.º.

2 — As certidões referidas no número anterior devem indicar a entidade que as tiver extraído, a data de emissão, a identificação e o domicílio do devedor, a proveniência da dívida, a indicação por extenso do montante e a data a partir da qual são devidos juros e a importância sobre que incidem.

3 — Para as execuções instauradas ao abrigo do presente diploma é sempre competente o foro cível da comarca de Lisboa.

ARTIGO 11.º

As ajudas referidas no presente diploma e respectiva legislação complementar não são cumuláveis com quaisquer outras da mesma natureza.

ARTIGO 12.º

A cobertura orçamental do PAMAF é assegurada por verbas comunitárias e do Orçamento do Estado.

ARTIGO 13.º

Sem prejuízo do disposto no Decreto-Lei n.º 94/94, de 19 de Abril, a gestão do PAMAF é assegurada pelo Instituto de Estruturas Agrárias e Desenvolvimento Rural.

NOTAS

1. O Dec.-Lei n.º 99/94, alterado pelos Decs.-Leis n.º 1/96, de 4 de Janeiro, e n.º 208/98 de 14 de Julho, define a estrutura orgânica relativa à gestão, acompanhamento, avaliação e controlo da execução do quadro comunitário de apoio (QCA).

ARTIGO 14.º

1 — É criada a comissão consultiva do PAMAF, composta pelos dirigentes máximos dos serviços centrais e regionais do Ministério da Agricultura e, ainda, por quatro personalidades de reconhecido mérito ligadas aos sectores agrícola e florestal, designadas por despacho do Ministro da Agricultura.

2 — Para além das funções que lhe sejam atribuídas no despacho referido no número anterior, compete à comissão consultiva do PAMAF:

a) Pronunciar-se sobre o funcionamento e execução do PAMAF, tendo em vista a sua operacionalidade e máxima utilização;

b) Dar parecer sobre o impacte dos investimentos efectuados, tendo em vista a avaliação do PAMAF.

ARTIGO 15.º

São objecto da resolução do Conselho de Ministros ou da portaria referidas no n.º 4 do artigo 2.º, consoante a natureza das ajudas, as normas necessárias à boa execução do disposto no presente diploma, nomeadamente:

a) A natureza e os objectivos das ajudas;
b) A área geográfica de aplicação;
c) As acções a apoiar;
d) A natureza dos beneficiários;
e) A natureza, o nível e os limites máximos das ajudas e as condições da sua atribuição;
f) Os circuitos processuais de acesso às ajudas.

ARTIGO 16.º

Às medidas florestais referidas no presente diploma aplica-se o disposto nos n.ºˢ 2 e 3 do artigo 11.º do Decreto--Lei n.º 31/94, de 5 de Fevereiro.

NOTAS

1. O Dec.-Lei n.º 31/94, alterado pelo Dec.-Lei n.º 351/97, de 5 de Dezembro, estabeleceu as condições de aplicação dos Regulamentos (CEE) n.ᵒˢ 2078/92,

Decreto-Lei n.º 150/94, de 25 de Maio

2079/92 e 2080/92, do Conselho, de 30 de Junho, que instituem diversos regimes de ajuda aos métodos de produção agrícola.

2. A Portaria n.º 199/94, de 6 de Abril, rectificada no *3.º Suplemento do DR Série I-B*, de 31 de Maio, estabeleceu o regime de ajudas às medidas florestais na agricultura instituídas pele Regulamento n.º 2080/92, do Conselho, de 30 de Junho, e foi alterada pelas Portarias n.º 995/94, de 12 de Novembro, n.º 952/95, de 4 de Agosto, n.º 1123/95, de 14 de Setembro, n.º 216/96, de 14 de Junho, e n.º 777/98, de 16 de Setembro, para uniformizar critérios tendo em atenção o novo Regulamento do Programa de Desenvolvimento Florestal aprovado pela Portaria n.º 199/98, de 25 de Março, rectificada no *3.º Suplemento do DR Série I-B*, de 30 de Maio.

3. O Dec.-Lei n.º 31/94, alterado pelo Dec.-Lei n.º 351/97, de 5 de Dezembro, dispõe no n.º 2 do art. 11.º que «as acções de arborização enquadráveis nas medidas florestais na agricultura previstas nos regulamentos a que se refere o artigo 1.º consideram-se para todos os efeitos como actividade agrícola»; e no n.º 3 que «as ações de arborização referidas no número anterior que tenham por objecto prédios situados no Sistema Nacional de Áreas Protegidas carecem de parecer prévio dos serviços regionais de ambiente».

4. Ver anotações ao art. 9.º do Dec.-Lei n.º 169/89, de 14 de Junho (Reserva Agrícola Nacional) e ao art. 16.º do Dec.-Lei n.º 103/90, de 22 de Março (Regulamento do emparcelamento rural).

ARTIGO 17.º

1 — É revogado o Decreto-Lei n.º 81/91, de 19 de Fevereiro, relativo à melhoria da eficácia das estruturas agrícolas.

2 — Sem prejuízo do disposto no número anterior, o Decreto-Lei n.º 81/91, de 19 de Fevereiro, aplica-se até à entrada em vigor das medidas equivalentes previstas no presente diploma.

REGIME DE RECONHECIMENTO DE ORGANIZAÇÕES E AGRUPAMENTOS DE PRODUTORES E SUAS UNIÕES

DECRETO-LEI N.º 49/95

DE 15 DE MARÇO

Pelos Decretos-Leis n.ºs 362/87 e 145/89, de 26 de Novembro e de 5 de Maio, respectivamente, foram estabelecidas as regras do regime do reconhecimento de organizações e agrupamentos de produtores e suas uniões previsto nos Regulamentos (CEE) n.ºs 1035/72, e 1360/78, ambos do Conselho, de 18 de Maio e de 19 de Junho, respectivamente, e demais Regulamentos afins respeitantes a produtos específicos.

A experiência entretanto obtida tem vindo a evidenciar a necessidade de introdução de algumas alterações às referidas regras de execução, tendo em vista a melhoria da organização do sector para a comercialização dos produtos agrícolas.

Foram ouvidos os órgãos de governo próprio das Regiões Autónomas dos Açores e da Madeira.

Assim:

Nos termos da alínea *a)* do n.º 1 do artigo 201.º da Constituição, o Governo decreta o seguinte:

— O preâmbulo foi rectificado no 3.º Suplemento do *D.R. Série I-A*, de 30 de Junho.

ARTIGO 1.º

O presente diploma aplica-se às organizações e aos agrupamentos de produtores e suas uniões previstos,

respectivamente, no Regulamento (CEE) n.º 1035/72, do Conselho, de 18 de Maio, alterado pelo Regulamento (CEE) n.º 2602/90, da Comissão, de 7 de Setembro de 1990, e no Regulamento (CEE) n.º 1360/78, do Conselho, de 19 de Junho.

NOTAS

1. O Dec.-Lei n.º 252/98, de 11 de Agosto, no seu artigo 13.º, revogou o Dec.-Lei n.º 49/95, de 15 de Março, na parte respeitante às organizações de produtores naquele previstas — sector das frutas e produtos hortícolas.

ARTIGO 2.º

Podem ser reconhecidos, a seu pedido, os agrupamentos de produtores e suas uniões, bem como as organizações de produtores que preencham os requisitos enunciados no artigo 4.º.

NOTAS

1. O Dec. Lei n.º 252/98, de 11 de Agosto, no seu artigo 13º, revogou o Dec. Lei n.º 49/95, de 15 de Março, na parte respeitante às organizações de produtores naquele previstas – sector das frutas e produtos hortícolas.

ARTIGO 3.º

O reconhecimento será efectuado, caso a caso, por despacho do Ministro da Agricultura.

ARTIGO 4.º

1 — O reconhecimento será atribuído às entidades referidas no artigo 1.º que preencham, cumulativamente, os seguintes requisitos:

a) Possuam uma capacidade organizativa suficiente e um nível de actividade económica mínimo, de acordo com as regras estabelecidas nos regulamentos aplicáveis;

b) Ofereçam garantias suficientes quanto à duração e eficácia da sua acção, nos termos dos referidos regulamentos;

c) Revistam a natureza jurídica de cooperativa cultura de grupo — integração parcial (SAG-IP), ou agrupamento complementar da exploração agrícola (ACEA), agrupamento complementar da empresa (ACE) e sociedade civil sob forma comercial;

d) Sejam compostas por um mínimo de 75% de produtores e, no caso das sociedades comerciais, a maioria do capital seja detida por produtores, devendo as acções ser nominativas se essas sociedades revestirem a forma de sociedade anónima;

e) Incluam nos respectivos estatutos disposições que garantam o direito de se associar a qualquer interessado cuja exploração se localize dentro da respectiva zona geográfica homogénea de produção;

f) Incluam nos respectivos estatutos disposições relativas ao regime de sanções a aplicar em caso de incumprimento das obrigações estatutárias e do programa de acção, para além daquelas a que os regulamentos comunitários aplicáveis já obrigam.

2 — Entende-se por programa de acção o documento específico de cada entidade, aprovado em assembleia geral, contendo as regras comuns de produção e comercialização e as regras relativas ao conhecimento da produção em termos de colheitas e disponibilidades.

NOTAS

1. As als. *c)* e *d)* foram rectificadas no 3.º Suplemento do *D.R. Série I-A*, de 30 de Junho.

ARTIGO 5.º

O pedido de reconhecimento deve ser apresentado junto das direcções regionais de agricultura (DRA) competentes, acompanhado dos seguintes documentos:

a) Memória das actividades do requerente, incluindo nomeadamente a sua localização, a descrição das instalações e dos meios técnicos e administrativos à produção, ao acondicionamento e à comercialização dos produtos, e o seu estado de conservação e capacidade técnica de utilização, bem como, para os produtos para os quais se requer o reconhecimento, os volumes produzidos na última campanha ou a média das últimas três;

b) Acta da assembleia geral que deliberou a apresentação da candidatura ao reconhecimento, com indicação do produto ou produtos visados, do regulamento interno, se for caso disso, das alterações estatutárias a que houver lugar e da aprovação do programa de acção;

c) Documentos comprovativos da forma jurídica do requerente, incluindo, quando tal seja formalidade necessária, a declaração de conformidade ou o título de reconhecimento, emitidos pelo Ministério da Agricultura;

d) Escritura de constituição e ou estatutos publicados no *Diário da República,* regulamento interno, se o houver, bem como todas as alterações aos mesmos que tenham tido lugar;

e) Relação nominal dos associados, com indicação da localização da exploração pertencente a cada um, área afecta à produção, em hectares, e volume de produção por produtos, relativamente à última campanha ou à média das últimas três campanhas;

f) Programa de acção aprovado em assembleia geral ou por órgão igualmente competente, o qual deve incluir as regras comuns adoptadas relativamente à produção, nomeadamente em matéria de qualidade ou utilização de práticas biológicas, informação dos associados em matéria de colheitas e disponibilidades, e colocação no mercado;

g) Relatório e contas aprovados pela assembleia geral, relativos aos últimos três exercícios, excepto se o funcionamento se iniciou há menos de um ano, caso em que deve ser apresentado um orçamento previsional;

h) Para o caso de uniões de agrupamentos de produtores, o número de agrupamentos de produtores reconhecidos que a integram e a extensão territorial para o conjunto, bem como a respectiva área de cultura, volume de negócios e percentagem do volume nacional de produção relativo ao produto ou produtos em questão.

NOTAS

1. A al. *g)* foi rectificada no 3.º Suplemento do *D.R. Série I-A,* de 30 de Junho.

ARTIGO 6.º

O pedido de reconhecimento, a instruir de acordo com o modelo a distribuir pelos serviços regionais competentes, segue a seguinte tramitação:

a) As DRA emitem um parecer informativo sobre o pedido de reconhecimento, após análise da observância dos requisitos exigidos e dos elementos de instrução processual;

b) As DRA enviam ao Instituto dos Mercados Agrícolas e Indústria Agro-Alimentar (IMAIAA) ou ao Instituto da Vinha e do Vinho (IVV), conforme o caso, no prazo de 30 dias a contar da data de recepção do pedido, as candidaturas acompanhadas do parecer informativo referido na alínea anterior;

c) O IMAIAA ou o IVV procedem à análise das candidaturas e, em caso de aprovação, emitem o título de reconhecimento no prazo de 60 dias contados a partir da data da recepção da candidatura;

d) No prazo de dois meses após a decisão, será dado conhecimento da decisão tomada sobre a concessão do reconhecimento à requerente e às entidades a quem tal interesse, designadamente à DRA que instruiu o processo, ao Instituto Financeiro de Apoio ao Desenvolvimento da Agricultura e Pescas (IFADAP) e ao Instituto Nacional de Intervenção e Garantia Agrícola (INGA), bem como à Comissão das Comunidades Europeias;

e) O IMAIAA assegurará a organização e manutenção do registo nacional das entidades reconhecidas, o qual deve ser completado com os elementos relativos à respectiva actividade anual.

ARTIGO 7.º

Serão anualmente elaborados relatórios, de âmbito regional e nacional, sobre a aplicação dos regulamentos, de acordo com o seguinte calendário:

a) Até ao dia 1 de Janeiro de cada ano, as entidades reconhecidas elaboram e enviam à DRA da área da sua sede uma informação sobre a actividade realizada na campanha de comercialização precedente, mediante formulário destinado para o efeito;

b) Até ao dia 1 de Fevereiro de cada ano, a DRA respectiva elabora e envia ao IMAIAA um relatório sobre a aplicação dos Regulamentos em causa e a actividade realizada pelas entidades reconhecidas sediadas na sua área geográfica;

c) Com base nos relatórios de âmbito regional enviados pelas DRA, o IMAIAA elabora, até ao dia 1 de Março, um relatório global destinado a ser apresentado ao Ministro da Agricultura para posterior envio à União Europeia até ao dia 31 de Março seguinte.

ARTIGO 8.º

Compete às DRA, em articulação com o IMAIAA, proceder ao controlo da manutenção das condições justificativas do reconhecimento, propondo a sua suspensão ou revogação sempre que se prove:

a) Ter sido o reconhecimento obtido por forma irregular ou de acordo com informações erradas, caso em que a revogação produzirá efeitos a partir da data do reconhecimento, devendo as ajudas concedidas ser devolvidas;

b) Que as condições justificativas do reconhecimento deixaram de ser preenchidas, caso em que a revogação produzirá efeitos a partir da data da verificação, devendo ser devolvidas as ajudas concedidas após essa data.

ARTIGO 9.º

1 — As entidades das Regiões Autónomas competentes para a execução do presente diploma serão designadas pelos respectivos órgãos de governo próprio.

2 — Até ao dia 1 de Fevereiro de cada ano os serviços regionais competentes elaboram e enviam ao IMAIAA, para os efeitos referidos na alínea *c)* do artigo 7.º, um relatório sobre a aplicação os regulamentos em causa e a actividade realizada pelas entidades reconhecidas em cada uma das Regiões Autónomas.

ARTIGO 10.º

São revogados os Decretos-Leis n.ºˢ 362/87, de 26 de Novembro, e 145/89, de 5 de Maio.

NOTAS

1. A Portaria n.º 382/98, de 2 de Julho, estabeleceu normas relativas à concessão de ajudas financeiras às organizações de produtores.

2. A Portaria n.º 215/2001, de 16 de Março, aprovou o Regulamento de Aplicação do Regime de Ajudas a Conceder aos Agrupamentos de Produtores Pré--Reconhecidos.

REGULAMENTO DE APLICAÇÃO DO REGIME DE AJUDAS A CONCEDER ÀS ORGANIZAÇÕES E AGRUPAMENTOS DE PRODUTORES

PORTARIA N.º 220/96

DE 19 DE JUNHO

Pelo Decreto-Lei n.º 150/94, de 25 de Maio, foi aprovado o Programa de Apoio à Modernização Agrícola e Florestal (PAMAF), que inclui, entre outras, medidas de apoio às organizações e agrupamentos de produtores.

Estas medidas vieram posteriormente a ser regulamentadas pela Portaria n.º 14/95, de 7 de Janeiro, designadamente em matéria processual, tendo então sido remetido para circular da unidade de gestão competente a matéria relativa aos critérios de concessão das ajudas às organizações e agrupamentos de produtores.

Com vista a alcançar um maior rigor e transparência na aplicação do referido regime, vem agora proceder-se à revisão da Portaria n.º 14/95, de 7 de Janeiro, ajustando algumas regras à luz da experiência entretanto adquirida e integrando os critérios, também estes, revistos com vista a uma melhor coordenação e integração dos apoios a conceder no âmbito da produção e comercialização, dando-lhes, assim, a adequada publicidade, para maior garantia dos beneficiários e transparência nas decisões.

Assim, ao abrigo do disposto no n.º 4 do artigo 2.º do Decreto-Lei n.º 150/94, de 25 de Maio:

Portaria n.º 220/96, de 19 de Junho

Manda o Governo, pelo Ministro da Agricultura, do Desenvolvimento Rural e das Pescas, que seja aprovado o Regulamento de Aplicação do Regime de Ajudas a Conceder às Organizações e Agrupamentos de Produtores, ao abrigo dos Regulamentos (CEE) n.os 1035/72, de 18 de Maio, 1360/78, de 19 de Junho, e 746/93, de 17 de Maio, em anexo a este diploma e do qual faz parte integrante.

ANEXO

Regulamento de Aplicação do Regime de Ajudas a Conceder às Organizações e Agrupamentos de Produtores: Regulamentos (CEE) n.º 1035/72 e 1360/78

ARTIGO 1.º

O presente Regulamento estabelece o regime das ajudas a conceder às organizações e agrupamentos de produtores, tendo por objectivo:

a) Incentivar a sua constituição;
b) Facilitar o seu funcionamento administrativo;
c) Concentrar a oferta dos produtos;
d) Adaptar a produção às exigências do mercado;
e) Reforçar a organização dos produtores.

ARTIGO 2.º

Para prossecução dos objectivos enunciados no artigo anterior, podem ser concedidas ajudas à constituição e funcionamento de organizações e agrupamentos de produtores, bem como às uniões de agrupamentos.

ARTIGO 3.º

Podem beneficiar das ajudas previstas neste Regulamento as organizações e agrupamentos de produtores e uniões de agrupamentos reconhecidos nos termos do Decreto-Lei n.º 49/95, de 15 de Março.

ARTIGO 4.º

1 — As organizações de produtores reconhecidas provenientes de organizações que em larga medida já estão conformes com as condições previstas no Regulamento (CEE) n.º 1035/72, de 18 de Maio, não podem beneficiar das ajudas, salvo se resultarem de uma fusão.

2 — Para os agrupamentos constituídos antes de Janeiro de 1983, exclusive, as ajudas só serão concedidas até ao limite das despesas efectivas de constituição e funcionamento administrativo suplementares, decorrentes da sua adaptação.

ARTIGO 5.º

1 — As ajudas são concedidas em cinco prestações anuais consecutivas, durante os sete anos seguintes ao ano do reconhecimento, no montante máximo

de 10 %, 10%, 8%, 6% e 4% do valor da produção comercializada proveniente das explorações dos produtores membros a que as ajudas dizem respeito, respectivamente, nos 1º, 2º, 3º, 4º e 5º anos

2 — Quando se trate de uniões de agrupamentos, as ajudas não podem ultrapassar, nos três primeiros anos, 100%, 80% e 40% das despesas efectivas e o valor máximo global de 120 000 ECU.

ARTIGO 6.º

1 — As ajudas não podem exceder as despesas reais de constituição e de funcionamento.

2 — Nos termos dos artigos 3.º e 4.º do Regulamento (CE) n.º 3669/93, do Conselho, de 22 de Dezembro, o montante das ajudas poderá ser limitado às dotações orçamentais previstas em termos a definir por despacho do Ministro da Agricultura, do Desenvolvimento Rural e das Pescas.

ARTIGO 7.º

As candidaturas às ajudas devem ser apresentadas no Instituto de Financiamento e Apoio ao Desenvolvimento da Agricultura e Pescas (IFADAP), entre 1 de Abril e 30 de Setembro do ano seguinte àquele em que foram realizadas as despesas objecto de ajuda, sem prejuízo do disposto no artigo seguinte.

ARTIGO 8.º

1 — Podem ser formulados pedidos de adiantamentos de ajudas, havendo nesse caso lugar à constituição de garantia bancária.

2 — As candidaturas ao regime de adiantamentos deverão ser apresentadas entre 1 de Outubro e 31 de Dezembro do ano anterior ao da realização das despesas.

3 — Os adiantamentos serão processados em duas *tranches* anuais, cada uma no valor máximo de 40% da ajuda prevista para o exercício. O pagamento da 2.ª *tranche* fica condicionado à apresentação de comprovativos no valor de 100% da 1.ª *tranche*.

4 — O pagamento dos últimos 20% do montante da ajuda só será processado após a comprovação da totalidade das despesas do exercício.

ARTIGO 9.º

O processo de candidatura será instruído em formulário próprio a fornecer pelas direcções regionais de agricultura (DRA) ou IFADAP, com os documentos aí identificados.

ARTIGO 10.º

Quando, após a entrega da candidatura, se verifique qualquer falta ou insuficiência na instrução do processo, o candidato será notificado para suprir a falta ou corrigir a deficiência no prazo de 15 dias úteis.

ARTIGO 11.º

Ao IFADAP compete analisar e decidir sobre as candidaturas, na sua qualidade de unidade de gestão da componente «organizações e agrupamentos de produtores», bem como assegurar o cumprimento das normas nacionais e comunitárias aplicáveis.

ARTIGO 12.º

Às DRA incumbe o acompanhamento do funcionamento das organizações de produtores/agrupamentos de produtores (OP/AP) e a validação dos documentos de despesa, nos termos do Despacho n.º 32/96, de 22 de Março, do Ministro da Agricultura, do Desenvolvimento Rural e das Pescas, publicado no *Diário da República*, 2.ª série, n.º 80, de 3 de Abril de 1996.

ARTIGO 13.º

As candidaturas devem ser objecto de análise e deliberação no prazo de 60 dias a contar da data da apresentação.

ARTIGO 14.º

A concessão das ajudas é feita mediante contratos a celebrar entre o IFADAP e os beneficiários no prazo de 30 dias a contar da aprovação da candidatura.

ARTIGO 15.º

Para efeitos do presente Regulamento, são elegíveis as despesas previstas no quadro anexo e nas condições aí referidas.

ARTIGO 16.º

1 — Na análise e aprovação das candidaturas são ainda tidos em conta os seguintes critérios:

a) São prioritários e como tal beneficiam da ajuda máxima — 10%, 10%, 8%, 6% e 4% do valor da produção comercializada — as:

Fusões ou concentrações de (OP/AP), independentemente do produto que comercializem e para que foram reconhecidas;

OP/AP de produtos com denominação de origem protegida (DOP) ou indicação geográfica protegida (IGP);

OP/AP dos seguintes sectores: horticultura, fruticultura, vitivinicultura e olivicultura;

b) OP/AP dos restantes sectores — 5%, 5%, 4%, 3% e 2% do valor da produção comercializada.

2 — Os candidatos com processos já iniciados em anos anteriores, mas que ainda tenham acesso ao regime de ajudas previstas nesta portaria, continuam a beneficiar dos critérios revogados nos termos desta portaria, sempre que os mesmos sejam mais favoráveis.

ARTIGO 17.º

É revogada a Portaria n.º 14/95, de 7 de Janeiro.

Anexo a que se refere o artigo 15.º do Regulamento de Aplicação do Regime de Ajudas a Conceder às Organizações e Agrupamentos de Produtores

A — Despesas elegíveis do grupo A (trabalhos preparatórios da constituição, bem como elaboração da acta de constituição e estatutos e suas alterações).

No primeiro ano de candidatura, são elegíveis no âmbito deste grupo as despesas reais havidas com o acto de constituição, com a elaboração de estatutos e demais despesas de constituição, designadamente honorários de serviços jurídicos e demais despesas de constituição e reconhecimento.

A partir do segundo ano de candidatura serão elegíveis as despesas com eventuais alterações de estatutos.

B — Despesas do grupo B [controlo da observância das regras estabelecidas nos Regulamentos (CEE) n.º 1035/72 e 1360/78].

São elegíveis as despesas de controlo, feito por técnicos especializados, do cumprimento das regras de produção e comercialização destinadas a melhorar a qualidade dos produtos e adaptar o volume da oferta às exigências do mercado, tendo, designadamente, em conta o respectivo programa de acção. Estes controlos podem ser efectuados nas explorações ou nas instalações do agrupamento ou organizações.

Não são elegíveis os gastos com mão-de-obra para a realização das actividades, mas apenas os gastos de controlo com a verificação e certificação dessas mesmas actividades.

B.1 — Controlo efectuado por técnicos qualificados dos próprios quadros. — São elegíveis as despesas com pessoal (salários e encargos sociais) até um máximo de 6000 contos, por ano e por técnico qualificado.

B.2 — Controlo efectuado por terceiros:

São elegíveis as despesas com honorários e fornecimento de trabalhos especializados, até um máximo elegível de 7500 contos por ano e por técnico ou entidade qualificada.

Consideram-se como especializados os trabalhos de consultadoria técnica, desde que não exista pessoal nos quadros da OP/AP com capacidade técnica para o desempenhar.

B.3 — Controlo efectuado, conjuntamente, por terceiros e por pessoal do quadro do agrupamento ou organização. — Neste caso, o montante total das despesas deverá estar de acordo com o disposto em B.1 e B.2.

B.4 — Despesas de transporte do pessoal específico do agrupamento ou organização:

Viaturas do agrupamento ou organização afectas ao transporte do pessoal técnico, de controlo, até ao montante máximo de 12 000 contos de compra;

São elegíveis os custos anuais de amortização resultantes da aplicação da taxa de amortização legalmente definida, independentemente do regime de aquisição utilizado (compra a pronto, a crédito, em *leasing ou* em ALD);

Combustíveis, lubrificantes, manutenção, reparação e seguro;
Pagamento por quilómetro (apenas no caso de a OP/AP não dispor de viaturas para o efeito e não se justificar a sua aquisição) até ao montante máximo de 1000 contos/ano;
Portagens.

B.5 — Utensílios específicos. — São elegíveis os utensílios e outros instrumentos de apoio indispensáveis à actividade de controlo.

B.6 — Despesas de deslocação, no âmbito de actividades de investigação e aprofundamento das regras comuns, não ultrapassando uma despesa anual máxima de 1000 contos.

C — Despesas do grupo C [pessoal administrativo (salários e gratificações, formação, encargos sociais e deslocações), assim como honorários para serviços e assessoria técnica].

Despesas elegíveis:

Remuneração (inclui salário e encargos sociais) do pessoal dos quadros que exerçam actividade na área administrativa e que tenham habilitações para as funções que desempenham, até um máximo de 6000 contos por ano e por trabalhador.

As remunerações devem estar adequadas à estrutura da organização/ /agrupamento e podem incluir um gestor ou administrador;

Despesas de deslocação do pessoal administrativo de e para o local de trabalho (no caso de as instalações administrativas se situarem fora do centro urbano e com dificuldades de acesso);

Despesas de formação (deve ser justificado que os gastos de formação são necessários para a actividade objecto de reconhecimento);

Fornecimento de trabalhos especializados na área administrativa e assessoria técnica.

D — Despesas do grupo D (correios e telecomunicações).

Despesas elegíveis:

Correspondência e expedição;
Aquisição de equipamento e despesas de utilização com telecomunicações (telefone, fax, telex, etc.);
Amortização do equipamento.

E — Despesas do grupo E (material e equipamento de escritório, incluindo as amortizações deste último).

Despesas elegíveis:

Aquisição de material e equipamento de escritório;
Manutenção do equipamento de escritório;
Amortização de equipamento informático e *software* administrativo;
Equipamento de escritório: são elegíveis os custos anuais de amortização resultantes da aplicação da taxa de amortização legalmente defi-

nida, independentemente do regime de aquisição utilizado (compra a pronto, a crédito, em leasing ou em ALD).

F — Despesas do grupo F (equipamento de transporte de pessoal administrativo).

Despesas elegíveis:

Combustíveis e lubrificantes;
Manutenção (viatura afecta a pessoal administrativo);
Equipamento de transporte: podem ser consideradas viaturas de nove lugares no valor máximo de 5000 contos ou veículo ligeiro até 2000 contos, consoante o número de funcionários administrativos, sendo elegíveis os custos anuais de amortização resultantes da aplicação da taxa de amortização legalmente definida, independentemente do regime de aquisição utilizado (compra a pronto, a crédito, em leasing ou em ALD);
Seguros das viaturas afectas ao pessoal administrativo.

G — Despesas do grupo G (renda ou, em caso de aquisição, juros efectivamente pagos, bem como outras despesas e encargos resultantes da utilização de instalações para funcionamento administrativo das organizações, agrupamentos ou uniões de agrupamentos).

Despesas elegíveis:

Despesas de aluguer;
Juros de aquisição;
Despesas de conservação e manutenção;
Água e electricidade (afectas ao funcionamento administrativo).

H — Despesas do grupo H (seguros relativos ao transporte do pessoal administrativo e às instalações administrativas e respectivos equipamentos).

Despesas elegíveis:

Seguro de transporte de pessoal administrativo;
Seguro de instalações administrativas;
Seguro de risco e equipamento administrativo.

REGULAMENTO DE APLICAÇÃO DO REGIME DE AJUDAS A CONCEDER AOS AGRUPAMENTOS DE PRODUTORES PRÉ-RECONHECIDOS

PORTARIA N.º 215/2001

DE 16 DE MARÇO

Por deliberação do Conselho da União Europeia, tomada através do Regulamento (CE) n.º 1257/99, do Conselho, de 17 de Maio, o regime de financiamento das ajudas aos agrupamentos de produtores pré-reconhecidos passou a ser, desde 1 de Janeiro de 2000, considerado como intervenção destinada à estabilização do mercado, deixando estas despesas de ser elegíveis a título do Fundo Europeu de Orientação e Garantia Agrícola (FEOGA), secção Orientação, e passando as mesmas a ser elegíveis na secção Garantia, conforme resulta do Regulamento (CE) n.º 983/ /2000, da Comissão, de 11 de Maio, que veio alterar o Regulamento (CE) n.º 20/98, da Comissão, de 7 de Janeiro.

Dado que, no direito nacional, esta matéria se encontrava regulamentada pela Portaria n.º 383/98, de 2 de Julho, e tendo em conta que o novo regime de financiamento implica que se proceda à transferência do pagamento das ajudas a conceder para o Instituto Nacional de Intervenção e Garantia Agrícola, bem como à abolição do regime de adiantamentos, torna-se necessário proceder à revogação da referida portaria.

Assim, ao abrigo do disposto no Regulamento (CE) n.º 1257/ /99, do Conselho, de 17 de Maio, e no Regulamento (CE) n.º 20/

/98, da Comissão, de 2 de Julho, com as alterações que lhe foram introduzidas pelo Regulamento (CE) n.º 983/2000, da Comissão, de 11 de Maio, manda o Governo, pelo Ministro da Agricultura, do Desenvolvimento Rural e das Pescas, o seguinte:

1.º É aprovado o novo Regulamento de Aplicação do Regime de Ajudas a Conceder aos Agrupamentos de Produtores Pré-Reconhecidos, ao abrigo dos Regulamentos (CE) n.ºs 2200/96, do Conselho, de 28 de Outubro, e 20/98, da Comissão, de 7 de Janeiro, em anexo ao presente diploma e do qual faz parte integrante.

2.º São revogadas as Portarias n.ºs 383/98, de 2 de Julho, e 151/99, de 4 de Março.

ANEXO

Regulamento de Aplicação do Regime de Ajudas a conceder aos Agrupamentos de Produtores Pré-Reconhecidos

ARTIGO 1.º

O presente diploma estabelece o regime da ajuda referida na alínea *a)* do n.º 2 do artigo 14.º do Regulamento (CE) n.º 2200/96, destinada a incentivar a constituição e a facilitar o funcionamento administrativo dos agrupamentos de produtores pré-reconhecidos.

ARTIGO 2.º

1 — Para efeitos do presente diploma, e de acordo com o disposto no n.º 2 do artigo 1.º do Regulamento (CE) n.º 20/98, entende-se por:

a) Agrupamento de produtores pré-reconhecido — um novo agrupamento de produtores ou um agrupamento não reconhecido ao abrigo do Regulamento (CEE) n.º 1035/72, antes da entrada em vigor do Regulamento (CE) n.º 2200//96, ao qual o Estado-membro tenha concedido o pré-reconhecimento em conformidade com o Regulamento n.º 478/97;

b) Produtores — os produtores referidos no n.º 2 do artigo 1.º do Regulamento (CE) n.º 412/97, da Comissão;

c) Produção comercializada — a produção dos membros de um agrupamento de produtores relativa à categoria de produtos a título da qual foi concedido o pré-reconhecimento:

i) Entregue ao agrupamento de produtores em causa e efectivamente vendida por intermédio deste, no estado fresco ou transformado;

ii) Vendida em conformidade com o n.º 1, segundo e terceiro travessões do ponto 3) da alínea *c)* do artigo 11.º do Regulamento (CE) n.º 2200/96, após autorização do agrupamento;

d) Valor da produção comercializada — o valor da produção considerada no estádio «saída do agrupamento de produtores» e, se for caso disso, «produto embalado ou preparado não transformado».

Portaria n.º 215/2001, de 16 de Março

2 — A produção comercializada referida na alínea *c)* do número anterior não inclui a produção dos membros de outras organizações ou agrupamentos de produtores comercializada por intermédio do agrupamento de produtores em causa em conformidade com o n.º 1, segundo e terceiro travessões do ponto 3) da alínea *c)* do artigo 11.º do Regulamento (CE) n.º 2200/96.

ARTIGO 3.º

1 — Podem beneficiar, ou continuar a beneficiar, da ajuda referida no artigo 1.º, nos termos do artigo 6.º do Regulamento (CE) n.º 20/98, os agrupamentos de produtores pré-reconhecidos ao abrigo do Regulamento (CE) n.º 478/97 que resultem da fusão de um agrupamento de produtores pré-reconhecidos ao abrigo do Regulamento (CE) n.º 478/97 e de:

a) Um ou vários agrupamentos de produtores pré-reconhecidos ao abrigo do Regulamento (CE) n.º 478/97, e ou
b) Uma ou várias organizações de produtores reconhecidas ao abrigo do Regulamento (CEE) n.º 1035/72, e ou
c) Uma ou várias organizações de produtores reconhecidas em conformidade com o artigo 11.º do Regulamento (CE) n.º 2200/96.

2 — Para o cálculo do montante da ajuda referida no número anterior, o agrupamento de produtores resultante da fusão substitui-se aos seus constituintes.

ARTIGO 4.º

A ajuda, nos termos do disposto no n.º 1 do artigo 2.º do Regulamento (CE) n.º 20/98, é concedida nos cinco anos consecutivos seguintes à data do pré--reconhecimento, sob a forma de uma ajuda forfetária, e o seu montante, determinado, para cada agrupamento de produtores, com base no valor da sua produção anual comercializada, é:

a) Igual, respectivamente a título do 1.º, 2.º, 3.º, 4.º e 5.º anos, a 5%, 5%, 4%, 3% e 2% da produção comercializada, até ao limite de 1 000 000 de ecus dessa produção; e
b) Igual, respectivamente a título do 1.º, 2.º, 3.º, 4.º e 5.º anos, a 2,5%, 2,5%, 2%, 1,5% e 1,5% de qualquer valor que exceda 1 000 000 de ecus de produção comercializada;
c) Limitado a um máximo, por agrupamento de produtores, de:

100 000 euros, no 1.º ano;
100 000 euros, no 2.º ano;
80 000 euros, no 3.º ano;
60 000 euros, no 4.º ano;
50 000 euros, no 5.º ano;

d) Pago em fracções anuais, no final dos períodos anuais de execução do plano de reconhecimento.

ARTIGO 5.º

1 — Em derrogação ao disposto no artigo anterior, a ajuda será igual, respectivamente a título do 1.º, 2.º, 3.º, 4.º e 5.º anos, a 10%, 10%, 8%, 6% e 4%

533

do valor da produção comercializada proveniente das explorações dos produtores membros, desde que se demonstre que da aplicação do artigo anterior resulta uma ajuda inferior.

2 — Para os efeitos previstos no número anterior, são consideradas despesas elegíveis as estabelecidas no anexo ao presente Regulamento.

3 — As ajudas não poderão exceder as despesas efectivas de constituição e de funcionamento administrativo.

ARTIGO 6.º

1 — A concessão do reconhecimento põe termo à atribuição das ajudas referidas no artigo 1.º.

2 — Para os efeitos previstos no número anterior, o Gabinete de Planeamento e Política Agro-Alimentar (GPPAA) deve comunicar ao Instituto Nacional de Intervenção e Garantia Agrícola (INGA) a concessão do reconhecimento ao agrupamento.

ARTIGO 7.º

1 — O processo de candidatura às ajudas previstas neste Regulamento inicia-se com a apresentação junto do INGA de um formulário de candidatura de acordo com modelo a distribuir por este organismo, acompanhado de todos os elementos indicados nas respectivas instruções.

2 — O formulário referido no número anterior deverá ser entregue no INGA durante os três meses posteriores à data de conclusão do período da ajuda, após terem sido realizadas as despesas ou contabilizado o valor da produção, devendo os respectivos documentos de despesa ser validados pelo INGA.

3 — Quando após a entrega do processo de candidatura se verifique qualquer falta ou insuficiência na instrução do processo, o candidato será notificado desse facto, devendo suprir essa falta ou corrigir a insuficiência no prazo de 15 dias úteis contados a partir da data da notificação.

ARTIGO 8.º

O INGA pagará as ajudas no prazo de seis meses após a recepção de um pedido completo.

ARTIGO 9.º

1 — A partir da entrada em vigor da presente portaria, passará a ser efectuado pelo INGA o pagamento das ajudas relativas aos processos que se encontrem pendentes e que tenham sido submetidos à aprovação do Instituto Financeiro de Apoio ao Desenvolvimento da Agricultura e Pescas (IFADAP) ao abrigo do regime estabelecido pela Portaria n.º 383/98, de 2 de Julho.

2 — O IFADAP e o INGA estabelecerão entre si os procedimentos necessários à efectivação da transferência dos processos referidos no n.º 1, designadamente os referentes aos pagamentos efectuados no âmbito daqueles processos.

Anexo a que se refere o artigo 5.º

A — Despesas elegíveis do grupo A (trabalhos preparatórios da constituição, bem como elaboração da acta de constituição e estatutos e suas alterações).

No 1.º ano de candidatura, são elegíveis no âmbito deste grupo as despesas reais havidas com:

O acto de constituição;
A elaboração de estatutos e demais despesas de constituição, designadamente honorários de serviços jurídicos e demais despesas de constituição e reconhecimento.

A partir do 2.º ano de candidatura serão elegíveis as despesas com eventuais alterações de estatutos.

B — Despesas do grupo B [controlo de observância das regras estabelecidas no Regulamento (CE) n.º 2200/96].

São elegíveis as despesas de controlo feito por técnicos especializados do cumprimento das regras de produção e comercialização destinadas a melhorar a qualidade dos produtos e adaptar o volume da oferta às exigências do mercado, tendo designadamente em conta o respectivo programa de acção. Estes controlos podem ser efectuados nas explorações ou nas instalações do agrupamento.

Não são elegíveis os gastos com mão-de-obra para a realização das actividades, mas apenas os gastos de controlo com a verificação e certificação da realização dessas mesmas actividades.

B.1 — Controlo efectuado por técnicos qualificados dos próprios quadros do agrupamento.

São elegíveis as despesas com pessoal (salários e encargos sociais) até um máximo de 5 000 000$ por ano e por técnico qualificado.

Entende-se por técnico qualificado todo aquele que possui formação técnica especializada, obtida designadamente através de cursos de formação profissional, estágios ou outras fontes de habilitações ou qualificações técnicas.

B.2 — Controlo efectuado por terceiros.

São elegíveis as despesas com honorários e fornecimento de trabalhos especializados até um máximo de 6 000 000$ por ano e por técnico ou por entidade qualificada.

Consideram-se como especializados os trabalhos de consultadoria técnica, desde que não exista pessoal nos quadros do agrupamento de produtores com capacidade técnica para o desempenhar.

B.3 — Controlo efectuado, conjuntamente, por terceiros e por pessoal do quadro do agrupamento.

Neste caso, o montante total das despesas deverá estar de acordo com o disposto em B.1 e em B.2.

B.4 — Despesas de transporte do pessoal específico do agrupamento.

Viaturas do agrupamento afectas ao transporte do pessoal técnico, de controlo, desde que realizadas até ao montante máximo de 12 000 000$ de compra.

São elegíveis os custos anuais de amortização resultantes da aplicação da taxa de amortização legalmente definida, independentemente do regime de aquisição utilizado (compra a pronto, a crédito, em *leasing* ou em ALD).

Combustíveis, lubrificantes, manutenção, reparação e seguro: pagamento por quilómetro (apenas no caso de o agrupamento de produtores não dispor de viaturas para o efeito e não se justificar a sua aquisição), até ao montante máximo de 1 000 000$/ano.

Portagens.

B.5 — Utensílios específicos.

São elegíveis os utensílios e outros instrumentos de apoio de natureza não operacional e de baixo valor contabilístico indispensáveis à actividade de controlo.

B.6 — Despesas de deslocação no âmbito de actividades de investigação e aprofundamento das regras comuns de produção.

Estas despesas serão elegíveis mediante a apresentação de comprovativos de despesa, desde que realizadas nas seguintes condições:

Viagem de avião em classe turística;
Viagem de comboio em 2.ª classe;
Bilhetes de transportes colectivos;
Deslocações realizadas em viatura própria, atribuição de um subsídio por quilómetro equiparado ao valor da função pública;
Despesa de alojamento e alimentação equiparado ao valor em vigor na função pública para o índice 420.

A despesa anual com esta rubrica não poderá ultrapassar uma despesa máxima de 1 000 000$.

C — Despesas do grupo C (pessoal administrativo — salários, formação, encargos sociais e deslocações —, assim como honorários para serviços de assessoria técnica).

Constituem despesas elegíveis as seguintes:

Remuneração (incluindo salários e encargos sociais) do pessoal dos quadros que exerçam actividade na área administrativa e que tenham habilitações para as funções que desempenham, até um máximo de 4 000 000$ por ano e por trabalhador; as remunerações devem estar adequadas à estrutura do agrupamento e podem incluir um gestor e um administrador;

Despesas de deslocação do pessoal administrativo de e para o local de trabalho (no caso de as instalações administrativas se situarem fora do centro urbano e com dificuldades de acesso);

Despesas de formação (deve ser justificado que os gastos de formação são necessários para a actividade objecto de reconhecimento);
Fornecimento de trabalhos especializados na área administrativa e assessoria técnica.

D — Despesas do grupo D (correio e telecomunicações).

Constituem despesas elegíveis as seguintes:

Correspondência e expedição;
Equipamento e despesas de utilização com telecomunicações (telefone, fax, telex, etc.) — são elegíveis os custos anuais de amortização resultante da aplicação da taxa de amortização legalmente definida, independentemente do regime de aquisição utilizado (compra a pronto, a crédito, em *leasing* ou em ALD);
Aquisição, para os equipamentos e bens amortizáveis num só ano;
Manutenção do equipamento.

E — Despesas do grupo E (material e equipamento de escritório, incluindo amortizações deste último).

Constituem despesas elegíveis as seguintes:

Aquisição de material e equipamento de escritório — são elegíveis os custos anuais de amortização resultantes da aplicação da taxa de amortização legalmente definida, independentemente do regime de aquisição utilizado (compra a pronto, a crédito, em *leasing* ou em ALD);
Manutenção do equipamento de escritório;
Amortização de equipamento informático e do *software* administrativo;

F — Despesas do grupo F (equipamento de transporte de pessoal administrativo).

Constituem despesas elegíveis as seguintes:

Combustíveis e lubrificantes;
Manutenção (viatura afecta ao pessoal administrativo);
Equipamento de transporte — podem ser consideradas viaturas de nove lugares no valor máximo de 5 000 000$ ou veículo ligeiro até 2 000 000$, consoante o número de funcionários administrativos, sendo elegíveis os custos anuais de amortização resultantes da aplicação da taxa de amortização legalmente definida, independentemente do regime utilizado (compra a pronto, a crédito, em *leasing* ou em ALD);
Seguros das viaturas afectas ao pessoal administrativo.

G — Despesas do grupo G (rendas ou, em caso de aquisição, juros efectivamente pagos, bem como outras despesas e encargos resultantes da utilização de instalações para funcionamento administrativo dos agrupamentos).

Constituem despesas elegíveis as seguintes:

Despesas de aluguer;
Juros de aquisição;

Despesas de conservação e manutenção;
Água e electricidade (afectas ao funcionamento administrativo).

H — Despesas do grupo H (seguros relativos ao transporte do pessoal administrativo e às instalações administrativas e respectivos equipamentos).

Constituem despesas elegíveis as seguintes:

Seguro de transporte de pessoal administrativo;
Seguro de instalações administrativas;
Seguro de risco e equipamento administrativo.

REGULAMENTO DE APLICAÇÃO DO REGIME DE AJUDAS À MELHORIA DA EFICÁCIA DAS ESTRUTURAS AGRÍCOLAS

PORTARIA N.º 195/98

DE 24 DE MARÇO

O Regulamento (CEE) n.º 2328/91, do Conselho, de 15 de Julho, relativo à melhoria da eficácia das estruturas agrícolas, foi alterado por diversas vezes e de modo substancial, o que motivou, por razões de clareza e racionalidade, a necessidade de se proceder à refusão das disposições relativas a este regime de ajudas.

Deste modo, o Regulamento (CE) n.º 950/97, do Conselho, de 20 de Maio, veio proceder à codificação das disposições relativas à melhoria da eficácia das estruturas agrícolas,

Atendendo à necessidade de continuar a aplicar o regime de ajudas estabelecido naquele regulamento comunitário, importa, contudo, proceder a alguns ajustamentos nas disposições do Regulamento de Aplicação do Regime de Ajudas à Melhoria da Eficácia das Estruturas Agrícolas, aprovado pela Portaria n.º 980/95, de 16 de Agosto, de forma a tornar mais eficaz a sua aplicação.

Assim, tendo em vista incentivar a instalação de jovens agricultores, a atribuição da ajuda à primeira instalação passa a ser concedida numa só prestação aquando da celebração do contrato.

Por outro lado, tendo em conta a inclusão das indemnizações compensatórias no Sistema Integrado de Gestão e Controlo previsto nos Regulamentos (CEE) n.ᵒˢ 3508/92, do Conselho, de 27 de Novembro, e 3887/92, de 23 de Dezembro, procedeu-se a algumas alterações nas normas processuais relativas à sua atribuição.

Por último, procedeu-se à implementação das ajudas aos serviços de substituição previstas no Regulamento (CE) n.º 950//97, as quais não tinham sido objecto de regulamentação.

Assim:

Ao abrigo do disposto no n.º 4 do artigo 2.º do Decreto-Lei n.º 150/94, de 25 de Maio:

Manda o Governo, pelo Ministro da Agricultura, do Desenvolvimento Rural e das Pescas, o seguinte:

1.º É aprovado o Regulamento de Aplicação do Regime de Ajudas à Melhoria da Eficácia das Estruturas Agrícolas, em anexo ao presente diploma e do qual faz parte integrante.

2.º São revogados a Portaria n.º 980/95, de 16 de Agosto, e o n.º 5.º da Portaria n.º 83/98, de 19 de Fevereiro.

ANEXO

Regulamento de Aplicação do Regime de Ajudas à Melhoria da Eficácia das Estruturas Agrícolas

CAPÍTULO I

Disposições gerais

ARTIGO 1.º

Objecto

O presente Regulamento estabelece o regime de ajudas a conceder no âmbito do Regulamento (CE) n.º 950/97, do Conselho, de 20 de Maio, relativo à melhoria da eficácia das estruturas agrícolas.

ARTIGO 2.º

Definições

Para efeitos da aplicação do presente Regulamento, entende-se por:

1) Agricultor a título principal:

a) A pessoa singular cujo rendimento proveniente da exploração agrícola é igual ou superior a 50% do seu rendimento global e que dedica mais de 50% do seu tempo total de trabalho à mesma exploração, entendendo-se não poder reunir estes requisitos toda a pessoa que exerça uma actividade que ocupe mais de metade do horário profissional de trabalho que, em condições normais, caberia ao trabalhador a tempo inteiro dessa profissão;

b) A pessoa colectiva que, nos termos do respectivo estatuto, tem exclusivamente por objecto a actividade agrícola e cujos administradores ou gerentes, obrigatoriamente pessoas singulares e sócios da pessoa colectiva, dediquem mais de 50% do seu tempo total de trabalho à exploração onde exercem a actividade agrícola, dela auferindo, no mínimo, 50% do seu rendimento global e desde que detenham, no seu conjunto, pelo menos, 10% do capital social;

2) Capacidade profissional bastante:

a) Estar habilitado com curso superior, médio, técnico-profissional ou equivalente nos domínios da agricultura, silvicultura ou pecuária;

b) Ter frequentado, com aproveitamento, um curso de formação profissional para empresários agrícolas da responsabilidade do Ministério da Agricultura, do Desenvolvimento Rural e das Pescas, ou outros cursos equivalentes reconhecidos por aquele Ministério, com uma duração mínima de cento e cinquenta horas;

c) Ter trabalhado na agricultura, silvicultura ou pecuária como empresário agrícola, assalariado ou em regime de mão-de-obra familiar nos cinco anos anteriores à candidatura e por período não inferior a três;

d) Quando os administradores ou gerentes de uma pessoa colectiva, responsáveis pela exploração, preencham os requisitos referidos nas alíneas *a)*, *b)* ou *c)*;

3) Actividade principal: aquela que gera o maior volume de vendas da exploração;

4) Unidade homem trabalho (UHT): quantidade de trabalho que um trabalhador activo agrícola está apto a prestar, durante um ano e em condições normais, num período correspondente a mil novecentas e vinte horas;

5) Rendimento de referência: salário médio bruto dos trabalhadores não agrícolas no conjunto do território nacional, que será fixado anualmente por portaria do Ministro da Agricultura, do Desenvolvimento Rural e das Pescas;

6) Rendimento do trabalho: rendimento obtido na exploração ou empresa agrícola, disponível para remunerar o factor trabalho e que é calculado da seguinte forma:

a) No caso das explorações agrícolas de tipo familiar e nos projectos de investimento de valor igual ou inferior a 45 000 ECU, somando os salários pagos ao resultado de exploração;

b) Para os restantes casos, ao valor obtido nos termos da alínea *a)* é deduzido o somatório dos encargos atribuídos ao capital fundiário e ao capital de exploração, para o que serão considerados os valores de 4% e 5%, respectivamente;

7) Jovem agricultor: o agricultor que, à data de apresentação dos pedidos ao abrigo deste diploma, tenha mais de 18 e menos de 40 anos de idade;

8) Primeira instalação: aquela em que o jovem agricultor assume pela primeira vez a titularidade e gestão de uma exploração agrícola a título principal;

9) Regiões desfavorecidas: as regiões que constam da lista publicada em anexo à Directiva n.º 86/467/CEE, do Conselho, de 14 de Julho, relativa às regiões desfavorecidas na acepção da Directiva n.º 75/268/CEE, do Conselho, de 28 de Abril;

10) Exploração agrícola familiar: aquela em que se encontrem reunidas, cumulativamente, as seguintes condições:

a) O agregado familiar do agricultor garante, pelo menos, 50% das necessidades de mão-de-obra da exploração, dela auferindo, no mínimo, 50% do seu rendimento global;

b) As necessidades de mão-de-obra não excedam duas UHT;

11) Turismo no espaço rural:
a) Turismo de habitação, turismo rural e agro-turismo;
b) Parques de campismo rural;

12) Investimento de natureza artesanal: todo aquele que tenha por objecto a transformação da matéria-prima produzida na exploração, ou tradicionalmente utilizada na região, e em que a intervenção pessoal do agricultor, especificamente nas fases do processo produtivo que influenciem ou determinem a natureza e qualidade do produto, constitui factor predominante do mesmo;

13) Prédio próximo: aquele que satisfaça uma das seguintes condições:
a) Não aumente a distância média entre os prédios da exploração e o respectivo assento de lavoura;
b) Permita melhorar a rentabilidade dos capitais de exploração já existentes, no caso de a exploração ser constituída por um único prédio;

14) Termo do plano de melhoria: corresponde ao ano a partir do qual se considera(m) estabilizada(s) a(s) principal(ais) produção(ões) da exploração, de acordo com a data constante do plano de melhoria;

15) Primeira aquisição de gado: aquisição de gado quando em situação de início de actividade ou aumento de efectivo;

16) Exploração agrícola: conjunto de terras, contíguas ou não, utilizadas para a produção agrícola e que, constituindo uma unidade técnico-económica caracterizada pela utilização em comum dos meios de produção, estão submetidas a uma gestão única, independentemente do título posse, do regime jurídico e da área ou localização.

ARTIGO 3.º
Taxa de câmbio

1 — Os valores expressos neste diploma em ecus são convertidos para escudos à taxa de câmbio aplicável em 1 de Janeiro do ano em que é decidida a concessão da ajuda, de acordo com o Regulamento (CEE) n.º 3813/92, do Conselho, de 28 de Dezembro.

2 — Quando o pagamento da ajuda for efectuado ao longo de vários anos, as fracções da ajuda serão convertidas mediante a utilização da taxa de conversão mais desvalorizada de entre as aplicáveis em 1 de Janeiro de cada um dos anos compreendidos entre o da decisão da concessão da ajuda e aquele a título do qual for paga a fracção em causa.

CAPÍTULO I
Ajudas aos investimentos nas explorações agrícolas

SECÇÃO I
Ajudas comparticipadas pela Comunidade Europeia

SUBSECÇÃO I
Regime geral

ARTIGO 4.º
Condições de acesso

1 — Têm acesso às ajudas referidas nesta subsecção aqueles que satisfaçam uma das seguintes condições:

a) Sejam agricultores a título principal ou assumam o compromisso de o vir a ser com a execução do plano de melhoria e até ao seu termo;

b) No caso de pessoas singulares, aquelas que, não exercendo a actividade agrícola a título principal, obtenham, pelo menos, 50% do seu rendimento global de actividades exercidas na exploração de natureza agrícola florestal, turística ou artesanal, ou de actividades de preservação do espaço natural que beneficiem de ajudas públicas, não podendo, contudo, a parte do rendimento directamente proveniente da actividade agrícola na exploração ser inferior a 25% do rendimento global do empresário, nem o tempo de trabalho por ele consagrado a actividades exteriores à exploração ultrapassar metade do seu tempo total de trabalho;

c) No caso de pessoas colectivas, aquelas que, não exercendo a actividade agrícola a título principal, tenham por objecto as actividades enunciadas na alínea anterior, desde que os respectivos administradores ou gerentes, obrigatoriamente pessoas singulares e sócios da pessoa colectiva, reúnam os seguintes requisitos:

i) Detenham, pelo menos, 10% do capital social;

ii) Dediquem, no mínimo, 50% do seu tempo de trabalho às referidas actividades;

iii) Obtenham, pelo menos, 50% do seu rendimento global das actividades exercidas na exploração, não podendo, contudo, a parte do rendimento proveniente da actividade agrícola ser inferior a 25% do seu rendimento global.

2 — Os beneficiários referidos no número anterior devem ainda:

a) Possuir capacidade profissional bastante;

b) Apresentar um plano de melhoria material da exploração nos termos da secção III deste capítulo, conforme formulário a distribuir pelos serviços competentes;

c) Comprometer-se a introduzir, a partir do ano seguinte ao da assinatura do contrato de concessão da ajuda, um sistema de contabilidade simplificada, organizada nos termos da Portaria n.º 715/86, de 27 de Novembro, bem como a mantê-la durante o período em que exercer obrigatoriamente a actividade agrícola, nos termos da alínea seguinte;

d) Comprometer-se a assegurar o exercício da actividade agrícola na exploração nas condições em que o plano de melhoria foi aprovado, durante, pelo menos, cinco anos a contar da data da sua aprovação e, em qualquer caso, até ao seu termo.

3 — A confirmação das condições referidas no n.º 1 e na alínea *a)* do n.º 2 compete às direcções regionais de agricultura.

4 — Os beneficiários com idade superior a 70 anos deverão ainda indicar um substituto que, reunindo a condição de acesso prevista na alínea *a)* do n.º 2, assuma o compromisso de assegurar a continuidade da actividade agrícola em caso de impedimento dos candidatos.

5 — Para os investimentos poderem beneficiar das ajudas previstas nesta secção é ainda necessário que o seu valor não seja inferior a 2200 ECU e que respeitem a uma exploração agrícola cujo rendimento do trabalho por UHT não seja superior a 120% do rendimento de referência.

ARTIGO 5.º

Investimentos elegíveis

1 — Podem ser objecto das ajudas previstas nesta secção os investimentos que visem:

a) A melhoria qualitativa e a reconversão da produção em função das necessidades do mercado e, se for caso disso, tendo em vista a adaptação às normas de qualidade comunitárias;

b) A diversificação das actividades na exploração, nomeadamente por intermédio de actividades turísticas e artesanais ou do fabrico e venda directa de produtos da exploração;

c) A adaptação da exploração, tendo em vista a redução dos custos de produção, a melhoria das condições de vida e de trabalho ou a redução dos consumos de energia;

d) A melhoria das condições de higiene das explorações pecuárias e a observância das normas comunitárias em matéria de bem-estar dos animais;

e) A protecção e melhoria do meio ambiente.

2 — Sem prejuízo da legislação aplicável ao sector do leite e produtos lácteos, os investimentos efectuados neste sector só poderão beneficiar de ajudas no caso de:

a) Não elevarem o número de vacas acima de 50 por UHT e acima de 80 por exploração ou, se a exploração dispuser de mais de 1,6 UHT exclusivamente utilizadas no sector, tais investimentos não preverem o aumento do número de vacas em mais de 15% em relação ao já existente;

b) As explorações deterem capacidade para produzir forragens em quantidade suficiente para a cobertura de, pelo menos, 60% das necessidades alimentares dos efectivos, expressas em unidades forrageiras;

c) Terem quota leiteira disponível.

3 — Os investimentos efectuados no sector da produção de carne de bovino, com excepção dos que tenham por objectivo a protecção do ambiente, a higiene das explorações pecuárias ou o bem-estar dos animais e que não impliquem aumentos de capacidade, são limitados às explorações pecuárias em que:

a) Sem prejuízo do disposto no número seguinte, a densidade de bovinos não ultrapasse duas cabeças normais (CN) por hectare de superfície forrageira destinada à alimentação do efectivo, de acordo com a tabela de conversão constante do anexo I a este Regulamento;

b) A capacidade para produzir forragens seja em quantidade suficiente para a satisfação de, pelo menos, 60% das necessidades alimentares dos efectivos, expressas em unidades forrageiras.

4 — Quando o número de animais de uma exploração agrícola a considerar para a determinação do factor de densidade nos termos da alínea *a)* do número anterior não ultrapassar 15 CN, é aplicável a densidade máxima de 3 CN/ha.

5 — Os investimentos efectuados nos sectores dos ovinos, caprinos e equinos apenas beneficiam de ajudas caso a exploração tenha capacidade para satisfazer, pelo menos, 60% das necessidades alimentares do efectivo, expressa em unidades forrageiras.

6 — Sem prejuízo da legislação aplicável ao sector, os investimentos efectuados no sector da suinicultura beneficiam de ajudas nas seguintes condições:

a) Os investimentos não conduzam ao aumento do número de lugares de porcos por exploração;

b) A exploração tenha capacidade para, no termo do plano de melhoria, produzir, pelos menos, o equivalente a 35% da quantidade de alimentos consumidos pelo efectivo, expressa em unidades forrageiras.

7 — Para efeitos de cálculo da capacidade de instalação de suínos de engorda, uma fêmea reprodutora equivale a 6,5 suínos de engorda.

8 — São concedidas ajudas aos investimentos a efectuar no sector da apicultura quando:

a) A actividade seja exercida em regime de complementariedade das restantes actividades da exploração;

b) Em regime de exclusividade, a actividade seja exercida por apicultores já instalados ou por aqueles que, desejando instalar-se, comprovem a sua formação específica ou experiência no sector.

9 — Os investimentos em actividades cinegéticas são elegíveis nas seguintes situações:

a) No caso de se destinarem à criação de caça em cativeiro:

  i) Quando se trate de investimentos em unidades de criação de aves de caça, desde que a produção se destine exclusivamente ao povoamento de terrenos de caça ou a caçadas;
  ii) No caso de investimentos em unidades de criação de mamíferos de caça, quando a produção se destine quer ao repovoamento de terrenos de caça, quer a caçadas, quer ao abate;

b) No caso de se destinarem à exploração de recursos cinegéticos, a realizar em terrenos sujeitos ao regime cinegético especial, desde que as entidades candidatas às ajudas sejam responsáveis pela exploração integral dos terrenos em causa.

10 — Os investimentos que respeitem a estruturas de armazenagem, transformação ou comercialização de produtos agrícolas podem beneficiar das ajudas desde que os mesmos sejam produzidos na exploração objecto dos investimentos.

11 — Para efeitos de atribuição das ajudas, os valores dos investimentos referidos na alínea *b)* do n.º 1 não podem exceder dois terços do valor do investimento total nem o montante de 90 000 ECU ou, no caso de regiões desfavorecidas, de 180 000 ECU por exploração.

12 — Não são concedidas ajudas aos investimentos efectuados no sector das aves e dos ovos, bem como com a aquisição de terras, de suínos e de vitelos de engorda, sem prejuízo do disposto no capítulo III relativo à aquisição de prédios rústicos.

13 — Sempre que as explorações agrícolas recorram a baldios para a alimentação do seu efectivo pecuário, a área destes será considerada proporcionalmente ao número de cabeças que os utilizem, para determinação da capacidade forrageira da exploração.

14 — Nos investimentos feitos em capital fixo vivo apenas a primeira aquisição prevista no plano de melhoria beneficia de ajuda.

ARTIGO 6.º

Limites das ajudas

As ajudas são concedidas às despesas de investimento elegíveis, até ao montante de 90 000 ECU por UHT no termo do plano de melhoria e de 180 000 ECU por exploração.

ARTIGO 7.º

Valor das ajudas

O valor das ajudas a atribuir nos termos desta subsecção é de 35% do valor do investimento em capital fundiário e de 20% do valor do investimento em capital de exploração fixo, sendo, no entanto, de 45% e 30%, respectivamente, quando a exploração agrícola se localizar em região desfavorecida.

ARTIGO 8.º

Forma da ajuda

1 — As ajudas calculadas nos termos do artigo anterior são concedidas sob a forma de subvenção financeira a fundo perdido.

2 — O pagamento do subsídio pode ser feito, no máximo, em quatro prestações, tendo a primeira lugar após a realização de, pelo menos, 25% do investimento e as restantes efectuadas de acordo com a natureza e o ritmo da realização dos investimentos, contra entrega dos respectivos documentos comprovativos de despesas.

ARTIGO 9.º

Âmbito temporal das ajudas

1 — Os beneficiários das ajudas previstas nesta secção que, após a execução de um plano de melhoria, continuem a preencher as condições e a assumir os compromissos exigidos para a sua concessão podem apresentar novo plano de melhoria com vista a obter nova ajuda.

2 — Durante cada período de seis anos só são aceites três planos de melhoria por beneficiário, não podendo os investimentos susceptíveis de beneficiar de ajudas exceder, no seu conjunto, os limites fixados no artigo 6.º.

ARTIGO 10.º

Explorações associadas

1 — Um plano de melhoria tanto pode abranger uma só exploração como um conjunto de explorações associadas, com vista à sua integração total ou parcial, desde que:

a) A associação tenha por objecto exclusivo a actividade agrícola;

b) Os associados sejam todos pessoas singulares e, pelo menos, dois terços sejam agricultores a título principal;

c) Nenhum associado seja detentor de menos de 10% do capital social;

d) As explorações, ou partes de explorações associadas, tenham sido geridas autonomamente antes da constituição da associação.

2 — Nas explorações associadas que resultem de uma integração parcial das explorações individuais, o plano de melhoria deve abranger também as partes não integradas que continuam a ser geridas individualmente pelos associados.

3 — Para as explorações associadas poderem beneficiar do regime de ajudas previstas nesta subsecção, é ainda necessário que sejam respeitadas as condições referidas nas alíneas *a)* a *d)* do n.º 2 do artigo 4.º.

4 — As explorações associadas devem constituir-se por um período mínimo de seis anos.

5 — À excepção do sector da aquicultura, os limites referidos no artigo 6.º e na parte final do n.º 2 do artigo 9.º podem, no caso de explorações associadas, ser multiplicados pelo número dessas explorações, não podendo, no entanto, exceder 540 000 ECU.

6 — O número de vacas leiteiras referido na alínea *a)* do n.º 2 do artigo 5.º pode ser multiplicado pelo número de explorações que compõem a exploração associada, não podendo, porém, exceder 200 unidades.

7 — Para efeitos dos n.º 5 e 6 deste artigo, a exploração agrícola associada abrange as fracções dela autonomizadas e individualmente geridas.

SUBSECÇÃO II

Jovem agricultor

ARTIGO 11.º

Tipo de ajudas

Os jovens agricultores podem beneficiar:

a) De uma ajuda à primeira instalação;
b) De uma ajuda suplementar de 25% do montante da ajuda concedida nos termos da subsecção anterior.

ARTIGO 12.º

Ajuda à primeira instalação

1 — A ajuda à primeira instalação é concedida ao jovem agricultor que:

a) Se instale numa exploração agrícola na qualidade de empresário agrícola, entendendo-se como tal a responsabilização ou co-responsabilização pela gestão da exploração;

b) Se instale como agricultor a título principal ou, sendo agricultor a tempo parcial, passe a exercer a actividade agrícola a título principal ou reúna os requisitos previstos na alínea *b)* do n.º 1 do artigo 4.º;

c) Possua qualificação profissional bastante, nos termos do n.º 2;

d) Utilize uma exploração que necessite de um volume de trabalho equivalente, no mínimo, a uma UHT, devendo esse volume de trabalho ser atingido no prazo máximo de dois anos após a instalação;

e) Apresente um plano de exploração, conforme formulário a distribuir pelos serviços competentes, no qual demonstre a condição referida na alínea anterior e a viabilidade económica e financeira da exploração, sempre que não tenha havido lugar à apresentação de um plano de melhoria;

f) Se comprometa a introduzir, a partir do início do ano seguinte ao da assinatura do contrato de concessão da ajuda, uma contabilidade simplificada, bem como a mantê-la durante o período em que exercer a actividade agrícola, nos termos da alínea seguinte;

g) Se comprometa a exercer a actividade agrícola nos termos da alínea *b)* por um período mínimo de cinco anos a contar da data de aprovação do plano de melhoria ou, se for caso disso, até ao seu termo;

h) Caso não tenha cumprido o serviço militar e não esteja isento da sua prestação, indicar substituto na exploração, na eventualidade de vir a ser incorporado, o qual deverá ter capacidade profissional bastante.

2 — Considera-se como qualificação profissional bastante a formação de nível superior, médio, técnico-profissional ou equivalente nos domínios da agricultura, silvicultura ou pecuária, ou a frequência, com aproveitamento, de um curso de formação profissional para empresários agrícolas da responsabilidade do Ministério da Agricultura, do Desenvolvimento Rural e das Pescas, ou outros cursos equivalentes reconhecidos por aquele Ministério, com uma duração mínima de cento e cinquenta horas.

3 — A figura do comodato não é reconhecida para efeitos do n.º 1 deste artigo e do n.º 1 do artigo 14.º.

4 — Quando um dos cônjuges tiver há beneficiado de ajudas nacionais ou comparticipadas pela União Europeia aos investimentos, não poderá o outro instalar-se na mesma exploração objecto das ajudas como jovem agricultor ao abrigo do presente diploma.

ARTIGO 13.º

Forma e valor da ajuda à primeira instalação

1 — A ajuda à primeira instalação, concedida aquando da celebração do contrato de concessão da ajuda, assume a forma de subvenção financeira a fundo perdido, no valor de:

a) 15 000 ECU, no caso de o jovem agricultor beneficiar da ajuda referida na alínea *b)* do artigo 11.º;

b) 10 000 ECU, nos restantes casos.

2 — Pode ainda ser concedida uma ajuda, sob a forma de subvenção financeira a fundo perdido, no valor de 20% do investimento previsto para a compra, construção ou melhoria da habitação rural própria, localizada na área da exploração do jovem agricultor, até um dos seguintes montantes máximos:

a) 12 500 ECU, quando a habitação se situe dentro da própria exploração;

b) 10 000 ECU, quando a habitação se situe fora da exploração e num raio máximo de 20 km a partir do assento de lavoura da exploração.

3 — As ajudas previstas nos números anteriores podem ser atribuídas aos sócios gerentes de pessoas colectivas, desde que aqueles preencham as condições estabelecidas no artigo 12.º.

ARTIGO 14.º

Ajuda aos investimentos

1 — A ajuda referida na alínea *b)* do artigo 11.º é concedida ao jovem agricultor que:

a) Seja agricultor a título principal ou que exerça a actividade agrícola, nos termos da alínea *b)* do n.º 1 do artigo 12.º, há menos de cinco anos ou assuma o compromisso de se instalar como tal;

b) Satisfaça as condições previstas nas alíneas *c)*, *d)*, *f)*, *g)* e *h)* do artigo 12.º;

c) Apresente um plano de melhoria material da exploração nos termos da secção III deste capítulo.

2 — As pessoas colectivas cujos associados sejam todos jovens agricultores nos termos do n.º 1 do artigo 12.º e do número anterior podem beneficiar das ajudas previstas neste artigo.

3 — O disposto no número anterior aplica-se aos casos de primeira instalação em regime de co-responsabilização.

SECÇÃO II

Ajudas nacionais

SUBSECÇÃO I

Regime geral

ARTIGO 15.º

Objecto, forma e valor das ajudas

1 — O agricultor que beneficiar das ajudas aos investimentos referidos na secção I pode ainda beneficiar de ajudas para as despesas relativas à fracção do investimento que exceda os limites, por exploração agrícola, fixados no artigo 6.º, desde que esta fracção do investimento se destine a:

a) Construções rurais;
b) Mudança de local das construções por motivos de utilidade pública;
c) Melhoramentos fundiários;
d) Melhoria e protecção do meio ambiente.

2 — As ajudas referidas no número anterior são concedidas nos seguintes termos:

a) Para a fracção de investimento compreendida entre 180 000 ECU e 360 000 ECU, a ajuda é concedida nos termos dos artigos 7.º e 8.º;

b) Relativamente à fracção de investimento que exceda 360 000 ECU, a ajuda é concedida sob a forma de bonificação de juros, de acordo com a linha de crédito a definir por portaria dos Ministros das Finanças e da Agricultura, do Desenvolvimento Rural e das Pescas.

3 — No caso de jovens agricultores, o valor da ajuda referida na alínea *a)* do número anterior é majorado em 25%.

4 — Para efeitos de determinação da fracção de investimento que é objecto de ajuda nos termos do n.º 2, dever-se-á calcular o peso relativo das diferentes componentes no investimento total e fazê-lo incidir na parte que excede os limites fixados no artigo 6.º.

ARTIGO 16.º

Âmbito temporal das ajudas

Os beneficiários da ajuda prevista no artigo anterior estão sujeitos ao regime definido no artigo 9.º, com excepção do disposto na parte final do seu n.º 2, relativo aos limites do valor dos investimentos.

SUBSECÇÃO II

Regime especial

ARTIGO 17.º

Explorações com mais de uma UHT

1 — O agricultor cuja exploração necessite de um volume de trabalho superior a uma UHT pode beneficiar de uma ajuda nacional, mediante a apresentação de um plano de melhoria, conforme formulário a distribuir pelos serviços competentes, desde que, observadas as demais condições do presente artigo, satisfaça, pelo menos, o requisito referido na alínea a) do n.º 2 do artigo 4.º.

2 — Para efeitos do número anterior, o agricultor deve garantir a continuidade da actividade agrícola na exploração para a qual o plano foi aprovado durante um período de, pelo menos, cinco anos a contar da data da aprovação e, em qualquer caso, até ao seu termo.

3 — Não estão sujeitos à obrigação prevista no número anterior os seareiros e rendeiros, que, no entanto, não podem beneficiar, durante um período mínimo de cinco anos, de mais de uma ajuda para o mesmo tipo de investimento em capital fixo inanimado.

4 — A ajuda referida no n.º 1 só é concedida relativamente à parcela do investimento que não exceda 90 000 ECU por UHT e 180 000 ECU por exploração para um período de seis anos, independentemente do número de planos apresentados.

ARTIGO 18.º

Forma e valor das ajudas

A ajuda referida no artigo anterior é concedida sob a forma de bonificação de juros, de acordo com a linha de crédito a definir por portaria dos Ministros das Finanças e da Agricultura, do Desenvolvimento Rural e das Pescas.

ARTIGO 19.º

Explorações com menos de uma UHT

1 — O agricultor cuja exploração não necessite de um volume de trabalho superior a uma UHT pode beneficiar, nos investimentos de montante inferior ou igual a 45 000 ECU e no caso do primeiro plano de melhoria apresentado, de uma ajuda nacional idêntica à referida no artigo 7.º, desde que satisfaça a condição referida na alínea a) do n.º 2 do artigo 4.º, bem como as demais condições estabelecidas no presente artigo.

2 — Quando os investimentos forem de montante superior a 45 000 ECU, a forma e o valor das ajudas são os referidos no artigo anterior.

3 — Para beneficiar das ajudas referidas nos números anteriores o agricultor deve garantir a continuidade da actividade agrícola na exploração para a qual o plano foi aprovado durante um período mínimo de cinco anos a contar da data da sua aprovação e, em qualquer caso, até ao seu termo.

4 — Não estão sujeitos à obrigação prevista no número anterior os seareiros e rendeiros, que, no entanto, não podem beneficiar, durante um período mínimo de cinco anos, de mais outra ajuda para o mesmo tipo de investimento em capital fixo inanimado.

ARTIGO 20.º

Investimentos elegíveis

1 — Sem prejuízo do disposto nos números seguintes, as ajudas previstas nos artigos 17.º a 19.º devem obedecer ao disposto nas alíneas b) e c) do n.º 2 e nos n.º 3 a 14, todos do artigo 5.º.

2 — Podem ainda ser concedidas ajudas nos seguintes casos:

a) Investimentos relativos à protecção e melhoria do meio ambiente, desde que não impliquem um aumento da capacidade de produção;

b) Investimentos que visem a melhoria das condições de higiene das explorações pecuárias, bem como a observância das normas comunitárias em matéria de bem-estar dos animais, desde que não impliquem aumento da capacidade de produção.

3 — As ajudas previstas no número anterior não se aplicam aos investimentos efectuados nos sectores dos suínos e das aves e dos ovos.

4 — Sem prejuízo do disposto na legislação aplicável ao sector do leite, os investimentos efectuados neste sector só podem beneficiar das ajudas previstas nesta subsecção no caso de não elevarem o número de vacas leiteiras acima de 50 por UHT e por exploração.

SECÇÃO III

Planos de melhoria

ARTIGO 21.º

Planos de melhoria

1 — O plano de melhoria necessário à obtenção das ajudas previstas no presente capítulo deve incluir:

a) A descrição da situação da exploração agrícola à data da sua apresentação;

b) A descrição da situação prevista para a exploração agrícola no termo do plano, que assentará numa conta de exploração previsional;

c) A indicação das acções a empreender, com destaque para os investimentos previstos.

2 — O plano de melhoria deve, através de um cálculo específico, justificar a realização dos investimentos, face à situação actual da exploração e da sua

economia, e demonstrar que os mesmos originam uma melhoria duradoura dessa situação.

3 — O plano de melhoria deve demonstrar a compatibilidade financeira dos investimentos previstos com os respectivos encargos e receitas de exploração.

ARTIGO 22.º

Elaboração de planos de melhoria

1 — Para efeitos de concessão de ajudas são elegíveis as despesas com a elaboração dos planos de melhoria, com o limite de 2% do investimento objecto das ajudas e até ao montante máximo de 1250 ECU.

2 — O valor da ajuda referida no número anterior é o que resulta da média ponderada dos níveis das ajudas consideradas desagregadamente para as componentes do investimento.

ARTIGO 23.º

Requisitos dos técnicos

1 — Para efeitos de atribuição das ajudas referidas no artigo anterior, os planos de melhoria devem ser elaborados por técnicos com formação de nível médio ou superior nos domínios da agricultura, silvicultura ou pecuária.

2 — Cabe aos técnicos prestar esclarecimentos sobre o plano de melhoria às entidades responsáveis pela sua análise.

CAPÍTULO III

Aquisição de prédios rústicos

ARTIGO 24.º

Ajudas à aquisição de prédios rústicos

1 — São concedidas ajudas à aquisição de prédios rústicos a:

a) Jovens agricultores em primeira instalação, quando a aquisição for integrada no plano de melhoria material, não podendo o valor do(s) prédio(s) rústico(s) a adquirir ultrapassar 65% do montante global do investimento a realizar;

b) Cessionários agrícolas nos termos do Regulamento (CEE) n.º 2079/92, do Conselho, de 30 de Julho;

c) Rendeiros que desenvolvam a actividade agrícola há mais de três anos no(s) prédio(s) rústico(s) a adquirir;

d) Proprietários há, pelo menos, três anos de um prédio rústico confinante ou próximo do que se propõe adquirir;

e) Co-herdeiros;

f) Comproprietários.

2 — Os beneficiários referidos nas alíneas *b)* a *f)* do número anterior devem satisfazer uma das condições referidas no n.º 1 do artigo 4.º, bem como apresentar um plano de exploração.

Portaria n.º 195/98, de 24 de Março

3 — Os beneficiários devem comprometer-se a exercer a actividade agrícola, pecuária, florestal e ou de diversificação no(s) prédio(s) rústico(s) a adquirir, durante um período mínimo de sete anos.

4 — Não são elegíveis as aquisições de prédios rústicos que se destinem a actividades de pecuária sem terra.

5 — As ajudas incidem sobre um montante máximo de 180 000 ECU por beneficiário ou, no caso de explorações associadas e quando a aquisição se enquadre numa operação de emparcelamento, de 540 000 ECU.

6 — O valor da transacção dos prédios rústicos será sujeito, para efeito de atribuição da ajuda, a uma avaliação correctiva pelos serviços competentes.

7 — As ajudas são concedidas sob a forma de:

a) No caso de jovens agricultores, subvenção financeira a fundo perdido no valor de 33% ou, quando se trate de região desfavorecida, de 41%;

b) Nos restantes casos, bonificação de juros, de acordo com a linha de crédito a definir por portaria dos Ministros das Finanças e da Agricultura, do Desenvolvimento Rural e das Pescas.

8 — Os jovens agricultores podem optar pela concessão da ajuda nos termos da alínea *b)* do número anterior.

CAPÍTULO IV
Outras medidas de apoio às explorações agrícolas

SECÇÃO I
Ajudas à contabilidade de gestão

ARTIGO 25.º
Natureza e beneficiários

Podem ser concedidas ajudas aos agricultores a título principal para introdução de contabilidade de gestão nas respectivas explorações.

ARTIGO 26.º
Condições de acesso

Para efeitos de concessão das ajudas, os beneficiários devem comprometer-se a manter a contabilidade durante cinco anos a contar da data de concessão das ajudas.

ARTIGO 27.º
Requisitos da candidatura

1 — A contabilidade a introduzir na exploração deve reportar-se ao ano civil e incluir:

a) O inventário anual de abertura e fecho do exercício;

b) O registo sistemático e regular dos diferentes movimentos, em natureza e espécie, que digam respeito à actividade da exploração ao longo de um exercício.

Portaria n.º 195/98, de 24 de Março

2 — A contabilidade deverá ser organizada nos termos da Portaria n.º 725/86, de 2 de Dezembro, e permitir anualmente:

   a) A descrição das características gerais da exploração agrícola;
   b) A elaboração do balanço e da conta de exploração;
   c) A apresentação de elementos necessários à apreciação da eficiência da gestão da exploração, designadamente a determinação do rendimento do trabalho por UHT.

3 — Para efeitos de fiscalização, controlo e normalização da informação, a contabilidade deve ser organizada de modo a permitir o preenchimento anual da ficha de exploração, a qual ficará arquivada junto dos restantes documentos de contabilidade.

4 — A contabilidade e a ficha de exploração podem ser organizadas através de registos magnéticos e listagens informáticas.

ARTIGO 28.º

Valor das ajudas

1 — A ajuda referida no artigo 25.º é atribuída sob a forma de subvenção financeira a fundo perdido no valor de 1190 ECU.

2 — A ajuda é paga em cinco prestações anuais e iguais, tendo a primeira lugar no início do ano da introdução da contabilidade.

3 — Os pagamentos referentes ao 2.º ano e seguintes só serão efectuados após a recepção pelos serviços competentes de uma declaração subscrita pelo beneficiário atestando que a contabilidade foi executada nos termos deste diploma.

SECÇÃO II

Ajudas a agrupamentos de agricultores

ARTIGO 29.º

Natureza e beneficiários

1 — Os agrupamentos de agricultores podem beneficiar de ajudas destinadas a financiar os respectivos custos de gestão nos três primeiros anos após a sua constituição, incluindo os inerentes à mesma, desde que esta tenha tido lugar, no máximo, no ano anterior à candidatura.

2 — As ajudas referidas no número anterior são concedidas aos agrupamentos de agricultores que revistam as seguintes formas:

   a) Cooperativas do ramo agrícola;
   b) Sociedades de agricultura de grupo e formas associativas congéneres;
   c) Associações mútuas de seguro agrícola, pecuário ou florestal constituídas nos termos legais;
   d) Associações constituídas nos termos dos artigos 167.º e seguintes do Código Civil e demais legislação aplicável que tenham por objecto a actividade agrícola;
   e) Outras formas associativas de agricultores reconhecidas, caso a caso, pela Direcção-Geral de Desenvolvimento Rural (DGDR).

ARTIGO 30.º

Condições de acesso

1 — Para terem acesso às ajudas referidas no artigo anterior, os agrupamentos devem prosseguir um dos seguintes objectivos:

a) A introdução de práticas agrícolas inovadoras;
b) A utilização em comum mais racional dos meios de produção agrícola;
c) A entreajuda das explorações, inclusive para a utilização de novas tecnologias e de práticas tendentes à protecção e à melhoria do ambiente e à preservação do espaço natural;
d) Uma exploração em comum.

2 — Para além do referido no número anterior, os beneficiários devem ainda:

a) Comprometer-se a exercer a respectiva actividade por um período não inferior a 10 anos, contado a partir da data da concessão da ajuda;
b) Ter assegurada a sua viabilidade económica.

ARTIGO 31.º

Forma e valor da ajuda

1 — As ajudas são concedidas sob a forma de subvenção financeira a fundo perdido no valor de 90% das despesas elegíveis.

2 — Sem prejuízo do disposto no número seguinte, o valor da ajuda não pode exceder o montante máximo de 18 100 ECU por agrupamento.

3 — O cálculo do montante máximo das ajudas faz-se através da aplicação da seguinte fórmula:

$$\text{Montante máximo} = 8500A + 9600B$$

em que:

A = coeficiente de ponderação em função do tipo de agrupamento;
B = coeficiente de ponderação em função do número de associados.

4 — Para determinação do coeficiente de ponderação atribuído ao agrupamento são consideradas as seguintes percentagens:

a) 100%, no caso de cooperativas do ramo agrícola, sociedades de agricultura de grupo e associações de agricultores;
b) 80%, nos restantes casos.

5 — Para determinação do coeficiente de ponderação atribuído ao número de associados são consideradas as seguintes percentagens:

a) 30%, até 4 associados;
b) 80%, de 5 a 10 associados;
c) 100%, para mais de 10 associados.

ARTIGO 32.º

Pagamento das ajudas

As ajudas são pagas em três prestações anuais, a primeira no valor de 40% e as restantes no valor de 30%.

ARTIGO 33.º

Despesas elegíveis

Para efeitos do disposto no artigo 31.º, são elegíveis as despesas constantes dos seguintes códigos de contas do Plano Oficial de Contabilidade (POC):

a) 431 — despesas de instalação;
b) 622 (excepto 62 227) — fornecimentos e serviços;
c) 642 — remuneração de pessoal;
d) 645 — encargos sobre remunerações;
e) 646 — seguros de acidentes de trabalho e doenças profissionais;
f) 662 (com excepção do código 6627) — amortizações do exercício — imobilizações corpóreas;
g) 6811 — juros sobre empréstimos bancários;
h) 6813 — juros sobre outros empréstimos obtidos.

SECÇÃO III

Ajudas a serviços de gestão

ARTIGO 34.º

Natureza e beneficiário

1 — Podem ser concedidas ajudas à criação ou ao reforço de serviços de apoio à gestão das explorações agrícolas.

2 — As ajudas referidas no número anterior destinam-se a contribuir para os custos com a actividade dos técnicos encarregues de prestar serviços individualizados no âmbito da gestão técnica, económica, financeira e administrativa das explorações agrícolas.

ARTIGO 35.º

Beneficiários

As ajudas referidas no artigo anterior podem ser concedidas aos seguintes agrupamentos de agricultores:

a) Centros de gestão da empresa agrícola;
b) Cooperativas agrícolas especializadas ou polivalentes, com serviços de gestão ou secções de serviços de gestão criados no respectivo âmbito;
c) Associações de agricultores constituídas ao abrigo dos artigos 167.º e seguintes do Código Civil;
d) Quaisquer outras formas associativas a reconhecer caso a caso.

ARTIGO 36.º

Condições de acesso

1 — Para efeitos de concessão das ajudas, os agrupamentos referidos no artigo anterior devem satisfazer os seguintes requisitos:

a) Ser previamente reconhecidos pela DGDR, mediante requerimento acompanhado dos seguintes documentos:

  i) Comprovativo da personalidade jurídica da associação e da constituição dos serviços de gestão e respectivos regulamentos;
  ii) Cópia do contrato celebrado com o técnico, acompanhado do respectivo currículo profissional e certificado de habilitações;

iii) Lista identificativa dos sócios, com indicação dos corpos gerentes e dos associados beneficiários dos serviços de apoio à gestão;

b) Comprometer-se a apoiar a execução da contabilidade de gestão das explorações agrícolas suas associadas;

c) Empregar a tempo inteiro, pelo menos, um técnico qualificado em gestão e contabilidade;

d) Ter um número de associados não inferior a 15 agricultores;

e) Comprometer-se a manter a sua actividade por um período de 10 anos, contado a partir da data da concessão da ajuda;

f) Obrigar-se a facultar, com reserva de anonimato, as fichas de exploração e outras informações, sempre que tal lhe seja solicitado pelos serviços competentes do Ministério da Agricultura, do Desenvolvimento e das Pescas, para efeitos de informação técnico-económica, estudos científicos e recolha de informação.

2 — No caso de recurso a mais de um técnico, deverá ser respeitada, para efeitos da alínea *c)* do número anterior, a seguinte relação:

a) Na admissão do segundo técnico: um técnico para cada 20 agricultores associados;

b) A partir da admissão do terceiro técnico: um técnico para cada 25 agricultores associados.

3 — Para efeitos da alínea *c)* do n.º 1, considera-se qualificado em gestão e contabilidade o técnico que se encontre numa das seguintes condições:

a) Quando se trate do primeiro técnico, este deve deter, em alternativa, uma das seguintes qualificações:

i) Licenciatura ou bacharelato em Ciências Agrárias com especialização nas áreas de gestão ou economia;

ii) Licenciatura ou bacharelato em Ciências Agrárias, ou formação de nível técnico-profissional agrícola, ou equivalente, e ainda formação profissional complementar em gestão da empresa agrícola de nível II, conferida pela DGDR, ou equivalente a esta;

b) Quando o serviço de gestão recorrer a mais de um técnico, o primeiro deverá possuir a qualificação prevista na alínea anterior e os restantes deverão deter, em alternativa, uma das seguintes qualificações:

i) As referidas na alínea anterior;
ii) Bacharelato em Contabilidade e Administração;
iii) Licenciatura ou bacharelato em Economia ou Gestão de Empresas;
iv) Licenciatura ou bacharelato em Informática ou Informática de Gestão.

ARTIGO 37.º

Valor das ajudas

1 — A ajuda referida no artigo anterior é concedida sob a forma de subvenção financeira a fundo perdido no valor de:

a) 54 000 ECU por técnico contratado, quando o mesmo tenha uma formação superior ou equivalente a bacharelato;

b) 40 500 ECU por técnico contratado, nos restantes casos.

2 — A ajuda é paga em cinco prestações anuais e iguais, com início no 1.º ano de actividade do técnico.

3 — O pagamento das prestações, com excepção da primeira, fica dependente da recepção na entidade competente do relatório anual das actividades e conselhos de gestão prestados às explorações, segundo instruções a divulgar pelos serviços do Ministério da Agricultura, do Desenvolvimento Rural e das Pescas.

SECÇÃO IV
Ajudas a serviços de substituição

ARTIGO 38.º
Natureza e beneficiários

1 — Podem ser concedidas ajudas à criação ou ao reforço de serviços de substituição.

2 — As ajudas referidas no número anterior destinam-se a contribuir para os custos com a actividade dos técnicos encarregues de prestar serviços de substituição nas explorações agrícolas, em caso de impedimento temporário dos agricultores, respectivos cônjuges ou trabalhadores permanentes.

ARTIGO 39.º
Beneficiários

As ajudas referidas no artigo anterior podem ser concedidas aos seguintes agrupamentos:

a) Cooperativas agrícolas;
b) Associações de agricultores constituídas ao abrigo dos artigos 167.º e seguintes do Código Civil;
c) Quaisquer outras formas associativas a reconhecer caso a caso.

ARTIGO 40.º
Condições de acesso

1 — Para efeitos de concessão das ajudas, os agrupamentos referidos no artigo anterior devem satisfazer os seguintes requisitos:

a) Ser previamente reconhecidos pela DGDR, mediante requerimento acompanhado dos seguintes documentos:

   i) Comprovativo da personalidade jurídica da associação e da constituição dos serviços de substituição e respectivos regulamentos;
   ii) Cópia do contrato celebrado com o técnico, acompanhado do respectivo currículo profissional e certificado de habilitações;
   iii) Lista identificativa dos sócios, com indicação dos corpos gerentes e dos associados beneficiários dos serviços de substituição;

b) Comprometer-se a assegurar a substituição temporária dos seus associados, respectivos cônjuges e trabalhadores permanentes, designadamente em casos de doença, acidente, maternidade, formação profissional ou férias;

c) Empregar a tempo inteiro pelo menos um técnico qualificado nos termos do n.º 2 do artigo 2.º;

d) Ter um número de associados não inferior a 10 agricultores;

e) Comprometer-se a manter a sua actividade por um período mínimo de 10 anos, contado a partir da data da concessão da ajuda;

f) Prever nos seus estatutos o compromisso de cada associado utilizar os serviços de substituição durante um número mínimo de dias por ano;

g) Obrigar-se a prestar todas as informações relativas às substituições efectuadas, sempre que tal lhes seja solicitado pelos serviços do Ministério da Agricultura, do Desenvolvimento Rural e das Pescas.

2 — Sempre que haja lugar à atribuição de ajudas a mais de um técnico, deverá ser respeitada, no mínimo, a relação de um técnico por cada 10 agricultores associados.

3 — O alargamento da ajuda a mais técnicos pode ser requerida nos três anos subsequentes ao reconhecimento do serviço de substituição

ARTIGO 41.º

Forma e valor das ajudas

1 — A ajuda é concedida sob a forma de subvenção financeira a fundo perdido no valor de 18 000 ECU por técnico contratado.

2 — A ajuda é paga em cinco prestações anuais, com início no 1.º ano de actividade do técnico, de acordo com os seguintes valores:

a) 1.º ano — 5100 ECU;
b) 2.º ano — 4500 ECU;
c) 3.º ano — 3900 ECU;
d) 4.º ano — 2700 ECU;
e) 5.º ano — 1800 ECU.

3 — O pagamento das prestações, com excepção da primeira, fica dependente da recepção na entidade competente do relatório anual das actividades desenvolvidas.

CAPÍTULO V

Medidas específicas para regiões desfavorecidas

SECÇÃO I

Investimentos colectivos

ARTIGO 42.º

Natureza das ajudas

1 — Em regiões desfavorecidas podem ser concedidas ajudas a investimentos colectivos que prossigam os seguintes objectivos:

a) Produção de forragens, incluindo o seu armazenamento e distribuição, para alimentação de bovinos de carne, ovinos e caprinos;

b) Implantação, melhoramento e equipamento de prados e pastagens explorados em comum, cuja produção forrageira se destine à alimentação das espécies pecuárias referidas na alínea anterior;

c) Instalação de infra-estruturas destinadas à conservação de forragens e à valorização das produções pecuárias.

2 — As ajudas referidas no número anterior são concedidas a projectos que tenham por objecto a realização dos seguintes investimentos:

    a) Implantação ou melhoramento de prados e pastagens;
    b) Construção ou reparação de cercas nos prados e pastagens e de instalações para desparasitação do gado;
    c) Construção de silos e armazéns para as forragens produzidas;
    d) Construção ou reparação de pequenas obras de regadio destinadas ao aproveitamento de água para rega e sua condução até aos prados e pastagens e ou abertura e reparação de poços e furos artesianos;
    e) Aquisição de equipamento de rega;
    f) Aquisição de tractores e alfaias agrícolas necessários à preparação do solo, realização de sementeira, colheita, secagem e transporte, bem como de equipamento necessário à conservação de forragens.

3 — Nas regiões desfavorecidas situadas nos concelhos constantes do anexo II em que a actividade pecuária é marginal, as ajudas são alargadas às outras actividades agrícolas que não a pecuária.

4 — Para efeitos do número anterior são considerados os projectos que tenham por objecto a realização dos seguintes investimentos:

    a) Construção de edifícios para armazenamento dos produtos agrícolas;
    b) Construção ou reparação de pequenas obras de regadio destinadas ao aproveitamento de água para rega e sua condução até a parcela e ou abertura e reparação de poços e furos artesianos;
    c) Aquisição de equipamento de rega;
    d) Aquisição de tractores e alfaias agrícolas necessários à realização das actividades;
    e) Aquisição de equipamento destinado ao acondicionamento elementar dos produtos da exploração.

5 — Exclusivamente nas zonas de montanha, podem ser concedidas ajudas aos investimentos destinados à construção e conservação de caminhos agrícolas e pontões que facilitem o acesso imediato aos prados e pastagens e ainda à construção e reparação de abrigos e parques para gado.

ARTIGO 43.º

Beneficiários

Podem beneficiar das ajudas referidas nesta secção:

    a) Associações de compartes para exploração de baldios;
    b) Cooperativas agrícolas de produção;
    c) Associações de produtores que satisfaçam os seguintes requisitos:

        i) Tenham por objecto principal a actividade agrícola, pecuária ou florestal;
        ii) Integrem, no mínimo, seis explorações, ou partes de explorações, que tenham sido geridas autonomamente antes da sua constituição;

    d) Juntas de agricultores.

ARTIGO 44.º

Forma e valor das ajudas

As ajudas referidas nesta secção são concedidas sob a forma de subvenção financeira a fundo perdido no valor de:

a) 75% do investimento elegível, no caso dos investimentos referidos nas alíneas a) a e) do n.º 2, nas alíneas a) a c) do n.º 4 e no n.º 5, todos do artigo 42.º;

b) 50% do investimento elegível, no caso dos investimentos referidos na alínea f) do n.º 2 e nas alíneas d) e e) do n.º 4 do artigo 42.º.

ARTIGO 45.º

Limites das ajudas

1 — Durante cada período de seis anos só são aceites três projectos de investimento por beneficiário.

2 — O montante das ajudas a conceder aos investimentos colectivos não pode exceder 150 000 ECU por projecto, 750 ECU por hectare de prado ou pastagem melhorado ou equipado e 5000 ECU por hectare irrigado.

SECÇÃO II

Indemnizações compensatórias

Esta secção foi revogada pelo n.º 3 da Portaria n.º 46-A/2001, de 25 de Janeiro.

CAPÍTULO VI

Disposições processuais

ARTIGO 49.º

Indemnizações compensatórias

O disposto no presente capítulo não se aplica à ajuda prevista na secção II do capítulo V, cujas normas processuais são objecto de diploma próprio, tendo em conta o Sistema Integrado de Gestão e Controlo previsto no Regulamento (CEE) n.º 3508/92, do Conselho, de 27 de Novembro, aplicando-se para o efeito o disposto no Regulamento (CEE) n.º 3887/92, da Comissão, de 23 de Dezembro.

ARTIGO 50.º

Início do processo de candidatura

1 — Salvo no caso referido no artigo anterior, o processo de candidatura às ajudas previstas neste Regulamento inicia-se com a apresentação, junto do IFADAP, de um formulário de candidatura, de acordo com modelo a distribuir por este organismo.

2 — O formulário de candidatura deve ser acompanhado de todos os elementos indicados nas respectivas instruções, bem como de uma declaração emitida pela DRA respectiva, que confirme:

a) As condições referidas no n.º 1 do artigo 4.º;

b) A capacidade profissional bastante;
c) A qualificação profissional dos jovens agricultores.

ARTIGO 51.º
Análise e deliberação

As candidaturas apresentadas são objecto de análise e deliberação pelo IFADAP, tendo em conta os critérios a estabelecer por despacho do Ministro da Agricultura, do Desenvolvimento Rural e das Pescas.

ARTIGO 52.º
Contratos

A atribuição das ajudas é feita ao abrigo de contratos celebrados entre os beneficiários e o IFADAP, donde conste o prazo para a realização do investimento.

ARTIGO 53.º
Pagamento das ajudas

O pagamento das ajudas é efectuado pelo IFADAP nos termos das cláusulas contratuais, podendo haver lugar à concessão de adiantamentos.

ARTIGO 54.º
Incumprimento

No caso de não execução do projecto de investimento no prazo previsto, por causa imputável ao beneficiário, o contrato previsto no artigo 52.º poderá ser rescindido pelo IFADAP e, em casos excepcionais, devidamente justificados, prorrogado o seu prazo até seis meses ou, por período adequado, nos projectos que envolvam sazonalidade.

ARTIGO 55.º
Prazos processuais

Os períodos de candidatura, bem como os prazos de deliberação e de celebração dos contratos, constam do anexo V a este Regulamento.

CAPÍTULO VII
Disposições finais

ARTIGO 56.º
Explorações agrícolas localizadas em regiões distintas

Quando uma exploração se localizar em duas regiões distintas, considera--se, para efeitos de determinação do nível de ajudas, estar incluída na região em que se situar a maior parte da sua superfície agrícola útil.

ARTIGO 57.º

Investimentos não elegíveis

Nos planos de melhoria, as componentes do investimento em capital de exploração fixo e em capital fundiário que resultarem de uma transacção entre cônjuges, parentes e afins em linha recta, entre adoptantes e adoptados e ainda entre tutores e tutelados não beneficiam de qualquer tipo de ajuda.

ARTIGO 58.º

Investimento estrangeiro

Podem beneficiar das ajudas as entidades estrangeiras que:

a) No caso de pessoas singulares, sejam nacionais de países pertencentes à União Europeia;

b) No caso de pessoas colectivas, tenham a sua sede estatutária, a sua administração central ou o seu principal estabelecimento no interior da União Europeia.

ARTIGO 59.º

Orçamento

1 — O direito às ajudas poderá ser limitado ao montante dos *plafonds* orçamentais, nos termos do artigo 3.º do Regulamento (CE) n.º 950/97, do Conselho, de 20 de Maio.

2 — O Gabinete de Planeamento e Política Agro-Alimentar propõe anualmente valores indicativos de aprovação financeira regionalizada, até 31 de Dezembro do ano anterior, os quais serão corrigidos semestralmente, de acordo com o grau de execução verificado em cada região.

ANEXO I

[a que se referem a alínea a) do n.º 3 do artigo 5.º e o n.º 2 do artigo 48.º]

Quadro de conversão dos bovinos, equídeos, ovinos e caprinos em cabeças normais (CN)

Touros, vacas e outros bovinos de mais de 2 anos e equídeos com mais de 6 meses — 1 CN;
Bovinos de 6 meses a 2 anos — 0,6 CN;
Ovinos e caprinos — 0,15 CN.

ANEXO II

Investimentos colectivos em regiões desfavorecidas (concelhos referidos no n.º 3 do artigo 42.º)

1 — Beja — todos os concelhos.
2 — Bragança — todos os concelhos.
3 — Castelo Branco — todos os concelhos.
4 — Coimbra — todos os concelhos.
5 — Évora — todos os concelhos.

Portaria n.º 195/98, de 24 de Março

6 — Faro — todos os concelhos.

7 — Guarda — concelhos de:

    a) Figueira de Castelo Rodrigo;
    b) Gouveia;
    c) Manteigas;
    d) Meda;
    e) Pinhel;
    f) Seia;
    g) Trancoso;
    h) Vila Nova de Foz Côa.

8 — Leiria — todos os concelhos.

9 — Portalegre — todos os concelhos.

10 — Porto — concelhos de:

    a) Amarante;
    b) Baião;
    c) Gondomar.

11 — Santarém — todos os concelhos.

12 — Setúbal — concelhos de:

    a) Alcácer do Sal;
    b) Montijo;
    c) Santiago do Cacém;
    d) Sines.

13 — Vila Real — concelhos de:

    a) Alijó;
    b) Chaves;
    c) Mesão Frio;
    d) Mondim de Basto;
    e) Murça;
    f) Peso da Régua;
    g) Sabrosa;
    h) Santa Marta de Penaguião;
    i) Valpaços;
    j) Vila Pouca de Aguiar.

14 — Viseu — concelhos de:

    a) Armamar;
    b) Lamego;
    c) Moimenta da Beira;
    d) Mortágua;
    e) Nelas;
    f) Penedono;
    g) Resende;
    h) Santa Comba Dão;
    i) São João da Pesqueira;
    j) Sernancelhe;
    l) Tabuaço;
    m) Tarouca;
    n) Tondela.

ANEXO III
(a que se refere o n.º 1 do artigo 48.º)

I — Montantes das indemnizações compensatórias:

1) Nas regiões de montanha:

   i) Para as primeiras 5 CN (0 a 5) — 90 ECU/CN;
   ii) Para as 25 CN seguintes (mais de 5 a 30) — 50 ECU/CN;
   iii) Para as 20 CN seguintes (mais de 30 a 50) — 20 ECU/CN;
   iv) Para os primeiros 5 ha de superfície cultivada (0 a 5) — 90 ECU/ha;
   v) Para os seguintes 15 ha de superfície cultivada (5 a 20) — 50 ECU/ha;

2) Nas restantes regiões desfavorecidas:

   i) Para as primeiras 5 CN (0 a 5) — 80 ECU/CN;
   ii) Para as 25 CN seguintes (mais de 5 a 30) — 45 ECU/CN;
   iii) Para as 20 CN seguintes (mais de 30 a 50) — 15 ECU/CN;
   iv) Para os primeiros 5 ha de superfície cultivada (0 a 5) — 80 ECU/ha;
   v) Para os seguintes 15 ha de superfície cultivada (5 a 20) — 45 ECU/ha.

II — No cálculo das indemnizações compensatórias a atribuir deverão ser respeitadas as seguintes relações de CN por hectare de superfície forrageira:

   a) Nas regiões referidas no n.º I do n.º I — 1,2 CN/ha;
   b) Nas regiões referidas no n.º 2 do n.º I — 1 CN/ha.

ANEXO IV
Quadro de zonas desfavorecidas em que o efectivo bovino leiteiro é elegível, a que se refere o n.º 6 do artigo 48.º

Distrito	Concelho	Freguesia
Leiria	Porto de Mós	—
Santarém	Alcanena	Serra de Santo António.

ANEXO V
(a que se refere o artigo 55.º)

Ajudas	Períodos de candidatura	Prazo de deliberação	Prazo de celebração do contrato
Investimentos	Janeiro a Dezembro	Até três meses a contar da data da recepção das candidaturas.	No prazo de um mês a contar da data da decisão de aprovação.
Contabilidade de gestão	Agosto/Setembro ...	30 de Novembro	31 de Dezembro.
Agrupamentos de agricultores	Janeiro/Fevereiro ..	30 de Abril	31 de Maio.
	Julho/Agosto	31 de Outubro	30 de Novembro.
Serviços de gestão	Setembro/Outubro	30 de Novembro	31 de Dezembro.
Serviços de substituição	Setembro/Outubro	30 de Novembro	31 de Dezembro.

REGULAMENTO DE APLICAÇÃO DA INTERVENÇÃO INDEMNIZAÇÕES COMPENSATÓRIAS DO PROGRAMA DE DESENVOLVIMENTO RURAL (RURIS)

PORTARIA N.º 46-A/2001
DE 25 DE JANEIRO

O Regulamento (CE) n.º 1257/1999, do Conselho, de 17 de Maio, estabelece os princípios fundamentais de uma nova política de desenvolvimento rural, a qual tem como objectivo estratégico promover uma agricultura competitiva em aliança com o desenvolvimento rural sustentável.

O apoio às zonas desfavorecidas através da intervenção Indemnizações Compensatórias, integrada no Plano de Desenvolvimento Rural, abreviadamente designado por RURIS, contribui para a prossecução daquele objectivo, na medida em que visa a manutenção de comunidades rurais viáveis e do espaço natural e a manutenção e promoção de métodos de exploração sustentáveis que respeitem as exigências da protecção do ambiente.

As indemnizações compensatórias contribuem ainda para a coesão social, reduzindo as desigualdades e assimetrias de rendimento entre os agricultores das diferentes regiões do País.

Assim, ao abrigo do disposto no n.º 2 do artigo 3.º do Decreto-Lei n.º 8/2001, de 22 de Janeiro:

Manda o Governo, pelo Ministro da Agricultura, do Desenvolvimento Rural e das Pescas, o seguinte:

1.º É aprovado o Regulamento de Aplicação da Intervenção Indemnizações Compensatórias do Programa de Desenvolvimento Rural, abreviadamente designado por RURIS, em anexo ao presente diploma, do qual faz parte integrante.

2.º O regime constante do Regulamento anexo aplica-se às candidaturas apresentadas a partir do ano de 2001.

3.º É revogada a secção II do capítulo V da Portaria n.º 195/ /98, de 24 de Março.

ANEXO

Regulamento de Aplicação da Intervenção Indemnizações Compensatórias

ARTIGO 1.º
Objecto

O presente Regulamento estabelece o regime de aplicação da intervenção Indemnizações Compensatórias do Plano de Desenvolvimento Rural, abreviadamente designado por RURIS.

ARTIGO 2.º
Objectivos

O regime de ajudas instituído pelo presente Regulamento tem por objectivos, nomeadamente, os seguintes:

a) Garantir a continuidade da utilização das terras agrícolas contribuindo para a manutenção das comunidades rurais e do espaço natural;

b) Manter e promover métodos de exploração sustentáveis que respeitem as exigências de protecção ambiental.

ARTIGO 3.º
Definições

1 — Para efeitos do presente Regulamento, entende-se por:

a) «Zonas desfavorecidas» — regiões definidas na acepção do Regulamento (CE) n.º 1257/1999, do Conselho, de 17 de Maio;

b) «Exploração» — conjunto de unidades de produção geridas por um agricultor e situadas no território do continente;

c) «Unidade de produção» — conjunto de parcelas contínuas ou não que constituem uma unidade técnico-económica caracterizada pela utilização em comum dos meios de produção, submetida a uma gestão única, independentemente do título de posse, do regime jurídico e da área ou localização;

d) «Unidade de dimensão europeia (UDE)» — corresponde a 1200 euros de margem bruta padrão;

e) «Dimensão económica de uma exploração» — obtém-se dividindo a margem bruta padrão total da exploração por 1200 euros;

f) «Superfície agrícola utilizada (SAU)» — integra a terra arável limpa, área com culturas permanentes, superfície forrageira e horta;

g) "Superfície forrageira" — integra as áreas próprias e de baldio de culturas forrageiras e prados temporários em terra arável limpa, pastagens permanentes, culturas forrageiras e prados e pastagens naturais que se encontrem ou não em subcoberto de espécies arbóreas que tradicionalmente são utilizadas para pastoreio;

h) "Superfície forrageira para efeitos de encabeçamento" — integra a superfície forrageira, as culturas forrageiras na sequência de uma cultura principal de Primavera-Verão, bem como as superfícies de aveia e milho de silagem;

i) "Animais de pastoreio" — todos os animais que apascentam as superfícies forrageiras da exploração e que não estão confinados a um espaço físico de forma permanente;

j) "Animais estabulados" — todos os animais que estão confinados a um determinado espaço físico de forma permanente ou temporária;

l) "Agricultor a título principal":

    i) A pessoa singular cujo rendimento proveniente da exploração agrícola é igual ou superior a 25% do seu rendimento global e que dedica mais de 50% do seu tempo de trabalho à mesma, entendendo-se não reunir estes requisitos toda a pessoa que exerça uma actividade que ocupe mais de metade do horário profissional de trabalho que, em condições normais, caberia ao trabalhador a tempo inteiro dessa profissão;

    ii) A pessoa colectiva que, nos termos do respectivo estatuto, tem exclusivamente por objecto a actividade agrícola e cujos administradores ou gerentes, obrigatoriamente pessoas singulares e sócios da pessoa colectiva, dediquem mais de 50% do seu tempo de trabalho à exploração onde exercem a actividade agrícola, dela auferindo, no mínimo, 25% do seu rendimento global e desde que detenham, no seu conjunto, pelo menos 10% do capital social.

m) "Residência habitual" — o domicílio fiscal.

2 — Para efeito das alíneas *d)* e *e)* do número anterior, são utilizadas as margens brutas padrão de referência divulgadas pelo Gabinete de Planeamento e Política Agro-Alimentar, agregadas para efeitos de aplicação das indemnizações compensatórias.

NOTAS

    1. A redacção da al. *g)* do n.º 1 foi introduzida pela Portaria n.º 956/2001, de 10 de Agosto e a das als. *h)* a *j)* e *m)* pela Portaria n.º 193/2003, de 22 de Fevereiro.

ARTIGO 4.º
Beneficiários e condições de acesso

1 — Podem beneficiar das ajudas previstas neste Regulamento os agricultores, em nome individual ou colectivo, que reúnam as seguintes condições:

    a) Residam habitualmente ou tenham a sua sede em zona desfavorecida;

    b) Sejam titulares de uma exploração agrícola com uma dimensão económica máxima de 40 UDE, situada na totalidade ou em parte em zona desfavorecida, e uma SAU igual ou superior a 0,5 ha em zona desfavorecida;

    c) Sejam titulares de uma exploração em zona desfavorecida cujo encabeçamento seja igual ou inferior a:

        i) 3 CN/ha de SAU, no caso de se tratar de explorações em zona de montanha ou de explorações até 2 ha de SAU;

        ii) 2 CN/ha de superfície forrageira para efeitos de encabeçamento, no caso de se tratar de explorações nas restantes zonas desfavorecidas e com mais de 2 ha de SAU.

2 — Para determinação da SAU a que se refere a alínea *b)* do número anterior pode ser considerada a área de baldio utilizada pelo agricultor.

3 — Para efeitos da alínea *c)* do n.º 1, a tabela de conversão dos bovinos, equídeos, ovinos, caprinos e suínos em cabeças normais consta do anexo I a este Regulamento, do qual faz parte integrante.

NOTAS

    1. A redacção das als. *a)*, *c)*, *ii)* do n.º 1 e a do n.º 3 foi introduzida pela Portaria n.º 193/2003, de 22 de Fevereiro.

ARTIGO 5.º
Compromissos dos beneficiários

1 — Os beneficiários devem comprometer-se, durante o período de cinco anos a contar do primeiro pagamento de uma indemnização compensatória, a:

   a) Manter as condições de acesso;
   b) Manter a actividade agrícola em zona desfavorecida;
   c) Aplicar, em toda a área da exploração situada em zona desfavorecida, as boas práticas agrícolas constantes do anexo II a este Regulamento, do qual faz parte integrante.

2 — Para além do disposto no número anterior, os beneficiários ficam obrigados, em cada um dos anos seguintes ao da formalização da candidatura, a confirmar ou rectificar as declarações constantes da mesma mediante a apresentação do pedido de "ajuda superfícies".

3 — Os agricultores ficam libertos dos compromissos referidos nos números anteriores quando:

   a) Cessem a actividade agrícola, desde que tenham decorrido três ou mais anos desde a data do primeiro pagamento de uma indemnização compensatória e os compromissos não possam ser assumidos por um sucessor;
   b) A exploração agrícola atinja uma dimensão económica superior à prevista na alínea b) do n.º 1 do artigo anterior.

NOTAS

1. A redacção do n.º 2 e a da al. a) do n.º 3 foi dada pela Portaria n.º 193/2003, de 22 de Fevereiro.

ARTIGO 6.º
Transmissão de exploração

Se durante o período de concessão da ajuda o beneficiário transmitir a exploração objecto de ajuda, não haverá lugar à devolução das ajudas se o novo titular reunir as condições de acesso e assumir os compromissos pelo período remanescente.

NOTAS

1. A redacção deste artigo foi introduzida pela Portaria n.º 193/2003, de 22 de Fevereiro.

ARTIGO 7.º
Casos de força maior

1 — Os beneficiários ficam desvinculados dos compromissos referidos nos n.ºˢ 1 e 2 do artigo 5.º, nomeadamente, nas seguintes situações de força maior:

   a) Morte do beneficiário;
   b) Incapacidade do beneficiário superior a três meses;
   c) Morte ou incapacidade profissional superior a três meses do cônjuge ou de outro membro do agregado familiar que coabite com o beneficiário e cujo trabalho na exploração represente parte significativa do trabalho total empregue na mesma, no caso de explorações familiares;
   d) Expropriação de toda ou de parte da exploração agrícola que ponha em causa as condições de acesso previstas nas alíneas b) e c) do n.º 1 do artigo 4.º;

e) Catástrofe natural grave que afecte a superfície agrícola da exploração, destruição das instalações pecuárias não imputável ao beneficiário e epizootia que afecte a totalidade ou parte dos efectivos desde que ponham em causa as condições de acesso previstas nas alíneas *b)* e *c)* do n.º 1 do artigo 4.º.

2 — Os casos de força maior e as respectivas provas devem ser comunicados ao Instituto Nacional de Intervenção e Garanta Agrícola (INGA), por escrito, no prazo de 10 dias úteis a contar da data da ocorrência, sem prejuízo de impedimento devidamente justificado.

NOTAS

1. A redacção da al. *c)* do n.º 1 foi introduzida pela Portaria n.º 193/2003, de 22 de Fevereiro.

ARTIGO 8.º
Valor e limite das ajudas

1 — O montante das ajudas é determinado em função da SAU situada em zona desfavorecida, até ao limite máximo de 500 ha, e consta do anexo III a este Regulamento, do qual faz parte integrante.

2 — Para efeitos do número anterior, a SAU inclui a área com culturas permanentes, a horta e a terra arável limpa com excepção das áreas de culturas forrageiras anuais e prados.

3 — Sem prejuízo do disposto nos números anteriores, quando a exploração possua efectivo pecuário, a SAU inclui ainda a superfície forrageira, sendo o pagamento desta efectuado até ao limite de 1 ha/CN das espécies referidas no anexo I, considerando-se, no caso dos suínos, apenas os animais em pastoreio.

4 — Para efeitos do número anterior, os animais da espécie equina devem estar devidamente identificados e marcados nos termos do artigo 18.º do Decreto-Lei n.º 338/99, de 24 de Agosto.

5 — No caso da exploração abranger zona de montanha e outra zona desfavorecida, os valores unitários a considerar para efeitos da atribuição da ajuda serão os correspondentes à zona onde se localiza a maior área de SAU.

NOTAS

1. A redacção dos n.ºs 1, 4 e 5 foi dada pela Portaria n.º 134/2002, de 9 de Fevereiro e a do n.º 3 pela Portaria n.º 193/2003, de 22 de Fevereiro.

ARTIGO 9.º
Apresentação de candidatura

1 — A apresentação da candidatura a incluir no pedido de "ajuda superfícies" é efectuada anualmente junto das organizações de agricultores com as quais o INGA celebre protocolos.

2 — Aquando da confirmação anual a que se refere o n.º 2 do artigo 5.º, os beneficiários podem alterar as parcelas que declararam no ano anterior.

3 — As normas relativas a formalização, tramitação, procedimentos e calendarização das candidaturas são objecto de diploma próprio, tendo em conta o sistema integrado de gestão e controlo previsto no Regulamento (CE) n.º 2419//2001, da Comissão, de 11 de Dezembro.

NOTAS

1. A redacção deste artigo foi introduzida pela Portaria n.º 193/2003, de 22 de Fevereiro.

ARTIGO 10.º

Hierarquização das candidaturas

1 — As candidaturas são hierarquizadas de acordo com as seguintes regras:

a) Candidaturas apresentadas por agricultores a título principal;

b) Candidaturas cujas explorações se localizem na maior parte em zona de montanha;

c) Restantes candidaturas — por ordem crescente de área da exploração.

2 — As candidaturas são aprovadas em função da dotação orçamental do presente regime de ajudas.

NOTAS

1. Redacção dada pela Portaria n.º 193/2003, de 22 de Fevereiro.

ARTIGO 11.º

Pagamento das ajudas

O pagamento das ajudas é efectuado anualmente pelo INGA.

ARTIGO 12.º

Sanções

1 — Sem prejuízo do disposto no Decreto-Lei n.º 8/2001, de 22 de Janeiro, com as alterações introduzidas pelo Decreto-Lei n.º 202/2001, de 13 de Julho, ao presente regime de ajudas aplicam-se as penalizações previstas:

a) No Regulamento (CE) n.º 2419/2001, da Comissão, de 11 de Dezembro, nos casos de divergência entre as áreas declaradas e as efectivamente determinadas;

b) No artigo 18.º do Decreto-Lei n.º 150/99, de 7 de Maio, sempre que, nos termos do Decreto-Lei n.º 148/99, de 4 de Maio, se verifique num animal pertencente ao efectivo bovino do beneficiário a presença de resíduos de substâncias proibidas por aquele diploma ou de resíduos de substâncias autorizadas mas utilizadas ilegalmente, ou sempre que seja encontrada na exploração, sob qualquer forma, uma substância ou produto não autorizado por aquele diploma ou substância ou produto autorizado mas detido ilegalmente.

2 — O incumprimento das normas relativas às boas práticas agrícolas constantes do anexo II determina:

a) A redução de 20% do valor da ajuda, quando se verifique que não estão a ser observadas as normas previstas no n.º 1 do anexo II;

b) A redução de 5% do valor da ajuda, quando se verifique que os fertilizantes e os produtos fitofarmacêuticos não se encontram armazenados em local resguardado, seco e com piso impermeabilizado ou a mais de 10 m de cursos de água, valas e condutas de drenagem, poços, furos ou nascentes;

c) A redução de 10% do valor da ajuda quando se verifique um dos seguintes casos:

i) Os beneficiários não estão a cumprir o disposto no Decreto-Lei n.º 446/91, de 22 de Novembro;

ii) Foram utilizados produtos fitofarmacêuticos não homologados;

iii) Não foi efectuada a recolha e concentração dos plásticos, pneus e óleos;

d) A redução de 30% do valor da ajuda, no caso de os beneficiários não respeitarem as normas aplicáveis à gestão das áreas designadas para a conservação da natureza;

e) A redução de 50% do valor da ajuda quando se verifique a não existência, nas explorações com pecuária intensiva, do registo de sistema de gestão dos efluentes da pecuária e silos.

3 — Nas situações previstas no número anterior, a reincidência dá origem:

a) No caso da alínea *e)*, à devolução das ajudas, aplicando-se, com as necessárias adaptações, o disposto no Decreto-Lei n.º 8/2001, de 22 de Janeiro, quanto ao reembolso, para além da aplicação de outras sanções legalmente previstas;

b) No caso das alíneas *a), b), c)* e *d)*, à redução do valor da ajuda de, respectivamente, 50%, 20%, 30% e 75%.

4 — Sem prejuízo do disposto na alínea *b)* do número anterior, uma nova reincidência nos anos subsequentes em qualquer das situações previstas nas alíneas *a)* a *d)* do n.º 2 dá origem à devolução das ajudas, aplicando-se, com as necessárias adaptações, o disposto no Decreto-Lei n.º 8/2001, quanto ao reembolso, para além da aplicação de outras sanções legalmente previstas.

NOTAS

1. A redacção da al. *c)*, do n.º 2, da al. *a)* do n.º 3 e a do n.º 4 foi introduzida pela Portaria n.º 193/2003, de 22 de Fevereiro.

ARTIGO 13.º
Disposições transitórias

Os beneficiários do presente regime de ajudas que deixem de reunir a condição de acesso prevista na alínea *c)* do artigo 4.º devido ao facto de se contabilizar os suínos para efeitos de encabeçamento ficam desvinculados dos compromissos assumidos no âmbito deste Regulamento.

NOTAS

1. Redacção da Portaria n.º 193/2003, de 22 de Fevereiro.

ANEXO I
Tabela de conversão em cabeças normais
(a que se refere o n.º 3 do artigo 4.º)

Espécies	Cabeças normais (CN)
Touros, vacas e outros bovinos com mais de 2 anos e equídeos com mais de 6 meses	1,0
Bovinos de 6 meses a 2 anos	0,6
Ovinos (mais de 1 ano)	0,15
Caprinos (mais de 1 ano)	0,15
Suínos (mais de 8 meses)	0,33

NOTAS

1. Redacção da Portaria n.º 193/2003, de 22 de Fevereiro.

ANEXO II
[a que se refere a alínea c) do n.º 1 do artigo 5.º]

Sem prejuízo do cumprimento das normas comunitárias e nacionais relativas ao ambiente, higiene e bem-estar animal, os beneficiários das indemnizações compensatórias devem cumprir as seguintes normas:

a) Com excepção das parcelas armadas em socalcos ou terraços e nas áreas integradas em várzeas, quando o valor do índice de qualificação fisiográfica da parcela (IQFP) (*) for de 4:

  i) Não são permitidas culturas anuais;
  ii) A instalação de novas culturas arbóreas e arbustivas ou pastagens apenas é permitida nas situações que os serviços regionais do Ministério da Agricultura, do Desenvolvimento Rural e das Pescas venham a considerar tecnicamente adequadas;

b) Com excepção das parcelas armadas em socalcos ou terraços e nas áreas integradas em várzeas, quando o valor do IQFP for de 5:

  i) Não são permitidas culturas anuais nem a instalação de novas pastagens;
  ii) É permitida a melhoria das pastagens naturais, mas sem mobilização do solo;
  iii) A instalação de novas culturas arbóreas e arbustivas é permitida nas situações que os serviços regionais do Ministério da Agricultura, do Desenvolvimento Rural e das Pescas venham a considerar tecnicamente adequadas.

2 — Os fertilizantes e os produtos fitofarmacêuticos devem ser armazenados em local resguardado, seco e com piso impermeabilizado, a mais de 10 m de cursos de água, valas e condutas de drenagem, poços, furos ou nascentes;

3 — Cumprir o disposto no Decreto-Lei n.º 446/91, de 22 de Novembro, relativo à utilização de certas lamas provenientes de estações de tratamentos de águas residuais;

4 — Aplicar em cada cultura apenas os produtos fitofarmacêuticos homologados;

5 — Fazer a recolha e concentração dos plásticos, pneus e óleos;

6 — Respeitar as normas aplicáveis à gestão das áreas designadas para a conservação da natureza;

7 — No caso de explorações com pecuária intensiva (> 50 CN estabuladas), devem dispor de um registo do sistema de gestão dos efluentes da pecuária e silos, discriminando o efectivo pecuário estabulado, a quantidade de efluentes produzidos anualmente e o seu destino.

(*) "Índice de qualificação fisiográfica da parcela" é um indicador que traduz a relação entre a morfologia da parcela e o seu risco de erosão e consta do modelo P1 do Sistema de Identificação Parcelar Agrícola.

NOTAS

1. A redacção deste Anexo foi dada pela Portaria n.º 134/2002, de 9 de Fevereiro, e rectificada nos 3.ºˢ Suplementos do *DR, I Série-B*, respectivamente, de 28/2/2002 e de 30/3/2002, com excepção da redacção das als. *a)* e *b)*, n.º 1, da do n.º 3 e da alteração da numeração dos n.ºˢ 4, 5, 6 e 7, que foram introduzidos pela Portaria n.º 193/2003, de 22 de Fevereiro.

ANEXO III
(a que se refere o n.º 1 do artigo 8.º)

Área (SAU)	Montantes das ajudas (em euros e por hectare)			
	Agricultores a título principal		Outros agricultores	
	Zonas de montanha	Restantes zonas desfavorecidas	Zonas de montanha	Restantes zonas desfavorecidas
De 0,5 ha até 5 ha	170	100	85	50
Mais de 5 ha até 20 ha	95	56	47,5	28
Mais de 20 ha até 50 ha	58	34	29	17
Mais de 50 ha até 500 ha	17	10	8,5	5

NOTAS

1. A redacção deste Anexo III foi introduzida pela Portaria n.º 134/2002, de 9 de Fevereiro.

LEI DE BASES DO DESENVOLVIMENTO AGRÁRIO

LEI N.º 86/95

DE 1 DE SETEMBRO

A Assembleia da República decreta, nos termos dos artigos 164.º, alínea d), 168.º, alínea n), e 169.º, n.º 3, da Constituição, o seguinte:

CAPÍTULO I

Princípios e objectivos

ARTIGO 1.º

Âmbito

1 — A presente lei dispõe sobre as bases em que deverá assentar a modernização e o desenvolvimento do sector agrário, na observância do interesse nacional.

2 — Entende-se, para o efeito da presente lei, que o desenvolvimento agrário se reporta às actividades produtivas e complementares associadas às explorações agrícolas e florestais, bem como às empresas agro-industriais e agro-comerciais.

ARTIGO 2.º

Princípios gerais

A política de desenvolvimento agrário obedece aos seguintes princípios gerais:

a) Princípio da multifuncionalidade da agricultura, enquanto actividade económica com impacte importante ao nível social, ambiental e de ocupação do espaço rural;

b) Princípio da equidade nas condições de produção no interior do espaço comunitário;

c) Princípio da protecção das zonas afectadas por desvantagens naturais permanentes.

ARTIGO 3.º

Objectivos da política agrícola

1 — Na aplicação da presente lei deverão ser prosseguidos os seguintes objectivos estratégicos da política agrícola:

a) O aumento da produtividade e da competitividade da agricultura e a melhoria da situação económica e social da população agrária;

b) O racional aproveitamento dos recursos naturais, com preservação da sua capacidade regenerativa e estímulo às opções culturais mais compatíveis com as condições agro-climáticas e com as exigências qualitativas dos mercados, com vista a assegurar um nível adequado de segurança alimentar;

c) A preservação dos equilíbrios sócio-económicos no mundo rural, no reconhecimento da multifuncionalidade da actividade agrícola e da sua importância para um desenvolvimento integrado do País.

2 — Para prossecução dos objectivos da política agrícola, deverá promover-se, designadamente:

a) A valorização dos recursos humanos, através da formação profissional dos agricultores, trabalhadores rurais e outros agentes do sector, e do incentivo à exploração directa da terra e à fixação de jovens agricultores;

b) O emparcelamento e redimensionamento das explorações minifundiárias e o incremento das áreas irrigadas, da florestação e da silvo-pastorícia, no sentido do melhor aproveitamento dos solos de marcada aptidão agrícola e da reconversão dos de utilidade marginal para a agricultura;

c) A organização dos mercados agrícolas e silvícolas e a melhoria da eficiência comercial, pelo apoio à modernização da indústria e do comércio agro-alimentar e agro-florestal e à sua localização nas regiões da produção, bem como pelo estímulo ao cooperativismo e ao interprofissionalismo, visando uma maior integração das fileiras produtivas;

d) O reforço do associativismo sócio-profissional e sócio-económico, na perspectiva da participação dos agricultores na definição da política agrícola e na transformação e comercialização das respectivas produções;

e) A redução das atribuições do Estado no sector agrícola, com transferência progressiva de funções para as organizações agrícolas e interprofissionais;

f) O desenvolvimento da investigação, experimentação e vulgarização rural, designadamente para os subsectores em que se impõe uma especialização da produção nacional;

g) A valorização qualitativa da produção, pela garantia da tipicidade e genuinidade dos produtos regionais e pelo apoio ao controlo de qualidade nas empresas e à promoção comercial dos produtos nacionais;

h) O apoio ao desenvolvimento de actividades complementares associadas à exploração agrícola, em particular nas zonas com condições naturais mais desfavoráveis ou com ecossistemas específicos, na perspectiva de integração dos rendimentos resultantes da exploração e preservação dos recursos económicos, paisagísticos e ambientais do espaço rural.

CAPÍTULO II

Do agricultor e das organizações agrícolas

SECÇÃO I

Do agricultor

ARTIGO 4.º

Agricultor

O agricultor constitui o suporte fundamental da modernização do sector, devendo promover-se a sua habilitação profissional, tendo em vista a melhoria da estrutura produtiva e organizativa da actividade agrícola, por meio do ensino, da formação profissional e da vulgarização.

ARTIGO 5.º

Protecção social

1 — As medidas de protecção social na agricultura visam a melhoria das condições de vida da população agrária, no sentido da equiparação efectiva do seu estatuto ao dos demais trabalhadores.

2 — O regime contributivo da segurança social dos agricultores e dos trabalhadores rurais será informado pelo princípio da unidade com as outras categorias profissionais.

ARTIGO 6.º

Rejuvenescimento do tecido empresarial

1 — A instalação de jovens agricultores, como forma privilegiada de revitalização do tecido empresarial agrário e do meio rural, deverá ser objecto de incentivos específicos.

2 — As medidas incentivadoras da cessação antecipada da actividade dos agricultores mais idosos visam contribuir para o ajustamento estrutural da população activa agrária e para a melhoria da estrutura fundiária, com rejuvenescimento do tecido empresarial da agricultura e aumento da dimensão das explorações agrícolas nas zonas de minifúndio ou nas que se caracterizam por uma excessiva fragmentação da propriedade.

3 — O Governo estabelecerá as condições e os incentivos à instalação de jovens agricultores e à cessação antecipada da actividade agrícola.

SECÇÃO II

Das organizações agrícolas

ARTIGO 7.º

Associativismo sócio-económico e sócio-profissional

O Estado incentivará todas as formas de associativismo agrícola que, numa perspectiva sócio-económica e sócio-profissional, promovam os objectivos consagrados nesta lei, no respeito fundamental pelas vocações próprias que as norteiam.

ARTIGO 8.º

Acordos de colaboração

1 — Através de protocolos celebrados com o Ministério da Agricultura podem as organizações agrícolas, no âmbito das atribuições que lhes são próprias, assumir o desempenho de acções cometidas ao Estado.

2 — A transferência referida no número anterior far-se-á sem prejuízo da salvaguarda do princípio da igualdade de oportunidades e do exercício dos poderes de autoridade que ao Estado incumbe garantir na defesa do interesse público, designadamente no controlo da qualidade do desempenho e dos resultados obtidos pelas organizações agrícolas subscritoras dos protocolos.

ARTIGO 9.º

Interprofissionalismo

1 — Os acordos interprofissionais, que o Estado supletivamente pode reconhecer, promover e apoiar, constituem um instrumento preferencial na concertação dos interesses entre a produção, o comércio e a indústria.

2 — O Estado incentivará as iniciativas que tenham por objectivo o desenvolvimento de formas de contratualização com os agentes do sector agrário.

ARTIGO 10.º

Órgãos consultivos

Devem funcionar junto da Administração Pública órgãos de consulta, nomeadamente interprofissionais, que assegurem a participação das organizações representativas dos intervenientes nas actividades agrárias, na definição da política agrícola e, designadamente, na regulamentação da presente lei.

ARTIGO 11.º

Acompanhamento e avaliação

As entidades competentes para a aplicação das políticas e programas para o sector agrário devem elaborar relatórios de avaliação anual, tendo em vista a informação e o acompanhamento pelos interessados das opções e critérios de afectação dos recursos públicos postos à disposição do sector.

CAPÍTULO III

Dos recursos naturais

ARTIGO 12.º

Princípios gerais

1 — O desenvolvimento sustentado dos sistemas produtivos agrícolas, no longo prazo, depende da salvaguarda da capacidade produtiva dos solos, da disponibilidade e qualidade dos recursos hídricos e da conservação da biodiversidade associada à fauna e à flora.

2 — Os métodos de produção agrária devem ser compatíveis com uma utilização económica e ecologicamente racional dos recursos naturais que lhe servem de suporte, bem como ser baseados em tecnologias que não induzam efeitos negativos irreversíveis sobre o ambiente.

SECÇÃO I

Dos solos e da sua utilização

ARTIGO 13.º

Ordenamento

1 — Deve ser promovida a utilização racional e ordenada dos solos com aptidão agrícola que assegure a conservação da sua capacidade produtiva e uma protecção efectiva contra a erosão e contra a poluição química ou orgânica.

2 — O ordenamento na utilização dos solos tem por objectivo fundamental garantir o racional aproveitamento daqueles que revelem maiores potencialidades agrícolas, pecuárias ou florestais, mediante a sua afectação àquelas actividades, e no respeito do regime do uso, ocupação e transformação do solo decorrente dos instrumentos de ordenamento do território.

3 — Para prossecução dos objectivos enunciados nos números anteriores, incumbe ao Governo a definição da Reserva Agrícola Nacional e das normas que regulamentem a sua utilização, tendo em vista a preservação dos solos de marcada aptidão agrícola.

ARTIGO 14.º

Propriedade e uso da terra

1 — A terra, como suporte físico fundamental da comunidade, é valor eminentemente nacional, devendo respeitar-se a sua função social, no quadro dos condicionalismos ecológicos, sociais e económicos do País.

2 — A propriedade privada e a exploração directa da terra e dos recursos que lhe estão associados é reconhecida como a forma mais adequada à modernização sustentada do sector agrícola, devendo o Estado incentivar o acesso à propriedade da terra por parte dos agricultores, em particular quando titulares de explorações agrícolas do tipo familiar.

3 — O regime do uso da terra é imperativo relativamente aos solos contidos na Reserva Agrícola Nacional e

cuja área seja superior à unidade mínima de cultura, nos termos a fixar em legislação própria.

SECÇÃO II

Da água e do seu aproveitamento

ARTIGO 15.º

Gestão integrada

1 — A utilização dos recursos hídricos pela agricultura, no âmbito da gestão integrada dos recursos hídricos nacionais, deve orientar-se no sentido do desenvolvimento de sistemas produtivos mais bem adaptados às condições edafoclimáticas do território português e ter em conta a aptidão natural dos solos a beneficiar pela irrigação.

2 — A actividade agrícola deve prosseguir uma estratégia de prevenção da contaminação e poluição dos lençóis freáticos e das águas superficiais, tendo em vista a manutenção da qualidade da água para os fins múltiplos a que se destina.

ARTIGO 16.º

Fomento agrícola

1 — Deverá ser incentivado o aproveitamento das disponibilidades em recursos hídricos para a agricultura, através da concessão de apoio público a empreendimentos hidroagrícolas ou de fins múltiplos, bem como à constituição das respectivas associações de regantes, no caso dos regadios colectivos.

2 — Nas zonas de montanha será incentivada a melhoria dos sistemas tradicionais de rega de carácter colectivo.

3 — É obrigatória a audição prévia das organizações representativas dos agricultores abrangidos por obras de fomento hidroagrícola de interesse nacional ou regional e a aprovação maioritária dos agricultores abrangidos por obras de interesse local ou particular.

4 — Os beneficiários de cada obra de fomento hidroagrícola de interesse local ou particular suportarão integralmente as despesas de conservação e ficam obrigados ao reembolso de, pelo menos, parte do custo da obra.

SECÇÃO III

Da floresta

ARTIGO 17.º

Protecção da floresta

1 — A conservação e valorização do património florestal nacional constitui uma base essencial do desenvolvimento agrário sustentável, num quadro de ordenamento do território e de satisfação das necessidades presentes e futuras da sociedade.

2 — O Estado incentivará e apoiará a adopção de medidas específicas de protecção e beneficiação do património florestal.

ARTIGO 18.º

Desenvolvimento florestal

1 — Tendo em conta a sua especificidade, a política florestal nacional será objecto de lei especial, que deverá abranger os patrimónios florestais público, privado e comunitário, que atenda à compatibilidade das diferentes funções da floresta e à diversidade dos sistemas florestais presentes no território nacional e que fomente a sua expansão, designadamente pela reconversão das áreas de aptidão agrícola marginal.

2 — O desenvolvimento agrário considera, para todos os efeitos, a silvicultura como parte integrante da agricultura.

SECÇÃO IV

Outros recursos naturais

ARTIGO 19.º

Flora e fauna

1 — A flora e a fauna constituem elementos a preservar e valorizar nos espaços envolventes da actividade agrícola, quer como valores ecológicos e de património genético, quer como meios de utilização económica numa base sustentável.

2 — A manutenção da diversidade biológica, associada à flora e à fauna, deve ser fomentada no quadro do ordenamento do espaço rural, devendo as actividades produtivas sujeitas a restrições nos métodos e técnicas de produção agrária beneficiar de apoios compensatórios dos eventuais efeitos negativos sobre o rendimento.

ARTIGO 20.º

Outros recursos naturais

1 — O fomento, exploração e conservação de outros recursos naturais, designadamente cinegéticos, piscícolas e apícolas, associados ou não ao património florestal, representam um contributo importante para o aproveitamento integrado e sustentável do espaço rural.

2 — Sem prejuízo de regimes jurídicos específicos aplicáveis a cada um dos recursos, deverão ser promovidas e adoptadas as formas de gestão que conciliem, a longo prazo, a sua utilização económica com os equilíbrios ecológicos, no respeito do direito de propriedade da terra.

CAPÍTULO IV

Da empresa agrícola

ARTIGO 21.º

Âmbito

1 — Para efeitos da presente lei, integram-se no conceito de empresa agrícola:

a) A empresa agrícola de tipo familiar, suportada pela exploração agrícola cujas necessidades de trabalho são asseguradas predominantemente pelo agregado familiar do respectivo titular, e não pela utilização de assalariados permanentes;

b) A empresa agrícola de tipo patronal, suportada por explorações agrícolas cujas necessidades de trabalho são asseguradas maioritariamente por assalariados permanentes, e não pelo agregado familiar;

c) A empresa agrícola sob a forma cooperativa.

2 — A política agrária trata com equidade os diferentes tipos de empresas, sem prejuízo de existirem incentivos diferenciados a estabelecer em função da contribuição destas para os grandes objectivos estabelecidos no quadro da presente lei.

ARTIGO 22.º

Modernização da empresa agrícola

1 — Tendo em vista a modernização da empresa agrícola, serão prioritariamente incentivados:

a) Os investimentos orientados para conferir viabilidade económica e capacidade concorrencial ao potencial produtivo da exploração agrícola;

b) O redimensionamento da exploração agrícola que lhe serve de suporte, a sua inovação e modernização tecnológica;

c) As acções que promovam a qualidade dos produtos agrícolas, a adequação da produção agrícola às oportunidades do mercado e as práticas agrícolas compatíveis com o ambiente;

d) O desenvolvimento de actividades conexas ou complementares à exploração agrícola;

e) A melhoria das condições de vida e de trabalho nas explorações;

f) A compatibilização da actividade agrícola produtiva com a preservação dos recursos naturais.

2 — Nas zonas agrícolas desfavorecidas o processo de modernização da empresa agrícola obedecerá a um regime específico.

3 — São igualmente medidas incentivadoras da actividade das empresas agrícolas a criação de condições de competitividade dos custos dos factores de produção e de um regime de seguro adaptado às particularidades da actividade agrícola, bem como a criação de estímulos que evitem a fragmentação de empresas agrícolas bem dimensionadas.

ARTIGO 23.º

Gestão

1 — A gestão da empresa agrícola deve apoiar-se num sistema de informação contabilística.

2 — Ao Estado cabe incentivar a melhoria da gestão das empresas agrícolas.

ARTIGO 24.º

Cooperação entre empresas agrícolas

1 — O associativismo agrícola é reconhecido como instrumento privilegiado no desenvolvimento agrário.

2 — Para o efeito do número anterior, na sua vertente económica, são consideradas:

a) As cooperativas agrícolas e suas estruturas de grau superior;

b) As caixas de crédito agrícola mútuo e suas estruturas de grau superior;

c) As sociedades de agricultura de grupo e suas estruturas de grau superior;

d) Os agrupamentos complementares de empresas agrícolas;

e) Os centros de gestão;

f) Os demais tipos de organizações de agricultores ou constituídas predominantemente, em número de aderentes e em capital, por agricultores.

ARTIGO 25.º

Incentivos ao sector agrário

O Estado promoverá a regulamentação necessária ao estabelecimento de incentivos específicos ao sector agrário, nomeadamente no que respeita ao regime de instalação de jovens agricultores, às organizações de agricultores e às acções que visem ganhos de produtividade e acréscimos de competitividade.

CAPÍTULO V

Dos mercados agrícolas

ARTIGO 26.º

Organização dos mercados agrícolas

No contexto do mercado interno, o funcionamento dos mercados agrícolas rege-se pelas regras gerais da economia de mercado, sem prejuízo dos mecanismos de regularização previstos nas respectivas organizações comuns de mercado e das medidas estruturais de apoio à melhoria da fluidez e da transparência dos circuitos de comercialização.

ARTIGO 27.º

Valorização comercial dos produtos

1 — Como contributo para a melhoria do rendimento em cada fileira agro-alimentar, será prosseguida uma orientação no sentido da valorização comercial dos produtos agrícolas, através de apoios à modernização das estruturas de transformação e comercialização e a acções promocionais visando a acreditação dos produtos alimentares junto do consumidor.

2 — O Estado poderá apoiar a criação de um fundo de promoção agro-alimentar, com a participação das organizações da produção e do comércio agro-alimentar, com o objectivo genérico de promoção da imagem dos produtos portugueses e de pesquisa de oportunidades no mercado, designadamente dos produtos que, pela sua qualidade reconhecida e adaptabilidade às condições agro-climáticas, revelem maiores potencialidades de desenvolvimento.

ARTIGO 28.º

Comercialização directa e interprofissionalismo

1 — Pela concessão de incentivos e de ajudas apropriadas, o Estado promoverá a organização dos produtores para a comercialização dos seus produtos, apoiando a reestruturação do sector cooperativo e a constituição de outros agrupamentos de produtores.

2 — O Estado apoiará igualmente a celebração de acordos interprofissionais, de natureza vertical, visando a orientação da produção agrícola para o mercado, designadamente pela melhoria da qualidade, pela promoção comercial e pela inovação.

3 — As condições em que o normativo dos acordos interprofissionais poderá ser extensivo à globalidade dos agentes da respectiva fileira agro-alimentar ou agro-florestal serão estabelecidas por lei própria.

ARTIGO 29.º

Garantia agrícola

Ao Estado compete a gestão rigorosa dos fluxos financeiros comunitários e nacionais destinados ao funcionamento das organizações comuns de mercado, podendo para tanto recorrer ao apoio operacional do sistema bancário.

ARTIGO 30.º

Qualidade alimentar

1 — A promoção, a qualificação e o controlo da qualidade dos produtos alimentares são reconhecidos como uma opção estratégica para o desenvolvimento agrícola e para a melhoria dos rendimentos no sector, tendo por objectivos:

a) A valorização das potencialidades económicas da agricultura;

b) A salvaguarda dos valores culturais subjacentes aos géneros alimentícios com particular expressão tradicional e regional;

c) A protecção do consumidor em matéria de saúde e de segurança;
d) A protecção do ambiente e dos recursos naturais.

2 — A qualificação dos produtos, bem como dos serviços e das empresas agro-alimentares, compreende a certificação dos produtos com especificidades próprias ou obtidos em condições particulares de produção e o reconhecimento dos sistemas de gestão da qualidade das empresas agro-alimentares.

3 — O controlo da produção e a certificação da qualidade dos produtos agrícolas e géneros alimentares deverão ser exercidos por entidades privadas devidamente reconhecidas, de natureza profissional ou interprofissional, em obediência aos critérios gerais do sistema nacional da qualidade.

4 — O controlo oficial da qualidade tem como objectivos básicos:

a) A verificação da qualidade dos produtos alimentares e das exigências tecnológicas do seu fabrico;
b) A salvaguarda da saúde pública;
c) A prevenção e repressão das infracções antieconómicas e a garantia da leal concorrência.

ARTIGO 31.º

Defesa da saúde pública

A defesa da saúde pública no domínio alimentar será prosseguida pelo rigoroso controlo da observância da regulamentação específica dos produtos alimentares e pelo estabelecimento de sanções dissuasoras da utilização de produtos, de aditivos ou de práticas interditas pela lei.

ARTIGO 32.º

Autoridade e acção supletiva do Estado

1 — No âmbito dos mercados agrícolas, compete ao Estado o exercício da função de controlo e de fiscalização do cumprimento da regulamentação, de modo a assegurar

o respeito pelas regras de concorrência, a qualidade dos produtos e a defesa da saúde pública.

2 — Supletivamente à iniciativa privada, o Estado poderá promover ou dinamizar projectos empresariais de importância estratégica para o desenvolvimento do sector agro-alimentar, preferencialmente pela participação com capital de risco, bem como facultar a informação de conjuntura sobre mercados agrícolas.

CAPÍTULO VI

Política de modernização e racionalização das estruturas agrícolas

ARTIGO 33.º

Objectivo

1 — O objectivo da política de modernização e racionalização das estruturas é o de criar capacidade competitiva a todos os níveis do complexo agrícola e agro-industrial, nomeadamente através de:

a) Incentivo à realização de investimentos de modernização e racionalização infra-estrutural e tecnológica;

b) Fomento da inovação e diversificação agrícola e agro-industrial;

c) Promoção de maior mobilidade do factor terra e, por essa via, melhor redimensionamento das estruturas fundiárias;

d) Rejuvenescimento do tecido empresarial agrícola;

e) Reforço da capacidade de intervenção do associativismo agrícola sócio-económico e sócio-profissional;

f) Aumento do grau de transformação dos produtos agrícolas;

g) Maior intervenção e eficiência do sector comercial.

2 — As acções a desenvolver são as que derivam da aplicação a Portugal da regulamentação comunitária, bem como das medidas nacionais subsidiárias e que sejam compatíveis com o direito comunitário.

ARTIGO 34.º

Apoios à modernização agrícola

1 — As políticas de modernização e racionalização das estruturas traduzem-se, fundamentalmente, na concessão de incentivos a empresas agrícolas, agro-industriais e agro-comerciais e à criação de infra-estruturas colectivas, com especial destaque para as que contribuam para a valorização do património fundiário e para a fixação da população rural.

2 — A modernização das estruturas de transformação e comercialização será orientada para a melhoria da competitividade dos produtos no quadro da União Europeia, privilegiando a concentração de capacidade já existente e a integração vertical em cada fileira agro--alimentar, tendo em vista:

a) A modernização tecnológica e a protecção ambiental;
b) O reforço da capacidade técnica e organizativa das cooperativas agrícolas;
c) A inovação e a generalização da função qualidade.

3 — Os apoios à modernização serão apreciados mediante a elaboração de projectos aos quais seja reconhecida a viabilidade económica, podendo ser diferenciados, regional ou sectorialmente, em termos a regulamentar pelo Governo.

ARTIGO 35.º

Estruturação fundiária

1 — A estruturação fundiária tem por objectivo a melhoria da dimensão física e da configuração das explorações agrícolas, por forma a criar as condições necessárias para um mais racional aproveitamento dos recursos naturais.

2 — Constituem acções de estruturação fundiária:

a) As acções de emparcelamento e medidas conexas de valorização fundiária;
b) A existência de um regime jurídico dissuasor do fraccionamento de prédios rústicos, quando dele

resultarem unidades de área inferior à mínima definida por lei;
c) A existência de bancos de terras.

ARTIGO 36.º

Emparcelamento

1 — Nas regiões onde a estrutura fundiária se apresentar fragmentada e dispersa, em termos de impedir a viabilização económica do aproveitamento agrícola dos recursos naturais, devem ser desenvolvidas acções de emparcelamento, prioritariamente quando os respectivos solos integrarem a Reserva Agrícola Nacional.

2 — As acções de emparcelamento podem ser da iniciativa dos particulares, das organizações agrícolas, das autarquias locais ou do Estado, nos termos definidos por lei.

3 — O Governo regulamentará os incentivos à realização das acções de emparcelamento, quando destes resultarem explorações com uma área mínima a fixar por lei.

4 — O regime jurídico referido no número anterior será igualmente aplicável à aquisição de terrenos contíguos que permitam o redimensionamento da exploração agrícola, bem como à aquisição de quotas ideais nos casos de compropriedade ou comunhão de bens, quando dessas operações resultarem áreas contíguas mínimas susceptíveis de comportarem uma exploração agrícola economicamente viável.

ARTIGO 37.º

Banco de terras

Nas zonas submetidas a medidas de estruturação fundiária o Estado pode adquirir, pelas formas previstas na lei, terrenos destinados à constituição de bancos de terras para utilização nas referidas acções.

ARTIGO 38.º

Arrendamento rural

1 — O regime de arrendamento rural deve garantir ao proprietário a rentabilidade do capital fundiário e assegurar ao rendeiro a estabilidade necessária ao exercício da actividade agrícola.

2 — Com vista a um mais fácil acesso dos arrendatários à propriedade da terra, deverão ser criados incentivos específicos.

CAPÍTULO VII

Quadro de acções específicas

ARTIGO 39.º

Âmbito

O quadro de acções específicas de desenvolvimento agrário é constituído pelas acções que se integram nas seguintes políticas:

a) Política de apoio aos rendimentos;
b) Política de intervenção nas zonas desfavorecidas;
c) Política de investigação agrária.

ARTIGO 40.º

Apoio aos rendimentos

1 — A política de apoio aos rendimentos tem por objectivo a promoção do equilíbrio e vitalidade do tecido sócio-económico das zonas rurais, mormente das mais desfavorecidas, pelo apoio directo aos rendimentos dos produtores agrícolas e pela criação de condições de dignificação da vida das populações rurais.

2 — A política de apoio aos rendimentos compreende, nomeadamente, a remuneração dos agricultores pela prestação de serviços que visem a conservação de recursos e a preservação da paisagem no espaço rural, com base na adopção de tecnologias, sistemas e actividades produtivas compatíveis com aqueles objectivos.

3 — A título de compensação por desvantagens naturais permanentes ou de eventuais desequilíbrios do mercado, poderá o Governo constituir um fundo de compensação agrícola e desenvolvimento rural.

ARTIGO 41.º
Intervenção nas zonas agrícolas desfavorecidas

1 — Nas zonas agrícolas desfavorecidas pode o Governo determinar a realização de programas especiais de desenvolvimento rural.

2 — Os programas especiais de desenvolvimento rural serão definidos em função da especificidade que cada zona abrangida venha a apresentar e englobará um conjunto alargado de medidas, designadamente:

a) Definição do quadro específico de prioridades, derrogação de exigências e de majoração de apoios nos programas de incentivos dos ministérios com intervenção na actividade económica;

b) Definição de quadro específico de prioridades nos programas de investimentos públicos em matéria de ensino, formação profissional, saúde pública, rede viária, electrificação e telecomunicações.

ARTIGO 42.º
Investigação agrária

1 — O Estado reconhece o papel fundamental da investigação agrária, como elemento imprescindível do desenvolvimento agrário.

2 — A investigação agrária deve ter em conta as necessidades do mercado e dos agricultores, designadamente as tendências de desenvolvimento da indústria agro-alimentar e dos hábitos de consumo, e dirigir-se especialmente para os sectores produtivos mais bem adaptados às condições naturais do território nacional.

3 — A investigação agrária deve ser orientada para a resolução dos problemas concretos da actividade agrária, de tal forma que esta possa ser:

a) Compatível com a utilização sustentável dos recursos naturais e a defesa do ambiente;

b) Inovadora e competitiva;
c) Fonte de rendimentos equiparáveis aos outros sectores da economia.

4 — Para assegurar os objectivos anteriores, a investigação agrária deve promover:

a) O desenvolvimento dos conhecimentos científicos em contacto próximo com a investigação fundamental e aplicada, o desenvolvimento experimental e as empresas e organizações agrárias;

b) Uma informação científica agrária eficaz, virada para o exterior, em particular para os técnicos e agentes económicos do sector agrário.

5 — Os agricultores e suas organizações devem participar nas tomadas de decisão, acompanhamento e avaliação dos organismos de investigação agrária.

CAPÍTULO VIII

Disposições finais e transitórias

ARTIGO 43.º

Desenvolvimento da lei

O Governo fará publicar a legislação complementar necessária para o desenvolvimento da presente lei.

ARTIGO 44.º

Áreas expropriadas e nacionalizadas

1 — As áreas expropriadas e nacionalizadas ao abrigo das leis que regularam o redimensionamento das unidades de exploração, efectuadas na zona da intervenção da reforma agrária, poderão ser revertidas, através de portaria conjunta do Primeiro-Ministro e do Ministro da Agricultura, desde que se comprove que regressaram à posse dos anteriores titulares ou à dos respectivos herdeiros.

2 — A reversão poderá ainda ter lugar nos casos em que as áreas referidas no número anterior se encontrem a ser exploradas por rendeiros e estes declarem não querer exercer o direito que lhes é conferido pelo Decreto-Lei n.º 341/91, de 19 de Setembro, devendo contudo os seus direitos como arrendatários ficar expressamente salvaguardados.

ARTIGO 45.º
Norma revogatória

É revogada a Lei n.º 109/88, de 26 de Setembro, com a redacção introduzida pela Lei n.º 46/90, de 22 de Agosto, mantendo-se, no entanto, em vigor os Decretos-Leis n.os 158/91, de 26 de Abril, e 349/91, de 19 de Setembro.

NOTAS

1. A Lei n.º 109/88, agora revogada, era a Lei dos bens da reforma agrária.

2. **DECRETO-LEI N.º 158/91, DE 26 DE ABRIL**

Disciplina a entrega para exploração de terras nacionalizadas ou expropriadas

A Lei n.º 46/90, de 22 de Agosto, que altera a Lei n.º 109/88, de 26 de Setembro, regula, entre outras matérias, a do destino das áreas expropriadas e nacionalizadas, estabelecendo que tais áreas são entregues para exploração a beneficiários aptos a contribuírem para os objectivos da política agrícola, nos termos da Constituição da República ([1]).

([1]) Ac. do Tribunal Constitucional n.º 332/2002, de 10/7/2002: I — O artigo 30.º, n.º 1, b), da Lei n.º 109/88, de 26 de Setembro, na redacção da Lei n.º 46/90, de 22 de Agosto — que preceitua que pode ser ordenada a reversão dos prédios ou de parte dos prédios rústicos expropriados quando se comprove que, antes de 1 de Janeiro de 1990 e independentemente de acto administrativo com esse objecto, os mesmos regressaram à posse material e exploração de facto dos anteriores titulares ou às dos respectivos herdeiros — não viola o direito de propriedade, não obstante este implicar que, em determinadas condições, se reconheça aos proprietários expropriados o direito de readquirirem, mediante reversão, os bens de que tenham sido desnecessariamente privados pela expropriação, que implica uma

Neste sentido, é estabelecida a prioridade na entrega de terras para exploração a pequenos agricultores inseridos em empresas agrícolas do tipo familiar, especialmente a jovens agricultores dotados de adequada habilitação profissional.

O presente diploma sucede ao Dec.-Lei n.º 63/89, de 24 de Fevereiro, mantendo, contudo, algumas das suas ideias norteadoras, as quais, aliás, já inspiraram o Dec.-Lei n.º 111/78, de 27 de Maio.

Assim:
No desenvolvimento do regime jurídico estabelecido pela Lei n.º 109/88, de 26 de Setembro, com a redacção que lhe foi dada pela Lei n.º 46/90, de 22 de Agosto, e nos termos da alínea c) do n.º 1 do artigo 201.º da Constituição, o Governo decreta o seguinte:

CAPÍTULO I

Princípios gerais

Artigo 1.º (Âmbito) — O presente diploma regulamenta o regime da entrega em exploração dos prédios expropriados ou nacionalizados no âmbito da política de redimensionamento das unidades de exploração agrícola.

Art. 2.º (Entrega para exploração e gestão por entidades públicas) — 1 — Os prédios expropriados ou nacionalizados serão entregues para exploração a beneficiários dotados de capacidade profissional bastante e aptos a contribuírem para os objectivos de política agrícola, nos termos da Constituição.

2 — Os prédios expropriados ou nacionalizados podem, a título excepcional, ser geridos pelo próprio Estado ou por outra pessoa colectiva pública desde que para fins de investigação agrária, de extensão rural ou de formação profissional agrária.

Art. 3.º (Definição) — Para efeitos do presente diploma, entende-se por:

a) Concessão de exploração — contrato oneroso pelo qual o Estado transfere para uma empresa agrícola a gestão de um estabelecimento agrícola, conferindo--lhe o direito de o usar, fruir e administrar;

b) Licença de uso privativo — contrato oneroso pelo qual o Estado consente que uma empresa agrícola explore temporária e precariamente uma determinada área agrícola;

c) Pequeno agricultor — pessoa singular que utiliza permanente e predominantemente a actividade própria ou de pessoas do seu agregado doméstico, não remuneradas com salário certo e regular;

---

compressão daquele direito, imposta por razões de utilidade pública. II — De facto, a exigência, para que a reversão possa ter lugar, de os prédios expropriados (ou parte deles) terem regressado à posse material e exploração de facto dos anteriores proprietários (ou dos seus herdeiros), antes de 1 de Janeiro de 1990, não é irrazoável, nem excessiva, pois que é, de entre outras, uma das possíveis expressões legais para dar cumprimento ao objectivo essencial da política agrícola decorrente do artigo 93.º e seguintes da CRP: transformação das estruturas fundiárias, com a transferência progressiva da posse útil da terra para aqueles que a trabalham, preferencialmente para pequenos agricultores.

d) Exploração ou empresa agrícola do tipo familiar — empresa agrícola constituída por uma pessoa singular que, com base no seu agregado doméstico, coordena factores de produção para exercer, por conta própria, a exploração de um estabelecimento agrícola;

e) Jovem agricultor — pessoa singular dotada de formação profissional agrária que, à data da apresentação da candidatura à entrega em exploração, tenha mais de 18 anos e menos de 40 anos de idade;

f) Capacidade profissional bastante — habilitação de um agricultor, ou a dos administradores ou gerentes da exploração de uma pessoa colectiva, com curso superior, médio, técnico-profissional ou equivalente nos domínios da agricultura, silvicultura ou pecuária ou a de quem tenha trabalhado nestas actividades como empresário agrícola, assalariado ou em regime de mão-de-obra familiar por período não inferior a três anos.

CAPÍTULO II

Beneficiários de entrega para exploração

Art. 4.º (Critérios de preferência) — 1 — Na determinação dos beneficiários da entrega para exploração de prédios expropriados ou nacionalizados terão prioridade os jovens agricultores, obedecendo a sua selecção aos seguintes critérios, por ordem de menção:

a) Redimensionamento de unidades minifundiárias, por forma que estas atinjam os limites mínimos fixados na tabela anexa ao presente diploma;

b) Proximidade da residência em relação à área de exploração;

c) Nível profissional e experiência agrícolas.

2 — Na segunda ordem de prioridade serão considerados outros pequenos agricultores, inseridos em explorações do tipo familiar, obedecendo a sua selecção aos seguintes critérios, por ordem de menção:

a) Redimensionamento de unidades minifundiárias, por forma que estas atinjam os limites mínimos fixados na tabela anexa ao presente diploma;

b) Proximidade da residência em relação à área de exploração;

c) Nível profissional e experiência agrícolas.

3 — Na terceira ordem de prioridade serão consideradas as cooperativas de trabalhadores rurais ou de pequenos agricultores ou outras formas de exploração por trabalhadores, obedecendo a sua selecção aos seguintes critérios, por ordem de menção:

a) Capacidade empresarial agrícola;

b) Proximidade da exploração em relação à área a atribuir;

c) Viabilidade económica e financeira.

Art. 5.º (Limites de exploração e entidades excluídas) — 1 — Nenhuma pessoa singular pode ser beneficiária de entrega para exploração de área superior ao limite máximo constante da tabela anexa ao presente diploma.

2 — Não podem ser beneficiários de entrega para exploração quaisquer funcionários ou agentes do Ministério da Agricultura, Pescas e Alimentação, nem reformados, nem detentores de dívidas ao Estado.

CAPÍTULO III

Área de exploração

Art. 6.º (Área de exploração) — 1 — Na determinação da área dos prédios que será afecta a cada estabelecimento agrícola ter-se-á em especial atenção a capacidade de uso do solo, as culturas nele existentes ou possíveis e a configuração do prédio expropriado ou nacionalizado, de forma a conseguir-se um dimensionamento e ordenamento adequado da exploração, respeitando-se os limites constantes da tabela anexa ao presente diploma.

2 — Caso a área do prédio ou de parte do prédio, por si só ou conjuntamente com outras, não atinja os limites mínimos fixados no número anterior deverá a mesma ser preferencialmente destinada ao redimensionamento de explorações minifundiárias vizinhas ou da sua proximidade, nos termos previstos nos n.ºˢ 2 e 3 do art. 4.º.

3 — Exceptua-se do disposto nos números anteriores as seguintes situações:

a) O prédio ou parte do prédio cuja exploração constitua relevante complemento da economia do agregado familiar do agricultor, ou contribua preponderantemente para a sua integração e fixação no meio sócio-rural em que se insere;

b) O prédio ou parte do prédio que, apesar de não respeitar os limites da área constantes da tabela anexa ao presente diploma, tenha vindo a ser racionalmente explorado.

4 — Caberá ao Ministro da Agricultura, do Desenvolvimento Rural e das Pescas autorizar, caso a caso, sob proposta dos serviços regionais, a celebração de contratos de arrendamento rural com os agricultores que se encontrem nas situações descritas nas alíneas do número anterior, sendo requisito da autorização a ocorrência de posse de boa fé, pacífica e pública, da parcela objecto do contrato.

5 — Os contratos de arrendamento já celebrados à data da entrada em vigor deste diploma são reconhecidos como válidos nos termos do disposto nos números anteriores.

— Os n.ºˢ 3 a 5 foram aditados pelo Dec.-Lei n.º 212/99, de 14 de Junho, que, no seu preâmbulo justificou, assim a alteração:

O Decreto-Lei n.º 158/91, de 26 de Abril, veio, no desenvolvimento do regime estabelecido pela Lei n.º 109/88, de 26 de Setembro, com a redacção que lhe foi dada pela Lei n.º 46/90, de 22 de Agosto (Lei de Bases da Reforma Agrária), regular o regime de entrega em exploração dos prédios expropriados ou nacionalizados.

Uma das regras do referido Decreto-Lei n.º 158/91, concretamente o artigo 6.º, n.º 1, impõe limites à área dos prédios a afectar a cada estabelecimento agrícola.

Constata-se, porém, que a fixação de valores mínimos e máximos para a constituição de explorações agrícolas, embora meritória no plano teórico, ignorou a realidade já então existente, pois muitas das explorações em prédios do Estado não respeitavam os limites mínimos.

Por força do mencionado preceito tem estado a Administração impedida de regularizar situações de facto, encontrando-se, assim, muitos agricultores, há vários anos, explorando parcelas em prédios expropriados ou nacionalizados sem qualquer vínculo, ou seja, em consequência, sem nenhuma segurança e, portanto, inibidos de qualquer acção de desenvolvimento das explorações, nomeadamente de investimento.

Por outro lado, existem casos de posse de courelas inviáveis, só por si, do ponto de vista económico, mas que constituem um meio complementar imprescindível de subsistência do agregado familiar, casos estes que remontam há décadas e que, como tal, se hão-de considerar como costume arreigado nas comunidades agrícolas.

Também de inquestionável importância são os casos em que a exploração desse tipo de courelas assume um papel decisivo para a integração desses agregados familiares no meio sócio-económico local, promovendo a fixação das populações em zonas rurais e contribuindo, deste modo, para evitar o despovoamento dessa zonas.

Nestas circunstâncias, o desapossamento daquelas courelas constituiria, sem dúvida, do ponto de vista social, uma violência desproporsitada.

É pois, mister que sejam consideradas as inequívocas expectativas jurídicas de muitos agricultores, o que, em rigor, não é possível à luz do disposto no retromencionado artigo 6.º do Decreto-Lei n.º 158/91.

Consequentemente, é premente proceder à alteração daquele artigo, aditando-lhe uma norma de excepção que permita a regularização, mediante a celebração de contratos de arrendamento rural, das situações supradescritas, correspondendo, assim, às justas expectativas dos agricultores, que têm vindo a explorar áreas aquém dos limites impostos.

Art. 7.º (Processo preliminar) — 1 — A direcção regional de agricultura em cuja área se encontre o prédio efectuará os estudos necessários para efeitos de definição da área dos prédios que será afecta a cada estabelecimento agrícola, em obediência ao disposto no artigo anterior.

2 — A abertura do processo para entrega em exploração dos prédios expropriados ou nacionalizados é determinada por despacho do Ministro da Agricultura, Pescas e Alimentação, definindo a área dos prédios a afectar a cada estabelecimento agrícola e o programa do concurso.

CAPÍTULO IV

Tipos de contratos de entrega para exploração

Art. 8.º (Dos contratos) — 1 — A entrega para exploração dos prédios expropriados ou nacionalizados pode ser efectuada mediante:

a) Arrendamento rural;
b) Concessão de exploração;
c) Licença de uso privativo;
d) Exploração de campanha.

2 — Os contratos referidos nas als. b), c) e d) do número anterior só excepcionalmente podem ser utilizados, devendo, preferencialmente, celebrar-se o contrato de arrendamento rural.

CAPÍTULO V

Dos direitos e deveres das partes

Art. 9.º (Forma) — Todos os contratos são obrigatoriamente reduzidos a escrito.

Art. 10.º (Prescrição e acessão imobiliária) — Os beneficiários não podem adquirir direitos por prescrição ou acessão imobiliária sobre os prédios expropriados ou nacionalizados.

Art. 11.º (Transmissão e oneração) — 1 — Os direitos que, por meio de contrato, referidos nas alíneas a), b) e d) do n.º 1 do art. 7.º, se adquiram sobre prédios expropriados ou nacionalizados são insusceptíveis de transmissão ou oneração.

2 — O Estado pode, porém, autorizar a transmissão para o cônjuge do arrendatário, quando não separado judicialmente ou de facto, para parentes ou afins, na linha recta, que com o mesmo vivam habitualmente em comunhão de mesa e habitação ou economia comum há mais de um ano consecutivamente e para quem viva com o arrendatário há mais de cinco anos em condições análogas às dos cônjuges.

3 — Os contratos referidos do n.º1 transmitem-se também por morte do arrendatário nos mesmos termos do número anterior, contudo sem necessidade de autorização prévia.

4 — As transmissões referidas nos números anteriores deferem-se pela seguinte ordem:

a) Ao cônjuge;

b) Aos parentes ou afins em linha recta, preferindo os primeiros aos segundos, os descendentes aos ascendentes e os de grau mais próximo aos de grau mais remoto;

c) À pessoa que viva, ou vivesse, com o arrendatário há mais de cinco anos em condições análogas às dos cônjuges.

5 — A transmissão por morte a favor dos parentes ou afins do primitivo arrendatário, segundo a ordem constante do número anterior, também se verifica por morte do cônjuge sobrevivo quando, nos termos do número anterior, lhe tenha sido transmitido direito ao arrendamento.

— Os n.os 2 a 5, onde se impunha a necessidade de os beneficiários serem jovens agricultores foram introduzidos pelo Decreto-Lei n.º 79/99, de 16 de Março, que, no seu preâmbulo justificou, assim, a alteração:

É amplamente reconhecida a necessidade imperiosa do rejuvenescimento do tecido empresarial agrícola, que constitui, aliás, uma das medidas concretas para a consecução de uma política de modernização e racionalização das estruturas agrícolas, conforme consta da Lei de Bases do Desenvolvimento Agrário [Lei n.º 86/95, de 1 de Setembro, artigo 33.º, n.º 1, alínea d)].

Prosseguindo a concretização daquele objectivo, o Governo entendeu oportuno tomar mais algumas medidas legislativas, entre as quais a de excepcionar, a favor dos jovens agricultores, a insusceptibilidade de transmissão dos contratos de arrendamento rural, concessão de exploração e exploração de campanha que tenham como objecto prédios rústicos expropriados ou nacionalizados.

Na realidade, o artigo 11.º do Decreto-Lei n.º 158/91, de 26 de Abril, que regula a entrega para exploração daqueles prédios, contém uma norma que impossibilita a transmissão dos contratos atrás mencionados, mesmo por morte do arrendatário, que é, na lei geral do arrendamento rural vigente (Decreto-Lei n.º 385/88, de 25 de Outubro), causa de transmissão, como já o era nas leis anteriores (Leis n.os 76/79, de 3 de Dezembro, e 76/77, de 29 de Setembro) e também nos anteriores diplomas legislativos reguladores da entrega para exploração de terra nacionalizada ou expropriada (Decretos-Leis n.os 111/78, de 27 de Maio, e 63/89, de 24 de Fevereiro, que remetiam para a lei geral a regulação da transmissão *mortis causa*).

Entende-se, assim, que, como medida incentivadora da renovação do tecido empresarial agrícola, deve ser legalmente possibilitada a transmissão dos contratos supracitados, quer *mortis causa*, quer *inter vivos*, restringindo, porém, os beneficiários da transmissão aos jovens agricultores, ainda que, no segundo caso, a transmissão careça de autorização prévia do senhorio, neste caso o Estado.

— O Decreto-Lei n.º 60/2001, de 19 de Fevereiro, eliminou a referência à necessidade de os beneficiários serem jovens agricultores, com a seguinte justificação:

Pelo Decreto-Lei n.º 79/99, de 16 de Março, veio o Governo permitir aos cônjuges e outros parentes dos rendeiros do Estado que preencham os requisitos de jovem agricultor a transmissão dos contratos de arrendamento rural, de concessão de exploração e de exploração de campanha, quer *mortis causa*, quer *inter vivos*.

Com esta medida, incentivadora da renovação do tecido empresarial agrícola que constitui uma excepção ao regime especial introduzido pelo Decreto-Lei n.º 158/91, de 26 de Abril, que disciplina a entrega de terras nacionalizadas ou expropriadas do âmbito da Reforma Agrária, pretendeu-se uma aproximação ao regime geral do arrendamento rural em matéria de transmissão daqueles direitos.

No entanto, concretizado o processo de regularização do uso do património fundiário nacionalizado ou expropriado no âmbito da Reforma Agrária, justifica-se ir mais além por forma a estabelecer uma efectiva igualdade de tratamento com os restantes agricultores, rendeiros de terrenos privados.

Art. 12.º (Gestão pública) — 1 — O Estado, ou qualquer outra pessoa colectiva pública, pode, sem se constituir na obrigação de indemnizar, resolver unilateralmente o contrato ou rescindir a relação jurídica pela qual qualquer entidade, com a exploração de um prédio expropriado ou nacionalizado, infringe o regime imperativo de uso da terra e não executa os planos de exploração aprovados.

2 — O disposto no número anterior é aplicável aos casos em que as entidades explorantes tenham abandonado total ou parcialmente os respectivos estabelecimentos agrícolas, ou tenham cedido a outrem a sua exploração, ou se achem em situação de inviabilidade ou insolvência económica.

CAPÍTULO VI

O contrato de arrendamento rural

Art. 13.º (Regime) — Os contratos de arrendamento rural relativos a prédios expropriados ou nacionalizados regular-se-ão pelo Dec.-Lei n.º 385/88, de 25 de Outubro (Lei do Arrendamento Rural), em tudo o que não contrariar o presente diploma.

— Expropriado (no âmbito da reforma agrária) um prédio rústico que estava arrendado e celebrando o Estado com esse mesmo arrendatário um contrato de arrendamento rural, uma vez derrogada a portaria de expropriação por outra portaria que ressalva expressamente os direitos do arrendatário à data da expropriação, a renda devida ao proprietário, primitivo senhorio, é a que vinha sendo praticada à data da derrogação da portaria de expropriação e não a vigente à data da expropriação. — Ac. da Relação de Évora de 30/9/1999, *Col. Jur.* XXIV, 4, 279.

Art. 14.º (Plano de exploração) — 1 — Os candidatos à celebração de um contrato de arrendamento rural apresentarão um plano de exploração técnico-económico, o qual, uma vez aprovado, passará a fazer parte integrante do contrato.

2 — Os serviços de gestão e estruturação fundiária do Ministério da Agricultura, Pescas e Alimentação, a pedido do interessado, apoiarão tecnicamente a elaboração do plano referido no número anterior.

CAPÍTULO VII

Contrato de concessão em exploração

Art. 15.º (Âmbito) — 1 — A concessão em exploração é utilizada quando se verifique a existência prévia de um estabelecimento agrícola, universalidade de bens, ou unidade empresarial, para fins de investigação agrária, formação profissional agrária ou extensão rural.

2 — O valor da prestação a pagar pelo concessionário será revisto nos termos a estabelecer no contrato.

Art. 16.º (Plano de exploração) — Os candidatos à celebração de um contrato de concessão de exploração apresentarão um plano de exploração técnico-económico, para o que poderão solicitar o apoio dos serviços do Ministério da Agricultura, Pescas e Alimentação, o qual, uma vez aprovado, fará parte integrante do contrato.

Art. 17.º (Prazo) — 1 — Os candidatos proporão um prazo para o contrato que lhes permita amortizar os investimentos previstos no plano de exploração apresentado.

2 — A concessão de exploração de prédios expropriados ou nacionalizados não poderá vigorar por prazo superior ao disposto no art. 1025.º do C.C.

3 — O contrato vigorará pelo prazo mínimo de 10 anos, renovando-se automaticamente por períodos sucessivos de 3 anos, enquanto não for denunciado nos termos do presente diploma, até ao limite máximo previsto no número anterior.

Art. 18.º (Denúncia) — 1 — O concessionário pode denunciar o contrato para o fim do período contratual mediante comunicação, por carta registada com aviso de recepção, à direcção regional de agricultura competente, com a antecedência mínima de 18 meses.

2 — O Estado pode denunciar o contrato para o fim do período contratual, mediante comunicação à empresa concessionária pela forma e prazo previstos no número anterior.

Art. 19.º (Rescisão) — 1 — O Estado poderá rescindir o contrato, sem que haja lugar a pagamento de indemnização, sempre que o concessionário não cumpra as obrigações a que contratualmente se vinculou, ou se verifiquem as causas de resolução previstas para o contrato de arrendamento rural, ou nos casos previstos no art. 12.º do presente diploma.

2 — À mora no pagamento das prestações convencionadas aplica-se, com as necessárias adaptações, o disposto no art. 12.º do Dec.-Lei n.º 385/88, de 25 de Outubro.

CAPÍTULO VIII

O contrato de licença de uso privativo

Art.º 20.º (Âmbito) — O contrato de licença de uso privativo só será permitido em casos resultantes de contencioso fundiário ou de direitos litigiosos sobre a terra em que se justifique a utilização precária da área a atribuir.

Art. 21.º (Prazo) — 1 — O contrato de licença de uso privativo é celebrado pelo prazo de um ano, renovando-se automaticamente por igual período, quando não for denunciado, nos termos do número seguinte.

2 — As partes podem denunciar o contrato, para o fim do período contratual, mediante comunicação por carta registada com aviso de recepção, com a antecedência mínima de seis meses.

CAPÍTULO IX

O contrato de exploração de campanha

Art. 22.º (Regime) — Os contratos de exploração de campanha serão celebrados por uma campanha ou por um ou mais anos até ao máximo de um ano agrícola por cada folha de cultura, sendo-lhe aplicável, com as necessárias adaptações, o regime geral.

Art. 23.º (Âmbito) — Os contratos de exploração de campanha só serão utilizados a título excepcional, quando a natureza da cultura e os usos da região o justifiquem.

CAPÍTULO X

Do processo

Art. 24.º (Formalidades de adjudicação) — 1 — Os contratos de entrega para exploração serão precedidos de concurso público, sem prejuízo do disposto no número seguinte.

2 — O contrato poderá ser celebrado mediante ajuste directo, com dispensa de concurso público, sempre que circunstâncias sócio-económicas especiais devidamente fundamentadas o justifiquem ou quando se verifique a impossibilidade de restabelecimento de direitos de exploração ao abrigo da Lei n.º 109/88, de 26 de Setembro, com a redacção que lhe foi dada pela Lei n.º 46/90, de 22 de Agosto.

Art. 25.º (Ajuste directo) — 1 — O processo do ajuste directo iniciar-se-á com a elaboração, por parte dos serviços regionais, da respectiva proposta fundamentada, à qual se anexará minuta do contrato a celebrar.

2 — O beneficiário do ajuste directo apresentará um plano de exploração técnico-económico, o qual, uma vez aprovado, passará a fazer parte integrante do contrato.

3 — Após parecer do director regional, subirá a proposta para despacho do Ministro da Agricultura, Pescas e Alimentação.

4 — Do conteúdo do despacho de deferimento da proposta de decisão será notificado o beneficiário, bem como da data e local para celebração do contrato.

Art. 26.º (Concurso público) — 1 — O processo do concurso público inicia-se com o despacho ministerial exarado no estudo elaborado nos termos do n.º 1 do art. 7.º.

2 — Autorizado o concurso, será o respectivo programa divulgado através de editais a afixar nas zonas agrárias, na sede do município e nas juntas de freguesia de localização dos prédios em causa e publicado em pelo menos dois números consecutivos de um jornal diário de grande tiragem nacional ou, existindo, da região.

3 — Do programa de concurso constará, nomeadamente, informação pormenorizada da área e localização dos prédios ou da parte deles que serão afectos a cada estabelecimento agrícola, tipo de contrato a utilizar, prazos e local para entrega de propostas.

4 — O prazo de entrega das propostas não poderá ser inferior a 20 dias.
Art. 27.º (Apreciação das candidaturas) — 1 — Após a apreciação das propostas, a direcção regional elaborará relatório técnico donde constem os fundamentos de facto e de direito que levaram à proposta de selecção do candidato.
2 — Todos os concorrentes serão notificados, através de carta registada com aviso de recepção, do relatório final.
3 — Podem os notificados reclamar da decisão, no prazo de 10 dias a contar da data da assinatura do aviso de recepção.
4 — Concluídas as diligências previstas nos números anteriores e após apreciação das reclamações, o processo terá parecer do director regional de agricultura, exarado em informação com proposta de decisão final de adjudicação, após o que será remetido, acompanhado da minuta do contrato assinada pelo candidato proposto e do plano de exploração, para despacho ministerial.
Art. 28.º (Notificação da decisão final) — A decisão final será notificada a todos os candidatos, mediante carta registada com aviso de recepção, pela direcção regional de agricultura.
Art. 29.º (Execução da decisão final) — 1 — Da entrega da área objecto do concurso será elaborada acta, assinada pelos beneficiários e por dois funcionários dos serviços competentes.
2 — Sempre que no acto da entrega da área para exploração se verifique que existem avanços às culturas, fica o respectivo beneficiário da entrega obrigado a indemnizar o anterior possuidor das despesas de estrutura de custos já absorvidas (pesticidas, fertilizantes, correctivos de solos, sementes e propágulos), até ao valor dos frutos que vierem a ser colhidos.
3 — A avaliação dos componentes da estrutura de custos a que se refere o número anterior será feita pelas competentes direcções regionais.
Art. 30.º (Assinatura do contrato) — 1 — Os contratos definitivos serão assinados pelo director regional da respectiva área.
2 — Os contratos referidos no art. 8.º não carecem de exame e visto do Tribunal de Contas.
Art. 31.º (Documentos componentes do contrato) — O instrumento contratual compõe-se de duas partes, sendo a primeira destinada às cláusulas contratuais especialmente aplicáveis a cada caso e a segunda à planta do prédio entregue para exploração e respectivo plano de exploração.
Art. 32.º (Eficácia do contrato) — Os instrumentos contratuais farão prova plena, em juízo e fora dele, nomeadamente para efeitos de identificação do prédio, e constituirão título bastante para as empresas agrícolas defenderem a sua posse *erga omnes*.

CAPÍTULO XI

Disposições finais e transitórias

Art. 33.º (Competência) — As competências conferidas pelo presente diploma ao Ministro da Agricultura, Pescas e Alimentação poderão ser delegadas, nos termos da lei.
Art. 34.º (Foro aplicável) — Todos os litígios emergentes dos contratos previstos no presente diploma são da competência do contencioso administrativo.

Art. 35.º (Rendas e outras prestações) — As rendas ou prestações devidas pelos beneficiários da entrega de terras para exploração, quer ao abrigo do presente diploma, quer no domínio da legislação anterior, serão pagas directamente na direcção regional de agricultura da respectiva área.

Art. 36.º (Legislação revogada) — É revogado o Dec.-Lei n.º 63/89, de 24 de Fevereiro.

— O Dec.-Lei n.º 63/89 disciplinava a entrega para exploração de terras nacionalizadas ou expropriadas.

3. DECRETO-LEI N.º 349/91, DE 19 DE SETEMBRO

Regula a outorga em propriedade a pequenos agricultores e cooperativistas de terras expropriadas, no domínio da reforma agrária

O presente diploma tem como objectivo, no uso da autorização legislativa conferida pela Lei n.º 41/91, de 27 de Julho, e dando cumprimento ao art. 97.º da Constituição e ao art. 37.º da Lei n.º 109/88, de 26 de Setembro, com a redacção que lhe foi dada pela Lei n.º 46/90, de 22 de Agosto, a reprivatização das terras expropriadas na zona de intervenção da reforma agrária e que hajam sido entregues para exploração a pequenos agricultores ou cooperativas.

O enquadramento em que se insere deriva, antes de mais, daquele normativo constitucional, nos termos do qual apenas poderão ter acesso à propriedade de terra expropriada, no domínio da reforma agrária, os pequenos agricultores e as cooperativas, devendo a outorga em propriedade ficar condicionada à prévia verificação de um período probatório da capacidade empresarial da entidade explorante.

Assim, prevê-se que este período seja de sete anos, o prazo legal mínimo do arrendamento a cultivador directo, estabelecido na lei do arrendamento rural, e que se considera suficiente para que possa aquilatar-se do bom destino do bem escasso a alienar: a terra.

Por outro lado, dá-se cumprimento ao art. 37.º da Lei n.º 109/88, de 26 de Setembro, com a redacção da Lei n.º 46/90, de 22 de Agosto, completando a necessária legislação reguladora do destino das áreas expropriadas ou objecto de medida global de nacionalização que não foram objecto de devolução aos ex-titulares de prédios rústicos ou de demarcação de direitos de reserva.

Assim:
No uso da autorização legislativa concedida pela Lei n.º 41/91, de 27 de Julho, e nos termos da alínea b) do n.º 1 do artigo 201.º da Constituição, o Governo decreta o seguinte:

Artigo 1.º (Objecto e âmbito) — 1 — O presente diploma regula o regime de entrega a título de propriedade dos prédios expropriados no âmbito da política de redimensionamento das unidades de exploração agrícola.

2 — São beneficiários do regime de entrega previsto no número anterior os pequenos agricultores e cooperativas, nos termos do art. 97.º da Constituição.

3 — É requisito essencial para a outorga a título de propriedade que as entidades referidas no número anterior hajam sido beneficiárias de entrega em exploração ao abrigo do Dec.-Lei n.º 111/78, de 27 de Maio, ou legislação subsequente, e que hajam observado um período probatório de efectividade e racionalidade da sua exploração de, pelo menos, sete anos contados a partir da entrega para exploração.

4 — A racionalidade da exploração afere-se pelo respeito dos planos de intenção e exploração acordados ou, na ausência destes, por uma avaliação casuística do bom aproveitamento dos solos na respectiva exploração.

— I — O conceito de agricultor autónomo, pessoa singular que permanente e predominantemente utiliza a actividade própria ou de pessoas do seu agregado doméstico, sem recurso ou com recurso excepcional a trabalho assalariado, tal como resulta do art. 73.º da Lei n.º 77/77, de 29 de Setembro, equivale ao anterior conceito de produtor autónomo.

II — A categoria de pequeno agricultor, não definida na Constituição nem nas leis subsequentes, eventual beneficiária da entrega para exploração das propriedades rústicas expropriadas ou nacionalizadas, é uma realidade algo diferente do agricultor autónomo, situada entre este e o médio agricultor.

III — O pequeno agricultor, previsto no n.º 2 do art. 97.º da Constituição da República e nos arts. 50.º da Lei n.º 77/77, e 6.º, 7.º e 8.º, do Dec.-Lei n.º 111/78, de 27 de Maio, engloba, para efeitos de concessão de terra para exploração, não só a figura do agricultor autónomo como a da pessoa singular que, vivendo exclusiva ou predominantemente da agricultura e dela fazendo profissão ou ocupação principal, possa extrair dos prédios entregues para exploração os recursos que permitem a subsistência do seu agregado familiar.

IV — Só uma análise, caso a caso, sobre a situação profissional e ocupacional de cada requerente da entrega de prédios rústicos expropriados ou nacionalizados, para exploração, permitirá à Administração aferir do seu enquadramento ou não nos critérios legais e doutrinais de onde resultam os contornos da figura do pequeno agricultor, descrita nas conclusões anteriores — Parecer da P.G.R. de 21/5/87, *Bol.* 373, 43.

Art. 2.º (Das condições da venda) — 1 — O preço do prédio ou da parte do prédio rústico a alienar será obtido com base na média aritmética entre o valor calculado pela aplicação do método analítico, tendo em conta as potencialidades produtivas do prédio ou parte do prédio e as construções e outras benfeitorias existentes à data da entrega para exploração, e o calculado pela aplicação do factor 20 ao valor da renda anual decorrente da aplicação das tabelas em vigor para o arrendamento rural.

2 — O disposto no número anterior apenas tem aplicação para as áreas não superiores aos seguintes limites máximos:

a) Em exploração de sequeiro, até 80 ha, 220 ha ou 320 ha para solos com predominância das classes A ou B, C e D ou E, respectivamente;

b) Em exploração de regadio, até 15 ha, 25 ha ou 35 ha para solos das classes de 1.ª, 2.ª ou 3.ª, respectivamente.

3 — Para as áreas eventualmente excedentárias ao limite máximo referido no número anterior o preço será determinado com base na aplicação do método analítico.

4 — Não poderão ser alienadas áreas inferiores à unidade mínima de cultura (UAM).

Art. 3.º (O pagamento do preço e cláusula de reversão) — 1 — O pagamento do preço, a efectuar directamente na direcção regional de agricultura da respectiva área de localização do prédio, poderá ser deferido até 15 unidades, vencendo-se juros às taxas de redesconto do Banco de Portugal em vigor à data dos respectivos vencimentos.

2 — As receitas provenientes das vendas reverterão para os cofres do Estado para cobrir indemnizações fundiárias.

3 — Em caso de mora haverá lugar ao pagamento de juros de mora à taxa legal, por um período máximo de seis meses, a partir do qual se considera verificado o incumprimento definitivo.

4 — Em caso de incumprimento das obrigações de pagamento previstas no presente artigo, salvo invocação de força maior devidamente fundamentada e aceite pelo Ministro da Agricultura, Pescas e Alimentação, haverá lugar à consequente reversão para o Estado do prédio ou parte do prédio entregue provisoriamente a título de fruição definitiva, com devolução da diferença entre a parte do preço já recebida pelo Estado e o valor das rendas relativas ao período decorrido após a entrega do título de fruição definitiva, calculado de acordo com as tabelas máximas do arrendamento rural.

Art. 4.º (Concessão por alvará) — Caso o beneficiário opte pelo sistema de prestações anuais, com o pagamento da primeira prestação é-lhe conferido, pelo Ministro da Agricultura, Pescas e Alimentação, um alvará de fruição definitiva, sendo feita, após o pagamento da integralidade do preço, a outorga em propriedade pelo mesmo Ministro, com concessão de alvará de propriedade, o qual terá força probatória plena para efeitos da primeira inscrição no registo predial.

Art. 5.º (Indivisibilidade e inalienabilidade dos direitos de propriedade concedidos) — 1 — Os prédios ou parte dos prédios rústicos entregues em propriedade plena não podem ser objecto de negócio jurídico que transmita ou tenda a transmitir a sua titularidade, ainda que com eficácia futura, por um período de 15 anos a partir da data daquela outorga, sob pena de nulidade daquele negócio.

2 — Durante o período referido no número anterior os direitos de propriedade são indivisíveis e inalienáveis, voluntária ou coercivamente, com excepção do caso de expropriação por utilidade pública.

3 — Exceptuam-se da previsão de intransmissibilidade referida no n.º 1 os casos de transmissão por morte.

Art. 6.º (Impenhorabilidade dos direitos de propriedade concedidos) — Os direitos de propriedade concedidos nos termos do presente diploma são impenhoráveis por um período de 15 anos, excepto para os efeitos previstos na Resolução n.º 245/80, de 3 de Julho.

— A resolução n.º 245/80, publicado no *D.R.*, de 12 de Julho, definiu as condições e requisitos que os rendeiros e os respectivos prédios rústicos deverão satisfazer para acesso à formulação de pedidos de financiamento e estabelece os regimes administrativos e financeiros do Programa de Financiamento a Arrendatários Rurais — PAR.

Art. 7.º (Processo gracioso) — 1 — O processo de outorga em propriedade de prédios expropriados é desencadeado a requerimento do interessado beneficiário da entrega da terra para exploração após o termo do período probatório referido no art. 1.º.

2 — Após a recepção do requerimento do interessado, a direcção regional de agricultura da área da localidade do respectivo prédio instruirá o processo com o contrato de entrega em exploração e seus aditamentos, os mapas e cartas de capacidade de uso de solos à escala de 1:2500 e 1:500 e a carta cadastral referentes à área em causa, bem como o relatório técnico relativo à exploração, o cálculo do preço e as respectivas condições de pagamento.

3 — Depois de notificado o interessado e apreciada a eventual reclamação, o processo é submetido a despacho final do Ministro da Agricultura, Pescas e Alimentação.

LEI DE BASES DA POLÍTICA FLORESTAL

LEI N.º 33/96

DE 17 DE AGOSTO

A Assembleia da República decreta, nos termos dos artigos 164.º, alínea *d)*, e 169.º, n.º 3, da Constituição o seguinte:

CAPÍTULO
Objecto, princípios e objectivos

ARTIGO 1.º
Objecto

1 — A presente lei define as bases da política florestal nacional.

2 — A política florestal nacional, fundamental ao desenvolvimento e fortalecimento das instituições e programas para a gestão, conservação e desenvolvimento sustentável das florestas e sistemas naturais associados, visa a satisfação das necessidades da comunidade, num quadro de ordenamento do território.

NOTAS

1. A Resolução do Conselho de Ministros n.º 27/99, de 18 de Março, *DR Série I-B,* de 8/4/1999, rectificada no *DR Série I-B, 2.º Suplemento,* de 30/4/1999, adoptou o Plano de Desenvolvimento Sustentável da Floresta Portuguesa.

ARTIGO 2.º
Princípios gerais

1 — A política florestal nacional obedece aos seguintes princípios gerais:

a) A floresta, pela diversidade e natureza dos bens e serviços que proporciona, é reconhecida com um recurso natural renovável, essencial à manutenção de todas as formas de vida, cabendo a todos os cidadãos a responsabilidade de a conservar e proteger;

b) O uso e a gestão da floresta devem ser levados a cabo de acordo com políticas e prioridades de desenvolvimento nacionais, harmonizadas com as orientações internacionalmente aceites e articuladas com as políticas sectoriais de âmbito agrícola, industrial, ambiental, fiscal e de ordenamento do território;

c) Os recursos: da floresta e dos sistemas naturais associados devem ser geridos de modo sustentável para responder às necessidades das gerações presentes e futuras, num quadro de desenvolvimento rural integrado;

d) Os detentores de áreas florestais são responsáveis pela execução de práticas de silvicultura e gestão, de acordo com normas reguladoras da fruição dos recursos da floresta.

2 — A exploração, conservação, reconversão e expansão da floresta são de interesse público, sem prejuízo do regime jurídico da propriedade.

3 — Cabe ao Estado definir normas reguladoras da fruição dos recursos naturais, em harmonia e com a participação activa de todas as entidades produtoras e utilizadoras dos bens e serviços da floresta e dos sistemas naturais associados.

ARTIGO 3.º
Princípios orientadores

Os princípios gerais constantes do artigo anterior implicam a observância dos seguintes princípios orientadores:

a) Da produção: as políticas tendentes ao aumento da produção, para além da expansão da área florestal, devem contemplar o aumento da produtividade dos espaços florestais, na óptica do uso múltiplo dos recursos e da sua sustentabilidade;

b) Da conservação: as intervenções silvícolas devem respeitar a manutenção da floresta enquanto recurso indissociável de outros recursos naturais como a água, o solo, o ar, a fauna e a flora, tendo em vista a sua contribuição para a estabilização da fixação do dióxido de carbono e como repositório de diversidade biológica e genética;

c) Da concertação estratégica: a participação dos diferentes grupos sociais, profissionais e sócio-económicos na definição e concretização da política florestal deve ser promovida e dinamizada pelos órgãos competentes da administração central, regional e local;

d) Da responsabilização social: os cidadãos devem participar no estabelecimento dos objectivos da política de desenvolvimento florestal, no respeito pelos valores económicos, sociais, ambientais e culturais da floresta e sistemas naturais associados;

e) Da intervenção e mediação: a entidade responsável pela execução da política florestal deve normalizar, fiscalizar e informar a actividade dos agentes interventores, bem como compatibilizar os diversos interesses em presença e arbitrar os conflitos resultantes da sua aplicação;

f) Da criação do conhecimento: o conhecimento gerado pela intervenção científica constitui um elemento estratégico para a tomada de decisões sobre o planeamento da actividade florestal;

g) Da cooperação internacional: a gestão, conservação e desenvolvimento sustentável dos recursos da floresta exigem a procura de soluções concertadas com outros países e organizações internacionais, no respeito pelo direito soberano de cada Estado em explorar os próprios recursos de acordo com as suas políticas de desenvolvimento e de ambiente.

ARTIGO 4.º
Objectivos da política florestal

A política florestal nacional prossegue os seguintes objectivos:

a) Promover e garantir um desenvolvimento sustentável dos espaços florestais e do conjunto das actividades da fileira florestal;

b) Promover e garantir o acesso à utilização social da floresta, promovendo a harmonização das múltiplas funções que ela desempenha e salvaguardando os seus aspectos paisagísticos, recreativos, científicos e culturais;

c) Assegurar a melhoria do rendimento global dos agricultores, produtores e utilizadores dos sistemas florestais, como contributo para o equilíbrio sócio-económico do mundo rural;

d) Optimizar a utilização do potencial produtivo de bens e serviços da floresta e dos sistemas naturais associados, no respeito pelos seus valores multifuncionais;

e) Promover a gestão do património florestal nacional, nomeadamente através do ordenamento das explorações florestais e da dinamização e apoio ao associativismo;

f) Assegurar o papel fundamental da floresta na regularização dos recursos hídricos, na conservação do solo e da qualidade do ar e no combate à erosão e à desertificação física e humana;

g) Garantir a protecção das formações florestais de especial importância ecológica e sensibilidade, nomeadamente os ecossistemas frágeis de montanha, os sistemas dunares, os montados de sobro e azinho e as formações ripícolas e das zonas marginais dulçaquícolas;

h) Assegurar a protecção da floresta contra agentes bióticos e abióticos, nomeadamente contra os incêndios;

i) Incentivar e promover a investigação científica e tecnológica no domínio florestal.

CAPÍTULO II

Medidas de política florestal

ARTIGO 5.º

Ordenamento e gestão florestal — Planos regionais de ordenamento florestal

1 — A organização dos espaços florestais faz-se, em cada região, através de planos de ordenamento florestal, numa óptica de uso múltiplo e de forma articulada com os planos regionais e locais de ordenamento do território.

2 — Os planos regionais de ordenamento florestal (PROF) são elaborados pelo organismo público legalmente competente em colaboração com os detentores das áreas abrangidas, submetidos à apreciação pública e aprovados pelo Ministério da Agricultura, do Desenvolvimento Rural e das Pescas.

3 — Os PROF devem contemplar:

a) A avaliação das potencialidades dos espaços florestais, do ponto de vista dos seus usos dominantes;

b) A definição do elenco das espécies a privilegiar nas acções de expansão ou reconversão do património florestal;

c) A identificação dos modelos gerais de silvicultura e de gestão de recursos mais adequados;

d) A definição das áreas críticas do ponto de vista do risco de incêndio, da sensibilidade à erosão e da importância ecológica, social e cultural, bem como das normas específicas de silvicultura e de utilização sustentada de recursos a aplicar nestes espaços.

4 — A gestão das explorações florestais deve ser efectuada de acordo com as normas de silvicultura definidas nos PROF.

5 — Nas matas públicas e comunitárias, bem como nas matas privadas acima de uma dimensão a definir nos planos regionais de ordenamento florestal, as intervenções silvícolas de qualquer natureza devem rea-

lizar-se de acordo com um plano de gestão florestal a submeter à aprovação da autoridade florestal nacional.

NOTAS

1. O Dec.-Lei n.º 204/99, de 9 de Junho, regulou o processo de elaboração, aprovação, execução e alteração dos planos regionais de ordenamento florestal (PROF), a aplicar nos termos este preceito.

ARTIGO 6.º
Ordenamento das matas e planos de gestão florestal

1 — O plano de gestão florestal (PGF) é o instrumento básico de ordenamento florestal das explorações, que regula as intervenções de natureza cultural e ou de exploração e visa a produção sustentada dos bens ou serviços originados em espaços florestais, determinada por condições de natureza económica, social e ecológica.

2 — Os PROF definirão a área das explorações florestais a partir da qual estas serão obrigatoriamente sujeitas a um PGF, a elaborar pelos proprietários segundo normas definidas pelo organismo público legalmente competente.

3 — Na elaboração dos PGF deve atender-se ao PROF da respectiva região, designadamente às suas opções de natureza social ou ecológica, sendo as opções de natureza económica livremente estabelecidas pelos proprietários.

4 — Sempre que os proprietários ou outros detentores das áreas florestais não efectuarem as operações silvícolas mínimas a que estão obrigados pelo respectivo PGF, pode o organismo público legalmente competente, em termos a regulamentar, executar as operações em causa, sub-rogando-se ao respectivo proprietário pelo prazo necessário à realização das mesmas.

NOTAS

1. O Dec.-Lei n.º 205/99, de 9 de Junho, regulou o processo de elaboração, aprovação, execução e alteração dos planos de gestão florestal (PGF).

ARTIGO 7.º

Explorações não sujeitas a PGF

1 — As explorações florestais de área inferior à definida nos PROF como mínima obrigatória a ser submetida a um PGF, ficam sujeitas às normas constantes dos PROF.

2 — As explorações florestais ficam obrigadas a declarar com antecedência a natureza e dimensão dos cortes que pretendam realizar.

3 — As intervenções a que se refere o n.º 2 ficam sujeitas a aprovação do organismo público legalmente competente, desde que incidam numa área igual ou superior ao valor a definir em diploma regulamentar.

NOTAS

1. O Dec.-Lei n.º 205/99, de 9 de Junho, regulou o processo de elaboração, aprovação, execução e alteração dos planos de gestão florestal (PGF).

ARTIGO 8.º

Reestruturação fundiária e das explorações

Compete ao Estado:

a) Dinamizar a constituição de explorações florestais com dimensão que possibilite ganhos de eficiência na sua gestão, através de incentivos fiscais e financeiros ao agrupamento de explorações, ao emparcelamento de propriedades e à desincentivação do seu fraccionamento;

b) Fixar, em casos devidamente fundamentados e em função dos objectivos da política florestal, limites máximos da área florestal na posse de uma única entidade;

c) Ampliar o património florestal público, tanto em áreas produtivas para a exploração económico-social como em áreas sensíveis, com vista a privilegiar o factor protecção;

d) Promover, em áreas percorridas por incêndios de grandes dimensões, a constituição de unidades de exploração, designadamente de gestão mista, de modo a garantir uma rearborização adequada e a sua futura gestão em condições adequadas do ponto de vista silvícola;

e) Apoiar as formas de associativismo que prossigam os objectivos fixados nos números anteriores;

f) Dinamizar e apoiar a constituição de assembleias de compartes e respectivos conselhos directivos e cooperar na elaboração de planos integrados de utilização dos baldios.

ARTIGO 9.º

Fomento florestal

1 — O Estado, através da criação de instrumentos financeiros, apoia as iniciativas de fomento florestal com um horizonte temporal adequado a investimentos desta natureza, que tenham por objectivo:

a) A valorização e expansão do património florestal;

b) A melhoria geral dos materiais florestais de reprodução;

c) A construção de infra-estruturas de apoio e defesa das explorações;

d) Acções de formação profissional e assistência técnica a todos os agentes que intervêm no sector produtivo florestal.

2 — É criado um órgão de recurso dos actos da Administração Pública, relativos a decisões sobre projectos de arborização e planos de gestão florestal, presidido pela autoridade florestal nacional.

ARTIGO 10.º

Conservação e protecção

1 — Compete ao Estado definir as acções adequadas à protecção das florestas contra agentes bióticos e abióticos, à conservação dos recursos genéticos e à protecção dos ecossistemas frágeis, raros ou ameaçados e promover a sua divulgação e concretização.

2 — Para a prossecução das acções definidas no número anterior, importa:

a) Promover e apoiar as iniciativas tendentes à conservação dos espaços florestais, nomeadamente através de intervenções que garantam a sustentabilidade dos seus recursos;

b) Considerar os montados de sobro e azinho, enquanto parte de sistemas agrários de particular valia sócio--económica e ambiental, como objecto de um plano específico de conservação e desenvolvimento;

c) Manter informação actualizada sobre o estado sanitário e a vitalidade dos povoamentos florestais;

d) Instituir uma estrutura nacional, regional e sub--regional com funções de planeamento e coordenação das acções de prevenção e detecção e de colaboração no combate aos incêndios florestais;

e) Incentivar a participação activa das comunidades rurais, das associações representativas dos produtores e das autarquias no apoio a acções de prevenção, detecção e combate aos incêndios florestais;

f) Promover a criação de um sistema de previsão do risco de incêndios florestais e de investigação das suas causas, com vista à tomada de medidas tendentes, quer à redução do seu número, quer da área afectada pelos mesmos.

3 — São apoiadas as iniciativas que visem a educação e a sensibilização públicas para a importância da floresta, nomeadamente ao nível dos programas de ensino e dos agentes de opinião.

ARTIGO 11.º

Gestão dos recursos silvestres

A conservação, o fomento e a exploração dos recursos silvestres, nomeadamente cinegéticos, aquícolas e apícolas, associados ao património florestal, constituem actividades inerentes ao aproveitamento integrado e sustentável do meio rural.

Sem prejuízo dos regimes jurídicos aplicáveis a cada um dos recursos referidos no número anterior, devem ser promovidas e adoptadas as formas de gestão optimizadas, nomeadamente de carácter associativo, que conciliem a sua utilização económica e os equilíbrios ambientais.

CAPÍTULO III

Instrumentos de política

ARTIGO 12.º

Administração florestal — Autoridade florestal nacional

1 — O organismo público legalmente competente, investido nas funções de autoridade florestal nacional, colabora na definição da política florestal nacional e é responsável pelo sector florestal.

2 — As atribuições e competências do organismo público referido no número anterior serão objecto de definição legal própria.

3 — A gestão do património florestal sob jurisdição do Estado compete ao organismo público referido no n.º 1, directamente ou por outras formas que venham a revelar-se adequadas.

NOTAS

1. DECRETO-LEI N.º 256/97, DE 27 DE SETEMBRO

Investe a Direcção-Geral das Florestas em funções de autoridade florestal nacional, dando execução à Lei n.º 33/96, de 17 de Agosto
(Lei de Bases da Política Florestal)

A Lei n.º 33/96, de 17 de Agosto, prevê que o organismo público que estiver investido nas funções de autoridade florestal nacional é responsável pelo sector florestal, remetendo para legislação específica a definição das suas atribuições e competências, designadamente nos domínios da formulação da política do acompanhamento da sua correcta execução, fiscalização e informação das actividades dos agentes da fileira florestal, de compatibilização dos interesses em presença, bem como de arbitramento dos conflitos resultantes das medidas que a implementem.

Pelo presente diploma dá-se execução ao disposto no artigo 12.º da Lei n.º 33/96, de 17 de Agosto, cometendo-se a responsabilidade pelo sector florestal à Direcção-Geral das Florestas, organismo público que fica investido nas funções de autoridade florestal nacional.

Assim, ao abrigo do disposto nos artigos 23.º e 24.º, n.º 2, da Lei n.º 33/96, de 17 de Agosto, e nos termos da alínea a) do n.º 1 do artigo 201.º da Constituição, o Governo decreta o seguinte:

Artigo 1.º (Autoridade florestal nacional) — 1 — A Direcção-Geral das Florestas é o organismo público responsável pelo sector florestal e legalmente competente para o exercício das funções de autoridade florestal nacional, nos termos do artigo 12.º da Lei n.º 33/96, de 17 de Agosto.

2 — A natureza, a estrutura orgânica e o funcionamento da Direcção-Geral das Florestas regem-se pelo disposto no Decreto Regulamentar n.º 11/97, de 30 de Abril.

Art. 2.º (Atribuições) — No exercício de funções de autoridade florestal nacional, incumbe à Direccão-Geral das Florestas colaborar na definição da política florestal nacional, assegurar a sua execução, normalizar, fiscalizar e informar a actividade dos agentes interventores, bem como compatibilizar os diversos interesses em presença e arbitrar os conflitos resultantes da sua aplicação.

Art. 3.º (Competências) — Compete ao director-geral das Florestas, no âmbito do artigo anterior e com a faculdade de delegação:

a) Propor as medidas necessárias à concretização da política florestal nacional e respectiva regulamentação, bem como coordenar e apoiar a sua execução, designadamente nos domínios do ordenamento e da protecção agro-florestal, da produção, transformação e comercialização dos produtos da floresta e dos recursos silvestres associados;

b) Elaborar normas genéricas necessárias à boa execução das medidas de desenvolvimento da política florestal, assegurando o desenvolvimento integrado do sector florestal com vista à harmonização das componentes da produção primária, prestação de serviços, transformação e comercialização;

c) Promover a gestão, conservação e desenvolvimento sustentável das florestas e dos recursos silvestres associados, no respeito pela multifuncionalidade e biodiversidade dos espaços florestais;

d) Coordenar a fiscalização e policiamento das actividades de natureza florestal, cinegética e aquícola das águas interiores;

e) Compatibilizar os interesses em presença e promover a resolução dos conflitos resultantes da execução da política florestal nacional;

f) Promover a harmonização da actuação dos diversos órgãos e serviços da administração central, regional e local, bem como dos organismos da administração indirecta do Estado com atribuições incidentes no sector florestal;

g) Gerir o património florestal sob jurisdição do Estado, directamente ou por outras formas que se revelem adequadas, designadamente nos termos previstos nos artigos 11.º a 14.º do Decreto-Lei n.º 74/96, de 18 de Junho;

h) Elaborar o plano florestal nacional e, neste âmbito, coordenar a elaboração dos planos regionais de ordenamento florestal (PROF), nos termos do disposto no n.º 2 do artigo 5.º da Lei n.º 33/96, de 17 de Agosto;

i) Garantir o cumprimento dos planos de gestão florestal (PGF) nos termos que vierem a ser definidos na regulamentação do disposto no n.º 4 do artigo 6.º da Lei n.º 33/96, de 17 de Agosto;

j) Colaborar na criação de instrumentos de fomento florestal e assegurar a sua correcta aplicação;

l) Promover as acções necessárias à defesa dos espaços florestais contra os agentes bióticos e abióticos;

m) Intervir na gestão do fundo financeiro de carácter permanente a que se refere o artigo 18.º da Lei n.º 33/96, de 17 de Agosto, nos termos que vierem a ser definidos no respectivo diploma regulamentar;

n) Dinamizar e apoiar a constituição das assembleias de compartes e respectivos conselhos directivos e colaborar na elaboração de planos integrados de utilização dos baldios;

o) Promover e apoiar o desenvolvimento das organizações de produtores florestais;

p) Colaborar com as entidades competentes do ensino universitário, politécnico e técnico-profissional na adequação da estrutura curricular dos cursos florestais às necessidades do País e às condições do mercado;

q) Promover as acções necessárias à definição da qualificação profissional na área do trabalho florestal e ao respectivo controlo;

r) Promover acções de sensibilização dos cidadãos, em particular dos jovens, para a importância da salvaguarda e valorização dos recursos florestais;

s) Assegurar a não discriminação e o acesso voluntário a sistemas de certificação e rotulagem existentes e a criar no domínio da gestão florestal sustentável e dos produtos florestais, no respeito pelos diferentes tipos de floresta ou de produtos florestais, e garantir a participação de todos os agentes económicos interessados na definição ou adopção de tais sistemas;

t) Exercer as demais competências que lhe forem cometidas pelo respectivo diploma orgânico, pelos diplomas legais de regulamentação da Lei n.º 33/96, de 17 de Agosto, e quaisquer outras que por lei lhe venham a ser atribuídas.

Art. 4.º (Dever de colaboração) — Os órgãos e serviços da administração central, regional e local e os organismos da administração indirecta do Estado com atribuições incidentes no sector florestal devem prestar à Direcção-Geral das Florestas toda a colaboração que, fundamentadamente e no quadro do presente diploma, lhes seja solicitada como necessária à prossecução das suas atribuições e ao exercício das suas competências.

ARTIGO 13.º

Comissão interministerial para os assuntos da floresta

1 — Com a finalidade de garantir uma efectiva articulação entre as diferentes políticas sectoriais com incidências no sector florestal, bem como avaliar as consequências das respectivas medidas de política na fileira florestal e nos seus agentes, é criada uma comissão interministerial.

2 — Integram esta comissão, que é presidida pelo Ministro da Agricultura, do Desenvolvimento Rural e das Pescas, os ministérios cujas políticas interagem com o sector florestal.

ARTIGO 14.º

Conselho Consultivo Florestal

1 — O Conselho Consultivo Florestal é um órgão de consulta do Ministro da Agricultura, do Desenvolvimento Rural e das Pescas.

2 — Ao Conselho Consultivo Florestal compete pronunciar-se sobre:

a) Medidas de política florestal e sua concretização;
b) Medidas legislativas e regulamentadoras dos instrumentos de fomento, gestão e protecção dos sistemas florestais e das actividades a eles associadas;
c) A aplicação, no quadro interno, da legislação comunitária mais relevante para a área florestal;
d) O estabelecimento de limites à posse de áreas florestais previsto na alínea *b)* do artigo 8.º.

3 — O Conselho Consultivo Florestal pode propor ao Ministério da Agricultura, do Desenvolvimento Rural e das Pescas a adopção de medidas legislativas que considere necessárias ao desenvolvimento florestal do País.

4 — O Conselho Consultivo Florestal é ainda consultado sobre todas as questões sobre as quais o Governo considere útil ouvir o Conselho.

ARTIGO 15.º

Composição e funcionamento do Conselho Consultivo Florestal

1 — O Conselho Consultivo Florestal é constituído, nomeadamente, por representantes da Administração Pública, das autarquias locais, das associações de produtores florestais, do comércio e das indústrias florestais, dos baldios, das confederações agrícolas e sindicais e dos jovens agricultores, das associações de defesa do ambiente e das instituições de ensino e de investigação florestal.

2 — O Conselho Consultivo Florestal é convocado e presidido pelo Ministro da Agricultura, do Desenvol-

vimento Rural e das Pescas e funcionará nos termos a definir em regulamentação específica.

NOTAS

1. As organizações interprofissionais da fileira florestal (OIF) e o Conselho das OIF têm assento, por inerência, neste Conselho Consultivo Florestal — n.º 2 do art. 6.º da Lei n.º 158/99, de 14 de Setembro.

ARTIGO 16.º
Investigação florestal

1 — As instituições de investigação florestal devem privilegiar as acções de investigação que reforcem a capacidade de intervenção sustentada do sector florestal e assegurar a transmissão do conhecimento gerado.

2 — A descentralização das estruturas de investigação florestal e a criação de unidades de experimentação e demonstração a nível regional devem ser promovidas pelo Estado, de forma articulada com as instituições de ensino, os serviços de natureza operativa e os agentes da fileira florestal, visando o reforço da capacidade interventiva a nível regional.

3 — O Estado deve promover e apoiar a participação e responsabilização dos agentes da fileira na definição e execução de projectos de investigação, experimentação e desenvolvimento, por forma a dotá-los de objectivos mais relevantes e capazes de melhor tipificar as lacunas de conhecimento necessário ao desenvolvimento florestal do País.

ARTIGO 17.º
Organizações dos produtores florestais

1 — As organizações dos produtores florestais asseguram a representatividade do sector produtivo privado no acompanhamento das medidas decorrentes da política florestal nacional.

2 — A criação e reforço técnico de organizações de produtores florestais é estimulada através de incentivos de natureza diversa.

CAPÍTULO IV
Instrumentos financeiros

ARTIGO 18.º
Fundo financeiro

1 — Compete ao Estado a criação de um fundo financeiro de carácter permanente, destinado a:

a) Apoiar as medidas de fomento a que se refere o artigo 9.º.

b) Financiar projectos de rearborização de áreas afectadas por incêndios;

c) Ressarcir economicamente os proprietários de ecossistemas sensíveis pelos prejuízos que advenham de restrições impostas pela necessidade da sua conservação;

d) Financiar acções de investigação específicas, privilegiando a forma de contratos-programas;

e) Instituir um sistema bonificado de crédito florestal, destinado, nomeadamente:

1) À viabilização das intervenções silvícolas de resultados líquidos imediatos negativos;

2) Ao pagamento de tornas a herdeiros em acções de emparcelamento florestal;

3) Às acções de emparcelamento florestal de vizinhos confinantes.

2 — A criação do fundo referido no número anterior, a origem das respectivas receitas, bem como a sua gestão, serão objecto de regulamentação específica.

ARTIGO 19.º
Incentivos fiscais

Serão objecto de incentivos fiscais as acções com vista a estimular:

a) O associativismo das explorações florestais;

b) As acções de emparcelamento florestal;

c) As acções tendentes a evitar o fraccionamento da propriedade florestal;

d) O autofinanciamento do investimento florestal, nomeadamente no domínio da prevenção activa dos incêndios florestais.

ARTIGO 20.º

Seguros

1 — É instituído um sistema de seguros florestais, de custo acessível, nomeadamente um seguro obrigatório de arborização para todas as áreas florestais que sejam objecto de financiamento público.

2 — Este seguro obrigatório deve ser gradualmente estendido a todas as arborizações.

3 — O seguro obrigatório de arborização destina-se a garantir os meios financeiros necessários à reposição da área florestada em caso de insucesso acidental ou de destruição do povoamento.

CAPÍTULO V

Disposições finais e transitórias

ARTIGO 21.º

Acções com carácter prioritário

São de carácter prioritário as seguintes acções de emergência, a desenvolver pelo Ministério da Agricultura, do Desenvolvimento Rural e das Pescas:

a) Reforço e estruturação dos processos de prevenção, vigilância e de apoio ao combate aos fogos florestais;

b) Definição e implementação de normas técnicas relativas à estrutura e composição dos povoamentos e à rede de infra-estruturas nos espaços florestais, com vista à minimização dos riscos de incêndio;

c) Reforço e expansão do corpo especializado de sapadores florestais;

d) Reforço, valorização profissional e dignificação do corpo de guardas e mestres florestais;

e) Diagnóstico do estado sanitário dos principais sistemas agro-florestais, promoção dos estudos e investigação para apuramento das respectivas causas e adopção das medidas profiláticas adequadas;

f) Adopção de todas as medidas tendentes à realização do cadastro da propriedade florestal;

g) Definição e introdução de normas de ordenamento de práticas culturais que favoreçam a recuperação dos sistemas agro-florestais e assegurem a sua vitalidade;

h) Identificação de ecossistemas de grande importância e sensibilidade ecológica, designadamente sistemas dunares e de montanha, zonas em risco de desertificação, endemismos e montados de sobro e azinho;

i) Aplicação de medidas de protecção e recuperação, com vista a garantir a especificidade da função ecológica dos ecossistemas, manutenção ou melhoramento do seu património genético, aumento da produtividade e rentabilidade dos sistemas produtivos e melhoria da qualidade dos produtos, designadamente da cortiça;

j) Identificação das áreas mais carenciadas de estudo, investigação aplicada, experimentação e divulgação e promoção da coordenação entre as várias entidades com atribuições ou interesses neste domínio, designadamente do organismo público competente em matéria florestal, do Instituto Nacional do Ambiente e das entidades com competência em matéria de ordenamento do território, institutos de investigação, universidades, empresas e organizações de produtores;

l) Elaboração de normas regionais de silvicultura a integrar nos PROF e nos PGF, que determinem as diferentes e mais adequadas aptidões ecológicas e reflictam os princípios de uso múltiplo, da utilização social, da biodiversidade e do desenvolvimento sustentado da floresta;

m) Fomento e apoio das organizações dos produtores florestais;

n) Promoção, a todos os níveis, de acções de sensibilização dos cidadãos, em particular dos jovens, para a importância da salvaguarda e valorização dos recursos florestais.

NOTAS

1. O Dec.-Lei n.º 179/99, de 21 de Maio, criou equipas de sapadores florestais e regulamentou a sua actividade.

2. O Despacho n.º 24.222-C/99 (2ª Série) de 9/12/1999, 4.º Suplemento, determinou que a candidatura à constituição das equipas de sapadores florestais seja feita em formulário próprio, de acordo com o modelo anexo.

3. O Dec. Lei n.º 327/90, de 22 de Outubro, rectificado no *DR Série I-A*, de 28/2/1991, alterado, por ratificação, pela Lei n.º 54/91, de 8 de Agosto, e pelo Dec.-Lei n.º 34/99, de 5 de Fevereiro, regulou a ocupação do solo objecto de incêndio florestal. Ver, também, o Ac. do Tribunal Constitucional n.º 639/99, de 23/11/1999, *DR II Série*, de 23/3/00, que não julgou inconstitucionais as normas dos n.ºs 1 e 2 do artigo 1.º do Dec.-Lei n.º 327/90.

ARTIGO 22.º
Convenções e acordos internacionais

A legislação que regulamentará a aplicação da presente lei terá em conta as convenções e acordos internacionais aceites e ratificados por Portugal e que tenham a ver com a questão florestal, bem como as normas e critérios aprovados multi ou bilateralmente entre Portugal e outros países.

ARTIGO 23.º
Legislação complementar

Todos os diplomas legais necessários à regulamentação do disposto no presente diploma serão obrigatoriamente publicados no prazo de um ano a partir da data da sua entrada em vigor.

ARTIGO 24.º
Entrada em vigor

1 — Na parte em que não necessite de regulamentação, esta lei entra imediatamente em vigor.

2 — As disposições que estão sujeitas a regulamentação entrarão em vigor com os respectivos diplomas regulamentares, a publicar por decreto-lei.

NOTAS

1. DECRETO-LEI N.º 224/98, DE 17 DE JULHO

Cria a Comissão de Recurso e Análise de Projectos Florestais e define as respectivas atribuições, competências e funcionamento. Regulamenta a Lei n.º 33/96, de 17 de Agosto (Lei de Bases da Política Florestal)

No âmbito das medidas de política florestal nacional previstas na Lei n.º 33/96, de 17 de Agosto, é criado um órgão de recurso dos actos da Administração Pública relativos a decisões sobre projectos de arborização e planos de gestão florestal, presidido pelo organismo investido em funções de autoridade florestal nacional.

Com a criação deste órgão pretende-se instituir um mecanismo autónomo, especializado e célebre de revisão das decisões dos órgãos e serviços com competências na matéria que, com subordinação à lei, imprima coerência aos procedimentos técnico-burocráticos de apreciação das iniciativas dos agentes económicos da fileira, no quadro da aplicação das medidas de ordenamento e gestão das explorações florestais e dos instrumentos financeiros de fomento do sector.

Pelo presente diploma e nos termos do n.º 2 do artigo 9.º da Lei n.º 33/96, de 17 de Agosto, é criada a Comissão de Recurso e Análise de Projectos Florestais, sob a presidência do director-geral das Florestas, definindo-se a respectiva composição, competências e funcionamento.

Foram ouvidas as Regiões Autónomas dos Açores e da Madeira, bem como a Comissão de Acompanhamento da Execução do Acordo de Concertação Estratégica e a Associação Nacional de Municípios Portugueses.

Assim, ao abrigo do disposto nos artigos 23.º e 24.º, n.º 2, da Lei n.º 33/96, de 17 de Agosto, e nos termos do n.º 5 do artigo 112.º e da alínea c) do n.º 1 do artigo 198.º da Constituição, o Governo decreta o seguinte:

Artigo 1.º (Âmbito) — O presente diploma cria a Comissão de Recurso e Análise de Projectos Florestais, adiante designada por Comissão, referida no n.º 2 do artigo 9.º da Lei n.º 33/96, de 17 de Agosto, e define a sua composição, atribuições, competências e funcionamento.

Art. 2.º (Natureza) — 1 — A Comissão é um órgão independente de recurso facultativo, com competência para conhecer da legalidade e do mérito dos actos praticados por órgãos e serviços da administração central ou por pessoas colectivas públicas em matéria de projectos de arborização e de beneficiação de povoamentos florestais, de planos de gestão florestal e respectivos procedimentos administrativos, tendo as suas deliberações carácter vinculativo.

2 — A Comissão não tem competência para conhecer do mérito dos actos dos órgãos e serviços da administração autárquica e da administração das Regiões Autónomas.

Art. 3.º (Composição) — 1 — A Comissão é constituída pelos seguintes membros:

a) O director-geral das Florestas, que preside;
b) O director de serviços das florestas da direcção regional de agricultura com competência na área do projecto de arborização ou beneficiação ou do plano de gestão florestal;

c) Um representante do Instituto de Financiamento e Apoio ao Desenvolvimento da Agricultura e Pescas, quando este for competente para a decisão dos projectos de arborização ou beneficiação de povoamentos florestais;

d) Um representante do Instituto da Conservação da Natureza, quando este for competente para a decisão dos projectos de arborização ou beneficiação de povoamentos florestais, ou, nos restantes casos, um representante da direcção regional do ambiente com competência na área do projecto de arborização ou beneficiação de povoamentos florestais ou do plano de gestão florestal;

e) Um representante da Associação Nacional de Municípios Portugueses;

f) Um representante das organizações de produtores florestais;

g) Um representante das organizações da indústria florestal;

h) Um representante das organizações de serviços de âmbito florestal.

2 — O director-geral das Florestas pode ser substituído, nas suas ausências ou impedimentos, pelo subdirector-geral das Florestas.

Art. 4.º (Presidente) — 1 — O presidente representa a Comissão, convoca e dirige as reuniões do órgão, coordena os respectivos serviços de apoio e exerce as demais competências que lhe forem cometidas pelo respectivo regulamento interno.

2 — O presidente é substituído, nas suas ausências e impedimentos, pelo vice-presidente eleito de entre os restantes membros do órgão.

Art. 5.º (Dever de colaboração) — 1 — Os órgãos e serviços da administração central e da administração local legalmente competentes devem prestar à Comissão toda a colaboração que, fundamentadamente e no quadro do presente diploma, lhes seja solicitada como necessária à prossecução das suas atribuições e ao exercício das suas competências.

2 — A Comissão pode solicitar às entidades públicas competentes para o efeito quaisquer informações, peritagens, análises, exames e estudos técnicos especializados que sejam necessários ao exercício das suas competências.

Art. 6.º (Recursos) — Os recursos interpostos para a Comissão no âmbito das suas atribuições não prejudicam o uso dos meios graciosos e contenciosos previstos na lei e têm efeito suspensivo.

Art. 7.º (Funcionamento) — A Comissão funciona nos termos do respectivo regulamento interno, que é aprovado por despacho do Ministro da Agricultura, do Desenvolvimento Rural e das Pescas, sob proposta da Comissão.

Art. 8.º (Reuniões) — 1 — A Comissão reúne nos termos definidos no respectivo regulamento interno.

2 — A Comissão pode, fundamentadamente, solicitar a presença ou a participação nas suas reuniões de técnicos de entidades públicas ou privadas de reconhecido mérito profissional, sempre que tal se mostre estritamente necessário à formação da decisão.

Art. 9.º (Secretariado) — O secretariado da Comissão é assegurado pela Direcção-Geral das Florestas, que prestará o apoio informativo, técnico, administrativo e instalações necessários ao seu funcionamento.

Art. 10.º (Senhas de presença) — Aos membros da Comissão não vinculados à função pública é atribuído um abono pela participação nas reuniões da Comissão, nas condições e valor a fixar por despacho conjunto dos Ministros das Finanças e da Agricultura, do Desenvolvimento Rural e das Pescas, bem como do membro do Governo que tiver a seu cargo a Administração Pública.

Art. 11.º (Encargos) — Os encargos com o funcionamento da Comissão são cobertos por dotação a inscrever no orçamento da Direcção-Geral das Florestas.

Art. 12.º (Direito subsidiário) — Aos recursos interpostos para a Comissão no âmbito das suas competências são aplicáveis as disposições reguladoras do recurso hierárquico constantes do Código do Procedimento Administrativo.

Art. 13.º (Publicação obrigatória) — Estão sujeitos a publicação obrigatória na 2.ª série do *Diário da República* o regulamento interno e as suas alterações.

Art. 14.º (Regiões Autónomas) — Nas Regiões Autónomas dos Açores e da Madeira funcionam secções regionais da Comissão de Recurso e Análise de Projectos Florestais, presididas pelo director regional de florestas respectivo, e com as necessárias adaptações às especificidades de cada uma das Regiões, nomeadamente no que se refere à composição, funcionamento e encargos.

Art. 15.º (Disposições revogadas) — São revogados os artigos 5.º a 7.º do Decreto-Lei n.º 128/88, de 20 de Abril, com as alterações introduzidas pelo Decreto-Lei n.º 16/92, de 5 de Fevereiro, o artigo 6.º do Decreto-Lei n.º 139/88, de 22 de Abril, e os n.ºs 3 e 4 do artigo 2.º do Decreto-Lei n.º 175/88, de 17 de Maio.

— O Dec.-Lei n.º 128/88, alterado pelos Decs.-Lei n.º 16/92, de 5 de Fevereiro, e n.º 276/97, de 8 de Outubro, criou a comissão coordenadora interministerial para o subsector florestal (CIF).

— O Dec.-Lei n.º 139/88, alterado pelo Dec.-Lei n.º 224/98, de 17 de Julho, estabeleceu medidas de ordenamento das áreas percorridas por incêndios florestais.

— O Dec.-Lei n.º 175/88, alterado pelo Dec.-Lei n.º 224/98, de 17 de Julho, estabeleceu o condicionamento da arborização com espécies florestais de rápida crescimento.

Art. 16.º (Medidas transitórias) — 1 — Os membros da Comissão referidos nas alíneas c), d) e e) do n.º 1 do artigo 3.º são designados pelas respectivas entidades no prazo de 30 dias a contar da entrada em vigor do presente diploma.

2 — Os membros da Comissão referidos nas alíneas j), g) e h) do n.º 1 do artigo 3.º são designados pelas respectivas entidades no prazo de 30 dias a contar da entrada em funcionamento do Conselho Consultivo Florestal.

3 — O regulamento interno a que se refere o artigo 7.º deverá ser submetido à aprovação do Ministro da Agricultura, do Desenvolvimento Rural e das Pescas no prazo de 30 dias a contar da constituição da Comissão.

Art. 17.º (Entrada em vigor) — O presente diploma entra em vigor no dia seguinte ao da sua publicação.

AGÊNCIAS PARA O REJUVENESCIMENTO AGRÍCOLA

DESPACHO N.º 11 869/99

DR II SÉRIE, DE 22/6/99

Considerando que a Resolução do Conselho de Ministros n.º 9/99, de 15 de Fevereiro, prevê o rejuvenescimento do tecido empresarial como condição indispensável para a inovação e o sucesso empresarial agrícola e, consequentemente, para a perenidade das explorações agrícolas na sua vertente económica;

Considerando que as medidas incentivadoras da actividade dos agricultores mais idosos visam contribuir para a melhoria da estrutura fundiária e para o rejuvenescimento do tecido empresarial;

Considerando que a instalação de jovens agricultores constitui uma forma privilegiada de revitalização do sector agrário e do mundo rural, importa proceder à articulação destes dois instrumentos de política agrícola.

Assim:

Determino o seguinte:

1 — São criadas ao nível dos agrupamentos de zonas agrárias constantes do anexo a este diploma, do qual faz parte integrante, as agências para o rejuvenescimento agrícola (APRA), as quais têm por objecto coordenar, articular e acompanhar as actividades prestadas pelas organizações de agricultores no âmbito da cessação da actividade agrícola e da instalação de jovens agricultores.

2 — As APRA referidas no número anterior são compostas por dois representantes da direcção regional de agricultura

(DRA) respectiva e por representantes das organizações de agricultores com as quais vierem a ser celebrados protocolos.

3 — Às APRA compete:

a) Reunir e sistematizar a informação referente ao inventário de terras disponíveis para instalação de jovens agricultores cessionários;

b) Tratar a informação disponível referente a potenciais candidatos a cessantes e cessionários jovens agricultores;

c) Seleccionar e classificar os projectos de jovens agricultores susceptíveis de acompanhamento técnico;

d) Elaborar relatórios das actividades desenvolvidas pelas diversas entidades que integram a agência;

e) Praticar todos os demais actos necessários ao cabal cumprimento dos objectivos da agência.

4 — As APRA são constituídas por despacho do Ministro da Agricultura, do Desenvolvimento Rural e das Pescas, do qual constarão os nomes dos representantes das DRA e das organizações de agricultores.

ANEXO

Direcção Regional de Agricultura (DRA)	Agrupamento de Zona Agrária	Concelhos
DRA de Entre Douro e Minho	Alto Minho	Arcos de Valdevez Caminha Melgaço Monção Paredes de Coura Ponte da Barca Ponte de Lima Valença Viana do Castelo Vila Nova de Cerveira
	Baixo Minho	Amares Barcelos Braga Cabeceiras de Basto Celorico de Basto Esposende Fafe Guimarães Mondim de Basto Póvoa de Lanhoso Ribeira de Pena Santo Tirso

Despacho n.º 11 869/99, DR II Série, de 22/6/99

Direcção Regional de Agricultura (DRA)	Agrupamento de Zona Agrária	Concelhos
		Terras de Bouro Vieira do Minho Vila Nova de Famalicão Vila Verde
DRA de Trás-os-Montes ...	Nordeste	Alfândega da Fé Bragança Macedo de Cavaleiros Miranda do Douro Mirandela Mogadouro Vimioso Vinhais
	Alto Trás-os-Montes	Boticas Chaves Montalegre Murça Valpaços Vila Pouca de Aguiar
	Douro e Távora	Alijó Armamar Lamego Mesão Frio Moimenta da Beira Peso da Régua Sabrosa Sernancelhe Santa Marta de Penaguião Tabuaço Tarouca Vila Real
DRA de Trás-os-Montes ...	Douro Superior	Carrazeda de Ansiães Freixo de Espada à Cinta Penedono São João da Pesqueira Torre de Moncorvo Vila Flor Vila Nova de Foz Côa
DRA da Beira Litoral	Dão e Lafões	Aguiar da Beira Carregal do Sal Castro Daire Mangualde Mortágua Nelas Oliveira de Frades Penalva do Castelo São Pedro do Sul

633

Despacho n.º 11 869/99, DR II Série, *de 22/6/99*

Direcção Regional de Agricultura (DRA)	Agrupamento de Zona Agrária	Concelhos
		Santa Comba Dão Sátão Tondela Vila Nova de Paiva Viseu Vizela
	Pinhal e Beira Serra	Alvaiázere Ansião Arganil Castanheira de Pêra Figueiró dos Vinhos Góis Lousã Miranda do Corvo Oliveira do Hospital Pampilhosa da Serra Pedrógão Grande Penacova Penela Tábua Vila Nova de Poiares
DRA da Beira Interior	Beira Interior Norte	Almeida Celorico da Beira Figueira de Castelo Rodrigo Fornos de Algodres Gouveia Guarda Manteigas Meda Pinhel Sabugal Seia Trancoso
	Beira Interior Sul	Belmonte Castelo Branco Covilhã Fundão Idanha-a-Nova Mação Oleiros Penamacor Proença-a-Nova Sertã Vila de Rei Vila Velha de Rodão

Despacho n.º 11 869/99, DR II Série, *de 22/6/99*

Direcção Regional de Agricultura (DRA)	Agrupamento de Zona Agrária	Concelhos
DRA do Alentejo..............	Alentejo Litoral................	Alcácer do Sal Grândola Odemira Santiago do Cacém Sines
	Alto Alentejo......................	Alter do Chão Arronches Avis Campo Maior Castelo de Vide Crato Elvas Fronteira Marvão Monforte Mora Nisa Ponte de Sor Portalegre
	Alentejo Central................	Alandroal Arraiolos Borba Estremoz Évora Montemor-o-Novo Mourão Portel Redondo Reguengos de Monsaraz Sousel Vendas Novas Viana do Alentejo Vila Viçosa
	Baixo Alentejo..................	Aljustrel Almodôvar Alvito Barrancos Beja Castro Verde Cuba Ferreira do Alentejo Mértola Moura Ourique Serpa Vidigueira

Despacho n.º 11 869/99, DR II Série, de 22/6/99

Direcção Regional de Agricultura (DRA)	Agrupamento de Zona Agrária	Concelhos
DRA do Algarve	Sotavento	Alcoutim Castro Marim Faro Loulé São Brás de Alportel Tavira Vila Real de Santo António
	Barlavento	Aljezur Albufeira Lagos Lagoa Monchique Portimão Silves Vila do Bispo

Despacho n.º 11 869/99, DR II Série, *de 22/6/99*

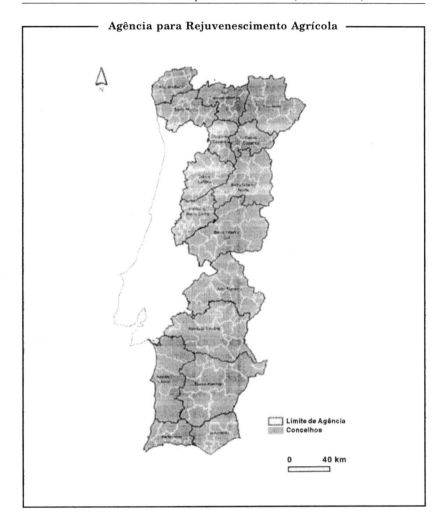

AUTORIZAÇÃO AO GOVERNO PARA LEGISLAR SOBRE O ARRENDAMENTO RURAL

LEI N.º 76/88

DE 24 DE JUNHO

A Assembleia da República decreta, nos termos dos artigos 164.º, alínea e), 168.º, n.º 1, alínea h), e 169.º, n.º 2, da Constituição, o seguinte:

ARTIGO 1.º

Fica o Governo autorizado a legislar:

a) Com o objectivo de aprovar o regime geral do arrendamento rural, nomeadamente no que concerne ao respectivo âmbito, forma do contrato de arrendamento, estipulação da renda, respectivas tabelas e alterações, situações de mora, subarrendamento, transferência, benfeitorias, indemnizações, denúncia, resolução, caducidade e transmissão do contrato, caducidade por expropriação, regime processual decorrente da especificidade do arrendamento rural e regime de parceria agrícola;

b) No sentido de criar um regime fiscal de incentivo ao arrendamento rural.

ARTIGO 2.º

O diploma a emitir ao abrigo da presente autorização legislativa deve ter ainda o sentido definido nas seguintes alíneas:

a) Em caso de mora por mais de 90 dias, o arrendatário pode obstar ao despejo desde que, até ao encerramento da discussão em 1.ª instância, proceda ao pagamento da renda ou rendas em falta, acrescidas dos juros de mora à taxa oficial das operações passivas respeitantes ao período de um ano e um dia;

b) Se houver resolução do contrato invocada pelo senhorio ou quando o arrendatário ficar impossibilitado de prosseguir a exploração por razões de força maior, tem o arrendatário direito a exigir do senhorio indemnização pelas benfeitorias necessárias e pelas úteis consentidas pelo senhorio, calculadas estas segundo as regras do enriquecimento sem causa;

c) Consagrar, a título de transição, um período mínimo de vigência para os contratos não denunciados até 7 de Abril de 1988, celebrados por escrito ou verbalmente, em vigor à data da promulgação do decreto-lei, que permita aos rendeiros enfrentar sem sobressaltos os compromissos que tenham assumido e perspectivar atempadamente o seu futuro;

d) Em caso de denúncia do contrato pelo senhorio para exploração directa pelo próprio ou pelos seus filhos que satisfaçam as condições de jovem agricultor, o prazo mínimo de exploração directa obrigatória deve ser de cinco anos e, em caso de inobservância deste prazo, o arrendatário tem direito a uma indemnização no valor do quíntuplo das rendas relativas ao período de tempo em que o arrendatário esteve ausente, idêntico critério se estabelecendo para as situações em que o arrendatário exerça o seu direito de preferência na venda ou dação em cumprimento do prédio arrendado.

ARTIGO 3.º

As competências a conferir no uso da presente autorização legislativa ao Ministério da Agricultura, Pescas e Alimentação e ao Ministro da Agricultura, Pescas e Alimentação, com excepção das respeitantes às tabelas de rendas, são exercidas na Região Autónoma da Madeira, respectivamente, pela Secretaria Regional da Economia e pelo Secretário Regional da Economia, mantendo-se em vigor a legislação sobre arrendamento rural aprovada pela Região Autónoma dos Açores.

ARTIGO 4.º

A autorização concedida por esta lei tem a duração de 90 dias contados a partir da sua entrada em vigor.

ARTIGO 5.º

A presente lei entra em vigor no dia imediato ao da sua publicação.

AUTORIZAÇÃO AO GOVERNO PARA ALTERAR O REGIME GERAL DO ARRENDAMENTO RURAL

LEI N.º 111/99

DE 3 DE AGOSTO

A Assembleia da República decreta, nos termos da alínea d) do artigo 161.º da Constituição, o seguinte:

ARTIGO 1.º

Objecto

É concedida ao Governo autorização para alterar o regime geral do arrendamento rural.

ARTIGO 2.º

Sentido e extensão

A presente autorização legislativa visa:

1) Alterar os períodos de renovação dos contratos de arrendamento rural, alargando-os para cinco anos;

2) Possibilitar a antecipação do pagamento das rendas quando o arrendatário for jovem agricultor e titular de projecto de exploração autorizado pelo serviços competentes do Ministério da Agricultura, do Desenvolvimento Rural e das Pescas.

ARTIGO 3.º

Duração

A autorização concedida tem a duração de 90 dias.

AUTORIZAÇÃO AO GOVERNO PARA LEGISLAR SOBRE O ARRENDAMENTO FLORESTAL

LEI N.º 99/88

DE 23 DE AGOSTO

A Assembleia da República decreta, nos termos dos artigos 164.º, alínea d), 168.º, n.º 1, alínea h), e 169.º, n.º 2, da Constituição, o seguinte:

ARTIGO 1.º

É o Governo autorizado a legislar com o objectivo de estabelecer o regime geral do arrendamento florestal, nomeadamente no que concerne ao respectivo âmbito e objecto, forma do contrato, duração do contrato, cláusulas nulas, determinação, alteração e pagamento da renda, situações de mora, benfeitorias, cessão da posição contratual, sublocação e transmissão do direito de preferência, resolução, caducidade e termo e isenção do imposto do selo, bem como de demais impostos.

ARTIGO 2.º

O diploma a emitir ao abrigo da presente autorização legislativa deve consagrar:

1) O princípio da imprescindibilidade de aceitação do senhorio, nas situações de benfeitorias, excepto as

necessárias, feitas pelo arrendatário, cessão da posição contratual e sublocação;

2) O princípio da proibição da parceria, de forma explícita, designadamente no que diz respeito à fixação e pagamento da renda e à alteração das rendas.

ARTIGO 3.º

A presente autorização legislativa é válida por 90 dias.

FORMULÁRIO

Contrato de Arrendamento Rural

Entre António dos Santos Esteves e Manuel dos Santos Costa, abaixo assinados, o primeiro como senhorio e o segundo como agricultor autónomo, de harmonia com o Dec.-Lei n.º 385//88, de 25 de Outubro, e demais condições a seguir estipuladas, faz-se o presente contrato de arrendamento rural relativo aos prédios rústicos de que o primeiro é dono, denominados Lameiro da Fonte, Terra da Devesa e Terra dos Poiais, sitos na freguesia de Vila Meã, concelho de Lamego, e inscritos na respectiva matriz nos arts. 493.º, 561.º e 857.º:

1 — O arrendamento, além dos terrenos dos prédios atrás identificados e da vegetação permanente de natureza não florestal neles existente, abrange ainda três armazéns e um palheiro, destinados à guarda de cereal, fenos e alfaias agrícolas;

2 — O prazo de arrendamento é de sete anos, renovável por períodos sucessivos de cinco anos, enquanto por qualquer das partes não for denunciado com a antecipação legal, e tem início no dia 1 de Outubro de 2000.

3 — A renda anual é de € 250 e dez alqueires de milho branco, correspondendo aos três armazéns e ao palheiro a renda de € 50, sendo o dinheiro pago em casa do senhorio e o milho entregue a este no armazém da Terra da Devesa, no dia 30 de Setembro de cada ano.

4 — O arrendatário não pode subarrendar nem ceder por qualquer forma os direitos ao arrendamento, no todo ou em parte, sem consentimento escrito do senhorio.

5 — Fica por fiador e principal pagador, obrigando-se solidariamente para com o senhorio por todas as cláusulas emergentes do presente contrato, José Maria da Silva, viúvo, residente em Fonte Longa, Lamego, que declara expressamente prescindir da faculdade prevista no n.º 1 do art. 655.º do CC, obrigando-se relativamente aos períodos de renovação, sem limitar o número destes.

Lamego, 25 de Setembro de 2000

O senhorio:
O arrendatário:
O fiador:

Denúncia de contrato de arrendamento

Art. 18.º do Dec.-Lei n.º 385/88, de 25 de Outubro

Exmo Senhor Juiz do Tribunal Cível da Comarca do Porto

António dos Santos Esteves, casado, proprietário, residente na Rua da Torrinha, 1009, 4.º Dt.º, Porto, vem requerer a *Notificação Judicial Avulsa* de

— Manuel dos Santos Costa, viúvo, agricultor, morador na Quinta do Castelo, Maia, nos termos seguintes:

1.º

Por contrato escrito com início em 1 de Outubro de 1966, deu de arrendamento ao requerido, pelo prazo de sete anos, renovável por períodos sucessivos de um ano, enquanto por qualquer das partes não for denunciado com a antecipação legal, o seu prédio rústico denominado Terra do Bustelo, com cerca de 1000 m², sito na Maia e inscrito na respectiva matriz sob o n.º 326, para que este o explorasse com o seu próprio trabalho.

2.º

Porque o requerente pretende cultivar directamente esse arrendado, denuncia o mencionado contrato para o dia 30 de Setembro de 2000, devendo nessa data o requerido entregar-lhe o prédio livre de pessoas e coisas.

Nestes termos e em conformidade com o disposto no art. 18.º do Dec.-Lei n.º 385/88, de 25 de Outubro, requer-se que o mencionado Manuel dos Santos Costa seja notificado de que o referido contrato celebrado com o peticionante é denunciado por este para o dia 30 de Setembro de 2000.

O requerente

(30-5-99)

Acção para oposição à denúncia pelo senhorio do contrato de arrendamento

Art. 19.º do Dec.-Lei n.º 385/88, de 25 de Outubro

Ex.mo Senhor Juiz do Tribunal Cível da Comarca do Porto

Manuel dos Santos Costa, viúvo, agricultor, morador na Quinta do Castelo, 4470, Maia, vem intentar a presente acção com processo sumário, contra

— António dos Santos Esteves, casado, proprietário, residente na Rua da Torrinha, 1009, 4.º Dt.º, 4000 Porto,

para oposição à denúncia de contrato de arrendamento rural, nos termos e com fundamentos seguintes:

1.º

Por contrato verbal de 1 de Outubro de 1966, tomou de arrendamento ao R. o prédio rústico denominado Terra do Bustelo, com cerca de 1000 m², sito na Maia e inscrito na respectiva matriz sob o n.º 326, para o explorar com o seu próprio trabalho, pelo prazo de sete anos, renovável por períodos sucessivos de um ano, enquanto por qualquer das partes não for denunciado com a antecipação legal.

2.º

Foi estipulada a renda anual de € 10 que, com as actualizações, monta neste momento a € 137,50.

3.º

Apesar de solicitado para isso o R. nunca quis reduzir o contrato a escrito (Doc. n.º 1).

4.º

O R., fez notificar o A. judicialmente no dia 15 de Junho do corrente ano para entregar o prédio, objecto do referido contrato, no próximo dia 30 de Setembro de 2000 (Doc. n.º 2).

5.º

O A. apenas cultiva o prédio que o R. lhe arrendou, não trazendo de arrendamento outros prédios de quem quer que seja.

6.º

Não possui quaisquer outros rendimentos, pois, nada herdou e o que ganhou ao longo da sua vida como modesto trabalhador agrícola mal lhe deu para se alimentar e aos seus.

7.º

Vive pobremente, produzindo no terreno que cultiva apenas produtos hortícolas minimamente indispensáveis à sua subsistência e à dos seus dois filhos menores.

8.º

Se não fosse o salário de € 300 que seu filho Manuel, de 17 anos, aufere na mercearia onde trabalha, há muito que o A. teria de andar a esmolar.

9.º

Do que ganha o seu filho Manuel pouco sobeja para a alimentação do A. e de seus filhos, pois, paga € 100 de renda de casa, € 20 de luz, € 7,50 de água e € 20 mensais de medicamentos para combater o reumatismo que o não larga.

10.º

O R., que é abastado proprietário, sendo dono de três andares na cidade do Porto que lhe rendem mensalmente quantia não inferior a € 1.050, quer ficar com o prédio devoluto para posteriormente o vender para urbanização.

11.º

Deste modo, não assiste ao R. o direito de denúncia sob pena de, a ser decretado o despejo, pôr em risco a subsistência económica do A. e do seu agregado familiar.

Nestes termos e nos do disposto no art. 19.º, n.º 1 do Dec.-Lei n.º 385/88, de 25 de Outubro, deve a presente acção ser julgada provada e procedente e, consequentemente, reconhecido que o despejo põe em risco sério a subsistência económica do A. e do seu agregado familiar e o R. condenado a, assim, o ver julgar.

Requere-se a citação do R. para contestar, querendo, no prazo de 10 dias, sob a cominação legal

Valor: € 137,50
Juntam-se: 2 documentos, procuração e degais duplicados.

O Advogado, com o n.º de contribuinte 297045418

*

Proc. n.º 8032 Ex.mo Senhor Juiz da 4.ª Secção do
11.º Juízo 11.º Juízo Cível do Porto
4.ª Secção

Contestando a acção sumária que lhe move Manuel dos Santos Costa, diz o R. António dos Santos Esteves

1.º

Independentemente dos rendimentos que possui, que não vêm ao caso, pretende denunciar o contrato de arrendamento da sua Terra do Bustelo que, em má hora, em 1966, deu de arrendamento ao A.

2.º

O A., além da terra que o R. lhe deu de arrendamento, agriculta mais três prédios rústicos com as áreas totais cultiváveis, respectivamente, de 4000, 4500 e 5000 m², sitos, também, no mesmo lugar da Maia.

3.º

Nesses terrenos pode o A. cultivar todos os produtos hortícolas necessários à sua subsistência e do seu agregado familiar, como faz, vendendo ainda, anualmente, cerca de € 2.000 de batatas e € 1.250 de milho.

4.º

O agregado familiar do A. tem, além disso, o rendimento mensal líquido de € 800, sendo € 300 do vencimento do filho Manuel, € 237,50 que aufere o filho Luís como aprendiz de serralheiro e € 262,50 da pensão de reforma de ferroviário do A.

5.º

Deste modo, a denúncia do contrato de arrendamento atrás referido em nada põe em risco sério a subsistência económica do A. e do seu agregado familiar.

6.º

Acresce que foi o A. que não compareceu no cartório notarial no dia e hora designados para a redução do contrato a escrito (Doc. n.º 1).

> Termos em que deve ser julgada improcedente a acção, com todas as consequências legais.

Junta-se: 1 documento, procuração e duplicados legais.

O Advogado, com o n.º fiscal 043375218

Acção para denúncia de contrato de arrendamento para exploração directa

Art. 20.º do Dec.-Lei n.º 385/88, de 25 de Outubro

Ex.mo Senhor Juiz do Tribunal Judicial de Lamego

Joaquim dos Anjos Antunes, casado, proprietário, residente na Rua do Município, Castro Daire, vem instaurar acção sumária para denúncia de contrato de arrendamento rural, contra

— Luís Rodrigues, solteiro, agricultor residente na freguesia de Vale Geitoso, desta Comarca, pelos fundamentos seguintes:

1.º

O A. é dono do prédio rústico denominado Cortinha da Serra, sito no lugar de Vale Geitoso, desta Comarca e inscrito no art. 262.º da respectiva matriz.

2.º

Deu-o de arrendamento ao R., por contrato escrito de 1 de Outubro de 1978, pelo período de sete anos, renovável por períodos sucessivos de um ano, para este o agricultar por si e através do seu agregado familiar, mediante a renda hoje actualizada de € 250, a pagar no dia 30 de Setembro de cada ano, em casa do senhorio (Doc. n.º 1).

3.º

Ao A. não convém a continuação do contrato para além do dia 30 de Setembro de 2000, pois pretende reaver o prédio para que seu filho Manuel António Antunes, jovem agricultor habilitado com um curso de engenheiro agrónomo, o possa explorar directamente.

4.º

Nos termos do n.º 1 do art. 20.º do citado Diploma, a sua pretensão é viável, não podendo o R. opor-se a ela.

5.º

A denúncia é feita com a antecedência de um ano, como impõe a al. b) do n.º 1 do art. 18.º do referido Dec.-Lei.

Deve, por isso, julgar-se a acção provada e procedente e, consequentemente:
1 — Decretar-se a denúncia do contrato atrás referido para o dia 30 de Setembro de 2000;
2 — Condenar-se o R. a entregar-lhe, nessa data, a Cortinha da Serra, livre de pessoas, coisas e animais;
3 — Condenar-se, ainda, o R. nas custas e procuradoria condigna, no caso de contestar.
Requere-se que, D. e A., seja ordenada a citação do R. para contestar, querendo, no prazo e sob a cominação legal.

Valor da acção: € 250.
Junta-se: um documento, procuração e duplicados legais.

O Advogado com o n.º Fiscal 439210057

*

Proc. n.º 524   Ex.mo Senhor Juiz do Tribunal de
Tribunal de Lamego   Lamego

Contestando a acção sumária que lhe move Joaquim dos Anjos Antunes, diz o R. Luís Rodrigues

1.º

Nos termos do n.º 1 do art. 20.º do Dec.-Lei n.º 385/80, de 25 de Outubro, tal como diz o A., o R. não pode opor-se à denúncia, contestando a acção com fundamento em que o despejo põe em risco sério a sua subsistência económica e do seu agregado familiar — cfr. n.º 1 do art. 19.º.

2.º

Mas já o pode fazer na medida em que vem alegar que Manuel António Antunes não é filho do A., mas sim de um irmão deste falecido há anos em acidente de viação, juntamente com a esposa (Doc. n.º 1).

3.º

O A. tomou conta de Manuel António, em criança, como seu filho fosse, tendo pertencido o poder paternal ao avô paterno.

4.º

Daí que não estejam preenchidas as condições para que possa denunciar o contrato de arrendamento para exploração directa.

> Termos em que a acção deve ser julgada improcedente, com todas as consequências legais.

Junta: 1 documento, procuração e duplicados legais.

A Advogada, com o n.º fiscal 324509871

Acção para resolução de contrato de arrendamento

Art. 21.º, al. *a)* do Dec.-Lei n.º 385/88, de 25 de Outubro

Ex.ᵐᵒ Senhor Juiz do Tribunal Cível da Comarca do Porto

António dos Santos Esteves, casado, proprietário, residente na Rua da Torrinha, 1009, 4.º Dt.º, Porto, vem intentar a presente acção, com processo Sumário, contra

— Manuel dos Santos Costa, viúvo, agricultor, morador na Quinta do Castelo, Maia

para resolução de contrato de arrendamento rural, nos termos e com os fundamentos seguintes:

1.º

Por contrato escrito de 1 de Outubro de 1966, deu de arrendamento ao R., para que este os explorasse com o seu trabalho, os prédios denominados Lameiro da Fonte, Terra da Devesa e Terra dos Poiais sitos na Maia e inscritos na respectiva matriz sob os n.ᵒˢ 493, 561 e 857.

2.º

O arrendamento foi pelo prazo de um ano, prorrogável por períodos sucessivos enquanto não denunciado, com termo no dia 30 de Setembro do ano subsequente.

3.º

A renda estipulada foi de 500 alqueires de milho branco, seco e limpo, a pagar em casa do senhorio até ao dia 30 de Setembro do ano a que disser respeito, com referência a um mínimo por alqueire que, actualmente, é de € 1 (Doc. n.º 1).

4.º

O R. não pagou as rendas referentes aos anos agrícolas de 1997 e 1998.

5.º

Tem, por isso, o A., o direito de não só peticionar a resolução do contrato de arrendamento, mas também o pagamento das rendas em dívida — art. 21.º, alínea a) do Dec.-Lei n.º 385/88, de 25 de Outubro.

Nestes termos, requer que seja decretada a resolução do referido contrato e o R. condenado a despejar os prédios e a entregá-los ao A. livres de pessoas e coisas e bem assim a pagar-lhe 1.000 alqueires de milho branco, seco e limpo, referentes às rendas de 1997 e 1998.

Para tanto,
Requer a citação do R. para contestar, querendo, no prazo de dez dias, sob a cominação legal.

Valor: € 1.500
Junta-se: 1 documento, procuração e duplicados legais

O Advogado, com o n.º de contribuinte 04337521

*

Proc. n.º 4987　　Ex.mo Senhor Juiz da 4.ª Secção do
11.º Juízo　　　　11.º Juízo Cível do Porto
4.ª Secção

Contestando a acção Sumária que lhe move António dos Santos Esteves, diz o R. Manuel dos Santos Costa:

1.º

Embora a renda anual tenha sido fixada em 100 alqueires de milho branco, seco e limpo, o certo é que o R. estaria obrigado por força da cláusula n.º 7 do contrato, a efectuar o seu pagamento em dinheiro ao preço corrente no S. Miguel, mas nunca inferior a € 1 por alqueire.

2.º

Mas o R. não pagou essa renda nos anos agrícolas de 1997 e 1998 por entender que não estava obrigado a esse pagamento.

3.º

Quis no entanto pagar ao A. a respectiva renda, no montante anual de € 362,50, de acordo com a tabela de rendas máximas fixadas na Portaria n.º 151/96, de 14 de Maio (a actual tabela de rendas é da Portaria n.º 186/2002, de 4 de Março).

4.º

Como o A. se recusasse quer em 1997, quer em 1998, a receber as rendas que o R. lhe ofereceu de acordo com aquela tabela, o R. procedeu ao seu depósito liberatório (Docs. n.ºs 1 e 2), nos termos do art. 1024.º e segs. do C.P.C..

5.º

Os terrenos objecto do contrato de arrendamento têm a área total de 9000 m², sendo 3000 m² de terreno de regadio de 1.ª qualidade e os restantes 6000 m² de terreno de regadio de 2.ª qualidade.

6.º

Assim, de acordo com as tabelas aprovadas pela citada Portaria n.º 151/96, a renda a pagar pelo R. não podia exceder € 362,50 por ano, razão por que se recusou a pagar, como disse, para além dos valores estabelecidos pela referida Portaria.

  Nestes termos deve a presente acção ser julgada improcedente e o R. absolvido do pedido.

Junta-se: 2 documentos, procuração e duplicados legais.

  O Advogado, com o n.º de contribuinte 29704541

Acção para resolução de contrato de arrendamento

Art. 21.º, als. b) e c), do Dec.-Lei n.º 385/88, de 25 de Outubro

Ex.mo Senhor Juiz do Tribunal Judicial de Lamego

António da Rocha, viúvo, proprietário, residente na Rua Direita, 459, Lamego, vem instaurar acção sumária para resolução de contrato de arrendamento rural, contra

> — Diamantino dos Anjos, solteiro, agricultor residente em Nesperido, desta Comarca, pelos fundamentos seguintes:

1.º

O A. é dono do prédio rústico denominado Lameiro da Encosta, sito no lugar de Nesperido, desta Comarca e inscrito no art. 4952.º da respectiva matriz.

2.º

Deu-o de arrendamento ao R., por contrato escrito de 1 de Outubro de 1994, pelo período de sete anos, renovável por períodos sucessivos de um ano, para este o agricultar por si e através do seu agregado familiar, mediante a renda hoje actualizada de € 250, a pagar no dia 30 de Setembro de cada ano, em casa do senhorio (Doc. n.º 1).

3.º

O R. tem pago pontualmente as rendas; mas

4.º

Apesar de o Lameiro ter a área de 4 hectares e água de rega e lima, tem feito tardiamente as sementeiras de milho.

5.º

Nos anos de 1996 e 1997 deixou de cultivar 2/3 do Lameiro e nunca mais limpou as bordaduras, que se apresentam com silvas e mimosas, que invadem já o terreno de cultura em grande extensão.

6.º

O R. deixou ainda de podar as oliveiras e as videiras, tendo as ramadas caído em numerosos pontos, por não esticar os respectivos arames.

7.º

Na parte do terreno que cultiva, e sem que o estrume, o R., em vez de milho, tem semeado tremoços o que, sendo cultura depauperante, tem levado ao empobrecimento da terra em elementos nutritivos.

8.º

O R. faltou assim à obrigação legal de cultivar o prédio, com prejuízo directo para a produtividade deste, que devia produzir milho e não produz.

9.º

Tem, também, prejudicado a função económica e social do prédio, que em nada tem contribuído para o rendimento global do sector agrícola e para a economia do país.

10.º

Violou o R., assim, o disposto nas als. *b)* e *c)* do art. 21.º do Dec.-Lei n.º 385/88, de 25 de Outubro, o que é fundamento da resolução do contrato por parte do senhorio.

Deve, por isso, ser julgada provada e procedente a presente acção e, consequentemente:
1 — Decretar-se a resolução do contrato de arrendamento atrás referido;

2 — Condenar-se o R. a entregar ao A., imediatamente, o Lameiro da Encosta, livre de pessoas, animais e coisas.
3 — Condenar-se, ainda, o R. em custas e procuradoria condigna.
Requere-se que, D. e A., seja ordenada a citação do R. para contestar, querendo, no prazo e sob a cominação legal.

Valor da acção: € 250.
Junta-se: um documento, procuração e duplicados legais.

O Advogado com o n.º Fiscal 0942357102

ÍNDICES

NOTES

ÍNDICE ANALÍTICO *

ARRENDAMENTO RURAL
Dec.-Lei n.º 385/88, de 25 de Outubro

A

	Arts.
Absolvição da instância	18
Abuso de direito	35
Acção — ver preferência, processos	
Acção de despejo	35
Acção judicial	8, 11, 19, 20, 21, 35 e 36
Acção possessória	35
Acção sumária	20, 35
Acessão	14, 28
Açores	38
Actividade agrícola	1, 39
Adega	1
Administração de bens alheios	22, 28
Administração de bens do casal	18, 28
Agências para o rejuvenescimento agrícola	9
Agregado doméstico	1, 19, 39
Agregado familiar	1, 19, 39
Agricultor autónomo	1, 3, 5, 17, 18, 29, 39
Agricultor empresário	1, 39
Alçada dos tribunais	35
Aleatoriedades climáticas	10
Alteração do regime de exploração	14
Animais «sem terra»	1
Ano agrícola	14, 19
Aplicação da lei	1, 3, 7, 35, 36, 38, 40
Área de exploração	9
Arrendamento — ver contrato de arrendamento	
Arrendamento	
— campanha	9, 13, 29
— comercial	1

---

* Referências às rubricas deste índice podem ser encontradas no texto dos artigos ou nas suas notas.

667

Índice analítico

— como encargo autónomo 25
— caso de emparcelamento 30
— florestal 1, 2
— industrial 1
— misto 1, 32
— novo 27
— rural 1, 2, 3, 6, 38
Articulados supervenientes 36
Arvoredo 1, 2, 38
Assembleia Regional dos Açores 38
Associação de agricultores 29, 38
Autarquias locais 18, 36
Aviso de denúncia 18, 19, 20

B

Baldios 38
Benfeitorias 6, 14, 15, 21
   — aprovação pelo Ministério da Agricultura 6, 14, 15
   — cessação antecipada do contrato 15
   — consentimento pelo arrendatário 14
   — consentimento pelo senhorio 14, 15
   — denúncia do contrato 14, 15
   — indemnização 15
   — levantamento 15
   — noção 14
   — necessárias 14, 15, 38
   — prescrição 15
   — recurso 14
   — renúncia à indemnização 15
   — responsável pelo pagamento 15
   — úteis 14, 15, 38
   — voluptuárias 14, 15
Bens do casal 18

C

Caducidade 19, 22, 23, 24, 25
Campos desportivos 1
Casa do senhorio 2
Caseiro 18
Caso de força maior 10, 15, 20, 28
Caso julgado 19, 35
Causas imprevisíveis e anormais 10
Celeiros 2
Cessação do contrato 15, 27
Cessação do direito 22
Cessão do contrato 13, 21
Circunstâncias excepcionais 10

Índice analítico

Cláusulas nulas 4, 9
Código Cooperativo 39
Co-herdeiro 28, 35
Colonia 38
Comissões concelhias de arrendamento rural 40
Comodato 13, 21, 36
Companheiro 13, 29
Compra e venda de pastagens 13
Comproprietário 1, 19, 28, 35
Comunicação escrita 11, 18, 20
Condição resolutiva 4
Condição suspensiva 4
Conservação de bens 21
Consignação em depósito 12
Construções 1, 2, 18, 21
Contestação 35
Contrato de arrendamento
— alteração do prazo 14, 15
— âmbito 2
— caducidade 22, 23, 24, 25
— cessação 15, 27
— cessão 21
— cláusulas nulas 4, 9
— denúncia 14, 15, 17, 18, 19, 20, 35, 36
— desistência do direito à transmissão 24
— duplicados 3
— duração 5, 6, 14, 36
— elemento teleológico 1
— expropriação 25
— forma 3, 35
— isenções 3, 28
— noção 1
— oposição à denúncia 19, 20
— original 3
— prazo 5, 6, 14, 18, 36
— presunção 1, 5, 36
— qualificação 1
— redução a escrito 3, 18, 28, 35, 36
— registo predial 3, 35
— renovação 5, 6, 14, 18, 36
— resolução 11, 12, 13, 15, 21, 25, 36
— termo 14, 19
— transmissão 22, 23
Contrato de parceria 20, 28, 31, 32, 33, 34, 35
Contrato de seguro 10, 38
Contratos mistos 32, 33
Cooperativas agrícolas 1, 39
Corpos administrativos 18
Corte de matos 2
Cortiça 2

669

Criação de animais «sem terra» 1
Cultivador autónomo 1, 3, 5, 17, 18, 19, 20, 28, 35, 36
Culturas
  — arvenses 9
  — depauperantes 21
  — esgotantes 21
  — indiferentes 21
  — hortícolas 9
  — monocultura 21
  — plantas 1
  — rotação 21
  — sequeiro 9
  — técnicas culturais 21
Custas 18, 36

D

Dação em pagamento 28, 35
Danos no prédio 16
Decisão em primeira instância 35, 36
Decisão final 11
Definições 1, 39
Denúncia
  — do contrato 14, 15, 17, 18, 19, 20, 35, 36
  — para exploração directa 17, 20
Desistência da acção 36
Despejo 35
Depósito liberatório 12, 29
Despacho saneador 11, 35
Despesas de cultura 14
Deterioração no prédio 16
Direito potestativo 18
Direito de preferência — ver preferência
Disposição revogatória 40
Documento escrito 3, 18, 35
Duplicado do contrato 3

E

Embargos de executado 35
Embargos de terceiro 35
Emigrante 5, 17, 20
Emparcelamento 5, 30
Empresa agrícola 1, 3, 20, 39
Empresas «sem terra» 1
Empréstimo do prédio 13, 21, 36
Enriquecimento sem causa 15
Estabelecimento agrícola 1, 39
Estábulos 2
Estado 36

Excepção dilatória 18
Execução 18, 19, 20, 35
Exploração
  — agrícola 1, 3, 7, 28, 38
  — de campanha 1, 29, 39
  — directa 17, 18, 20, 36
  — familiar 28
  — florestal 2
  — normal 2
  — pecuária 1, 3
  — reconversão 6, 29
  — transitória 29
Expropriação 25
Extinção da instância 3, 35

F

Força maior 10, 15, 20, 28
Forma do contrato 3, 35
Forma de exploração 1, 9, 29, 31, 32
Formas de processo 35
Frutos pendentes 26

G

Garagens 2
Géneros agrícolas 7, 9, 11, 12, 31, 32

H

Habitação 1, 2, 15, 18, 21
Herdeiro do senhorio 20

I

Ilegitimidade 28, 35
Imposto do selo 3
Incidente de oposição de terceiro 35
Indemnização
  — benfeitorias — ver benfeitorias
  — deterioração ou danos no prédio 16
  — senhorio emigrante 5, 17, 20
Indústria de ensino 1
Inspecção judicial 35
Instância 18
Instituto Nacional de Estatística 11
Inutilidade superveniente da lide 19, 36
Irrectroactividade da lei 36

671

J

Jardins	1
Jovem agricultor	7, 9, 20, 38
Juros	11, 12

L

Lagar	2
Legitimidade	28, 35
Lei de Bases da Reforma Agrária	1, 29, 39
Lei de Bases do Desenvolvimento Agrário	1, 29, 39
Lei — entrada em vigor	36
Lei nova	28, 35, 36
Locação	1, 6
Logradouro	1

M

Mandado de despejo	18, 19, 35
Mandado de reocupação	20
Madeira	38
Matéria de direito	9
Matéria de facto	9
Ministério da Agricultura	5, 6, 9, 14, 15, 29
Misericórdias	18
Morte do arrendatário	23
Morte do senhorio	22
Morte do usufrutuário	22

N

Níveis mínimos	21
Norma de interesse e ordem pública	2
Norma interpretativa	36
Notificação extrajudicial	4, 18
Notificação judicial	4, 18
Notificação para preferência	28, 35
Notificações	4, 18
Nulidades	3, 4, 6, 9, 35, 36

O

Ónus da prova	19, 20, 21, 28, 35
Oposição à denúncia pelo arrendatário	19, 20
Oposição de terceiro	35
Original do contrato	3

P

Palheiros	2
Parceria agrícola	20, 28, 31, 32, 33, 34, 35
Parceria pecuária	1, 3, 31
Pastagens	13
Plano de exploração	14
Plano de reconversão	6
Poderes legais de administração	22
Práticas inadequadas de exploração	10

Prédios
- expropriados ... 1, 25
- função económica e social ... 21
- indivisos ... 1, 28, 35
- mistos ... 1
- nacionalizados ... 1, 25
- rústicos ... 1, 28, 35, 39
- substância do prédio ... 21
- transmissão ... 22, 23, 28
- urbanos ... 1, 28, 35

Preferência — acção
- I — Tribunal competente ... 35
- II — Forma de processo ... 35
- III — Valor da acção ... 35
- IV — Prazo de propositura da acção ... 35
- V — Carácter urgente ... 35
- VI — Redução obrigatória a escrito do contrato ... 3, 18, 28, 35, 36
- VII — Causa de pedir ... 35
- VIII — Legitimidade para a acção ... 28, 35
- IX — Abuso de direito ... 35
- X — Pedido de cancelamento do registo em nome dos primitivos compradores ... 35
- XI — Ónus da prova ... 28, 35
- XII — Registo da acção ... 35
- XIII — Recursos ... 35

Preferência — direito
- I — Preferência nas transmissões ... 28
- II — Lei aplicável ao direito de preferência ... 28, 35
- III — Direito de preferência do arrendatário ... 28
- IV — Objecto do direito de preferência ... 28
  - a) Nas alienações parciais e nas totais ... 28
  - b) Nas alienações de quota ideal ou quota indivisa ... 28
  - c) Na herança indivisa ... 28
  - d) Na compropriedade ... 28
- V — Preferência na venda de prédio para fins não agrícolas ... 28
- VI — Comunicação ao titular do direito de preferência ... 28
- VII — Renúncia ao direito de preferência ... 28
- VIII — Notificação para preferência ... 28, 35

Índice analítico

    IX — Preço da preferência 28, 35
    X — Caducidade do direito de preferência — Prazo 28
    XI — Sanção para o preferente abstencionista 28
    XII — Isenção de sisa 28
Preferência — outros
    — arrendamento de campanha 29
    — arrendatário 28
    — confinante 28
    — dação em pagamento 28
    — direito de pastagem 28
    — leilão 28
    — novo contrato 28
    — oferta de venda 28
    — partilhas 28
    — posse de boa fé 28
    — reconvenção 28
    — simulação 28
    — urgência 35
Prejuízos graves 28
Prescrição 15
Presunção 1, 5, 36
Processo especial 8, 10, 11, 35
Processo judicial 8, 10, 11, 35
Processos de cultura depauperantes 21
Processos pendentes 35, 36
Processos para preferência — ver preferência
Processos referentes a arrendamentos rurais 35
    I — Tribunal competente 35
    II — Forma de processo 35
    III — Valor do processo 35
    IV — Carácter urgente 35
    V — Redução obrigatória a escrito do contrato 3, 18, 28, 35, 36
    VI — Causa de pedir 35
    VII — Legitimidade 35
    VIII — Aspectos da tramitação da acção 35
    IX — Abuso de direito 35
    X — Aspectos da tramitação da execução 35
    XI — Recursos 35
    XII — Registo da acção 35
Produtividade 21
Produtividade da terra 21
Produtos 31, 32
Protecção contra aleatoriedades climáticas 10
Prova 19, 35

Q

Qualificação do contrato 1
Quota de frutos 31, 32

R

Reconvenção 15, 28, 35
Reconversão agrícola 6, 14
Reconversão de culturas 6, 14
Recursos
— hierárquico 14
— Relação e S.T.J. 8, 11, 35, 36
— S.T.A. 6, 14
Redução a escrito 3, 18, 28, 35, 36
Regiões agrícolas e zonas agrárias 9
Regiões autónomas 38
Registo da acção 35
Registo predial 3, 35
Regular utilização de prédios rústicos 1
Renda
— actualização 7, 8, 11
— alteração 7, 8, 10, 11, 14
— antecipação de pagamento 7
— consignação em depósito 12
— conversão 7
— dinheiro 7, 8, 11, 12
— depósito 12, 38
— desvalorização 7
— escassa importância 12
— falta de pagamento 21
— falta de pagamento na pendência da acção 11, 12, 21
— géneros 7, 11, 12
— juros 11, 12
— lei aplicável 7
— máxima 9
— moeda estrangeira 8
— mora 7, 12
— natureza 7
— nova 11, 14
— pagamento 7, 21
— provisória 11
— redução 10, 11
— tabelas máximas 9
Remissão 38
Renovação do contrato 4, 5, 6
Renúncia à acção judicial 4, 40
Reocupação 20
Resolução do contrato 9, 11, 12, 13, 15, 21, 25
Retroactividade da lei 36

Índice analítico

675

S

Seareiro	29
Seguro	3, 10
Seguro agrícola de colheita	3, 10, 38
Selo do contrato	4
Senhorio emigrante	5, 17, 20
Sentença	19
Separação judicial	23
Sisa	3, 28
Sociedade comercial	1
Sociedade cooperativa	36
Subarrendamento	13, 21, 36
Superfície agrícola	9
Suspensão da instância	28, 35

T

Tabela de rendas máximas	9
Terra incultas ou em mato	40
Terrenos	
— arvenses	9
— classificação	9
— corte de matos	2
— hortícolas	9
— regadio	9
— sequeiro	9
Título executivo	18, 19
Trabalhadores rurais	3, 31, 38
Trabalhos preparatórios	26
Transmissão do contrato	23, 24
Transmissão do prédio	22, 28
Transmissão por morte	23
Tribunal	
— administrativo de círculo	14
— arbitral	37
— comum	8, 11, 35, 36, 38
— Relação e S.T.J.	8, 11, 35, 36
— STA	6, 14

U

União de facto	23
Unidade de cultura	9, 28, 38
Usufrutuário	1, 18, 22
Utilidade pública	25
Utilização do solo	21

V

Vegetação florestal 2
Venda de pastagem 1, 29
Venda de prédio arrendado 15

Z

Zonas agrárias 9

ÍNDICES SISTEMÁTICOS

ARRENDAMENTO RURAL

Dec.-Lei n.º 385/88, de 25 de Outubro

Págs.

Artigo 1.º — Noção	8
Artigo 2.º — Âmbito	24
Artigo 3.º — Forma de contrato	27
Artigo 4.º — Cláusulas nulas	40
Artigo 5.º — Prazos de arrendamento	42
Artigo 6.º — Alteração dos prazos	46
Artigo 7.º — Renda	49
Artigo 8.º — Actualização de rendas	53
Artigo 9.º — Tabelas de rendas	55
Artigo 10.º — Redução de renda	68
Artigo 11.º — Procedimento a adoptar para a redução ou fixação de nova renda	96
Artigo 12.º — Mora do arrendatário	100
Artigo 13.º — Subarrendamento	103
Artigo 14.º — Benfeitorias	107
Artigo 15.º — Indemnização por benfeitorias	112
Artigo 16.º — Indemnização por deterioração ou dano	119
Artigo 17.º — Senhorio emigrante	121
Artigo 18.º — Denúncia do contrato	123
Artigo 19.º — Oposição à denúncia	131
Artigo 20.º — Denúncia para exploração directa	144
Artigo 21.º — Resolução do contrato	149
Artigo 22.º — Caducidade do contrato	156
Artigo 23.º — Transmissão por morte do arrendatário	161
Artigo 24.º — Desistência do direito à transmissão	165
Artigo 25.º — Caducidade por expropriação	166
Artigo 26.º — Trabalhos preparatórios e colheitas de frutos pendentes	169
Artigo 27.º — Novos arrendamentos	170
Artigo 28.º — Preferência	170
Artigo 29.º — Arrendamento de campanha	222

Artigo 30.º — Arrendamentos para fins de emparcelamento 226
Artigo 31.º — Parceria agrícola 226
Artigo 32.º — Contratos mistos 231
Artigo 33.º — Legislação aplicável 232
Artigo 34.º — Extinção da parceria agrícola 232
Artigo 35.º — Formas de processo 233
Artigo 36.º — Âmbito de aplicação da presente lei 273
Artigo 37.º — Tribunais arbitrais 287
Artigo 38.º — Aplicação da presente lei nas regiões autónomas 287
Artigo 39.º — Definições 296
Artigo 40.º — Disposições revogatórias 298

ARRENDAMENTO RURAL NOS AÇORES

Decreto Regional n.º 11/77/A, de 20 de Maio

Artigo 1.º — Âmbito 311
Artigo 2.º — Noção 313
Artigo 3.º — Equiparações 313
Artigo 4.º — Objecto do contrato 315
Artigo 5.º — Forma do contrato 316
Artigo 5.º-A — Sanção da falta de forma 318
Artigo 5.º-B — Suprimento da falta de forma 319
Artigo 6.º — Cláusulas nulas 319
Artigo 7.º — Prazo do arrendamento 320
Artigo 7.º-A — Alteração do prazo 322
Artigo 8.º — Renda 322
Artigo 8.º-A — Actualização de rendas 323
Artigo 9.º — Tabela de rendas 324
Artigo 10.º — Redução da renda 329
Artigo 10.º-A — Procedimento a adoptar para a alteração de renda 330
Artigo 11.º — Mora do arrendatário 331
Artigo 12.º — Benfeitorias 332
Artigo 13.º — Indemnização por deterioração 333
Artigo 14.º — Benfeitorias feitas pelo senhorio 334
Artigo 15.º — Denúncia do contrato 334
Artigo 15.º-A — Obrigações decorrentes da denúncia 337
Artigo 16.º — Oposição à denúncia 339
Artigo 16.º-A — Indemnização por denúncia 343
Artigo 17.º — Resolução do contrato 344
Artigo 18.º — Resolução para urbanização 347
Artigo 19.º — Caducidade do contrato 347
Artigo 20.º — Caducidade por expropriação 349
Artigo 21.º — Preferência 350
Artigo 22.º — Cessão da exploração pecuária 352

Artigo 23.º — Arrendamento de terras pertencentes a entes públicos .. 355
Artigo 24.º — Aplicação no tempo 356
Artigo 25.º — Práticas especulativas 357
Artigo 26.º — Direito subsidiário 359
Artigo 27.º — Competência territorial 360
Artigo 28.º — Entrada em vigor 361

ÍNDICES GERAIS

Portaria n.º 202/70, de 21 de Abril 60
  Unidade de cultura para Portugal continental

Dec.-Lei n.º 547/74, de 22 de Outubro 299
  Arrendamentos de terras incultas ou em mato que se tornaram produtivas

Dec. Regional n.º 11/77/A, de 20 de Maio 309
  Arrendamento Rural nos Açores

Portaria n.º 489/77, de 1 de Agosto 302
  Processo para fixação do preço da terra

Lei n.º 76/88, de 24 de Junho 639
  Autorização ao Governo para legislar sobre o arrendamento rural

Lei n.º 99/88, de 23 de Agosto 645
  Autorização ao Governo para legislar sobre o arrendamento florestal

Dec.-Lei n.º 384/88, de 25 de Outubro 391
  Emparcelamento rural

Dec.-Lei nº 385/88, de 25 de Outubro 7
  Arrendamento rural

Dec.-Lei n.º 394/88, de 8 de Novembro 365
  Arrendamento florestal

Dec.-Lei n.º 196/89, de 14 de Junho 445
  Reserva agrícola nacional

Dec.-Lei n.º 103/90, de 22 de Março 411
  Regulamento do emparcelamento rural

Dec.-Lei n.º 158/91, de 26 de Abril 596
  Disciplina a entrega para exploração de terras nacionalizadas ou expropriadas

Dec.-Lei n.º 349/91, de 19 de Setembro 606
  Regula a outorga em propriedade a pequenos agricultores e cooperativistas de terras expropriadas, no domínio da reforma agrária

683

Lei n.º 68/93, de 4 de Setembro 477
Lei dos baldios

Dec.-Lei n.º 150/94, de 25 de Maio 507
Condições gerais de aplicação do Programa de Apoio à Modernização Agrícola e Florestal (PAMAF)

Dec.-Lei n.º 49/95, de 15 de Março 515
Regime de reconhecimento de organizações e agrupamentos de produtores e suas uniões

Lei n.º 86/95, de 1 de Setembro 575
Lei de Bases do Desenvolvimento Agrário

Dec.-Lei n.º 20/96, de 19 de Março 69
Sistema integrado de protecção contra as aleatoriedades climáticas

Portaria n.º 220/96, de 19 de Junho 523
Regulamento de Aplicação do Regime de Ajudas a Conceder às Organizações e Agrupamentos de Produtores

Lei n.º 33/96, de 17 de Agosto 609
Lei de Bases da Política Florestal

Dec.-Lei n.º 256/97, de 27 de Setembro 618
Investe a Direcção-Geral das Florestas em funções de autoridade florestal nacional, dando execução à Lei n.º 33/96, de 17 de Agosto

Portaria n.º 195/98, de 24 de Março 539
Regulamento de Aplicação do Regime de Ajudas à Melhoria da Eficácia das Estruturas Agrícolas — Jovem agricultor

Dec.-Lei n.º 224/98, de 17 de Julho 627
Cria a Comissão de Recurso e Análise de Projectos Florestais e define as respectivas atribuições, competência e funcionamento. Regulamenta a Lei n.º 33/96, de 17 de Agosto (Lei de Bases da Política Florestal)

Portaria n.º 388/99, de 27 de Maio 75
Regulamento do sistema integrado de protecção contra as aleatoriedades climáticas — seguro de colheitas

Despacho n.º 11 869/99, de 8 de Junho 631
Cria as agências para o rejuvenescimento agrícola (jovens agricultores)

Lei n.º 111/99, de 3 de Agosto 643
Autorização ao Governo para alterar o regime geral do arrendamento rural

Portaria n.º 46-A/2001, de 25 de Janeiro 567
Regulamento de aplicação da intervenção indemnizações compensatórias do programa de desenvolvimento rural (RURIS)

Portaria n.º 215/2001, de 16 de Março 531
Regulamento de aplicação e regime de ajudas a conceder aos agrupamentos de produtores pré-reconhecidos

Portaria n.º 246/2001, de 22 de Março 224
Arrendamento de campanha

Portaria n.º 186/2002, de 4 de Março 57
Tabelas de rendas máximas

Portaria n.º 80/2002, de 22 de Agosto 325
Tabelas de rendas máximas nos Açores

Formulário 647

Índice analítico do Dec.-Lei n.º 385/88, de 25 de Outubro 667

Índice sistemático
    Dec.-Lei nº 385/88, de 25 de Outubro 679
    Dec. Regional n.º 11/77/A, de 20 de Maio 680

Índices gerais 683